ORPHELINES EN FRANCE
PIONNIÈRES AU CANADA

LES FILLES DU ROI
AU XVIIᵉ SIÈCLE

DU MÊME AUTEUR

Naissance d'une population. Les Français établis au Canada au XVIIe siècle. Paris et Montréal, Presses Universitaires de France et Les Presses de l'Université de Montréal, 1987. viii-232 p. (Avec la collaboration d'H. Charbonneau, J. Légaré, B. Desjardins, F. Nault et A. Guillemette). Prix Lionel-Groulx 1987. Traduit en anglais (Newark, University of Delaware Press, 1992).

Inventaire des registres paroissiaux catholiques du Québec, 1621-1876. Montréal, Les Presses de l'Université de Montréal, 1990. xx-354 p. (Avec la collaboration de P. Bélanger).

Les Montréalais. Tome premier. Montréal, Libre Expression et Art Global, 1992. 324 p. (En collaboration).

YVES LANDRY

ORPHELINES EN FRANCE
PIONNIÈRES AU CANADA

LES FILLES DU ROI
AU XVIIe SIÈCLE

suivi d'un

Répertoire biographique des Filles du roi

Préface d'Hubert Charbonneau

LEMÉAC

DONNÉES DE CATALOGAGE AVANT PUBLICATION (CANADA)

Landry, Yves

Orphelines en France, pionnières au Canada : les Filles du roi au XVIIe siècle ; suivi d'un, Répertoire biographique des Filles du roi

(Collection Ouvrages historiques)

Comprend des références bibliographiques.

ISBN 2-7609-5068-9

1. Filles du roi (Histoire du Canada). 2. Canada — Histoire — 1663-1713 (Nouvelle-France). 3. Filles du roi (Histoire du Canada) — Biographies. 4. Canada — Population — Histoire — 17e siècle. 5. Canada — Émigration et immigration— Histoire — 17e siècle. 6. Immigrants — Canada — Histoire — 17e siècle. I. Titre. II. Titre : Répertoire biographique Filles du roi. III. Collection.

JV7222.L36 1992   325.714'09'032   C92-096611-X

Maquette de la couverture: Danièle Péret.

Tableau de la couverture: «La fiancée normande», École des frères Le Nain, collection du Musée national des Beaux-Arts d'Alger.

La Fédération canadienne des sciences sociales, dont les fonds proviennent du Conseil de recherches en sciences humaines du Canada, le Conseil des arts du Canada et le Centre de coopération interuniversitaire franco-québécoise ont aidé à la publication de cet ouvrage.

© Copyright Ottawa 1992 par Leméac Éditeur Inc.
1124, rue Marie-Anne Est, Montréal (Qc) H2J 2B7
Dépôt légal — Bibliothèque nationale du Québec,
2e trimestre 1992

Imprimé au Canada

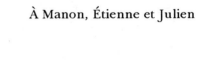

À Manon, Étienne et Julien

PRÉFACE

«Filles du roi» : que voilà un beau qualificatif généralement mal interprété, comme si tout n'était pas royal sous le monarque absolu. On se plaît néanmoins à flairer à ce propos une histoire secrète et peut-être croustillante. Il est vrai que la tradition a fréquemment jeté un voile discret sur la question. Trois siècles en outre ont passé qui accroissent le mystère autour de ces femmes, mères de la nation.

Le sujet n'est pas neuf. Nombreux sont ceux qui l'ont épluché, avec un bonheur variable, il faut le reconnaître. Yves Landry innove pourtant. Personne, avant lui, n'a autant développé l'analyse ni à ce point poussé l'explication. Loin de verser dans l'émotion ou l'idéologie, il commence par examiner des faits qu'il s'efforce ensuite de faire comprendre en toute rigueur. Parfaitement documenté, il ne laisse rien au hasard. Après avoir brillamment échappé aux multiples pièges qu'il a dû affronter, il démontre avant tout, avec un art consommé, combien le changement de continent a eu des conséquences déterminantes sur le comportement des pupilles royales, tant en ce qui concerne le biologique que le social. L'un de ses principaux mérites réside également dans la démonstration indirecte qu'il établit au sujet de la représentativité de ces migrantes : ses lecteurs sauront désormais que ces femmes, pour sélectionnées qu'elles aient été, n'en demeuraient pas moins des femmes comme les autres. Le mythe est détruit.

Voici certes un ouvrage scientifique ; mais attention, le fait mérite d'être souligné, la science se révèle ici pleinement accessible, ce qui n'est malheureusement pas si fréquent. Yves Landry se montre à la hauteur de la qualité exceptionnelle de ses données. Il sait tirer le meilleur parti du *Registre de la population du Québec ancien*, cette petite merveille informatique issue de l'étroite coopération, entretenue pendant deux décennies, par des informaticiens, des historiens et des démographes de l'Université de Montréal, autour du Programme de recherche en démographie historique. Il ne se contente pas en effet d'aligner tableaux et graphiques, si révélateurs soient-ils, mais ressuscite plutôt, sous nos yeux, tout un pan de notre histoire.

Les chercheurs qui s'intéressent à la Nouvelle-France trouveront ici à la fois une source d'inspiration et la pièce maîtresse des travaux relatifs aux Filles du roi. Quant aux profanes, je les invite à se délecter en particulier des belles pages où l'auteur décrit de sa plume alerte les circonstances peu banales du choix des conjoints. Ils découvriront aussi, au fil des chapitres, une aventure passionnante, celle de 800 femmes dont plusieurs dizaines figurent probablement parmi leurs ancêtres. J'ai calculé, pour ma part, que plus d'un sixième de mon patrimoine génétique revient à ces seules immigrantes. Les généalogistes apprécieront à cet égard le riche appendice contenant la liste documentée de ces orphelines devenues pionnières.

Ce livre m'apparaît enfin comme un véritable modèle pour tous ceux qui se targuent de pratiquer les relations interdisciplinaires, car l'histoire et la démographie s'y rencontrent dans la plus parfaite harmonie : un classique de la démographie historique assurément.

Hubert Charbonneau
Montréal, septembre 1991

REMERCIEMENTS

À l'aube de ce livre, il m'est agréable d'évoquer les noms de ceux qui ont rendu possible sa réalisation.

Je dois beaucoup à mes collègues du Programme de recherche en démographie historique (P.R.D.H.) de l'Université de Montréal, et en particulier à ses codirecteurs Hubert Charbonneau et Jacques Légaré qui m'ont permis de réaliser ce travail dans les meilleures conditions. Il me faut signaler aussi la contribution d'André Guillemette qui, par son assistance constante et aguerrie, m'a libéré des tâches les plus ingrates. Les travaux du P.R.D.H. sont subventionnés par le Conseil de recherches en sciences humaines du Canada, le Fonds F.C.A.R. et l'Université de Montréal. La préparation finale de cet ouvrage a aussi bénéficié de l'appui financier de l'Association d'études canadiennes, grâce à des fonds fournis par le Secrétariat d'État du Canada.

Avant de devenir un livre, mon manuscrit a d'abord été une thèse de doctorat soumise en 1989 à l'École des hautes études en sciences sociales de Paris. Mon directeur de thèse, Jacques Dupâquier, m'a fait profiter de son expérience et de sa clairvoyance dans l'élaboration et l'évaluation de ma recherche. Qu'il en soit ici remercié.

Plusieurs personnes ont collaboré à divers aspects de mes travaux. Ma reconnaissance s'adresse entre autres à Richard Lalou, qui m'a fourni certains résultats de sa thèse en cours, à Josée Tassé, qui a rédigé la programmation informatique, à Serge Poulard et Évelyne Heyer, qui ont assuré l'application micro-informatique de l'index d'homogamie, à Louise Marcotte, Bruno Gendron et Anne-Marie Chamfrault, qui ont préparé la cartographie, à Christiane St-Pierre, qui a dirigé le traitement de textes, et à Hélène Périers qui a contribué à l'élaboration du répertoire biographique des Filles du roi.

Si cet ouvrage a été enfanté dans la joie et non dans la douleur, je le dois finalement à mon épouse, Manon Pomerleau, qui n'a cessé de m'encourager tout au cours de ces années de travail et qui a bien vu dans les Filles du roi, non des concurrentes illicites, mais des complices de notre amour et de notre accomplissement.

INTRODUCTION

Si l'expression « Filles du roi » fait encore souvent sourire, à cause de sa connotation morale équivoque, la population féminine ainsi désignée reste mal connue malgré tout l'intérêt qu'elle suscite depuis un siècle ou deux dans l'historiographie québécoise. Envoyées par le roi Louis XIV pour peupler sa colonie canadienne, ces quelque huit cents immigrantes ont en effet joué un rôle notoire dans l'histoire du peuplement de la Nouvelle-France. Leur importance s'explique d'abord par leur nombre. Représentant environ 8 pour cent de tous les immigrants qui se sont établis au Canada sous le Régime français, elles ont néanmoins totalisé, en seulement onze ans, près de la moitié des femmes qui ont traversé l'Atlantique en cent cinquante ans. Elles occupent aussi une place fondamentale dans l'univers mental des historiens parce que leur immigration est survenue à un moment crucial de l'évolution politique et démographique de la colonie. L'année 1663 a marqué, en même temps que le coup d'envoi du premier contingent de pupilles royales, la fin d'une époque caractérisée par le laisser-faire des compagnies commerciales et le début du gouvernement royal. Au moment de ce changement de régime, la population canadienne comptait environ 3 000 habitants ; dix ans plus tard, elle aura presque triplé. De la décennie qui a précédé l'arrivée des premières Filles du roi à celle qui a suivi, le taux annuel moyen d'accroissement de la population a presque doublé, passant de 5 à 9 pour cent. Mais surtout, la part de l'accroissement naturel dans l'accroissement total de la population a brusquement augmenté, passant de moins du tiers à plus des trois quarts. Un tel bouleversement démographique ne met pas seules en cause les Filles du roi, puisque des centaines de militaires du régiment de Carignan se sont aussi établis au cours des mêmes années, mais sans les contingents de filles à marier l'installation des premiers aurait été compromise et la population canadienne n'aurait pas connu le développement nécessaire à sa survie. Vers 1678, la population native dépassait définitivement en nombre la population d'origine européenne et, conformément au voeu de Colbert, la colonie pouvait désormais compter sur ses propres ressources humaines pour assurer sa croissance.

L'ancienneté des Filles du roi dans l'histoire du peuplement de la vallée laurentienne leur confère aussi une place à part parmi tous les ancêtres du peuple canadien-français. Si l'on a pu récemment affirmer que les 3 380 pionniers établis avant 1680 «sont en définitive à l'origine des deux tiers des gènes des Québécois francophones actuels»[1], on devine l'importance des Filles du roi, qui représentent plus de la moitié des pionnières, dans l'origine du patrimoine génétique des Canadiens français. Les Filles du roi apparaissent dans tous les tableaux d'ascendance des Québécois de souche française et méritent certainement ainsi l'intérêt que leur accordent généralement les amateurs férus d'histoire et de généalogie.

L'étude du comportement démographique des Filles du roi s'inscrit dans celle du problème, vaste et relativement nouveau pour les chercheurs attachés à la période de la Nouvelle-France, du passage et de l'adaptation d'une population européenne en milieu nord-américain. Avant nous, Hubert Charbonneau avait imaginé de brosser une sorte de diptyque, dont les deux volets auraient été formés par la population-mère et la population-fille, et «d'établir un parallèle entre les deux branches issues d'une même souche»[2]. Le premier volet a été réalisé par la publication d'une monographie consacrée à la paroisse de Tourouvre-au-Perche d'où sont partis au XVIIe siècle quelques dizaines d'émigrants à destination du Canada. La préparation reportée du second volet, affecté à une paroisse québécoise, devrait finalement permettre la création d'un triptyque, dont le volet central serait occupé par la population migrante qui, de tous les coins de la France, est partie peupler le Canada. Comme les Filles du roi constituent un sous-groupe important de ces migrants, il importe de vérifier auprès d'elles les deux hypothèses complémentaires suggérées par ce schéma:

1. Hubert Charbonneau, Bertrand Desjardins, André Guillemette, Yves Landry, Jacques Légaré et François Nault, *Naissance d'une population. Les Français établis au Canada au XVIIe siècle*, Paris et Montréal, PUF et PUM, 1987, p. 124.

2. Hubert Charbonneau, *Tourouvre-au-Perche aux XVIIe et XVIIIe siècles. Étude de démographie historique*, Paris, PUF, 1970, p. 1.

– premièrement, le changement de milieu a provoqué des modifications dans le comportement démographique des individus ;

– deuxièmement, ce comportement en milieu nouveau porte l'empreinte du milieu d'origine.

Cette problématique offre un intérêt particulier pour l'étude des Filles du roi puisque celles-ci provenaient essentiellement des couches les plus démunies de la société. Dans quelle mesure le changement de milieu a-t-il effacé les séquelles de leur passé français ? Telle est la question principale à laquelle nous tenterons de répondre. Notre plan a été placé au service de cet objectif. Après avoir, dans le premier chapitre, défini notre objet d'étude, évalué son traitement historiographique et explicité notre méthodologie, nous brosserons, dans le second chapitre, un tableau d'ensemble des origines des Filles du roi. Le troisième chapitre sera consacré à l'étude de leur nuptialité, le quatrième à celle de leur fécondité et le cinquième à celle de leur mortalité. Enfin, après cette première partie vouée à l'analyse, une seconde présentera les notices biographiques des Filles du roi.

Les instruments d'analyse que nous utiliserons sont essentiellement ceux de la démographie historique. Même si cette discipline a dépassé le stade descriptif, ses efforts pour tendre à l'explication historique, pour appeler les facteurs de causalité relevant d'autres disciplines que la démographie, n'ont pas toujours été couronnés de succès, en particulier au Québec. Par exemple, les rapports entre le comportement démographique et le milieu environnant (climat, ressources alimentaires, etc.) n'ont pas livré tous leurs secrets et seule une collaboration efficace entre démographes, historiens, biologistes et ethnologues pourrait nous aider à en comprendre les ressorts principaux. Avec Jacques Dupâquier, nous ne saurions, en effet, «reconnaître que [notre] discipline n'est qu'un sous-produit de la démographie et qu'elle en transpose purement et simplement dans l'étude du passé les questions et les concepts »[3]. Notre ouvrage porte la marque de cette préoccupation, mais, en même temps, celle imposée par l'état de développement actuel de la démographie historique.

Vingt-cinq ans après que l'historien Marcel Trudel ait proposé, parmi «des sujets de recherche, pour un siècle ou deux», que l'on étudie «de quel milieu venaient les "filles du roi" et comment elles se sont adaptées à ces inconnus qu'on leur fait rapidement épouser »[4], voici enfin une ébauche de réponse à cette question.

---

3. Jacques Dupâquier, *Pour la démographie historique*, Paris, PUF, 1984, p. 70.

4. Marcel Trudel, «Des sujets de recherche, pour un siècle ou deux...», *Revue d'histoire de l'Amérique française*, vol. XX, n° 2 (septembre 1966), p. 230.

PREMIÈRE PARTIE

ÉTUDE DE DÉMOGRAPHIE HISTORIQUE ET D'HISTOIRE SOCIALE

Chapitre I

LES FILLES DU ROI, OBJET D'ÉTUDE

« Quelques années après [mon premier voyage en France en 1658-1659], il arriva [à Montréal] environ dix-sept *filles du roi*, que j'allai quérir au bord de l'eau, croyant qu'il fallait ouvrir la porte de la maison de la Sainte Vierge à toutes les filles. Notre maison était petite ; nous fîmes accommoder la petite maison achetée de [André Charly sieur de] Saint-Ange et je demeurai avec eux [elles] ; et j'étais obligée d'y demeurer à cause que c'était pour faire des familles. »

Marguerite Bourgeoys, *Écrits autographes.*

1 – Qui étaient les Filles du roi

C'est par ces quelques phrases, écrites vraisemblablement vers 1697-1698[1], que la fondatrice de la Congrégation de Notre-Dame a, la première, qualifié de « Filles du roi » les filles à marier envoyées par l'administration royale une trentaine d'années plus tôt. L'expression est restée inusitée jusqu'à ce que l'historien Étienne-Michel Faillon publie en 1853 une vie de mère Bourgeoys : en citant le passage pertinent des écrits autographes et en interprétant le sens donné à cette épithète par son auteur, Faillon a perpétué l'appellation employée par la religieuse.

> Elle désigne sous le nom de *filles du roi* de jeunes personnes que le roi faisait élever à l'hôpital général de Paris, toutes issues de légitimes mariages, les unes orphelines et les autres appartenant à des familles tombées dans la détresse[2].

Contrairement à l'opinion des historiens Trudel et Campeau selon qui « l'expression traditionnelle *filles du roi*, que n'emploie pas

---

1. D'après son historiographe Faillon, Marguerite Bourgeoys aurait en grande partie rédigé ses écrits autographes, qui forment son autobiographie et son testament spirituel, entre les mois d'octobre 1697 et juin 1698. *Les écrits de Mère Bourgeoys. Autobiographie et testament spirituel*, Montréal, Congrégation de Notre-Dame, 1964, pp. 9 et 257. [Étienne-Michel Faillon], *Vie de la sœur Bourgeoys fondatrice de la Congrégation de Notre-Dame de Villemarie en Canada suivie de l'histoire de cet institut jusqu'à ce jour*, Villemarie, Sœurs de la Congrégation de Notre-Dame, 1853, t. II, pp. 64-65.

2. *Ibid.*, t. I, pp. 188-189.

l'intendant Talon [...], serait une création des historiens »[3], la dénomination émane donc bien d'une contemporaine de ces immigrantes. Le sens donné à cette appellation dérive naturellement de celui de l'expression «enfants du roi» qui désignait autrefois les enfants sans parents, c'est-à-dire trouvés ou orphelins, qui étaient élevés aux frais du roi. Cette dernière locution semble avoir été d'usage courant au Canada puisqu'on la retrouve même dans les registres paroissiaux[4].

Après Faillon, l'expression «Filles du roi» est passée dans le domaine historique. Dès 1859, Rameau de Saint-Père accréditait l'appellation en citant la définition de Faillon[5]. Quatre ans plus tard, les auteures de Les Ursulines de Québec qualifiaient de «Fille du roi» une immigrante arrivée dans la colonie en 1653[6]. Les historiens Sulte, Groulx, Renaud, Malchelosse, etc., firent ensuite abondamment référence à l'expression, en distinguant ainsi les filles élevées, recrutées et transportées à la charge de l'État, de celles qui étaient venues par elles-mêmes, à leurs frais[7].

---

3. Marcel Trudel, *Histoire de la Nouvelle-France*, vol. III : *La seigneurie des Cent-Associés (1627-1663)*, t. 2 : *La société*, Montréal, Fides, 1983, p. 43.

4. Registre de la paroisse Saint-Laurent, 6 décembre 1759 : «J'ai enterré dans le cimetière de cette paroisse le corps de Jean Baptiste âgé de six semaines décédé d'hier, *enfant du roy...*» Voir E.-Z. Massicotte, «Comment on disposait des enfants du roi», *Bulletin des recherches historiques*, vol. XXXVII, n° 1 (janvier 1931), pp. 49-54. Le généalogiste Pierre J.O. Boucher a cru lire l'expression «fille de roy» attachée à Jeanne Groisard dans plusieurs actes de baptême du registre de Notre-Dame-de-Montréal où elle est apparue comme marraine, dont celui du 14 janvier 1667. Une lecture attentive démontre qu'elle a plutôt été qualifiée «fille de soy», c'est-à-dire célibataire (elle ne contracta mariage qu'en octobre 1668). Élisabeth Leconte bénéficia de la même épithète en août 1667. Pierre J.O. Boucher, «Nos aïeules Filles du roi», communication présentée devant la Société historique de Montréal, mai 1939, p. 30.

5. Edme Rameau, *La France aux colonies. Études sur le développement de la race française hors de l'Europe. Les Français en Amérique. Acadiens et Canadiens*, Paris, Jouby, 1859, deuxième partie : *Les Canadiens*, p. 287.

6. *Les Ursulines de Québec, depuis leur établissement jusqu'à nos jours*, Québec, Darveau, 1863, t. I, p. 322, note 1. Roland-J. Auger, *La grande recrue de 1653*, Montréal, Société généalogique canadienne-française, 1955, p. 27, note 68. L'étiquette «Fille du Roi» rattachée à Marie Renaudin de la Blanchetière n'apparaît nullement dans les archives des ursulines de Québec et serait plutôt une création moderne. Lettre de l'archiviste Fernande Bédard à l'auteur, avril 1985.

7. Benjamin Sulte, *Histoire des Canadiens-Français, 1608-1880*, t. IV, Montréal, Wilson, 1882, p. 116. Lionel Groulx, *La naissance d'une race*, Montréal, Bibliothèque de l'Action française, 1919, p. 60. Paul-Émile Renaud, *Les origines économiques du Canada. L'œuvre de la France*, Mamers, Enault, 1928, p. 259. Gérard Malchelosse, «L'immigration des filles de la Nouvelle-France au XVIIe siècle», *Les Cahiers des Dix*, n° 15 (1950), p. 55.

Un siècle après l'ouvrage de Faillon, les Filles du roi trouvèrent leur historien officiel en Gustave Lanctôt qui, en 1952, fit paraître *Filles de joie ou filles du roi*. Le premier mérite de cet auteur fut d'établir clairement un cadre chronologique de l'immigration féminine au Canada au XVIIᵉ siècle.

> L'émigration féminine au Canada, au dix-septième siècle, se divise automatiquement en deux périodes, celle de 1634 à 1662, sous la Compagnie de la Nouvelle-France, et celle de 1663 à 1673, sous l'administration royale. La première se compose d'émigrantes venues d'elles-mêmes, à la suite d'initiatives particulières, dans la colonie ou dans la métropole. La seconde, au contraire, comprend des épouseuses, recrutées et transportées par l'autorité ministérielle, qui leur attribuait une allocation, « le présent du roi », le jour de leur mariage. Pour cette raison, on les appelait les filles du roi, appellation que l'on a parfois abusivement étendue aux émigrantes d'avant 1663[8].

À trop chercher la clarté, pour faciliter la compréhension, un tel énoncé verse cependant dans la simplification et la déformation des faits. En recourant au seul critère chronologique pour définir les Filles du roi, Lanctôt a éliminé la possibilité d'une immigration féminine dirigée par l'État avant 1663 et celle d'immigrantes venues librement sous le gouvernement royal. Pourtant plusieurs historiens, avant comme après Lanctôt, ont démontré l'existence de filles envoyées par la reine en 1654 pour peupler la colonie[9]. Il ne fait pas de doute non plus qu'un certain nombre de femmes arrivées entre 1663 et 1673 sont venues par elles-mêmes ou ont bénéficié d'appuis autres que publics. Lanctôt en était lui-même conscient et certains de ses calculs contredisent sa conception théorique du phénomène[10].

Tout en retenant la nécessité de l'assistance financière de l'État pour qualifier une immigrante de Fille du roi, Lanctôt s'est distingué de ses prédécesseurs en levant la restriction relative à l'origine géographique des femmes : les navires du roi, démontre-t-il, n'ont pas transporté seulement les pensionnaires de l'Hôpital général de Paris ou les Normandes recrutées par l'archevêque de Rouen à la demande du

---

8. Gustave Lanctôt, *Filles de joie ou filles du roi. Étude sur l'émigration féminine en Nouvelle-France*, Montréal, Chantecler, 1952, pp. 9-10.

9. Trudel, *op. cit.*, pp. 42-44. Joseph-Edmond Roy, « Le baron de Lahontan », *Mémoires et comptes rendus de la Société royale du Canada*, t. XII (1894), section I, p. 155. Groulx, *op. cit.*, pp. 15 et 57-58. Renaud, *op. cit.*, p. 259. Benjamin Sulte, *Mélanges historiques*, vol. 17 : *Défense de nos origines*, Montréal, Garand, 1930, p. 50, note 31. Pierre J.O. Boucher, « Mille Filles du Roi », communication présentée devant la Société historique de Montréal, septembre 1938, p. 16. Malchelosse, *loc. cit.*, pp. 61-63.

10. Lanctôt, *op. cit.*, p. 112.

ministre Colbert, mais aussi toutes celles enrôlées ailleurs en France ou venues d'elles-mêmes aux ports d'embarquement. Sa définition des Filles du roi porte d'ailleurs les traces de cet allègement :

> J'appelle Filles du roi, les seules émigrantes, filles, femmes, ou veuves, qui sont passées au Canada aux frais du roi en des envois recrutés et dirigés par les autorités en France, accueillis et établis au Canada par l'intendant, et recevant au mariage le présent du roi de 50 livres aux roturières et de 100 livres aux demoiselles, et parfois (mais rarement) davantage[11].

Cette définition claire a reçu l'aval de Paul-André Leclerc, auteur d'une thèse de doctorat sur l'émigration féminine vers l'Amérique française sous l'Ancien Régime, qui l'a simplement complétée en précisant qu'avant l'arrivée du premier intendant en 1665, les contingents initiaux ont dû être « accueillis et établis » par le Conseil souverain[12].

La recherche nominative des Filles du roi dans les archives canadiennes a cependant tôt fait de montrer la difficulté d'application d'une telle définition reposant sur le concept de l'aide royale. Les explications méthodologiques de Silvio Dumas, généalogiste qui a publié en 1972 un répertoire nominatif des Filles du roi, ont souligné le caractère forcément empirique de toute définition qui se veut opérationnelle. Cet auteur a élaboré quelques critères objectifs d'exclusion de la population des Filles du roi : l'origine canadienne de la candidate, son immigration hors de la période 1663-1673, son statut de veuve venue avec de jeunes enfants, celui de fille arrivée avec ses parents ou dont le voyage a été financé par eux et, enfin, son recrutement par la Compagnie des Indes occidentales. Par contre, la mention d'une dot royale ou de maigres apports au contrat de mariage et l'origine urbaine, en particulier parisienne ou rouennaise, doivent plaider selon lui en faveur de l'inclusion de l'immigrante dans les contingents des Filles du roi[13].

Malgré toutes les précautions prises par Dumas pour exclure les filles qui, manifestement, n'ont pas immigré aux frais du roi, il est

---

11. Archives nationales du Québec, Fonds Godbout, Correspondance, lettre de Gustave Lanctôt à Archange Godbout, 20 mai 1952, citée par Paul-André Leclerc, *L'émigration féminine vers l'Amérique française aux XVIIe et XVIIIe siècles*, thèse de doctorat, Faculté des lettres, Institut catholique de Paris, 1966, pp. 276-277.

12. *Ibid.*, p. 277.

13. Silvio Dumas, *Les filles du roi en Nouvelle-France. Étude historique avec répertoire biographique*, Québec, Société historique de Québec, 1972, pp. 157-160. La section de cet ouvrage constituée par le répertoire des Filles du roi a été traduite en anglais et enrichie par Joy Reisinger et Elmer Courteau, *The King's Daughters*, Sparta (Wisconsin), 1988, vi – 233 p.

certain que les limites documentaires l'ont néanmoins amené à compter des femmes venues librement ou tout au moins sans l'aide des pouvoirs publics. Ses efforts pour recenser toute immigrante qui s'est mariée ou qui a assisté à un mariage l'ont nécessairement conduit à déborder le cadre étroit que supposait sa définition de base des Filles du roi. En réaction à ce qu'il percevait alors comme un abus, l'historien Marcel Trudel a élaboré une nouvelle définition des Filles du roi, beaucoup plus stricte et exigeante.

> Nous croyons qu'une « fille du roi » doit être orpheline, venir d'une maison où l'on élève les « filles de famille » (c'est-à-dire d'un niveau social élevé), qui sont dans le besoin ou, en tout cas, être recrutées [sic] par un organisme d'État, voyager en groupe et, d'ordinaire, toucher à son mariage une « dot du roi ». Si l'historien s'applique à réunir ces conditions ou la plupart d'entre elles, son catalogue se déchargera de bien des immigrantes qui sont venues d'elles-mêmes rejoindre des parents ou affronter toutes seules l'aventure[14].

Cette définition repose sur l'hypothèse, nullement démontrée, que les immigrantes recrutées par les agents officiels provenaient toutes de classes sociales élevées. La correspondance entre l'intendant Talon et le ministre Colbert et celle de Marie de l'Incarnation avec son fils indiquent pourtant au contraire que les «demoiselles» ne formaient qu'une infime minorité des recrues et que la masse des filles appartenaient plutôt aux milieux les plus modestes de la société[15]. La rigueur des critères invoqués par Trudel invite néanmoins à une vérification dans les registres paroissiaux et les minutes notariales : combien de femmes, parmi toutes les immigrantes de la période 1663-1673, étaient à la fois d'origine urbaine, d'appartenance sociale noble ou bourgeoise, orphelines de père ou de mère et bénéficiaires d'un don du roi ? Seulement huit[16]. Un tel résultat, tout à fait irréaliste, confirme l'impropriété de cette définition et la nécessité de recourir à des critères souples pour tenter de reconstituer des effectifs vraisemblables de Filles du roi, compte tenu des témoignages des contemporains[17].

---

14. Trudel, *op. cit.*, p. 43.

15. Voir infra, pp. 65-73.

16. Il s'agit de Marie Baril, Marthe Beauregard, Jeanne Chartier, Madeleine Delaunay, Marie Fouquet, Catherine Lemesle, Marie-Madeleine Normand et Marie Péchina. Voir, infra, leurs notices biographiques.

17. Voir notre critique de la définition de Trudel dans Hubert Charbonneau et Yves Landry, « *Histoire de la Nouvelle-France*, vol. III : *La seigneurie des Cent-Associés*, t. 2 : *La société* par Marcel Trudel », *Histoire sociale/Social History*, vol. XVIII, n° 35 (mai 1985), pp. 173-174.

Nous définissons, pour notre part, les Filles du roi comme étant les immigrantes, filles ou veuves, venues au Canada de 1663 à 1673 inclusivement et ayant présumément bénéficié de l'aide royale dans leur transport ou leur établissement, ou dans l'un et l'autre. Décomposons cet énoncé pour en comprendre toute la portée. Tout d'abord, nous n'excluons pas, à l'instar de Dumas, les quelques veuves arrivées au pays avec au moins un jeune enfant : rien dans la correspondance de Talon ne laisse soupçonner la moindre réticence à l'égard de ces femmes qui présentaient au contraire l'avantage d'avoir déjà fait la preuve de leur fécondité. Ensuite, même si nous admettons que l'État a pu diriger vers le Canada quelques immigrantes avant 1663, notamment en 1654, ni leur nombre ni leur signification au plan statistique ou démographique ne justifient, à notre sens, que nous brisions l'unité que l'historiographie a, dans son ensemble, reconnue aux femmes venues sous le gouvernement royal. Enfin, dans la constitution de notre répertoire des Filles du roi, nous n'exigeons pas de chaque immigrante une preuve documentaire garantissant l'assistance financière de l'État par le moyen de la dot royale. Seule suffit la présomption fournie par l'année d'immigration, la liberté de contracter mariage et l'absence apparente d'aide privée.

L'application de cette définition au corpus documentaire constitué par les registres paroissiaux et les minutes notariales devrait permettre de recenser les trois catégories suivantes d'immigrantes :

1 – Les femmes dûment recrutées et transportées au Canada aux frais du roi. On compte notamment dans cette catégorie les pensionnaires de l'Hôpital général de Paris et les recrues normandes sollicitées par le ministre Colbert auprès de l'archevêque de Rouen.

2 – Les femmes qui se sont présentées d'elles-mêmes aux ports d'embarquement mais qui ont par la suite été intégrées aux contingents du roi. L'intendant Talon a fait allusion à deux reprises, en 1665 et en 1673, à cet ajout imprévu d'immigrantes au convoi officiel[18].

3 – Les femmes qui n'ont été ni recrutées ni transportées aux frais de l'État, mais dont l'établissement, entre 1663 et 1673, a vraisemblablement été facilité par les administrateurs coloniaux. Ces femmes auraient été peu nombreuses, si l'on se fie aux arrivées de 1664, 1666 et 1672 : en ces années où, d'après la correspondance offi-

---

18. Lettre de l'intendant Talon au ministre Colbert, La Rochelle, 22 avril 1665, dans *Rapport de l'archiviste de la province de Québec pour 1930-1931* (désormais *RAPQ 1930-1931*), Québec, 1931, p. 20. Mémoire de l'intendant Talon au roi sur les besoins du Canada, Paris, 9 mars 1673, *ibid.*, p. 172. Voir Lanctôt, *op. cit.*, p. 114, et Leclerc, *op. cit.*, p. 309.

cielle, le roi n'a pas financé l'envoi de filles à marier[19], on compte, d'après tous les auteurs qui ont constitué un répertoire de Filles du roi, seulement de quinze à trente immigrantes débarquées chaque année[20]. Comme la plupart des voyageuses isolées arrivées en année régulière ont été vraisemblablement absorbées par les convois royaux, l'effectif total de cette catégorie n'a pas dû dépasser la centaine. Rien ne permet de croire, par ailleurs, que ces femmes constituaient un type particulier d'immigrantes, distinct tout au moins de celui des femmes de la catégorie précédente.

Notre définition des Filles du roi, qui s'apparente à celles de Lanctôt, Leclerc et Dumas, est-elle assez souple et pondérée pour que son application permette la constitution d'un répertoire conforme à la réalité ? La réponse à cette question réside dans la comparaison de nos résultats avec les témoignages de contemporains qui sera faite plus loin[21]. Mais, d'ici là, l'accord général de notre définition avec celles de nos prédécesseurs autorise l'examen du traitement que les historiens ont traditionnellement réservé aux Filles du roi.

2 – Aperçu historiographique

L'immigration féminine en Nouvelle-France et, en particulier, le chapitre relatif aux Filles du roi ont habituellement constitué un sujet d'angoisse et de rancœur chez les historiens canadiens. Au fil des siècles, les auteurs de notre histoire nationale ont cherché à défendre la moralité de ces lointaines aïeules pourfendue par une rumeur dénonciatrice et tenace. Armés de témoignages contemporains soigneusement sélectionnés, ils ont développé un plaidoyer remarquablement structuré, proclamant la pureté de nos origines et la fausseté des accusations entretenues depuis les débuts de la colonisation. Sans chercher à faire le bilan complet du procès des Filles du roi devant l'historiographie, qui à lui seul pourrait faire l'objet d'un livre, il n'est pas inutile d'en rappeler ici les principales étapes et les fondements épistémologiques[22].

---

19. *Ibid.*, pp. 280-284. Lanctôt, *op. cit.*, pp. 106 et 110.

20. Voir infra, p. 49, tableau 1.

21. Voir infra, pp. 35-36 et 42-44.

22. On lira avec profit l'essai partisan de Lanctôt, *op. cit.*, qui démonte le discours pamphlétaire consacré aux filles à marier du XVIIe siècle. Plus globale et surtout libérée de l'idéologie conservatrice qui prévalait jusqu'alors est la note critique de Jean Blain, « La moralité en Nouvelle-France : les phases de la thèse et de l'antithèse », *Revue d'histoire de l'Amérique française*, vol. 27, n° 3 (décembre 1973), pp. 408-416.

Au moment où s'amorçait le peuplement de la vallée du Saint-Laurent, le premier théoricien de la colonisation, Antoine de Montchrétien, encouragea vivement le roi de France à dériver vers l'Amérique le courant migratoire français qui, d'après lui, peuplait l'Espagne : le chemin, écrivit-il, « s'ouvre largement aux peuples qu'il vous plaira envoyer dans ce nouveau monde, où vous pouvez planter et provigner de nouvelles Frances »[23]. Inspiré par la doctrine mercantiliste alors en plein essor, Montchrétien favorisait cette émigration pour plusieurs raisons, dont celle de nettoyer la métropole de ses mauvais sujets.

> C'est qu'il y a tousjours en un Estat des larrons, des fayneans, des mutins, qui gastent la simplicité des bons subjects, il n'y a bien souvent magistrat ny loy qui puissent en venir à bout, les gibets n'estans dressez, comme l'on dit, que pour les mal heureux, les filets d'aragnes tendus que pour les mouches. Pour en purger le pays comme d'une pituite, on ne sçauroit trouver de meilleur appozéme que de les jetter hors[24].

Conformément à cette idée, plusieurs observateurs ne tardèrent pas à présenter le Canada en colonie pénale, comme y fit écho la *Relation des Jésuites* de 1641 :

> On nous a dit qu'il couroit un bruit dans Paris, qu'on avoit mené en Canada, un Vaisseau tout chargé de filles, dont la vertu n'avoit l'approbation d'aucun Docteur ; c'est un faux bruit, i 'ay veu tous les Vaisseaux, pas un n'estoit chargé de cette marchandise[25].

Vingt ans plus tard, à l'aube des premiers envois de Filles du roi, Pierre Boucher composa un pamphlet destiné à promouvoir l'immigration en Nouvelle-France. Il réfuta lui aussi les mêmes rumeurs persistantes et invoqua divers arguments que reprirent à sa suite, pendant plus de trois siècles, les historiens du Canada.

> Voicy encore une question qui m'a esté faite, sçavoir comme on vit en ce Pays-icy ; si la Iustice s'y rend ; s'il n'y a point bien du libertinage, veu qu'il y passe, dit-on, quantité de garnemens, & des filles mal-vivantes.
> I'y répondray à tous les points l'un apres l'autre, & ie commenceray par le dernier. Il n'est pas vray qu'il vienne icy de ces sortes de filles, & ceux qui en parlent de la façon se sont grandement mépris, & ont pris les Isles de Saint Christophle & la Martinique pour la Nouvelle-France : s'il y en vient icy, on ne les connoist point pour telles ; car avant que de les embarquer, il faut qu'il y aye quelques-uns de leurs parens ou amis, qui asseurent qu'elles ont tousiours esté sages : si par hazard il s'en trouve

---

23. Antoyne de Montchrétien, *Traicté de l'oeconomie politique dédié en 1615 au roy et à la reine mère du roy*, éd. par Th. Funck-Brentano, Paris, Plon, Nourrit et Cie, 1889, p. 314.

24. *Ibid.*, p. 301.

25. *Relations des Jésuites*, Québec, Côté, 1858, t. 2, p. 55 (réédition Éditions du jour, Montréal, 1972).

quelques-unes de celles qui viennent, qui soient décriées, ou que pendant la traversée elles ayent eu le bruit de se mal-comporter, on les r'envoye en France[26].

Marie de l'Incarnation, religieuse ursuline dont la crédibilité ne peut être attaquée, dénonça pourtant, à peine quelques années plus tard, l'hétérogénéité morale des immigrantes dont aucune, d'après la correspondance officielle de ces années, ne semble avoir été renvoyée en France.

> Il est vrai qu'il vient ici beaucoup de monde de France, et que le païs se peuple beaucoup. Mais parmi les honêtes gens il vient beaucoup de canaille de l'un et de l'autre sexe, qui causent beaucoup de scandale. Il auroit été bien plus avantageux à cette nouvelle Église d'avoir peu de bons Chrétiens, que d'en avoir un si grand nombre qui nous cause tant de trouble[27].

Mais l'auteur qui a jeté le plus de discrédit sur la vertu des Filles du roi et qui, précisément pour cette raison, est devenu la tête de Turc des historiens canadiens, est sans conteste le baron de Lahontan. Arrivé dans la colonie en 1683, à l'âge de dix-sept ans, cet officier militaire gascon y séjourna pendant dix ans et publia en 1703 le récit de ses voyages en Amérique. En plus de constituer une critique sociale acerbe, ses écrits ont été perçus comme une insulte à la moralité des premières Canadiennes. Voici comment il décrivit l'arrivée des Filles du roi au pays :

> Après la reforme de ces Troupes [du régiment de Carignan] on y envoya de France plusieurs Vaisseaux chargez de filles de moyenne vertu, sous la direction de quelques vielles Beguines qui les diviserent en trois Classes. Ces Vestales étoient pour ainsi dire entassées les unes sur les autres en trois differentes sales, où les époux choisissoient leurs épouses de la maniére que le boucher va choisir les moutons au milieu d'un troupeau. Il y avoit dequoi contenter les fantasques dans la diversité des

---

26. Pierre Boucher, *Histoire véritable et naturelle Des Mœurs & Productions du Pays de la Nouvelle France, Vulgairement dite le Canada*, Paris, Lambert, 1664, pp. 155-156 (réédition Société historique de Boucherville, Boucherville, 1964). Cet auteur est le même qui soutint qu'« il y a peu de personnes de ceux qui sont venus [en Canada], qui ayent aucun dessein de retourner en France, si des affaires de grande importance ne les y appellent » (*ibid.*, p. 7). Il est aujourd'hui reconnu qu'avant 1663, entre 62 et 75 pour cent des immigrants de la vallée laurentienne ont regagné la mère-patrie sans s'établir. John A. Dickinson, « Les Amérindiens et les débuts de la Nouvelle-France », dans *Canada ieri e oggi*, Atti del 6° Convegno internazionale di studi canadesi, Selva di Fasano, 27-31 marzo 1985, Schena Editore, p. 94. Mario Boleda, « Trente mille Français à la conquête du Saint-Laurent », *Histoire sociale/Social History*, vol. XXIII, n° 45 (mai 1990), pp. 175-177.

27. Lettre de Marie de l'Incarnation à son fils, Québec, octobre 1669, dans *Marie de l'Incarnation, Ursuline (1599-1672) – Correspondance*, éd. par Dom Guy Oury, Solesmes, Abbaye Saint-Pierre, 1971, p. 863.

filles de ces trois Serrails, car on en voyoit de grandes, de petites, de blondes, de brunes, de grasses & de maigres ; enfin chacun y trouvoit chaussure à son pied. Il n'en resta pas une au bout de 15. jours. On m'a dit que les plus grasses furent plûtôt enlevées que les autres, parce qu'on s'imaginoit qu'étant moins actives elles auroient plus de peine à quitter leur menage, & qu'elles resisteroient mieux au grand froid de l'hiver, mais ce principe a trompé bien des gens. Quoiqu'il en soit on peut ici faire une remarque assez curieuse. C'est qu'en quelque partie du monde où l'on transporte les plus vicieuses Europeanes, la populace d'outre-mer croit à la bonne foi que leurs pêchez sont tellement effacez par le batême ridicule dont je vous ai parlé, qu'ensuite elles sont sensées filles de vertu, d'honneur, & de conduite irreprochable. Ceux qui vouloient se marier s'adresserent à ces directrices auxquelles ils étoient obligez de declarer leurs biens & leurs facultez, avant que de prendre dans une de ces Classes celles qu'ils trouvoient le plus à leur gré. Le mariage se concluoit sur le champ par la voye du Prêtre & du Notaire, & le lendemain le Gouverneur Général faisoit distribuer aux mariez un Bœuf, une Vache, un Cochon, une Truye, un Coc, une Poule, deux barils de chair salée, onze écus avec certaines armes que les grecs appellent kéras [cornes]. Les Officiers plus delicats que leurs Soldats s'accomodoient des filles des anciens Gentilshommes du païs ou de celles des plus riches Habitans[28]...

Deux ans plus tard, une réédition des œuvres de Lahontan, corrigée et augmentée par le moine défroqué Nicolas Gueudeville, amplifia l'outrage.

Après ces premiers Habitans [agriculteurs et militaires] vint une peu-plade utile au païs, & d'une belle décharge pour le Royaume. C'étoit une petite flote chargée d'Amasones de lit, & de troupes femelles d'embar-quement amoureux. Ces Nonnes de Paphos, ou de Cythere apportoient la bénédiction[29]...

Il n'en fallait pas plus pour que, pendant trois siècles, s'échauffe la bile des chroniqueurs et historiens. À coups de citations soigneuse-ment choisies parmi les témoignages d'observateurs, contemporains des Filles du roi ou non, on s'évertua à prouver leur parfaite innocence

---

28. [Louis-Armand de Lom d'Arce, baron de Lahontan], *Nouveaux Voyages de Mr. le Baron de Lahontan, dans l'Amérique Septentrionale*, t. premier, La Haye, Fréres l'Honoré, 1703, pp. 11-12 (Lahontan, *Œuvres complètes*, édition critique par Réal Ouellet et Alain Beaulieu, Montréal, Les Presses de l'Université de Montréal, 1990, vol. I, pp. 265-267). Le baptême signalé était une cérémonie pratiquée sur les bancs de Terre-Neuve et destinée à purifier de leurs péchés ceux qui venaient en Amérique pour la première fois.

29. *Idem*, *Mémoires de l'Amérique Septentrionale, ou la suite des voyages de Mr. le Baron de La Hontan*, t. second, Amsterdam, François L'Honoré, 1705, p. 11 (*Œuvres complètes, op. cit.*, vol. I, p. 114). L'île de Paphos était célèbre pour son temple d'Aphrodite, déesse de la Beauté et de l'Amour que la mythologie a représentée comme l'épouse infidèle d'Héphaistos.

ou tout au moins, pour concilier la déposition accablante de Marie de l'Incarnation, à faire admettre la vertu exemplaire de la presque totalité. Ainsi, dès 1738, le voyageur Claude Lebeau contre-attaqua :

> Il y eut plus de trois cens hommes de ce Regiment [de Carignan Salières] qui s'établirent dans le Païs, non pas avec des Filles de joye, comme le prétend le Baron de la Hontan, mais avec des Filles & des Femmes qui étoient en France, à charge à de pauvres Communautés, d'où on les a tirées, pour les conduire de leur plein gré en Canada. C'est une chose que j'ai appris sur les Lieux par des Personnes de probité & dignes de foi : comme du R.P. Joseph Recollet, Canadien & d'autres Vieillards qui ont presque touché à ces premiers tems. Ainsi la Hontan si sujet à caution dans tous les points Capitaux de son Ouvrage, ne doit pas faire prendre pour Verité, des calomnies si injurieuses à l'honneur des Canadiennes. Il n'en auroit pas pu dire davantage de la Louisiane, où chacun sait que l'on a envoyé beaucoup de Filles du caractère sur lequel il paroît prendre tant de plaisir à s'étendre[30].

Quelques années plus tard, le jésuite Charlevoix, dont la communauté avait été bien malmenée par les écrits de Lahontan, reprocha au Gascon de confondre la réalité et la fiction.

> Le vrai y est tellement confondu avec le faux, qu'il est nécessaire d'être bien instruit de l'Histoire du Canada, pour l'en demêler, & que par conséquent il n'apprend rien aux uns, & ne peut que jetter les autres dans l'erreur[31].

Il reconnut néanmoins la présence de libertins parmi les immigrants arrivés en 1667. Mais, s'empressa-t-il d'ajouter, ces nouveaux venus s'amendèrent aussitôt au contact de la réalité coloniale.

> On remarqua même que parmi les nouveaux venus, les plus libertins ne pouvoient tenir lontems contre les exemples de vertus, qu'ils avoient sans cesse devant les yeux, & qu'au bout de six mois plusieurs n'étoient plus reconnoissables, & ne se reconnoissoient plus eux-mêmes. Les Soldats ne parloient de la guerre des Iroquois, que comme d'une guerre sainte, du succès de laquelle dépendoit la conversion des Infidèles[32].

Cependant, les effets cathartiques de l'éden canadien s'effacèrent rapidement, semble-t-il, avec la dégradation de la qualité des recrues.

> On ne songeait alors [en 1670] qu'à peupler le Pays, & on n'étoit plus aussi scrupuleux, que par le passé, sur le choix des Colons ; aussi y vit-on bien-tot regner des vices, qui jusques-là y avoient été ignorés[33].

---

30. Claude Lebeau, *Avantures du S*ʳ*. C. Le Beau, avocat en parlement, ou Voyage curieux et nouveau, Parmi les Sauvages de l'Amérique Septentrionale*, Amsterdam, Herman Uytwerf, 1738, t. I, pp. 91-92.

31. Pierre-François-Xavier de Charlevoix, *Histoire et description générale de la Nouvelle-France, avec le journal historique d'un voyage fait par ordre du Roi dans l'Amérique septentrionale*, Paris, Nyon, 1744, t. III, p. lv (réédition Élysée, Montréal, 1976).

32. *Ibid.*, t. I, p. 389.

33. *Ibid.*, t. I, p. 425.

Malgré les allusions ponctuelles à la moralité des immigrantes faites jusque-là par les auteurs, c'est à partir du milieu du XIXe siècle et pendant plus d'un siècle que l'historiographie va organiser en système la défense de nos origines enveloppée dans un linceul de religiosité. Jean Blain a bien montré comment cette interprétation figée de la société de la Nouvelle-France, fondée sur l'idéalisation des comportements des pionniers, était le résultat de l'immobilité du milieu culturel des historiens, ainsi que de la stagnation de la recherche historique.

C'est à l'époque qui suit, de Faillon [1866] à Groulx [1960], que l'on assiste au phénomène de l'idéalisation progressive de la société colo-niale, idéalisation forgée en regard d'un cadre de références et d'un système de valeurs qui paraissent typiques de la fin de notre XIXe siècle et qu'on aurait indûment projetés sur les deux siècles qui précèdent. On connaît les traits consolateurs de cette image d'emprunt, traits de vertus, de piété quotidienne et d'héroïsme occasionnel sur un fond d'occupa-tions simples dans un décor de vastes espaces.

La moralité est partie intégrante de l'image, et avant tout cette moralité restreinte à la conduite qui est conforme aux préceptes de la religion et de la loi. Mais même dans ce sens étriqué, le concept suppose de telles difficultés d'analyse historique qu'on ne songe même pas à le contester tout préoccupé qu'on est à raffiner le modèle d'interprétation politico-national. Il en est ainsi, du reste, de l'image tout entière ; elle a la vie dure parce que pour la modifier non seulement faut-il des transforma-tions profondes du milieu culturel monolithique des historiens (ce qui n'a commencé à se produire que dans les années 50), mais encore faut-il aussi que l'historiographie soit dans un état de développement tel qu'elle puisse entreprendre l'analyse sérieuse des comportements sociaux-cul-turels et des mentalités, ce qui ne peut se faire qu'à la suite d'une enquête approfondie sur la société elle-même.

Faute d'avoir satisfait à ces deux conditions, notre historiographie jus-qu'au milieu du présent siècle a tenu pour irrécusable l'idée qu'elle s'était fabriquée de la haute moralité de la société de la Nouvelle-France, idée étayée, pour la convenance, sur des témoignages glanés ici et là (et scrupuleusement sélectionnés) dans les mémoires du temps, et que personne, du reste, ne pensait à mettre globalement en doute[34].

L'ardeur manifestée par les historiens à rétablir la réputation des Filles du roi s'explique aussi par la force de l'idéologie nationaliste conservatrice qui domina largement le Québec entre 1850 et 1950. Animée par le clergé et un grand nombre de membres des professions libérales, cette idéologie définissait les Québécois

comme un groupe qui a une histoire édifiante, qui est devenu minori-taire, au XIXe siècle, et qui a pour devoir de préserver cet héritage qu'il

---

34. Blain, *loc. cit.*, p. 409.

a reçu de ses ancêtres et qu'il doit transmettre intact à ses descendants. Essentiellement, cet héritage se compose de la religion catholique, de la langue française et d'un nombre indéterminé de traditions et de coutumes. Le temps privilégié de cette idéologie est le passé[35].

Comme le rôle de l'historien et la justification même de l'histoire étaient la glorification du passé, on comprend pourquoi Joseph-Edmond Roy, qui a consacré une importante monographie à réfuter le baron de Lahontan, a passionnément lutté à redorer l'image de la moralité des Filles du roi.

> Les racontars de ce cadet de Gascogne, aigri, frondeur, mauvais sujet, buveur, et querelleur, nous ont fait un tort considérable. Nos ennemis se sont emparés de ces mensonges comme d'une arme, et depuis deux siècles on nous les lance à la figure. Des écrivains aussi sérieux que Parkman s'y sont laissé prendre. D'autres, sur la foi de gens apparemment bien disposés, les propageront dans les siècles à venir, malgré nos protestations indignées. Comme une sottise peut faire du chemin.
>
> Il n'est pas vrai, pourtant, que les sources de cette race française du Canada soient empoisonnées, et que ce petit peuple, sage et laborieux, soit le produit hybride né de repris de justice et de femmes sans mœurs. Non, la Nouvelle-France ne fut jamais une colonie pénale ; les bords du Saint-Laurent ne virent jamais ni forçats, ni faussaires, ni filles de lupanars fonder ces beaux et paisibles villages, qui font aujourd'hui la gloire de l'Angleterre[36].

On pourrait multiplier les citations pour illustrer les efforts des uns et des autres à démontrer les faussetés propagées par Lahontan et la vertu sans reproche des immigrantes. Faillon, Sulte, Roy, Salone, Groulx, Malchelosse, Lanctôt, Leclerc, Dumas, etc., y passeraient, pour ne nommer que ceux-là[37]. Les arguments seraient les mêmes :

– Lahontan était un menteur : n'a-t-il pas inventé de toutes pièces la fameuse "rivière Longue" qu'il prétend avoir découverte dans la région du Mississipi[38] ?

---

35. Marcel Rioux, « Sur l'évolution des idéologies au Québec », *Revue de l'Institut de Sociologie*, 1968/1, p. 111.

36. Roy, *loc. cit.*, pp. 164-165.

37. Étienne-Michel Faillon, *Histoire de la colonie française en Canada*, Villemarie, Bibliothèque paroissiale, 1866, t. III, pp. 209-211. Benjamin Sulte, *Mélanges historiques*, vol. 17 : *Défense de nos origines*, *op. cit.*, pp. 48-56. Roy, *loc. cit.*, pp. 63-192. Émile Salone, *La colonisation de la Nouvelle-France. Étude sur les origines de la nation canadienne française*, Paris, Guilmoto, [1905], pp. 163-164 et 426-427 (réédition Boréal Express, Trois-Rivières, 1970). Groulx, *op. cit.*, pp. 49-70 ; *idem, Histoire du Canada français depuis la découverte*, t. I : *Le Régime français*, Montréal, Fides, 1960, pp. 82-84. Malchelosse, *loc. cit.*, pp. 55-80. Lanctôt, *op. cit.*, passim. Leclerc, *op. cit.*, pp. 253-312. Dumas, *op. cit.*, pp. 71-98.

38. Il est aujourd'hui presque assuré, par l'analyse linguistique du nom des groupes rencontrés par Lahontan, qu'il s'agissait de Dakotas vivant le long de la rivière Minnesota. Celle-ci serait ainsi la fameuse rivière Longue. Lahontan, *Œuvres complètes, op. cit.*, vol. I, pp. 43-44.

- Il a confondu le Canada avec les Antilles qui sont réputées avoir reçu des filles légères dans les mêmes années où Lahontan a composé son récit.

- Il n'était pas un témoin personnel de ce qu'il raconte. Les rapports de Le Jeune, Boucher, Le Clercq, Regnard Duplessis de Sainte-Hélène, Lebeau, Charlevoix (dont la plupart n'ont pourtant pas eu non plus connaissance personnelle de l'arrivée des Filles du roi) sont unanimes et plus crédibles.

- De mauvaises filles n'ont pu se glisser parmi les immigrantes puisqu'on exigeait d'elles un « certificat de bonne conduite » signé de leur curé ou du juge du lieu de leur demeure[39].

- Accompagnées pendant leur traversée de surveillantes attentives, les filles suspectes auraient été immédiatement renvoyées en France[40].

- S'il s'était établi dans la colonie quelque fille de joie, les registres paroissiaux de la ville de Québec contiendraient plus de naissances illégitimes que les deux seules relevées par l'abbé J.B.A. Ferland pour toute la période antérieure à 1690[41].

Le procès de la défense de nos origines s'est poursuivi jusqu'à la publication, en 1972, de l'ouvrage de Silvio Dumas qui, malgré l'exploitation de nouvelles sources documentaires comprenant les registres paroissiaux, les minutes notariales et les papiers judiciaires, s'est enlisé dans la même problématique que ses prédécesseurs[42]. Mais en

---

39. Cette exigence se réfère principalement à un mémoire de l'intendant Talon au ministre Colbert (Québec, 10 novembre 1670, dans *RAPQ 1930-1931*, p. 126) dans lequel il était réclamé des filles et des veuves un certificat «qui fasse connoistre qu'elles sont libres et en estat d'estre mariées, sans quoy les Ecclésiastiques d'Icy font difficulté de leur conferer ce sacrement». Les historiens ont étendu au contrôle de la moralité ce qui n'était que vérification de la liberté de contracter mariage. On a même déjà imputé à la sévérité de la sélection morale des immigrants le petit nombre de la population au recensement de 1681. Pierre J.O. Boucher, « Mille Filles du Roi», *loc. cit.*, pp. 17-18.

40. Cette présomption repose sur le jugement prononcé en 1658 par le gouverneur Voyer d'Argenson à l'encontre d'un marchand de La Rochelle reconnu coupable d'avoir envoyé « en ce pays une fille débauchée et actuellement grosse et qu'il scavoit estre en cet état». Il fut condamné à la ramener à La Rochelle et à payer cent cinquante livres d'amende. Voir Lanctôt, *op. cit.*, p. 51.

41. J.B.A. Ferland, *Cours d'histoire du Canada*, t. II : *1663-1759*, deuxième édition, Québec, Hardy, 1882, p. 14. Pour les mêmes registres et la même période, Lyne Paquette et Réal Bates ont pour leur part compté 32 naissances illégitimes («Les naissances illégitimes sur les rives du Saint-Laurent avant 1730», *Revue d'histoire de l'Amérique française*, vol. 40, n° 2 (automne 1986), p. 240). Sur la fécondité illégitime des Filles du roi, voir infra, pp. 207-210.

42. Voir son avant-propos, *op. cit.*, pp. 3-6.

même temps que s'éteignait avec ce livre une longue tradition historiographique surgissaient quelques travaux qui témoignent, chacun à
sa façon, du renouveau idéologique québécois. Citons d'abord *La vie
libertine en Nouvelle-France au dix-septième siècle* de Robert-Lionel Séguin
qui, par son récit de la chronique judiciaire, a démoli le mythe de la
pureté morale de nos ancêtres et affirmé la diversité de leurs mœurs[43].
Puis les articles récents de Nelson Martin Dawson sur l'arrière-fond
culturel et mental de l'émigration des Filles du roi vers le Canada[44].
Ces publications, ainsi que le présent travail, attestent les nouvelles
tendances de l'histoire sociale à rendre compte de la réalité des phénomènes étudiés. C'est en menant ainsi l'analyse des comportements
socio-culturels et du cadre sociétal en France et en Nouvelle-France
que la recherche pourra éventuellement déboucher sur une juste
appréhension des Filles du roi.

3 – Nombre des Filles du roi

A – Estimations passées

Parmi tous les auteurs ayant traité des immigrantes envoyées par
l'État au cours des années 1663 à 1673, certains se sont risqués à
avancer une évaluation de leur nombre. Pour ce faire, quelques-uns
ont tiré de la correspondance publique ou privée les effectifs annuels
de filles à marier déclarés par les observateurs. D'autres, plus perspi-
caces, ont effectué une recherche nominative des Filles du roi dans les
registres paroissiaux et les minutes notariales.

Dans la première catégorie, l'historien canadien-anglais William
Kingsford semble être le plus ancien à avoir tenté de dénombrer les
Filles du roi. Dans son *History of Canada* publiée à la fin du siècle
dernier, il estima qu'« il ne dut y en avoir guère moins de *douze cents*

---

43. Robert-Lionel Séguin, *La vie libertine en Nouvelle-France au dix-septième siècle*,
Montréal, Leméac, 1972, 2 vol., 573 p.

44. Nelson Dawson, « Les filles du roi : des pollueuses ? La France du XVIIᵉsiècle »,
Historical Reflections/Réflexions historiques, vol. 12, n° 1 (Spring 1985), pp. 9-38. *Idem*, « Les
filles à marier envoyées en Nouvelle-France (1632-1685) : une émigration protestante ? »,
Revue d'histoire de l'Église de France, t. LXXII, n° 189 (juillet-décembre 1986), pp. 265-289.
Idem, « Protestantes à terre, catholiques en mer ? Ou les mutations religieuses des "Filles
du Roy" embarquées pour la Nouvelle-France (1663-1673) », dans *Actes du 111ᵉ Congrès
national des Sociétés savantes, Poitiers, 1986*, Paris, Éditions du C.T.H.S., 1986, Section
d'histoire moderne et contemporaine, t. II, pp. 79-97. *Idem*, « The *Filles du roy* Sent to
New France : Protestant, Prostitute or Both ? », *Historical Reflections/Réflexions historiques*,
vol. 16, n° 1 (Spring 1989), pp. 55-77.

qui furent envoyées entre 1665 et 1670 »[45]. Le chiffre rond témoigne bien du caractère très approximatif de cette évaluation.

Vingt ans plus tard, l'historien français Lucien Schöne fournit une estimation tout aussi sommaire. Restreignant le bassin de recrutement aux « trois mille pensionnaires de l'Hôpital général (Salpêtrière) », il conclut à *« mille* départs pour Québec de 1662 à 1673, opérés avec un zèle remarquable par M. de Bellinzani, le factotum du Ministre »[46].

Le troisième évaluateur fut Ivanhoë Caron. Plus précis que les précédents, il fixa en 1935 les effectifs annuels maintes fois répétés depuis lors.

> Les filles, que l'on envoyait pour épouser des colons, forment un apport considérable. Nous pouvons suivre, année par année, dans les lettres de la mère de l'Incarnation, le Journal des Jésuites, la correspondance du gouverneur et de l'intendant, l'arrivée à Québec de ces jeunes filles. Elles étaient choisies dans les hôpitaux de Paris et de Rouen parmi les orphelines entretenues aux frais de l'État, et expédiées en Canada aux frais du roi. Il en vint cent en 1665, 92 en 1667, un grand nombre en 1668, 150 en 1669, 150 en 1670, 150 en 1671, 30 en 1672, 60 en 1673[47].

Le total donne *732* filles arrivées entre 1665 et 1673, sans compter celles débarquées en 1666 et 1668.

Les auteurs subséquents, en arrêtant aussi des effectifs annuels, poursuivirent l'effort de précision amorcé par Caron. Chacun son tour, Malchelosse en 1950, Lanctôt en 1952, Leclerc en 1966, chercha à corriger les évaluations de ses prédécesseurs. En interprétant différemment les mêmes sources traditionnelles, ils ont abouti à des estimations qui s'écartent les unes des autres d'au plus 13 pour cent : Malchelosse, qui n'a pas dénombré l'arrivage de 1668 et est resté indécis à l'égard du contingent de 1667, a totalisé de *857 à 874* immigrantes[48] ; Lanctôt a poussé son évaluation à *961* femmes[49] ; Leclerc, qui nia que le roi ait

---

45. « The matter of fact way in which this policy was carried out is shewn in the correspondence of that date. [...] The must have been little short of twelve hundred sent between 1665 and 1670. [...] About two hundred annually arrived and there could have been no difficulty in obtaining in France that number of respectable young women. » William Kingsford, *The History of Canada*, Toronto, Rowsell & Hutchison, 1887, vol. I, pp. 359-361. (Nous soulignons).

46. Lucien Schöne, *La politique coloniale sous Louis XV et Louis XVI*, Paris, Challamel, 1907, pp. 59-60. (Nous soulignons).

47. Ivanhoë Caron, « Les origines démographiques des Canadiens-Français », *Bulletin des recherches historiques*, vol. 41, n° 6 (juin 1935), pp. 368-369.

48. Malchelosse, *loc. cit.*, p. 77.

49. Lanctôt, *op. cit.*, p. 113.

envoyé des filles à marier en 1666, a réduit cette somme à *846* immigrantes[50].

Même si les auteurs précédents ont pu à l'occasion dresser des listes de Filles du roi[51], leurs estimations reposent essentiellement sur les nombres d'arrivantes déclarés par les contemporains. À l'inverse, d'autres chercheurs ont préféré exploiter, directement ou indirectement, les registres paroissiaux et les minutes notariales pour tenter de reconstituer l'état nominatif des Filles du roi : Sulte, Boucher, Godbout et Dumas ont ainsi dressé chacun leur propre répertoire. Nous-même nous sommes livré au même travail. À l'exception de Boucher, qui a évalué les Filles du roi à environ *1200*, apparemment sur la base du Dictionnaire Tanguay[52], tous les auteurs de répertoire ont obtenu des résultats convergents qui ne présentent pas un écart supérieur à 11 pour cent : Sulte a compté *713* femmes[53], Godbout *792*[54], Dumas *774*[55] et nous-même *770*.

Il ressort manifestement de la comparaison des effectifs proposés selon les deux méthodes que les résultats tirés des répertoires nominatifs sont sensiblement inférieurs à ceux basés sur les déclarations des contemporains. Même si les différences sont faibles, elles peuvent néanmoins s'expliquer par l'effet isolé ou combiné des causes suivantes :

– les contemporains ont pu exagérer leurs estimations, soit par négligence, soit par volonté d'embellir la réalité du mouvement migratoire ;
– les mêmes observateurs ont pu compter des immigrantes venues sans l'aide explicite de l'État, ou encore des femmes qui ne se sont pas mariées dans la colonie, que les auteurs de répertoire ont parfois écartées[56] ;

---

50. Leclerc, *op. cit.*, p. 306.

51. C'est notamment le cas de Lanctôt. Voir Archives nationales du Canada, Fonds Gustave Lanctôt, MG 30, D 95, vol. 16.

52. Malgré le titre de sa communication (« Mille Filles du Roi », *loc. cit.*, p. 29), Pierre J.O. Boucher a calculé que « le nombre des immigrantes, considérées comme "Filles du Roi", des convois principaux atteignit plutôt douze cents qu'un millier, et quand on les compte, l'une après l'autre, dans la nomenclature alphabétique des colons qui les épousèrent, c'est là le chiffre approximatif qui ne pourrait guère varier en plus ou en moins.

53. Résultat cité par Malchelosse, *loc. cit.*, pp. 77-78.

54. Résultat cité par Dumas, *op. cit.*, p. 164.

55. *Ibid.*

56. C'est du moins le cas de Sulte qui « n'a compté que les filles ou veuves qui ont pris mari une fois rendues au Canada. Les religieuses, les célibataires n'entrent pas dans son exposé ». Malchelosse, *loc. cit.*, p. 78.

– certaines immigrantes ont pu échapper aux registres paroissiaux et aux minutes notariales en retournant immédiatement en France ou en décédant subitement sans laisser de trace.

Avant de conclure sur la valeur comparative des deux séries de résultats et, plus précisément, sur celle de notre propre répertoire, il importe d'expliquer notre méthodologie et les critères ayant présidé à la sélection des Filles du roi parmi les individus mentionnés dans les registres paroissiaux canadiens du XVIIe siècle.

B – Constitution du répertoire des Filles du roi

Les chercheurs en démographie historique et en histoire sociale bénéficient au Québec de circonstances uniques au monde : les faits d'état civil ont été enregistrés de façon continue dès l'arrivée des premiers colons au XVIIe siècle et la population est demeurée à toutes fins utiles fermée à l'émigration jusqu'au XIXe siècle. Ces conditions exceptionnelles ont suscité, en 1966, la création du Programme de recherche en démographie historique (P.R.D.H.) et le lancement d'une œuvre considérable : la reconstitution, à partir des registres paroissiaux et des recensements, de la population du Québec des origines à 1850, c'est-à-dire jusqu'au commencement de l'ère statistique au Canada. La réalisation de cet ambitieux objectif nécessite l'établissement et l'exploitation d'un registre de population informatisé constitué des dossiers biographiques de tous les individus qui ont vécu sur le territoire québécois durant la période étudiée. Chaque dossier, dans la mesure où les sources le permettent, précise la date et le lieu de naissance et de décès de l'individu, les dates et lieux des mariages qu'il a conclus et les liens filiaux et matrimoniaux qui le relient à d'autres individus du registre ; l'information est complétée par ses caractéristiques telles que déclarées dans les documents : sexe, occupation, lieux de résidence et d'origine et aptitude à signer[57].

Le registre couvre présentement l'ensemble du Régime français (1621-1765), soit plus de 300 000 actes d'état civil tirés des registres de 122 paroisses et concernant environ 200 000 individus et 45 000 familles. L'ordinateur a été de tous les stades de la recherche dès le départ : saisie, validation et publication des données brutes, recherche

---

57. Jacques Légaré, « Le Programme de recherche en démographie historique de l'Université de Montréal : fondements, méthodes, moyens et résultats », *Études canadiennes/Canadian Studies*, n° 10 (juin 1981), pp. 149-182. *Idem*, « A Population Register for Canada under the French Regime : Context, Scope, Content, and Applications », *Canadian Studies in Population*, vol. 15, n° 1 (1988), pp. 1-16.

des informations propres à chaque individu (couplage de l'information), création, validation et exploitation du registre[58]. On conçoit donc aisément que la constitution de notre corpus principal de données à partir du registre du P.R.D.H. et l'utilisation de méthodes automatiques éprouvées en vue de leur exploitation ont représenté un atout inappréciable dans la réalisation de notre recherche.

Mais avant d'entreprendre l'exploitation de ce registre, il a d'abord fallu identifier une à une les Filles du roi en nous inspirant de la définition élaborée ci-dessus[59]. Le point de départ était constitué des 24 608 individus ayant vécu au Canada et possédant un dossier dans le registre pour la période du XVIIe siècle. Une première élimination a été faite en écartant successivement les individus de sexe masculin, les femmes nées au Canada et les immigrantes dont une mention dans les registres paroissiaux était antérieure au 1er juillet 1663[60].

Le résidu de cette sélection concernait non seulement les Filles du roi, mais aussi des immigrantes arrivées avant 1663, après 1673, ou entre 1663 et 1673 mais non bénéficiaires d'une aide publique au transport ou à l'établissement. Afin de ne conserver que les seules immigrantes correspondant à notre définition de Filles du roi, on a tenté d'identifier les femmes non pertinentes en consultant divers travaux généalogiques, biographiques et historiques parmi lesquels il faut signaler :

---

58. Programme de recherche en démographie historique, *Du manuscrit à l'ordinateur : dépouillement des registres paroissiaux aux fins de l'exploitation automatique*, publié sous la direction d'Hubert Charbonneau et d'André LaRose, Québec, ministère des Affaires culturelles, 1980, xvi – 229 p. Bertrand Desjardins, « Introduction des micro-ordinateurs dans l'élaboration des données au Programme de recherche en démographie historique », *Cahiers québécois de démographie*, vol. 8, n° 3 (décembre 1979), pp. 39-57. Pierre Beauchamp, Hubert Charbonneau, Bertrand Desjardins et Jacques Légaré, « La reconstitution automatique des familles : un fait acquis », dans *La mesure des phénomènes démographiques. Hommage à Louis Henry, Population*, 32e année, n° spécial (septembre 1977), pp. 375-399. Bertrand Desjardins, « Quelques éléments de l'expérience informatique du Programme de recherche en démographie historique », dans *Informatique et prosopographie*, Paris, Éditions du CNRS, 1985, pp. 163-164.

59. Pour une description détaillée du processus de sélection des Filles du roi, voir Yves Landry, « Constitution du répertoire des Filles du roi à l'aide de la banque de données du P.R.D.H. », dans Programme de recherche en démographie historique, *Rapport de l'année 1979-1980*, Université de Montréal, décembre 1980, pp. 121-131.

60. Selon le *Journal des jésuites* (éd. par les abbés Laverdière et Casgrain, Québec, Léger Brousseau, 1871, réédition François-Xavier, Montréal, 1973, p. 319), le premier vaisseau arrivé au Canada en 1663 accosta à Québec le 30 juin. Voir Marcel Trudel, *La population du Canada en 1663*, Montréal, Fides, 1973, p. 6.

- le répertoire nominatif des Filles du roi de Dumas[61];
- les notices biographiques d'Archange Godbout relatives aux filles immigrées de 1632 à 1661, aux Canadiens du XVIIᵉ siècle et aux familles immigrantes du Régime français[62];
- le Dictionnaire Tanguay[63];
- le Dictionnaire Jetté[64];
- le relevé nominatif de la population canadienne au 30 juin 1663 effectué par Marcel Trudel[65];
- le Dictionnaire biographique du Canada[66];
- divers articles parus dans les principales revues généalogiques québécoises[67].

Particulièrement favorisé par la qualité des recherches de Godbout et Trudel, nous avons d'abord tenté de repérer les immigrantes d'avant 1663, venues seules ou accompagnées de parents ou conjoint, dont la première mention dans les registres paroissiaux ou les recensements est postérieure au 30 juin 1663. Citons l'exemple d'Anne Lamarque mariée à Montréal le 8 février 1666, à l'âge de 17 ans, à

---

61. Dumas, *op. cit.*, pp. 169-349.

62. Berneval [Archange Godbout], « Le contingent de filles de 1639 », *Bulletin des recherches historiques*, vol. XLV, nº 1 (janvier 1939), pp. 3-15 ; *idem*, « Les contingents de filles à marier de 1649-1653 », *Bulletin des recherches historiques*, vol. XLV, nº 9 (septembre 1939), pp. 257-270 ; *idem*, « Les filles venues au Canada de 1654 à 1657 », *Bulletin des recherches historiques*, vol. XLVI, nº 11 (novembre 1940), pp. 338-350 ; *idem*, « Les filles venues au Canada de 1658 à 1661 », *Bulletin des recherches historiques*, vol. XLVII, nº 4 (avril 1941), pp. 97-115. Archange Godbout, « Nos ancêtres au XVIIᵉ siècle », *RAPQ 1951-1953*, pp. 447-544 ; *RAPQ 1953-1955*, pp. 443-536 ; *RAPQ 1955-1957*, pp. 377-489 ; *RAPQ 1957-1959*, pp. 381-440, *RAPQ 1959-1960*, pp. 275-354 ; *Rapport des Archives du Québec 1965*, pp. 145-181. *Idem*, « Familles venues de La Rochelle en Canada », *Rapport des Archives nationales du Québec*, t. 48 (1970), pp. 113-367. *Idem*, « Vieilles familles de France en Nouvelle-France », *Rapport des Archives nationales du Québec*, t. 53 (1975), pp. 105-264.

63. Cyprien Tanguay, *Dictionnaire généalogique des familles canadiennes depuis la fondation de la colonie jusqu'à nos jours*, vol. 1, [Montréal], Eusèbe Senécal, 1871, xxxvii – 625 p. (réédition Élysée, Montréal, 1975).

64. René Jetté, *Dictionnaire généalogique des familles du Québec. Des origines à 1730*, Montréal, Les Presses de l'Université de Montréal, 1983, xxx – 1180 p.

65. Trudel, *La population du Canada en 1663*, *op. cit.*, pp. 157-368.

66. Dictionnaire biographique du Canada, [Québec], Les Presses de l'Université Laval, vol. I : *De l'an 1000 à 1700*, 1966, xxv – 774 p., vol. II : *De 1701 à 1740*, 1969, xli – 791 p.

67. Bulletin des recherches historiques, vol. I – LXIX, 1895-1967. *Mémoires de la Société généalogique canadienne-française*, vol. 1 – 42, 1944-1991. *L'Ancêtre*, vol. 1 – 18, 1974-1991.

Charles Testard sieur de Folleville. Bien que d'origine française et de mœurs légères[68], à l'image des évocations de Lahontan, cette femme n'était pas une Fille du roi. Trudel nous informe en effet que sa première mention au Canada remonte au 26 octobre 1662, à sa sortie du pensionnat des ursulines de Québec[69].

Il est difficile d'établir avec certitude qu'une immigrante n'est pas arrivée avant telle date, à moins que son nom n'apparaisse dans les archives canadiennes avant cette date comme sujet, parent ou témoin dans un acte. Nous avons donc cherché à vérifier dans le registre de population, pour toutes les filles qui semblaient avoir immigré après 1673, s'il n'existait pas une quelconque mention antérieure à l'arrivée des premiers bateaux en 1674. Si ce n'était pas le cas et que la première apparition datait de 1675 ou au-delà, l'individu était écarté. Par exemple, Marguerite Anthiaume, née vers 1653 (âgée de 28 ans au recensement de 1681) et originaire de Paris, est apparue pour la première fois dans les registres paroissiaux comme marraine dans un acte de baptême le 25 décembre 1675 à Boucherville ; nous avons jugé que cette immigrante était arrivée après 1673 et n'était donc pas une Fille du roi. Dans le cas d'incertitude, notamment lorsque la date vraisemblable d'arrivée de filles venues seules remontait à 1673 ou 1674, on a opté provisoirement pour l'acceptation de l'immigrante, jusqu'à ce qu'un éventuel document complémentaire permette de trancher définitivement.

Conformément à notre définition de Fille du roi, nous avons écarté de la population étudiée les femmes qui, bien qu'ayant vraisemblablement immigré entre 1663 et 1673, paraissent être venues accompagnées de leur conjoint ou de parents et dont, par conséquent, le transport ou l'établissement n'aurait pas été à la charge du trésor royal. Par exemple, Marie-Madeleine Berthelot, mariée à François Circé dit Saint-Michel le 4 janvier 1680 à Québec, immigra vraisemblablement avec sa mère Marie Prévost vers 1668 ou 1669, car celle-ci, veuve et originaire de Saintonge, signa un contrat de mariage avec Michel Aubin le 16 octobre 1669[70]. Marie-Madeleine Berthelot, âgée d'environ sept ans en 1669, n'a pas été considérée comme une Fille du roi, contrairement à sa mère.

---

68. Séguin, *op. cit.*, pp. 115-139.

69. Marcel Trudel, *Catalogue des immigrants 1632-1662*, Montréal, Hurtubise HMH, 1983, p. 488. Voir Godbout, « Vieilles familles de France en Nouvelle-France », *loc. cit.*, pp. 214-215.

70. Godbout, « Nos ancêtres au XVIIe siècle », *RAPQ 1955-1957*, p. 435.

Les multiples sélections effectuées dans le registre de population ont permis d'extraire les dossiers de 737 immigrantes présumées Filles du roi. À ce nombre il faut ajouter les cas d'immigrantes que révèlent seules des mentions isolées dans les registres paroissiaux ou les minutes notariales — comme marraine dans un acte de baptême, sujet d'un contrat de mariage annulé ou témoin au contrat de mariage d'une compagne de traversée — sans qu'il y ait eu établissement au pays et par conséquent inscription au registre de population. Ces ajouts permettent de hausser à 770 immigrantes le nombre de Filles du roi apparaissant à notre répertoire.

C – Évaluation de la qualité du répertoire des Filles du roi

La difficulté de constituer un répertoire des Filles du roi, en l'absence de listes officielles d'embarquement ou de débarquement, pose immédiatement le problème du contrôle de sa qualité : certaines immigrantes ont-elles pu échapper à toute identification dans les archives ? Étant donné l'écart d'au moins 70 à 80 filles entre les estimations contemporaines et les relevés nominatifs, il convient en effet de s'interroger sur la capacité des registres paroissiaux et des minutes notariales à rendre compte du séjour parfois éphémère de certaines immigrantes en terre canadienne.

Sans conférer de garantie de qualité, la comparaison de notre répertoire avec celui publié par Dumas autorise certaines constatations. Parmi les 737 Filles du roi de notre répertoire établies au Canada, 720, soit près de 98 pour cent, ont aussi été relevées par Dumas. Seulement dix-sept d'entre elles n'apparaissent donc pas à son catalogue : six étaient des veuves immigrées avec de jeunes enfants[71] ; huit ont vécu en famille sans qu'on leur connaisse, à leur première union au Canada, d'acte de mariage ou de contrat de mariage, ce que Dumas a pu tenir pour indice d'un mariage en France et, par conséquent, d'une immigration en couple[72] ; trois ont été omises pour des

---

71. Marguerite Ardion, Suzanne Aubineau, Françoise Brunet, Jeanne-Claude de Boisandré, Françoise Goubilleau et Marie Prévost. Nous ignorons qui est la septième veuve avec enfant que Dumas (*op. cit.*, p. 157) affirme avoir écartée de son répertoire.

72. Marie Charron, Perrine Coirier, Marie Crépin, Anne Delestre, Catherine Doribeau, Jeanne Dufresne, Françoise Favreau et Geneviève Laurence. Dumas n'a pourtant pas manqué d'intégrer à son répertoire plusieurs femmes pour lesquelles l'absence d'acte de mariage et de conventions matrimoniales rend tout aussi hypothétique la venue au Canada en tant que célibataires ou veuves. Voir *ibid.*, pp. 179 (Marie-Jeanne Beaujean), 195 (Marie Bovant), 196 (Marie Briau), 206 (Marguerite Chemereau), 220 (Jeanne de la Motte), etc.

raisons inconnues[73]. Par ailleurs, 31 des 33 Filles du roi ajoutées aux 737 précédentes ont été directement tirées du répertoire de Dumas : il s'agit quasi toutes d'immigrantes dont le retour précipité en France, la mort prématurée ou le célibat définitif ne leur a pas permis de s'établir en famille au Canada et, partant, d'être inscrites au registre de population[74] ; les deux autres, ignorées à la fois par Dumas et par le registre de population, sont des femmes ayant séjourné un an ou deux dans la colonie et mentionnées dans des actes de baptême à titre de marraines[75]. Au total, 751 Filles du roi sont donc communes aux deux répertoires.

Si nous avons pu tirer parti de la richesse du répertoire de Dumas, dont le mérite ne revient pas seulement à son auteur mais aussi à Archange Godbout[76], nous y avons aussi relevé des erreurs qui nous font récuser 23 des 774 Filles du roi énumérées, soit environ 3 pour cent. Huit d'entre elles constituent des doubles ou des triples comptes de filles déjà citées[77], tandis que les quinze autres ne peuvent avoir été Filles du roi : certaines sont arrivées en dehors de la période 1663-1673[78],

---

73. Marie Debure, Marie-Anne Dusauçay et Jeanne Faucheux.

74. Fleurance Asserin, Catherine Auger, Marie Briset, Renée Chanvreux, Françoise Charron, Marie de Bérunine, Catherine de Fontenay, Diane de la Motte, Catherine de La Tour Envoivre, Jeanne de Mérinne, Madeleine de Roybon d'Alonne, Marie-Madeleine Deschamps, Jeanne Dubicourt, Marie-Françoise Dubié, Élisabeth Durand, Françoise Enfre, Marie-Anne Firman, Marie-Anne Fleure, Marie-Marthe Geoffroy, Marie Girard, Antoinette Lamoureux, Marie Larteau, Marguerite Lecomte, Gabrielle Lemaître, Reine Martin, Anne Méry, Marie Navaron, Marie-Madeleine Ouache, Marthe Raudy, Marie Renaud et Perrette Vaillant. Concernant l'exclusion de Marie Renaud du registre de population, voir infra, p. 113, note 9.

75. Élisabeth Leconte et Marguerite Leroux.

76. Le Fonds Archange Godbout, conservé aux Archives nationales du Québec, totalise environ dix mètres linéaires de fiches et de dossiers généalogiques en grande partie inédits, relatifs à l'histoire des familles québécoises et compilés pour la plupart en France, mais aussi aux États-Unis et au Canada. Silvio Dumas a largement puisé à cette source.

77. Les duos et le trio suivants ne concernent chacun, à notre avis, qu'une seule et même personne : Marie Barbary et Marie Bovant (pp. 175 et 195), Marguerite Bourbier, Marguerite Viart et Marguerite Viart (pp. 193 et 345-346), Françoise De Charmenil et Françoise Gérémie (pp. 216 et 246), Jeanne-Marie De Guesnel et Jeanne De La Motte (pp. 217 et 220), Madeleine Duval et Marguerite Duval (pp. 237-238), Léonarde Genay et Jeanne Léonard (pp. 245-246 et 281-282), Jeanne Griaux et Jeanne Gruau (pp. 252-253).

78. Catherine-Marguerite De Lamare (mariée en France vers 1671 et arrivée au pays en 1678 ou 1679), Madeleine Dutault (immigrée en 1658 avec sa mère et ses frère et sœur), Marguerite Fontaine (arrivée peu de temps avant le recensement de 1681), Anne Lamarque (au pays dès 1662 comme pensionnaire des ursulines), Marguerite Manchon (mariée en janvier 1663), Marie Mazoué (arrivée en 1662), Jeanne Morineau (arrivée en 1662) et Anne Vuideau (arrivée en 1662).

d'autres ont immigré avec leur mari ou un employeur[79] et une dernière était canadienne[80]. Mais même pour les Filles du roi communes
aux deux répertoires, le catalogue de Dumas est sujet à caution dans
l'énumération de leurs unions contractées au Canada : 35 remariages,
relatifs à 33 filles, ont ainsi été omis.

Malgré ces quelques discordances, attribuables beaucoup plus à
l'évolution récente de la recherche généalogique qu'à une réelle négligence, la comparaison entre le répertoire de Dumas et le nôtre démontre que la consultation des mêmes sources par les deux auteurs a livré
des résultats à peu près équivalents. La question posée plus haut, à
savoir si les registres paroissiaux et les minutes notariales permettent
de dresser une liste exhaustive des Filles du roi, conserve donc toute
sa pertinence.

Il y a peu de chances pour qu'un nombre significatif d'immigrantes au XVIIe siècle n'aient laissé aucune trace dans les archives.
Justifions cette affirmation en distinguant les immigrantes établies
dans la colonie, c'est-à-dire qui y ont vécu en famille, de celles qui n'ont
été que de passage. Lorsqu'elles étaient disponibles au mariage, telles
les Filles du roi, les premières ont pris mari et, pour la plupart, ont eu
des enfants et sont mortes sur les rives du Saint-Laurent. Le risque
pour ces personnes de n'être pas nommées ni dans un acte de mariage
ou un contrat de mariage, ni dans un baptême, un mariage ou une
sépulture d'enfant, ni dans leur propre acte de sépulture, ni dans l'un
des recensements de 1666, 1667 et 1681, est à peu près nul, malgré les
pertes de registres et le sous-enregistrement des données. L'extension
du registre de population du P.R.D.H. à l'égard des individus ayant
connu une certaine vie familiale en terre canadienne peut être considérée comme totale.[81]

Le sort des immigrantes célibataires ou veuves qui n'ont pas
contracté mariage dans la colonie — par choix ou, plus souvent, par
suite d'un séjour interrompu par un retour en France ou le décès —

---

79. Jeanne Cerisier (venue en 1663 comme servante de Louis Rouer), Olive Landry
(immigrée en 1663 avec son mari mort pendant la traversée), Élisabeth Languille (mariée
en France et venue avec son mari vers 1668), Jeanne Lecompte (mariée en France et
arrivée vers 1673 avec son mari), Isabelle Martin (mariée en France et immigrée avec
son mari vers 1667) et Madeleine Varenne (mariée en France et venue avec son mari
vers 1670).

80. Jeanne Tavanelle (Jeanne Trudel mariée à Jean-Jacques de Gerlaise dit Saint-
Amand).

81. Hubert Charbonneau et al., *Naissance d'une population. Les Français établis au Canada
au XVIIe siècle*, Paris et Montréal, PUF et PUM, 1987, p. 30.

est différent. La brièveté de leur passage a pu en effet empêcher leur apparition dans les actes, même à simple titre de témoin. Mais, par ailleurs, il est certain que le déséquilibre du marché matrimonial canadien au XVIIᵉ siècle, à l'époque où la rareté des femmes incitait les immigrantes à convoler rapidement[82], a fortement réduit le nombre des récalcitrantes et que les trente-trois femmes repérées malgré leur absence du registre de population doivent en constituer le noyau principal. À défaut de pouvoir mesurer précisément la puissance d'attraction d'un retour en métropole, l'étude de l'impact de la mortalité sur les femmes nouvellement débarquées des navires démontre que ce facteur n'a pu sérieusement faire obstacle à leur établissement : la table de mortalité calculée plus bas pour l'ensemble des Filles du roi indique un quotient de mortalité entre 20 et 25 ans de 36 pour mille[83] ; appliquée à un contingent d'environ 800 jeunes femmes observées pendant une période de quatre mois — soit le temps de présence maximal des bateaux au port de Québec, ainsi que la durée moyenne du délai de mariage des nouvelles arrivées[84] — cette probabilité de succomber avant le mariage ou l'émigration ne peut, en théorie, avoir enlevé plus de deux candidates à l'établissement. Les registres paroissiaux, pour leur part, mentionnent le décès d'une seule Fille du roi morte avant d'avoir donné suite au contrat de mariage qu'elle venait de signer[85].

L'incertitude relative à l'année d'arrivée de la plupart des immigrantes constitue un autre facteur risquant d'affecter la qualité du dénombrement des Filles du roi. En effet, une fille supposément débarquée en 1663, mais en réalité immigrée déjà depuis un an ou deux, sera comptée par erreur, tandis que l'effet inverse prévaudra envers l'immigrante dont la traversée a été datée de 1674 ou 1675 au lieu de 1673. La recherche n'est pas à l'abri de telles imputations fautives mais, comme on le verra plus loin[86], la qualité de l'information relative à l'année d'immigration des Filles du roi est tout à fait satisfaisante et les quelques erreurs de datation qui ont pu se glisser n'ont finalement aucune portée significative.

Les seules Filles du roi qui nous échappent assurément sont celles mortes en mer. On ignore leur nombre exact mais comme le taux de

---

82. Voir infra, pp. 120-123.
83. Voir infra, p. 237, tableau 81.
84. Voir infra, p. 128, tableau 28.
85. Il s'agit de Renée Chanvreux.
86. Voir infra, pp. 46-48.

mortalité maritime est estimé en moyenne à près de 10 pour cent des passagers, avec des écarts considérables en fonction de la durée de la traversée[87], on peut croire qu'au moins une soixantaine ont ainsi péri et n'ont jamais foulé le sol du Nouveau Monde.

Le nombre plausible de Filles du roi envoyées au Canada dépasserait ainsi finalement 850, en incluant les victimes de la traversée et celles, peu nombreuses, qui auraient échappé à tout enregistrement. Ce résultat coïncide avec les évaluations les plus crédibles faites à partir des témoignages de contemporains, mais, faut-il le préciser, ceux-ci ne dénombraient, en principe, que les arrivantes. L'écart observé d'au moins 70 à 80 filles entre ces estimations et la taille de notre répertoire subsiste donc. Attribuable aussi bien aux exagérations des observateurs, aux différences de définition des personnes visées qu'au sous-enregistrement des immigrantes de passage, cette divergence importe finalement peu puisque seules les filles établies ont eu un comportement démographique observable et que cette population est cernée de façon exhaustive par les sources existantes.

Muni d'une définition empirique des Filles du roi débarquées au Canada et assuré d'en embrasser la quasi-totalité, nous sommes en mesure d'entreprendre l'étude de leur comportement démographique au Nouveau Monde. Notre démarche tranchera avec celle de nos prédécesseurs pour qui l'observation des faits était subordonnée à la démonstration de la qualité morale des personnes. Aussi n'est-il pas inutile d'amorcer l'analyse par une description de leurs caractéristiques à l'arrivée au pays, un tel portrait ayant été rarement brossé à partir de données objectives.

---

87. Hubert Charbonneau, « Migrations et migrants de France en Canada aux XVIIe et XVIIIe siècles », communication présentée au Colloque international des historiens et géographes de langue française, Jonzac (France), juillet 1978, résumée dans Programme de recherche en démographie historique, *Rapport de l'année 1978-1979*, Université de Montréal, septembre 1979, pp. 177-180. Sur les conditions de la traversée, voir Marcel Trudel, « En route pour la Nouvelle-France ! », communication présentée devant l'Association Perche-Canada, Mortagne-au-Perche (France), février 1957, bulletin n° 3, 9 p., et Guy Perron, « Les traversées au XVIIe siècle à la grâce de Dieu », *L'Ancêtre*, vol. 16, n° 1 (septembre 1989), pp. 3-8.

Chapitre II

DIVERSITÉ DES ORIGINES

« Nos fondateurs n'appartenaient qu'à une seule classe : l'homme des champs. Ils venaient tous de la même région de France, donc étaient d'un type unique et ils n'ont pas été à la peine de se fondre les uns dans les autres pour créer une nation nouvelle. La langue pareillement — elle était uniforme et elle est restée de même. Peu de colonies ont eu ces avantages et à tout cet ensemble il faut joindre la croyance religieuse qui ne différait dans aucun groupe canadien. »

Benjamin Sulte, « Nos ancêtres étaient-ils ignorants ? », *Mémoires et comptes rendus de la Société royale du Canada*, 1918.

Les pages précédentes ont montré que les historiens ont souvent réduit les Filles du roi à quelques cohortes d'orphelines parisiennes dont la caractéristique essentielle est d'avoir bénéficié de faveurs royales en vue de leur établissement au Canada. Hormis Gustave Lanctôt et Silvio Dumas, nul n'a cherché à décrire adéquatement leurs origines et même ces derniers auteurs n'ont pas suffisamment tiré parti d'une documentation pourtant imposante.

Les données du registre de population du Programme de recherche en démographie historique, auxquelles on a couplé diverses informations tirées des minutes notariales, permettent l'exploitation combinée de plusieurs variables témoignant de la provenance géographique et sociale des Filles du roi : année d'immigration, lieu d'origine, profession du père, valeur des biens apportés au Canada, valeur de la dot versée par le roi, âge et état matrimonial à l'immigration, aptitude à signer, survie des parents et apparentement avec d'autres immigrants. Le portrait qui en découle, s'il ne remet pas en cause l'interprétation fondamentale des origines de ces femmes, révèle cependant une diversité des horizons culturels qui a été jusqu'à maintenant négligée.

1 — Mouvement annuel d'immigration

Notre connaissance du mouvement annuel d'immigration des Filles du roi souffre inévitablement de la perte des listes de passagers de navires arrivés à Québec sous le Régime français. À l'instar de la destruction des registres portuaires de Québec, celle des archives de l'Assistance publique de Paris nous prive également d'informations précises sur la chronologie des départs des nombreuses filles tirées de l'Hôpital général de Paris[1]. Malgré ces lacunes, nous arrivons à cerner de façon très satisfaisante le calendrier de l'immigration féminine au Canada de 1663 à 1673.

Nous connaissons avec certitude l'année d'arrivée de seulement 23 des 770 Filles du roi, soit de 3 pour cent d'entre elles. Dans 14 cas, nous bénéficions de l'existence d'un acte notarié enregistré à Dieppe le 17 juin 1667 dans lequel les signataires protestaient contre le comportement des commis de la Compagnie des Indes occidentales chargée de leur entretien et de leur transport au Canada[2]. Dans les neuf autres cas, une indication explicite dans un document ou même une simple déduction permet de dater exactement l'immigration[3]. Si cette

1. Avant la création du siège de l'Amirauté de Québec en 1717, les attributions judiciaires et administratives en matière de circulation maritime relevaient de l'intendant qui, plus tard, s'en déchargea sur la prévôté de Québec. Les archives de la Nouvelle-France n'ont cependant rien conservé des rôles d'équipage et de passagers que les capitaines de navires devaient produire, en principe, dans les vingt-quatre heures de leur arrivée dans le port de Québec. Pierre-Georges Roy, « Les registres de l'Amirauté de Québec », *RAPQ 1920-1921*, p. 107. Fernand Ouellet, « L'histoire des archives du gouvernement en Nouvelle-France », *La Revue de l'Université Laval*, vol. XII, n° 5 (janvier 1958), pp. 397-415. James S. Pritchard, « The pattern of French colonial shipping to Canada before 1760 », *Revue française d'histoire d'outre-mer*, t. LXIII, n° 231 (1976), p. 189. Concernant les effets de l'incendie de 1871 sur les archives de l'Hôpital général de Paris : Camille Bloch, « Inventaire sommaire des volumes de la Collection Joly de Fleury concernant l'assistance et la mendicité », *Bibliothèque de l'École des Chartes*, vol. 69 (1908), pp. 82-89.

2. Silvio Dumas, *Les filles du roi en Nouvelle-France. Étude historique avec répertoire biographique*, Québec, Société historique de Québec, 1972, pp. 160-161. Vingt filles ont signé cet acte du notaire Antoine Lemareschal, mais six d'entre elles n'apparaissent pas dans les archives canadiennes et seraient vraisemblablement restées en France ou mortes pendant la traversée. Les termes de ce document contredisent l'affirmation de Talon selon laquelle « les Demoiselles qui sont venues de France cette année se louent fort du traittement qu'elles ont receu de Mess^s de la Comp^e à Rouen, à Dieppe et en rade, mais elles m'ont fait de grandes plaintes de celuy qu'elles ont reçeu sur mer... » (lettre de l'intendant Talon au ministre Colbert, Québec, 27 octobre 1667, dans *RAPQ 1930-1931*, pp. 85-86).

3. Par exemple, à son contrat de mariage le 30 septembre 1668 (notaire Gilles Rageot), Marie Robineau est dite « presentement demeurant en cette ville y estant arrivé cette presente année ». Autre cas : Marguerite Navarre signe un contrat de mariage à La Rochelle le 21 septembre 1668, puis en passe un autre à Québec le 15 août 1669 ; sa traversée date certainement de 1669 (Archange Godbout, « Familles venues de La Rochelle en Canada », *Rapport des Archives nationales du Québec*, t. 48 (1970), p. 304).

précision est rarement disponible, contrairement aux immigrantes établies avant 1663 dont une sur trois dispose d'une année exacte d'arrivée, c'est que, sauf exception, les Filles du roi sont venues seules et que l'immigration en famille, plus fréquente dans les débuts de la colonie, favorise une meilleure connaissance de l'année d'arrivée par la multiplicité des mentions dans les archives[4]. Au surplus, les travaux des généalogistes sur les tout premiers colons et l'œuvre de Marcel Trudel sur la seigneurie des Cent-Associés[5] ont amélioré l'information sur les Français débarqués avant 1663.

On s'est donc servi de la première mention dans les archives canadiennes pour déterminer, de façon approximative, l'année d'arrivée de 97 pour cent des Filles du roi. Quand cette première mention était antérieure au 1er juillet, on a reculé d'un an l'année d'arrivée[6]. La proximité entre la date réelle de débarquement d'immigrantes isolées et la date de première mention dans les documents ne fait aucun doute, compte tenu de l'important déséquilibre du marché matrimonial qui incitait les femmes au mariage rapide[7]. Pour 135 filles mariées entre 1632 et 1656, Marcel Trudel a observé que la moitié avaient convolé pendant leur première année de séjour[8]. L'étude des pionniers établis au Canada avant 1680 a révélé que l'intervalle moyen entre l'arrivée et le mariage des filles débarquées seules était inférieur à neuf mois[9]. Parmi les 23 Filles du roi dont l'année d'arrivée est connue de façon précise, 20 auraient conservé la même année d'immigration si elle avait dû être fixée à l'aide de la première mention dans les archives, soit presque toujours le contrat de mariage ; deux auraient subi un retard d'un an et une dernière aurait connu un écart de deux ans. Somme toute, la qualité de l'information relative à l'année d'immigra-

---

4. Hubert Charbonneau et al., *Naissance d'une population. Les Français établis au Canada au XVIIe siècle*, Paris et Montréal, PUF et PUM, 1987, pp. 41-42.

5. Marcel Trudel, *Catalogue des immigrants 1632-1662*, Montréal, Hurtubise HMH, 1983, 569 p.

6. D'après les relevés de Marcel Trudel pour la période 1632-1662, les premiers bateaux apparaissaient devant Québec rarement avant la fin du mois de juin. Pour la période d'immigration des Filles du roi, les premiers arrivages de 1664, 1665 et 1667 semblent avoir été quelque peu antérieurs au 1er juillet, mais les risques qu'une première mention survienne avant cette date paraissent très faibles. Trudel, *ibid. Journal des jésuites*, éd. par les abbés Laverdière et Casgrain, Québec, Léger Brousseau, 1871, pp. 326, 332 et 354 (réédition François-Xavier, Montréal, 1973).

7. Voir infra, pp. 120-123.

8. Marcel Trudel, *Histoire de la Nouvelle-France*, vol. III : *La seigneurie des Cent-Associés (1627-1663)*, t. 2 : *La société*, Montréal, Fides, 1983, p. 78.

9. Charbonneau et al., *op. cit.*, p. 43.

tion des Filles du roi est tout à fait acceptable et permet une juste appréciation du calendrier de leur arrivée.

Le tableau 1 présente les estimations de divers auteurs concernant le mouvement annuel d'immigration des Filles du roi. On a regroupé les auteurs selon que leurs évaluations reposaient sur les témoignages de contemporains (Talon, Colbert, Marie de l'Incarnation, etc.) ou sur des répertoires nominatifs constitués à partir des registres paroissiaux. Comme on l'a vu au chapitre précédent, les chiffres tirés de témoignages sont généralement supérieurs aux autres et, parmi les premiers, ceux de Paul-André Leclerc paraissent les plus crédibles, à cause en particulier des corrections judicieuses apportées aux données de Lanctôt. Nos propres estimations annuelles concordant avec celles de Sulte, Godbout et Dumas, aussi basées sur l'exploitation directe ou indirecte des registres paroissiaux, comparons-les à celles de Leclerc (figure 1). On constate d'abord que l'apparente similarité des effectifs globaux (moins de 10 pour cent d'écart entre 770 et 846 Filles du roi) est le résultat de la compensation de variations annuelles opposées. Pendant trois années, en 1664, 1666 et 1672, la correspondance officielle et les témoignages d'observateurs laissent entendre qu'aucune fille à marier n'a été envoyée au Canada aux frais du roi[10], tandis qu'au contraire les registres paroissiaux font état de 55 immigrantes débarquées ces mêmes années[11]. Voilà qui illustre bien l'étendue de notre définition de Fille du roi : en font partie aussi bien les immigrantes indépendantes venues seules que les filles recrutées par les autorités royales. En 1668, phénomène similaire : notre répertoire recense 31 immigrantes de plus que ce que Colbert projetait d'envoyer, mais ici nous ne disposons d'aucun témoignage local permettant de vérifier l'assertion du ministre ; au surplus, la lecture du nombre 50, plutôt que 80, faite par Leclerc dans le manuscrit de Colbert s'oppose à l'interprétation courante et pourrait être remise en question[12]. Par contre pour les sept autres années, soit 1663, 1665, 1667, 1669, 1670, 1671 et 1673, les évaluations tirées de la correspondance officielle sont supérieures, de quelques unités à plus d'une quarantaine d'immigrantes, à celles

---

10. Paul-André Leclerc, *L'émigration féminine vers l'Amérique française aux XVIIe et XVIIIe siècles*, thèse de doctorat, Faculté des lettres, Institut catholique de Paris, 1966, pp. 280-284. Gustave Lanctôt, *Filles de joie ou filles du roi. Étude sur l'émigration féminine en Nouvelle-France*, Montréal, Chantecler, 1952, pp. 106 et 110.

11. Dumas, *op. cit.*, semble avoir daté de 1671 l'arrivée des immigrantes débarquées l'année suivante afin de se conformer au texte de la correspondance officielle.

12. Leclerc, *op. cit.*, pp. 307-308 et 338.

basées sur l'exploitation des registres paroissiaux. Ces écarts annuels pourraient résulter de l'effet combiné de plusieurs causes examinées précédemment[13].

TABLEAU 1
CALENDRIER ANNUEL DE L'ARRIVÉE DES FILLES DU ROI
SELON DIVERS AUTEURS

Année d'arrivée	À partir de témoignages de contemporains				À partir des registres paroissiaux			
	Caron (1935)[1]	Malchelosse (1950)[2]	Lanctôt (1952)[3]	Leclerc (1966)[4]	Sulte [1920][5]	Godbout [1960][6]	Dumas (1972)[7]	Landry (1991)
1663	-	38	38	38	52	41	38	36
1664	-	-	-	-	22	15	17	15
1665	100	82	100	100	80	97	89	90
1666	-	90	90	-	22	21	20	25
1667	92	92	109	109	65	83	88	90
1668	x	x	80	50	78	73	78	81
1669	150	150	170	169	116	140	135	132
1670	150	165	164	165	112	127	134	120
1671	150	150	150	150	88	123	125	115
1672	30	30	-	-	30	24	-	15
1673	60	60	60	65	48	48	50	51
Ensemble	732	857	961	846	713	792	774	770

x : « Un grand nombre ».

[1] Ivanhoë Caron, « Les origines démographiques des Canadiens-Français », Bulletin des recherches historiques, vol. 41, n° 6 (juin 1935), p. 369.

[2] Gérard Malchelosse, « L'immigration des filles de la Nouvelle-France au XVIIe siècle », Les Cahiers des Dix, n° 15 (1950), p. 77.

[3] Gustave Lanctôt, Filles de joie ou filles du roi. Étude sur l'émigration féminine en Nouvelle-France, Montréal, Chantecler, 1952, p. 113.

[4] Paul-André Leclerc, L'émigration féminine vers l'Amérique française aux XVIIe et XVIIIe siècles, thèse de doctorat, Faculté des lettres, Institut catholique de Paris, 1966, p. 306.

[5] Cité par Malchelosse, loc. cit., pp. 77-78.

[6] Cité par Silvio Dumas, Les filles du roi en Nouvelle-France. Étude historique avec répertoire biographique, Québec, Société historique de Québec, 1972, p. 164.

[7] Ibid.

13. Voir supra, pp. 35-36 et 42-44.

FIGURE 1

CALENDRIER ANNUEL DE L'ARRIVÉE DES FILLES DU ROI :
ÉCART ENTRE NOS ESTIMATIONS ET CELLES DE LECLERC

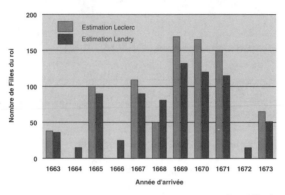

Source: tableau 1.

Il ressort finalement de la figure 1 que de fortes variations annuelles ont marqué le mouvement d'immigration des Filles du roi. Aux
années de pénurie (1663, 1664, 1666 et 1672) s'opposent des années
moyennes (1665, 1667, 1668 et 1673) et une courte période de fort
recrutement (1669 à 1671). Près de la moitié des Filles du roi ont
débarqué au cours de ces trois dernières années, soit juste après
qu'environ 400 soldats et officiers démobilisés du régiment de Carignan se furent établis au Canada[14]. Peut-on supposer que cette brusque augmentation du nombre d'immigrantes ait coïncidé avec une
modification de leur profil socio-démographique, ou en d'autres mots
que leur «qualité» ait varié avec leur quantité? Un pas a été franchi
dans cette direction par Gérard Malchelosse qui a prétendu que Madame Bourdon, conductrice du groupe d'immigrantes arrivées en
1669, avait recruté «un contingent supérieur sous le rapport physique
et intellectuel, et différent, quant à l'ensemble de l'éducation, des
jeunes personnes non mariées qui étaient venues pour s'établir en 1667
et 1668»[15]. Selon cet auteur, les critiques formulées par Marie de

---

14. Benjamin Sulte, *Mélanges historiques*, vol. 8 : *Le régiment de Carignan*, Montréal,
Ducharme, 1922, p. 72. Régis Roy et Gérard Malchelosse, *Le Régiment de Carignan*,
Montréal, Ducharme, 1925, p. 39. Dans son mémoire de 1669 sur le Canada, l'intendant
Talon a souligné les besoins de la colonie en filles, « à cause du grand nombre de soldats
habituez et non mariez» (*RAPQ 1930-1931*, p. 100).

15. Gérard Malchelosse, « L'immigration des filles de la Nouvelle-France au XVIIe
siècle », *Les Cahiers des Dix*, n° 15 (1950), p. 71.

l'Incarnation au sujet de l'arrivage de 1668[16] auraient convaincu Madame Bourdon de chercher à recruter «des filles à l'âge de la génération, instruites, laborieuses et de santé; enfin, de jeunes villageoises, mais non plus de ces filles du roi de villes[17]...» Comme le travail réalisé par Madame Bourdon en 1669 a été poursuivi, à la grande satisfaction des autorités, par Élisabeth Estienne en 1670 et 1671[18], on peut penser que les Filles du roi arrivées au cours de ces trois années présentent des caractéristiques personnelles différentes des autres immigrantes, qui n'ont pas bénéficié d'un tel encadrement[19] ni ne sont arrivées en aussi grand nombre. La suite de l'analyse permettra de vérifier cette hypothèse.

2 — Origines géographiques

Notre connaissance du lieu d'origine en France des Filles du roi repose sur la déclaration qu'elles en ont faite devant le notaire et le curé à l'occasion de leur premier mariage au Canada. L'information manque pour seulement 8 pour cent d'entre elles, soit parce qu'elles ne se sont finalement pas établies dans la colonie, soit parce que leur acte de mariage n'a pas été retrouvé et qu'on ne leur connaît pas de contrat de mariage. La précision d'un lieu de provenance pour plus de neuf immigrantes sur dix ne doit cependant pas faire illusion sur son exactitude: si un certain nombre ont pu déclarer leur lieu de naissance,

---

16. « Le vaisseau arrivé étoit chargé comme d'une marchandise mêlée. [...] Il y avoit des femmes Mores, Portugaises, Françoises et d'autres païs. [...] L'on ne veut plus demander que des filles de village propre au travail comme les hommes, l'expérience fait voir que celles qui n'y ont pas été élevées, ne sont pas propres pour ici, étant dans une misère d'où elles ne se peuvent tirer. » Lettre de Marie de l'Incarnation à son fils, Québec, octobre 1668, dans *Marie de l'Incarnation, Ursuline (1599-1672) - Correspondance*, éd. par Dom Guy Oury, Solesmes, Abbaye Saint-Pierre, 1971, p. 832.

17. Malchelosse, *loc. cit.*, p. 71.

18. Dans une lettre à l'intendant Talon du 11 février 1671, le ministre Colbert annonça «que le Roy a accordé une gratification de 600 ll. à la dam^le Estienne, en considération du soin que vous me marquez qu'elle a pris de la conduite des autres». *RAPQ 1930-1931*, p. 145.

19. Silvio Dumas prétend qu'«on confiait la direction de chaque contingent de ces émigrantes à une femme, de France ou de la colonie, bien recommandée et capable de maintenir ses protégées sous une discipline rigoureuse » (*op. cit.*, p. 33). Il est vrai que les archives ont gardé trace d'une vingtaine d'immigrantes escortées en 1667 par Catherine-Françoise Desnoyers (*supra*, p. 46, note 2) mais le rôle de cette dernière ni d'aucune autre femme n'a égalé celui de Madame Bourdon et d'Élisabeth Estienne. Dumas a compté que celle-ci avait assisté à la conclusion, en 1670, de 52 contrats de mariage, tandis que celle-là a agi comme témoin à 304 conventions matrimoniales signées de 1663 à 1673, dont les deux tiers en 1668, 1669 et 1670 (*ibid.*, pp. 34 et 40).

d'autres ont pu rapporter l'endroit où elles ont vécu leur enfance, leur jeunesse, ou même un simple lieu d'hébergement temporaire. Indépendamment des lacunes des registres paroissiaux français du XVIIe siècle, toute tentative systématique de retrouver les actes de baptême des Filles du roi à partir de leurs lieux d'origine déclarés donnerait des résultats décevants[20]. Malgré tout, cette donnée offre un intérêt certain puisqu'elle révèle l'endroit auquel se raccrochait l'immigrante, celui où elle devait être normalement le mieux connue et qui lui servait en quelque sorte de référence.

La figure 2 établit la cartographie des lieux d'origine des Filles du roi et le tableau 2 en livre la statistique selon la région et le statut urbain ou rural. Le territoire français a été découpé en neuf grandes régions «dont les limites coïncident de façon satisfaisante avec celles des provinces et des anciens diocèses»[21]. Ont été considérées comme villes les communes ainsi définies par Michel Fleury et Louis Henry, soit celles «qui au début du XIXe siècle étaient chefs-lieux de département et d'arrondissement»[22] ; le fait d'être chef-lieu était le signe d'une certaine importance qui, étant donné la remarquable stabilité qui a prévalu à cet égard en France, devait se vérifier deux siècles plus tôt. Une telle définition de la ville est toutefois restrictive dans la mesure où elle écarte un grand nombre de localités identifiées comme urbaines par les observateurs contemporains ou par les immigrants eux-mêmes (p. ex. Albert, Brie-Comte-Robert, Montfort-l'Amaury...) ; mais il est possible que cette exclusion soit compensée par les déclarations d'origine urbaine et notamment parisienne faites par nombre d'immigrants provenant en réalité des campagnes.

---

20. Voir infra, pp. 79-81.

21. Programme de recherche en démographie historique, *Du manuscrit à l'ordinateur : dépouillement des registres paroissiaux aux fins de l'exploitation automatique*, publié sous la direction d'Hubert Charbonneau et d'André LaRose, Québec, ministère des Affaires culturelles, 1980, p. 115 et 155-168.

22. Michel Fleury et Louis Henry, « Pour connaître la population de la France depuis Louis XIV. Plan de travaux par sondage », Population, 13e année, no 4 (octobre-décembre 1958), p. 668. *Idem, Nouveau manuel de dépouillement et d'exploitation de l'état civil ancien*, Paris, Éditions de l'INED, 1965, pp. 68-70. Programme de recherche en démographie historique, *Du manuscrit à l'ordinateur, op. cit.*, pp. 70 et 169-214.

FIGURE 2
LIEUX D'ORIGINE EN FRANCE DES FILLES DU ROI

TABLEAU 2

DISTRIBUTION DES FILLES DU ROI SELON LA RÉGION
ET L'HABITAT D'ORIGINE DÉCLARÉS

Région d'origine	Habitat d'origine							
	Urbain		Rural		Indéterminé		Ensemble	
	N	%	N	%	N	%	N	%
Bretagne	10	77	3	33	0	0	13	100
Normandie	76	60	46	36	5	4	127	100
Paris	265*	81	62	19	0	0	327	100
Loire	35	81	8	19	0	0	43	100
Nord	7	35	13	65	0	0	20	100
Est	34	57	24	41	1	2	59	100
Ouest	48	47	54	53	0	0	102	100
Centre	5	71	2	29	0	0	7	100
Sud	1	25	3	75	0	0	4	100
Indéterminée	0	0	0	0	62	100	62	100
Total France	481	63	215	28	68	9	764	100
Autres pays	5	83	0	0	1	17	6**	100
Ensemble	486	63	215	28	69	9	770	100

 * Dont 240 de la ville de Paris.
** Belgique 2, Allemagne 1, Angleterre 1, Brésil 1, Suisse 1.

À l'exemple de l'ensemble des immigrants qui ont fait souche au Canada au XVIIe siècle, neuf Filles du roi sur dix provenaient de régions situées à l'ouest de la ligne Bordeaux-Soissons[23]. À elles seules, les régions de Paris, de la Normandie et de l'Ouest ont fourni près de 80 pour cent des recrues dont la région d'origine française est connue[24]. L'apport de la région parisienne mérite d'être souligné : près de la moitié des Filles du roi ont déclaré provenir de cette zone

23. Moins de 14 pour cent des colons immigrés avant 1700 tiraient leur origine de l'est, du centre et du sud de la France. Hubert Charbonneau et Normand Robert, «Origines françaises de la population canadienne, 1608-1759», dans Atlas historique du Canada, vol. I : Des origines à 1800, publié sous la direction de R. Cole Harris, Montréal, Les Presses de l'Université de Montréal, 1987, planche 45.

24. Sur la base des données de Lanctôt et Dumas, cette proportion s'élève à 75 et à 77 pour cent respectivement. Lanctôt, op. cit., pp. 125-126. Dumas, op. cit., p. 44b.

circonscrite au territoire de l'Île-de-France, de la Brie et de la Beauce. En cela, les immigrantes de la période 1663-1673 se distinguent considérablement des autres Français établis au Canada avant 1680 : seulement 9 pour cent des pionniers masculins étaient originaires de la région parisienne, tandis que moins de 20 pour cent des pionnières venues sous les Cent-Associés ont déclaré provenir de la région de la capitale française[25]. Les données du tableau 3 permettent même de dater précisément les moments forts de l'immigration parisienne des Filles du roi : 1665, 1669, 1670 et 1671. Grâce aux témoignages de contemporains, on connaît généralement le lieu exact d'où ces immigrantes ont été tirées. En 1665, le *Journal des jésuites* indique l'arrivée, le 2 octobre, du vaisseau de Normandie « avec 82 tant filles que femmes, entr'autres 50 d'une maison de charité de Paris »[26] ; nos propres statistiques établissent à 54 le nombre de Filles du roi originaires de la région parisienne débarquées en 1665, dont 38 de la ville même de Paris. En 1670 deux missives, l'une de Colbert, l'autre de Talon, font spécifiquement mention de l'Hôpital général de Paris comme réservoir d'immigrantes destinées au Canada en 1669, 1670 et 1671[27] ; au cours de ces trois années, la région de Paris aurait fourni respectivement 61, 65 et 58 Filles du roi, dont 47, 51 et 39 originaires de Paris même. En 1673, un mémoire de Talon envoyé au roi fait état de ses démarches pour recruter des filles auprès des directeurs de l'une des maisons de l'Hôpital général de Paris, la Pitié, ainsi qu'auprès de « Mrs de Bretonvilliers et curé de St Sulpice qui en trouvent ordinairement dans leur paroisse de bien qualifiées »[28] ; bien que de plus faible importance, ce contingent aurait compris 22 filles de la région de Paris, dont 16 de la capitale.

---

25. Charbonneau et al., *Naissance d'une population*, *op. cit.*, p. 46.

26. *Journal des jésuites*, *op. cit.*, p. 335.

27. Lettre du ministre Colbert à l'archevêque de Rouen, Saint-Germain-en-Laye, 27 février 1670, citée par Leclerc, *op. cit.*, pp. 296-297. Mémoire de l'intendant Talon sur le Canada au ministre Colbert, Québec, 10 novembre 1670, dans *RAPQ 1930-1931*, p. 125.

28. Mémoire de l'intendant Talon au roi sur les besoins du Canada, Paris, 9 mars 1673, dans *RAPQ 1930-1931*, p. 172.

TABLEAU 3
DISTRIBUTION DES FILLES DU ROI SELON L'ANNÉE D'ARRIVÉE AU CANADA ET LA RÉGION D'ORIGINE DÉCLARÉE

Région d'origine	Année d'arrivée au Canada											
	1663	1664	1665	1666	1667	1668	1669	1670	1671	1672	1673	Ensemble
Nombres absolus												
Bretagne	1	0	1	0	1	0	3	1	4	1	1	13
Normandie	2	1	7	3	40	16	16	15	21	1	5	127
Paris	5	7	54	4	14	32	61	65	58	5	22	327
Loire	4	0	6	0	0	5	11	9	5	2	1	43
Nord	0	2	1	1	1	3	5	2	4	0	1	20
Est	1	1	8	0	5	2	6	14	7	2	13	59
Ouest	22	3	6	13	14	16	18	3	5	2	0	102
Centre	0	0	0	0	3	1	1	1	0	0	1	7
Sud	1	0	0	0	0	0	1	1	1	0	0	4
Indéterminée	0	1	7	4	12	5	9	9	8	2	5	62
Total France	36	15	90	25	90	80	131	120	113	15	49	764
Autres pays	0	0	0	0	0	1	1	0	2	0	2	6
Ensemble	36	15	90	25	90	81	132	120	115	15	51	770
Nombres relatifs												
Bretagne	3	0	1	0	1	0	2	1	4	7	2	2
Normandie	5	7	8	12	44	20	12	13	18	7	10	16
Paris	14	46	60	16	16	40	46	54	50	34	43	42
Loire	11	0	7	0	0	6	8	7	4	13	2	6
Nord	0	13	1	4	1	4	4	2	4	0	2	3
Est	3	7	9	0	6	2	4	12	6	13	25	8
Ouest	61	20	6	52	16	20	14	2	4	13	0	13
Centre	0	0	0	0	3	1	1	1	0	0	2	1
Sud	3	0	0	0	0	0	1	1	1	0	0	0
Indéterminée	0	7	8	16	13	6	7	7	7	13	10	8
Total France	100	100	100	100	100	99	99	100	98	100	96	99
Autres pays	0	0	0	0	0	1	1	0	2	0	4	1
Ensemble	5	2	12	3	12	10	17	15	15	2	7	100

Peut-on supposer que la « maison de charité de Paris » désignée en 1665 par le *Journal des jésuites* était l'Hôpital général de Paris ? Rien ne s'oppose, à notre avis, à ce que cet établissement public fût le seul à avoir fourni des Filles du roi. Gustave Lanctôt estime au contraire que l'institution visée par les jésuites « pourrait bien être l'Hôpital Saint-Joseph du faubourg Saint-Germain, d'où des pupilles ont déjà pris la route des colonies »[29]. Son hypothèse repose sur le témoignage de l'érudit Henri Sauval qui, contemporain de l'émigration des Filles du roi, a écrit que « pendant quelques années que la Mer a été libre, les Directeurs par ordre du Roi, ont fait embarquer un nombre considerable de filles de l'Hopital [général de Paris] pour le Canada.[30] » Lanctôt a abusivement présumé que la mer n'avait été libre qu'*après* la conclusion du traité de Breda en 1667 ; avant que la France ne déclare la guerre à l'Angleterre en janvier 1666, la Manche était pourtant bien ouverte à la navigation, à preuve le convoi de 1665 parti de Dieppe. Le premier contingent tiré de l'Hôpital général de Paris daterait donc bien de 1665, et non de 1669 comme l'affirme Lanctôt[31]. De plus, même si la correspondance officielle n'y fait pas référence, il est probable que le même établissement ait effectué un second envoi dès 1668, année marquée par le débarquement de 32 filles de la région de Paris, dont 24 Parisiennes[32].

Ainsi, pendant cinq années, sinon six, l'Hôpital général de Paris a contribué de façon remarquable au mouvement d'immigration des Filles du roi. Étant donné que son bassin de recrutement devait déborder le cadre strict des personnes natives de la ville de Paris et s'étendre aux campagnes environnantes ou même plus lointaines[33], on peut estimer à plus de 250 le nombre d'immigrantes qui en provenaient, soit à au moins le tiers des Filles du roi. La corrélation entre ce

29. Lanctôt, *op. cit.*, pp. 124-125.

30. Henri Sauval, *Histoire et recherches des antiquités de la ville de Paris*, Paris, Moette et Chardon, 1724, t. I, p. 529 (réédition Palais royal et Minkoff, Paris et Genève, 1974). L'auteur est mort en 1676.

31. Lanctôt, *op. cit.*, p. 120.

32. Le témoignage de Marie de l'Incarnation, seul disponible, reste silencieux à ce sujet mais la nature bigarrée du contingent de 1668 laisse supposer une expédition dirigée à partir d'un établissement public. Voir supra, p. 51, note 16.

33. La différenciation des lieux d'origine déclarés devant le notaire et le curé par certaines immigrantes parisiennes, impliquant des localités relativement éloignées de la capitale, suggère un phénomène d'attraction non négligeable. Voir infra les notices biographiques de Catherine de Lostelneau, Marie-Angélique de Portas, Catherine de Valois, Marguerite Hiardin, Marie-Anne Lafontaine et Ursule-Madeleine Turbar.

recrutement et l'importance des contingents de 1669, 1670 et 1671 dirigés par Madame Bourdon et Élisabeth Estienne s'impose évidemment à l'esprit.

La figure 3 illustre la provenance paroissiale de 233 des 240 Filles du roi originaires de la ville de Paris. La dispersion des lieux de résidence suggère l'absence de lien causal entre la proximité géographique de l'Hôpital général et son recrutement dans la ville. L'importance relative de la paroisse Saint-Sulpice, qui a fourni 46 femmes, semble confirmer l'opinion de Talon sur la collaboration de son curé à envoyer de ses ouailles.

La province de Normandie vient au deuxième rang des régions contributrices de Filles du roi, loin derrière la région parisienne et juste devant celle de l'Ouest (tableau 2). Deux facteurs expliquent l'importance de cet apport, qui équivaut au sixième de la population immigrée. Tout d'abord la présence toute proche du port de Dieppe, qui a joué un rôle primordial dans l'envoi des contingents, comme port d'attache de la Compagnie des Indes occidentales. Si l'on se base sur la répartition des effectifs dirigés depuis Dieppe et La Rochelle, pour les années où de telles informations sont disponibles, on constate en effet que le port normand a drainé près de 80 pour cent des recrues (tableau 4). Rien d'étonnant, alors, à ce que plusieurs Normandes aient été sollicitées pour l'un ou l'autre des marchands enrôleurs de Rouen[34] ou se soient embarquées d'elles-mêmes. On ne peut non plus ignorer l'office joué par l'archevêque de Rouen à qui Colbert demanda en février 1670 d'intercéder auprès des curés de trente ou quarante paroisses des environs afin d'envoyer dans la colonie «cinquante ou

---

34. Les sieurs Le Gaigneur et Guenet. Lanctôt, *op. cit.*, p. 115. Nous rejetons par conséquent l'explication de Nelson Martin Dawson selon qui le « grand nombre d'Aunisiennes et de Normandes» ne devrait rien à la proximité des ports d'embarquement et serait plutôt la conséquence d'une émigration protestante. Bien que la présence huguenote en Nouvelle-France ne fasse aucun doute, l'hypothèse d'un mouvement massif de filles à marier issues de familles protestantes paraît hautement problématique. « Les filles à marier envoyées en Nouvelle-France (1632-1685) : une émigration protestante ?», *Revue d'histoire de l'Église de France*, t. LXXII, n° 189 (juillet-décembre 1986), pp. 265-289. *Idem*, « Protestantes à terre, catholiques en mer ? Ou les mutations religieuses des «Filles du Roy» embarquées pour la Nouvelle-France (1663-1673)», dans *Actes du 111ᵉ Congrès national des Sociétés savantes, Poitiers, 1986*, Paris, Éditions du C.T.H.S., 1986, Section d'histoire moderne et contemporaine, t. II, pp. 79-97. *Idem*, « The *Filles du roy* Sent to New France : Protestant, Prostitute or Both ?» *Historical Reflections/Réflexions historiques*, vol. 16, n° 1 (Spring 1989), pp. 55-77. Nous n'avons identifié que douze Filles du roi d'origine protestante attestée, soit moins de 2 pour cent d'entre elles : Marguerite Ardion, Catherine Barré, Catherine Basset, Madeleine Delaunay, Élisabeth Doucinet, Anne Javelot, Marie Léonard, Anne Lépine, Barbe Ménard, Marthe Quitel, Marie Targer et Marie Valade.

FIGURE 3
PAROISSES D'ORIGINE DES FILLES DU ROI PARISIENNES

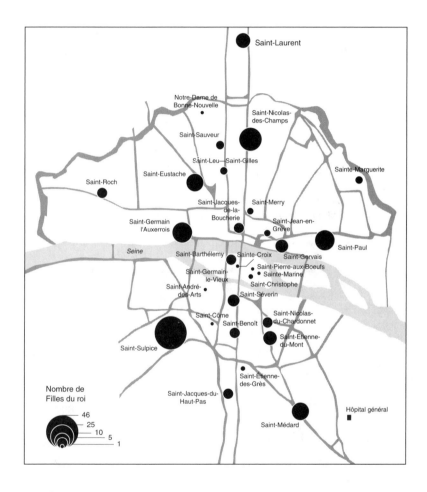

D'après la carte de M.-P. Rique, dans Pierre Chaunu, *La mort à Paris: XVIe, XVIIe et XVIIIe siècles*, Paris, Fayard, 1978, p. 520.

TABLEAU 4
DISTRIBUTION DES FILLES DU ROI SELON LE PORT D'EMBARQUEMENT, POUR CERTAINES ANNÉES, D'APRÈS LES TÉMOIGNAGES DE CONTEMPORAINS

Année	Port		
	Dieppe	La Rochelle	Ensemble
1663[1]	0	38	38
1665[2]	90	10	100
1667[3]	84	25	109
1669[4]	149	20	169
1671[5]	120	30	150
Ensemble	443	123	566
%	78	22	100

[1] *Jugements et délibérations du Conseil souverain de la Nouvelle- France*, vol. I, Québec, Côté, 1885, pp. 201-202.

[2] Lettre de l'intendant Talon au ministre Colbert, La Rochelle, 22 avril 1665, dans *RAPQ 1930-1931*, p. 20. *Journal des jésuites*, éd. par les abbés Laverdière et Casgrain, Québec, Léger Brousseau, 1871, pp. 332 et 335 (réédition François-Xavier, Montréal, 1973).

[3] Lettre de l'intendant Talon au ministre Colbert, Québec, 27 octobre 1667, dans *RAPQ 1930-1931*, p. 81.

[4] Lettre du secrétaire Patoulet au ministre Colbert, Québec, 11 novembre 1669, citée par Paul-André Leclerc, *L'émigration féminine vers l'Amérique française aux XVIIe et XVIIIe siècles*, thèse de doctorat, Faculté des lettres, Institut catholique de Paris, 1966, p. 296.

[5] Michel-Claude Guibert, *Mémoires pour servir à l'histoire de la ville de Dieppe*, cité par [Pierre-Georges Roy], « Le sieur des Champs de la Bouteillerie », *Bulletin des recherches historiques*, vol. XXXVII, n° 1 (janvier 1931), p. 54.

soixante [jeunes villageoises] qui seroient bien aises d'y passer pour estre mariées et s'y establir »[35]. Même si le nombre de quinze immigrantes de Normandie arrivées cette année-là à Québec témoigne du succès bien relatif de cette démarche (tableau 3), de tels efforts n'ont sans doute pas été inutiles.

Le rôle secondaire joué par le port de La Rochelle dans l'envoi des Filles du roi contraste avec la place prééminente qu'il a occupée tout au cours du XVIIe siècle dans le commerce maritime avec le Canada[36]. Il s'ensuit que la contribution de la région de l'Ouest dans

35. Lettre du ministre Colbert à l'archevêque de Rouen, Saint-Germain-en-Laye, 27 février 1670, citée par Leclerc, *op. cit.*, p. 297.

36. Thomas Wien et James Pritchard, « Le commerce maritime du Canada », dans *Atlas historique du Canada*, vol. I, *op. cit.*, planche 48.

l'immigration féminine de la période 1663-1673 ne dépasse pas 15 pour cent des cas d'origine connue, tandis qu'elle représente près du tiers dans l'ensemble des autres pionniers établis avant 1680[37]. Peut-être faut-il y voir l'effet d'une volonté délibérée des autorités métropolitaines de recruter des filles à marier hors des foyers protestants de l'ouest français, conformément à une demande expresse du Conseil souverain et de Mgr de Laval formulée en 1664:

> Il serait grandement souhaitable que cette levée de 300 hommes de cette nature se fit en Normandie plutôt qu'à La Rochelle; l'expérience ayant fait voir en Canada que les gens pris à La Rochelle sont la plupart de peu de conscience et quasi sans religion, fainéants et très lâches au travail, et très malpropres pour habituer un pays: trompeurs, débauchés et blasphémateurs[38].

Néanmoins, plusieurs Aunisiennes et Poitevines ont joint les rangs des Filles du roi, notamment en 1663 quand les services de l'intendance de La Rochelle ont racolé dans la région les premières recrues[39].

Outre la région, la connaissance du lieu d'origine en France des Filles du roi permet de préciser la fraction d'entre elles provenant des villes et des campagnes. D'après le tableau 2, la proportion d'urbaines dépasserait les deux tiers des cas connus[40]. Le pourcentage est particulièrement élevé chez les femmes originaires de la région parisienne, car la ville de Paris, qui ne représentait pourtant que 15 pour cent de la population urbaine de la France dans la première moitié du XVIIe siècle, a fourni la moitié des citadines. Mais, même en retranchant du total les 240 Parisiennes, les immigrantes urbaines représenteraient encore plus de la moitié des Filles du roi. C'est dire combien, dans une France rurale à près de 85 pour cent, l'émigration était affaire de ville[41]. Le fait s'explique aisément: c'est surtout dans la ville que se

---

37. Charbonneau et al., *Naissance d'une population*, *op. cit.*, p. 46.

38. Cité par Dawson, « Les filles à marier... », *loc. cit.*, p. 275. Voir aussi Pierre-François-Xavier de Charlevoix, *Histoire et description générale de la Nouvelle-France, avec le journal historique d'un voyage fait par ordre du Roi dans l'Amérique septentrionale*, Paris, Nyon, 1744, t. I, p. 380 (réédition Élysée, Montréal, 1976), et Louise Dechêne, *Habitants et marchands de Montréal au XVIIe siècle*, Paris et Montréal, Plon, 1974, pp. 94-95.

39. Lanctôt, *op. cit.*, pp. 114-115.

40. Selon Dumas (*op. cit.*, pp. 49-50), cette proportion s'élèverait même aux trois quarts, mais son évaluation semble reposer sur la mention du terme « ville », dans le lieu d'origine déclaré par l'immigrante.

41. Cette surreprésentation des citadins se vérifie dans l'ensemble des pionniers établis au Canada avant 1680. Charbonneau et al., *Naissance d'une population*, *op. cit.*, pp. 47 et 49. Sur le taux d'urbanisation en France d'Ancien Régime, voir *Histoire de la population française*, publié sous la direction de Jacques Dupâquier, vol. 2: *De la Renaissance à 1789*, Paris, PUF, 1988, pp. 86-87.

concentrent les individus les moins adaptés à leur milieu, donc les plus susceptibles d'émigrer, et que les communications, porteuses d'espoirs de vie meilleure, sont les plus efficaces.

Le tableau 5 démontre que le recrutement majoritairement urbain des Filles du roi s'est maintenu tout au long de leur période d'immigration. On se serait pourtant attendu à ce qu'il déclinât après 1668, alors qu'on s'employa à dénoncer le manque de robustesse des immigrantes urbaines. Marie de l'Incarnation y fit écho dès l'automne 1668[42]. Un an plus tard, ce fut au tour du ministre Colbert de proclamer les vertus des campagnardes et d'en réclamer l'envoi auprès de l'archevêque de Rouen.

> Par les dernières lettres que j'ay receu de Canada, l'on m'a donné advis que les filles qui y ont esté transportées l'année passée, ayant esté tirées de l'hospital général, ne se sont pas trouvées assez robustes pour résister, ny au climat, ny à la culture de la terre, et qu'il seroit plus advantageux d'y envoyer des jeunes villageoises qui fussent en estat de supporter la fatigue qu'il faut essuyer dans le païs[43].

TABLEAU 5
DISTRIBUTION DES FILLES DU ROI
SELON L'ANNÉE D'ARRIVÉE AU CANADA ET L'HABITAT D'ORIGINE DÉCLARÉ

Habitat d'origine	Année d'arrivée au Canada											
	1663	1664	1665	1666	1667	1668	1669	1670	1671	1672	1673	Ensemble
	Nombres absolus											
Urbain	24	8	62	11	44	55	85	82	73	11	31	486
Rural	12	6	21	10	34	16	38	28	34	2	14	215
Indéterminé	0	1	7	4	12	10	9	10	8	2	6	69
Ensemble	36	15	90	25	90	81	132	120	115	15	51	770
	Nombres relatifs											
Urbain	67	53	69	44	49	68	64	69	63	74	61	63
Rural	33	40	23	40	38	20	29	23	30	13	27	28
Indéterminé	0	7	8	16	13	12	7	8	7	13	12	9
Ensemble	100	100	100	100	100	100	100	100	100	100	100	100

42. Voir supra, p. 51, note 16.

43. Lettre du ministre Colbert à l'archevêque de Rouen. Saint-Germain-en-Laye, 27 février 1670, citée par Leclerc, *op. cit.*, pp. 296-297.

Cette demande n'eut pas les suites espérées puisque le contingent de 1670 comprit une plus forte proportion de citadines que l'année précédente. L'intendant Talon formula une nouvelle requête en vue du recrutement de l'année suivante qui n'eut guère plus de succès.

> Il seroit bon de recommander fortement que celles qui seront destinées pour ce pays ne soient aucunement disgraciées de la nature, quelles n'ayent rien de rebuttant a l'exterieur, qu'elles soient saines et fortes pour le travail de Campagne, ou du moins qu'elles ayent quelque industrie pour les ouvrages de main[44].

Si la composition des contingents arrivés en 1669, 1670 et 1671 n'a pas répondu finalement aux attentes des observateurs contemporains, c'est que leurs directrices, Madame Bourdon et Élisabeth Estienne, ont manifestement concentré leurs efforts de recrutement auprès des pensionnaires de l'Hôpital général de Paris et ainsi accentué le caractère parisien et urbain de leurs convois. L'augmentation du nombre de recrues n'a donc pas entraîné leur ruralisation imaginée par Malchelosse.

Que deux Filles du roi sur trois aient fréquenté les rues de la ville plutôt que les champs de la campagne n'est pas sans signification, et certains auteurs ont invoqué l'absence de tradition agricole chez bien des immigrants pour expliquer l'incurie des cultivateurs et l'attrait de la course des bois en Nouvelle-France[45]. En ces domaines de l'activité économique, l'origine des hommes nous paraît toutefois plus pertinente que celle des femmes et, à cet égard, l'étude des pionniers établis avant 1680 a démontré que 65 pour cent des hommes dont l'habitat d'origine est connu provenaient des campagnes[46]. Sans que l'extraction rurale confère une compétence indubitable en matière agricole, il est donc certain que presque les deux tiers des futurs colons avaient baigné dans un environnement terrien avant leur départ pour le Nouveau Monde, contrairement à moins du tiers des Filles du roi. On

---

44. Mémoire de l'intendant Talon sur le Canada au ministre Colbert, Québec, 10 novembre 1670, dans *RAPQ 1930-1931*, p. 125.

45. Fernand Ouellet, *Histoire économique et sociale du Québec, 1760-1850*, Fides, 1966, p. 7. R. Cole Harris, *The Seigneurial System in Early Canada. A Geographical Study*, Québec, Presses de l'Université Laval, 1968, p. 164 ; *idem*, « The French Background of Immigrants to Canada Before 1700 », *Cahiers de géographie de Québec*, vol. 16, n° 38 (septembre 1972), pp. 317-321. Cette thèse est récusée par Louise Dechêne, *op. cit.*, p. 329.

46. Charbonneau et al., *Naissance d'une population*, *op. cit.*, p. 49. Harris (« The French Background... », *loc. cit*) prétend, sur la base d'un échantillon de 286 immigrants masculins dont l'origine urbaine ou rurale est connue, qu'au plus la moitié étaient ruraux. Comme pour Dumas, le recours à une définition élargie de la ville (ici à travers le dictionnaire de Hesseln) doit être mis en cause.

devine que ces oppositions culturelles, au départ importantes au sein des couples[47], se sont progressivement nivelées dans la nouvelle expérience commune.

Par contre, on ne peut nier le rôle fondamental joué par la mère dans la transmission de la langue. À ce titre, les Filles du roi auraient servi de catalyseur linguistique, en précipitant l'émergence du parler français dans la colonie, à une époque où l'uniformisation linguistique n'était sans doute pas encore complétée. La concentration de leurs origines régionales en France, traduites en rapports de force linguistique, explique ce phénomène étudié par le linguiste Barbaud[48]. Celui-ci a attribué à chaque province française un statut linguistique découlant des résultats de l'enquête menée par l'abbé Grégoire à la fin du XVIIIe siècle. Ce découpage géographique a défini trois zones supposées homogènes : une première dite francisante, où l'on comprenait et s'exprimait ordinairement dans l'une ou l'autre des variantes du parler de l'Île-de-France ; une seconde dite semi-patoisante, où l'on avait seulement une connaissance passive du français central, le parler ordinaire s'apparentant à un autre parler régional ; une troisième dite patoisante, où l'on ne parlait ni ne comprenait le français central[49]. Cette vision de la réalité linguistique de la France d'Ancien Régime et surtout de celle relative aux immigrants venus au Canada est certainement simplificatrice. D'une part, elle porte un jugement unique sur de vastes régions où les pratiques langagières étaient assurément multiples, si l'on en croit le grand linguiste Ferdinand Brunot qui écrivait dès 1926 :

> Les jugements qu'on peut se permettre sur l'état linguistique de la France d'alors [jusqu'à la fin de l'Ancien Régime] doivent être extrêmement circonspects. D'abord il n'y a point ici de vérité générale. Non seulement on ne peut pas dire où en était une région, ou une province, mais on s'exposerait aux erreurs les plus grossières en prétendant caractériser la situation d'un diocèse. Les aperçus généraux sont interdits. Ce qui est vrai d'une classe dans une ville n'est pas vrai d'une autre, ce qui est exact pour la plaine ne l'est pas pour la montagne voisine. Un village vignoble, qui est aggloméré, où l'on dispute, où l'on bavarde, n'en est nullement au même point que la paroisse de laboureurs ou de pastoureaux, aux maisons isolées, où leurs occupations dispersent les habitants au lieu de les mettre en rapport[50].

---

47. Voir infra, pp. 160-161.

48. Philippe Barbaud, *Le choc des patois en Nouvelle-France. Essai sur l'histoire de la francisation au Canada*, Sillery, Presses de l'Université du Québec, 1984, pp. 175-177.

49. *Ibid.*, pp. 45-123.

50. Ferdinand Brunot, *Histoire de la langue française des origines à nos jours*, t. VII : *La propagation du français en France jusqu'à la fin de l'Ancien Régime*, Paris, Armand Colin, 1926

D'autre part, il est probable que les Français qui se sont embarqués pour le Canada n'étaient pas parfaitement représentatifs, au moins sur le plan linguistique, de leur milieu d'origine, puisque les longs séjours passés dans les ports et sur les navires devaient leur inculquer une certaine connaissance du français central[51]. Néanmoins, malgré ses lacunes, appliquons ce modèle à la population des Filles du roi. Les résultats, qui comprennent sûrement une bonne dose d'approximation, sont alors les suivants : 58 pour cent auraient été francisantes, 26 pour cent semi-patoisantes et 16 pour cent patoisantes[52]. Cette répartition est profondément différente de celle de l'ensemble de la population française du XVIIᵉ siècle, évaluée à «un sujet parlant françoys contre un sujet semi-patoisant et trois sujets entièrement patoisants, soit un francisant sur cinq locuteurs»[53]. Débarquant au Canada à une époque où, bien qu'en position dominante, le français central n'était pas encore la pratique langagière unique, les Filles du roi auraient ainsi contribué à accélérer l'assimilation des masses non francisantes et à faire du français central le parler commun.

3 – Origines sociales

De quel milieu social provenaient les Filles du roi ? La question est difficile car elle pose le double problème de la structuration sociale et des limites des sources. D'une part, la société ne se laisse pas aisément

---

(réédition 1967). p. 303. Les linguistes Claire Asselin et Anne McLaughlin ont cherché à montrer que la «tour de Babel» linguistique décrite par l'abbé Grégoire à la fin du XVIIIᵉ siècle était une invention motivée par la politique révolutionnaire d'uniformisation linguistique. En réalité, selon elles, tous les patois des régions de langue d'oïl auraient été mutuellement intelligibles malgré leurs différences formelles et auraient constitué autant de dialectes régionaux du français populaire. En conséquence, «les immigrants en Nouvelle-France pouvaient fort bien communiquer entre eux sans avoir à recourir à une «langue» différente de la leur.» «Patois ou français ? La langue de la Nouvelle-France au XVIIᵉ siècle», *Langage et société*, nᵒ 17 (septembre 1981), pp. 3-57.

51. Claude Poirier, «*Le choc des patois en Nouvelle-France* par Philippe Barbaud». *Revue d'histoire de l'Amérique française*, vol. 39, nᵒ 1 (été 1985), pp. 93-95. Brunot a ainsi admis qu'«un grand nombre de ces émigrants savaient tant bien que mal le français — un français patoisé s'entend — [appris] sans doute dans leurs déplacements, par les relations, les rapports qu'ils étaient obligés d'avoir avec les gens des villes». Brunot, *op. cit.*, t. VIII : *Le français hors de France au XVIIIᵉ siècle*, Paris, Armand Colin, 1935 (réédition 1967), p. 1072.

52. Barbaud (*op. cit.*, p. 176) a calculé des proportions presque identiques à partir des données de Dumas. Sur le statut linguistique combiné des conjoints dans les premières unions des Filles du roi au Canada, voir infra, pp. 159-160.

53. *Ibid.*, p. 127.

découper en « groupes d'existence » qui présenteraient un ensemble de facteurs — sociaux, économiques, culturels — qui leur seraient propres[54] : pratique endogamique, niveau de fortune, statut professionnel, par exemple, sont autant de voies que l'analyste peut théoriquement emprunter pour définir la structure sociale. D'autre part, les sources sont le plus souvent discrètes, sinon silencieuses, sur les éléments d'information recherchés : veut-on, par exemple, définir la hiérarchie sociale par le biais des niveaux de fortune, que l'on est vite restreint par le caractère fragmentaire et non représentatif des actes notariés pertinents. Nous aurons plus loin l'occasion de revenir sur ces questions. Pour le moment, le problème se pose en termes particuliers, puisque la société visée n'est pas locale, c'est-à-dire saisissable par la connaissance intime de ses mécanismes, mais globale, élargie à l'espace français, palpable à travers seulement la déclaration faite par l'immigrante à son premier mariage au Canada.

Le seul témoignage direct d'un observateur sur l'origine sociale des Filles du roi est celui de Marie de l'Incarnation relatif au contingent de 1669.

> Madame Bourdon a été chargée en France de cent cinquante filles que le Roy a envoiées en ce païs par le vaisseau Normand. Elles ne lui ont pas peu donné d'exercice durant un si long trajet, car comme il y en a de toutes conditions, il s'en est trouvé de très-grossières, et de très-difficiles à conduire. Il y en a d'autres de naissance qui sont plus honêtes et qui lui ont donné plus de satisfaction.
>
> ....
>
> Il est vrai qu'il vient ici beaucoup de monde de France, et que le païs se peuple beaucoup. Mais parmi les honêtes gens il vient beaucoup de canaille de l'un et de l'autre sexe, qui causent beaucoup de scandale. Il auroit été bien plus avantageux à cette nouvelle Église d'avoir peu de bons Chrétiens, que d'en avoir un si grand nombre qui nous cause tant de trouble[55].

Ce texte suggère une grande diversité des origines sociales que confirme, tout en éludant les critiques de l'ursuline, le témoignage postérieur de Marie-Andrée Regnard Duplessis de Sainte-Hélène, passée au Canada en 1702.

> Il ne faut pas croire que les filles qu'on amenoit de france pour se marier en Canada fussent de mauvaises mœurs, la plupart étoient des demoiselles de qualité, sans bien, d'autres étoient de bonnes familles chargées

---

54. Roland Mousnier, *La plume, la faucille et le marteau. Institutions et société en France du Moyen Âge à la Révolution*, Paris, PUF, 1970, p. 14.

55. Lettre de Marie de l'Incarnation à son fils, Québec, octobre 1669, dans *Marie de l'Incarnation, Ursuline (1599-1672) - Correspondance, op. cit.*, pp. 862-863.

d'enfans, qui les envoyoient en ce païs dans l'esperance qu'elles y seroient mieux pourvües. Et enfin on en tira beaucoup de l'hopital de la Pitié a Paris, ou elles avoient été bien élevées des leur bas âge[56]. Venues d'horizons divers, la très grande majorité des Filles du roi devaient certainement leur exil à leur extrême pauvreté. Tous les historiens l'ont reconnu, y compris Louise Dechêne qui résume ainsi l'état de nos connaissances: «Qu'elles soient envoyées par les directeurs de l'Hôpital général ou par des parents qui veulent s'en décharger, [...] elles échappent sans doute à des misères plus grandes que celles qui ont poussé leurs maris hors de France[57]».

Que nous apprennent nos données sur la question? Seulement 176 Filles du roi, soit 23 pour cent, ont déclaré la profession de leur père devant le prêtre ou le notaire. La rareté de cette information pourrait s'expliquer, en principe, par le fait qu'elle n'est devenue d'enregistrement obligatoire pour le rédacteur de l'acte de mariage qu'en 1703, au moment de la publication du *Rituel du diocèse de Québec*[58]. Mais cette hypothèse est démentie par l'analyse du contenu des registres paroissiaux sous le Régime français: la proportion d'immigrants ayant déclaré à leur mariage la profession de leur père est en effet restée rigoureusement la même, avant ou après 1703. L'explication résiderait plutôt dans le fait que l'officier ecclésiastique ou civil ne voyait probablement pas l'intérêt d'inscrire une information souvent commune et banale. On peut dès lors présumer que les professions recueillies devaient correspondre aux métiers les plus en vue[59].

Les 176 mentions professionnelles ont été réparties en quatre groupes: le premier comprend les notables, soit les nobles et les bourgeois, qu'ils fussent marchands, officiers militaires, hauts fonction-

---

56. Archives de l'Hôtel-Dieu de Québec, Mère Duplessis de Sainte-Hélène, « De la devotion a la S[te] famille, du temps, et de la maniere dont la fête et la confrairie ont été Etablie », cité par Dumas, *op. cit.*, p. 91.

57. Dechêne, *op. cit.*, p. 79.

58. Gérard Bouchard et André LaRose, « La réglementation du contenu des actes de baptême, mariage, sépulture au Québec, des origines à nos jours », *Revue d'histoire de l'Amérique française*, vol. 30, n° 1 (juin 1976), p. 80.

59. En exploitant le dictionnaire bio-bibliographique d'Archange Godbout, Cole Harris a constaté le même silence documentaire à propos des antécédents socio-professionnels des immigrants du XVIIe siècle et de leurs pères: « Father Godbout's list contain [sic] almost no information about the economic background of the women who came to Canada, but there is such information about approximately one third of the men ». La sélection des professions déclarées, dans le sens indiqué ci-dessus, explique manifestement la sous-représentation des métiers agricoles dans son échantillon. Harris, « The French Background of Immigrants to Canada Before 1700 », *loc. cit.*, pp. 319-321.

naires de l'État, etc. ; le second, les gens de métier ; le troisième, les agriculteurs ; le quatrième, les métiers les plus humbles, comme matelot, cocher, etc.[60] (tableau 6). Comme prévu, 88 pour cent des professions déclarées appartiennent aux deux premières catégories, le groupe de notables atteignant à lui seul plus de la moitié. Étant donné l'intérêt pour une fille issue de la notabilité de dévoiler à son mariage la profession de son père, on peut même considérer que les 96 immigrantes de ce groupe représentent la totalité des Filles du roi extraites de ce milieu. Ce nombre dépasse cependant celui estimé par Lanctôt à partir de la correspondance officielle : « [les] éléments d'information [qu'on en tire] permettent de fixer, au moins, à soixante, en chiffre rond, le nombre des émigrantes de la petite noblesse ou de la bonne bourgeoisie »[61]. Elles représentent donc environ 12 pour cent des Filles du roi, une proportion qui ne paraît pas radicalement différente de celle des nobles et des bourgeois en France d'Ancien Régime[62]. Par contre, elle semble légèrement inférieure aux évaluations qu'on en a faites pour la société canadienne du XVIIe siècle : tant l'exploitation du Dictionnaire Godbout que celle du recensement du Canada de 1663 reconstitué par Marcel Trudel permettent d'affirmer que nobles et bourgeois représentaient plus de 15 pour cent de la population active de la jeune colonie[63]. Les « demoiselles bien nourries et bien eslevées » envoyées par Colbert pour servir de partis aux gentilshommes et officiers des troupes se sont donc intégrées à une société dont la tête était vraisemblablement moins étroite et plus accessible qu'en France[64].

---

60. Cette grille socio-professionnelle a déjà été appliquée à l'étude de la population canadienne sous le Régime français. Voir, notamment, Yves Landry et Hubert Charbonneau, « Démographie différentielle et catégories sociales en Nouvelle-France », dans *Actes du XVe Congrès international des sciences historiques*, [Bucarest], Editura Academiei Republicii Socialiste Romînia, 1982, vol. IV, pp. 1150-1163 ; Charbonneau et al., *op. cit.*, p. 39 ; Louis Pelletier, *Le clergé en Nouvelle-France. Étude de démographie historique et répertoire biographique*, à paraître.

61. Lanctôt, *op. cit.*, pp. 119-120.

62. Guy Cabourdin et Georges Viard, *Lexique historique de la France d'Ancien Régime*, Paris, Armand Colin, 1978, pp. 230-231. Pierre Goubert et Daniel Roche, *Les Français et l'Ancien Régime*, vol. 1 : *La société et l'État*, Paris, Armand Colin, 1984, pp. 170-185.

63. Landry et Charbonneau, *loc. cit.*, p. 1153. Marcel Trudel, *La population du Canada en 1663*, Montréal, Fides, 1973, p. 143 ; les deux groupes totalisent 18 pour cent, une fois retranchés — pour fins de comparaison — les maîtres de métier que Trudel a rattachés aux bourgeois.

64. Trudel, *Histoire de la Nouvelle-France*, vol. III : *La seigneurie des Cent-Associés (1627-1663)*, t. 2 : *La société*, *op. cit.*, pp. 569-589.

TABLEAU 6
DISTRIBUTION DES FILLES DU ROI
SELON LA PROFESSION DÉCLARÉE DU PÈRE

Catégorie socio-professionnelle	Nombres absolus	Nombres relatifs
Notables	96	55
Gens de métier	59	33
Agriculteurs	8	5
Métiers les plus humbles	13	7
Total	176	100
Indéterminée	594	
Ensemble	770	

Près de la moitié de ces filles de qualité ont immigré en seulement deux ans, soit en 1667 et 1671. D'après nos données, ces deux contingents comprenaient respectivement 21 et 20 demoiselles, nombres confirmés par la correspondance officielle. À l'automne 1667, Talon écrivit en effet à Colbert:

> Si vous continuez dans le dessein de faire passer icy quelques Demoiselles Françoises de belle et noble éducation, six ou huict suffiront à mon sens pour la première année, parce que desja dans celle cy j'en ay receu quinze ou vingt qu'on dit estre d'assez bonne naissance et qui asseurent avoir esté recommandées par la Reyne et par Madame [épouse du duc d'Orléans, frère du roi][65].

Les attentes de Talon furent respectées puisque nous comptons seulement neuf filles de haute extraction arrivées en 1668. Par contre, l'intendant ne réclama pour 1671 que «trois ou quatre filles de naissance et distinguées par la qualité», en ayant reçu vraisemblablement quatorze en 1670[66]. On passa outre à ses recommandations, comme le révèle sa lettre à Colbert:

65. Lettre de l'intendant Talon au ministre Colbert, Québec, 27 octobre 1667, dans *RAPQ 1930-1931*, p. 161.

66. Mémoire de l'intendant Talon sur le Canada au ministre Colbert, Québec, 10 novembre 1670, *ibid.*, p. 125. Lanctôt s'appuie sur le silence des sources officielles, «qui d'habitude ne manquent pas de signaler cette particularité», pour suggérer «que le convoi de 1670 ne comptait pas [de demoiselles] parmi ses cent soixante et quatre passagères». *Op. cit.*, p. 119.

Il n'est [pas] necessaire de faire passer des demoiselles en ayant receu cette année quinze ainsy qualifiées, au lieu de quatre que je demandois pour faire des alliances avec les officiers ou les principaux habitans d'icy[67].

D'où venaient-elles ? Le couplage de l'origine socio-profession-nelle des Filles du roi à leur origine géographique livre des résultats décevants : les demoiselles ne provenaient pas de la région parisienne, ni de la ville de Paris, ni de toute ville française en proportion signifi-cativement différente des autres Filles du roi. On peut cependant pousser plus loin l'analyse en s'adjoignant de nouvelles données tirées des minutes notariales.

Quatre Filles du roi sur cinq ont signé un contrat de mariage à l'occasion de leur première union au Canada. Sur les 606 contrats disponibles[68], 415 indiquent la valeur des biens apportés par la femme. Ainsi, l'état de fortune des deux tiers des Filles du roi passées devant notaire, à l'époque de leur établissement, est relativement bien connu. Certaines ayant déjà touché l'héritage familial, les autres entretenant peu d'espoir de regagner un jour la France pour entrer en possession d'un éventuel patrimoine familial, rares étaient celles qui ont pu recueillir par la suite les fruits d'une future succession[69]. La situation était toute autre pour les jeunes Canadiennes qui «travaillent rarement hors de la maison et se marient jeunes, d'où la quasi-absence d'apports

---

67. Mémoire de l'intendant Talon sur le Canada au roy, Québec, 2 novembre 1671, dans *RAPQ 1930-1931*, p. 161.

68. En plus des 572 contrats de mariage correspondant à une première union, on dispose de 34 conventions matrimoniales qui n'ont pas connu de suites (dans 17 cas, la femme est morte ou retournée en France sans qu'il y ait eu célébration, et dans 17 autres elle s'est finalement mariée avec un autre homme mais sans passer à nouveau devant notaire). Comme il s'agit ici des contrats de mariage conservés dans les archives et que certaines pièces figurant dans les répertoires de notaires sont aujourd'hui disparues, ces nombres diffèrent de ceux présentés plus loin (pp. 147 et 151).

69. Talon prétend certes que « souvent il arrive qu'entre les filles qu'on fait passer icy, il y en a qui ont de légitimes et considérables prétentions aux successions de leurs parents, mesme entre celles qui sont tirées de l'hospital général, souvent aussy elles demandent de passer en France pour agir en leurs affaires ce qui ne se peut sans préjudicier à leurs familles». Mais le refus du roi de leur accorder « un *commitimus* aux requestes, en vertu duquel un advocat et un procureur de charité [...] agiroient pour touttes les filles habituées icy», a dû refroidir les plus ambitieuses. D'ailleurs, hormis le cas célèbre de Marie-Claude Chamois (Dumas, *op. cit.*, pp. 131-145), les archives sont muettes sur de telles démarches qui viendraient en contradiction avec l'état de pauvreté général des familles qui ont abandonné leurs filles à l'Hôpital général ou les ont envoyées au Canada. Mémoire de l'intendant Talon au ministre Colbert sur le Canada, Québec, 2 novembre 1671, dans *RAPQ 1930-1931*, p. 154. Lettre du ministre Colbert à l'intendant Talon, 4 juin 1672, *ibid.*, p. 170.

personnels », et dont l'aide des parents consistait généralement en une avance d'hoirie, pas toujours spécifiée, et non en une dot définitive[70].

Cependant, il peut être trompeur d'induire l'appartenance à un groupe social de la valeur des biens possédés au moment du mariage. L'apport de la future peut être marqué par l'état, peut-être provisoire, des disponibilités matérielles de ses parents, ainsi que par la taille de sa famille : « pour une même catégorie sociale les dots de plusieurs futures épouses peuvent varier considérablement suivant le nombre de filles à marier à l'intérieur de la même famille »[71]. Malgré ces biais possibles et le petit nombre de femmes dont on connaît à la fois la profession du père et la valeur des biens apportés, le tableau 7 révèle une nette différenciation dans le degré de richesse entre les filles de notables et toutes les autres. Le fait que les premières disposaient d'un patrimoine moyen deux fois plus important ne doit cependant pas faire oublier que le septième d'entre elles apportaient des biens d'une valeur inférieure à 300 livres : le statut de notable ne conférait pas systématiquement la fortune et le degré de richesse ne signifiait pas automatiquement l'appartenance à un groupe social donné[72]. Mais observons aussi que seulement trois des 50 femmes d'origine connue autre que notable possédaient des biens évalués à plus de 300 livres, contrairement à 34 des 60 filles de notables. Même chez les Filles du roi réputées universellement miséreuses, l'extraction populaire commandait plus souvent la pauvreté que la condition noble ou bourgeoise.

La valeur des apports ne varie pas de façon significative en fonction de l'origine géographique ou de l'année d'arrivée. C'est dire que les citadines et les Parisiennes ne paraissent pas plus riches ni plus

---

70. Dechêne, *op. cit.*, p. 422.

71. Louis Lavallée, « Les archives notariales et l'histoire sociale de la Nouvelle-France », *Revue d'histoire de l'Amérique française*, vol. 28, n° 3 (décembre 1974), p. 393.

72. Les cas de Jeanne-Judith de Matras et Marie-Claude Chamois sont patents de la diversité des situations prévalant chez les membres d'une même catégorie sociale. La première était orpheline d'un capitaine de compagnie de cavalerie, savait signer d'une belle écriture et apporta à son mariage « trois mil Livres tournois en argent et effets » (contrat de mariage avec Charles Legardeur sieur de Villiers, 30 novembre 1669, notaire Romain Becquet). La seconde était aussi orpheline d'un héraut d'armes de France et secrétaire du roi, mais déclarait « ne savoir ni écrire ni signer » et disposait à son arrivée au Canada de biens d'une valeur de seulement 100 livres (contrat de mariage avec Pierre Forcier, 16 octobre 1670, notaire Séverin Ameau) ; même si son père avait laissé une « fortune appréciable » à son décès en 1660, alors qu'elle n'avait que quatre ans, elle connut une enfance malheureuse et, rejetée par sa mère, dut chercher refuge à l'Hôpital de la Salpêtrière où elle déclara « ne connaît[re] ni père ni mère » (Raymond Douville, « La vie de François Frigon, pionnier de Batiscan », *Mémoires de la Société généalogique canadienne-française*, vol. IX, n°s 3-4 (juillet-octobre 1958), pp. 209-222).

pauvres que les campagnardes et les femmes d'une autre région. De même, les Filles du roi arrivées de 1669 à 1671, recrutées en majorité auprès des pensionnaires de l'Hôpital général de Paris par Madame Bourdon et Élisabeth Estienne, ne se distinguent nullement des femmes des autres convois.

TABLEAU 7

DISTRIBUTION DES FILLES DU ROI SELON LA PROFESSION DÉCLARÉE DU PÈRE ET LA VALEUR DES BIENS APPORTÉS AU PREMIER MARIAGE AU CANADA

Valeur des biens (en livres)	Catégorie socio-professionnelle					
	Notables	Gens de métier	Agri-culteurs	Métiers les plus humbles	Indéter-minée	En-semble
50	0	0	0	0	6	6
60	0	0	0	1	1	2
80	0	1	0	0	0	1
100	1	4	0	1	24	30
120	0	0	0	0	1	1
150	1	0	0	1	9	11
200	6	9	2	2	113	132
250	1	3	0	0	6	10
300	17	15	2	6	103	143
350	0	0	0	0	3	3
400	7	2	0	0	17	26
450	1	0	0	0	3	4
500	7	1	0	0	8	16
600	7	0	0	0	4	11
700	1	0	0	0	0	1
750	0	0	0	0	1	1
800	0	0	0	0	5	5
950	0	0	0	0	1	1
1000	8	0	0	0	0	8
2000	1	0	0	0	0	1
3000	2	0	0	0	0	2
Moins de 200	2	5	0	3	41	51
200-299	7	12	2	2	119	142
300-399	17	15	2	6	106	146
400 et plus	34	3	0	0	39	76
Total	60	35	4	11	305	415
Indéterminée	36	24	4	2	289	355
Ensemble	96	59	8	13	594	770
Moyenne	574	252	250	228	264	307
			262			

À quoi pouvait ressembler le patrimoine ordinaire d'une Fille du roi à son arrivée au Canada? Silvio Dumas rapporte le cas d'une immigrante dont les caractéristiques — époque et mode de recrutement, lieu d'origine, état de fortune — coïncident étonnamment avec celles d'un grand nombre de Filles du roi.

> Dans la recrue de 1659 destinée à Montréal, il y avait une jeune fille du nom de Madeleine Fabrecque, de Paris. Elle avait été embauchée par la Société de Montréal. Peu de temps après son arrivée au pays, elle décéda par suite des fatigues du voyage. Dans le coffre de la défunte, on trouva : «deux habits de femme, l'un de camelot de Hollande, l'autre de barraconde, une méchante jupe de forrandine, une très méchante jupe verte, un deshabillé de ratine, une camisole de serge, quelques mouchoirs de linon, six cornettes de toile et quatre coiffes noires, dont deux de crêpe et deux de taffetas, un manchon en peau de chien et deux paires de gants de mouton.» Ces biens, estimés à 259 livres, étaient toute la garde-robe ou le trousseau de cette humble fille[73].

Le peu d'«argent monnayé» constaté dans les biens personnels[74] et, surtout, l'état de quasi-dénuement de la plupart font comprendre l'importance de l'aide royale qui a valu aux Filles du roi leur appellation.

4 — Aide royale

L'assistance étatique à l'immigration et à l'établissement des Filles du roi revêtait plusieurs formes. Tout d'abord, le roi consentait à la Compagnie des Indes occidentales la somme de cent livres pour l'envoi de chaque immigrante au Canada. Ce montant se décomposait ainsi : dix livres pour la levée par un agent recruteur, trente livres pour l'achat de hardes et soixante livres pour le passage maritime[75]. Cette somme était certainement élevée pour l'époque puisqu'elle suscita le commentaire de Colbert «est beaucoup alloué» à l'article concerné du mémoire de Talon présenté en 1669[76]. Pour bien mesurer l'importance de ce financement direct, rappelons les conditions du système d'envoi des engagés fixé par le règlement du Conseil de Québec en 1647 : l'armateur, responsable du recrutement des engagés, devait avancer trente livres pour l'achat de hardes, somme qui lui était

---

73. Dumas, *op. cit.*, p. 52.

74. *Ibid.*, pp. 51-52.

75. « Observations faites par Talon sur l'estat presenté à Monseigneur Colbert par la Compagnie des Indes occidentales, portant l'employ des deniers fournis par le roy pour faire passer en Canada», 1669, dans *RAPQ 1930-1931*, p. 103.

76. Mémoire de l'intendant Talon sur le Canada, [Paris], 1669, *ibid.*, p. 100.

remboursée par le maître qui embauchait l'homme à son débarquement à Québec, mais que lui-même prélevait sur les futurs gages de son employé ; par ailleurs, le maître n'était pas remboursé pour une autre somme de trente livres qu'il devait verser à l'armateur pour défrayer le passage de l'immigrant[77]. En vertu de ce système, l'envoi d'engagés ne coûtait que soixante livres par tête, à la charge moitié-moitié du futur employeur et de l'immigrant lui-même, et n'empruntait nullement au trésor royal, tandis qu'au contraire le plan mis en place en 1663 faisait presque doubler la facture qui devenait entièrement redevable au roi.

Le Musée de l'Assistance publique de Paris conserve le registre des séances et délibérations des directeurs de la Salpêtrière qui, en date du 30 octobre 1680, énumère les hardes octroyées aux pensionnaires de cette maison. Les futures mariées disposaient d'un trousseau qui rappelle, par certains éléments, celui de Madeleine Fabrecque décrit plus haut et représente donc vraisemblablement la garde-robe de base des Filles du roi tirées de l'Hôpital général de Paris, avant qu'elle ne soit complétée par les vêtements achetés à même le fonds royal.

> D'après une liste postérieure [à l'envoi des dernières Filles du roi], les hardes devaient comprendre, outre les habits, les articles suivants : 1 cassette, 1 coiffe, 1 mouchoir de taffetas, 1 ruban à souliers, 100 aiguilles, 1 peigne, 1 fil blanc, 1 paire de bas, 1 paire de gants, 1 paire de ciseaux, 2 couteaux, 1 millier d'épingles, 1 bonnet, 4 lacets et 2 livres en argent[78].

L'aide royale ne s'achevait pas avec le débarquement des convois à Québec. Avant même l'arrivée du premier intendant en 1665, le Conseil souverain avait déjà veillé à secourir les recrues masculines et féminines dans le besoin[79]. L'intendant Talon poursuivit la même politique. Il recouvra les avances faites en France pour la levée et le passage d'engagés et employa cette somme

> tant a faire les mariages des filles envoyées de france, qu'a leur donner quelques secours dans le commencement de leur establissement et a les nourrir et Loger en atendant Leur mariage pour chacune desquelles on a donné dans la premiere année 30ll et 50 dans la seconde et troisiesme[80].

---

77. Mémoire de Ruette d'Auteuil, ex-procureur général du Conseil souverain, au duc d'Orléans, régent de France dans le Conseil de Marine, sur l'état présent du Canada, Paris, 12 décembre 1715, dans *RAPQ 1922-1923*, p. 63.

78. Lanctôt, *op. cit.*, p. 103.

79. *Jugements et délibérations du Conseil souverain de la Nouvelle-France*, vol. I, Québec, Côté, 1885, p. 202.

80. « Observations faites par Talon sur l'estat presenté… », *loc. cit.*, p. 106. Voir aussi lettre de l'intendant Talon au ministre Colbert, Québec, 13 novembre 1666, *ibid.*, p. 57.

Le gouverneur Frontenac ne fit pas moins. En 1673, notamment, il prit soin à ce que l'absence de ressources et d'ordres à cet effet ne contrevienne au bon accueil des Filles du roi[81]. Même si l'hospitalité des principales familles du pays et de certaines communautés religieuses pouvait constituer une solution commode au problème de l'hébergement temporaire des nouvelles arrivées, on entreprit la construction d'une habitation destinée à les recevoir et à favoriser peut-être leur rencontre avec de futurs partis[82]. Talon demanda ainsi à Colbert

> si Le Roy continuant d'envoyer des filles en Canada il n'est pas a propos d'achever Le bastiment qu'on a commencé de bastir pour Les recevoir pour La perfection duquel il faut environ mille escus[83].

Mais au-delà de ces divers secours c'est une dot royale de cent écus, soit quatre cents livres en monnaie du pays, que s'attendaient à recevoir la plupart des Filles du roi au moment de leur mariage[84]. Les filles durent déchanter à leur arrivée car l'état des budgets ne permettait pas une telle générosité. Si l'on se fie au mémoire de Talon de 1670, la dot aurait été même versée en biens plutôt qu'en espèces.

> Pour advancer le mariage de ces filles je leur ay fait donner ainsy que j'ay accoutumé de faire, outre quelques subsistances, La somme de Cinquante Livres monnoye de Canada en denrées propres a leur mesnage[85].

Mais une lettre postérieure de Frontenac livre une impression inverse et établit une distinction entre demoiselles et filles du peuple dans le montant accordé.

> On avait accoutumé de leur donner cinquante francs en les mariant et aux demoiselles cent ; mais comme il n'y avait point de fonds, j'ai dit à ceux qui les ont épousées que s'il en venait, ils n'y perdraient rien[86].

Seulement 250 des 606 contrats de mariage conclus par les Filles du roi, soit 41 pour cent, portent la mention d'une dot accordée par le roi. Rapporté à l'ensemble des Filles du roi, ce nombre indique que moins du tiers des immigrantes de la période 1663-1673 ont assuré-

---

81. Lettre du gouverneur Frontenac au ministre Colbert, [Québec], 13 novembre 1673, dans *RAPQ 1926-1927*, p. 44.

82. Dumas, *op. cit.*, pp. 34-36.

83. Lettre de l'intendant Talon au ministre Colbert, Québec, 29 octobre 1667, dans *RAPQ 1930-1931*, p. 88.

84. Lettre de l'intendant Talon au ministre Colbert, Québec, 27 octobre 1667, *ibid.*, p. 81.

85. Mémoire de l'intendant Talon sur le Canada au ministre Colbert, Québec, 10 novembre 1670, dans *RAPQ 1930-1931*, p. 125.

86. Lettre du gouverneur Frontenac Talon au ministre Colbert, [Québec], 13 novembre 1673, dans *RAPQ 1926-1927*, p. 44.

ment bénéficié des faveurs royales consenties aux nouvelles mariées. Le tableau 8 indique que dans presque tous les cas le montant de la gratification était de cinquante livres ; cinq dots étaient de cent livres et deux s'élevaient à deux cents livres ; aucune n'atteignit les six cents livres qu'auraient pourtant reçues deux demoiselles d'après le budget de 1669[87]. Contrairement à l'affirmation de Frontenac, les trois quarts des filles de notables dotées durent se contenter du cadeau ordinaire de cinquante livres, mais six des sept dots spéciales furent effectivement octroyées à des demoiselles[88].

TABLEAU 8

DISTRIBUTION DES FILLES DU ROI DONT LE CONTRAT DE MARIAGE
MENTIONNE L'ATTRIBUTION DE LA DOT ROYALE, SELON LA VALEUR DE
CETTE DOT ET LA PROFESSION DÉCLARÉE DU PÈRE

Catégorie socio-professionnelle	Valeur de la dot royale (en livres)			
	50	100	200	Ensemble
Notables	17	5	1	23
Gens de métier	15	0	1	16
Agriculteurs	2	0	0	2
Métiers les plus humbles	4	0	0	4
Total	38	5	2	45
Indéterminée	205	0	0	205
Ensemble	243	5	2	250

La formulation courante de la clause relative à l'attribution de la gratification royale ne permet pas de juger si le versement était ordinairement fait en espèces sonnantes ou en biens.

---

87. Lanctôt, *op. cit.*, p. 104.

88. Relevons les cas exceptionnels de dots de deux cents livres étonnamment ignorés par Dumas. Les deux immigrantes étaient parisiennes, débarquèrent en 1671 et conclurent leur contrat de mariage devant le notaire Bénigne Basset. L'une était orpheline d'un «commissaire ordinaire des guerre» et apporta des biens estimés à cinq cents livres (contrat de mariage de Laurent Bory dit Grandmaison et Marguerite Lemerle de Hautpré, 16 janvier 1672) ; l'autre était la fille d'un maître maçon et disposait de biens évalués à trois cents livres (contrat de mariage de Jean Magnan dit Lespérance et Marie Moitié, 9 mars 1672). Si le service au roi du père de la première permet de justifier la générosité singulière des autorités à son égard, le cas de la seconde reste énigmatique.

Led[t] futur espoux a Declaré que lad[te] future espouze Luy a aporté en mariage La somme de Trois Cent livres, dont la moitié entrera en lad[te] communaute, Et Lautre moitié avec La somme de Cinquante livres donnée a la d[te] future espouze par Le Roy en Consideration de son Mariage Luy tiendront nature de propres a elle et aux siens de son costé et ligne[89]...

Étant donné la rareté du numéraire dans la colonie[90], on serait toutefois porté à croire que l'intendant ou le gouverneur réglait le montant de la dot royale en effets d'utilité courante plutôt qu'en espèces.

Les premières dots connues ont été accordées à des recrues débarquées en 1667 et la dernière à une immigrante de 1672. Mais l'attribution de ces gratifications est encore plus concentrée dans le temps qu'il n'y paraît à première vue : 244 des 250 dots ont été octroyées à des filles arrivées en 1669, 1670 et 1671, soit au cours des années marquées par le recrutement intensif de Madame Bourdon et d'Élisabeth Estienne. Pendant cette courte période, la proportion de filles dotées atteignit les deux tiers de toutes les immigrantes, contrairement à seulement 1,5 pour cent pour les autres années. Un tel phénomène ne semble pas être relié à une quelconque pratique notariale, comme le suggère Dumas, car les notaires qui ont inscrit une clause de dot à leurs contrats de mariage sont aussi ceux qui ont le plus reçu de Filles du roi en leur étude[91]. C'est plutôt de la géographie du recrutement que procède l'explication : les filles originaires de la ville de Paris, donc de son Hôpital général, ont été gratifiées par le roi dans une proportion significativement plus élevée que toutes les autres (42 par rapport à 32 pour cent), tandis que le phénomène inverse a affecté les immigrantes provenant de la région de l'Ouest (7 par rapport à 40 pour cent). Comme le recrutement paraît avoir été plus dirigé dans le premier cas que dans le second, on en déduit que la dot royale a été attribuée surtout aux filles dûment enrôlées et encadrées par les autorités et que cette gratification devait constituer une sorte de prolongement à l'assistance déjà fournie au départ de France, pendant la traversée et à l'arrivée au pays.

---

89. Contrat de mariage de Tugal Cotin et Étiennette Beaudon, 21 décembre 1671, notaire Romain Becquet.

90. Trudel, *Histoire de la Nouvelle-France*, vol. III : *La seigneurie des Cent-Associés (1627-1663)*, t. 2 : *La société, op. cit.*, pp. 287-290. Lucien Campeau, *Les finances publiques de la Nouvelle-France sous les Cent-Associés, 1632-1665*, Montréal, Bellarmin, 1975, pp. 167-170.

91. Il s'agit principalement des notaires Romain Becquet et Pierre Duquet. Dumas, *op. cit.*, pp. 41 et 156.

Étant donné la valeur parfois plus élevée des dons consentis aux filles issues de la notabilité, on s'attendrait à leur dotation plus fréquente. Le tableau 9 indique cependant l'absence totale de relation entre l'origine socio-professionnelle et l'attribution de la dot royale. De même, il est difficile de prime abord de conclure à l'existence de lien direct entre le degré de richesse et l'octroi d'une gratification (tableau 10). Les faveurs du roi ne participaient donc pas, sauf exception, à un système volontaire destiné à corriger les inégalités sociales ou, au contraire, à les sanctionner en récompensant les filles venues des familles les plus méritoires. Observons toutefois que les filles dotées disposaient de biens d'une valeur moyenne légèrement inférieure à celle des autres et que cette différence correspondait justement au montant habituel du don royal, soit une cinquantaine de livres. Sans que la politique mise en place par Talon fût de gratifier les immigrantes les plus pauvres, ses libéralités semblent avoir permis dans les faits d'égaliser les niveaux de richesse entre nouvelles mariées.

TABLEAU 9
DISTRIBUTION DES FILLES DU ROI SELON L'ATTRIBUTION OU NON
DE LA DOT ROYALE ET LA PROFESSION DÉCLARÉE DU PÈRE

Catégorie socio-professionnelle	Attribution de la dot royale		
	Oui	Non	Ensemble
	Nombres absolus		
Notables	23	73	96
Gens de métier	16	43	59
Agriculteurs	2	6	8
Métiers les plus humbles	4	9	13
Total	45	131	176
Indéterminée	205	389	594
Ensemble	250	520	770
	Nombres relatifs		
Notables	24	76	100
Gens de métier	27	73	100
Agriculteurs	(25)	(75)	100
Métiers les plus humbles	(31)	(69)	100
Total	26	74	100
Indéterminée	35	65	100
Ensemble	32	68	100

TABLEAU 10
DISTRIBUTION DES FILLES DU ROI SELON L'ATTRIBUTION OU NON DE LA
DOT ROYALE ET LA VALEUR DES BIENS APPORTÉS AU PREMIER MARIAGE

Valeur des biens (en livres)	Attribution de la dot royale		
	Oui	Non	Ensemble
	Nombres absolus		
Moins de 200	23	28	51
200 - 299	78	64	142
300 - 399	104	42	146
400 et plus	41	35	76
Total	246	169	415
Indéterminée	4	351	355
Ensemble	250	520	770
	Nombres relatifs		
Moins de 200	45	55	100
200 - 299	55	45	100
300 - 399	71	29	100
400 et plus	54	46	100
Total	59	41	100
Indéterminée	1	99	100
Ensemble	32	68	100
Moyenne (en livres)	287	335	307

5 — Âge et état matrimonial

Notre connaissance de l'âge à l'immigration des Filles du roi repose sur la conjonction de deux informations, leur année d'arrivée et leur date de naissance. Comme ces variables ne sont parfaitement connues que pour une seule femme et que dans quatre cas sur cinq l'analyse s'appuie sur des données doublement approximatives (tableau 11), on peut légitimement douter de la valeur des âges calculés. Mais, rappelons-le, le calendrier annuel de l'immigration féminine jouit d'une précision satisfaisante, car les pressions du marché matrimonial ont réduit considérablement l'intervalle moyen entre l'arrivée au pays et le mariage. Qu'en est-il, par ailleurs, de la date de naissance ?

TABLEAU 11

DISTRIBUTION DES FILLES DU ROI SELON LA VALEUR DE LEUR ANNÉE
D'ARRIVÉE ET DE LEUR DATE DE NAISSANCE

Année d'arrivée	Date de naissance			
	Exacte	Approximative	Inconnue	Ensemble
Exacte	1	17	5	23
Approximative	36	604	107	747
Ensemble	37	621	112	770

Les généalogistes québécois, au premier rang desquels figure Archange Godbout, n'ont pu retrouver en France que 5 pour cent des actes de baptême des Filles du roi[92]. Cette faible proportion, eu égard aux 13 pour cent d'actes retrouvés pour les pionniers de sexe masculin établis avant 1680[93], s'explique d'abord par la concentration parisienne des Filles du roi et par l'état des fonds de l'état civil de la capitale : tous les registres paroissiaux et les registres d'état civil de Paris depuis le XVIe siècle jusqu'à 1859 ont en effet brûlé dans l'incendie des Archives de l'Hôtel de Ville lors de la Commune en mai 1871, alors que les doubles de ces registres disparaissaient en même temps dans l'incendie du Palais de justice. On n'est donc pas surpris de constater que 29 des 37 actes de baptême retrouvés proviennent des villes normandes, principalement Rouen, et de La Rochelle[94].

La destruction de l'état civil parisien — «une des grandes catastrophes de l'archivistique française»[95] — n'explique cependant

---

92. Voir, principalement, Archange Godbout, *Origine des familles canadiennes-françaises. Extrait de l'État civil Français. Première série*, Lille, Société Saint-Augustin, Desclée, de Brouwer, 1925, 263 p. (réédition Élysée, Montréal, 1979); idem, « Familles venues de La Rochelle en Canada », *op. cit.*, pp. 113-367 ; idem, « Vieilles familles de France en Nouvelle-France », *Rapport des Archives nationales du Québec*, t. 53 (1975), pp. 105-264.

93. Charbonneau et al., *Naissance d'une population, op. cit.*, p. 31.

94. On a pu retrouver malgré tout l'acte de baptême d'une Fille du roi dans les extraits de registres relatifs aux familles de notables d'une quinzaine de paroisses parisiennes et il n'est pas impossible que des recherches ultérieures nous permettent d'en découvrir quelques autres, notamment dans le fichier Laborde de la Bibliothèque nationale, relatif aux artisans et artistes de Paris, que le Dr Jean-Noël Biraben a aimablement porté à notre attention. Yves Landry, « Recherche sur les Filles du roi dans l'état civil parisien», *Mémoires de la Société généalogique canadienne-française*, vol. XXXV, n° 4 (décembre 1984), pp. 260-269.

95. Roland Mousnier, *Paris au XVIIe siècle*, Paris, Centre de documentation universitaire, 1969, p. 27.

qu'en partie la situation puisque seulement 7 pour cent des non-Parisiennes disposent d'une date de naissance exacte. Le manque d'intérêt des généalogistes pour leurs ancêtres féminines, non porteuses du patronyme transmis au fil des générations, est probablement en cause, mais seules de nouvelles recherches dans les registres paroissiaux français du deuxième tiers du XVIIe siècle pourraient le démontrer.

L'existence des recensements généraux de 1666, 1667 et 1681 permet heureusement d'évaluer approximativement la date de naissance de 80 pour cent des Filles du roi. Dressées à l'époque où ces dernières étaient encore jeunes, ces listes nominatives contiennent des déclarations d'âge normalement plus fiables que celles formulées à un âge plus avancé, par exemple au décès. En présence de deux déclarations livrant des dates de naissance contradictoires, on a retenu la déclaration la plus ancienne, sauf si les âges déclarés provenaient des recensements de 1666 et 1667, auquel cas on a privilégié le recensement de 1667, réputé plus exact. À partir de trois déclarations, on a écarté les deux dates de naissance extrêmes et calculé la moyenne des dates restantes[96].

Pour estimer la valeur des 621 dates de naissance ainsi reconstituées, comparons les 37 dates exactement connues à celles que nous aurions obtenues pour les mêmes femmes à partir de leurs diverses déclarations d'âge. Les résultats de cette vérification, présentés au tableau 12, révèlent que l'écart ne dépasse pas un an dans la moitié des cas, l'intervalle moyen atteignant 2,4 ans. Cette dernière valeur indique que les âges calculés souffrent en moyenne d'une légère sous-estimation, qu'il convient de corriger en vieillissant systématiquement les individus de deux ans. Cette correction étant constante, elle modifie de façon égale tous les calculs d'âge, même ceux qui n'avaient pas à être révisés. Si les résultats moyens sont assurément plus justes, il faudra néanmoins se rappeler dans la suite de l'analyse que les calculs d'âge les plus fins, faisant notamment appel à des sous-ensembles de population, risquent d'être légèrement imprécis.

---

96. Charbonneau et al., *Naissance d'une population, op. cit.*, p. 31.

TABLEAU 12
DISTRIBUTION DES ÉCARTS ENTRE DATE APPROXIMATIVE ET DATE
EXACTE DE NAISSANCE

Écart[1] (en années)	Fréquence absolue	Fréquence relative
– 2	1	3
– 1	3	9
0	9	28
1	4	12
2	4	12
3	2	6
4	4	12
5	1	3
6	3	9
11	1	3
16	1	3
Total	33	100
Indéterminé[2]	4	
Ensemble	37	

[1] Année de naissance approximative moins année de naissance exacte.
[2] Par absence de déclaration d'âge dans les archives canadiennes.

Pour 112 Filles du roi, nous ne disposons d'aucune date de naissance, même approximative. La plupart d'entre elles n'ont laissé aucune déclaration d'âge parce qu'elles sont arrivées après la tenue du recensement de 1667 et sont mortes ou reparties en France avant celle du recensement de 1681. La particularité de leur destin en terre canadienne exigera, au moment de l'étude démographique, que nous leur fixions une date de naissance « statistique » fondée sur l'âge moyen au mariage ou à l'arrivée de l'ensemble des immigrantes[97]. Mais à ce stade-ci de l'analyse, nous jugeons utile de ne retenir que les immigrantes dont la date de naissance est connue de façon exacte ou approximative, soit tout de même 85 pour cent de l'ensemble.

---

97. Charbonneau et al., *Naissance d'une population, op. cit.*, pp. 32-33.

L'imprécision de la plupart des dates de naissance des Filles du roi ne doit pas affecter notablement leur répartition en groupes quinquennaux de générations, tel que le présente le tableau 13. La presque totalité des femmes sont nées dans le second tiers du XVIIe siècle, avec une concentration de plus de la moitié dans les années 1640-49. Leur distribution par année de génération, illustrée par la figure 4, démontre cependant l'influence déterminante du recensement de 1681 dans l'attribution de dates de naissance approximatives. Annulons la correction d'âge de deux ans: la déclaration d'âges multiples de 10 et de 5 gonfle alors la part des années de naissance approximatives se terminant par 1 et 6 à plus de 35 pour cent, alors qu'une répartition aléatoire l'aurait limitée à 20 pour cent. L'imprécision des âges déclarés ressort donc nettement même si en moyenne les erreurs peuvent se compenser en partie. Le recours à une seule déclaration d'âge explique d'ailleurs les cas extrêmes indiqués à la figure 4: une femme a prétendu à sa confirmation en 1676 être âgée de seulement 17 ans, ce qui, après correction, la fait naître en 1657 et immigrer à l'âge de 16 ans, tandis que pour une autre le recenseur en 1681 a rapporté l'âge de 70 ans, d'où sa naissance en 1609 et son immigration à l'âge de 59 ans. Passées au Canada en seulement onze ans, les Filles du roi auraient ainsi appartenu à des générations étalées sur près d'un demi-siècle.

TABLEAU 13

DISTRIBUTION DES FILLES DU ROI SELON LE GROUPE DE GÉNÉRATIONS ET LE DEGRÉ DE PRÉCISION DE LA DATE DE NAISSANCE

Groupe de générations	Date de naissance			
	Exacte	Approximative	Ensemble	
			N	%
Avant 1625	0	5	5	0,6
1625-1629	0	11	11	0,8
1630-1634	6	24	30	2,9
1635-1639	4	105	109	11,5
1640-1644	10	163	173	19,5
1645-1649	8	197	205	31,6
1650-1654	8	109	117	26,1
1655-1657	1	7	8	7,0
Ensemble	37	621	658	100,0
Année moyenne	1644	1644	1644	
Année médiane	1643	1645	1645	

FIGURE 4

DISTRIBUTION DES FILLES DU ROI SELON LA GÉNÉRATION ET LE DEGRÉ
DE PRÉCISION DE LA DATE DE NAISSANCE

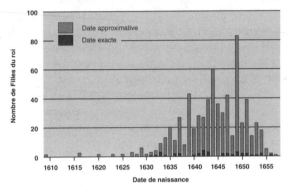

TABLEAU 14

DISTRIBUTION DES FILLES DU ROI SELON LEUR ÂGE
ET LEUR ÉTAT MATRIMONIAL À L'ARRIVÉE

Âge	État matrimonial			Âge	État matrimonial		
	Célibataire	Veuve	Ensemble		Célibataire	Veuve	Ensemble
14	3	0	3	31	12	2	14
15	10	0	10	32	15	2	17
16	17	0	17	33	12	1	13
17	28	0	28	34	7	2	9
18	31	1	32	35	6	2	8
19	41	1	42	36	6	0	6
20	62	0	62	37	2	2	4
21	56	1	57	38	1	2	3
22	45	0	45	39	1	0	1
23	36	1	37	40	2	0	2
24	45	0	45	41	3	1	4
25	45	1	46	42	0	1	1
26	40	1	41	45	0	1	1
27	17	1	18	46	1	0	1
28	33	1	34	47	0	1	1
29	23	3	26	48	0	1	1
30	27	1	28	59	1	0	1

	Célibataire	Veuve	Ensemble
Total	628	30	658
Indéterminé	90	8	112*
Ensemble	718	38	770*
Âge moyen	23,9	32,5	24,3
Âge médian	23,1	32,0	23,4

* Y compris 14 femmes d'état matrimonial indéterminé.

Par simple différence de millésime entre l'année d'arrivée et l'année de naissance corrigée, on a calculé l'âge à l'immigration des 658 femmes de naissance connue (tableau 14). Plus de 96 pour cent avaient entre 16 et 40 ans et respectaient ainsi les conditions de fertilité prescrites par Talon.

> Qu'il soit deffendu a ceux qui seront chargés des Levées des Passagers po. Le Canada d'envoyer aucun homme qui ne soit au dessus de 16 ans et audessous de quarante parce que tout ce qui est audessus de l'un de ces aages et au dessous de l'autre ne peut accomoder ce pays et ne Laisse pas de couster au Roy.
>
> ....
>
> La mesme regle pourroit estre observée a L'Esgard des Femmes et filles pour Les aages convenables a la generation, et surtout qu'elles soient choisies bien saines[98].

Envoyées au Canada à l'âge moyen de 24 ans[99], les Filles du roi avaient sensiblement le même âge que leurs compatriotes restées en France qui se mariaient pour la première fois[100]. La déclaration d'un mari décédé dans l'acte de mariage célébré en terre canadienne révèle cependant la présence de près d'une quarantaine de veuves, en moyenne plus âgées que les célibataires, représentant 5 pour cent de l'ensemble des femmes. Cette estimation sommaire sous-évalue probablement le nombre réel de veuves, d'autant plus que les autorités n'opposaient aucun obstacle à leur immigration, pourvu qu'elles puissent faire, comme les célibataires, la preuve de leur liberté au mariage.

> Si le Roy fait passer d'autres filles ou femmes veuves de l'ancienne en la nouvelle france, Il est bon de les faire accompagner d'un certificat de leur curé ou du juge du lieu de leur demeure qui fasse connoistre qu'elles sont libres et en estat d'estre mariées, sans quoy les Ecclésiastiques d'Icy font difficulté de leur conferer ce sacrement[101].

---

98. Lettre de l'intendant Talon au ministre Colbert, Québec, 29 octobre 1667, dans *RAPQ 1930-1931*, p. 87.

99. L'imprécision des dates de naissance et d'arrivée ne permettant pas le calcul d'âge en années révolues, on a effectué la moyenne sans ajouter au résultat la demi-année normalement requise.

100. Dans l'échantillon de l'Institut national d'études démographiques (INED), l'âge moyen au premier mariage des femmes rurales du Bassin parisien atteint en effet 24,5 ans pendant le règne de Louis XIV. Pour la décennie 1660-1669, l'enquête nominative menée récemment dans le Vexin livre un résultat analogue, 23,6 ans. Dans les petites villes d'Île-de-France, les femmes célibataires se mariaient un peu plus jeunes à 22,5 ans. Dupâquier, éd., *Histoire de la population française*, vol. 2 : *De la Renaissance à 1789, op. cit.*, p. 305. Jacques Dupâquier, *La population rurale du Bassin parisien à l'époque de Louis XIV*, Paris et Lille, Éditions de l'École des hautes études en sciences sociales et Publications de l'Université de Lille III, 1979, p. 307. Communication personnelle de Jean-Pierre Bardet.

101. Mémoire de l'intendant Talon sur le Canade au ministre Colbert, Québec, 10 novembre 1670, dans *RAPQ 1930-1931*, p. 126.

Signalons que les immigrantes originaires de la ville même de Paris étaient particulièrement jeunes : ces femmes ont franchi l'Atlantique à l'âge moyen de 23,2 ans (N = 206), alors que toutes les autres recrues avaient en moyenne 24,9 ans (N = 409). Les Filles du roi tirées de l'Hôpital général de Paris étaient donc de jeunes femmes dont la rupture ou du moins l'inadaptation à leur milieu d'origine, qui expliquerait leur émigration, est survenue plus précocement que leurs compagnes d'autres milieux.

La prise en compte de l'origine socio-professionnelle permet d'observer un curieux phénomène : alors que diverses monographies françaises ont montré que les filles d'extraction sociale élevée quittaient plus jeunes le célibat[102], les Filles du roi issues de la notabilité ont immigré à un âge significativement plus avancé que les autres (25,5 ans, N = 79, par rapport à 24,1 ans, N = 579). Dans l'ignorance des itinéraires particuliers des unes et des autres, ce comportement reste sans explication. Par ailleurs, les femmes apportant des biens d'une valeur de 400 livres ou plus sont arrivées plus âgées que celles moins fortunées — 26,4 ans (N = 62) contre 24,4 ans (N = 286) ; le fait n'étonne pas ici, puisque les deux années d'écart ont pu permettre à certaines d'hériter de leur père, de leur mère ou d'un mari.

La proportion d'immigrantes veuves n'a pas varié de façon significative d'une année à l'autre au cours de la période 1663-1673. De la même manière, on n'observe aucune relation entre l'état matrimonial à l'arrivée et la provenance urbaine ou rurale, l'origine sociale ou l'attribution d'une dot royale. Notons cependant la proportion importante de veuves chez les femmes originaires de la région de l'Ouest, près de 13 pour cent (N = 102) contre seulement 4 pour cent dans les autres régions (N = 606). Le phénomène s'explique peut-être par le caractère plus libre, moins dirigé, de l'immigration en provenance de

---

102. C'est ce qu'on a observé notamment à Tourouvre-au-Perche, à Argenteuil, à Thoissey-en-Dombes, à Genève et chez les ducs et pairs d'Ancien Régime. Hubert Charbonneau, *Tourouvre-au-Perche aux XVIIe et XVIIIe siècles. Étude de démographie historique*, Paris, PUF, 1970, p. 75. J.-C. Giachetti et M. Tyvaert, « Argenteuil (1740-1790) », *Annales de démographie historique* (1969), p. 54. Alain Bideau, *La châtellenie de Thoissey-en-Dombes (1650-1840) : étude d'histoire démographique. Analyse différentielle des phénomènes démographiques*, thèse de doctorat, Centre Pierre Léon, Université Lyon II, 1980, pp. 105 et 108. Alfred Perrenoud, « Variables sociales en démographie urbaine. L'exemple de Genève au XVIIIe siècle », *Démographie urbaine, XVe - XXe siècle*, Université Lyon II, Centre d'histoire économique et sociale de la région lyonnaise, no 8, 1977, pp. 149-152. Claude Lévy et Louis Henry, « Ducs et pairs sous l'Ancien Régime. Caractéristiques démographiques d'une caste », *Population*, 15e année, no 5 (octobre-décembre 1960), pp. 813-814.

cette région, tandis que le recrutement mené en Île-de-France et en Normandie aurait presque exclusivement visé les femmes célibataires.

6 — Alphabétisation

La société de la Nouvelle-France s'est développée à une époque où l'instruction populaire n'était nullement encouragée ni même souhaitée. Selon l'idéologie régnant avant l'arrivée des physiocrates dans la deuxième moitié du XVIIIe siècle, il était nécessaire que le peuple fût ignorant car son instruction aurait risqué de le détourner de son rôle et de sa destinée. L'auteur de l'*Essai d'éducation nationale* (1763), La Chalotais, a bien exprimé cette sorte de malthusianisme intellectuel :

> Le bien de la Société demande que les connoissances du Peuple ne s'étendent pas plus loin que ses occupations. Tout homme qui voit au de-là de son triste métier, ne s'en acquittera jamais avec courage et patience. Parmi les gens du Peuple, il n'est presque nécessaire de sçavoir lire et écrire qu'à ceux qui vivent par ces arts, ou que ces arts aident à vivre[103].

Il existait pourtant en France d'Ancien Régime tout un réseau de petites écoles qui diffusaient les rudiments de l'instruction élémentaire, circonscrite à l'apprentissage de la lecture, de l'écriture et du calcul. Aux yeux des conservateurs cléricaux du siècle dernier, l'Église entreprit ainsi l'alphabétisation des Français et la Révolution, en détruisant l'Église, imposa un recul à l'éducation des masses. Les républicains prétendirent au contraire que rien n'avait été fait sous l'Ancien Régime et que tout commença en 1789. Par delà les idéologies défendues, ce débat s'alimentait à une double réalité historique : celle d'une France du Nord et du Nord-Est, bien pourvue d'écoles, qui savait lire et écrire dès le XVIIIe siècle, et l'autre France, plus pauvre et sous-équipée, qui n'entreprit de rattraper son retard qu'au XIXe siècle[104].

L'appréhension du niveau d'alphabétisation des populations anciennes passe nécessairement par la mesure de la fréquence des signatures des mariés. Si cette méthode offre l'avantage d'embrasser la

---

103. Cité par Brunot, *op. cit.*, t. VII, p. 137.

104. François Furet et Jacques Ozouf, *Lire et écrire. L'alphabétisation des Français de Calvin à Jules Ferry*, Paris, Éditions de Minuit, 1977, t. 1, pp. 9 et 56. Goubert et Roche, *op. cit.*, vol. 2 : *Culture et société*, pp. 202-204. L'abbé Amédée Gosselin a parfaitement exprimé la thèse conservatrice en affirmant qu'« il reste acquis que dès le XVIIe siècle, les moyens d'apprendre à lire et à écrire ne manquaient pas à la plupart de ceux qui voulaient en profiter » (*L'instruction au Canada sous le régime français (1635-1760)*, Québec, Laflamme et Proulx, 1911, p. 15).

quasi-totalité des adultes, elle pose en revanche le problème de la valeur de la signature comme signifiant culturel. Certains auteurs ont proposé que cet indicateur serait intermédiaire entre la maîtrise de la lecture et celle de l'écriture et assimilerait autant les quasi-analphabètes que les gens lettrés.

> L'expérience actuelle de l'apprentissage d'un enfant suggère que l'aptitude à signer, c'est-à-dire à reproduire quelques lettres soigneusement sélectionnées et apprises, précède largement la capacité à écrire, et même à lire couramment ; elle ne constitue qu'un stade tout à fait élémentaire de l'alphabétisation : le choix de ce critère, auquel nous contraint l'état des sources avant le XIXe siècle, tendrait de ce fait à surestimer le niveau d'instruction des populations de l'ancienne Europe. Comme beaucoup d'autres indicateurs historiques, la capacité à signer, faute de pouvoir être objectivement décomposée en niveaux de plus ou moins grande aisance à manier l'écriture, mêlerait les quasi-analphabètes et ceux qui sont vraiment alphabétisés[105].

Les seules mesures dont nous disposons jusqu'à récemment pour la France de Louis XIV étaient celles effectuées en 1877-1879 par Louis Maggiolo qui, avec la collaboration de milliers d'instituteurs dispersés dans la France entière, calcula sur une base départementale les proportions d'époux et d'épouses ayant signé leur acte de mariage au cours des périodes 1686-1690, 1786-1790, 1816-1820 et 1872-1876. Ces données ont fait l'objet de deux critiques principales : 1. caractère incomplet de l'enquête — 12 des 90 départements n'ont pas été considérés et les registres des grandes villes, plus longs à dépouiller, n'ont pas été relevés ; 2. absence de pondération des résultats selon la population des départements[106]. L'importante sous-représentation des populations urbaines constitue à nos yeux la faiblesse majeure de ces données, compte tenu de l'origine urbaine de plus des deux tiers des Filles du roi. Mais heureusement l'on bénéficie, depuis quelques années, des comptages des signatures opérés dans le cadre de l'enquête de l'INED sur la population française entre 1670 et 1829[107]. La présentation par région des résultats concernant la promotion de mariages la plus ancienne, celle de 1670-1689, confirme la séparation

---

105. François Furet et Wladimir Sachs, « La croissance de l'alphabétisation en France, XVIIIe — XIXe siècle », *Annales E.S.C.*, 29e année, n° 3 (mai-juin 1974), p. 715.

106. Michel Fleury et Pierre Valmary, « Les progrès de l'instruction élémentaire de Louis XIV à Napoléon III d'après l'enquête de Louis Maggiolo (1877-1879) », *Population*, 12e année, n° 1 (janvier-mars 1957), pp. 71-92. Furet et Ozouf, *op. cit.*, pp. 27-35.

107. Jacques Houdaille, « Les signatures au mariage de 1740 à 1829 », *Population*, 32e année, n° 1 (janvier-février 1977), pp. 65-90. *Idem*, « Les signatures au mariage, 1670-1739 », *Population*, 43e année, n° 1 (janvier-février 1988), pp. 208-212.

de la France en deux zones, les régions situées au nord d'une ligne Saint-Malo — Genève étant sensiblement plus alphabétisées que celles de l'ouest armoricain, du Massif central et de tout le Midi aquitain et méditerranéen (tableau 15). De l'aveu même de son auteur, le résultat relatif à la France urbaine est toutefois erroné, car l'échantillon pour les villes est incomplet et les registres paroissiaux de Paris, détruits en 1871, n'ont pu être pris en compte. L'écart de 15 points entre paysannes et citadines ne reflète donc pas la nette avance des villes sur les campagnes observée, pour le XVIIe siècle, par les auteurs des nombreuses monographies locales réalisées depuis une trentaine d'années : très tôt, en effet, les citadines de la France alphabétisée du Nord et du Nord-Est, d'où provenaient les trois quarts des Filles du roi, ont connu des progrès dans l'alphabétisation qui les ont rapprochées des taux masculins, traditionnellement supérieurs[108]. Malgré cette sérieuse lacune, les données du tableau 15 peuvent servir à apprécier les résultats relatifs à l'alphabétisation des Filles du roi.

TABLEAU 15
PROPORTION DE FRANÇAISES AYANT SIGNÉ LEUR ACTE DE MARIAGE,
SELON LA RÉGION ET L'HABITAT URBAIN OU RURAL,
D'APRÈS L'ENQUÊTE DE L'INED (1670-1689), EN POUR CENT

Région et habitat	Proportion
Bretagne	6
Normandie	13
Bassin parisien*	9
Nord	11
Est	21
Poitou-Berry-Touraine	4
Centre-Est	8
Massif central	1
Sud-Ouest	2
Provence-Languedoc	3
France urbaine*	23
France rurale	8
France entière*	10

* À l'exception de la ville de Paris.
Source : Jacques Houdaille, « Les signatures au mariage, 1670-1739 », *Population*, 43e année, n° 1 (janvier-février 1988), p. 209.

108. Furet et Ozouf, *op. cit.*, pp. 49-55, 230-231 et 240.

Au Canada, les registres paroissiaux d'avant 1680 ne permettent pas l'étude de l'aptitude à signer car les curés n'ont relevé l'information que dans seulement 15 pour cent des mariages[109]. Cette constatation n'est pas nouvelle, l'abbé Amédée Gosselin l'ayant faite dès 1911.

> Ce n'est pas dans les premiers registres de nos plus anciennes paroisses que l'on trouvera la preuve que les colons savaient signer ou non. C'est dans les greffes des notaires qu'il faut aller la chercher[110].

En nous appuyant en grande partie sur les relevés effectués dans cette dernière source pour l'étude de l'alphabétisation des pionniers établis avant 1680[111], on parvient à connaître l'aptitude à signer de plus de 94 pour cent des Filles du roi. Comme les 46 immigrantes dont le niveau d'alphabétisation reste inconnu sont principalement des femmes qui n'ont pas passé de contrat de mariage à leur première union, on a disposé des cas indéterminés comme les cas connus (tableau 16).

TABLEAU 16
PROPORTION DE FILLES DU ROI SACHANT SIGNER, SELON LA RÉGION ET L'HABITAT D'ORIGINE DÉCLARÉS, EN POUR CENT*

Région d'origine	Habitat d'origine							
	Urbain		Rural		Indéterminé		Ensemble	
	N	%	N	%	N	%	N	%
Bretagne	10	(22)	3	(0)	0	0	13	(17)
Normandie	76	(23)	46	(9)	5	(0)	127	17
Paris	265	32	62	(18)	0	0	327	29
Loire	35	(20)	8	(14)	0	0	43	(19)
Nord	7	(0)	13	(23)	0	0	20	(15)
Est	34	(38)	24	(13)	1	(0)	59	(28)
Ouest	48	(12)	54	(6)	0	0	102	9
Centre	5	(40)	2	(0)	0	0	7	(33)
Sud	1	(0)	3	(0)	0	0	4	(0)
Indéterminée	0	0	0	(0)	62	(33)	62	(33)
Total France	481	28	215	12	68	(30)	764	24
Autres pays	5	(20)	0	0	1	(0)	6	(17)
Ensemble	486	28	215	12	69	(29)	770	23

* Les proportions calculées à partir de moins de 100 cas sont entre parenthèses.

---

109. Raymond Roy et Hubert Charbonneau, «Le contenu des registres paroissiaux canadiens du XVIIᵉ siècle», *Revue d'histoire de l'Amérique française*, vol. 30, n° 1 (juin 1976), p. 89.

110. Gosselin, *op. cit.*, p. 28.

111. Michel Chouinard, *Instruction et comportement démographique en Nouvelle-France au XVIIᵉ siècle*, mémoire de maîtrise, Département de démographie, Université de Montréal, 1988, xviii - 104 p.

Dans l'ensemble, une Fille du roi sur quatre savait écrire son nom. Cette proportion, bien qu'inférieure à celle estimée pour les pionniers de sexe masculin établis avant 1680[112], démontre à quel point les historiens québécois ont traditionnellement exagéré l'instruction des premiers immigrants français.

> Avec quel orgueil, ces pauvres colons, que l'on traite d'ignorants, ne signaient-t-ils [sic] pas leurs noms au pied des contrats ou des actes où les circonstances de la vie les amenaient à comparaître ? Nous l'avons prouvé surabondamment au cours de cette étude, en reproduisant leurs signatures autographes. Tous ou presque tous savaient lire ou écrire. Et cette instruction puisée dans la vieille patrie, ils voulurent la léguer à leurs enfants avec l'amour de la race et le souvenir de la grandeur du nom français[113].

Dans sa défense des Filles du roi contre les attaques du baron de Lahontan, le même auteur précisa ainsi sa pensée :

> Nos origines sont si pures et si bien dégagées de toutes scories, que nous ne craignons pas d'indiquer les sources où il est possible de les saisir sur le vif et dans toute leur intimité. Ce qui nous a surtout étonné en parcourant ces dossiers poudreux, c'était de voir quel degré d'instruction possédaient ces filles (presque toutes savaient écrire leur nom, et d'une manière remarquable, au point de vue calligraphique), quel empressement les plus hauts dignitaires mettaient à assister à leurs unions et à apposer leur signature à leur contrat de mariage[114]...

L'abbé Amédée Gosselin nuança ces jugements patriotards et affirma même que

> l'instruction proprement dite n'était pas aussi répandue [que l'éducation religieuse], et plusieurs des émigrants qui nous arrivèrent de France aux XVIIe et XVIIIe siècles ne savaient ni lire ni écrire[115].

Mais il n'en conclut pas moins, à la suite d'une étude dont les fondements méthodologiques paraissent douteux, que «bon nombre de colons savaient signer leur nom à leur arrivée au Canada»[116].

Le tableau 16 indique un important écart dans l'alphabétisation des immigrantes d'origine urbaine et rurale : plus du quart des pre-

112. Chouinard, *ibid.*, p. 44, a calculé des taux d'alphabétisation de 30,1 pour cent pour les hommes (N = 797) et de 21,3 pour cent pour les femmes (N = 860).

113. Joseph-Edmond Roy, *Histoire de la seigneurie de Lauzon*, vol. 1, Lévis, 1897, p. 495 (réédition Société d'histoire régionale de Lévis, 1984).

114. Joseph-Edmond Roy, « Le baron de Lahontan», *Mémoires et comptes rendus de la Société royale du Canada*, t. XII (1894), section I, p. 157.

115. Gosselin, *op. cit.*, p. 23.

116. *Ibid.*, p. 31. L'auteur a relevé dans les archives environ 800 signatures d'hommes pour la période 1634-1680 et a rapproché ce nombre de l'effectif de la population en 1663 (2500 personnes) et en 1681 (9677 personnes).

mières et seulement le huitième des secondes savaient signer. Cette reproduction du schéma français n'a pas échappé à Benjamin Sulte.

> Les filles envoyées de France arrivèrent presque toutes de 1665 à 1675. Celles qui venaient de Paris, principalement des maisons royales de charité, étaient des orphelines appartenant à des parents morts pauvres au service de l'Etat et plusieurs provenaient de familles d'officiers qui leur avaient procuré une bonne instruction. Elles étaient bien supérieures, sous ce rapport, aux filles de la campagne et leur influence a dû se faire sentir notablement dans leur entourage, c'est-à-dire les villes de Québec, Trois-Rivières et Montréal où elles demeurèrent après leur mariage. « Une chose que nous avons remarquée et qui mérite d'être notée », dit M. Garneau en parlant de la population du Canada au dix-septième siècle, « c'est qu'un grand nombre de contrats portent la signature des époux et des parents ou amis, preuve que l'instruction était plus répandue parmi les colons qui venaient d'outre-mer qu'on ne le pense généralement. » Ceci s'applique surtout à Québec. M. l'abbé Verreau a fait la même observation en compulsant les greffes de Montréal, et nous-même nous avons pu nous convaincre d'un état de choses identique en relevant les actes conservés aux Trois-Rivières[117].

L'aptitude à signer des Filles du roi reproduit aussi le fossé culturel que marque la ligne Saint-Malo-Genève : la proportion d'immigrantes sachant écrire leur nom passe de 13 à 26 pour cent, soit du simple au double, selon qu'elles provenaient de régions situées au sud ou au nord de cette ligne.

Si les Filles du roi ont reflété les oppositions qui caractérisaient le paysage culturel de la France du XVIIe siècle, celles d'entre elles tirées des campagnes semblent avoir aussi reproduit les conditions générales d'alphabétisation propres à leurs milieux d'origine. L'écart entre le taux calculé pour les Filles du roi d'origine rurale (tableau 16) et celui proposé par l'INED pour l'ensemble des campagnes françaises (tableau 15) ne doit pas faire illusion car il résulte du poids inégal des diverses régions dans les deux populations. Une comparaison région par région n'est pas plus éclairante, les résultats publiés de l'enquête de l'INED ne livrant pas au niveau régional le poids respectif des populations urbaines et rurales.

La situation des immigrantes urbaines diffère-t-elle ? Vingt-huit pour cent d'entre elles savaient écrire leur nom, comparativement à

---

117. Benjamin Sulte, *Histoire des Canadiens-Français, 1608-1880*, t. VII, Montréal, Wilson, 1882, pp. 18-19. Même si Sulte a eu une juste présomption, sa vérification archivistique repose sur un postulat abusif, car il n'existe aucune relation significative entre l'habitat d'origine et celui dans la colonie des Filles du roi. Yves Landry, « Fécondité et habitat des immigrantes françaises en Nouvelle-France », *Annales de démographie historique* (1988), p. 262.

23 pour cent des femmes de l'échantillon de l'INED. Mais encore ici il faut disséquer cet amalgame composite. Si l'on écarte les Parisiennes, la proportion des Filles du roi urbaines sachant signer tombe à 20 pour cent et la différence avec les immigrantes campagnardes n'est alors plus significative. Une telle situation contraste avec les observations de nombreux auteurs sur les nets écarts d'alphabétisation des populations des villes de province avec celles de leurs campagnes environnantes.

Seules se distinguent en réalité les immigrantes originaires de la ville de Paris, dont 36 pour cent savaient signer (N = 240). Pour pouvoir apprécier correctement cette proportion, il faudrait connaître le taux d'alphabétisation des Parisiennes de cette époque, mais la perte des archives de l'état civil de Paris a jusqu'à maintenant empêché son calcul précis. Certains ont cependant avancé que, sous Louis XIV, il devait atteindre déjà 75 pour cent[118]. Il est en effet reconnu que la ville était dotée d'un bon réseau de petites écoles et que les curés tenaient même dans chaque paroisse une école gratuite pour les enfants pauvres[119]. À l'Hôpital général, des maîtres apprenaient aux enfants à lire et à écrire[120]. Une étude sur les cartes de sûreté exigées des Parisiens en 1793 a confirmé un niveau d'instruction relativement élevé : pour les générations les plus anciennes (1720-1729) on a compté 85 pour cent de signataires[121]. Que seulement le tiers des Filles du roi provenant de la capitale aient été alphabétisées indique certainement, pour la plupart des futures immigrantes, une origine sociale très modeste et un temps de passage fort court dans les maisons de l'Hôpital général.

Le poids décisif de l'origine sociale sur la capacité de signer trouve sa confirmation dans les faits : 58 pour cent des immigrantes issues de la notabilité savaient écrire leur nom (N = 96) contre 18 pour cent chez les autres (N = 674). N'est-il pas étonnant que l'alphabétisation ait gagné seulement un peu plus de la moitié des filles de nobles et de bourgeois, alors qu'on tient généralement pour acquis que «les nota-

118. Goubert et Roche, op. cit., vol. 2, p. 203.

119. Jacques Wilhelm, La vie quotidienne des Parisiens au temps du Roi-Soleil, 1660-1715, [Paris], Hachette, 1977, p. 122.

120. Histoire de l'hopital general de Paris, avec un Mémoire et des Notes de M. le Procureur-général, c. 1750, Paris, Bibliothèque nationale, Collection Joly de Fleury, vol. 1220, f. 61.

121. Alain Blum et Jacques Houdaille, « L'alphabétisation aux XVIIIe et XIXe siècles : l'illusion parisienne ?», Population, 40e année, n° 6 (novembre-décembre 1985), pp. 944-951. Cette étude a été menée à partir des registres dans lesquels les Parisiens de plus de 18 ans devaient apposer leur signature pour obtenir leur carte de civisme.

bles sont alphabétisés à 100% dès la fin du XVIIᵉ siècle »[122] ? La valeur
des biens apportés témoigne aussi de la relation positive entre analphabétisme et médiocrité sociale : la fortune de celles qui savaient signer
était estimée à 458 livres (N = 95), tandis que celle des illettrées l'était
à seulement 262 livres (N = 320).

On n'observe par contre aucune relation significative entre le fait
de savoir écrire son nom et l'année d'arrivée au Canada, l'âge à
l'immigration, ainsi que le fait d'avoir obtenu une dot du roi. Ceci
dément en particulier la prétention de Gérard Malchelosse, évoquée
plus haut, selon laquelle le contingent de 1669 dirigé par Mme Bourdon aurait été plus instruit que ceux des deux années précédentes.

7 — État d'orpheline

On sait que les historiens ont traditionnellement associé les Filles
du roi à la condition d'orpheline. Ainsi, Lionel Groulx et Benjamin
Sulte les considéraient « pour la plupart [comme] des orphelines de
fonctionnaires élevées aux frais de Sa Majesté »[123], tandis que plus
récemment Marcel Trudel en a même fait une condition essentielle de
sa définition de Fille du roi[124]. Qu'en est-il exactement ?

Le destin des parents des Filles du roi nous est connu par la
déclaration qu'elles en ont faite devant le prêtre et le notaire à l'occasion de leur premier mariage en terre canadienne. Cette information
n'a pas la valeur des faits connus directement par la reconstitution des
familles, car deux biais risquent d'affecter les résultats. Premièrement,
le curé et le notaire ont pu omettre de préciser si les parents de
l'immigrante étaient vivants ou décédés : en lisant que celle-ci était
« fille d'un tel et d'une telle », on est amené à considérer ses parents
comme vivants et à sous-estimer leur mortalité. Toutefois, on peut
croire que l'existence de deux sources mutuellement supplétives —
l'acte et le contrat de mariage — pour les deux tiers des Filles du roi
réduit en grande partie l'impact de ce biais.

Si l'erreur engendrée par cette imprécision du rédacteur affecte
la mesure de la mortalité des deux parents de façon égale, le second

---

122. Cabourdin et Viard, *op. cit.*, p. 15.

123. Lionel Groulx, *La naissance d'une race*, Montréal, Bibliothèque de l'Action française, 1919, p. 60. Benjamin Sulte, « Nos ancêtres étaient-ils ignorants ? », *Mémoires et
comptes rendus de la Société royale du Canada*, 3ᵉ série, t. XII (1918), p. 205.

124. Trudel, *Histoire de la Nouvelle-France*, vol. III : *La seigneurie des Cent-Associés
(1627-1663)*, t. 2 : *La société, op. cit.*, p. 43. Voir supra, p. 23.

biais risque par contre de fausser l'appréhension du destin des mères seulement.

Il peut y avoir quelques erreurs pour la mère quand le rédacteur de l'acte a écrit ou voulu écrire « fils (ou fille) de feus (ou défunts) Un tel et Une Telle ». Si le rédacteur a oublié l's ou si le releveur ne le voit pas, on risque de compter comme vivantes des mères qui ne le sont pas[125]. La calligraphie équivoque de certains rédacteurs[126] peut en effet prêter à confusion. Mais même si la lecture de l'acte ou du contrat de mariage est claire, l'état de développement syntaxique de la langue française au XVIIe siècle ne permet pas de déterminer avec certitude si l'épithète « feu » ou « défunt » sans s ne concerne que le père. En effet, l'opinion des grammairiens et des auteurs était alors divisée quant à l'accord de l'adjectif avec plusieurs substantifs de genre différent : certains préconisaient l'emploi du masculin pluriel, tandis que d'autres ne faisaient l'accord qu'avec un seul substantif, le plus proche[127]. Quelle était la pratique des éléments alphabétisés de la population comme les prêtres et les notaires, avant que les manuels de grammaire, au demeurant « fort secs », ne commencent à se multiplier vers 1650[128] ? Probablement ambivalente. Des orphelins complets (de père et de mère) peuvent donc être pris pour des demi-orphelins (de père seulement) et la mortalité des mères en sort vraisemblablement sous-évaluée.

Le tableau 17 distribue les Filles du roi selon le destin connu de leurs père et mère. Étant donné le court intervalle entre le premier mariage célébré au Canada et l'immigration, l'information disponible doit presque toujours correspondre à la situation prévalant au moment du départ de France. Les parents de 87 immigrantes disposent d'un statut indéterminé à cause de l'absence combinée de l'acte et du contrat de mariage ou du fait que la mariée était veuve et n'a pas déclaré les noms de ses parents. Ont été considérés comme vivants avec certitude six pères et cinq mères dont la présence au Canada ou la survie en

125. Louis Henry, *Manuel de démographie historique*, seconde édition, Genève, Droz, 1967, p. 116.

126. En particulier celle du notaire Romain Becquet qui a signé 40 pour cent des contrats de premier mariage des Filles du roi.

127. Brunot, *op. cit.*, t. III : *La formation de la langue classique 1600-1660*, Paris, Armand Colin, 1911, p. 468 (réédition 1966) ; *ibid.*, t. IV : *La langue classique 1660-1715*, Paris, Armand Colin, 1924, pp. 839-841 (réédition 1966). Maurice Grevisse, *Le bon usage*, onzième édition, Paris-Gembloux, Duculot, 1980, p. 405, n° 785.

128. Brunot, *op. cit.*, t. IV, p. 131.

France est attestée[129]. À moins d'être déclarés décédés, tous les autres parents ont été présumés vivants.

TABLEAU 17

DISTRIBUTION DES FILLES DU ROI SELON LE DESTIN DE LEURS PÈRE ET MÈRE AU MOMENT DE L'IMMIGRATION AU CANADA

Mère	Père					
	Vivant			Décédé	Destin indéter-miné	Ensemble
	Avec certitude	Par présomption	Total			
Vivante						
Avec certitude	0	2	2	3	0	5
Par présomption	3	238	241	307	0	548
Total	3	240	243	310	0	553
Décédée	3	50	53	77	0	130
Destin indéterminé	0	0	0	0	87	87
Ensemble	6	290	296	387	87	770

Les Filles du roi orphelines de père auraient compté au minimum pour 56,7 pour cent (387/683), celles orphelines de mère pour 19,0 pour cent (130/683) et les orphelines complètes pour 11,3 pour cent (77/683). Au total, 64,4 pour cent (440/683) auraient été au moins orphelines de père ou de mère.

Même si ces valeurs ne découlent pas d'une mesure directe de la mortalité des parents des Filles du roi, elles représentent des indices que l'on peut comparer à ceux calculés pour d'autres populations. Le tableau 18 présente les résultats obtenus selon la même méthode par Jacques Dupâquier, à partir de l'enquête de l'INED, pour les mariages de filles célébrés dans les paroisses rurales du Bassin parisien au cours de la décennie 1671-1680.

129. Le décès postérieur d'un parent resté en France est connu dans un seul cas. Dans les autres situations, l'immigrante avait été précédée, était accompagnée ou sera rejointe au Canada par son père ou sa mère. Voir infra, pp. 101-106.

TABLEAU 18
PROPORTION D'ORPHELINES DE PÈRE ET MÈRE PARMI LES FILLES DU ROI
ET PARMI LES FILLES D'UN ÉCHANTILLON DE PAROISSES RURALES
DU BASSIN PARISIEN MARIÉES EN 1671-1680, EN POUR CENT

Population	N	Orphelines	
		De père	De mère
Filles du roi	683	56,7%	19,0%
Filles des paroisses rurales du Bassin parisien, mariées en 1671-1680	784	37,1%	24,5%

Sources : tableau 17 ;
Jacques Dupâquier, « Réflexion sur la mortalité du passé : mesure de la mortalité des adultes d'après les fiches de famille », *Annales de démographie historique* (1978), p. 34.

Par rapport à leurs contemporaines des campagnes du Bassin parisien, les Filles du roi affichent une surmortalité paternelle de près de 20 pour cent, mais, par contre, une sous-mortalité maternelle qui résulte manifestement des problèmes de méthode évoqués plus haut. L'ampleur de l'écart entre mortalité paternelle et maternelle, tant dans nos données que dans celles relatives au Bassin parisien, démontre l'impossibilité de bien apprécier la survie des mères à partir des déclarations au mariage :

compte tenu de ce que l'on sait des âges au mariage et à la reproduction dans la France de Louis XIV, l'écart entre les deux proportions ne devrait pas dépasser 5 à 6%[130].

Poursuivons la comparaison avec les données de l'enquête de l'INED, mais en faisant cette fois appel aux résultats obtenus après reconstitution des familles pour un échantillon de mariages de filles de la France rurale célébrés en 1740-1749 (tableau 19).

Malgré les différences spatio-temporelles entre les deux échantillons de l'enquête de l'INED, il est clair que la mesure directe de la mortalité entraîne une augmentation de la proportion d'orphelines estimée à partir des déclarations au mariage. Si l'on fait l'hypothèse que le léger recul de la mortalité observé en France dans la seconde

130. Dupâquier, *La population rurale du Bassin parisien à l'époque de Louis XIV, op. cit.,* p. 283.

TABLEAU 19

PROPORTION D'ORPHELINES DE PÈRE ET MÈRE PARMI LES FILLES DU ROI
ET PARMI LES FILLES D'UN ÉCHANTILLON DE MARIAGES DE LA FRANCE
RURALE CÉLÉBRÉS EN 1740-1749, SELON L'ÂGE À L'IMMIGRATION
OU AU MARIAGE, EN POUR CENT

Population	Âge à l'immigration ou au mariage				
	15 - 19 ans	20 - 24 ans	25 - 29 ans	30 - 34 ans	Moyenne pondérée
	N %	N %	N %	N %	N %
	Orphelines de père				
Filles du roi	112 53,6	230 56,1	153 51,0	94 72,3	589 56,9
Filles de la France rurale, mariées en 1740-1749	N.D. 41,4	N.D. 45,5	N.D. 46,9	N.D. 54,3	N.D. 46,6
	Orphelines de mère				
Filles du roi	112 20,5	230 13,5	153 19,6	94 21,3	589 17,7
Filles de la France rurale, mariées en 1740-1749	N.D. 23,3	N.D. 32,8	N.D. 33,7	N.D. 42,3	N.D. 33,1

Source pour les filles de la France rurale : Alain Bideau, « La mesure indirecte de la mortalité des adultes. L'exemple de la France de 1740 à 1829», dans *Historiens et populations. Liber amicorum Étienne Hélin*, Louvain-la-Neuve, Academia, 1991, p. 150.

moitié du XVIIe siècle compense pour les faibles différences de mortalité entre les campagnes du Bassin parisien et celles de la France entière[131], cette augmentation serait d'environ 10 pour cent. On ne saurait appliquer intégralement cette majoration au taux établi pour les pères des Filles du roi, dont le calcul a bénéficié de l'apport combiné des actes et des contrats de mariage. Mais il est vraisemblable que la proportion d'orphelines de père ait néanmoins approché les 65 pour cent. Par comparaison, les Françaises célibataires mariées en 1740-1749

---

131. *Ibid.*, pp. 283-287. Dupâquier, *La population française aux XVIIe et XVIIIe siècles, op. cit.*, p. 65. Yves Blayo, « La mortalité en France de 1740 à 1829» *Population*, 30e année, n° spécial (novembre 1975), pp. 138-141.

avaient déjà connu le décès de leur père dans une proportion inférieure à 47 pour cent. L'écart de presque 20 pour cent entre ces deux données témoigne de l'ampleur de la mortalité qui a frappé les familles d'origine des immigrantes et s'ajoute aux indices d'intense pauvreté déjà recueillis. Il sera d'ailleurs intéressant de vérifier au chapitre sur la mortalité si les Filles du roi ont hérité de cette moindre durée de vie paternelle ou si, au contraire, leur établissement dans un environnement plus sain a annulé les effets négatifs de leurs origines familiales.

Malgré leur sous-estimation évidente qui nous prive d'une mesure réaliste de la mortalité maternelle, les proportions d'orphelines de mère peuvent être prises en compte dans le calcul du pourcentage minimal de Filles du roi orphelines de père ou de mère. Poursuivons l'analyse à l'aide de cet indice qui, on l'a vu, indique qu'au moins 64,4 pour cent des immigrantes avaient déjà perdu l'un ou l'autre de leurs parents, sinon les deux, au moment de leur départ pour le Canada. Cette proportion varie de façon significative si l'on isole le groupe des recrues envoyées en 1669, 1670 et 1671 sous l'escorte de Madame Bourdon et d'Élisabeth Estienne : au moins 75 pour cent (249/331) d'entre elles étaient orphelines comparativement à au moins 54 pour cent (191/352) pour celles arrivées les autres années. On voit ainsi qu'en prêtant surtout attention aux femmes spécialement recrutées aux fins du peuplement, les historiens ont eu raison d'insister sur ce trait particulier de leur histoire familiale. Par contre, l'analyse statistique ne révèle aucune relation significative entre la survie des parents et la provenance géographique : les Parisiennes, pas plus que les autres citadines, ne comptaient plus d'orphelines dans leurs rangs que celles venues d'ailleurs. Sur le plan social, on observe un léger surplus d'orphelines chez les filles de notables — 77,7 pour cent (73/94) contre 62,3 pour cent (367/589) — comme si, dans les classes élevées, le décès d'un parent provoquait plus facilement que dans le peuple le geste de l'exil. Ces orphelines nobles et bourgeoises étaient relativement fortunées : elles disposaient de biens évalués à 608 livres (N = 45), comparativement à seulement 265 livres (N = 260) pour les autres orphelines et à 275 livres (N = 100) pour les non-orphelines. L'héritage d'un parent défunt n'avait donc enrichi que celles qui étaient déjà en position favorable. Finalement, signalons que les immigrantes ayant reçu une dot du roi comprenaient plus d'orphelines que les autres : au moins 80,4 pour cent (197/245) étaient orphelines chez les premières contre au moins 55,5 pour cent (243/438) chez les secondes. Nul doute que ce facteur joua dans la générosité des autorités.

8 — Apparentements

Pour les historiens de la Nouvelle-France défenseurs de la bonne moralité des aïeules, les filles à marier ont toutes été des immigrantes volontaires venues au Canada dans le seul but de prendre mari[132]. L'historiographie la plus récente interprète même leur départ pour le Nouveau Monde comme « un geste d'autonomie que ni la coutume ni les mœurs du 17e siècle n'autorisent, [manifestant dans] leur volonté d'échapper à la misère ou leur désir de perfection [...] une détermination et une indépendance exceptionnelle pour l'époque »[133]. Avec N.M. Dawson, il faut apporter quelques réserves à cette vision édulcorée de la réalité qui ne tient pas compte, entre autres, de l'assujettissement complet de la fraction des Filles du roi qui ont transité par l'Hôpital général de Paris.

> Ni volontaire (selon les tenants de l'émigration saine), ni forcée (selon les tenants de l'émigration tarée), nous qualifierons plutôt cette émigration de « involontairement volontaire ». Ce terme se justifie par l'absence de mentions témoignant que les émigrantes aient été mises de force dans les navires, et bien au contraire, tout laisse croire qu'elles se sont enrôlées par la force des choses ; c'est-à-dire que les perspectives d'un avenir misérable en France les auraient fortement incitées à partir pour le Nouveau Monde[134].

La découverte récente d'une pièce judiciaire relative à Marie-Claude Chamois, Fille du roi immigrée en 1670 qui intenta un procès à sa mère pour recouvrer l'héritage paternel[135], permet cependant d'affirmer le caractère autoritaire du choix des femmes destinées au Canada effectué en 1670 parmi les pensionnaires de l'Hôpital général de Paris[136].

---

132. Dès 1738, Claude Lebeau écrivit : « Il y eut plus de trois cents hommes de ce Regiment [de Carignan Salières] qui s'établirent dans le Païs [...] avec des Filles & des Femmes qui étoient en France, à charge de pauvres Communautés, d'où on les a tirées, pour les conduire *de leur plein gré* en Canada. » (Nous soulignons). L'historien Émile Salone était même persuadé que « rien que la perspective de trouver un mari suffirait sans doute [aux filles] à les décider à passer la mer ». Claude Lebeau, *Avantures du S͏r. C. Le Beau, avocat en parlement, ou Voyage curieux et nouveau, Parmi les Sauvages de l'Amérique Septentrionale*, Amsterdam, Herman Uytwerf, 1738, t. I, p. 91. Émile Salone, *La colonisation de la Nouvelle-France. Étude sur les origines de la nation canadienne française*, Paris, Guilmoto, [1905], p. 160 (réédition Boréal Express, Trois-Rivières, 1970).

133. Collectif Clio, *L'histoire des femmes au Québec depuis quatre siècles*, Montréal, Quinze, 1982, pp. 32-33. Voir Charbonneau et al., *Naissance d'une population, op. cit.*, p. 9.

134. Dawson, « Les filles à marier... », *loc. cit.*, p. 273.

135. Voir supra, p. 71, note 72.

136. Le mot de Talon selon lequel les directeurs de l'Hôpital général de Paris lui promirent, en 1673, « un estat des filles de l'hospital qui seront disposées à passer en

Dans une déclaration rédigée dix-huit ans après son exil, cette fille raconta les circonstances de son entrée à la Salpêtrière et de son départ pour le Canada, précisant « qu'au Commencement du mois de may 1670 *ayant esté nommée* avec plusieurs autres filles de l'hospital *pour aller en Canada par ordre du Roy* elles furent conduittes jusqu'au pont rouge par lesd. ecclesiastiques et par Auber chirurgien de l'hospital, la dame de Houssy, supérieure »[137].

Malgré ce témoignage accablant à verser au dossier des immigrantes volontaires, il importe de souligner un autre facteur, jusqu'à maintenant négligé par les auteurs, qui a pu inciter certaines à émigrer librement au Canada : l'état d'apparentement avec d'autres immigrants qui les ont précédées, accompagnées ou rejointes dans la colonie.

Le concept d'apparentement, qui recouvre « l'ensemble des liens du sang et de l'alliance qui unissent des individus »[138], exclut naturellement les solidarités entre non-parents qui ont pourtant pu exercer une influence dans le processus migratoire, mais, à cette époque où les relations familiales jouaient un rôle capital dans les rapports sociaux[139], il permet néanmoins de saisir les solidarités essentielles et durables de la personne. On souhaiterait que les registres paroissiaux et les minutes notariales fournissent toutes les indications nécessaires à l'établissement des liens de parenté entre individus ; ce n'est malheureusement pas le cas, surtout pour les apparentements les plus distants[140]. Notre évaluation représente donc un minimum mais, réa-

Canada », sous-entend, par ailleurs le régime volontaire de certaines d'entre elles. Mémoire de l'intendant Talon au roi sur les besoins du Canada, Paris, 9 mars 1673, dans *RAPQ 1930-1931*, p. 172.

137. Archives nationales de France, Section ancienne, Parlement de Paris, X[3b] 16662, 21 juin 1688. Nous remercions Hélène-Andrée Bizier de nous avoir révélé l'existence de ce document. (Nous soulignons).

138. « The biological and marital ties linking individuals », André Guillemette et Jacques Légaré, « The Influence of Kinship on Seventeenth-Century Immigration to Canada », *Continuity and Change*, vol. 4, n° 1 (February 1989), p. 82.

139. Jean-Louis Flandrin, *Familles. Parenté, maison, sexualité dans l'ancienne société*, Paris, Hachette, 1976, pp. 17-53.

140. Par exemple, on devine une parenté quelconque entre Élisabeth Hubert, fille de Claude Hubert et d'Isabelle Fontaine, de Paris, et Anne Thirement, fille de Jacques Thirement et de Marie Hubert, aussi de Paris. Immigrée trois ans plus tard, celle-ci a signé son contrat de mariage dans la maison de la première et a servi de marraine à deux de ses enfants, tandis qu'Élisabeth Hubert a aussi tenu sur les fonts baptismaux un des enfants d'Anne Thirement. Cependant, aucun document ne précise leur éventuel apparentement, de sorte qu'aux fins de nos calculs ces deux Filles du roi ont été considérées comme étrangères.

lisée dans les mêmes conditions que pour l'étude de l'apparentement de l'ensemble des immigrants du XVIIe siècle[141], elle autorise quelques comparaisons utiles. Précisons que cette mesure ne s'applique qu'aux liens de parenté noués en France avant le départ de l'émigrante et exclut donc l'apparentement formé au Canada par les mariages de parents. Les liens de parenté établis sont ceux d'immigrants qui ont passé au moins un hiver au pays[142].

Les Filles du roi se démarquent nettement des autres Françaises immigrées au Canada au XVIIe siècle : environ une sur dix[143] était parente avec un autre immigrant, comparativement à plus des deux tiers[144] des autres Françaises établies avant 1700. Tandis qu'en période normale le recrutement féminin passait fréquemment par les canaux familiaux, la levée des Filles du roi s'est donc réalisée selon un mécanisme qui a échappé à l'entraînement familial. Dans la majorité des cas, la décision d'émigrer au Canada a dû se prendre à l'extérieur du milieu d'origine, après rupture des solidarités naturelles avec les proches parents.

Le tableau 20 indique que plus de la moitié des 73 réseaux familiaux étaient sans structure familiale ; il s'agissait alors souvent de fratries composées de deux ou trois sœurs. Les autres groupes constituaient des familles simples, étendues ou même multiples. Seulement le tiers des réseaux se sont formés au Canada par l'arrivée simultanée de leurs membres ; dans les autres cas, l'intervalle moyen entre les arrivées extrêmes était d'environ neuf ans et la Fille du roi arrivait la première de son clan une fois sur trois (19/53). Que de telles retrouvailles en pays neuf aient eu lieu démontre bien que « la distance [...] n'abolissait pas la parenté »[145], mais leur rareté souligne l'isolement marqué des Filles du roi. La figure 5 présente des exemples illustrant chacun des types de réseau. La complexité de certains ne manque pas d'étonner, le record appartenant à celui de Louise Chiasson qui comptait 25 membres répartis sur trois générations et immigrés de 1666 à 1695[146].

---

141. Guillemette et Légaré, *loc. cit.*

142. Accompagnées par leur père venu les reconduire en Nouvelle-France mais reparti le même automne par les derniers vaisseaux, les trois sœurs Françoise, Marie et Marie-Madeleine Raclos représentent donc, à nos yeux, les seules immigrantes de leur famille.

143. 73/737 = 9,9%. Pour les fins de la comparaison, on exclut au dénominateur les 33 Filles du roi qui ne se sont pas établies au pays et dont aucune n'avait de parenté au Canada.

144. 625/908 = 68,8%. Guillemette et Légaré, *loc. cit.*, p. 84.

145. Flandrin, *op. cit.*, p. 51.

146. Voir l'illustration de ce réseau par Guillemette et Légaré, *loc. cit.*, p. 91.

TABLEAU 20
DISTRIBUTION DES RÉSEAUX FAMILIAUX DES FILLES DU ROI
SELON L'ÉTALEMENT DES ARRIVÉES DE LEURS MEMBRES

Type de réseau	Membres arrivés ensemble	Membres arrivés séparément		Ensemble
		N	Écart moyen entre les années extrêmes (en années)	
Sans structure familiale				
– frères et sœurs	8	21		29
– oncles/tantes et neveux/nièces	1	4		5
– cousins et cousines	0	5		5
– apparentements multiples	0	2		2
Ensemble	9	32	7.2	41
Familles simples				
– couples mariés avec enfant(s)	2	1		3
– mères avec enfant(s)	7	1		8
Ensemble	9	2	8.5	11
Familles étendues	3	14	12.8	17
Familles multiples	1	3	17.7	4
Ensemble	22	51	9.4	73

Trente Filles du roi étaient parentes entre elles et s'alliaient à quatorze réseaux différents. Dans douze cas, il s'agissait de sœurs venues ensemble ou séparées par un court intervalle de un à quatre ans. Dans les deux autres cas, la mère et la fille ont immigré ensemble[147].

---

147. Marguerite Roy et sa fille Gabrielle Danneville, ainsi que Renée Rivière et sa fille Andrée Remondière, ont été considérées comme des Filles du roi même si aucune ne semble avoir reçu de dot royale.

FIGURE 5
EXEMPLES DE RÉSEAUX FAMILIAUX MIGRATOIRES
INCLUANT UNE FILLE DU ROI

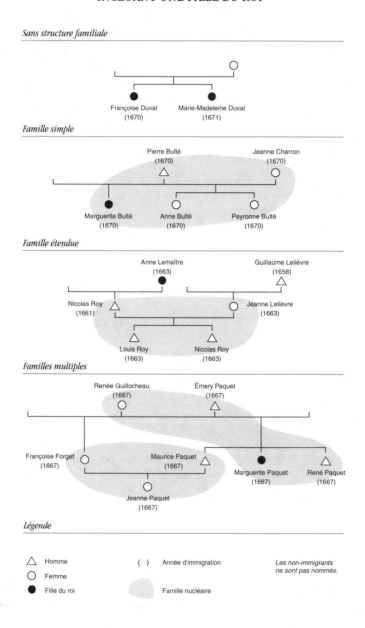

Les Filles du roi arrivées de 1669 à 1671, comme celles originaires de la ville de Paris ou d'autres villes, n'étaient pas apparentées dans une proportion significativement différente de celle des autres immigrantes. Par contre, près de la moitié des femmes arrivées en 1663[148] ont connu au moins un parent installé au Canada. À ce titre, l'immigration féminine de la première année du gouvernement royal relève davantage des caractéristiques de la période des Cent-Associés, où les immigrantes apparentées comptaient pour près des deux tiers du total, que de celles de la décennie qui a suivi.

Les Filles du roi originaires de la région de l'Ouest présentent aussi un haut degré d'apparentement[149] qui suggère que le libre recrutement pratiqué dans cette région a souvent emprunté les canaux familiaux ignorés ailleurs.

La répartition des immigrantes selon leur provenance socio-professionnelle révèle que les Filles du roi issues de la notabilité étaient apparentées trois fois plus souvent que les autres[150]. Cette constatation n'a rien pour surprendre, compte tenu de la force des solidarités familiales chez les nobles, « obsédés par leurs ancêtres, leur descendance, leurs parents et leurs alliés, parce que ces liens du sang ou de l'alliance fondaient leur honneur, leurs privilèges, leur puissance, bref, leur place au sommet de la société »[151]. On imagine aussi que l'immigration des demoiselles a dû échapper au recrutement dirigé qui s'adressait essentiellement aux roturières.

L'état d'apparentement d'une immigrante ne constituait pas un obstacle absolu à l'attribution d'une dot royale puisque sept filles déjà précédées au pays ou accompagnées par un parent ont effectivement bénéficié des faveurs du roi. Mais il est certain que la présence de parents réduisait les chances d'obtenir l'aide des autorités : seulement 14 pour cent des immigrantes apparentées contre plus du tiers des filles non apparentées ont fait inscrire à leur contrat de mariage la mention de l'attribution d'une dot royale[152].

Plus étonnante est l'analyse en fonction de la survie des parents : alors qu'on pourrait s'attendre à ce que les orphelines aient connu au Canada des membres de leur parenté dans une proportion plus importante que les non orphelines, cette prévision ne se réalise que pour les

---

148. 15/36 = 42%, contre 58/734 = 8% pour les autres années.
149. 30/102 = 29%, contre 43/668 = 6% pour les autres régions.
150. 20/96 = 21%, contre 53/674 = 8% pour les autres.
151. Flandrin, *op. cit.*, p. 52.
152. 10/73 contre 240/697.

seules orphelines de mère[153]. Comme on a vu qu'une partie des mères considérées comme vivantes devaient être en réalité décédées, un tel résultat est sujet à caution. Car, sinon, comment expliquer que le décès du père, pourtant pourvoyeur et chef de ménage, n'ait pas aussi représenté pour la famille, au même titre que la mort de la mère, une force centrifuge favorisant l'émigration de plusieurs de ses membres ? Cette question interroge autant le passé français des Filles du roi que la qualité de nos données et reste pour l'instant sans réponse.

L'analyse des caractéristiques socio-démographiques des immigrantes de la période 1663-1673 suggère que l'historiographie québécoise a souvent généralisé à l'ensemble des Filles du roi les traits spécifiques des recrues de 1669, 1670 et 1671. Bien que représentant près de la moitié des effectifs totaux, ces femmes se particularisaient à plus d'un titre :
– elles firent l'objet d'un recrutement spécial, dirigé par des émissaires mandatées à cette fin ;
– tirées pour la plupart de l'Hôpital général de Paris, elles présentaient un caractère fortement urbain et parisien ;
– la majorité d'entre elles touchèrent une dot du roi ;
– au moins les trois quarts étaient orphelines.
L'extension de la définition de Fille du roi à la plupart des immigrantes de cette période, qu'elles fussent ou non encadrées, parisiennes, dotées ou orphelines, a amené la révision de certaines propositions généralement admises à leur égard :
– plus de la moitié ne provenaient pas de la grande région parisienne et environ les deux tiers n'ont pas transité par l'Hôpital général de Paris ;
– près du tiers étaient d'origine rurale ;
– 12 pour cent étaient issues de la notabilité et leur origine sociale était étroitement corrélée à leur degré de richesse et d'alphabétisation ;
– les femmes arrivées en d'autres années qu'en 1669, 1670 et 1671 n'ont pas reçu, sauf exception, de dot du roi ;
– seulement la moitié avaient de 18 à 25 ans au moment de l'immigration et l'ensemble de leurs générations s'étale sur près d'un demi-siècle ;
– au moins une sur vingt était veuve à son arrivée au Canada ;

---

153. 23/130 = 18% pour les orphelines de mère, contre 39/553 = 7% pour les non orphelines de mère.

- une sur quatre savait écrire son nom et cette proportion variait significativement selon l'origine géographique et sociale ;
- près des deux tiers étaient orphelines de père ;
- une sur dix a été précédée, accompagnée ou suivie au Canada par au moins un membre de sa parenté française.

Ces quelques résultats livrés en vrac trahissent une diversité des origines et une inégalité des héritages culturels qui démentent l'image d'homogénéité distillée par nombre d'auteurs.

On ne peut cependant éluder une réalité qui transcende ces clivages et qui a été longtemps masquée par les thuriféraires de notre histoire nationale : le milieu de pauvreté, voire de misère, d'où provenaient la plupart de ces femmes. L'ampleur de l'analphabétisme des citadines, ainsi que l'importante surmortalité paternelle, sont révélatrices de leur sélection culturelle et sociale. Leur comportement démographique au Canada a-t-il porté les stigmates de ce lourd passé ?

La diversité des origines

1 De l'ancienne à la Nouvelle-France.

Deux ports d'embarquement

Calendrier annuel de l'arrivée
des Filles du roi

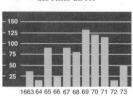

Un port d'arrivée

2 Des Parisiennes, des Normandes, des Aunisiennes ...

Régions d'origine comparées des Filles du roi
et des autres immigrants français établis au Canada entre 1608 et 1760

Les régions de France

Filles du roi

Autres immigrants français

3 ... surtout urbaines ...

Habitat d'origine comparé des Filles du roi, des autres immigrants français établis au Canada avant 1680,
et de la population française dans la première moitié du XVIIe siècle

Population française

Filles du roi

Autres immigrants français

Un portrait des Filles du roi

4 ... appartenant à des générations établies sur un demi-siècle ...

Pyramides des âges des Filles du roi, de la population féminine française en 1740,
et des autres immigrantes établies au Canada avant 1680

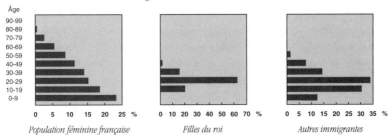

| Population féminine française | Filles du roi | Autres immigrantes |

5 ... dont une sur quatre savait écrire son nom.

Aptitude à signer des Filles du roi, selon la division nord-sud de la France,
et des autres immigrants français établis au Canada avant 1680

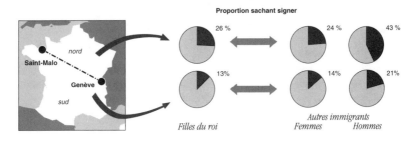

Proportion sachant signer

Filles du roi   Autres immigrants
     Femmes   Hommes

CHAPITRE III

FORMATION DES UNIONS

> « Les plus grasses ont été choisies les premières,
> au cours de brèves fréquentations dans la maison
> prêtée à cet effet par Mme de la Pelterie. C'est
> mieux qu'elles soient bien en chair pour résister
> aux rigueurs du climat, disent-ils... »
> Anne Hébert, *Le premier jardin*.

Destiné en priorité à combler les besoins de la colonie en femmes nubiles, l'envoi des Filles du roi a-t-il répondu aux attentes de ses instigateurs ? La question pose d'abord le problème de l'intensité de la nuptialité : combien n'ont pas pris mari en terre canadienne et sont donc décédées ou reparties en France avant même d'avoir convolé ?

Comme on connaît moins bien les personnes isolées que celles vivant en famille et apparaissant donc régulièrement dans les registres paroissiaux, on ne peut dénombrer avec certitude les célibataires et les veuves qui n'ont pas contracté mariage. Cependant, grâce aux travaux du généalogiste Archange Godbout dans les archives notariales[1], on sait qu'au moins 32 immigrantes sont venues au Canada entre 1663 et 1673 sans pour autant prendre mari. La plupart apparaissent soit comme témoins aux contrats de mariage de leurs compagnes de traversée, soit comme sujets d'un contrat de mariage par la suite annulé. Plusieurs étaient assurément Filles du roi puisque huit d'entre elles avaient en poche la promesse d'une dot royale. En l'absence d'autres mentions dans les archives canadiennes, on présume que la vaste majorité sont retournées en France, la plupart l'année même de leur arrivée, quelques-unes après un séjour de trois ou même de quatre ans[2]. Une seule est cependant restée au Canada jusqu'à un âge avancé : Madeleine de Roybon d'Alonne, demoiselle de petite noblesse et célè-

---

1. Voir Silvio Dumas, *Les filles du roi en Nouvelle-France. Étude historique avec répertoire biographique*, Québec, Société historique de Québec, 1972, pp. 169-349.

2. Signalons le cas de Catherine de Fontenay, veuve du sieur Laforest, dont la signature apparaît aux contrats de mariage de ses compagnes Marguerite Renaud et Marie-Madeleine Ouache, tous deux passés devant le notaire Duquet le 29 septembre 1667. Elle comparut devant la Prévôté de Québec le 26 novembre 1671. Nulle trace de cette femme après cette date. *Ibid.*, p. 217.

bre aventurière qui mourut célibataire à Montréal en 1718, à l'âge de 72 ans[3].

Ce chiffre de 32 Filles du roi qui ne se sont pas mariées au Canada, représentant seulement 4 pour cent de l'ensemble, constitue certainement une valeur minimale puisque d'autres immigrantes, en petit nombre, ont pu séjourner brièvement dans la colonie sans nullement apparaître dans les documents officiels. C'est du moins ce que suggèrent les résultats obtenus par Leslie Phyllis Choquette dans sa thèse de doctorat sur l'émigration française au Canada aux XVIIe et XVIIIe siècles. Son *échantillon* des émigrants basé sur des archives françaises, notamment sur certaines listes de passagers et d'engagés, comporte à peu près autant de femmes que n'en révèlent l'*ensemble* des sources canadiennes exploitées par Mario Boleda[4]. Cette similitude des résultats masque sans doute un certain nombre de départs annulés et de décès en mer[5], mais aussi la présence au Canada d'immigrantes qui n'y ont pas laissé trace. Malgré son caractère minimal, la proportion de Filles du roi non établies fournit néanmoins un ordre de grandeur significatif de la force d'attraction du marché matrimonial pour les femmes nubiles, en cette période de fort déséquilibre entre candidats masculins et féminins[6]. La mesure prend tout son sens si l'on ne considère que les Filles du roi installées dans la colonie. Une seule sur 738, soit 1,4 pour mille, est décédée célibataire à l'âge de 50 ans ou plus, comparativement à des taux de près de 100 pour mille pour les

---

3. Céline Dupré, « Roybon d'Allonne, Madeleine de », dans *Dictionnaire biographique du Canada*, [Québec], Les Presses de l'Université Laval, 1969, vol. II, p. 611. Jean Delanglez, « Mlle De Roybon D'Allonne : La Salle's Fiancée? », *Mid-America*, vol. 21, n° 4 (October 1939), pp. 298-313.

4. Pour l'ensemble du Régime français, Boleda a recensé 2105 femmes contre 1991 (2137 — 146 dirigées vers l'Acadie) pour Choquette, soit une différence de seulement 114. Mario Boleda, « Trente mille Français à la conquête du Saint-Laurent », *Histoire sociale/Social History*, vol. XXIII, n° 45 (mai 1990), p. 168. Leslie Phyllis Choquette, *French Emigration to Canada in the 17th and 18th Centuries*, thèse de Ph.D., Department of History, Harvard University, 1988, p. 89.

5. Patoulet, secrétaire de Talon, rapporta en 1669 au ministre Colbert que « les cent cinquante filles [parties de Dieppe ce printemps] sont toutes heureusement arrivées, sauf une morte en mer » (lettre du 11 novembre 1669, citée par Paul-André Leclerc, *L'émigration féminine vers l'Amérique française aux XVIIe et XVIIIe siècles*, thèse de doctorat, Faculté des lettres, Institut catholique de Paris, 1966, p. 296). Voir aussi Dumas, *op. cit.*, pp. 160-161, et supra, p. 44.

6. Hubert Charbonneau et al., *Naissance d'une population. Les Français établis au Canada au XVIIe siècle*, Paris et Montréal, PUF et PUM, 1987, p. 58.

Canadiennes nées à la fin du XVIIe et au début du XVIIIe siècle[7] ou d'environ 70 pour mille pour les Françaises des générations 1660-1664[8].

La suite de l'analyse portera donc, sauf exception, sur ces 737 Filles du roi[9] mariées et établies dans la colonie. Mais avant d'examiner l'époque et le lieu de leurs mariages, puis les modalités du choix de leurs conjoints, il importe de connaître les conditions du marché matrimonial antérieur à 1680 afin de bien apprécier le rôle joué par les Filles du roi dans le peuplement de la colonie naissante.

1 – Le marché matrimonial

Théoriquement, le marché matrimonial d'une population ne recouvre pas toutes les personnes mariables, c'est-à-dire remplissant les conditions requises par la loi ou la coutume pour contracter mariage ; il ne comprend « que les candidats au mariage, c'est-à-dire les personnes que leur état de santé, leur situation ou leur volonté n'excluent pas, au moins pour un temps, du marché matrimonial »[10]. Les sources ne permettant évidemment pas d'appliquer une telle définition, nous l'avons élargie à l'ensemble des effectifs mariables connus à une date donnée. Malgré cet assouplissement conceptuel, la parfaite reconstitution du marché matrimonial canadien antérieur à 1680 exigerait que l'on connaisse par année le nombre exact, l'âge et l'état matrimonial de tous les hommes et de toutes les femmes vivant dans la colonie. Ces conditions sont respectées de façon très satisfaisante pour les femmes dont très peu, on l'a vu, échappent à l'observation. Le registre de population se prête d'ailleurs admirablement à une telle reconstitution déjà tentée avec succès pour cette fraction de la popu-

---

7. Hubert Charbonneau, *Vie et mort de nos ancêtres. Étude démographique*, Montréal, Les Presses de l'Université de Montréal, 1975, pp. 154-158. Lorraine Gadoury, Yves Landry et Hubert Charbonneau, « Démographie différentielle en Nouvelle-France : villes et campagnes », *Revue d'histoire de l'Amérique française*, vol. 38, n° 3 (hiver 1985), p. 366.

8. Louis Henry et Jacques Houdaille, « Célibat et âge au mariage aux XVIIIe et XIXe siècles en France. I. – Célibat définitif », *Population*, 33e année, n° 1 (janvier – février 1978), p. 50.

9. Il y en eut en réalité 738, mais le registre de population du P.R.D.H. ne comprend pas le dossier de Marie Renaud qui dut épouser Charles Petit vers 1669 ou 1670 dans la région de Québec. Ce couple n'apparaît pas dans les registres paroissiaux, sauf comme témoin à deux baptêmes célébrés à Québec les 22 novembre 1670 et 13 octobre 1671. Voir infra, p. 363, et Dumas, *op. cit.*, p. 323.

10. Louis Henry, *Dictionnaire démographique multilingue*, Liège, Ordina Éditions, 1981, p. 81, n° 514.

lation[11]. La situation est cependant plus confuse pour les hommes dont une part importante était constituée d'immigrants de passage au profil démographique indéterminé. C'est pourquoi seuls les recensements historiques de 1666, 1667 et 1681, malgré leurs imperfections, ainsi que la reconstitution du recensement de 1663 faite par Marcel Trudel, ont pu fournir jusqu'à maintenant quelques indications sur l'ampleur du déséquilibre des sexes dans la population canadienne nubile du XVIIe siècle[12]. L'état actuel de la recherche permet toutefois, moyennant quelques hypothèses, de proposer de nouvelles estimations annuelles des effectifs mariables tant masculins que féminins.

À l'aide du registre de population, cernons d'abord l'état et le mouvement de la population nubile issue des familles établies. Entrent chaque année sur le marché matrimonial les garçons et les filles vivant au pays (nés au Canada ou non) et atteignant les âges respectifs de 14 ans et 12 ans, les immigrants non mariés âgés d'au moins 14 et 12 ans à leur arrivée à Québec[13], ainsi que les veufs[14]. En sortent les personnes nubiles qui se marient, qui entrent en religion, qui décèdent ou qui émigrent pendant l'année en question[15].

Pour tenir compte des individus isolés, ajoutons du côté des femmes les trente-trois Filles du roi non intégrées au registre de population ; trente d'entre elles sont sorties du marché matrimonial par émigration, une par décès, une par mariage et la dernière y est restée jusqu'à la fin de la période considérée. Du côté des hommes, les ajouts doivent être beaucoup plus importants, à la mesure de la différence entre les « immigrants pionniers », établis au Canada et donc présents dans le registre de population, et les « immigrants observés », définis comme tous les arrivants fixés ou non dans la colonie qui apparaissent aussi dans les archives[16]. On est donc amené à poser l'hypothèse que les immigrants nubiles masculins connus par le regis-

---

11. Charbonneau et al., *Naissance d'une population*, *op. cit.*, pp. 57-63.

12. *Ibid.*, pp. 58-59.

13. Sur l'attribution aux immigrants d'une date de naissance et d'une date d'arrivée, voir *ibid.*, pp. 30-34, et supra, pp. 46-48 et 79-82.

14. La date d'entrée d'un veuf ou d'une veuve sur le marché matrimonial est celle de sa rupture d'union, c'est-à-dire la date de décès de son conjoint, éventuellement calculée d'après la dernière date à laquelle il a été considéré comme vivant et la première date à laquelle il a été déclaré décédé. Voir *ibid.*, pp. 36-38, et infra, pp. 226-228.

15. La limite d'âge de 45 ans, exigée des pionnières pour faire partie du marché matrimonial, n'a pas été retenue ici. Voir *ibid.*, p. 58.

16. Sur ces deux concepts, voir *ibid.*, pp. 13-14.

tre de population représentent, par rapport à l'ensemble des hommes mariables immigrés de France, la même proportion que les «immigrants pionniers» par rapport aux «immigrants observés». En d'autres mots, les immigrants nubiles masculins se seraient établis au Canada dans la même proportion que l'ensemble des immigrants masculins. Cette hypothèse n'est pas assurée car il y a tout lieu de croire que les immigrants célibataires et veufs, certainement rebutés par la pénurie de femmes, ont été plus tentés par un retour en France que les immigrants mariés. En conséquence, les calculs faits en vertu de cette hypothèse doivent fournir des effectifs minimaux d'hommes disponibles au mariage et l'écart proposé entre les effectifs masculins et féminins sous-estime vraisemblablement la réalité.

Les entrées masculines par immigration «statistique» ont été établies année par année d'après la formule suivante:

[(immigrants connus x 1/x) — immigrants connus],

x étant les proportions suivantes:

Période	Immigrants pionniers/ immigrants observés[17]	Proportion
1608 — 1639	189/1593	0,119
1640 — 1659	1046/3450	0,303
1660 — 1679	1797/4907	0,366

Les effectifs ainsi calculés ont produit des sorties équivalentes par émigration «statistique» avec un décalage de trois ans. Cette dernière valeur correspond au terme habituellement assigné aux contrats d'engagement et se compare favorablement au délai de cinq à sept ans généralement observé entre l'arrivée au pays et le mariage des hommes nubiles établis en Nouvelle-France[18].

Les tableaux en appendices 1 et 2 comptabilisent les nombres annuels d'entrées et de sorties sur le marché matrimonial et livrent le solde d'hommes et de femmes mariables au 31 décembre de chaque

---

17. *Ibid.*, pp. 15 et 18. Le nombre d'immigrantes étant faible, on a utilisé les valeurs établies globalement pour les hommes et les femmes, sauf pour la période 1660-1679 où l'on a soustrait du numérateur les 737 Filles du roi «pionnières» et du dénominateur les 770 Filles du roi «observées».

18. *Ibid.*, p. 43. Mario Boleda, *Les migrations au Canada sous le régime français*, thèse de Ph.D., Département de démographie, Université de Montréal, 1983, p. 122. René Jetté, *Reconstitution de recensements à partir de registres paroissiaux: analyse méthodologique sur échantillon*, thèse de Ph.D., Département de démographie, Université de Montréal, 1980, p. 216. Les immigrants célibataires qui ont épousé les Filles du roi aussi célibataires ont cependant séjourné au pays en moyenne 3,6 ans avant de contracter mariage (N = 482). Voir infra, pp. 170-172.

année. Les tableaux 22 et 23 présentent l'information regroupée par période quinquennale et la figure 6 illustre l'évolution du solde annuel des effectifs nubiles masculins et féminins. Mais comparons d'abord ces résultats avec ceux produits par Marcel Trudel pour son recensement au 30 juin 1663, ainsi qu'avec ceux des recensements historiques de 1666 et 1667 (tableau 21).

TABLEAU 21
NOMBRE D'HOMMES ET DE FEMMES NUBILES EN 1663, 1666 ET 1667,
D'APRÈS NOS CALCULS, LES ESTIMATIONS DE MARCEL TRUDEL
ET LES RECENSEMENTS HISTORIQUES

		Hommes nubiles	Femmes nubiles
1663:	au 30 juin, d'après le recensement reconstitué par Trudel[1]	769	124
	au 31 décembre 1662, d'après nous	616	98
1666:	d'après le recensement historique[2]	874	169
	au 31 décembre 1665, d'après nous	1547	137
1667:	d'après le recensement historique[2]	938	211
	au 31 décembre 1666, d'après nous	1812	137

[1] Marcel Trudel, *La population du Canada en 1663*, Montréal, Fides, 1973, pp. 70-72.
[2] Hubert Charbonneau et Jacques Légaré, «La population du Canada aux recensements de 1666 et 1667», *Population*, 22e année, n° 6 (novembre - décembre 1967), pp. 1047-1054.

On n'est pas surpris de constater que nos chiffres relatifs aux femmes nubiles sont légèrement inférieurs à ceux obtenus par recensement : le mince écart entre les deux états, pour chaque année, s'explique en grande partie par l'intervalle séparant leur tenue respective ; quelques femmes isolées non intégrées au registre de population ont pu aussi grossir les effectifs recensés, notamment en 1667. Que le volume d'hommes nubiles estimé selon nos méthodes excède de près de 100 pour cent les évaluations des recensements de 1666 et 1667 ne nous étonne pas non plus, compte tenu des lacunes marquées de ces sources à l'égard des immigrants céliba-

TABLEAU 22

NATURE DES ENTRÉES ET DES SORTIES ET SOLDE EN FIN DE PÉRIODE DES
EFFECTIFS MARIABLES MASCULINS SUR LE MARCHÉ MATRIMONIAL
CANADIEN AVANT 1680, PAR PÉRIODE QUINQUENNALE

Période	Entrées							
	Par atteinte de l'âge de 14 ans		Par immigration		Par veuvage		Ensemble	
	N	%	N	%	N	%	N	%
Av. 1640	11	2,2	487,2	97,8	0	0,0	498,2	100,0
1640-44	12	6,8	161,7	91,5	3	1,7	176,7	100,0
1645-49	22	7,7	260,7	90,9	4	1,4	286,7	100,0
1650-54	30	5,1	547,8	93,5	8	1,4	585,8	100,0
1655-59	56	7,6	676,5	91,9	4	0,5	736,5	100,0
1660-64	92	11,3	699,4	85,8	24	2,9	815,4	100,0
1665-69	156	7,5	1893,5	90,9	33	1,6	2082,5	100,0
1670-74	264	28,1	631,2	67,3	43	4,6	938,2	100,0
1675-79	371	46,5	347,0	43,5	79	9,9	797,0	100,0
Ensemble	1014	14,6	5705,0	82,5	198	2,9	6917,0	100,0

Période	Sorties										Solde
	Par mariage		Par entrée en religion		Par décès		Par émigration		Ensemble		
	N	%	N	%	N	%	N	%	N	%	
Av. 1640	27	11,5	0	0,0	0	0,0	208,2	88,5	235,2	100,0	263,0
1640-44	16	5,7	0	0,0	1	0,3	264,1	94,0	281,1	100,0	158,6
1645-49	67	32,1	0	0,0	5	2,4	136,7	65,5	208,7	100,0	236,6
1650-54	106	30,2	0	0,0	5	1,4	239,6	68,4	350,6	100,0	471,8
1655-59	150	26,2	0	0,0	4	0,7	418,0	73,1	572,0	100,0	636,3
1660-64	212	31,4	0	0,0	14	2,1	448,1	66,5	674,1	100,0	777,6
1665-69	511	29,9	2	0,1	6	0,4	1190,2	69,6	1709,2	100,0	1150,9
1670-74	530	45,2	3	0,3	35	3,0	603,8	51,5	1171,8	100,0	917,3
1675-79	311	47,5	8	1,2	62	9,5	274,3	41,8	655,3	100,0	1059,0
Ensemble	1930	33,0	13	0,2	132	2,2	3783,0	64,6	5858,0	100,0	

Source: appendice 1.

TABLEAU 23

NATURE DES ENTRÉES ET DES SORTIES ET SOLDE EN FIN DE PÉRIODE DES
EFFECTIFS MARIABLES FÉMININS SUR LE MARCHÉ MATRIMONIAL
CANADIEN AVANT 1680, PAR PÉRIODE QUINQUENNALE

| Période | Entrées | | | | | | | |
| | Par atteinte de l'âge de 12 ans | | Par immigration | | Par veuvage | | Ensemble | |
	N	%	N	%	N	%	N	%
Av. 1640	10	27,0	24	64,9	3	8,1	37	100,0
1640-44	15	48,4	14	45,2	2	6,4	31	100,0
1645-49	18	28,6	40	63,5	5	7,9	63	100,0
1650-54	34	29,1	61	52,1	22	18,8	117	100,0
1655-59	51	26,7	113	59,2	27	14,1	191	100,0
1660-64	97	37,0	121	46,2	44	16,8	262	100,0
1665-69	168	25,7	435	66,6	50	7,7	653	100,0
1670-74	273	40,6	319	47,5	80	11,9	672	100,0
1675-79	437	74,4	25	4,3	125	21,3	587	100,0
Ensemble	1103	42,2	1152	44,1	358	13,7	2613	100,0

| Période | Sorties | | | | | | | | | | Solde |
| | Par mariage | | Par entrée en religion | | Par décès | | Par émigration | | Ensemble | | |
	N	%	N	%	N	%	N	%	N	%	
Av. 1640	24	96,0	0	0,0	0	0	1	4,0	25	100,0	12
1640-44	15	83,3	0	0,0	2	11,1	1	5,6	18	100,0	25
1645-49	58	90,6	5	7,8	1	1,6	0	0,0	64	100,0	24
1650-54	103	96,2	2	1,9	0	0,0	2	1,9	107	100,0	34
1655-59	145	93,0	6	3,8	4	2,6	1	0,6	156	100,0	69
1660-64	210	94,6	2	0,9	6	2,7	4	1,8	222	100,0	109
1665-69	508	92,2	9	1,6	4	0,7	30	5,5	551	100,0	211
1670-74	525	91,3	4	0,7	20	3,5	26	4,5	575	100,0	308
1675-79	308	85,1	15	4,1	34	9,4	5	1,4	362	100,0	533
Ensemble	1896	91,1	43	2,1	71	3,4	70	3,4	2080	100,0	

Source: appendice 2.

taires de sexe masculin [19]. Les 1 200 hommes du régiment de Carignan, par exemple, n'ont pas été recensés, probablement parce que l'intendant Talon les considérait en majorité comme de simples immigrants de passage. L'écart entre nos estimations et celles des recensements historiques devrait donc refléter cette omission, mais il n'est que de 700 à 900 : en supposant que les soldats déjà mariés fussent en nombre négligeable, nos calculs sous-estiment donc d'au moins 300 à 500 les effectifs nubiles masculins en 1666 et 1667. La comparaison avec le nombre d'hommes mariables nominativement connus par Trudel pour 1663 conduit à la même conclusion [20] : notre évaluation des effectifs masculins est certainement inférieure à la réalité et l'écart entre hommes et femmes mariables était encore plus considérable que ne le révèlent les chiffres.

FIGURE 6

ÉVOLUTION DU SOLDE ANNUEL DES EFFECTIFS MARIABLES MASCULINS ET FÉMININS SUR LE MARCHÉ MATRIMONIAL CANADIEN DE 1640 À 1679

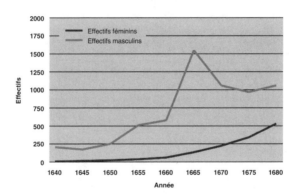

Source: appendices 1 et 2.

---

19. *Ibid.*, pp. 156-161.

20. Les recherches de Trudel au sujet des recensements de 1666 et de 1667 vont dans le même sens : environ le quart de la population civile (1032/4205) en 1666 et le sixième (743/4745) en 1667 auraient été omis par les recenseurs. Marcel Trudel, « Le recensement de 1666 et l'absence du quart de la population civile », *Mémoires de la Société généalogique canadienne-française*, vol. 40, n° 4 (hiver 1989), pp. 258-269.

Malgré leurs lacunes, les valeurs illustrées à la figure 6 témoignent éloquemment de la forte masculinité de l'immigration et, par conséquent, de l'extraordinaire entraînement des femmes sur le marché matrimonial canadien avant 1680. Le nombre d'hommes mariables a toujours été beaucoup plus élevé que celui des femmes, en particulier pendant les années 1665-1668 marquées par le séjour des troupes du régiment de Carignan. Jusqu'au début des années 1670, les hommes candidats au mariage étaient en effet au moins de six à quatorze fois plus nombreux que les femmes nubiles (tableau 24 et figure 7); environ neuf hommes sur dix entraient sur le marché matrimonial par immigration et, souvent faute d'épouses, la plupart en ressortaient par retour en France (tableau 22); bien qu'en nombre beaucoup plus restreint, la majorité des femmes accédaient aussi par immigration au marché matrimonial mais quasi toutes le quittaient par mariage (tableau 23).

TABLEAU 24
RAPPORT DE MASCULINITÉ DU MARCHÉ MATRIMONIAL CANADIEN
DE 1640 À 1679

Année	Nombre d'hommes disponibles par femme mariable	Année	Nombre d'hommes disponibles par femme mariable	Année	Nombre d'hommes disponibles par femme mariable
1640	18,8	1654	13,9	1667	12,1
1641	9,7	1655	12,5	1668	8,0
1642	8,8	1656	9,4	1669	5,5
1643	7,1	1657	9,4	1670	4,7
1644	6,3	1658	9,8	1671	4,2
1645	9,3	1659	9,2	1672	4,1
1646	9,0	1660	8,9	1673	3,4
1647	9,0	1661	7,4	1674	3,0
1648	9,4	1662	6,3	1675	2,8
1649	9,9	1663	6,5	1676	2,5
1650	9,3	1664	7,1	1677	2,2
1651	7,9	1665	11,3	1678	2,1
1652	7,3	1666	13,2	1679	2,0
1653	11,2				

Source: appendices 1 et 2.

Correspondant à l'arrêt de l'immigration féminine, le début des années 1670 a annoncé un changement profond dans le fonctionnement du marché matrimonial. Les Canadiens et les Canadiennes ont commencé à envahir le marché en nombre plus substantiel, de sorte que la proportion des entrées par immigration a chuté brusquement. Les sorties masculines par mariage se sont accrues au détriment des retours en France, tandis que les pressions engageant les femmes à convoler se sont lentement relâchées. À la fin de la période, les hommes mariables étaient toujours en surnombre, mais dans une proportion de seulement deux pour un.

FIGURE 7
RAPPORT DE MASCULINITÉ DU MARCHÉ MATRIMONIAL CANADIEN
DE 1640 À 1679

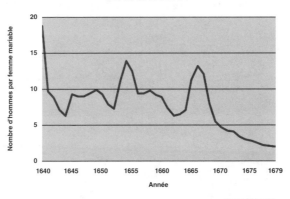

Source: tableau 24.

Quel rôle ont joué les Filles du roi dans le fonctionnement du marché? Un rôle fondamental, il va sans dire, à une époque où les premières générations de Canadiennes étaient encore en nombre dérisoire, face à d'imposants surplus d'hommes qui n'avaient d'autre choix que de se replier massivement en France ou de courir les bois. Comme le montre la figure 8, les Filles du roi ont fourni près de 60 pour cent des entrées et plus de 66 pour cent des sorties féminines au cours de la période 1663-1673. Aussi paraît-il évident qu'en dépit de la participation croissante des Canadiennes au marché matrimonial, les autorités auraient eu intérêt à prolonger de quelques années l'immigration des Filles du roi pour établir encore plus rapidement l'équilibre des effectifs masculins et féminins. D'ailleurs, à la veille de l'envoi du dernier contingent de 1673, le gouverneur de Frontenac se plaignait encore amèrement au ministre de la pénurie de femmes nubiles dans la vallée du Saint-Laurent:

FIGURE 8
NATURE DES ENTRÉES ET DES SORTIES DES EFFECTIFS MARIABLES
FÉMININS SUR LE MARCHÉ MATRIMONIAL CANADIEN PAR PÉRIODE
QUINQUENNALE DE 1640 À 1679, EN POUR CENT

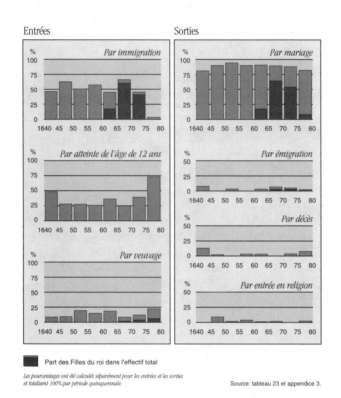

Part des Filles du roi dans l'effectif total

*Les pourcentages ont été calculés séparément pour les entrées et les sorties
et totalisent 100% par période quinquennale.*   Source: tableau 23 et appendice 3.

Cette rareté d'ouvriers et d'engagés m'oblige à vous supplier d'avoir la
bonté de vouloir songer à nous en envoyer quelques-uns de toutes les
façons, et même des filles pour marier à beaucoup de personnes qui n'en
trouvent point ici, et qui font mille désordres dans les habitations de
leurs voisins et surtout dans les lieux les plus éloignés où les femmes sont
bien aises d'avoir plusieurs maris, lorsque les hommes ne trouvent pas
à avoir seulement une femme. S'il y avait eu ici cette année cent cinquante filles et autant de valets, dans un mois ils auraient tous trouvé
des maris et des maîtres[21].

---

21. Québec, 2 novembre 1672, dans *RAPQ 1926-1927*, p. 12.

Si les autorités métropolitaines avaient envoyé un plus grand nombre de candidates au mariage, non seulement le surplus de quelque cinq cents hommes, au minimum, subsistant au 31 décembre 1679, aurait été en grande partie résorbé[22], mais ces éventuelles immigrantes auraient constitué un réservoir d'épouses aux âges mieux assortis à ceux de leurs futurs conjoints que de nombreuses candidates canadiennes à peine pubères[23].

2 – L'époque et le lieu des mariages

A – L'époque

Nos connaissances sur la nuptialité des Filles du roi s'appuient en grande partie sur les actes de mariage enregistrés par les autorités religieuses. Marquant avec précision le début des unions contractées au Canada, ces documents sont disponibles dans près de quatre cas sur cinq (tableau 25) et font ainsi du mariage l'événement démographique le mieux connu des Filles du roi[24]. Celles-ci ont pourtant entrepris leur vie familiale à l'époque où les registres ont le plus souffert de pertes et de sous-enregistrement. Pour pallier ces lacunes, on a eu souvent recours aux contrats de mariage qui, pour la période antérieure à 1680, fournissent plus de 13 pour cent des dates de début d'union. Comme la date de signature du contrat devant notaire était souvent très proche de celle de la célébration à l'église[25], on dispose au total d'une date de mariage au moins approximative pour 858 des 955 unions connues, soit pour 90 pour cent d'entre elles. Le tableau 26, illustré par la figure 9, en donne la distribution annuelle selon le rang de mariage au Canada.

---

22. Paul-Émile Renaud nie pourtant que le déséquilibre des sexes ait perduré au-delà du début des années 1670 : «...Déjà la population des deux sexes se trouvait de part et d'autre à peu près au même chiffre et les soldats ne s'établissaient plus en masse. Pour cette raison les autorités locales firent suspendre les envois». *Les origines économiques du Canada. L'œuvre de la France*, Mamers, Enault, 1928, p. 260.

23. Charbonneau et al., *Naissance d'une population, op. cit.*, pp. 21-22.

24. On ne dispose de leur acte de baptême que dans la proportion de 5 pour cent. Par contre, 70 pour cent de leurs dates de sépulture sont connues précisément. Voir supra, p. 80, et infra, p. 226.

25. Pour le XVIIe siècle, Charbonneau a montré que, cinq fois sur six, les deux événements étaient distants de moins d'un mois. *Vie et mort de nos ancêtres, op. cit.*, pp. 152-153. Sur l'intervalle entre mariage et contrat de mariage des Filles du roi, voir infra, p. 148, tableau 33.

TABLEAU 25
DISTRIBUTION DES TYPES DE DATE DE MARIAGE
SELON L'ÉPOQUE DE LA CÉLÉBRATION

Type de date de mariage	Époque de célébration					
	1663 - 1679		1680 et après		Ensemble	
	N	%	N	%	N	%
Date exacte de l'acte de mariage	613	76,1	136	90,7	749	78,4
Date du contrat de mariage	106	13,2	3	2,0	109	11,4
Date indéterminée	86	10,7	11	7,3	97	10,2
Ensemble	805	100,0	150	100,0	955	100,0

Par définition, les 737 Filles du roi observées se sont mariées au moins une fois au Canada, 181 d'entre elles contractant par la suite une seconde union, puis 35 une troisième et finalement 2 une quatrième. Si l'on ne considère que les mariages dont la date est connue de façon au moins approximative, on constate que les unions de premier rang au Canada ont dû se former rapidement après l'arrivée des immigrantes puisque le dernier mariage enregistré date de 1677, soit quatre ans après le débarquement du dernier contingent. Les unions de rang supérieur sont par contre dispersées sur une quarantaine d'années[26].

FIGURE 9
DISTRIBUTION ANNUELLE DES UNIONS
SELON LE RANG DE MARIAGE DE LA FEMME AU CANADA

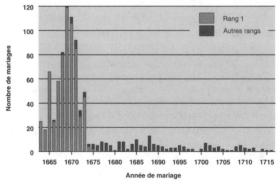

Source: tableau 26.

26. Le mariage le plus tardif — en termes chronologiques — d'une Fille du roi est celui de Catherine Guichelin qui a convolé une troisième fois en 1716, soit 47 ans après son arrivée au pays. Elle avait alors 65 ans (63 ans, sans correction d'âge).

TABLEAU 26
DISTRIBUTION ANNUELLE DES UNIONS
SELON LE RANG DE MARIAGE DE LA FEMME AU CANADA

Année de mariage	Rang de mariage				Ensemble		Année de mariage	Rang de mariage				Ensemble	
	1	2	3	4	N	%		1	2	3	4	N	%
1663	25	0	0	0	25	2,9	1701	0	4	3	0	7	0,8
1664	18	0	0	0	18	2,1	1702	0	4	1	0	5	0,6
1665	66	0	0	0	66	7,7	1703	0	1	2	0	3	0,3
1666	25	1	0	0	26	3,0	1704	0	2	1	1	4	0,5
1667	58	0	0	0	58	6,8	1705	0	2	0	0	2	0,2
1668	80	2	0	0	82	9,6	1706	0	1	0	0	1	0,1
1669	119	1	0	0	120	14,0	1707	0	1	0	0	1	0,1
1670	106	5	0	0	111	12,9	1708	0	3	1	0	4	0,5
1671	85	7	0	0	92	10,7	1709	0	4	1	0	5	0,6
1672	29	5	0	0	34	4,0	1710	0	2	1	0	3	0,4
1673	45	4	0	0	49	5,7	1711	0	1	1	0	2	0,2
1674	4	2	0	0	6	0,7	1712	0	1	2	0	3	0,4
1675	2	4	0	0	6	0,7	1713	0	0	0	0	0	0,0
1676	1	4	1	0	6	0,7	1714	0	2	0	0	2	0,2
1677	1	7	0	0	8	0,9	1715	0	1	0	0	1	0,1
1678	0	7	0	0	7	0,8	1716	0	0	1	0	1	0,1
1679	0	5	0	0	5	0,6	1663-						
1680	0	1	0	0	1	0,1	1669	391	4	0	0	395	46,0
1681	0	8	0	0	8	0,9	1670-						
1682	0	8	0	0	8	0,9	1679	273	50	1	0	324	37,8
1683	0	1	1	0	2	0,2	1680-						
1684	0	4	2	0	6	0,7	1689	0	52	10	1	63	7,3
1685	0	9	1	0	10	1,2	1690-						
1686	0	4	0	1	5	0,6	1699	0	22	8	0	30	3,5
1687	0	4	0	0	4	0,5	1700-						
1688	0	10	3	0	13	1,5	1709	0	24	9	1	34	4,0
1689	0	3	3	0	6	0,7	1710-						
1690	0	4	1	0	5	0,6	1716	0	7	5	0	12	1,4
1691	0	2	2	0	4	0,5							
1692	0	1	1	0	2	0,2	Total	664	159	33	2	858	100,0
1693	0	2	1	0	3	0,4	Indé-						
1694	0	2	1	0	3	0,4	terminée	73	22	2	0	97	
1695	0	4	1	0	5	0,6	En-						
1696	0	4	0	0	4	0,5	semble	737	181	35	2	955	
1697	0	1	1	0	2	0,2							
1698	0	2	0	0	2	0,2	Année						
1699	0	0	0	0	0	0,0	moyenne	1668	1686	1696	1695	1673	
1700	0	2	0	0	2	0,2	Année						
							médiane	1669	1684	1694	1695	1669	

L'étude du calendrier de la primo-nuptialité canadienne des Filles du roi exige une mesure plus fine de l'intervalle entre leur arrivée au pays et la célébration de leur premier mariage. Pour ce faire, il a d'abord fallu établir, pour chaque année comprise entre 1663 et 1673, la date exacte d'arrivée des premiers bateaux transportant des immigrantes ou, à défaut d'une telle information, du premier navire mouillant devant Québec (tableau 27). Ce procédé n'est pas idéal car une partie des immigrantes ont pu emprunter d'autres vaisseaux arrivés plus tardivement en saison[27], contribuant ainsi à allonger le délai moyen de mariage. L'état des données disponibles ne nous laisse cependant pas le choix : le *Journal des jésuites*, source privilégiée de la période antérieure à 1668, puis la correspondance des autorités coloniales et celle de Marie de l'Incarnation pour les années subséquentes ne fournissent que de façon irrégulière les dates exactes d'arrivée des navires en rade de Québec, ainsi que leur composition en passagers. En fait, seules les années 1663 et 1673 offrent une tranquille certitude : dans le premier cas, le *Journal des jésuites* précise que « les 2 vaisseaux du Roy [arrivèrent] le 22 [septembre] »[28] ; dans le second, on apprend par une lettre du gouverneur de Frontenac au ministre Colbert que l'unique envoi de filles à marier pour cette année est arrivé à bon port le 3 septembre[29]. Pour les autres années, il faut multiplier les hypothèses, fondées tantôt sur la durée moyenne de traversée[30], tantôt sur la date habituelle d'arrivée des navires[31], tantôt sur la date de première

---

27. Par exemple en 1667, une lettre de l'intendant Talon informa le ministre Colbert que les immigrantes de cette année étaient arrivées en deux contingents : « quatre vingt quatre de Dieppe et vingt cinq de la Rochelle » (Québec, 27 octobre 1667, dans *RAPQ 1930-1931*, p. 81). Si le convoi de Dieppe atteignit Québec le 25 septembre (*Journal des jésuites*, éd. par les abbés Laverdière et Casgrain, Québec, Léger Brousseau, 1871, p. 356), on nage en pleine incertitude pour dater l'arrivée du bateau rochelais. Pour éviter que des immigrantes ne se marient avant le mois choisi pour leur débarquement au Canada (l'une, Marguerite Foy, contracta mariage dès le 5 juillet), on a dû faire reculer systématiquement leur arrivée au mois de juin, le premier vaisseau paraissant devant Québec dès le 10 de ce mois (*ibid.*, p. 354).

28. *Ibid.*, p. 321.

29. Québec, 13 novembre 1673, dans *RAPQ 1926-1927*, p. 44.

30. En 1671, « sur la fin du mois de juin », le navire *Le Saint-Jean-Baptiste* quitta Dieppe avec 120 filles (Michel-Claude Guibert, *Mémoires pour servir à l'histoire de la ville de Dieppe*, cité par [Pierre-Georges Roy], « Le sieur des Champs de la Bouteillerie », *Bulletin des recherches historiques*, vol. XXXVII, n° 1 (janvier 1931), p. 54). En supposant une traversée normale de près de deux mois, il aurait gagné Québec au cours du mois d'août.

31. Par exemple en 1672. Mémoire de Ruette d'Auteuil, ex-procureur général du Conseil souverain, au duc d'Orléans, régent de France dans le Conseil de Marine, sur l'état présent du Canada, Paris, 12 décembre 1715, dans *RAPQ 1922-1923*, p. 65.

apparition dans les registres paroissiaux d'immigrantes présumément débarquées cette année-là[32].

TABLEAU 27
ESTIMATION DE LA DATE D'ARRIVÉE AU CANADA DES FILLES DU ROI,
SELON L'ANNÉE D'IMMIGRATION

Année d'immigration	Date d'arrivée estimée
1663	22 septembre
1664	25 mai
1665	18 juin
1666	11 août
1667	10 juin
1668	3 juillet
1669	30 juin
1670	31 juillet
1671	15 août
1672	31 août
1673	3 septembre

Le tableau 28 présente la distribution et la moyenne des intervalles entre l'arrivée et le premier mariage au Canada selon l'année d'immigration. Que les Filles du roi aient pris, en moyenne, de quatre à cinq mois pour convoler, près du cinquième d'entre elles dépassant un délai de six mois, peut surprendre à première vue et, compte tenu des lacunes documentaires sur l'époque des débarquements, remettre même en cause la valeur de ces résultats. Les mariages de ces femmes ne sont-ils pas notoires, dans l'historiographie et dans l'imagerie populaire, justement par leur caractère expéditif? Les ordres du roi étaient en effet formels : la durée des fréquentations devait être réduite au strict minimum. L'injonction de 1673 du ministre Colbert au gouverneur de Frontenac aurait pu s'appliquer à tous les autres contingents :

Berneval [Archange Godbout], « Les contingents de filles à marier de 1649-1653 », *Bulletin des recherches historiques*, vol. XLV, n° 9 (septembre 1939), p. 258.

32. Pour 1670, en l'absence de précision adéquate dans la correspondance officielle, on s'est servi de la mention d'une immigrante (Anne Thirement) comme marraine d'un enfant baptisé à Québec le 3 août, pour faire remonter à la fin juillet le débarquement du contingent de cette année.

TABLEAU 28

DISTRIBUTION DES FILLES DU ROI SELON LA DURÉE DE L'INTERVALLE,
EN MOIS RÉVOLUS, ENTRE LE DÉBARQUEMENT À QUÉBEC ET LE PREMIER
MARIAGE AU CANADA ET SELON L'ANNÉE D'ARRIVÉE

Délai de mariage (mois)	Année d'arrivée											Ensemble	
	1663	1664	1665	1666	1667	1668	1669	1670	1671	1672	1673	N	%
0	2	0	0	1	1	1	3	7	2	2	31	50	7,6
1	16	1	3	1	3	8	8	45	15	2	7	109	16,5
2	7	3	3	3	1	5	4	28	42	1	2	99	15,0
3	0	2	16	1	7	25	63	10	15	0	0	139	21,0
4	3	0	30	1	25	16	23	1	4	1	0	104	15,7
5	2	3	8	4	12	4	5	3	3	0	2	46	6,9
6	2	0	7	0	1	3	2	0	1	1	0	17	2,6
7	0	1	2	0	4	0	3	1	1	1	0	13	2,0
8	0	0	3	1	4	0	0	3	2	0	0	13	2,0
9	0	0	2	2	1	2	1	0	3	0	1	12	1,8
10	0	1	1	0	3	0	0	0	1	1	0	7	1,1
11	1	0	2	0	2	3	2	0	3	0	0	13	2,0
12	0	0	1	0	1	0	0	2	0	0	0	4	0,6
13	1	0	0	0	0	0	0	0	2	0	1	4	0,6
14	0	0	1	0	1	0	2	0	1	0	0	5	0,8
15	0	0	0	0	0	1	0	1	0	0	0	2	0,3
16	0	0	0	0	1	0	1	0	0	0	0	2	0,3
19	0	1	0	0	0	0	0	0	0	0	0	1	0,2
20	0	1	0	0	0	0	0	0	0	0	0	1	0,2
24	1	0	0	0	1	0	0	0	0	0	0	2	0,3
26	0	0	0	0	1	1	0	0	0	0	0	2	0,3
27	0	0	0	1	0	0	0	0	0	0	0	1	0,2
28	0	0	0	0	1	0	0	0	0	0	0	1	0,2
30	0	0	1	0	0	0	0	0	0	0	0	1	0,2
31	0	0	0	0	1	0	0	0	0	0	0	1	0,2
33	0	0	0	0	1	0	0	0	0	0	0	1	0,1
34	0	0	0	0	0	0	0	0	0	1	0	1	0,1
39	0	0	0	1	0	0	1	0	0	0	0	2	0,3
40	0	0	1	0	0	0	0	0	0	0	0	1	0,1
41	0	0	0	0	1	0	0	0	0	0	0	1	0,1
43	0	0	0	0	0	1	0	0	0	0	0	1	0,1
46	0	0	0	0	1	0	0	0	0	0	0	1	0,1
47	1	0	0	0	0	0	0	0	0	0	0	1	0,1
49	0	0	1	0	0	0	0	0	0	0	0	1	0,1
55	0	0	0	0	1	0	0	0	0	0	0	1	0,1
63	0	0	0	0	0	0	0	1	0	0	0	1	0,1
75	0	0	0	0	0	0	0	1	0	0	0	1	0,1
0-2	25	4	6	5	5	14	15	80	59	5	40	258	39,0
3-5	5	5	54	6	44	45	91	14	22	1	2	289	43,7
6-11	3	2	17	3	15	8	8	4	11	3	1	75	11,3
12 et +	3	2	5	2	11	3	4	5	3	1	1	40	6,0
Total	36	13	82	16	75	70	118	103	95	10	44	662	100,0
Ind.	0	1	6	8	6	11	8	12	14	5	4	75	
Ensemble	36	14	88	24	81	81	126	115	109	15	48	737	
Moyenne	4,4	6,5	6,0	7,9	8,5	4,7	4,0	3,5	3,3	6,5	1,0	4,7	

Sa Majesté désire [...] qu'aussytost que ces soixantes filles seront arrivées, vous teniez la main à ce qu'elles soient promptement pourveues, n'y ayant rien de plus important, et de plus nécessaire pour le bien de son service et pour sa satisfaction que de travailler tousjours à l'augmentation de cette colonie par les mariages[33].

Un arrêt rendu en 1670 et répété l'année suivante enjoignit même «tous Compagnons Volontaires et autres personnes qui sont en age dentrer dans le mariage de se marier quinze jours apres larrivée des navires qui apportent les filles sous Peine destre Privés de la liberté de toute sorte de chasse pesche et traitte avec les sauvages»[34]. Ce délai de quinze jours ne signifie cependant pas que toutes les Filles du roi prirent mari dans un si court laps de temps, de même qu'il serait téméraire d'étendre à l'ensemble des immigrantes certains intervalles certainement exceptionnels, comme celui rapporté par Joseph-Edmond Roy à la fin du XIXe siècle.

Le peuple a conservé le souvenir des *envois de Filles de France*. Nous avons entendu raconter [...] un vieillard, parfaitement illettré, qu'au commencement du pays le roi de France envoya ici des filles afin de les marier aux colons. Il s'en trouvait dans le lot, ajoutait-il, qui n'étaient pas toujours *accortes*. Une, entre autres, était boiteuse, et personne n'en voulut. Il se souvenait d'avoir entendu dire que son aïeul était parti en canot de la pointe de Lévy pour aller chercher femme sur un navire en rade. Ce simple fait s'était transmis de génération en génération[35].

Pour vérifier la valeur des délais de mariage présentés au tableau 28, contrôlons certaines distributions annuelles à l'aide des observations des contemporains. Concernant le contingent de 1663, les membres du Conseil souverain écrivirent le 18 juin 1664 : «... [les] trente huict filles [arrivées l'an dernier] ont depuis esté dispersées tant icy [Québec] et ez environs qu'aux trois Rivieres et Montreal Et depuis mariées Excepté trois dont une a esté prise par les Iroquois dans l'Isle d'orleans et emmenée captive»[36]. Pour leur part, les données du tableau 28 indiquent que 4 des 36 immigrantes de 1663 n'étaient pas encore mariées en juin 1664.

---

33. [Québec], 13 juin 1673, dans *RAPQ 1926-1927*, p. 24.

34. Ordonnance pour forcer les célibataires à épouser les filles qui arrivent de France..., Québec, 20 octobre 1671, dans Pierre-Georges Roy, *Inventaire des ordonnances des intendants de la Nouvelle-France conservées aux Archives provinciales de Québec*, vol. III, Beauceville, L'Éclaireur, 1919, p. 266. Voir aussi Mémoire de Talon sur le Canada au ministre Colbert, Québec, 10 novembre 1670, dans *RAPQ 1930-1931*, p. 132, et lettre du ministre Colbert à Talon, 11 février 1671, *ibid.*, p. 145.

35. Joseph-Edmond Roy, *Histoire de la seigneurie de Lauzon*, vol. 1, 1897, p. 197 (réédition Société d'histoire régionale de Lévis, Lévis, 1984).

36. *Jugements et délibérations du Conseil souverain de la Nouvelle-France*, vol. I, Québec, Côté, 1885, p. 202.

Une mince différence prévaut aussi à l'égard des femmes arrivées en 1665. Talon rapporta à Colbert le 13 novembre 1666 : « Les quatre vingt et dix filles que le Roy a fait passer sont toutes mariées à l'exception de six auxquelles je suis obligé de donner quelque secours de temps en temps »[37]. D'après nos résultats, seulement 3 des 82 immigrantes dont on connaît le délai de mariage n'étaient pas encore mariées en novembre 1666.

L'écart est plus sensible pour les femmes débarquées en 1667, mais le témoignage de Marie de l'Incarnation, en date du 18 octobre de la même année, souffre un peu d'imprécision : « il est venu cette année 92. Filles de France qui sont déjà mariées pour la plupart à des Soldats, et à des gens de travail »[38]. Nos calculs indiquent que seulement 12 des 75 filles repérées dans les sources étaient effectivement mariées au 10 octobre, mais que le cap de la moitié (37/75) fut finalement atteint un mois plus tard.

À l'égard du convoi de 1669, le secrétaire de Talon, Patoulet, écrivit le 11 novembre au ministre que les 20 immigrantes levées à La Rochelle étaient toutes mariées et que 102 des 149 filles de Normandie avaient déjà trouvé mari[39]. Nos chiffres ne coïncident pas avec ceux de Patoulet, mais les proportions de femmes déjà mariées confirment celle de l'administrateur : au 30 octobre, 78 des 118 filles avaient contracté mariage et un mois plus tard le nombre était passé à 101.

Même observation pour l'arrivage de 1670. Talon nota dans son mémoire du 10 octobre 1670 que « de touttes les filles venues cette année au nombre de près de cent soixante cinq, il n'en reste pas trente a marier » ; un mois plus tard, le 10 novembre, il informa Colbert que « toutes les filles venues cette année sont mariées a quinze préz que j'ay fait distribuer dans des familles connues »[40]. Parmi les 103 immigrantes dont on connaît le délai de mariage, 51 n'avaient pas encore trouvé preneur au 30 septembre, puis seulement 23 au 31 octobre et enfin plus que 13 au 30 novembre.

L'état de nos données pour le contingent de 1673 confirme la tendance constatée pour les années précédentes. D'une part, Frontenac écrivit à Colbert le 13 novembre que « [des soixante filles arrivées

---

37. Québec, 13 novembre 1666, dans *RAPQ 1930-1931*, p. 57.

38. Lettre de Marie de l'Incarnation à son fils, Québec, 18 octobre 1667, dans *Marie de l'Incarnation, Ursuline (1599-1672) — Correspondance*, éd. par Dom Guy Oury, Solesmes, Abbaye Saint-Pierre, 1971, p. 787.

39. Lettre citée par Leclerc, *op. cit.*, p. 296.

40. *RAPQ 1930-1931*, pp. 120 et 125.

ici le 3 septembre,] il y en a près de cinquante de pourvues et il ne nous en reste que dix ou douze parmi lesquelles sont cinq ou six demoiselles auxquelles il est difficile de trouver des partis sortables »[41]. D'autre part, nos données indiquent que dès le 3 novembre 38 des 44 immigrantes observées avaient déjà contracté mariage, en laissant seulement 6 disponibles, dont 2 de haute extraction sociale.

La confrontation de nos résultats du tableau 28 avec les témoignages de contemporains est concluante : les correspondances étroites entre les deux séries démontrent que le délai de mariage calculé est généralement exact. Si les quelques divergences observées ici et là peuvent être attribuées à la datation parfois trop précoce du débarquement des immigrantes à Québec, la surestimation de l'intervalle ne saurait dépasser, en moyenne, l'ordre de quelques semaines. Il est donc acquis que les Filles du roi ne se sont pas toutes mariées dans les premières semaines de leur séjour au Canada, même si plus de 80 pour cent l'ont assurément fait dans les six premiers mois. Ce faisant, elles ont obéi aux pressions exercées sur elles puisque ce délai reste inférieur à celui d'environ un an établi pour les immigrantes de la période 1632-1656[42].

Le temps de recherche d'un conjoint n'a pas varié d'une fille à l'autre de façon purement aléatoire, on s'en doute bien. Si l'on ne peut prendre en considération certains facteurs insaisissables, comme l'apparence physique, d'autres par contre se prêtent aisément à la mesure. Ainsi, les immigrantes arrivées très jeunes, âgées de 14, 15 ou 16 ans, se sont mariées en moyenne plus de 15 mois après leur arrivée (N = 23), comparativement à seulement 4,3 mois pour les autres plus âgées (N = 639). Les mentions de témoins aux conventions matrimoniales et aux actes de mariage de ces toutes jeunes filles témoignent pourtant de la bienveillante attention dont elles ont été entourées : dans 13 cas sur 23, les plus hautes autorités de la colonie ou les notables les plus en vue ont sanctionné de leur présence l'union contractée[43]. Par

---

41. *RAPQ 1926-1927*, p.44.

42. Marcel Trudel, *Histoire de la Nouvelle-France*, vol. III : *La seigneurie des Cent-Associés (1627-1663)*, t. 2 : *La société*, Montréal, Fides, 1983, p. 78. L'intervalle moyen calculé pour l'ensemble des immigrantes établies avant 1680, y compris les Filles du roi, serait inférieur à neuf mois. Charbonneau et al., *Naissance d'une population, op. cit.*, p. 43.

43. Parmi les personnalités parfois présentes aux contrats de mariage de ces jeunes épousées, on compte l'intendant Talon, le gouverneur Courcelle, le procureur général Bourdon et son épouse Anne Gasnier, le chevalier de Tracy, la veuve du gouverneur d'Ailleboust (Barbe de Boulogne), les seigneurs Lemoyne de Longueuil et Giffard, etc. L'origine sociale des conjoints ne pouvait justifier une telle sollicitude puisque la plupart

ailleurs, celles arrivées en 1669, 1670 et 1671, bien escortées et souvent dotées, ont trouvé plus rapidement un partenaire (3,6 mois, N = 316) que les autres (5,6 mois, N = 346). On observe aussi une différence significative entre les immigrantes issues de la notabilité (6,7 mois, N = 91) ou mariées à un notable (7,8 mois, N = 50), dont les exigences sociales ont obligé un certain délai, et celles des milieux populaires français (4,3 mois, N = 571) ou canadiens (4,4 mois, N = 612), visiblement moins sélectives.

Par contre, d'autres facteurs ne semblent pas avoir joué de rôle déterminant dans la durée de la période prénuptiale : le fait d'être célibataire ou veuve, d'apporter des biens importants ou non, d'être orpheline ou non, d'avoir plus de 30 ans ou non.

Comment expliquer que certaines filles aient connu des délais de mariage particulièrement longs ? Arrêtons-nous, pour tenter une réponse à cette question, aux 21 immigrantes qui ont attendu au moins deux ans avant de prendre mari. Pour neuf d'entre elles, la question reste sans réponse mais pour les douze autres une explication est plausible. Dans cinq cas, la fille était de haute extraction sociale et on peut croire qu'elle a éprouvé quelque difficulté à trouver un parti convenable[44]. Quatre autres ont d'abord donné naissance à un enfant illégitime, ce qui a certainement nui à leur chance de convoler[45]. Une fille est entrée en service domestique à son arrivée au pays et elle s'est mariée quatre ans plus tard, probablement à la fin de son contrat[46]. Finalement, des difficultés diverses semblent avoir retardé le mariage

---

provenait de milieux modestes. Voir, par exemple, le contrat de mariage de Marie Chevreau, âgée de 15 ans (13 ans, sans correction d'âge), avec René Réaume, simple charpentier, signé devant Talon, Courcelle, Tracy, Madame Bourdon et la veuve d'Ailleboust (notaire Pierre Duquet, 9 octobre 1665). Marcel Trudel a observé le même phénomène d'hétérogénéité sociale à la signature de plusieurs contrats de mariage avant 1663. *Histoire de la Nouvelle-France*, vol. III : *La seigneurie des Cent-Associés (1627-1663)*, t. 2 : *La société*, *op. cit.*, pp. 520-525.

44. L'une de ces demoiselles, Marie-Madeleine Grangeon, fille d'un contrôleur et « noble homme », a pourtant fini par épouser un simple habitant, Marin Richard dit Lavallée, après un délai de plus de 28 mois.

45. Sur la fécondité illégitime des Filles du roi, voir infra, pp. 207-210.

46. Il s'agit de Catherine Moitié, présente au contrat de mariage de sa sœur le 7 octobre 1663 (notaire Audouart) et recensée en 1666 et 1667 comme servante de Charles Lemoyne. Elle a épousé le 19 septembre 1667 Désiré Viger, aussi domestique au même endroit. Sur l'interdiction aux domestiques de se marier, voir Louise Dechêne, *Habitants et marchands de Montréal au XVIIᵉ siècle*, Paris et Montréal, Plon, 1974, pp. 68-69.

de deux autres filles, si l'on en croit l'opposition faite à la publication des bans notée à leur acte de mariage[47].

Le délai de mariage, au-delà de son sens socio-démographique, s'inscrit aussi dans la conjoncture des saisons et du calendrier religieux. On ne se mariait pas dès l'instant de son choix, car la date du mariage dépendait de nombreux facteurs externes, comme les travaux agricoles et les interdits religieux. Le tableau 29, illustré par la figure 10, indique en effet une forte variabilité de la saisonnalité des mariages, en particulier pour les unions de premier rang dont neuf sur dix étaient conclues au cours des mois de septembre, octobre et novembre. Cette forte concentration s'explique évidemment par les arrivées estivales des immigrantes, mais aussi par la disponibilité des hommes : occupés durant la belle saison aux travaux agricoles et de construction, ils préféraient contracter mariage à l'automne ou à l'hiver, d'autant plus que nombre d'entre eux devaient attendre la fin de leur période d'engagement pour rompre le célibat et que ce moment survenait le jour anniversaire de leur arrivée au Canada[48]. La saisonnalité des remariages est moins marquée et se rapproche de celle de l'ensemble des mariages observée au Canada au début du XVIIIe siècle ou dans la France rurale de la fin du XVIIe : faibles surplus en novembre, janvier et février et légers creux au printemps et à l'été (exception faite des excédents métropolitains de juin et juillet, non reproduits dans la colonie). Toute différence s'estompe cependant, sans égard au rang de mariage ou à la population observée, face à l'interdit catholique du carême et de l'avent : en mars et décembre les courbes de nuptialité s'écrasent, marquant la soumission des fidèles à la loi de l'Église. Cette interdiction de se marier *in tempore clauso* n'était cependant pas absolue car dispense pouvait être accordée si les futurs conjoints démontraient «qu'on n'a pas affecté d'attendre exprès à cette extrémité, & que le retardement [du mariage] pourroit causer un dommage notable aux Parties intéressées»[49].

---

47. Dans un cas, la controverse est peut-être reliée au procès que la fille intenta à un premier prétendant pour bris de promesse. Voir Dumas, *op. cit.*, p. 314.

48. Dechêne, *op. cit.*, p. 63.

49. *Rituel du diocese de Quebec publié par l'ordre de Monseigneur l'evêque de Quebec*, Paris, Simon Langlois, 1703, p. 348.

TABLEAU 29
MOUVEMENT MENSUEL DES MARIAGES SELON LE RANG
DE MARIAGE DE LA FEMME AU CANADA

Mois de mariage	Rang 1		Autres rangs		Ensemble	
	Nombres absolus	Nombres relatifs*	Nombres absolus	Nombres relatifs*	Nombres absolus	Nombres relatifs*
Janvier	26	54	23	146	49	77
Février	16	37	22	154	38	66
Mars	9	19	5	32	14	22
Avril	13	28	14	93	27	44
Mai	3	6	13	83	16	25
Juin	10	21	9	59	19	31
Juillet	17	36	11	69	28	44
Août	29	61	15	95	44	69
Septembre	98	212	21	138	119	193
Octobre	215	449	16	103	231	363
Novembre	116	250	28	183	144	234
Décembre	13	27	7	45	20	32
Total	565	1200	184	1200	749	1200
Indéterminé**	172		34		206	
Ensemble	737		218		955	

* En l'absence de variations saisonnières et de l'inégalité des mois, il y aurait 100 mariages chaque mois pour 1200 mariages célébrés au cours de l'année.
** Mariages pour lesquels on ne dispose pas du mois de l'acte.

Dans quelle mesure les Filles du roi se sont-elles mariées en temps prohibé? Une étude des mariages suivant le mois de célébration ne permet pas de répondre à cette question en toute exactitude puisque, selon les années, le carême pouvait commencer aussi tôt que le 4 février ou aussi tard que le 10 mars et que le début de l'avent pouvait survenir entre le 27 novembre et le 3 décembre. Une étude rigoureuse oblige donc à déterminer, pour chacune des années de 1663 à 1716, la date exacte des limites extrêmes du temps prohibé, soit, pour le carême, le mercredi des Cendres et la Quasimodo (dimanche de l'octave de Pâques), et pour l'avent, le premier dimanche de l'avent et l'Épiphanie. L'établissement de ces dates[50] permet de constater que le temps prohibé du carême durait toujours 54 jours, que celui de l'avent pouvait durer de 35 à 41 jours et donc que l'ensemble du temps prohibé pouvait durer de 89 à 95 jours, soit environ 25 pour cent de l'année.

50. À l'aide de A. Giry, *Manuel de diplomatique*, Paris, Hachette, 1894, pp. 205-258.

FIGURE 10
MOUVEMENT MENSUEL DES MARIAGES DANS DIVERSES POPULATIONS

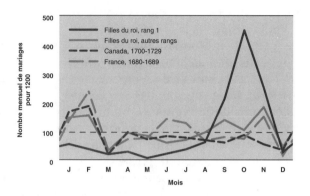

Sources : Filles du roi : tableau 29.
    Canada : Jacques Henripin, *La population canadienne au début du XVIIIᵉ siècle.*
        Nuptialité. Fécondité. Mortalité infantile, Paris, PUF, 1954, p. 92.
    France : *Histoire de la population française*, publié sous la direction de Jacques
        Dupâquier, vol. 2 : *De la renaissance à 1789*, Paris, PUF, 1988, p. 299.

La proportion de mariages de Filles du roi célébrés en temps prohibé est identique à celle calculée pour l'ensemble des mariages contractés au Canada au XVIIᵉ siècle, soit 5 pour cent[51]. La majorité de ces mariages canoniquement interdits (23 sur 38) étaient conclus pendant l'avent, pourtant plus court que le carême, parce que cette période suivait immédiatement celle de l'automne marquée par une forte nuptialité. Les données disponibles ne permettent guère d'éclaircir les motifs qui ont poussé un couple sur vingt à passer outre à cet empêchement prohibant[52] et à demander une dispense. Il apparaît toutefois improbable que les conceptions prénuptiales aient joué à cet égard un rôle déterminant, puisque seulement 2 des 38 mariées étaient déjà enceintes au moment de la célébration[53]. Le rang de mariage de

51. Raymond Roy, Yves Landry et Hubert Charbonneau, « Quelques comportements des Canadiens au XVIIᵉ siècle d'après les registres paroissiaux », *Revue d'histoire de l'Amérique française*, vol. 31, nº 1 (juin 1977), p. 57.

52. Les empêchements prohibants, par opposition aux empêchements dirimants qui mettaient en cause la validité du mariage, ne faisaient qu'en rendre la célébration illicite. Voir Paul-André Leclerc, « Le mariage sous le régime français », *Revue d'histoire de l'Amérique française*, vol. XIII, nº 3 (décembre 1959), p. 398.

53. Le rôle accessoire des conceptions prénuptiales dans l'incitation au mariage, par opposition à son caractère de privautés dans le cadre d'un mariage déjà anticipé, a été mis en lumière pour la Nouvelle-France par Réal Bates, « Les conceptions prénuptiales

la femme au Canada et l'origine socio-professionnelle des conjoints n'entretiennent non plus aucune relation significative avec la violation de la règle du temps prohibé. La seule variable pertinente reste le lieu de mariage : conformément à la situation observée pour l'ensemble des mariages du XVIIe siècle, Montréal et sa région offrent une proportion de mariages interdits nettement plus élevée que Québec et sa banlieue, 17,6 pour cent (23/131) contre 2,5 pour cent (15/591). Étant donné l'esprit rigoriste et intransigeant des sulpiciens qui encadraient la plupart des habitants de la région de Montréal, ce fait ne vient que confirmer et élargir « le fossé entre la religion traditionnelle et confortable de la masse et le christianisme exigeant, éclairé et angoissé des fondateurs et du clergé chargé de l'instruire »[54]. Les Filles séculières de la Congrégation de Notre-Dame qui ont accueilli à Montréal et aidé à pourvoir nombre de Filles du roi[55] ont-elles pu participer à cette émancipation des règles ecclésiastiques ? À moins que ce phénomène ne soit simplement le signe que la population montréalaise, au contact de situations particulières comme la traite des fourrures, témoignait de mœurs plus libres qu'on ne l'a jadis cru[56].

Le choix du jour de la semaine pour contracter mariage n'était pas non plus laissé au hasard des circonstances. Trois journées sur sept se prêtaient mal aux festivités nuptiales, le vendredi et le samedi parce qu'il s'agissait de journées d'abstinence, le dimanche à cause de l'obligation d'assister à la messe dans sa propre paroisse[57]. Si l'on s'en tient aux prescriptions du premier synode de Québec, tenu en 1690, le lundi matin devait constituer le meilleur moment pour convoler :

> Les Curés et les Missionnaires auront soin de garder la louable coutume de ne marier que le matin, après s'être informés si les contractants se

---

dans la vallée du Saint-Laurent avant 1725 », *Revue d'histoire de l'Amérique française*, vol. 40, no 2 (automne 1986), p. 271. Voir aussi infra, pp. 210-212.

54. Dechêne, *op. cit.*, p. 451.

55. Étienne-Michel Faillon, *Histoire de la colonie française en Canada*, Villemarie, Bibliothèque paroissiale, 1866, tome III, pp. 214-215. Marie-Louise Beaudoin, *Les premières et les Filles du Roi à Ville-Marie*, Montréal, Les Sœurs de la Congrégation de Notre-Dame, 1971, pp. 65-68.

56. Cette hypothèse est renforcée par la fréquence plus élevée à Montréal qu'ailleurs de naissances illégitimes et de conceptions prénuptiales. Lyne Paquette, *Les naissances illégitimes sur les rives du St-Laurent avant 1730*, mémoire de maîtrise, Département de démographie, Université de Montréal, 1983, p. 74. Bates, *loc. cit.*, pp. 264-265.

57. *Rituel du diocèse de Quebec...*, *op. cit.*, p. 348. Statuts publiés dans le premier synode tenu à Québec le 9 novembre 1690, dans *Mandements, lettres pastorales et circulaires des évêques de Québec*, publié par H. Têtu et C.-O. Gagnon, Québec, Côté, 1887, vol. I, p. 271.

sont approchés des Sacrements le jour précédent. Nous défendons surtout de les marier le jour qu'ils auront communié, et à une heure indue de la nuit, et de dire la Messe après midi[58].

Les données du tableau 30, illustrées à la figure 11, confirment ces attentes. Près d'un mariage sur deux avait lieu le lundi et deux sur trois le lundi ou le mardi. Cette préférence pour les deux premiers jours de la semaine a caractérisé la nuptialité canadienne de tout le XVIIe siècle et a même déjà été observée dans la paroisse anglaise de Colyton et au Paraná (Brésil)[59]. Les remariages des Filles du roi suivent le même schéma que leurs unions de premier rang, à la réserve d'une plus grande faveur du dimanche, explicable sans doute par la moindre extériorisation des remariages de veuves, moins susceptibles d'entraîner le déplacement des parents et amis le jour du Seigneur[60]. Au total, près d'un mariage sur six a finalement été contracté un vendredi, un samedi ou un dimanche, malgré les recommandations contraires des autorités religieuses. Comme pour les prescriptions relatives au mariage en temps prohibé, les Filles du roi mariées dans le gouvernement de Montréal ont fait montre à cet égard d'un plus grand esprit d'indépendance, puisque la proportion de mariages célébrés au cours de ces trois jours y atteint le quart (31/129), par comparaison à moins de 14 pour cent (82/590) dans le gouvernement de Québec. Mêmes proportions selon l'habitat rural (48/198 = 24,2%) ou urbain (70/548 = 12,8%) de la paroisse de célébration, mais la prédominance des remariages de veuves en campagne explique ici cette différenciation. Finalement, on constate sans surprise que les femmes issues de la notabilité se sont davantage conformées aux règles que celles des milieux populaires : seulement 4 pour cent des premières (4/100) ont convolé un jour interdit, contre 18 pour cent des secondes (114/646).

---

58. *Ibid.*, p. 273.

59. Louis Duchesne, « Weekly Patterns in Demographic Events (with Examples from Canada and England)», *Local Population Studies*, n° 14 (Spring 1975), p. 56. Jayme Antonio Cardoso et Sergio Odilon Nadalin, «Les mois et les jours de mariage au Paraná(Brésil) aux XVIIIe, XIXe et XXe siècles», *Annales de démographie historique* (1986), pp. 14-15. La situation au Canada dut se modifier au XVIIIe siècle, puisqu'à la fin de ce siècle l'évêque de Québec en vint à ordonner «de ne plus marier que le mardi» (lettre de Mgr l'évêque de Capse, coadjuteur, à Mgr Hubert, évêque de Québec, Pointe-aux-Trembles, 22 avril 1790, dans *Mandements, lettres pastorales* ..., *op. cit.*, vol. II, 1888, pp. 411-412).

60. Sur l'aversion populaire à l'égard du remariage, en particulier celui des veuves, voir André Burguière, « Réticences théoriques et intégration pratique du remariage dans la France d'Ancien Régime — dix-septième — dix-huitième siècles», dans *Mariage et remariage dans les populations du passé*, publié sous la direction de J. Dupâquier et al., London, Academic Press, 1981, pp. 41-48.

TABLEAU 30

MOUVEMENT QUOTIDIEN DES MARIAGES SELON LE RANG DE MARIAGE DE
LA FEMME AU CANADA

Jour de mariage	Rang 1		Autres rangs		Ensemble	
	Nombres absolus	Nombres relatifs	Nombres absolus	Nombres relatifs	Nombres absolus	Nombres relatifs
Dimanche	33	5,9	30	16,5	63	8,4
Lundi	252	44,7	71	39,0	323	43,3
Mardi	129	22,9	31	17,0	160	21,5
Mercredi	51	9,0	17	9,3	68	9,1
Jeudi	63	11,2	14	7,7	77	10,3
Vendredi	11	1,9	6	3,3	17	2,3
Samedi	25	4,4	13	7,2	38	5,1
Total	564	100,0	182	100,0	746	100,0
Indéterminé*	173		36		209	
Ensemble	737		218		955	

* Mariages pour lesquels on ne dispose pas de la date complète de l'acte.

FIGURE 11

MOUVEMENT QUOTIDIEN DES MARIAGES

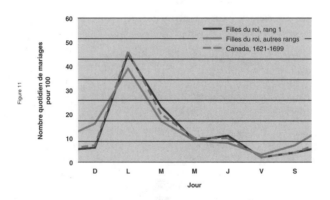

Sources : Filles du roi : tableau 30.

Canada : Raymond Roy, Yves Landry et Hubert Charbonneau, « Quelques
comportements des Canadiens au XVIIe siècle d'après les registres
paroissiaux », *Revue d'histoire de l'Amérique française*, vol. 31, n° 1
(juin 1977), p. 63.

B – Le lieu

En vertu des décisions du concile de Trente, le mariage devait être célébré par le *proprius parochus*, le «curé propre», de l'un ou des deux conjoints. Même si la compétence du curé était personnelle et non territoriale, ce décret impliquait dans les faits la célébration de la cérémonie nuptiale dans la paroisse de domicile des deux conjoints, s'ils appartenaient à la même paroisse, ou dans celle de l'un ou de l'autre conjoint (peu importe lequel), s'ils habitaient deux paroisses différentes. La doctrine canonique précisa que le *proprius parochus* devait être le curé du *domicilium habitationis*, c'est-à-dire du domicile réel, habité récemment ou non mais adopté avec l'intention d'y demeurer indéfiniment. Le mariage pouvait aussi être contracté devant le curé du lieu où l'un des conjoints avait une simple *habitatio*, soit une résidence fixée pour un certain temps, pourvu que cet établissement fût habité pendant l'année ou durant la plus grande partie de l'année. L'édit de Louis XIV de mars 1697, auquel se conformèrent tous les évêques français, précisa cette notion de domicile en l'identifiant à une résidence établie depuis au moins six mois si l'on venait d'une autre paroisse du même diocèse et depuis au moins un an si l'on venait d'un autre diocèse[61]. L'évêque de Québec se contenta d'un séjour minimal de six mois dans son ordonnance pour le règlement du diocèse émise en 1700:

> Les Curés prendront garde de marier ceux qui sont nouvellement établis dans l'étendue de leurs Paroisses, à moins qu'ils n'y aient fait un séjour de six mois. Ils auront soin de prendre les précautions absolument nécessaires pour savoir s'ils ne sont pas mariés en France, ou en d'autres Paroisses de ce Diocèse[62].

Trois ans plus tard, son Rituel répéta le même critère dans l'application des règles relatives à la publication des bans.

> Lorsque les Parties n'ont pas demeuré dans la Paroisse où elles veulent se marier, au moins l'espace de six mois, elles sont obligées de faire publier leurs Bans dans celle d'où elles sont sorties, et de rapporter un Certificat signé du Curé[63].

---

61. Jean Gaudemet, *Le mariage en Occident. Les mœurs et le droit*, Paris, Cerf, 1987, p. 306. A. Esmein, *Le mariage en droit canonique*, deuxième édition mise à jour par R. Génestal et Jean Dauvillier, Paris, Sirey, 1935, t. II, pp. 202-206. François Lebrun, *La vie conjugale sous l'Ancien Régime*, Paris, Armand Colin, 1975, p. 41.

62. Ordonnance pour le règlement du diocèse donné à Québec le 8 octobre 1700, dans *Mandements, lettres pastorales...*, *op. cit.*, vol. I, p. 412.

63. *Rituel du diocèse de Quebec...*, *op. cit.*, p. 340.

Aucune loi religieuse ne prescrivant la célébration du mariage dans la paroisse de domicile de l'épouse[64], c'est à la coutume, inspirée peut-être par la tradition de faire absorber les coûts de la noce (y compris ceux de la messe de mariage) par la fille ou sa famille, qu'il faut imputer cette pratique observée tant en France qu'en Belgique[65]. L'usage s'étendit-il aux Filles du roi, dont plus des quatre cinquièmes, on l'a vu, contractèrent mariage avant d'avoir complété un séjour de six mois en terre canadienne? Les données relatives à la paroisse de premier mariage au Canada le suggèrent fortement (tableau en appendice 4, résumé au tableau 31) : 68 pour cent de celles dont on connaît le lieu de mariage convolèrent à Notre-Dame-de-Québec ou dans une chapelle qui y était rattachée, cette paroisse desservant non seulement le seul port maritime du Canada, mais aussi les principales structures d'accueil des immigrantes (maisons des ursulines, de madame de La Peltrie, d'Anne Gasnier et des hospitalières de l'Hôtel-Dieu, bâtiment construit à cet effet par l'intendant, etc.)[66] ; seulement 15 pour cent prirent mari dans l'une des églises de l'Île d'Orléans et de la Côte de Beaupré, 14 pour cent dans celles de Montréal et des environs, après avoir été hébergées chez les Dames de la Congrégation de Notre-Dame, et finalement 3 pour cent dans celles de Trois-Rivières et de Champlain. Que cinq Filles du roi sur six aient eu leur acte de premier mariage inscrit dans un registre urbain, très majoritairement dans celui de la capitale de la colonie, à proximité des lieux de débarquement, accrédite l'hypothèse du mariage coutumier dans la paroisse de la femme, surtout si l'on compare la distribution des lieux de mariage avec celle des lieux d'établissement.

---

64. Contrairement à ce que prétend Marcel Trudel, *Histoire de la Nouvelle-France*, vol. III : *La seigneurie des Cent-Associés (1627-1663)*, t. 2 : *La société, op. cit.*, p. 544. Le juriste Brillon a aussi écrit, dans son *Nouveau dictionnaire civil et canonique de droit, et de pratique...* (Paris, Brunet, 1717, p. 619), que « le Rituel de Paris porte que le mariage sera celebré dans la Paroisse de la fille, cependant il peut aussi être valablement celebré dans celle du futur Epoux ; mais il est necessaire que ce soit dans l'une ou dans l'autre, & la qualité de Paroissien ne s'acquiert selon les Statuts Synodaux que par deux mois de demeure actuelle sur la Paroisse.» Mais ces instructions, qui restent à être vérifiées, n'ont pas été importées en Nouvelle-France.

65. Lebrun, *op. cit.*, p. 41. Pierre Goubert, *Cent mille provinciaux au XVIIᵉ siècle. Beauvais et le Beauvaisis de 1600 à 1730*, Paris, Flammarion, 1968, p. 89. René Leboutte et Étienne Hélin, « Le choix du conjoint : à propos de l'usage d'indicateurs quantifiables pour apprécier l'endogamie», dans *Au-delà du quantitatif. Espoirs et limites de l'analyse qualitative en démographie. Chaire Quételet 1985*, publié sous la direction d'Hubert Gérard et Michel Loriaux, Université catholique de Louvain, 1988, p. 431.

66. Dumas, *op. cit.*, pp. 34-36. Leclerc, *op. cit.*, pp. 309-310.

TABLEAU 31
DISTRIBUTION DES FILLES DU ROI SELON LE LIEU DE PREMIER MARIAGE
AU CANADA ET LE LIEU D'ÉTABLISSEMENT

Lieu d'établissement		Lieu de mariage										
Gouver-nement	Sous-région	Gouvernement de Québec			Gouvernement de Trois-Rivières			Gouvernement de Montréal			Ind.	Ens.
		Québec	Î.O. et Côte de Beaupré	Total	Trois-Rivières	Champlain	Total	Montréal	Autres	Total		
Québec	Québec (ville)	66	1	67	1	0	1	0	0	0	2	70
	Î.O. et Côte de Beaupré	32	70	102	0	0	0	0	0	0	26	128
	Environs de Québec	102	2	104	1	0	1	1	0	1	10	116
	Portneuf	46	2	48	0	0	0	0	0	0	19	67
	Lévis	22	0	22	0	0	0	0	0	0	0	22
	Autres	24	8	32	0	0	0	0	0	0	6	38
	Total	292	83	375	2	0	2	1	0	1	63	441
Trois-Rivières	Trois-Rivières (ville)	1	0	1	2	0	2	0	0	0	5	8
	Champlain	19	0	19	3	1	4	0	0	0	36	59
	Nicolet	4	0	4	2	0	2	0	0	0	3	9
	Autres	1	0	1	0	0	0	0	0	0	4	5
	Total	25	0	25	7	1	8	0	0	0	48	81
Montréal	Montréal (ville)	4	0	4	1	0	1	30	0	30	2	37
	Chambly	8	0	8	1	0	1	10	3	13	16	38
	Verchères	11	0	11	1	0	1	7	3	10	6	28
	Richelieu	7	0	7	0	0	0	0	0	0	15	22
	Lachine	6	0	6	0	0	0	7	1	8	2	16
	Laprairie	5	0	5	1	0	1	4	0	4	4	14
	L'Assomption	2	1	3	0	0	0	4	1	5	4	12
	Autres	5	0	5	0	0	0	9	0	9	5	19
	Total	48	1	49	4	0	4	71	8	79	54	186
Indéterminé		21	1	22	0	0	0	0	0	0	7	29
Ensemble		386	85	471	13	1	14	72	8	80	172	737

Source: appendice 4.

En vertu de la Coutume de Paris, appliquée au Canada, la femme n'avait d'autre domicile que celui de son mari.

Comme le domicile consiste plus dans la volonté que dans le fait, ceux qui ne sont pas maîtres de leur volonté, ne peuvent pas se faire un domicile.

C'est aussi la raison pour laquelle une femme mariée n'a point d'autre domicile que celui de son mari, à moins qu'elle ne soit séparée de biens et d'habitation; autrement, la femme mariée, majeure ou mineure, prend le domicile de son mari du jour de la bénédiction nuptiale[67]. Contrairement aux Filles du roi, dont le domicile prénuptial était purement temporaire, leurs futurs maris avaient souvent pu profiter de leur séjour plus ancien au pays, remontant en moyenne à près de quatre ans[68], pour s'assurer un domicile relativement stable et même parfois pour s'établir définitivement en un lieu déterminé. Marie de l'Incarnation en témoigne :

> Les vaisseaux ne sont pas plutôt arrivez que les jeunes hommes y vont chercher des femmes, et dans le grand nombre des uns et des autres on les marie par trentaines. Les plus avisez commencent à faire une habitation un an devant que de se marier, parceque ceux qui ont une habitation trouvent un meilleur parti; c'est la première chose dont les filles s'informent, et elles font sagement, parceque ceux qui ne sont point établis souffrent beaucoup avant que d'être à leur aise[69].

La détermination par le chercheur d'un lieu d'établissement unique pour chaque union contractée est une opération délicate et parfois arbitraire, compte tenu de la mobilité des familles[70]. On a considéré les paroisses d'enregistrement des actes d'état civil connus par chaque couple, les lieux de résidence déclarés dans ces actes, ainsi que divers indices fournis par les recensements nominatifs et les actes notariés (p. ex. actes de concession de terre) pour attribuer à chacun une paroisse de domicile. Cet emplacement désigne le principal lieu de résidence du couple, soit celui occupé en majeure partie au cours de l'union[71]. Le tableau 31 livre les résultats obtenus et la figure 12 illustre la corrélation entre lieu de mariage et lieu d'établissement pour les principales paroisses de célébration du premier mariage. La distribution des lieux d'établissement apparaît beaucoup plus vaste que celle

---

67. Claude-Joseph de Ferrière, *Dictionnaire de droit et de pratique, contenant l'explication des termes de droit, d'ordonnances, de coutumes & de pratique. Avec les jurisdictions de France*, Paris, Barrois, 1771, t. I, p. 506. Voir aussi François Bourjon, *Le droit commun de la France et la Coutume de Paris réduits en principes* ..., Paris, Grangé et Rouy, 1747, t. I, p. 90.

68. Voir supra, p. 115, note 18.

69. Lettre de Marie de l'Incarnation à son fils, Québec, octobre 1669, dans *Marie de l'Incarnation, Ursuline (1599-1672) — Correspondance*, *op. cit.*, p. 862.

70. Yves Beauregard et al., « Famille, parenté et colonisation en Nouvelle-France », *Revue d'histoire de l'Amérique française*, vol. 39, n° 3 (hiver 1986), pp. 394-395.

71. Le lieu d'établissement ne correspond pas forcément au premier lieu de résidence connu après le mariage, ni celui habité dans les vieux jours. Dans certains cas, on n'a pu déterminer un tel lieu, la succession des résidences ne permettant pas de distinguer un lieu d'enracinement quelconque; en d'autres cas, les sources étaient silencieuses ou contradictoires. Lorsque les documents suggéraient divers séjours de durée équivalente, on a privilégié le lieu de résidence consécutif au mariage.

FIGURE 12
LIEUX D'ÉTABLISSEMENT CONSÉCUTIF AU PREMIER MARIAGE DES FILLES
DU ROI AU CANADA, SELON LA PAROISSE DE CÉLÉBRATION DU MARIAGE

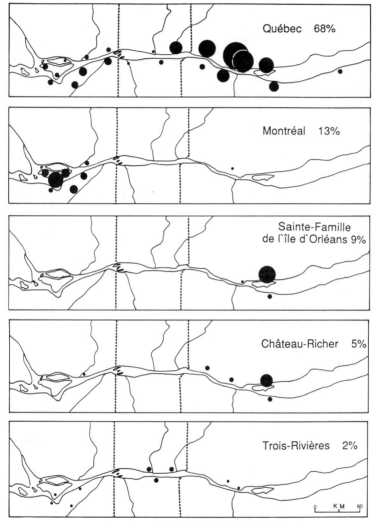

Nombre de couples
par lieu d'établissement

*Les pourcentages indiquent la proportion de mariages célébrés dans la paroisse
par rapport à l'ensemble des mariages localisés.*

*Les lieux d'établissement correspondent aux sous-régions déterminées
à l'appendice 4.*

Source: appendice 4.

des lieux de mariage. Seulement 10 pour cent des familles de Filles du roi s'établirent dans la paroisse Notre-Dame-de-Québec, tandis que plus de la moitié s'installèrent dans une autre paroisse du gouvernement de Québec, principalement à l'Île d'Orléans et dans les environs de la ville. Les gouvernements de Montréal et de Trois-Rivières attirèrent respectivement 26 et 12 pour cent de ces familles, soit des proportions supérieures à celles calculées pour les lieux de mariage. À la lumière de ces données, le mécanisme d'occupation du territoire pour les familles formées par les Filles du roi après leur arrivée apparaît extraordinairement simple : un noyau important d'immigrantes, plus des deux tiers, se marièrent à Québec dans les semaines ou les mois qui suivirent leur débarquement, puis elles accompagnèrent leurs maris dans leurs nouvelles habitations situées le plus souvent dans les environs de Québec, à moins d'une quarantaine de kilomètres ; certaines gagnèrent cependant les gouvernements de Montréal ou de Trois-Rivières. Celles qui s'étaient mariées ailleurs qu'à Québec, au contraire, s'établirent en général dans la paroisse même du mariage ou dans son voisinage immédiat. Les flux migratoires défavorisaient donc la ville de Québec, au profit des paroisses voisines et, secondairement, de certaines paroisses des autres gouvernements.

Les lieux d'établissement des Filles du roi indiquent les zones de peuplement au Canada dans les années 1660 et 1670. Les paroisses de la rive droite du Saint-Laurent n'attiraient guère, sauf dans la région de Montréal, car leurs terres, de moins bonne qualité et mal drainées depuis le Lac Saint-Pierre jusqu'à la hauteur de Québec, se prêtaient moins à l'agriculture[72]. Les villes, qui englobaient encore le tiers de la population canadienne vers 1663[73], n'ont accueilli que 16 pour cent des Filles du roi, dont l'installation a coïncidé avec la mise en valeur des zones rurales et a favorisé le développement marqué de certaines seigneuries : celles de l'Île d'Orléans, de Saint-Ignace, de Saint-Gabriel, de Neuville, etc. À l'égard de cette dernière seigneurie, Jacques Mathieu a déjà évoqué le rôle joué par Anne Gasnier, accompagnatrice des immigrantes et belle-mère du seigneur Bourdon, «dans la mesure où quarante nouveaux couples formés avec une fille du roi y obtinrent

---

72. Yves Landry et Hubert Charbonneau, «Le peuplement des basses terres du Saint-Laurent sous le régime français (1534-1760)», dans *Le peuplement du monde avant 1800*, Liège, Ordina, 1992 (à paraître). R. Cole Harris, *The Seigneurial System in Early Canada. A Geographical Study*, Québec, Presses de l'Université Laval, 1968, pp. 13-14.

73. Marcel Trudel, *La population du Canada en 1663*, Montréal, Fides, 1973, p. 21.

une concession en 1667 ou 1668 »[74]. Il serait intéressant d'approfondir ce mécanisme d'attribution des terres, en rapport notamment avec les activités prénuptiales des hommes, pour tenter d'évaluer, comme pour le choix du conjoint, la part mutuelle du hasard et des solidarités.

3 – Le choix du conjoint

A – Un choix parfois difficile : les hésitations révélées par les ruptures de contrat de mariage

Le premier acte officiel qui témoignait publiquement d'une promesse de mariage entre un garçon et une fille était habituellement les fiançailles « faites en l'Eglise, en présence du Curé & des Témoins »[75]. Avant que cet usage ne devienne pratiquement interdit à la fin du XVIIe siècle[76], la majorité des futurs mariés semblent avoir ainsi arrêté leur choix d'un partenaire : près de 60 pour cent des actes de mariage enregistrés à Notre-Dame-de-Québec de juillet 1659 à la fin de 1662 mentionnent la célébration de fiançailles[77]. À partir d'un échantillon tiré au cinquième parmi les 565 actes de premier mariage des Filles du roi, cette fréquence de mention des fiançailles dépasse 65 pour cent et

---

74. Jacques Mathieu, « Mobilité et sédentarité : stratégies familiales en Nouvelle-France », *Recherches sociographiques*, vol. XXVIII, nos 2-3 (1987), p. 216. Voir aussi Jacques Mathieu et Réal Brisson, « La vallée laurentienne au XVIIIe siècle : un paysage à connaître », *Cahiers de géographie du Québec*, vol. 28, nos 73-74 (avril – septembre 1984), p. 114. Ce nombre de 40 Filles du roi est presque identique à celui que nous avons calculé. Voir appendice 4, p. 408.

75. *Rituel du diocese de Quebec ..., op. cit.*, p. 339.

76. Par suite, semble-t-il, d'abus commis à l'encontre de la règle défendant « aux Fiancez de demeurer dans une même maison [et] de se fréquenter familierement ». *Ibid.* Additions aux Statuts synodaux, réglés dans la troisième séance du synode tenu à Québec le 27 février 1698, dans *Mandements, lettres pastorales ..., op. cit.*, vol. I, p. 376.

77. Trudel, *Histoire de la Nouvelle-France*, vol. III : *La seigneurie des Cent-Associés (1627-1663)*, t. 2 : *La société, op. cit.*, p. 537. Ces mentions en sont la seule manifestation car on ne tenait pas, semble-t-il, de registres de fiançailles, même si en théorie, « depuis 1639, [ce contrat] doit se faire par écrit devant quatre parents ; sinon il ne peut servir de preuve » (Guy Cabourdin et Georges Viard, *Lexique historique de la France d'Ancien Régime*, Paris, Armand Colin, 1978, p. 136). D'après le règlement du Conseil supérieur de Québec de 1727 au sujet de la tenue des registres paroissiaux, les fiançailles faisaient partie de la liste des actes qui devaient être inscrits dans ces registres (voir article 5 du Règlement du Conseil supérieur de la Nouvelle-France au sujet des registres tenus par les curés pour les baptêmes, mariages, sépultures et autres actes que peuvent faire lesdits curés comme fiançailles et publications de bans, 5 mai 1727, publié dans André LaRose, *Les registres paroissiaux au Québec avant 1800 : introduction à l'étude d'une institution ecclésiastique et civile*, Québec, ministère des Affaires culturelles, 1980, p. 210).

atteint même 92 pour cent dans les seuls actes du registre de Québec. Malgré la brièveté de leurs fréquentations, et peut-être aussi à cause d'elle, les futurs époux n'ont pas manqué d'officialiser leur relation et de tenter de renforcer par cette démarche les liens fragiles qui les unissaient.

En parallèle à cette promesse orale ritualisée, les futurs conjoints pouvaient aussi faire une promesse écrite et fixer les conditions matérielles de leur union dans un contrat de mariage. Même si cette procédure n'était pas non plus essentielle, car les règles de la Coutume de Paris suppléaient à son absence, la plupart des futurs époux passaient devant notaire dans un geste empreint à la fois de conformisme social et de convivialité[78]. Les données compilées par Marcel Trudel pour la période 1632-1662 permettent d'établir la fréquence des contrats de mariage à plus de 65 pour cent[79]. Cette proportion est conforme à celle calculée par Hubert Charbonneau pour l'ensemble du XVIIe siècle[80]. Au siècle suivant, elle aurait atteint environ 80 pour cent, niveau comparable à ceux observés en France à la même époque[81]. Calculés par rang d'union, les résultats relatifs aux Filles du roi atteignent 82 pour cent au premier mariage et 62 pour cent au remariage (tableau 32). Si ce dernier chiffre paraît normal pour l'époque, le premier est certainement élevé et s'expliquerait, comme pour la faveur des fiançailles, par le désir de rapprocher des personnes qui s'ignoraient encore il y a peu de temps et de confirmer un choix que

---

78. Dechêne, *op. cit.*, pp. 418-419. Trudel, *Histoire de la Nouvelle-France*, vol. III : *La seigneurie des Cent-Associés (1627-1663)*, t. 2 : *La société*, *op. cit.*, pp. 517-534.

79. *Ibid.*, p. 518. On a rapporté à 449 actes les 295 contrats suivis d'une célébration (303 contrats moins 15 ayant fait l'objet d'une annulation et 3 suivis du décès d'un des futurs conjoints).

80. Charbonneau, *Vie et mort de nos ancêtres*, *op. cit.*, pp. 151-152.

81. Louis Lavallée, « Les archives notariales et l'histoire sociale de la Nouvelle-France », *Revue d'histoire de l'Amérique française*, vol. 28, n° 3 (décembre 1974), pp. 388-389. Louis Lemoine, *Longueuil en Nouvelle-France*, Longueuil, Société d'histoire de Longueuil, 1975, p. 47. Yves Landry, *Quelques aspects du comportement démographique des troupes de terre envoyées au Canada pendant la guerre de Sept Ans*, mémoire de maîtrise, Département d'histoire, Université de Montréal, 1977, p. 99. Un taux de 96 pour cent, calculé par Yves-Jean Tremblay (*La société montréalaise au début du régime anglais*, mémoire de maîtrise, Département d'histoire, Université d'Ottawa, 1970, pp. 31-32) et repris par Louise Dechêne (*op. cit.*, p. 419), a été attribué aux paroisses de l'île de Montréal entre 1750 et 1770 ; ce taux est erroné car, en faisant le rapport entre le nombre total des mariages et celui des contrats de mariage, l'auteur a inclus les contrats qui n'ont pas donné lieu à un mariage et ceux qui, bien que passés sur l'île de Montréal, ont été suivis de mariages célébrés ailleurs ; la seule façon de calculer un taux exact consiste à jumeler, pour chaque couple, acte et contrat de mariage.

le gré des événements pouvait encore modifier. Cette volonté semble avoir été particulièrement forte chez les Parisiennes, dont 90 pour cent passèrent un contrat de mariage à leur arrivée au pays (212/235), comparativement à seulement 78 pour cent des autres Filles du roi (392/502). La fréquence des contrats de mariage ne varie pas de façon significative, par ailleurs, selon l'année d'immigration, l'origine socio-professionnelle, la provenance urbaine ou rurale, l'âge à l'arrivée et la profession du mari.

TABLEAU 32
FRÉQUENCE DES CONTRATS DE MARIAGE SELON LE RANG DE L'UNION DE LA FEMME AU CANADA

	Premiers mariages	Remariages			Ensemble
	Rang 1	Rang 2	Rangs 3 et plus	Total	
Nombre de contrats de mariage	604	114	21	135	739
Nombre de mariages	737	181	37	218	955
Fréquence des contrats de mariage	82,0%	63%	57%	61,9%	77,4%

Presque tous les contrats de mariage étaient signés avant la cérémonie religieuse (tableau 33). Environ la moitié étaient conclus dans les dix jours qui précédaient le mariage et dans près de neuf cas sur dix l'écart ne dépassait pas un mois. Si ces résultats confirment ceux obtenus par Charbonneau pour l'ensemble du XVIIe siècle[82], l'intervalle moyen de 19 jours calculé pour les unions où le contrat précédait le mariage représente moins de la moitié de celui de 41 jours établi par Trudel pour la période 1632-1662[83]. Cette différence pourrait s'expliquer de deux façons : d'abord, par le caractère à la fois rural et urbain des mariages considérés par Trudel, alors que 83 pour cent des Filles du roi, rappelons-le, ont eu leur premier mariage inscrit dans un registre urbain (tableau 31)[84] ; ensuite, par la force des pressions qui

---

82. Charbonneau, *Vie et mort de nos ancêtres*, *op. cit.*, pp. 152-153.

83. Trudel, *Histoire de la Nouvelle-France*, vol. III : *La seigneurie des Cent-Associés (1627-1663)*, t. 2 : *La société*, *op. cit.*, p. 535.

84. Que l'écart fût ramené à seulement 22 jours pour les mariages contractés à Montréal avant 1663 renforce cette hypothèse. Trudel ne précise malheureusement pas la longueur de l'intervalle pour les mariages célébrés à Québec.

se sont exercées sur les Filles du roi à leur arrivée au pays et qui ont réduit à seulement 17 jours, soit une semaine de moins qu'au remariage, le délai entre le contrat de mariage et la cérémonie nuptiale. Après avoir signé les conventions matrimoniales, les Filles du roi et leurs futurs maris ont donc pris au pied de la lettre leur promesse de solenniser en face de l'Église «le plus tost que faire se pourra» le mariage tant désiré.

TABLEAU 33

DISTRIBUTION DES INTERVALLES ENTRE MARIAGE ET CONTRAT DE MARIAGE SELON LE RANG DE L'UNION DE LA FEMME AU CANADA

Nombre de jours	Premiers mariages Rang 1		Remariages Rang 2		Rangs 3 et plus		Total		Ensemble	
	N	%	N	%	N	%	N	%	N	%
Avant le mariage:										
101 et plus	11	2,2	5	4,9	1	5,0	6	4,9	17	2,7
91 à 100	2	0,4	0	0,0	1	5,0	1	0,8	3	0,5
81 à 90	0	0,0	0	0,0	0	0,0	0	0,0	0	0,0
71 à 80	5	1,0	0	0,0	1	5,0	1	0,8	6	1,0
61 à 70	2	0,4	0	0,0	0	0,0	0	0,0	2	0,3
51 à 60	6	1,2	1	1,0	1	5,0	2	1,6	8	1,3
41 à 50	7	1,4	9	8,8	0	0,0	9	7,4	16	2,6
31 à 40	20	4,0	4	3,9	1	5,0	5	4,1	25	4,0
21 à 30	49	9,8	12	11,8	1	5,0	13	10,7	62	10,0
11 à 20	126	25,3	19	18,6	4	20,0	23	18,9	149	24,0
1 à 10	257	51,5	44	43,1	8	40,0	52	42,6	309	49,8
0	7	1,4	5	4,9	1	5,0	6	4,9	13	2,1
Total	492	98,6	99	97,0	19	95,0	118	96,7	610	98,3
Moyenne	17		23		28		24		19	
Après le mariage:										
1 à 100	3	0,6	0	0,0	1	5,0	1	0,8	4	0,6
101 et plus	4	0,8	3	3,0	0	0,0	3	2,5	7	1,1
Total	7	1,4	3	3,0	1	5,0	4	3,3	11	1,7
Ensemble	499	100,0	102	100,0	20	100,0	122	100,0	621	100,0

Mais avant de recevoir la bénédiction nuptiale, le couple devait attendre la publication des bans, prévus au nombre de trois par le concile de Trente. Le tableau 34 montre qu'à cet égard les Filles du roi se sont encore une fois nettement distinguées de la pratique courante. Tandis qu'avant 1663 on ne recourait à une dispense qu'une fois sur quatre, cette proportion s'est hissée à plus de la moitié pour les pupilles royales. Le phénomène s'explique vraisemblablement par l'isolement relatif des Filles du roi: leur apparentement moins fréquent avec d'autres immigrants les privait de témoins potentiels de leur liberté au mariage et rendait souvent inutile le long processus de publication des bans[85].

TABLEAU 34

PUBLICATION DES BANS POUR LES MARIAGES DE LA PÉRIODE 1632-1662 ET POUR UN ÉCHANTILLON DES PREMIERS MARIAGES DES FILLES DU ROI

	Période 1632-1662		Filles du roi	
	N	%	N	%
Publication de trois bans	278	76	48	47
Publication de deux bans	51	14	22	21
Publication d'un ban	27	7	28	27
Dispense des trois bans	9	3	5	5
Total	365	100	103	100
Indéterminé	41		10	
Ensemble	406		113	

Sources: période 1632-1662: Trudel, *Histoire de la Nouvelle-France*, vol. III: *La seigneurie des Cent-Associés (1627-1663)*, t. 2: *La société, op. cit.*, p. 538.
Filles du roi: échantillon aléatoire au 1/5.

---

85. Voir supra, p. 102. Malgré l'obligation de dévoiler tout mariage antérieur et de prouver le décès d'un premier conjoint par un certificat officiel, on se doute que plusieurs immigrants ont dû abuser de la collaboration des autorités religieuses à accélérer le processus nuptial. Ainsi Catherine Durand et Pierre Picher dit Lamusette qui, mariés en 1665, ont obtenu dispense des trois bans de l'évêque de Québec. Après huit ans de vie commune, leur mariage dut être réhabilité parce que la première femme de Picher, dont il n'est nullement question dans l'acte de mariage et dans le contrat notarié de 1665, était encore vivante quand cette union fut contractée. *Jugements et délibérations du Conseil souverain de la Nouvelle-France*, vol. 1, Québec, Côté, 1885, pp. 769-770. Dumas, *op. cit.*, pp. 235-236.

Le quart des actes de mariage de notre échantillon précise les dates exactes de publication des bans. Couplées à la date de contrat de mariage, ces informations permettent d'établir la chronologie habituelle des journées précédant la cérémonie nuptiale. Dans presque tous les cas (26/27), les bans n'étaient publiés qu'après la signature du contrat de mariage. Les publications se succédaient ensuite rapidement (tableau 35), enfreignant parfois même (dans 8 cas sur 36) la règle voulant « qu'il y ait au moins deux ou trois jours francs entre chacune, par trois Dimanches ou Fêtes chômées »[86].

TABLEAU 35

INTERVALLES ENTRE LE CONTRAT DE MARIAGE, LES BANS DE MARIAGE ET LA CÉRÉMONIE NUPTIALE, AU PREMIER MARIAGE DE LA FEMME AU CANADA

Intervalle	Intervalle en jours			
	Entre le contrat de mariage et le 1er ban	Entre le 1er ban et le 2^{e}	Entre le 2e ban et le 3^{e}	Entre le dernier ban et la cérémonie nuptiale
Moyen	16	5	5	5
Médian	2	6	4	2
Modal	1	1	3	1
Effectifs	26	20	16	28
Source: échantillon aléatoire au 1/5.				

Compte tenu de l'empressement à se choisir un mari à leur arrivée au Canada, on ne sera pas surpris que plusieurs Filles du roi aient pu regretter leur décision avant de la faire officialiser par leur curé. La figure 13 illustre la complexité du cheminement suivi par une proportion non négligeable d'immigrantes avant leur premier mariage dans la vallée du Saint-Laurent. Si l'on considère l'ensemble des Filles du roi, y compris celles qui sont retournées en France ou sont mortes avant même de convoler, on constate que plus de 15 pour cent de celles qui ont conclu un premier contrat de mariage (96/621) n'ont finalement pas épousé leur promis. En ne retenant que les immigrantes établies dans la colonie, la fréquence de premiers mariages précédés

---

86. *Rituel du diocese de Quebec* ..., *op. cit.*, p. 340.

FIGURE 13
NOMBRE DE CONTRATS DE MARIAGE PASSÉS PAR LES FILLES DU ROI À LEUR PREMIÈRE UNION CÉLÉBRÉE AU CANADA

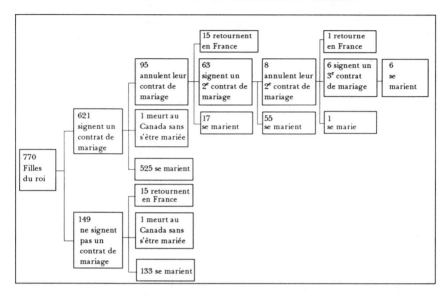

d'au moins une annulation de contrat de mariage s'établit à près de 11 pour cent (79/737), soit le double de la fréquence observée lors des remariages (11/218 = 5%) et le triple de celle calculée à partir des données de Trudel pour la période 1632-1662 (15/449 = 3,3%)[87]. Ces résultats, qui mettent en lumière l'instabilité des relations prénuptiales des Filles du roi, sont d'autant plus éloquents que, même après une première rupture, près de 13 pour cent des immigrantes qui ont conclu un second contrat de mariage (8/63) l'ont aussitôt annulé[88]. Cette propension à révoquer ses promesses de mariages était particulière-

---

87. Trudel, *Histoire de la Nouvelle-France*, vol. III : *La seigneurie des Cent-Associés (1627-1663)*, t. 2 : *La société*, *op. cit.*, p. 518.

88. Citons, par exemple, le cas saugrenu de Marie Ducoudray qui, le 25 août 1670, conclut un contrat de mariage avec Jean Jouanne (notaire Romain Becquet) ; le fait qu'aucune signature n'apparaisse au document semble toutefois indiquer que les parties revinrent aussitôt sur leur décision. Trois jours plus tard, chez le même notaire, Marie Ducoudray s'engagea envers Robert Galien, mais encore une fois la liaison fut de courte durée, car avant la fin de la journée le notaire ajouta une note au contrat le rendant « nul et de nulle valeur ». Le lendemain, notre Protée en jupes se tourna vers François Grenet, s'entendit avec lui sur de nouvelles conventions matrimoniales et finit par l'épouser 17 jours plus tard.

ment forte chez les Filles du roi arrivées en 1669, 1670 et 1671 dont plus de 15 pour cent (53/350) sont revenues sur leur décision, comparativement à moins de 7 pour cent (26/387) chez les autres : la dot dont elles ont souvent bénéficié[89] a pu attiser la rivalité des prétendants et contribuer à réviser certains choix vite faits. Le temps pris à choisir un candidat était un facteur décisif dans l'issue de la relation : après une première annulation de contrat de mariage, un second contrat était conclu après un délai moyen de seulement 22 jours (N = 7) si ce contrat devait être à nouveau annulé, et après un intervalle moyen de plus de 111 jours (N = 62)[90] si les deux parties finissaient par s'épouser.

Étant donné la forte demande de femmes sur le marché matrimonial, on peut supposer qu'en cas d'échec de la première relation les Filles du roi ont pu, plus facilement que leur partenaire, se trouver un nouveau parti. Les résultats présentés au tableau 36 accréditent cette hypothèse. Libérées d'une promesse antérieure, les femmes ont pris sept fois moins de temps que les hommes à passer à nouveau devant le notaire ou le prêtre. Faut-il en déduire que les révocations de promesses de mariage ont été surtout faites à l'initiative des femmes qui risquaient peu à chercher un meilleur parti ? C'est bien possible[91], mais les archives sont rarement explicites sur ce point.

C'est le tribunal ecclésiastique de l'officialité qui, en droit, avait juridiction exclusive pour résoudre les promesses de mariage, qu'il s'agisse d'un règlement à l'amiable ou d'un véritable procès, en cas de mésentente[92]. En vertu de la liberté de consentement exigée pour la validité du mariage, l'official ne pouvait, s'il y avait désaccord des parties, obliger le partenaire récalcitrant à donner suite à sa pro-

---

89. Voir supra, pp. 77.

90. Ce résultat prend en compte le délai de près de six ans pris par Marguerite Jasselin pour se marier après avoir révoqué un premier engagement auprès de Robert Gaumond (notaire Romain Becquet, 8 novembre 1670). Avant de s'unir en octobre 1676 à Mathurin Lelièvre, elle avait donné naissance, en mars 1674, à un enfant illégitime dont le sort ne fut réglé qu'en janvier 1676 par jugement du Conseil souverain (Dumas, *op. cit.*, p. 262). Si ce long intervalle n'était pas retenu, le délai moyen passerait à 78 jours.

91. L'inverse a été observé dans les procès pour rupture de fiançailles dans le diocèse de Cambrai aux XVIIe et XVIIIe siècles : « Qui prend l'initiative de la requête dans les demandes de rupture? On ne peut hasarder un pourcentage précis mais il est indéniable que l'homme garde l'initiative des demandes de "cassations" ». A. Lottin et K. Pasquier, « Les fiançailles rompues ou empêchées », dans *La désunion du couple sous l'Ancien Régime. L'exemple du Nord*, publié sous la direction d'Alain Lottin, Villeneuve d'Ascq et Paris, Université de Lille III et Éditions universitaires, 1975, p. 58.

92. Gaudemet, *op. cit.*, p. 362.

TABLEAU 36
DISTRIBUTION DES CONTRATS DE MARIAGE ANNULÉS,
SELON LE DESTIN RESPECTIF DES PARTIES

Destin du sujet	Femme	Homme
Signe un nouveau contrat de mariage (ou se marie sans contrat) après un délai de		
0 à 30 jours	48	31
31 à 90 jours	15	5
91 à 365 jours	11	10
plus de 365 jours	4	29
Total	78	75
Délai moyen	108 jours	741 jours
Se marie à une date indéterminée	9	3
Décède au Canada (sans mariage ultérieur)	1	6
Retourne en France	16	20
Ensemble	104	104

messe[93]. Par contre, le juge civil pouvait condamner le garçon qui se dérobait à son engagement à verser à la fille une somme d'argent pour dommages et intérêts. La fille récalcitrante échappait habituellement à cette sanction, mais devait en retour restituer au garçon les arrhes reçues comme caution de sa promesse[94]. Que l'on ne retrouve rien dans les archives religieuses de la Nouvelle-France au sujet des ruptures de fiançailles et de contrats de mariage n'a rien d'étonnant. Le tribunal de l'officialité n'a été créé que vers 1685 et les premiers dossiers matrimoniaux conservés remontent seulement au XIXe

93. Tandis qu'aux XVe et XVIe siècles les juges contraignaient les fiancés au mariage, ils se ravisèrent au siècle suivant, en conformité avec le décret *Tametsi* du concile de Trente, sauf, exceptionnellement, pour obliger le garçon qui avait eu des rapports sexuels avec la fille. Ferrière, *op. cit.*, t. II, pp. 447-448. Jean-Louis Flandrin, *Le sexe et l'Occident. Évolution des attitudes et des comportements*, Paris, Seuil, 1981, pp. 75-78. Gaudemet, *op. cit.*, p. 363.

94. Ferrière, *op. cit.*, t. II, pp. 447-448. F. B. de Visme, *La science parfaite des notaires, ou le parfait notaire, contenant les ordonnances, arrêts & Réglemens rendus touchant la Fonction des Notaires, tant Royaux qu'Apostoliques ...*, Paris, Desaint, 1771, t. I, pp. 316-317. Flandrin, *op. cit.*, pp. 72-74.

siècle[95]. Mais même les archives judiciaires sont pratiquement muettes au sujet d'éventuels désaccords entre les Filles du roi et leurs promis éconduits ou volages[96]. On en conclut que ces ruptures ont le plus souvent été consenties par le partenaire évincé. Aurait-il pu en être autrement après de si brèves fréquentations qui ne favorisaient guère l'attachement des personnes ? Qu'aurait pu d'ailleurs accorder la partie coupable ? Le garçon était souvent un pauvre hère incapable de verser une quelconque compensation monétaire et la fille qui n'avait reçu aucunes arrhes ne pouvait donc rien restituer. Dans 42 des 104 contrats annulés, soit dans quatre cas sur dix, le notaire a ajouté une note à la convention dans laquelle il mentionne habituellement que les deux partenaires « se sont volontairement desmis et desparty de toutes les pretentions qu'ils pouvaient avoir Lun a Lencontre de l'auctre », le tout fait sans « aucuns despends domages et Interests »[97].

On ne connaît rien des causes de rupture de ces promesses de mariage. Faut-il, avec Jean-Louis Flandrin, supposer la simple absence d'amour[98] ? Justifiée par la rapidité avec laquelle se sont nouées et

---

95. Communications de Jacques Mathieu, historien à l'Université Laval, et d'Armand Gagné, archiviste à l'Archidiocèse de Québec.

96. Le seul cas qui nous soit parvenu est celui de Madeleine Plouard et Jean Cosset, qui annulèrent leur contrat de mariage après un procès devant la Prévôté de Québec. Dumas, *op. cit.*, p. 314. Michel Langlois, « Quelques "ancêtreries" », *L'Ancêtre*, vol. 4, n° 1 (septembre 1977), pp. 11-12. Sur l'absence quasi totale de causes relatives au mariage entendues devant la Prévôté de Québec, voir John A. Dickinson, *Justice et justiciables. La procédure civile à la Prévôté de Québec, 1667-1759*, Québec, Les Presses de l'Université Laval, 1982, pp. 117-138, et Jacques Mathieu, « Les causes devant la Prévôté de Québec en 1667 », *Histoire sociale/Social History*, n° 3 (avril 1969), p. 104.

97. Par exemple, contrat de mariage entre Adrien Lacroix et Marie Hué, 18 octobre 1667, notaire Romain Becquet. Par ailleurs, un des rares contrats annulés sans le consentement formel ou tacite des deux parties a été signé par Jean-Baptiste Morin sieur de Rochebelle et Marie-Anne Firman le 18 octobre 1667 devant le notaire Becquet. Un mois plus tard, le 17 novembre, le prétendant comparut seul devant le même notaire et déclara

que dam.lle marie anne firman avec laq.lle le Contract de mariage sy a costé [...] a esté fait [...] a repassé en france dans le navire nommé le propheste hosée du consentemt de Monseigneur de courville gouvernr et Lieutenant genal des armées du roy en ce pais, Et que led. contract de mariage n'a esté cassé et annullé avant le depart de lad. damle Et comme Il desireroit prntemt contracter avec une personne, Il auroit fait tres humble priere a mondict Seigneur le gouverneur de Luy permettre de Se pourvoir, Et de son authorité casser et annuller led. contract de mariage vu le retour de lad. dam.lle firman en france Ce que Mondict Seigneur Le gouverneur luy accorde...

Le même jour, le requérant contracta avec Catherine Belleau, puis l'épousa cinq jours plus tard.

98. « Alors qu'aux XVe et XVIe siècles [les promesses de mariage] n'étaient généralement [résolues] que pour des raisons graves et canoniques, en cette seconde moitié du

parfois dénouées la majorité des relations, cette hypothèse est vraisemblable. En revanche, admettre que les couples qui ont finalement sanctionné leur promesse par le mariage l'ont toujours fait par amour serait certainement hasardeux, surtout si l'on considère la distance culturelle et sociale et l'écart d'âge qui séparaient nombre de conjoints.

B – La distance culturelle

Au cours de leur traversée de l'Atlantique, les Filles du roi ont pu imaginer qu'en adoptant un nouveau pays elles allaient devoir se choisir un mari parmi les fils de la colonie. Dans les faits, seulement 3 pour cent d'entre elles épousèrent à leur arrivée un homme né en Nouvelle-France et plus de 95 pour cent s'unirent plutôt à un Français, immigrant comme elles (tableau 37). Cette réalité s'explique évidemment par la composition du marché matrimonial masculin, formé pour une très large part d'immigrants célibataires. Comme le montre le tableau 38, à peine 10 pour cent des entrées masculines de la période 1663-1673 ont été le fait de Canadiens, presque tous atteignant seulement l'âge nubile. Après trente ans de colonisation lente et laborieuse, le pays ne pouvait encore offrir en mariage que quelques dizaines de garçons natifs par année.

TABLEAU 37
DISTRIBUTION DES PREMIERS MARIAGES DE LA FEMME AU CANADA SELON LE PAYS DE NAISSANCE DES CONJOINTS

Homme	Femme					
	France		Autres pays d'Europe		Ensemble	
	N	%	N	%	N	%
France	699	94,8	5*	0,7	704	95,5
Autres pays d'Europe	10	1,4	1	0,1	11	1,5
Canada	21	2,9	0	0,0	21	2,9
Acadie	1	0,1	0	0,0	1	0,1
Ensemble	731	99,2	6	0,8	737	100,0

* Y compris une Brésilienne baptisée au Portugal.

XVIIe siècle les causes de dissolution sont beaucoup plus nombreuses, parfois futiles, ou même inexprimées. [...] Alors qu'aux XVe et XVIe siècles des créantés [c'est-à-dire des promis] qui ne s'aimaient pas étaient condamnés à solenniser leur mariage, les juges, au XVIIe siècle, admettent l'impossibilité de se marier sans amour». Flandrin, *op. cit.*, pp. 75-78.

TABLEAU 38
PROPORTION ANNUELLE D'ENTRÉES DE CANADIENS DANS L'ENSEMBLE
DES ENTRÉES MASCULINES SUR LE MARCHÉ MATRIMONIAL DE 1663 À 1673

Année	Nombre d'entrées de Canadiens			Nombre total d'entrées masculines sur le marché matrimonial (4)	Proportion (3)/(4) en %
	Par atteinte de l'âge de 14 ans (1)	Par veuvage (2)	Total (3)		
1663	15	0	15	195,1	7,7
1664	22	0	22	205,4	10,7
1665	19	0	19	977,1	1,9
1666	23	0	23	427,2	5,4
1667	21	1	22	314,0	7,0
1668	35	0	35	162,2	21,6
1669	35	0	35	202,0	17,3
1670	39	0	39	243,5	16,0
1671	38	0	38	237,1	16,0
1672	45	0	45	154,2	29,2
1673	41	1	42	151,4	27,7
Ensemble	333	2	335	3269,2	10,2

L'union de conjoints tous deux nés en France ne prend une signification culturelle qu'à la lumière de leur provenance régionale et de leur habitat d'origine. Le tableau 39 distribue les 699 premiers mariages dont les époux étaient français selon leur région d'origine combinée. La hiérarchie distincte des principales régions pourvoyeuses annonce une endogamie relativement faible. Si l'on ne considère que les individus d'origine régionale connue, près de la moitié des femmes tiraient leur origine de la région parisienne et moins de 15 pour cent provenaient de l'Ouest, tandis qu'au contraire près de 43 pour cent des hommes étaient nés dans cette dernière région et seulement 8 pour cent venaient de la région parisienne. Le calcul d'un taux d'endogamie, mesurant la proportion des mariages dont les conjoints provenaient de la même région, confirme cette prévision : le taux n'est que de 18,7 pour cent (119/636), tandis qu'il s'élève à plus de 33 pour cent chez les autres couples formés de pionniers établis avant 1680[99].

TABLEAU 39
DISTRIBUTION DES PREMIERS MARIAGES DE LA FEMME AU CANADA SELON
LA RÉGION D'ORIGINE DES CONJOINTS FRANÇAIS

Région d'origine de l'homme	Région d'origine de la femme											
	Bre-tagne	Nor-mandie	Paris	Loire	Nord	Est	Ouest	Centre	Sud	Total	Indé-termi-née	Ensem-ble
	Nombres absolus											
Bretagne	0	2	16	0	0	3	1	1	0	23	3	26
Normandie	3	32	46	11	5	9	12	1	0	119	7	126
Paris	0	15	28	1	2	3	5	0	0	54	0	54
Loire	2	4	35	4	2	5	4	0	1	57	2	59
Nord	0	5	12	2	1	1	4	0	0	25	1	26
Est	0	5	5	1	1	0	3	2	0	17	0	17
Ouest	6	44	123	14	5	22	54	1	3	272	11	283
Centre	1	3	9	2	0	1	2	0	0	18	0	18
Sud	1	9	23	3	0	8	6	1	0	51	2	53
Total	13	119	297	38	16	52	91	6	4	636	26	662
Indéterminée	0	5	6	1	1	1	4	0	0	18	19	37
Ensemble	13	124	303	39	17	53	95	6	4	654	45	699
	Nombres relatifs											
Bretagne	0	2	5	0	0	6	1	17	0	3		
Normandie	23	27	16	29	31	17	13	17	0	19		
Paris	0	13	9	3	13	6	6	0	0	8		
Loire	15	3	12	10	13	10	5	0	25	9		
Nord	0	4	4	5	6	2	4	0	0	4		
Est	0	4	2	3	6	0	3	33	0	3		
Ouest	46	37	41	37	31	42	59	17	75	43		
Centre	8	2	3	5	0	2	2	0	0	3		
Sud	8	8	8	8	0	15	7	16	0	8		
Total	100	100	100	100	100	100	100	100	100	100		

99. Charbonneau et al., *Naissance d'une population, op. cit.*, p. 69. Unions de pionnières célibataires, à l'exclusion de celles des Filles du roi célibataires : 118/353 = 33,4%.

Marcel Trudel a effectué un calcul semblable pour les mariages conclus entre 1632 et 1662. Sur la base du découpage de la France en provinces, donc en unités plus petites, il a constaté que seulement 12,7 pour cent des mariages (52/408) unissaient des conjoints venus d'une même province ou nés au Canada[100].

Pour appréhender globalement les attirances et les répulsions entre candidats au mariage provenant des diverses régions et éviter l'écueil que représente la répartition des effectifs dans les différentes catégories[101], il convient de calculer un index d'homogamie selon la formule générale établie par Albert Jacquard et Martine Segalen[102] :

$$\lambda = \frac{\Sigma \ (h_j^i - p_j^i) \ (n_j^i - p_j^i)}{\Sigma \ (h_j^i - p_j^i)^2}$$

La méthode consiste à comparer les mariages dans la population étudiée (n_j^i), d'une part à ceux qui auraient lieu dans une population panmictique (p_j^i), où ils se feraient complètement au hasard, et d'autre part à ceux qui auraient lieu dans une population parfaitement homogame (h_j^i). L'index résume cette comparaison : égal à 1, il marque une homogamie totale ; égal à 0, une parfaite panmixie. En excluant les cas d'origine régionale indéterminée, les données du tableau 39 révèlent une faible homogamie, équivalente à 0,116, soit moins de la moitié de celle observée pour les mariages des autres pionnières établies avant 1680[103]. On en conclut que l'assortiment des Filles du roi a été peu

---

100. Trudel, *Histoire de la Nouvelle-France*, vol. III : *La seigneurie des Cent-Associés (1627-1663)*, t. 2 : *La société, op. cit.*, p. 511.

101. L'indice de proximité mis au point par Antoine Prost n'échappe pas à ce danger. Antoine Prost, « Mariage, jeunesse et société à Orléans en 1911 », *Annales E.S.C.*, vol. 36, n° 4 (juillet – août 1981), pp. 679-680. Voir Mark Lathrop et Gilles Pison, « Méthode statistique d'étude de l'endogamie. Application à l'étude du choix du conjoint chez les Peul Bandé », *Population*, 37e année, n° 3 (mai – juin 1982), p. 515.

102. Martine Segalen et Albert Jacquard, « Choix du conjoint et homogamie », *Population*, 26e année, n° 3 (mai – juin 1971), pp. 487-498. Pour une critique de cet index, voir Lathrop et Pison, *loc. cit.*, p. 522. Notons aussi que cet instrument, comme tous les autres, ne prend en compte que les individus intégrés à la population, sans égard aux immigrants de passage faisant pourtant partie du marché matrimonial. L'ignorance du profil socio-géographique de ces candidats au mariage rend cependant superfétatoire toute tentative de les inclure dans l'analyse du choix du conjoint.

103. Pour les unions des pionnières célibataires, à l'exclusion de celles des Filles du roi : $\lambda = 0,272$.

influencé par l'origine régionale des parties, l'hétérogénéité des provenances n'ayant pas été perçue comme un obstacle au choix du conjoint. Cette constatation rejoint celle de Jean Quéniart à propos des mariages célébrés aux XVIIIe et XIXe siècles dans une région limitrophe de la Bretagne, de la Normandie, du Maine et de l'Anjou. « La frontière provinciale, écrit-il, n'est certainement pas sous l'Ancien Régime une limite en soi déterminante dans l'aire de choix du conjoint : elle ne joue un rôle que dans la mesure où l'identité provinciale contribue à tisser un réseau propre de relations qui dépasse quelque peu les liens de voisinage »[104].

Une certaine endogamie s'est-elle développée en fonction du statut linguistique des conjoints ? Distribuons les Filles du roi et leurs premiers maris au Canada selon qu'ils provenaient des provinces où l'on comprenait et l'on s'exprimait ordinairement dans l'une ou l'autre des variantes du français central (francisants), de celles où l'on parlait une autre variante régionale mais où l'on avait une connaissance passive du français (semi-patoisants) et de celles où l'on ne parlait ni ne comprenait le français central (patoisants)[105]. Calculé à partir des données du tableau 40, l'index d'homogamie s'élève à seulement 0,064, ce qui révèle une panmixie presque totale. Le choix du conjoint s'exerçait donc presque sans aucun égard à la langue parlée ou à la compréhension du français. Ce comportement aléatoire entraînait par conséquent l'assortiment d'hommes et de femmes qui, en principe, ne pouvaient guère communiquer ensemble : les couples où les conjoints étaient tous deux patoisants et d'origine régionale différente, ceux où l'un des époux était patoisant et l'autre francisant, et enfin ceux où l'un des conjoints était semi-patoisant et l'autre patoisant, tout en provenant de régions différentes. Près de 43 pour cent des couples d'origine connue (272/636) étaient dans cette situation[106]. Comme on a peine à croire que près de la moitié des Filles du roi ont épousé des hommes avec qui elles ne pouvaient même pas converser, force est d'admettre que la province d'origine ne peut suffire à attribuer avec certitude le

---

104. Jean Quéniart, « Le choix du conjoint dans une région de frontière provinciale », dans *La France d'Ancien Régime. Études réunies en l'honneur de Pierre Goubert*, Paris et Toulouse, Société de démographie historique et Privat, 1984, t. 2, p. 613.

105. Voir supra, pp. 64-65, nos réserves à l'égard de ce découpage proposé par le linguiste Barbaud et de la valeur forcément approximative des résultats auxquels il donne lieu.

106. Cette proportion représente un minimum puisqu'on a considéré comme mutuellement compréhensibles tous les patois d'une même région.

TABLEAU 40

DISTRIBUTION DES PREMIERS MARIAGES DE LA FEMME AU CANADA SELON
LE STATUT LINGUISTIQUE DES CONJOINTS FRANÇAIS

Statut linguistique de l'homme	Statut linguistique de la femme									
	Patoisantes		Semi-Patoisantes		Francisantes		Total		Ind.	Ensemble
	N	%	N	%	N	%	N	%	N	N
Patoisants	47	7,4	62	9,8	141	22,2	250	39,4	13	263
Semi-patoisants	34	5,3	73	11,5	147	23,1	254	39,9	11	265
Francisants	18	2,8	34	5,3	80	12,6	132	20,7	2	134
Total	99	15,5	169	26,6	368	57,9	636	100,0	26	662
Indéterminé	3		7		8		17		20	37
Ensemble	102		176		376		653		46	699

statut linguistique d'un individu et que le parler français devait faire plus souvent partie du bagage culturel des immigrants que ne le laisse supposer le modèle ci-haut.

L'habitat d'origine, urbain ou rural, n'a pas non plus joué de rôle discriminant dans la formation des couples. L'index d'homogamie calculé à partir des données du tableau 41, une fois écartés les conjoints d'origine indéterminée, s'élève à seulement 0,071 et révèle donc une panmixie quasi absolue. Résultat : plus de la moitié des mariages (348/626 = 55,6%) unissaient des époux venant d'habitats différents. Même si la provenance majoritairement rurale des hommes compense la prédominance urbaine des femmes, il en découle aussi une proportion non négligeable de couples, près d'un sur cinq, dont la vie au Canada s'est déroulée essentiellement en campagne, sans que l'expérience passée de l'un ou de l'autre conjoint ne les ait prédisposés à cet environnement (tableau 42). Doit-on s'étonner de ce que, déracinés de leur ancien milieu, les immigrants pionniers aient dû renoncer aux solidarités coutumières pour affronter la nouvelle réalité qui s'imposait désormais à eux ?

TABLEAU 41

DISTRIBUTION DES PREMIERS MARIAGES DE LA FEMME AU CANADA SELON
L'HABITAT D'ORIGINE DES CONJOINTS FRANÇAIS

Habitat d'origine de l'homme	Habitat d'origine de la femme							
	Urbain		Rural		Total		Ind.	Ensemble
	N	%	N	%	N	%	N	N
Urbain	140	22,4	57	9,1	197	31,5	9	206
Rural	291	46,5	138	22,0	429	68,5	11	440
Total	431	68,9	195	31,1	626	100,0	20	646
Indéterminé	15		7		22		31	53
Ensemble	446		202		648		51	699

TABLEAU 42

DISTRIBUTION DES PREMIERS MARIAGES DE LA FEMME AU CANADA SELON
L'HABITAT D'ORIGINE ET L'HABITAT D'ÉTABLISSEMENT DES CONJOINTS
FRANÇAIS[*]

Habitat d'origine de l'homme	Habitat d'origine de la femme	Habitat d'établissement au Canada					
		Urbain		Rural		Ensemble	
		N	%	N	%	N	%
Urbain	Urbain	26	4,3	108	17,9	134	22,2
	Rural	14	2,3	40	6,6	54	8,9
Rural	Urbain	42	7,0	242	40,1	284	47,1
	Rural	15	2,5	116	19,3	131	21,8
	Ensemble	97	16,1	506	83,9	603	100,0

[*] À l'exclusion des mariages pour lesquels on ne dispose pas de l'habitat d'origine de l'un ou l'autre conjoint, ou de l'habitat d'établissement au Canada.

Un dernier indicateur permet de constater l'ampleur du brassage culturel réalisé lors du premier mariage des Filles du roi en terre canadienne : l'aptitude à signer des conjoints (tableau 43).

TABLEAU 43
DISTRIBUTION DES PREMIERS MARIAGES DE LA FEMME AU CANADA SELON
L'APTITUDE À SIGNER DES CONJOINTS

Homme	Femme							
	Sait signer		Ne sait pas signer		Total		Ind.	En-semble
	N	%	N	%	N	%	N	N
Sait signer	58	9,7	107	18,0	165	27,7	4	169
Ne sait pas signer	67	11,3	363	61,0	430	72,3	13	443
Total	125	21,0	470	79,0	595	100,0	17	612
Indéterminé	34		65		99		26	125
Ensemble	159		535		694		43	737

Seulement une femme sur cinq et un homme sur quatre ont su écrire les lettres de leur nom au bas de leur acte de mariage ou de leurs conventions matrimoniales. Sans revenir sur la signification sociale de ce taux pour les femmes[107], dont les deux tiers étaient pourtant d'origine urbaine et plus du tiers venaient de Paris, ville « intellectuellement très en avance sur le reste de la France »[108], il convient de signaler par ailleurs que le degré masculin d'alphabétisation correspond assez bien aux données relatives à l'ensemble de la population masculine française de la même époque. D'après l'enquête de l'INED pour la période 1670-1689, 25 pour cent des hommes savaient signer leur acte de mariage, cette proportion variant de 21 à 50 pour cent selon qu'ils habitaient la campagne ou la ville[109]. Les maris français des Filles du roi ont témoigné de cette capacité dans une proportion d'ensemble identique, les valeurs relatives à l'habitat d'origine étant respectivement de 22 et 34 pour cent[110].

107. Voir supra, pp. 92-94.

108. Alain Blum et Jacques Houdaille, « L'alphabétisation aux XVIIIe et XIXe siècles : l'illusion parisienne? », *Population*, 40e année, n° 6 (novembre – décembre 1985), p. 951.

109. Jacques Houdaille, « Les signatures au mariage, 1670-1739 », *Population*, 43e année, n° 1 (janvier – février 1988), p. 209.

110. L'écart entre 34 et 50 pour cent peut s'expliquer par la forte proportion (43 pour cent) de maris originaires de l'Ouest, région affligée d'un fort taux d'analphabétisme.

La comparaison que nous pourrions tenter entre nos résultats et ceux obtenus par Marcel Trudel pour les mariages canadiens de la période 1632-1662 paraît délicate. Celui-ci fait reposer son analyse sur 294 couples dont la capacité à signer est connue, soit les deux tiers des mariages de la période. Les taux d'alphabétisation calculés par cet auteur sont très élevés : 52 pour cent chez les hommes et 35 pour cent chez les femmes, soit plus que ce que révèle l'enquête de l'INED pour n'importe laquelle des dix régions françaises[111]. L'écart de 17 pour cent entre hommes et femmes a suggéré qu'il pouvait y avoir «disparité» dans l'instruction à l'intérieur du couple, mais les données fournies prouvent exactement le contraire : dans 26,2 pour cent des cas, les deux conjoints savaient signer et dans 39,5 pour cent aucun des deux ne le savait. Au total, près des deux tiers des couples présentaient une situation de « parité » en matière d'aptitude à signer[112] et cette proportion s'élève même à près des trois quarts dans les mariages formés par les Filles du roi. C'est donc dans une minorité de couples qu'un seul des conjoints savait signer et, le plus souvent, il s'agissait de l'homme. Cette surmasculinité de l'instruction était un fait culturel généralisé dans les sociétés traditionnelles et la Nouvelle-France a tôt fait de reproduire ce schéma[113].

Calculons l'index d'homogamie pour déterminer l'existence d'une quelconque pratique endogamique en cette matière. Appliqué aux données du tableau 43, il s'élève à 0,258, soit plus que ce qui a été calculé pour les autres variables culturelles, mais beaucoup moins que ce qui a été observé dans les populations européennes. En France, au cours de la période 1670-1739, il atteint 0,867[114] ; dans la Basse-Meuse liégeoise, entre 1810 et 1857, il oscille entre 0,650 et 0,665[115].

---

111. *Ibid.* Trudel, *Histoire de la Nouvelle-France*, vol. III : *La seigneurie des Cent-Associés (1627-1663)*, t. 2 : *La société, op. cit.*, p. 517.

112. Hubert Charbonneau et Yves Landry, « *Histoire de la Nouvelle-France*, vol. III : *La seigneurie des Cent-Associés*, t. 2 : *La société* par Marcel Trudel », *Histoire sociale/Social History*, vol. XVIII, n° 35 (mai 1985), p. 174.

113. Contrairement à ce que prétend Robert-Lionel Séguin sur la base des témoignages de voyageurs (« La Canadienne, aux XVIIe et XVIIIe siècles », *Revue d'histoire de l'Amérique française*, vol. XIII, n° 4 (mars 1960), pp. 500-502). Voir Roy, Landry et Charbonneau, *loc. cit.*, pp. 65-67 ; Michel Verrette, *L'alphabétisation au Québec 1660-1900*, thèse de Ph.D., Département d'histoire, Université Laval, 1989, pp. 148 et 185-192. Sur l'éducation donnée aux filles, voir Collectif Clio, *L'histoire des femmes au Québec depuis quatre siècles*, Montréal, Quinze, 1982, pp. 71-72 ; *Maîtresses de maison, maîtresses d'école. Femmes, famille et éducation dans l'histoire du Québec*, publié sous la direction de Nadia Fahmy-Eid et Micheline Dumont, Montréal, Boréal Express, 1983, 415 p.

114. Houdaille, *loc. cit.*, p. 211.

115. Leboutte et Hélin, *loc. cit.*, p. 460.

En matière d'aptitude à signer et d'origine géographique, l'analyse tend donc à prouver que les Filles du roi ont choisi leur mari sans grand égard aux solidarités entre candidats de même profil culturel et qu'au contraire le hasard a été le premier responsable de leur assortiment. Le climat d'empressement dans lequel a baigné ce choix du conjoint a-t-il permis que les facteurs socio-professionnels jouent un rôle plus déterminant?

C – La distance sociale

Le seul moyen d'appréhender la distance sociale entre les Filles du roi et leurs conjoints est de comparer le statut socio-professionnel des maris à celui de leurs beaux-pères. Si les actes de mariage ou les conventions matrimoniales ne livrent la profession du père de l'immigrante que dans 23 pour cent des cas (172/737)[116], la multiplicité des sources relatives aux premiers Canadiens (registres paroissiaux, recensements, minutes notariales) permet de caractériser socialement plus de 95 pour cent (700/737) des premiers maris des Filles du roi. En cas de professions multiples relevant de plus d'une catégorie, ou en cas d'absence de mentions professionnelles, les principes suivants ont été appliqués.

– On a privilégié l'occupation exercée au cours d'une union donnée, au détriment de celle(s) déclarée(s) avant le mariage ou après la rupture d'union.

– On s'est méfié des déclarations de profession faites à l'occasion du recensement de 1666 car, «de l'aveu de Talon, on avait cherché à connaître les qualifications des individus beaucoup plus que le métier exercé de façon permanente en Nouvelle-France»[117].

– On a considéré que l'indication d'un certain nombre d'arpents de «terres en valleur» aux recensements de 1667 et 1681 équivalait, pour un individu donné, à une déclaration de profession d'agriculteur.

– Lorsque deux ou plusieurs mentions professionnelles relatives à un individu impliquaient entre autres celle d'agriculteur, on a exclu cette dernière. L'attribution de la profession agricole a donc été réservée, en principe, aux seules personnes pour lesquelles on ne savait rien d'autre.

---

116. Voir supra, p. 67.

117. Hubert Charbonneau et Jacques Légaré, «La population du Canada aux recensements de 1666 et 1667», *Population*, 22e année, no 6 (novembre – décembre 1967), p. 1041.

– Lorsqu'il a fallu choisir entre deux ou plusieurs professions, à l'exclusion de celle d'agriculteur, on a retenu celle qui paraissait la plus élevée dans la hiérarchie sociale. Les occupations reliées au statut de notable (officier militaire, marchand, haut fonctionnaire de l'État, etc.) ont donc eu préséance sur les métiers (menuisier, maçon, tonnelier, etc.) et ceux-ci ont prévalu sur les occupations les plus humbles (soldat, journalier, domestique, etc.).

Cette sorte d'étiquetage socio-professionnel des hommes simplifie certes l'analyse mais elle interdit toute étude de la mobilité sociale individuelle qui restait relativement forte dans les débuts de la colonie[118]. Une autre limite réside dans le fait qu'on ne connaît finalement la profession du mari et celle de son beau-père que dans moins de 22 pour cent des unions (164/737). On peut cependant tenir pour acquis que les maris et les beaux-pères de statut indéterminé ne devaient pas appartenir au monde de la notabilité.

Le taux d'endogamie socio-professionnelle calculé à partir des données du tableau 44 est relativement faible, à peine 25 pour cent (42/164), comparativement aux taux établis pour d'autres populations : près de 60 pour cent pour les mariages canadiens de la période 1632-1662[119], 44 pour cent à Tourouvre-au-Perche au cours des années 1665-1770[120], 57 pour cent à Vraiville, petite paroisse normande, au XVIIIe siècle[121], 52 pour cent dans la Basse-Meuse liégeoise au XIXe siècle[122]. L'index d'homogamie confirme ce diagnostic : les mariages des Filles du roi ont un λ égal à 0,099, soit beaucoup moins que les mariages canadiens des trois décennies précédentes (0,339) et que ceux de Tourouvre (0,289), de Vraiville (0,563) et de la Basse-Meuse liégeoise (0,664). Ce fort degré de panmixie socio-professionnelle, qui démontre que la distance sociale entre conjoints n'a pas exercé d'influence véritable sur la primo-nuptialité des Filles du roi, paraît donc tout à fait exceptionnel dans le contexte de l'Ancien Régime. L'exemple de la ville de Québec, étudiée pour la période qui a précédé 1760, a justement montré que l'endogamie socio-

118. Dechêne, *op. cit.*, pp. 406-413. Trudel, *Histoire de la Nouvelle-France*, vol. III : *La seigneurie des Cent-Associés (1627-1663)*, t. 2 : *La société, op. cit.*, pp. 569-589.

119. 100/168. *Ibid.*, pp. 512-513.

120. 318/716. Hubert Charbonneau, *Tourouvre-au-Perche aux XVIIe et XVIIIe siècles. Étude de démographie historique*, Paris, PUF, 1970, p. 283.

121. 49/86 de 1706 à 1802. Martine Segalen, *Nuptialité et alliance. Le choix du conjoint dans une commune de l'Eure*, Paris, Maisonneuve et Larose, 1972, p. 133.

122. 827/1582. Leboutte et Hélin, *loc. cit.*, p. 449.

professionnelle était une pratique répandue, surtout chez les enfants des officiers militaires et civils et des marchands[123].

TABLEAU 44

DISTRIBUTION DES PREMIERS MARIAGES DE LA FEMME AU CANADA SELON LA CATÉGORIE SOCIO-PROFESSIONNELLE DU MARI ET CELLE DE SON BEAU-PÈRE ET SELON LA VALEUR MOYENNE DES BIENS APPORTÉS PAR LA FEMME (EN LIVRES)

Catégorie socio-professionnelle du beau-père	Catégorie socio-professionnelle du mari										Valeur des biens apportés par la femme
	Notables		Gens de métier		Agriculteurs		Métiers les plus humbles		Total		Indéterminée	Ensemble
	N	%	N	%	N	%	N	%	N	%			
Notables	26	15,9	17	10,4	42	25,6	3	1,8	88	53,7	5	93	566 (N = 59)
Gens de métier	5	3,1	12	7,3	37	22,6	2	1,2	56	34,2	2	58	263 (N = 34)
Agriculteurs	1	0,6	2	1,2	4	2,4	1	0,6	8	4,8	0	8	250 (N = 4)
Métiers les plus humbles	0	0,0	2	1,2	10	6,1	0	0,0	12	7,3	1	13	228 (N = 11)
Total	32	19,6	33	20,1	93	56,7	6	3,6	164	100,0	8	172	424 (N = 108)
Indéterminée	21		94		398		23		536		29	565	263 (N = 291)
Ensemble	53		127		491		29		700		37	737	307 (N = 399)
Valeur des biens apportés par la femme	1010 (N=20)		294 (N=67)		266 (N=280)		231 (N=18)		308 (N=385)		271 (N=14)	307 (N=399)	

Poursuivons l'analyse en réduisant la différenciation sociale à deux catégories, les notables et les non notables. On constate alors que 72 pour cent des filles de notables (67/93) ont connu une mobilité

123. Danielle Gauvreau, « Nuptialité et catégories professionnelles à Québec pendant le régime français», Sociologie et sociétés, vol. XIX, n° 1 (avril 1987), pp. 33-34.

sociale descendante en épousant des non notables et que la moitié des hommes associés au groupe supérieur (27/53) ont subi le même sort. Le modèle «classique» énoncé par Louise Dechêne, à savoir «que ce sont seulement les filles des classes inférieures qui sont absorbées»[124] et non les garçons, a donc joué dans les deux sens dans les mariages des Filles du roi. Notons aussi que les hommes ayant noué une alliance en apparence désavantageuse se sont souvent repris en profitant d'apports féminins importants : l'aisance financière de l'épouse pouvait donc compenser l'absence de statut important[125]. On constate finalement que 4,2 pour cent des filles d'origine modeste (27/644) et 9,8 pour cent des garçons de même milieu (67/684) ont connu une ascension sociale par le mariage. La rareté de ces mouvements de bas en haut et la fréquence du phénomène inverse s'expliquent simplement par la différence des effectifs de référence : peu d'individus ont grimpé l'échelle sociale par rapport au nombre de candidats potentiels, mais le même nombre de personnes en recul social produit un rapport élevé compte tenu des effectifs de base réduits. Malgré cette explication, les faits demeurent et consacrent la tendance observée à l'égard de la mobilité sociale individuelle en Nouvelle-France[126] : il était plus fréquent pour les membres de l'élite de descendre les échelons de la hiérarchie sociale que pour le commun du peuple de les monter.

D – L'écart d'âge

Le calcul de l'âge au mariage des époux permet de vérifier dans quelle mesure le choix du conjoint, en plus de favoriser l'hétérogénéité culturelle et sociale des unions, a produit une distance générationnelle entre mari et femme.

Comme presque tous les maris des Filles du roi sont nés en France, on comprend qu'on ne dispose d'une date exacte de naissance que pour une minorité d'entre eux (tableau 45). Cependant le nombre

---

124. Dechêne, *op. cit.*, p. 412.

125. Ce qu'a aussi observé Dechêne, *ibid.* : « Il y a mésalliance seulement lorsque le jeune homme bien né épouse une fille issue du commun qui ne lui apporte rien ».

126. « La mobilité sociale est forte, mais elle s'exerce surtout de haut en bas. Le volume du grand commerce n'augmente pas au même rythme que la population, le capital ne se reproduit pas aussi vite que ces familles de marchands. Donc, le rapport entre les effectifs du groupe supérieur et l'ensemble baisse progressivement, ce qui a pour résultat de rejeter dans la masse l'excédent des individus issus de la première génération de marchands ». *Ibid.*, pp. 407-408.

127. Voir supra, p. 80, au sujet de la destruction des registres paroissiaux et de l'état civil de Paris.

relativement peu élevé de Parisiens (cf. tableau 39)[127], l'origine canadienne d'une vingtaine d'entre eux (cf. tableau 37) et les recherches
généalogiques sexuellement sélectives expliquent qu'on ait retrouvé
leur acte de baptême dans une proportion supérieure à celle de leurs
épouses. Dans les autres cas, il faut se contenter d'une date de naissance
approximative. Celle-ci repose le plus souvent sur les âges déclarés lors
des recensements nominatifs de 1666, 1667 et 1681 et d'autres analyses
ont déjà montré la fiabilité de ces estimations, sauf concernant les
femmes pour lesquelles il faut compenser la tendance moyenne au
rajeunissement par un recul de l'année de naissance de deux ans[128].
Il reste toutefois 55 hommes et 82 femmes dont le décès précoce ou le
retour en France nous prive de toute déclaration d'âge et à l'égard
desquels on a déduit une date de naissance approximative en recourant aux critères les plus objectifs possibles : l'âge moyen au premier
mariage et à défaut l'âge moyen à l'arrivée au Canada des pionniers
établis avant 1680[129].

TABLEAU 45
DISTRIBUTION DES CONJOINTS AU PREMIER MARIAGE DE LA FEMME AU
CANADA SELON LA VALEUR DE LEUR DATE DE NAISSANCE

Date de naissance	Époux		Épouse	
	N	%	N	%
Exacte	89	12,1	37	5,0
Approximative				
- déduite des âges déclarés	593	80,5	618	83,8
- déduite de l'âge moyen au mariage	49	6,6	72	9,8
- déduite de l'âge moyen à l'arrivée au Canada	6	0,8	10	1,4
Total	648	87,9	700	95,0
Ensemble	737	100,0	737	100,0

Le tableau 46, illustré par la figure 14, compare les générations
des conjoints. L'absence de différence significative entre les distributions d'années exactes et approximatives nous autorise à faire abstraction du degré de précision des dates de naissance dans l'analyse.

---

128. Voir supra, pp. 81-82, et Charbonneau et al., *Naissance d'une population*, *op.cit.*,
pp. 31-32.

129. *Ibid.*, pp. 32-33.

L'antériorité des générations masculines apparaît clairement : les trois quarts des époux sont nés avant 1645 contre moins de la moitié des épouses, l'écart moyen entre les uns et les autres s'élevant à près de cinq ans.

TABLEAU 46

DISTRIBUTION DES CONJOINTS AU PREMIER MARIAGE DE LA FEMME AU CANADA SELON LE GROUPE DE GÉNÉRATIONS ET LE DEGRÉ DE PRÉCISION DE LA DATE DE NAISSANCE

Groupe de générations	Date de naissance							
	Exacte		Approximative		Ensemble			
	Époux	Épouses	Époux	Épouses	Époux N	%	Épouses N	%
Avant 1615	0	0	4	1	4	0,6	1	0,1
1615 - 1619	2	0	9	1	11	1,5	1	0,1
1620 - 1624	1	0	11	2	12	1,6	2	0,3
1625 - 1629	3	0	30	11	33	4,5	11	1,5
1630 - 1634	9	6	55	26	64	8,7	32	4,3
1635 - 1639	21	4	147	110	168	22,8	114	15,5
1640 - 1644	25	10	231	167	256	34,7	177	24,0
1645 - 1649	19	8	139	243	158	21,4	251	34,1
1650 - 1654	9	8	22	133	31	4,2	141	19,1
1655 - 1659	0	1	0	6	0	0,0	7	1,0
Ensemble	89	37	648	700	737	100,0	737	100,0
Année moyenne	1640	1644	1640	1645	1640		1645	
Année médiane	1642	1643	1641	1645	1641		1645	

Le calcul de l'âge au mariage exige l'exclusion des unions dont la date de formation reste inconnue, ainsi que celle des conjoints dont la date de naissance a été estimée à l'aide de l'âge moyen au mariage. Les résultats apparaissent au tableau 47. Six épouses sur dix ont contracté un premier mariage au Canada entre 15 et 24 ans et une même proportion d'époux avaient entre 20 et 29 ans. L'âge moyen au mariage reflète ces différences : 24 ans pour les femmes, plus de 28 ans pour les hommes, soit un écart de quatre ans et demi. Si ces résultats diffèrent peu de ceux relatifs aux célibataires, qui forment plus de

93 pour cent des époux, les veufs se distinguent nettement de la masse : les femmes qui avaient déjà convolé avant leur arrivée au Canada avaient alors en moyenne plus de 31 ans et les hommes qui n'en étaient pas à leur première union dépassaient la quarantaine[130].

FIGURE 14
DISTRIBUTION DES FILLES DU ROI ET DE LEURS PREMIERS MARIS AU CANADA SELON LA GÉNÉRATION

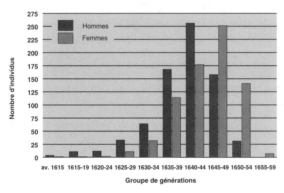

Source: tableau 46.

Restreignons maintenant l'analyse aux seules unions formées de deux célibataires. Le tableau 48 confirme l'écart de quatre ans et demi entre garçon et fille déjà observé pour l'ensemble des mariés. L'âge des épouses ne varie pas de façon significative selon le pays de naissance de leurs conjoints et se rapproche de l'âge moyen au mariage des Françaises célibataires du milieu du XVIIe siècle[131]. Par contre, les hommes nés en Europe se sont mariés beaucoup plus vieux, en moyenne six ans plus tard que ceux nés en Nouvelle-France et un an après leurs homologues français[132]. L'âge moyen des natifs est le produit, par observation transversale, d'une sélection de mariés précoces, car le même calcul appliqué à un échantillon de Canadiens des

130. L'étude du veuvage et du remariage des Filles du roi, consécutifs à leur premier mariage au Canada, fait l'objet de développements au chapitre V, pp. 246-254.

131. Voir supra, p. 85. L'écart anormal entre l'âge moyen au premier mariage de 23 ans et celui à la migration de 23,9 ans présenté au tableau 14, p. 84, s'explique principalement par les exclusions mentionnées au tableau 48.

132. Âge des garçons dans les campagnes du Bassin parisien estimé à 26,6 ans. Jacques Dupâquier, éd., *Histoire de la population française*, vol. 2 : *De la Renaissance à 1789*, Paris, PUF, 1988, p. 305.

TABLEAU 47

DISTRIBUTION DES CONJOINTS AU PREMIER MARIAGE DE LA FEMME AU
CANADA SELON LE GROUPE D'ÂGES AU MARIAGE ET L'ÉTAT MATRIMONIAL*

| Groupe d'âges | État matrimonial | | | | | |
| | Célibataire | | Veuf | | Ensemble | |
	Époux	Épouses	Époux	Épouses	Époux	Épouses
	Nombres absolus					
12 - 14	0	4	0	0	0	4
15 - 19	26	141	0	2	26	143
20 - 24	173	205	2	3	175	208
25 - 29	204	130	5	7	209	137
30 - 34	101	60	7	15	108	75
35 - 39	41	10	10	4	51	14
40 - 44	17	5	6	3	23	8
45 - 49	7	1	7	1	14	2
50 et plus	2	1	7	0	9	1
Ensemble	571	557	44	35	615	592
	Nombres relatifs					
12 - 14	0	1	0	0	0	1
15 - 19	5	25	0	6	4	24
20 - 24	30	37	4	9	28	35
25 - 29	36	23	11	20	34	23
30 - 34	18	11	16	43	18	13
35 - 39	7	2	23	11	8	3
40 - 44	3	1	14	8	4	1
45 - 49	1	0	16	3	2	0
50 et plus	0	0	16	0	2	0
Ensemble	100	100	100	100	100	100
Âge moyen	27,5	23,4	40,1	31,2	28,4	23,9
Âge médian	26,7	22,6	38,0	31,9	27,0	22,9

* À l'exception des conjoints dont on a déduit la date de naissance à partir de l'âge moyen au mariage ou pour lesquels on ne dispose pas de la date de l'acte de mariage ou du contrat de mariage.

générations 1640-1679, observées longitudinalement, a déjà livré un âge moyen au premier mariage de 27,6 ans[133]. En revanche, l'âge au mariage des immigrants célibataires s'explique aisément par l'âge à la

---

133. Charbonneau, *Vie et mort de nos ancêtres, op. cit.*, p. 165.

migration, en moyenne de 24,1 ans[134], auquel s'ajoutent, pour la plupart, le délai de mariage associé au statut d'engagé, civil ou militaire, et le retard causé par la rareté des femmes et par le temps pris à s'établir, c'est-à-dire, leur contrat terminé, à se faire concéder ou à acheter une terre, à faire les premiers travaux de défrichement et à construire les bâtiments nécessaires. Au total, l'écart d'âge entre garçon et fille se révèle plus important que celui observé dans la France du XVIIe siècle, mais moins grand que celui calculé pour les générations canadiennes de la même époque[135].

TABLEAU 48

ÂGE MOYEN DES CONJOINTS CÉLIBATAIRES AU PREMIER MARIAGE DE LA FEMME AU CANADA SELON LE PAYS DE NAISSANCE DE L'ÉPOUX*

Pays de naissance de l'époux	N	Âge de l'époux	Âge de l'épouse
France et autres pays d'Europe	482	27,7	23,0
Canada et Acadie	20	21,7	23,7
Ensemble	502	27,5	23,0

* À l'exclusion des unions pour lesquelles on a déduit la date de naissance d'au moins un conjoint à partir de l'âge moyen au mariage ou pour lesquelles on ne dispose pas de la date de l'acte de mariage ou du contrat de mariage.

Le tableau 49 distribue les couples de célibataires selon la catégorie socio-professionnelle de l'époux et selon celle du père de l'épouse. L'origine sociale des femmes n'a pas influencé de façon significative leur âge au mariage, les filles de notables convolant à 23,5 ans (N = 62) et les autres à 22,9 ans (N = 440). Ce résultat était prévisible, compte tenu du mince écart, aux effets inverses, observé dans l'âge à l'immigration et le délai de mariage[136]. Par contre, l'âge au mariage des garçons n'était pas indépendant de leur statut socio-professionnel : les notables se sont mariés en moyenne à 24,4 ans (N = 41) et les autres

---

134. L'ensemble des hommes pionniers établis au Canada avant 1680 ont migré à l'âge moyen de 25 ans. Charbonneau et al., *Naissance d'une population, op. cit.*, p. 44.

135. Écart d'âge dans les campagnes du Bassin parisien, d'après les estimations de Dupâquier : 2,1 ans. Au Canada, d'après celles de Charbonneau : générations 1640-1679, 7,9 ans ; générations 1680-1699, 5,3 ans ; générations 1700-1729, 3,8 ans ; ensemble, 5,7 ans. Dupâquier, éd., *Histoire de la population française*, vol. 2 : *De la Renaissance à 1789, op. cit.*, p. 305. Charbonneau, *Vie et mort de nos ancêtres, op. cit.*, p. 165.

136. Voir supra, pp. 86 et 132.

à 27,7 ans (N = 461). L'écart est significatif et découle des comportements différenciés dans l'âge à la migration et le délai de mariage. En effet, si l'on observe les époux célibataires venus d'Europe (482/502 = 96%), les futurs notables sont arrivés au Canada à l'âge moyen de 19,4 ans et ont attendu 5,5 ans pour prendre femme (N = 37), tandis que les autres, qui ne faisaient pas partie de la classe supérieure, ont immigré à l'âge moyen de 24,5 ans et ont pris 3,4 ans pour convoler (N =445). Malgré l'expérience migratoire, les hommes ont donc reproduit au Canada le schéma observé à Argenteuil, Genève et Thoissey-en-Dombes[137], caractérisé par la nuptialité précoce des élites, que contredisent cependant les observations faites à Tourouvre-au-Perche et à Rouen[138]. Comme nos résultats s'opposent aussi à ceux déjà obtenus pour un échantillon de Canadiens mariés au XVIIᵉ siècle et pour les mariages de la ville de Québec entre 1621 et 1760[139], on évitera de conclure sur le sujet de façon définitive.

L'écart d'âge entre conjoints est le produit des observations précédentes (tableau 50): les hommes de la notabilité canadienne ont épousé des femmes qui étaient leurs contemporaines, à vingt mois près, tandis qu'un écart moyen de 4,7 ans séparait les conjoints dont le mari détenait un statut inférieur. Cette constatation contredit l'affirmation de Chaunu selon laquelle «les grands écarts d'âge au profit de l'homme sont une des caractéristiques du mariage des dominants», comme elle diffère des observations faites à Québec, Rouen, Tourouvre, Thoissey et Genève[140]. La spécificité des mariages des Filles du roi en ressort encore une fois assurée.

---

137. J.-C. Giacchetti et M. Tyvaert, «Argenteuil (1740-1790)», *Annales de démographie historique* (1969), pp. 53-54. Alfred Perrenoud, «Variables sociales en démographie urbaine. L'exemple de Genève au XVIIIᵉ siècle», dans *Démographie urbaine, XVᵉ-XXᵉ siècle*, Université Lyon II, Centre d'histoire économique et sociale de la région lyonnaise, n° 8, 1977, pp. 150-152. Alain Bideau, *La châtellenie de Thoissey-en-Dombes (1650-1840): étude d'histoire démographique. Analyse différentielle des phénomènes démographiques*, thèse de doctorat, Centre Pierre Léon, Université Lyon II, 1980, p. 105.

138. Charbonneau, *Tourouvre-au-Perche aux XVIIᵉ et XVIIIᵉ siècles, op. cit.*, pp. 74-75. Jean-Pierre Bardet, *Rouen aux XVIIᵉ et XVIIIᵉ siècles. Les mutations d'un espace social*, Paris, Société d'édition d'enseignement supérieur, 1983, t. I, p. 255.

139. Yves Landry et Hubert Charbonneau, «Démographie différentielle et catégories sociales en Nouvelle-France», dans *Actes du XVᵉ Congrès international des sciences historiques*, [Bucarest], Editura Academiei Republicii Socialiste România, 1982, vol. IV, pp. 1156-1157. Gauvreau, *loc. cit.*, pp. 30-31.

140. Pierre Chaunu, *La civilisation de l'Europe classique*, Paris, Arthaud, 1970, p. 204. Gauvreau, *loc. cit.*, p. 31. Bardet, *op. cit.*, pp. 256-257. Charbonneau, *Tourouvre-au-Perche aux XVIIᵉ et XVIIIᵉ siècles, op. cit.*, p. 75. Bideau, *op. cit.*, p. 110. Perrenoud, *loc. cit.*, pp. 150-151.

TABLEAU 49

ÂGE MOYEN DES CONJOINTS CÉLIBATAIRES AU PREMIER MARIAGE DE LA
FEMME AU CANADA SELON LEUR CATÉGORIE SOCIO-PROFESSIONNELLE
RESPECTIVE*

Catégorie socio-professionnelle de l'époux	N	Âge de l'époux
Notables	41	24,4
Gens de métier	86	27,1
Agriculteurs	347	27,9
Métiers les plus humbles	15	27,3
Indéterminée	13	27,8
Ensemble	502	27,5
Catégorie socio-professionnelle du père de l'épouse	N	Âge de l'épouse
Notables	62	23,5
Gens de métier	46	22,0
Agriculteurs	6	22,8
Métiers les plus humbles	11	21,8
Indéterminée	377	23,1
Ensemble	502	23,0

* À l'exception des unions pour lesquelles on a déduit la date de naissance d'au moins
un conjoint à partir de l'âge moyen au mariage ou pour lesquelles on ne dispose pas
de la date de l'acte de mariage ou du contrat de mariage.

TABLEAU 50

ÉCART D'ÂGE MOYEN ET MÉDIAN ENTRE CONJOINTS CÉLIBATAIRES AU
PREMIER MARIAGE DE LA FEMME AU CANADA, SELON LA CATÉGORIE
SOCIO-PROFESSIONNELLE DE L'ÉPOUX, EN ANNÉES*

Catégorie socio-professionnelle de l'époux	N	Âge de l'époux	Âge de l'épouse	Écart moyen	Écart médian
Notables	41	24,4	22,7	1,7	1,4
Gens de métier	86	27,1	22,6	4,5	4,3
Agriculteurs	347	27,9	23,1	4,8	4,4
Métiers les plus humbles	15	27,3	23,4	3,9	1,3
Indéterminée	13	27,8	23,2	4,5	6,0
Ensemble	502	27,5	23,0	4,5	4,2

* À l'exclusion des unions pour lesquelles on a déduit la date de naissance d'au moins
un conjoint à partir de l'âge moyen au mariage ou pour lesquelles on ne dispose pas
de la date de l'acte de mariage ou du contrat de mariage.

La distribution des écarts d'âge entre conjoints exprime éloquem-ment la distance générationnelle séparant mari et femme (tableau 51). Dans sept couples sur dix, l'homme était plus âgé que la femme et l'inverse était vrai dans le quart des mariages. Dans plus de la moitié des cas, l'écart d'âge dépassait cinq ans et presque le cinquième des unions présentaient une différence supérieure à dix ans. Certaines situations trahissaient d'ailleurs une disparité qu'on aurait moins de mal à imaginer dans les unions des premières Canadiennes, à une époque où le fort déséquilibre des sexes incitait les filles nées au pays à une nuptialité précoce et provoquait d'importants écarts d'âge[141]. Par exemple, l'une épousa un immigrant de 32 ans son aîné[142]. À

TABLEAU 51

DISTRIBUTION DES ÉCARTS D'ÂGE* ENTRE CONJOINTS CÉLIBATAIRES AU PREMIER MARIAGE DE LA FEMME AU CANADA, EN ANNÉES**

Écart d'âge	N	%
-11 et moins	8	1,6
- 6 à -10	27	5,4
- 1 à -5	86	17,1
0	26	5,2
1 à 5	131	26,1
6 à 10	140	27,9
11 à 15	52	10,3
16 à 20	22	4,4
21 à 25	6	1,2
26 et plus	4	0,8
Ensemble	502	100,0
Écart moyen	4,5 ans	
Écart médian	4,2 ans	

 * Âge de l'époux moins âge de l'épouse.
 ** À l'exclusion des unions pour lesquelles on a déduit la date de naissance d'au moins un conjoint à partir de l'âge moyen au mariage ou pour lesquelles on ne dispose pas de la date de l'acte de mariage ou du contrat de mariage.

141. Hubert Charbonneau, « Jeunes femmes et vieux maris : la fécondité des mariages précoces », *Population*, 35e année, n° 6 (novembre – décembre 1980), p. 1104.

142. Barbe Duchesne avait 23 ans (21 ans, sans correction d'âge) et André Badel dit Lamarche environ 55 ans (60 ans, sans correction à l'âge déclaré à son décès). L'âge avancé du mari, à qui on ne reconnaît pas d'union antérieure, n'a pas empêché ce couple de donner naissance à huit enfants, la femme précédant même son mari dans la tombe. L'origine suisse des deux conjoints explique peut-être cet assortiment inhabituel.

l'inverse, une autre opta pour un jeune homme de 36 ans son cadet[143]. Les chapitres prochains sur la fécondité et la mortalité permettront d'ailleurs de saisir les conséquences de ces phénomènes.

L'étude de la formation des premières unions des Filles du roi au Nouveau Monde a révélé que cette population s'écartait à plus d'un titre des comportements nuptiaux observés généralement au XVIIe siècle tant en France qu'en Nouvelle-France. L'analyse a ainsi mis en lumière un très faible degré d'endogamie culturelle (région et habitat d'origine, alphabétisation) et sociale (statut socio-professionnel). Ce caractère d'intense panmixie matrimoniale est indissolublement lié au climat de précipitation qui a suivi le débarquement des immigrantes. La brièveté de l'intervalle entre l'arrivée au Canada et la célébration religieuse, la fréquence des dispenses de bans, de même que la multiplicité des contrats de mariage annulés sont autant d'indices qui laissent croire à un empressement anormal à contracter mariage, en particulier chez les filles arrivées en 1669, 1670 et 1671 qui ont fait l'objet d'un recrutement dirigé. Que le choix du conjoint fût expéditif ne fait que souligner l'état d'attente de la population masculine, en butte au manque de femmes, et la prédisposition des immigrantes à leur mission de futures épouses. Au-delà des fréquentes ruptures de promesses de mariage observées avant l'engagement définitif, il serait d'ailleurs intéressant de vérifier si la superficialité de certains choix a pu menacer la stabilité des unions conclues. On pourrait ainsi se demander si les mariages des Filles du roi ont donné lieu à des séparations de corps plus fréquentes que ceux contractés par les autres immigrantes ou par les Canadiennes. Les recherches menées actuellement dans les archives judiciaires et les minutes notariales devraient nous permettre de répondre bientôt à cette question[144].

L'analyse du marché matrimonial canadien a permis de prendre conscience du rôle fondamental des Filles du roi dans l'établissement

---

143. Marguerite Charpentier avait 60 ans (58 ans, sans correction d'âge) et Toussaint Lucas dit Lagarde 24 ans. L'union n'eut évidemment aucune descendance et la femme survécut même à son mari.

144. Sylvie Savoie, *Les couples en difficulté aux XVIIe et XVIIIe siècles: les demandes de séparation en Nouvelle-France*, mémoire de maîtrise, Département d'histoire, Université de Sherbrooke, 1986, 114 p. Sur les travaux de la Société de recherche historique Archiv-Histo: Hélène Lafortune et Normand Robert, «Parchemin: une banque de données notariales du Québec ancien (1635-1885)», *Archives*, vol. 20, no 4 (printemps 1989), pp. 51-58.

de l'équilibre des sexes au sein de la population nubile. Sans leur envoi dans la colonie, la nuptialité canadienne n'aurait pas connu l'essor constaté dans les premières années du gouvernement royal[145] et la pénurie d'épouses, bien plus que la menace iroquoise, aurait enfermé le peuplement dans les limites observées depuis le début du siècle. La juste appréciation de la contribution des Filles du roi au développement démographique de la colonie passe ainsi par la mesure de leur fécondité qui fait l'objet du prochain chapitre.

---

145. Hubert Charbonneau et R. Cole Harris, « Le repeuplement de la vallée du Saint-Laurent », dans *Atlas historique du Canada*, vol. I : *Des origines à 1800*, publié sous la direction de R. Cole Harris, Montréal, Les Presses de l'Université de Montréal, 1987, planche 46.

La formation des unions

1 *Les Filles du roi et le marché matrimonial de la Nouvelle-France.*

Part (en %) de l'immigration
dans les entrées féminines
sur le marché matrimonial

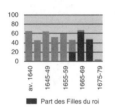

Solde annuel des effectifs
mariables sur le marché
matrimonial, 1640 - 1679

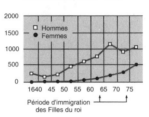

Part (en %) des mariages
dans les sorties féminines
du marché matrimonial

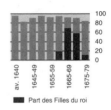

2 *Des mariages souvent conclus à la hâte ...*

Distribution des Filles du roi selon l'intervalle
entre le débarquement à Québec et leur mariage

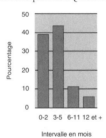

Distribution des mariages des
Filles du roi selon le rang de mariage

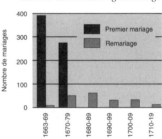

3 *... et un choix parfois difficile.*

Fréquence, en pourcentage,
de la publication des bans

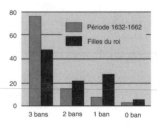

Le comportement nuptial des Filles du roi

4 Des mariages entre conjoints d'origine européenne ...

Pays de naissance des Filles du roi
et de leurs conjoints

Filles du roi   *Conjoints*

Les premiers mariages des Filles du roi
selon l'habitat d'origine des époux

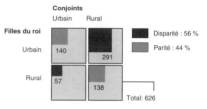

5 ... originaires de régions et d'habitats différents ...

Régions d'origine comparées des conjoints des Filles du roi au premier mariage,
selon le lieu de provenance de l'épouse

Paris et environs   *Normandie*   *Ouest*

6 ... et que ni l'âge, ni les aspects culturels ne tendaient à rapprocher.

Écart d'âge entre les époux
(en années)

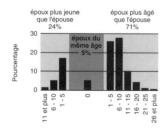

Distribution des Filles du roi selon
leur aptitude à signer et celle de leur conjoint

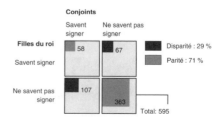

Chapitre IV

CONSTITUTION DE LA FAMILLE

> « [Le Canada] est fecond en hommes français na-
> turels, les femmes y portant presque tous les ans
> [...]. Il n'est pas de mesme des Sauvages dont les
> femmes sont assez stériles, soit que le grand tra-
> vail auquel elles sont obligées, retarde leur por-
> tée, soit qu'elles nourrissent trop longtemps leurs
> enfans de leur laict. »
>
> Mémoire de l'intendant Talon sur l'état
> présent du Canada, 1667.

Dans sa défense de la moralité des lointaines aïeules, l'historiographie québécoise traditionnelle n'a pas cru bon d'incorporer à son
arsenal rhétorique l'argument de la forte fécondité des Filles du roi[1].
L'infécondité des filles publiques était pourtant notoire au XIXe siècle.
Ainsi, parmi tous les observateurs français de l'époque, le médecin
Alexandre Parent-Duchâtelet s'est adonné à calculer un taux de fécondité des prostituées exerçant à Paris entre 1817 et 1832 ; malgré le
caractère empirique de sa mesure[2], le résultat obtenu, entre 17 et 21
pour mille, indique indubitablement une infécondité presque totale
qu'expliquent tout à la fois la présence endémique des maladies vénériennes, la fréquence des fausses-couches — provoquées ou non — et
l'usage des « funestes secrets »[3]. Il n'est donc pas déraisonnable de

---

1. À l'exception de Gabriel Nadeau, dont les vues n'ont pas été reprises par Gustave
Lanctôt ni par Silvio Dumas. « L'hérédité en fonction de la généalogie », *Mémoires de la
Société généalogique canadienne-française*, vol. I, n° 2 (juin 1944), pp. 91-92.

2. A.-J.-B. Parent-Duchâtelet, *De la prostitution dans la ville de Paris, considérée sous le
rapport de l'hygiène publique, de la morale et de l'administration*, Paris, Baillière, 1837, t. I,
pp. 230-235. Alain Corbin écrit au sujet des procédés de l'auteur : « Aucune autre série
de données ne nous permet de refaire le calcul ; la méthode utilisée par Parent me semble
toutefois assez solide, son application suffisamment scrupuleuse pour que nous lui
fassions confiance ». « Les prostituées du XIXe siècle et le "vaste effort du néant" »,
Communications, n° 44 (1986), p. 261.

3. Sur la relation entre fécondité et syphilis, voir Anne Retel-Laurentin, « Influence
de certaines maladies sur la fécondité. Un exemple africain », *Population*, 22e année, n° 5
(septembre-octobre 1967), pp. 841-860 ; *idem*, « Fécondité et syphilis dans la région de la
Volta Noire », *Population*, 28e année, n° 4-5 (juillet-octobre 1973), pp. 793-815. Sur la
fréquence et les causes des avortements chez les prostituées, voir Parent-Duchâtelet, *op. cit.*,
t. I, pp. 235-239. Sur leurs pratiques contraceptives, voir Corbin, *loc. cit.*, pp. 259-275.

penser, malgré notre ignorance de l'étendue exacte et des conséquences des maladies vénériennes dans la France du XVIIe siècle, que si les Filles du roi avaient compris une fraction significative de femmes vénales, leur descendance aurait porté les stigmates de leur origine sociale. Les méthodes raisonnées de la démographie accréditent-elles ou infirment-elles les propositions du baron de Lahontan à cet égard ? En démontant le processus de reproduction des pupilles royales, l'analyse qui suit devrait apporter une réponse scientifique à cette question, récemment relancée par l'hypothèse d'une hyperstérilité primaire des pionnières établies avant 1680[4].

1 – Naissances

Les données brutes relatives aux enfants des Filles du roi témoignent aussi bien de la fécondité des couples que des effectifs en âge de se reproduire. L'évolution annuelle du nombre de naissances s'étend donc sur près d'une quarantaine d'années, jusqu'au tournant du XVIIIe siècle, alors que les épouses appartenant aux générations les moins anciennes ont finalement atteint l'âge de la stérilité définitive (tableau 52 et figure 15). Plus de 71 pour cent des enfants sont nés entre 1670 et 1685, soit au cours des quinze ans qui ont suivi la décennie marquée par l'arrivée du plus grand nombre d'immigrantes. L'existence d'un enfant sur huit est connue sans que son acte de baptême nous soit parvenu, grâce à un acte postérieur, comme un mariage ou un décès, ou à une mention dans un recensement. La concentration de près des trois quarts de ces naissances perdues mais retrouvées au cours de la période antérieure au recensement de 1681 atteste l'importance de ce document dans la découverte d'enfants sans acte de baptême.

---

4. Hubert Charbonneau et al., *Naissance d'une population. Les Français établis au Canada au XVIIe siècle*, Paris et Montréal, PUF et PUM, 1987, pp. 94-95. Voir aussi Yves Landry, « Fécondité et habitat des immigrantes françaises en Nouvelle-France », *Annales de démographie historique* (1988), p. 267.

TABLEAU 52

DISTRIBUTION ANNUELLE DES NAISSANCES CONNUES D'ENFANTS DE FILLES DU ROI, SELON L'EXISTENCE OU NON DE L'ACTE DE BAPTÊME

Année de naissance	Nombre d'enfants connus					
	Acte de baptême		Sans acte de baptême		Ensemble	
	N	%	N	%	N	%
1664	19	95,0	1	5,0	20	0,4
1665	22	100,0	0	0,0	22	0,5
1666	50	86,2	8	13,8	58	1,3
1667	58	89,2	7	10,8	65	1,5
1668	59	74,7	20	25,3	79	1,8
1669	110	80,9	26	19,1	136	3,0
1670	150	88,2	20	11,8	170	3,8
1671	192	84,2	36	15,8	228	5,1
1672	208	88,9	26	11,1	234	5,2
1673	240	88,9	30	11,1	270	6,1
1674	226	86,6	35	13,4	261	5,9
1675	203	89,0	25	11,0	228	5,1
1676	228	87,4	33	12,6	261	5,8
1677	172	85,1	30	14,9	202	4,5
1678	207	81,8	46	18,2	253	5,7
1679	146	76,8	44	23,2	190	4,3
1680	154	83,2	31	16,8	185	4,1
1681	171	90,5	18	9,5	189	4,2
1682	169	93,4	12	6,6	181	4,1
1683	156	93,4	11	6,6	167	3,7
1684	152	95,6	7	4,4	159	3,6
1685	125	94,7	7	5,3	132	3,0
1686	97	84,3	18	15,7	115	2,6
1687	111	93,3	8	6,7	119	2,7
1688	82	86,3	13	13,7	95	2,1
1689	75	90,4	8	9,6	83	1,9
1690	67	83,8	13	16,2	80	1,8
1691	54	91,5	5	8,5	59	1,3
1692	50	94,3	3	5,7	53	1,2
1693	37	92,5	3	7,5	40	0,9
1694	29	90,6	3	9,4	32	0,7
1695	21	80,8	5	19,2	26	0,6
1696	18	85,7	3	14,3	21	0,5
1697	16	76,2	5	23,8	21	0,5
1698	8	100,0	0	0,0	8	0,2
1699	7	87,5	1	12,5	8	0,2
1700	2	40,0	3	60,0	5	0,1
1701	1	50,0	1	50,0	2	0,0
1702	2	100,0	0	0,0	2	0,0
Ensemble	3894	87,3	565	12,7	4459	100,0
Moyenne	1678		1678		1678	
Médiane	1678		1677		1677	

FIGURE 15

DISTRIBUTION ANNUELLE DES NAISSANCES CONNUES D'ENFANTS DE FILLES DU ROI, SELON L'EXISTENCE OU NON DE L'ACTE DE BAPTÊME

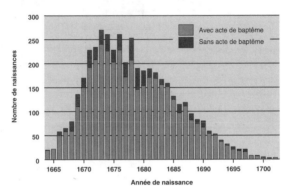

Source: tableau 52.

TABLEAU 53

MOUVEMENT MENSUEL DES NAISSANCES ET DES CONCEPTIONS SELON LE RANG DE NAISSANCE DE L'ENFANT DANS LA FAMILLE

Mois de naissance	Mois de conception	Premières naissances		Autres naissances		Ensemble	
		Nombres absolus	Nombres relatifs*	Nombres absolus	Nombres relatifs*	Nombres absolus	Nombres relatifs*
Janvier	Avril	45	81	312	113	357	108
Février	Mai	50	99	335	134	385	128
Mars	Juin	40	72	323	117	363	110
Avril	Juillet	56	105	287	108	343	107
Mai	Août	49	88	271	98	320	97
Juin	Septembre	42	78	215	81	257	80
Juillet	Octobre	51	92	226	82	277	84
Août	Novembre	76	137	240	87	316	96
Septembre	Décembre	71	133	275	103	346	108
Octobre	Janvier	73	132	259	94	332	100
Novembre	Février	55	102	250	94	305	95
Décembre	Mars	45	81	244	89	289	87
Total	Total	653	1 200	3 237	1 200	3 890	1 200
Indéterminé**	Indéterminé**	2		2		4	
Ensemble	Ensemble	655		3 239		3 894	

* En l'absence de variations saisonnières et de l'inégalité des mois, il y aurait 100 naissances chaque mois pour 1 200 naissances enregistrées au cours de l'année.
** Enfants pour lesquels on ne dispose pas du mois de naissance ou de baptême.

Le tableau 53, illustré par la figure 16, présente le mouvement mensuel des naissances d'enfants des Filles du roi. On y retrouve les mêmes caractéristiques que pour l'ensemble des naissances enregistrées au Canada au XVIIᵉ siècle[5] : fréquence élevée des conceptions printanières, creux au début de l'automne. Mais ainsi que l'a démontré Jacques Henripin pour les mariages formés au début du XVIIIᵉ siècle[6], l'analyse gagne à séparer les premières naissances, qui subissent l'influence du mouvement saisonnier des mariages. Le tiers des premiersnés des familles des Filles du roi ont été conçus au cours des mois de novembre, décembre et janvier, soit quelques mois après la profusion de mariages automnaux qui suivaient de peu les arrivées des immigrantes[7]. Par contre, les naissances d'autres rangs découlaient souvent de conceptions survenues d'avril à juillet, au détriment des mois d'automne et d'hiver ; constatation universelle dans les populations pré-industrielles, un tel calendrier reste mal expliqué en raison de la

FIGURE 16

MOUVEMENT MENSUEL DES CONCEPTIONS SELON LE RANG DE NAISSANCE DE L'ENFANT DANS LA FAMILLE

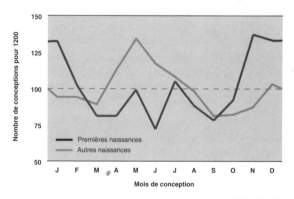

Source: tableau 53.

---

5. Raymond Roy, Yves Landry et Hubert Charbonneau, « Quelques comportements des Canadiens au XVIIᵉ siècle d'après les registres paroissiaux », *Revue d'histoire de l'Amérique française*, vol. 31, nᵒ 1 (juin 1977), pp. 59-61.

6. Jacques Henripin, *La population canadienne au début du XVIIIᵉ siècle. Nuptialité. Fécondité. Mortalité infantile*, Paris, PUF, 1954, pp. 42-49.

7. Voir supra, pp. 133-135.

saisonnalité incertaine des facteurs sous-jacents (nutrition, mortalité intra-utérine, fréquence des rapports sexuels)[8].

Le tableau 54 et la figure 17 distribuent les enfants dont on connaît à la fois la date de naissance et la date de baptême, selon le jour de ces événements dans la semaine. Comme attendu, le mouvement quotidien des naissances est régulier. Par contre, celui des baptêmes indique une certaine préférence pour le dimanche. Déjà observé pour l'ensemble du XVIIe siècle[9], ce phénomène témoigne d'une habitude à attendre le jour du Seigneur, jour chômé, pour faire baptiser les nouveau-nés, en dépit des pressions de l'Église à agir « au plus tôt après

TABLEAU 54
DISTRIBUTION DES ENFANTS SELON LES JOURS DE NAISSANCE ET DE BAPTÊME

Jour de naissance	Jour de baptême							Ensemble	
	Dimanche	Lundi	Mardi	Mercredi	Jeudi	Vendredi	Samedi	N	%
Dimanche	173	135	64	28	27	15	24	466	14,8
Lundi	35	122	143	58	34	19	11	422	13,4
Mardi	45	15	123	163	65	25	26	462	14,7
Mercredi	52	20	24	109	144	52	40	441	14,1
Jeudi	94	27	14	15	109	141	50	450	14,3
Vendredi	113	38	29	19	18	104	127	448	14,3
Samedi	187	50	40	35	20	16	104	452	14,4
Ensemble N	699	407	437	427	417	372	382	3141	100,0
%	22,2	13,0	13,9	13,6	13,3	11,8	12,2	100,0	

8. Henri Leridon, *Natalité, saisons et conjoncture économique*, Paris, PUF, 1973, pp. 63-84. Koichi Nonaka, Bertrand Desjardins, Jacques Légaré, Hubert Charbonneau et Teiji Miura, « Effects of Maternal Birth Season on Birth Seasonality in a Canadian Population During the Seventeenth and Eighteenth Centuries», *Human Biology*, vol. 62, n° 5 (October 1990), pp. 701-717.

9. Roy, Landry et Charbonneau, *loc. cit.*, pp. 63-64.

leurs naissances»[10]. Le calcul de l'intervalle médian[11] entre la naissance et le baptême (tableau 55) montre cependant que l'attraction dominicale n'entraînait une augmentation de l'âge au baptême que pour les enfants nés les mercredi, jeudi ou vendredi. L'éloignement de l'église et les difficultés de transport en milieu rural impliquaient ainsi un intervalle plus long qu'en milieu urbain.

FIGURE 17
MOUVEMENT QUOTIDIEN DES NAISSANCES ET DES BAPTÊMES DES ENFANTS

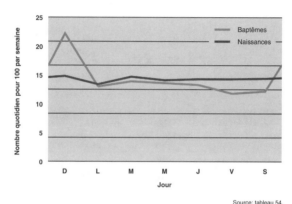

Source: tableau 54.

10. « Ordonnance sur l'administration du sacrement de baptême » (29 mars 1664) et « Ordonnance pour l'administration du sacrement de baptême » (5 février 1677), dans *Mandements, lettres pastorales et circulaires des évêques de Québec*, publié sous la direction de H. Têtu et C.-O. Gagnon, vol. I, Québec, Côté, 1887, pp. 161-162 et 100-101. La désobéissance à la deuxième ordonnance entraînait en principe pour les parents l'interdiction d'entrer à l'église pour un mois et, en cas de contumace, l'excommunication.

11. La médiane est ici plus significative que la moyenne, vu le poids de certains intervalles très longs. Voir Hubert Charbonneau, « Colonisation, climat et âge au baptême des Canadiens au XVIIᵉ siècle », *Revue d'histoire de l'Amérique française*, vol. 38, n° 3 (hiver 1985), pp. 341-356.

TABLEAU 55
INTERVALLE MÉDIAN ENTRE LA DATE DE NAISSANCE ET LA DATE DE
BAPTÊME, SELON LE JOUR DE NAISSANCE ET LE LIEU D'ENREGISTREMENT
URBAIN OU RURAL, EN JOURS

Jour de naissance	Lieu d'enregistrement					
	Urbain*		Rural		Ensemble	
	Intervalle	N	Intervalle	N	Intervalle	N
Dimanche	1,0	189	1,7	277	1,3	466
Lundi	1,1	181	1,6	241	1,3	422
Mardi	1,0	187	1,6	275	1,3	462
Mercredi	1,1	173	2,2	268	1,5	441
Jeudi	1,2	192	2,2	258	1,5	450
Vendredi	1,4	174	1,9	274	1,7	448
Samedi	1,1	183	1,4	269	1,3	452
Ensemble	1,1	1279	1,8	1862	1,4	3141

* Québec, Montréal et Trois-Rivières.

2 – Fécondité et stérilité des couples

A – Fécondité légitime

L'étude de la fécondité des Filles du roi ne peut prendre en compte toutes les naissances évoquées ci-dessus. Pour des raisons méthodologiques, des sélections doivent être faites[12]. Le point de départ est constitué des 955 unions contractées par les 737 Filles du roi qui se sont mariées au moins une fois au Canada (tableau 56). Écartons d'abord les unions dont la date de fin d'observation, soit la date de décès du premier conjoint décédé, n'est pas connue de façon précise et indépendamment de tout renseignement tiré d'actes relatifs aux enfants nés du mariage[13]. Il faut aussi rejeter les unions formées à une date inconnue, la date de début d'observation des couples

12. Louis Henry et Alain Blum, *Techniques d'analyse en démographie historique*, deuxième édition, Paris, Éditions de l'INED, 1988, pp. 67-70.

13. Pour établir les dates de rupture d'union, on ne s'est pas servi des dates de décès fixées de façon statistique (voir infra, pp. 226-228) parce que plus de la moitié des dates de dernière mention comme vivant («ap.x») et de première mention comme décédé («av.x»), tant pour l'homme que pour la femme, sont tirées d'actes relatifs aux enfants du couple.

provenant de l'acte de mariage ou, en son absence, du contrat de mariage qui précède généralement l'acte de quelques jours[14]. On élimine ensuite les unions dont au moins l'un des conjoints a émigré définitivement hors de la colonie, celles où la femme s'est mariée à 50 ans ou plus et celles dont au moins un enfant connu est né avant mariage. Il reste finalement 438 unions disponibles pour l'analyse, soit 46 pour cent des familles constituées par les Filles du roi. Elles correspondent toutes à des fiches dont les dates de début et de fin d'union sont connues (type MF) et pour lesquelles on dispose de la date de naissance de la femme exacte (MFI) ou approximative (MFII).

TABLEAU 56
SÉLECTION DES UNIONS RETENUES POUR L'ÉTUDE DE LA FÉCONDITÉ

Ensemble des unions contractées au Canada par les Filles du roi		955
Moins:		
Unions dont la date de fin d'observation est inconnue	418	
Unions dont la date de formation est inconnue	97	
Unions où au moins l'un des conjoints a émigré		
définitivement hors de la colonie	63	
Unions où la femme s'est mariée à 50 ans ou plus	61	
Unions où au moins un enfant est né avant mariage	4	
	643	517*
Unions retenues pour l'étude de la fécondité		438

> * Le nombre d'unions écartées est inférieur au total selon la cause, parce que plus d'un motif concourt parfois à écarter une même union.

Au total, malgré l'effet des mariages et surtout des décès perdus sur le nombre de fiches exploitables, l'étude de la fécondité des Filles du roi bénéficie de conditions satisfaisantes pour atteindre le degré de finesse souhaité. Soulignons en particulier que l'application d'une correction de deux ans à la date de naissance approximative de plus de neuf immigrantes sur dix[15] devrait permettre de réviser les mesures déjà faites à leur endroit[16].

Le taux de fécondité légitime se calcule en divisant le nombre de naissances par le nombre d'années en état de vie conjugale. Les ta-

14. Voir supra, p. 148, tableau 33.
15. Voir supra, p. 81.
16. Landry, *loc. cit.*, pp. 259-276.

bleaux en appendices 5 et 6 fournissent la répartition des naissances relevées (ondoyés décédés exclus) et des femmes-années (somme des années passées par les femmes dans les groupes d'âges) suivant l'âge au mariage et l'âge actuel de la femme. Contrairement à la suggestion de Louis Henry[17], visant à faciliter le travail des chercheurs réduits à effectuer des compilations manuelles, on n'a pas délaissé le nombre d'années de vie conjugale et les naissances correspondant au groupe d'âges marqué par la rupture d'union ; aucune naissance n'a été placée hors observation et, pour compenser les éventuelles naissances posthumes, on a systématiquement ajouté 0,75 an au temps passé par la femme dans le dernier groupe d'âges si la rupture d'union a été provoquée par le décès du mari[18]. Comme on ne tient compte dans ce premier calcul que des naissances relevées, le rapport de ces naissances aux femmes-années produit une série de taux de fécondité dits apparents (tableau en appendice 7).

Pour passer aux taux corrigés, il convient d'ajouter aux naissances relevées les naissances perdues évaluées de la façon suivante. On distribue d'abord suivant les mêmes classes que ci-dessus les naissances dites perdues mais retrouvées, correspondant aux enfants sans acte de baptême connus grâce à un acte postérieur ou à un recensement (tableau en appendice 8). Mais comme ces dernières naissances ne représentent qu'une fraction de l'ensemble des naissances perdues, Louis Henry a imaginé une formule pour évaluer celles dont la disparition est liée au hasard, y compris les naissances retrouvées[19]. Il suppose que le rapport entre les mariages correspondant aux naissances relevées (M_r) et ces naissances (N_r) serait le même que celui entre les mariages correspondant aux naissances perdues (M_p) et ces naissances (N_p), soit :

$$\frac{M_p}{N_p} = \frac{M_r}{N_r} \text{ , qui devient } N_p = \frac{M_p \times N_r}{M_r} .$$

En appliquant cette formule aux enfants des Filles du roi, on a :

$$N_p = \frac{181 \times 2344}{1364} = 311.$$

---

17. Henry et Blum, *op. cit.*, p. 71.

18. André Guillemette et Yves Landry, « Calcul automatique de la fécondité des couples », dans Programme de recherche en démographie historique, *Rapport de l'année 1986-1987*, Université de Montréal, décembre 1987, pp. 138 et 141.

19. Henry et Blum, *op. cit.*, pp. 75-77.

Le nombre de naissances fortuitement perdues s'élève donc à 13 pour cent des naissances relevées. Sur la base de la répartition proportionnelle des naissances perdues mais retrouvées (tableau en appendice 9), on distribue les naissances perdues suivant l'âge au mariage et l'âge actuel de la femme (tableau en appendice 10), puis on y ajoute les naissances relevées (tableau en appendice 11). Pour finalement arriver au nombre de naissances totales, il faut tenir compte des ondoyés décédés avant trois jours et à trois jours et plus. La proportion des premiers devait être sous l'Ancien Régime, selon Louis Henry, de 3 pour cent[20] et celle des seconds, en Nouvelle-France, a déjà été évaluée par Hubert Charbonneau à environ 1 pour cent. Des recherches récentes sur la mortalité néonatale précoce avant 1730 permettent toutefois de hausser la proportion totale des enfants morts avant leur baptême à plus de 4,4 pour cent[21]. Adoptons cette proportion telle quelle sans y retrancher le pourcentage d'ondoyés décédés dûment enregistrés, puisqu'on ne les a pas comptés dans les naissances relevées, et multiplions donc par 1,044 les naissances compilées à l'appendice 11. Le produit obtenu est à la fin divisé par le nombre de femmes-années présenté à l'appendice 6 et le résultat constitue, pour tous les groupes d'âges de la femme, les taux corrigés de fécondité légitime (tableau 57).

Les courbes illustrant ces taux à la figure 18 prennent la forme convexe propre aux populations qui ne pratiquent pas la limitation volontaire des naissances. Après une progression rapide aux âges de l'adolescence, les taux culminent entre 20 et 30 ans, soit durant la période de fécondabilité maximale de la femme. Puis c'est leur chute irréversible, entraînée par la baisse de la fécondabilité, la hausse de la mortalité intra-utérine, l'allongement de la période de stérilité post-partum et la progression de la stérilité définitive[22]. On observe un certain décalage des courbes suivant l'âge au mariage : la fécondité est d'autant plus forte que le mariage est récent ; ce fait témoigne non pas de l'usage de pratiques contraceptives dans les unions les plus précoces, mais plutôt de l'accroissement de l'intervalle entre naissances avec la durée du mariage, ainsi que des risques accrus de stérilité conférés par des maternités successives. Les valeurs atteintes par les

---

20. *Ibid.*, p. 79.

21. Richard Lalou, *Des enfants pour le paradis : la mortalité des nouveau-nés en Nouvelle-France*, thèse de Ph.D., Département de démographie, Université de Montréal, 1990, p. 143.

22. Henri Leridon, *Aspects biométriques de la fécondité humaine*, Paris, PUF, 1973, xii-184 p.

taux aux âges actuels de 45-49 ans paraissent quelque peu surestimées, ce qui suggère que la correction systématique apportée aux dates de naissance des immigrantes a pu faire abusivement passer dans ce groupe des femmes âgées de moins de 45 ans.

TABLEAU 57

TAUX CORRIGÉS DE FÉCONDITÉ LÉGITIME SELON L'ÂGE ACTUEL ET L'ÂGE AU MARIAGE DE LA FEMME, EN POUR MILLE

Âge au mariage de la femme	Nombre d'unions	Âge actuel de la femme							Descendancecomplète
		15-19 ans	20-24 ans	25-29 ans	30-34 ans	35-39 ans	40-44 ans	45-49 ans	
Moins de 20 ans	95	345	4458	446	399	326	215	46	10,1
20-24 ans	132		480	460	431	376	244	62	9,1
25-29 ans	96			445	396	341	183	43	6,0
30-34 ans	61				470	382	209	90	4,7
35-39 ans	14					328	220	104	2,4
40-44 ans	26						281	117	1,3
45-49 ans	14							80	0,2
Tous âges	438	345	467	452	417	356	217	65	7,1

FIGURE 18

TAUX CORRIGÉS DE FÉCONDITÉ LÉGITIME SELON L'ÂGE ACTUEL ET L'ÂGE AU MARIAGE DE LA FEMME

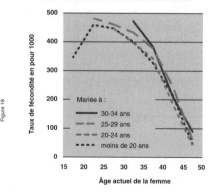

Source: tableau 57.

Pour apprécier les niveaux de fécondité des Filles du roi, examinons la valeur de leur descendance complète, soit du nombre moyen d'enfants auxquels les couples donneraient finalement naissance en l'absence de rupture d'union. Cet indice, qui apparaît en dernière colonne du tableau 57, est obtenu en multipliant les taux par 5, sauf ceux du groupe d'âges au mariage qui sont multipliés par le rapport du nombre de femmes-années au nombre de femmes. Le tableau 58 compare ces résultats, établis selon l'âge au mariage de la femme, avec ceux d'autres populations observées à la même époque. Pour bien évaluer l'effet de la correction apportée aux dates de naissance des Filles du roi, on y a aussi inscrit la descendance obtenue avant correction aux âges des femmes. Plus fécondes que les Françaises du Nord-Ouest, mais moins que les Canadiennes, les Filles du roi ont constitué à cet égard une population intermédiaire, au même titre que les autres pionnières établies au Canada avant 1680. La majoration de deux ans de l'âge des femmes sans acte de baptême a entraîné une augmentation notable de la descendance des couples, de l'ordre de 4 pour cent pour celles mariées à 15-19 ans et d'environ 14 à 15 pour cent pour celles des groupes d'âges subséquents. Ces résultats sont fondamentaux pour comprendre la relation entre les origines sociales des Filles du roi et leur comportement reproductif ultérieur. D'une part ils signifient que, malgré la pauvreté, sinon la misère, d'où ont été tirées la plupart de ces femmes, leur transplantation dans un milieu très différent, notamment sur le plan des conditions alimentaires[23], a effacé toute séquelle qui aurait pu éventuellement les distinguer des autres pionnières. D'autre part, la révision à la hausse de leur niveau de fécondité relance le problème des facteurs expliquant la différence de fécondité avec les Canadiennes : le mince écart subsistant doit-il être imputé, comme on l'a déjà fait[24], à une progression plus rapide de la stérilité ou faut-il plutôt invoquer un espacement plus grand des naissances ? C'est ce que permettra de préciser la suite de l'analyse.

23. Le régime alimentaire en vigueur à l'Hôpital général de Paris atteste les conditions de vie difficiles éprouvées par plus du tiers des Filles du roi avant leur départ pour le Canada : déficit calorique, déficit en lipides et en glucides, carence en calcium et en vitamines C, A et D et surtout trop grande dépendance à l'égard du pain. Il s'agissait d'un régime pauvre, très sensible à la conjoncture agricole et susceptible d'inhiber le développement physiologique des individus. Landry, *loc. cit.*, pp. 262-263. Sur la relation positive entre l'alimentation et la fécondité, voir John Komlos, « Nutrition, Population Growth, and the Industrial Revolution in England », *Social Science History*, vol. 14, n° 1 (Spring 1990), pp. 69-91.

24. Charbonneau et al., *Naissance d'une population*, *op. cit.*, p. 93. Landry, *loc. cit.*

TABLEAU 58

DESCENDANCE COMPLÈTE DANS DIVERSES POPULATIONS, SELON L'ÂGE
AU MARIAGE DE LA FEMME

Population	Âge au mariage de la femme					
	15-19 ans		20-24 ans		25-29 ans	
	Descendance	Nombre d'unions	Descendance	Nombre d'unions	Descendance	Nombre d'unions
1. France, quart nord-ouest, mariages de 1670-1689	9,5	N.D.	7,6	N.D.	5,6	N.D.
2. Canada, Filles du roi, mariages de 1663-1701						
a. *sans* correction à l'âge de la femme	9,8	125	8,0	114	5,2	85
b. *avec* correction à l'âge de la femme	10,2	92	9,1	132	6,0	96
3. Canada, mariages de pionnières françaises, XVIIe siècle	10,1	230	8,1	192	5,7	130
4. Canada, mariages de Canadiennes avec des pionniers français, XVIIe siècle	11,4	137	9,5	26	6,3	10
5. Mariages d'un échantillon de la population totale, 1630-1739	11,8	168	9,2	94	7,7	34

Sources:

1. Louis Henry et Jacques Houdaille, «Fécondité des mariages dans le quart nord-ouest de la France de 1670 à 1829», *Population*, 28e année, n° 4-5 (juillet-octobre 1973), p. 889.

2b. Tableau 57.

3 et 4. Hubert Charbonneau et al., *Naissance d'une population. Les Français établis au Canada au XVIIe siècle*, Paris et Montréal, PUF et PUM, 1987, p. 90.

5. Hubert Charbonneau, *Vie et mort de nos ancêtres. Étude démographique*, Montréal, PUM, 1975, p. 207.

Il convient de s'interroger sur l'influence éventuelle du statut socio-professionnel et de l'habitat, en France et au Canada, ainsi que de l'année d'immigration, sur la descendance finale des unions. On a donc distingué les familles selon l'appartenance ou non du père et du mari des Filles du roi aux milieux de la notabilité, selon leur habitat d'origine en France et leur habitat d'établissement au Canada urbain ou rural, et selon leur intégration ou non aux convois particuliers de 1669, 1670 et 1671. Les descendances complètes auxquelles donne lieu cette analyse différenciée apparaissent au tableau 59. La petitesse des écarts observés repose sur des effectifs trop faibles pour être significatifs, quelle que soit la variable considérée, sauf d'après l'habitat d'ori-

TABLEAU 59
DESCENDANCE COMPLÈTE DES FILLES DU ROI SELON L'ÂGE AU MARIAGE ET DIVERSES AUTRES VARIABLES

| | Âge au mariage de la femme | | | | | |
| | 15-19 ans | | 20-24 ans | | 25-29 ans | |
	Descen- dance	Nombre d'unions	Descen- dance	Nombre d'unions	Descen- dance	Nombre d'unions
Catégorie socio-professionnelle du père						
Notables	11,0	10	9,1	13	5,8	13
Autres	10,1	82	9,1	119	6,0	83
Habitat d'origine						
Urbain	10,5	71	9,4	95	6,2	48
Rural	8,7	19	8,4	35	5,7	47
Année d'immigration						
1669, 1670 et 1671	10,0	53	8,7	61	6,0	41
Autres	10,2	39	9,5	71	6,0	55
Catégorie socio-professionnelle du mari						
Notables	11,4	5	11,7	11	6,9	9
Autres	10,1	87	8,8	121	5,9	87
Habitat d'établissement						
Urbain	11,0	18	9,1	24	6,1	19
Rural	10,0	74	9,1	108	5,9	77

gine : le calcul d'une descendance complète pondérée selon l'âge au mariage, pour les femmes mariées avant 30 ans, révèle une surfécondité des ex-citadines de plus de 25 pour cent (9,0 enfants, N = 217, par rapport à 7,2 enfants, N = 101). On ne saurait par conséquent confirmer, au moins sur le plan du comportement reproductif, le jugement sévère de Marie de l'Incarnation à l'égard de l'inaptitude des immigrantes citadines à s'intégrer au peuplement[25].

B – Fécondité des couples fertiles

En régime de fécondité naturelle, on peut considérer que la fécondité des couples ultérieurement féconds est très voisine de celle des couples fertiles, surtout quand on opère par groupe d'âges quinquennal. Les taux recherchés sont calculés de la même façon que pour l'ensemble des femmes, ultérieurement fécondes et désormais infécondes, sauf que l'on retranche les naissances relevées et les durées de vie conjugale correspondant au groupe d'âges dans lequel se produit la dernière naissance relevée de la femme, ainsi qu'aux groupes d'âges subséquents. Les tableaux en appendices 12 à 18 livrent les données brutes ayant permis le calcul des taux corrigés de fécondité des femmes ultérieurement fécondes présentés au tableau 60[26].

La fécondité des couples fertiles paraît faiblement influencée par l'âge de la femme, entre 20 et 40 ans, et par la durée de mariage. Le taux moyen de fécondité à 30 ans (dernière colonne du tableau 60) présente des valeurs quasi identiques à celles des autres pionnières[27] et des écarts plus faibles, entre les unions les plus précoces et les plus

25. « L'on ne veut plus demander que des filles de village propre au travail comme les hommes, l'expérience fait voir que celles qui n'y ont pas été élevées, ne sont pas propres pour ici, étant dans une misère d'où elles ne se peuvent tirer. » Lettre de Marie de l'Incarnation à son fils, Québec, octobre 1668, dans Marie de l'Incarnation, Ursuline (1599-1672) — Correspondance, éd. par Dom Guy Oury, Solesmes, Abbaye Saint-Pierre, 1971, p. 832.

26. Notons que, contrairement à la méthode de Louis Henry, la correction de ces taux ne repose pas sur l'hypothèse que les naissances perdues des femmes ultérieurement fécondes représentent la même proportion des naissances relevées que pour l'ensemble des femmes. On a dûment calculé le nombre de naissances perdues des femmes ultérieurement fécondes (Np = 149 x 1783/1058 = 251) et leur proportion des naissances relevées dépasse 14 pour cent, comparativement à 13 pour cent pour l'ensemble des femmes. Louis Henry, « Fécondité des mariages dans le quart sud-ouest de la France de 1720 à 1829 (suite) », Annales E.S.C., 27e année, no 4-5 (juillet-octobre 1972), p. 991, note 7.

27. Charbonneau et al., Naissance d'une population, op. cit., p. 92.

TABLEAU 60
TAUX CORRIGÉS DE FÉCONDITÉ LÉGITIME DES FEMMES
ULTÉRIEUREMENT FÉCONDES SELON L'ÂGE ACTUEL ET L'ÂGE AU
MARIAGE DE LA FEMME, EN POUR MILLE

Âge au mariage de la femme	Nombre d'unions	Âge actuel de la femme						Taux moyen de fécondité à 30 ans*
		15-19 ans	20-24 ans	25-29 ans	30-34 ans	35-39 ans	40-44 ans	
Moins de 20 ans	90	369	491	485	445	402	383	465
20-24 ans	117		500	496	474	423	359	485
25-29 ans	83			494	467	453	351	480
30 ans et plus	68				479	486	379	—
Tous âges	358	369	495	492	465	438	370	477

*Moyenne des taux aux âges actuels de 25-29 ans et 30-34 ans.

tardives, que ceux observés dans la France du Nord-Ouest[28]. L'inverse de ce taux est égal à l'intervalle moyen entre deux naissances à l'âge de 30 ans, soit à l'âge moyen à la maternité dans les populations anciennes[29]. Comme cet intervalle s'allonge plus faiblement au Canada qu'en France avec la durée du mariage (tableau 61), l'influence des grossesses successives sur ses composantes — fécondabilité, mortalité intra-utérine et temps mort — paraît d'autant moins marquée dans la colonie. On voit bien en outre qu'une fois écartées les femmes désormais infécondes, les Filles du roi ont connu un intervalle moyen inférieur à celui des Françaises du Nord-Ouest et sensiblement supérieur à celui des Canadiennes. Étant donné les différences de descendance observées plus haut, on en déduit, d'une part, que la diminution de l'espacement entre naissances est probablement le facteur responsable de l'augmentation de la fécondité des immigrantes par rapport à leurs contemporaines de l'Hexagone et, d'autre part, que la différence d'intervalle moyen pourrait aussi expliquer l'écart observé dans

28. Louis Henry et Jacques Houdaille, « Fécondité des mariages dans le quart nord-ouest de la France de 1670 à 1829 », Population, 28e année, n° 4-5 (juillet-octobre 1973), p. 898.

29. La moyenne arithmétique de l'âge des pionnières à la première et à la dernière naissance d'un enfant, 29,8 ans, confirme cette approximation. Charbonneau et al., Naissance d'une population, op. cit., p. 157.

TABLEAU 61
INTERVALLE MOYEN ENTRE NAISSANCES, À 30 ANS, DANS DIVERSES
POPULATIONS, SELON L'ÂGE AU MARIAGE DE LA FEMME, EN ANNÉES

Population	Âge au mariage de la femme					
	15-19 ans		20-24 ans		25-29 ans	
	Inter-valle	Nombre d'unions	Inter-valle	Nombre d'unions	Inter valle	Nombre d'unions
1. France, quart nord-ouest, mariages de 1670-1769	2,47	N.D.	2,33	N.D.	2,11	N.D.
2. Canada, Filles du roi, mariages de 1663-1701 a. *sans* correction à l'âge de la femme	2,19	120	2,08	99	2,02	72
b. *avec* correction à l'âge de la femme	2,15	87	2,06	117	2,08	83
3. Canada, mariages de pionnières françaises, XVIIe siècle	2,13	220	2,05	175	2,04	119
4. Canada, mariages de Canadiennes avec des pionners français, XVIIe siècle	2,08	132	2,00	24	1,71	8
5. Canada, mariages d'un échantillon de la population totale, 1630-1739	1,98	N.D.	1,86	N.D.	1,84	N.D.

Sources:
1. Henry et Houdaille, *loc. cit.*, p. 898.
2b. Tableau 60.
3 et 4. Charbonneau et al., *Naissance d'une population, op. cit.*, p. 93.
5. Charbonneau, *Vie et mort de nos ancêtres, op. cit.*, p. 208.

la descendance entre immigrantes et Canadiennes, à la condition toutefois que la progression de la stérilité n'ait pas varié d'une population à l'autre.

C – Stérilité des couples

En divisant les taux de fécondité relatifs à l'ensemble des femmes mariées par les taux correspondants des femmes ultérieurement fécondes, on obtient les proportions de couples fertiles suivant l'âge de la femme. Leur complément à 1 détermine, pour chaque groupe d'âges, la proportion de couples désormais stériles, qu'on résume à tous les cinq ans par la moyenne des groupes d'âges encadrants.

Les chiffres présentés au tableau 62 indiquent une lente croissance de la stérilité définitive avant 30 ans, puis son accélération progressive à partir de cet âge. Contrairement aux observations faites en France par Louis Henry, mais en accord avec celles relatives aux autres pionnières et aux Canadiennes[30], la durée du mariage ne semble pas exercer une influence décisive sur l'acquisition de la stérilité. La comparaison de ces proportions, pour les femmes mariées à tous âges, avec celles des populations encadrantes révise les premières idées qu'on s'est faites sur les progrès rapides de la stérilité définitive chez les immigrantes du XVIIe siècle (tableau 63 et figure 19)[31]. La confrontation des niveaux atteints par les Filles du roi, avant correction d'âge, à ceux des autres pionnières, dont l'âge n'a pas non plus fait l'objet d'ajustement, ne révèle aucune différence significative. Rapprochons ensuite les proportions de Filles du roi définitivement stériles, après correction d'âge, de celles des Françaises du Nord-Ouest et des

TABLEAU 62
PROPORTIONS DE COUPLES DÉSORMAIS STÉRILES À DIVERS ÂGES
DE LA FEMME, EN POUR MILLE

Âge au mariage de la femme	Nombre d'unions	Âge actuel de la femme				
		20 ans	25 ans	30 ans	35 ans	40 ans
Moins de 20 ans	90	60	74	92	146	314
20-24 ans	117		56	82	100	216
25-29 ans	83			125	199	363
30 ans et plus	60				133	336
Tous âges	350	60	69	93	146	300

30. *Ibid.*, p. 902. Charbonneau et al., *Naissance d'une population*, *op. cit.*, pp. 93-94. Hubert Charbonneau, *Vie et mort de nos ancêtres. Étude démographique*, Montréal, PUM, 1975, pp. 210-213.

31. *Ibid.*, p. 213. Landry, *loc. cit.*, p. 267. Charbonneau et al., *Naissance d'une population*, *op. cit.*, pp. 94-95.

TABLEAU 63

PROPORTIONS DE FEMMES DÉSORMAIS STÉRILES DANS DIVERSES
POPULATIONS, SELON L'ÂGE DE LA FEMME, EN POUR MILLE

Population	Nombre d'unions	Âge de la femme				
		20 ans	25 ans	30 ans	35 ans	40 ans
1. France, quart nord-ouest, mariages de 1670-1769	N.D.	54	60	90	174	373
2. Canada, Filles du roi, mariages de 1663-1701						
a. *sans* correction à l'âge de la femme	357	60	72	111	193	393
b. *avec* correction à l'âge de la femme	350	60	69	93	146	300
3. Canada, mariages de pionnières françaises, XVIIe siècle	684	51	72	104	201	397
4. Canada, mariages de Canadiennes avec des pionniers français, XVIIe siècle	323	19	37	70	129	309
5. Canada, mariages d'un échantillon de la population totale, 1630-1739	N.D.	28	39	65	136	(326)

La proportion entre parenthèses a été calculée par projection.
Sources:
  1. Henry et Houdaille, *loc. cit.*, p. 900.
  2b. Tableau 62.
  3 et 4. Charbonneau et al., *Naissance d'une population, op. cit.*, p. 94.
  5. Charbonneau, *Vie et mort de nos ancêtres, op. cit.*, p. 211.

Canadiennes : jusqu'à l'âge de 30 ans, les Filles du roi présentent une
stérilité comparable à celle des Françaises, mais supérieure à celle des
Canadiennes ; après 30 ans, les tendances s'inversent et les Filles du roi
affichent désormais une stérilité moins rapide que les Françaises et de
niveau analogue à celle des Canadiennes. Ces calculs suggèrent, à
l'instar des résultats relatifs aux couples fertiles, que le milieu canadien
a fortement imprimé sa marque sur le processus d'acquisition de la
stérilité des Filles du roi et qu'on ne saurait attribuer aux immigrantes
un comportement distinct en cette matière.

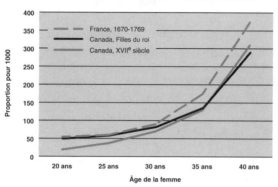

Une précédente étude consacrée aux pionniers établis avant 1680 a poussé l'analyse de la stérilité en séparant les stérilités primaires — intervenues avant la naissance d'un premier enfant — des stérilités secondaires — contractées après la naissance d'un ou plusieurs enfants[32]. Reprenons cet essai en isolant les Filles du roi totalement infécondes. Il faut cependant bien prendre soin de ne retenir que les femmes dont la durée de vie conjugale est suffisamment longue. On a donc sélectionné toutes les Filles du roi qui ont formé au Canada une union de type MFI et MFII et qui ont passé au moins quinze ans avec un même conjoint avant la fin de la période de fécondité, estimée à l'âge de 45 ans : 216 Filles du roi respectent ces conditions, parmi lesquelles 14, soit 6 pour cent, n'ont eu aucun enfant connu pendant toute leur vie. Cette proportion paraît normale, compte tenu du fait que la plupart des monographies portant sur des populations européennes des XVIIe et XVIIIe siècles ont indiqué que de 3 à 6 pour cent des mariages restaient inféconds[33]. L'origine socio-géographique de ces femmes stériles ne diffère pas de celle de l'ensemble des Filles du roi : ni la région, ni l'habitat, ni l'année d'immigration ne se distinguent à l'analyse et une seule de ces quatorze femmes éprouva au Canada des problèmes de mœurs, si l'on en croit les archives judiciaires[34].

---

32. *Ibid.*

33. Henri Leridon, « Stérilité, hypofertilité et infécondité en France », *Population*, 37e année, n° 4-5 (juillet-octobre 1982), p. 814.

34. Il s'agit de Madeleine Deschalets, femme de Jean Giron, qui fut accusée avec Anne Baugé de mener à Québec en 1676 une vie scandaleuse. Profitant de l'absence de leurs

La progression de la stérilité chez les Filles du roi paraît donc avoir finalement joué un certain rôle dans la différenciation des niveaux de fécondité avec les Françaises et les Canadiennes : dans les premières années de leur implantation au Canada, les pupilles royales auraient compté une proportion de femmes stériles relativement élevée, comparable à ce que l'on observe en France, et la différence entre cette proportion et celle affichée par les Canadiennes pourrait expliquer en partie la fécondité supérieure des femmes nées dans la colonie. Par la suite, la progression de la stérilité parmi les Filles du roi aurait ralenti, rejoignant même les niveaux connus par les Canadiennes, de telle sorte que l'écart entre ce taux et celui des Françaises restées sur place pourrait expliquer en partie la fécondité supérieure des immigrantes. Dans le déroulement de ce schéma, dont l'exactitude est conditionnelle à la justesse de la correction faite aux âges des femmes, les conditions d'existence dans la colonie, plus favorables à la santé des populations, auraient donc été décisives.

Comme une première mesure de l'intervalle moyen entre les naissances l'a déjà annoncé, le calendrier de la fécondité participe aussi à l'explication des différences d'intensité observées. Reste donc à marquer les temps de la constitution de la famille et à chercher à découvrir si des pratiques culturelles comme l'allaitement des enfants a pu contribuer à différencier les descendances.

3 – Famille

A – Dimension de la famille

Avant d'apprécier l'espacement des naissances, mesurons d'abord la taille des familles achevées, soit de toutes les unions observées jusqu'à leur rupture. Le tableau 64 établit leur distribution selon le nombre d'enfants connus, y compris ceux sans date de naissance. Plus d'une famille sur cinq n'a eu aucune descendance et l'union la plus féconde a compté dix-huit enfants[35]. Le nombre moyen d'enfants par famille

---

maris, elles recevaient en la maison de Giron de «jeunes hommes venus de France nouvellement, qui s'y debauchent au grand scandale des voisins» (*Jugements et délibérations du Conseil souverain de la Nouvelle-France*, vol. II, Québec, Côté, 1886, pp. 5-6). Malgré les apparences, on ne saurait établir de lien causal entre l'infécondité de cette femme et ses comportements sexuels éventuellement pathogènes.

35. Catherine Ducharme, mariée à Pierre Roy dit St-Lambert, a donné naissance à 18 enfants en 17 accouchements étalés sur une période de 27 ans, soit de l'âge (corrigé) de 18 à 45 ans.

ne tient pas compte toutefois des naissances inconnues, qu'il suffit cependant d'évaluer de la même façon que pour les fiches MF[36]. Le nombre moyen corrigé est alors de 5,0 x 1,16 = 5,8 enfants.

La dimension des familles achevées dépend de la durée utile du mariage, c'est-à-dire de l'intervalle pendant lequel l'épouse est susceptible de donner naissance à un enfant. Le tableau 65 démontre l'étroite

TABLEAU 64
DISTRIBUTION DES FAMILLES ACHEVÉES[*]
SELON LE NOMBRE D'ENFANTS CONNUS

Nombre d'enfants connus	Ensemble des familles			
	Nombre de familles		Nombre d'enfants	
	Absolu	Relatif	Absolu	Relatif
0	193	216	0	0
1	66	74	66	15
2	61	68	122	27
3	55	62	165	37
4	62	70	248	56
5	48	54	240	54
6	83	93	498	112
7	62	70	434	98
8	55	62	440	99
9	52	58	468	105
10	65	73	650	146
11	36	40	396	89
12	26	29	312	70
13	11	12	143	32
14	6	7	84	19
15	4	4	60	14
16	1	1	16	4
17	5	6	85	19
18	1	1	18	4
Ensemble	892	1000	4445	1000

Nombre moyen d'enfants connus par famille: 5,0.
[*] À l'exclusion de 63 familles où au moins l'un des conjoints a émigré définitivement hors de la colonie.

---

36. Le facteur de correction est ainsi établi :

$$\frac{704 \text{ naissances perdues}}{3831 \text{ naissances relevées} + 573 \text{ naissances perdues mais retrouvées}} = 0,16.$$

corrélation entre la descendance connue et la durée totale de l'union[37]. Ainsi, bien que regroupant moins de 80 pour cent des familles, les unions rompues après le dixième anniversaire de mariage ont donné naissance à près de 94 pour cent des enfants.

TABLEAU 65

DISTRIBUTION DES FAMILLES ACHEVÉES* SELON LE NOMBRE D'ENFANTS CONNUS ET LA DURÉE DE L'UNION

Nombre d'enfants connus	Durée de l'union (en années)							
	0-4	5-9	10-14	15-19	20-24	25-29	30 et plus	Ensemble
0	38	38	28	17	17	14	27	179
1	23	3	10	6	8	1	11	62
2	14	8	6	7	4	4	15	58
3	4	18	6	8	2	7	9	54
4	1	19	7	6	7	6	16	62
5	0	5	10	5	8	4	15	47
6	0	4	17	18	8	2	33	82
7	0	1	4	15	10	8	23	61
8	0	0	4	9	7	8	26	54
9	0	0	0	6	4	5	37	52
10	0	0	0	8	17	4	36	65
11	0	0	0	1	7	3	25	36
12	0	0	0	1	0	3	22	26
13	0	0	0	0	1	3	7	11
14	0	0	0	0	0	0	6	6
15	0	0	0	0	0	1	3	4
16	0	0	0	0	0	0	1	1
17	0	0	0	0	0	3	2	5
18	0	0	0	0	0	0	1	1
Ensemble	80	96	92	107	100	76	315	866
Nombre d'enfants	67	205	280	535	560	465	2294	4406
Nombre moyen d'enfants	0,8	2,1	3,0	5,0	5,6	6,1	7,3	5,1

* À l'exclusion de 63 familles où au moins l'un des conjoints a émigré définitivement hors de la colonie et de 26 familles où la durée d'union est inconnue (malgré l'adjonction des décès connus de façon statistique).

---

37. En l'absence de décès connus des conjoints, on a fermé l'observation en se servant de dates de décès fixées de façon statistique, à l'intérieur de l'intervalle compris entre les dates de dernière mention comme vivant (« ap. x ») et de première mention comme décédé (« av. x »). Voir infra, pp. 226-228.

TABLEAU 66

NOMBRE MOYEN D'ENFANTS CONNUS PAR FAMILLE ET DURÉE MOYENNE
DE L'UNION SELON LA CATÉGORIE SOCIO-PROFESSIONNELLE DU MARI ET
L'HABITAT AU CANADA*

	Nombre de familles	Nombre moyen d'enfants	Durée moyenne de l'union (en années)
Catégorie socio-professionnelle			
Notables	60	5,4	26,6
Gens de métier	163	5,6	23,7
Agriculteurs	542	5,3	24,2
Métiers les plus humbles	42	3,2	22,3
Indéterminée	59	2,7	13,9
Habitat au Canada			
Urbain	134	5,0	22,4
Rural	732	5,1	23,7
Ensemble	866	5,1	23,5

* Voir note au tableau 65.

La durée moyenne de l'ensemble des unions s'établit à 23,5 ans (tableau 66). Les variations observées dans la descendance et dans la durée de l'union selon la profession du mari sont certainement biaisées puisque la classification sociale des hommes a été faite, en cas de mentions professionnelles multiples, en privilégiant les occupations les plus élevées[38] et qu'il y a d'autant plus de chances de relever de telles mentions que s'allonge l'observation. Par ailleurs, les différences constatées selon l'habitat au Canada ne sont pas significatives.

Si l'on s'en tient aux familles complètes, c'est-à-dire rompues après que la femme ait atteint l'âge de 45 ans, il convient d'étudier la dimension de la famille selon l'âge au mariage de la femme (tableau 67). L'effet perturbateur de la mortalité étant ainsi neutralisé, l'impact de la nuptialité sur la fécondité ressort nettement : les femmes mariées à 20-24 ans ($\overline{X}$ = 21,8 ans) ont donné naissance, en moyenne, à 8,5 enfants, soit 2,8 enfants ou 50 pour cent de plus que celles mariées

38. Voir supra, p. 165.

TABLEAU 67

DISTRIBUTION DES FAMILLES COMPLÈTES SELON LE NOMBRE D'ENFANTS
CONNUS ET L'ÂGE AU MARIAGE DE LA FEMME

Nombre d'enfants connus	Âge au mariage de la femme						Ensemble
	Moins de 20 ans	20-24 ans	25-29 ans	30-34 ans	35-39 ans	40-44 ans	
0	4	4	16	11	8	15	58
1	2	2	3	2	5	8	22
2	2	5	7	6	2	6	28
3	1	4	2	10	3	6	26
4	5	1	10	10	3	2	31
5	1	5	15	9	0	0	30
6	1	11	16	15	3	0	46
7	6	8	14	11	1	0	40
8	10	12	12	2	0	0	36
9	10	22	10	2	0	0	44
10	14	23	8	0	0	0	45
11	9	18	4	1	0	0	32
12	11	11	3	0	0	0	25
13	5	3	1	0	0	0	9
14	4	2	0	0	0	0	6
15	2	2	0	0	0	0	4
16	1	0	0	0	0	0	1
17	2	1	0	0	0	0	3
18	1	0	0	0	0	0	1
· Ensemble	91	134	121	79	25	37	487
Nombre d'enfants	842	1143	691	341	55	46	3118
Nombre moyen d'enfants	9,3	8,5	5,7	4,3	2,2	1,2	6,4

à 25-29 ans ($\overline{X}$ = 26,7 ans). Cet exemple montre avec quelle efficacité la précocité ou le retard du mariage dans les populations traditionnelles a pu servir de mécanisme autorégulateur[39]. Il importe cependant de rappeler que la descendance moyenne n'a pas diminué de façon linéaire avec l'augmentation de l'âge au mariage. Ainsi que l'ont illustré les courbes de la figure 18 et que le reconfirme celle de la figure 20, la fécondité diminue légèrement avec la durée de mariage ou, en

---

39. Jacques Dupâquier, « De l'animal à l'homme : le mécanisme autorégulateur des populations traditionnelles », *Revue de l'Institut de sociologie*, n° 2 (1972), pp. 177-211. Alain Bideau, « Les mécanismes autorégulateurs des populations traditionnelles », *Annales E.S.C.*, vol. 38, n° 5 (septembre-octobre 1983), pp. 1040-1057. Sur les réserves à l'application de ce modèle à la colonie canadienne, voir Charbonneau et al., *Naissance d'une population, op. cit.*, p. 57.

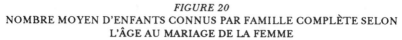

d'autres mots, « le nombre d'enfants d'une femme mariée à 30 ans est supérieur à celui qu'a, après cet âge, une femme mariée à 20 ou 25 ans »[40].

Corrigeons finalement le nombre moyen d'enfants par famille complète pour tenir compte des naissances inconnues. Le résultat, pour les femmes mariées à tous âges, atteint 7,4 enfants[41], soit un nombre à peu près équivalent à la descendance complète calculée à partir des taux corrigés de fécondité[42].

B – Espacement des naissances

a – Naissances illégitimes

La presque totalité des enfants des Filles du roi sont nés dans le cadre légitime du mariage. On ne relève que 24 naissances illégitimes, dont 10 sont survenues entre l'arrivée de l'immigrante au Canada et

---

40. Hubert Charbonneau, *Tourouvre-au-Perche aux XVIIe et XVIIIe siècles. Étude de démographie historique*, Paris, PUF, 1970, p. 137.

41. 6,4 x 1,16 = 7,4 enfants. Le facteur correctif repose sur le rapport suivant:

$$\frac{495 \text{ naissances perdues}}{2679 \text{ naissances relevées} + 412 \text{ naissances perdues mais retrouvées}} = 0{,}16.$$

42. La descendance complète établie au tableau 57 est de 7,1 enfants. Cette proximité des résultats confirme les observations d'Henry et Blum à ce sujet (*op. cit.*, pp. 95-96):

Aux fluctuations aléatoires près, [le nombre moyen d'enfants par famille complète observée] devrait être égal à la descendance complète si à chaque âge de la femme, la fécondité était la même dans les familles complètes et dans l'ensemble des familles; en réalité la fécondité semble être plus élevée dans les familles complètes; la différence est cependant assez petite pour qu'il n'y ait pas grande différence entre la descendance complète et le nombre moyen d'enfants par famille complète.

la célébration de son premier mariage et les 14 autres au cours de ce mariage ou du veuvage subséquent[43].

Pour apprécier l'intensité du phénomène, rapportons les 24 naissances illégitimes aux naissances connues, légitimes et illégitimes, des Filles du roi. Le taux atteint 0,54 pour cent (24/4479), comparativement à 0,93 pour cent pour l'ensemble de la population canadienne du XVIIe siècle et à environ 1 pour cent pour la France de Louis XIV[44]. Fait déjà rare dans les populations traditionnelles, l'illégitimité était encore plus exceptionnelle chez les immigrantes établies au Canada au XVIIe siècle, à cause principalement du déséquilibre du marché matrimonial qui incitait les femmes à se marier rapidement après leur arrivée.

Envisagé sous l'angle du nombre de femmes ayant donné naissance à au moins un enfant illégitime, le phénomène prend cependant une ampleur accrue, même s'il reste marginal. Les 24 bâtards recensés ont été engendrés par 20 femmes différentes, 19 en ayant conçu un chacune et la dernière ayant donné le jour à cinq[45]. Près de 2,6 pour cent des Filles du roi (20/770), soit une sur quarante, ont donc eu une descendance en dehors des liens du mariage.

La répartition proportionnelle de ces naissances dans le temps et dans l'espace coïncide avec les observations faites en France et en Nouvelle-France pour la même époque. Même si les villes canadiennes étaient encore peu développées, elles offraient déjà les conditions de

---

43. Les lacunes de l'enregistrement des décès interdisent l'établissement d'une répartition précise des naissances illégitimes entre les femmes mariées et veuves. Parmi les 14 enfants naturels dont la mère n'était pas célibataire, de 3 à 10 étaient adultérins et de 4 à 11 sont nés de veuves.

44. Les taux canadiens concernent, au numérateur comme au dénominateur, les enfants avec ou sans acte de baptême et excluent les naissances amérindiennes. Le résultat relatif à la population canadienne du XVIIe siècle corrige donc celui calculé par Lyne Paquette et Réal Bates, « Les naissances illégitimes sur les rives du Saint-Laurent avant 1730 », *Revue d'histoire de l'Amérique française*, vol. 40, n° 2 (automne 1986), p. 243. Le taux français a été avancé par Jacques Dupâquier, *La population française aux XVIIe et XVIIIe siècles*, Paris, PUF, 1979, p. 59.

45. Celle-ci était Catherine Guichelin, épouse de Nicolas Buteau, jugée en 1675 par le Conseil souverain « atteinte et convaincüe de s'estre prostitüé a plusieurs personnes au scandale public ». Le tribunal « pour reparation l'a bannye Et bannist de cette ville et banlieüe [de Québec] jusques a ce que son mary soit de retour, par grace et en consideration de la Colonie et de ses deux Enfans, Enjoint a elle de se mieux comporter a l'avenir Et de garder son ban a peine du foüet» (*Jugements et délibérations du Conseil souverain de la Nouvelle-France*, vol. I, Québec, Côté, 1885, p. 973). C'est après cette condamnation, sans que l'on sache si son mari était toujours vivant, que ladite Guichelin enfanta cinq bâtards, nés entre 1677 et 1687, trois d'entre eux étant de père inconnu et

promiscuité et d'anonymat propices à favoriser l'illégitimité et à recueillir les fruits cachés des paysannes d'alentour. La proportion de naissances illégitimes des Filles du roi atteint ainsi 0,76 pour cent (13/1711) en ville et 0,45 pour cent (10/2202) en campagne, comparativement à 1,24 et à 0,77 pour cent pour l'ensemble de la population canadienne d'avant 1700[46]. Près de quatre naissances sur dix découlaient de conceptions survenues au cours des mois d'avril à juillet et moins du tiers résultaient de fréquentations hivernales (de novembre à mars). La même situation observée dans la vallée du Saint-Laurent avant 1730 a déjà permis de conclure que « les enfants illégitimes sont [...] des enfants du plein air, d'aucuns seraient tentés de dire des enfants des haies »[47].

Étant donné le petit nombre d'hommes et de femmes impliqués, il serait vain de tenter de brosser un portrait précis des parents licencieux, d'autant plus que le tiers des pères restent inconnus. Signalons toutefois leur âge moyen à l'accouchement, relativement élevé : 28 ans pour les femmes (N = 23) et 34 ans (N = 11) pour les hommes. Presque tous les hommes connus étaient français (15/16) ; le tiers commettaient l'adultère puisqu'ils étaient déjà mariés (4/12), les autres étant célibataires ; près de la moitié (5/13) appartenaient déjà ou appartiendront plus tard au monde de la notabilité, ce qui diffère des observations de Paquette et Bates reliant plutôt les pères illégitimes au service militaire et à la domesticité[48]. Il convient enfin de souligner que les dix femmes qui ont accouché d'un enfant avant leur première union au Canada ont connu par la suite un délai de mariage très long, dépassant en moyenne deux ans ; même si quatre d'entre elles épouseront finalement le père de leur enfant, ce résultat témoigne de la difficulté des filles-mères à trouver un mari.

Déjà infime par le nombre d'enfants nés, la fécondité illégitime des Filles du roi est encore plus négligeable en termes de descendance utile. Comme il a déjà été démontré, une forte mortalité affligeait les

---

les deux autres de père dûment mentionné et distinct. La prostitution et non le concubinage paraît donc expliquer cette longue succession d'enfants naturels dont les annales de la Nouvelle-France offrent bien peu d'exemples aussi remarquables. Voir Paquette et Bates, *loc. cit.*, p. 251.

46. Même si l'on a tenté de distinguer lieu de naissance et lieu d'enregistrement du baptême, il est probable que l'inclusion de naissances rurales dans le registre urbain de Québec, en particulier avant 1680, ait gonflé quelque peu les taux urbains.

47. *Ibid.*, p. 246.

48. *Ibid.*, p. 250.

enfants nés hors mariage[49]. Les petits nombres et l'incertitude du destin d'une partie d'entre eux interdisent ici des calculs précis, mais on peut présumer que les proportions de survivants à 1 an et à 15 ans établies par Paquette et Bates[50], respectivement de 395 et 220 pour mille, valent aussi pour les enfants illégitimes des Filles du roi.

b – Conceptions prénuptiales

La proportion de conceptions prénuptiales est calculée en rapportant à l'ensemble des premières naissances toutes celles survenues dans les huit premiers mois du mariage (mois révolus 0 à 7). Les naissances du neuvième mois ne sont pas prises en compte parce qu'elles compensent pour les premiers-nés conçus après le mariage et nés avant le neuvième mois[51]. Seules sont considérées les fiches de famille comptant au mois une naissance, ouvertes par un acte de mariage, fermées par une date de fin d'union, d'une durée d'observation d'au moins cinq ans et ne comportant aucune naissance illégitime.

Une Fille du roi sur dix-huit était déjà enceinte au moment de son mariage au Canada (tableau 68). Cette proportion est similaire à celles estimées par les auteurs qui ont mesuré le phénomène au Canada avant 1700[52], à une époque où le déséquilibre du marché matrimonial abrégeait la durée des fréquentations et réduisait le risque de rapports sexuels prénuptiaux. Elle ne diffère pas non plus significativement de celle observée dans la France rurale de la période 1670-1739, estimée en moyenne à 6,7 pour cent[53].

La fréquence des conceptions prénuptiales varie considérablement en fonction de l'âge au mariage de la femme : faible aux jeunes âges, elle approche 15 pour cent chez les Filles du roi mariées à 30 ans et plus. Accentuée par la moindre fécondabilité des adolescentes, cette augmentation reflète surtout la plus grande liberté de comportement des femmes plus âgées et la durée prolongée des fréquentations des

---

49. « De cette natalité illégitime, en fin de compte, des études statistiques sur la fin du XVIIIe siècle montrent que moins de 10 p. cent parviennent à l'âge de reproducteur. À la limite, une quantité presque négligeable ». Pierre Chaunu, *La civilisation de l'Europe classique*, Paris, Arthaud, 1966, p. 196.

50. *Loc. cit.*, pp. 246-247.

51. Henry et Blum, *op. cit.*, p. 107.

52. Réal Bates, « Les conceptions prénuptiales dans la vallée du Saint-Laurent avant 1725 », *Revue d'histoire de l'Amérique française*, vol. 40, n° 2 (automne 1986), pp. 253-272. Charbonneau, *Vie et mort de nos ancêtres*, *op. cit.*, pp. 214-216.

53. Dupâquier, *op. cit.*, p. 60.

TABLEAU 68

PROPORTIONS DE CONCEPTIONS PRÉNUPTIALES, SELON L'ÂGE AU MARIAGE ET L'ÉTAT MATRIMONIAL ANTÉRIEUR DE LA FEMME, EN POUR CENT

Âge au mariage de la femme	Nombre de premières naissances	Nombre d'intervalles inférieurs à 8 mois	Proportion de conceptions prénuptiales (%)
Célibataires			
Moins de 20 ans	67	2	3,0
20-24 ans	87	0	0,0
25-29 ans	54	2	3,7
30 ans et plus	28	3	10,7
Tous âges	236	7	3,0
Veuves			
Moins de 20 ans	0	0	0,0
20-24 ans	10	1	10,0
25-29 ans	12	2	16,7
30 ans et plus	33	6	18,2
Tous âges	55	9	16,4
Ensemble			
Moins de 20 ans	67	2	3,0
20-24 ans	97	1	1,0
25-29 ans	66	4	6,1
30 ans et plus	61	9	14,8
Tous âges	291	16	5,5

veuves qui ont conçu avant le mariage plus de cinq fois plus fréquemment que les célibataires.

Les proportions de conceptions prénuptiales calculées suivant l'habitat de la femme en France ou celui du couple au Canada ne présentent pas d'écart significatif, mais par contre les femmes mariées au Canada à un notable semblaient plus susceptibles que les autres de concevoir avant mariage leur premier enfant : la différence des taux relatifs aux femmes célibataires, 11,1 pour cent (2/18) contre 2,3 pour cent (5/218), s'explique vraisemblablement par le plus long délai de mariage des femmes ayant épousé un notable à leur arrivée dans la colonie[54]. Cette hypothèse est confortée par la valeur moyenne élevée

54. Voir supra, p. 132. Lorraine Gadoury a calculé une proportion de conceptions prénuptiales de 6,2 pour cent (21/338) pour les nobles mariés en Nouvelle-France. *Comportements démographiques et alliances de la noblesse en Nouvelle-France*, thèse de Ph.D., Département d'histoire, Université de Montréal, 1988, p. 254.

du délai de mariage des femmes déjà enceintes à leur premier mariage : près de 8 mois (N = 9), comparativement à 4,6 mois pour les autres (N = 653).

Afin d'estimer si les privautés à l'origine des conceptions prénuptiales constituaient des libertés consenties dans le cadre d'un mariage anticipé ou si, au contraire, la grossesse de la femme a provoqué un mariage imprévu, distinguons les naissances survenues dans les cinq premiers mois du mariage de celles produites dans les quatre mois subséquents. Les premières résultent de conceptions intervenues de cinq à neuf mois avant le mariage et, compte tenu du délai pour faire entériner l'union par l'Église, correspondent vraisemblablement à des mariages provoqués. Par contre, les secondes découlent de conceptions survenues dans les derniers mois précédant le mariage, soit au moment où la décision de convoler devait avoir été prise. Les seize conceptions prénuptiales des Filles du roi se répartissent ainsi : trois correspondent à la catégorie des mariages provoqués et les treize autres à celle des mariages anticipés. Ce résultat est conforme à la tendance observée dans la vallée du Saint-Laurent avant 1725 où 60 pour cent des conceptions prénuptiales appartenaient au second type[55], ainsi qu'à Rouen de 1640 à 1789 où, conclut Jean-Pierre Bardet, « la relative liberté des célibataires s'inscrivait en fait dans une perspective nuptiale »[56].

c – Intervalle protogénésique

La mesure de l'intervalle entre le mariage et la première naissance révèle l'importance de la fécondabilité et de la mortalité intra-utérine, soit, les deux facteurs étant réunis, de la fécondabilité effective[57]. Les fiches de famille utilisées pour ce calcul sont les mêmes que pour l'étude des conceptions prénuptiales, à l'exception de celles dont l'intervalle protogénésique est inférieur à huit mois.

D'après le tableau 69, 46 pour cent des premiers-nés conçus dans les familles des Filles du roi venaient au monde avant le premier anniversaire de l'union et l'intervalle protogénésique médian, moins sensible que l'intervalle moyen à la dissymétrie de la distribution, reste inférieur à 13 mois. Les Filles du roi ont donc connu un intervalle entre le mariage et la première naissance presque identique à celui des autres pionnières établies avant 1680 et l'analyse a déjà montré, par compa-

---

55. Bates, *loc. cit.*, pp. 270-271.

56. Jean-Pierre Bardet, *Rouen aux XVIIᵉ et XVIIIᵉ siècles. Les mutations d'un espace social*, Paris, Société d'édition d'enseignement supérieur, 1983, t. 1, p. 327.

57. Leridon, *Aspects biométriques de la fécondité humaine*, *op. cit.*, p. 25.

TABLEAU 69
INTERVALLE ENTRE LE MARIAGE ET LA PREMIÈRE NAISSANCE, SELON
L'ÂGE AU MARIAGE DE LA FEMME

Âge au mariage de la femme	Nombre d'inter- valles	Intervalles de		Intervalle	
		8-11 mois (%)	12 mois et plus (%)	moyen	médian
Moins de 20 ans	65	35	65	22,6*	13,8
20-24 ans	96	51	49	16,4	11,9
25-29 ans	62	52	48	15,9	11,8
30 ans et plus	52	44	56	19,0	13,3
Tous âges	275	46	54	18,2	12,6
* Y compris un intervalle de 278 mois.					

raison avec les résultats obtenus à Tourouvre-au-Perche, que le Nouveau Monde favorisait un accroissement de la fécondabilité et une diminution de la mortalité intra-utérine[58].

L'influence de l'âge au mariage ressort nettement: après les âges de l'adolescence marqués par une progression de la fécondité, l'intervalle protogénésique atteint son minimum à 20-29 ans, puis rallonge lentement. Le tableau 70 permet d'établir avec encore plus de précision à quel âge les femmes ont véritablement atteint leur maturité reproductrice. Avant 18 ans, le délai médian de conception (intervalle protogénésique moins neuf mois de grossesse) est resté relativement élevé, avant d'atteindre à 18 et 19 ans un niveau similaire à celui connu dans les âges de la vingtaine. Le calcul de la fécondabilité effective traduit cette réalité: les quotients de fécondité à 9 mois de mariage, multipliés par un facteur correctif de 15 pour cent[59], indiquent en effet, en colonne 4, une probabilité mensuelle de concevoir très faible avant 18 ans; les valeurs observées à 18-29 ans sont plus élevées, atteignant presque le niveau de 0,250 reconnu habituellement en démographie historique aux femmes de 25 ans[60]; le déclin de l'indice, amorcé à 25-29 ans, s'accentue finalement chez les femmes âgées de plus de 30 ans (figure 21). Au total, le cinquième des Filles du roi ont

---

58. Charbonneau et al., Naissance d'une population, op. cit., pp. 97-98.

59. Leridon, Aspect biométriques de la fécondité humaine, op. cit., p. 30.

60. Ibid., p. 37.

donc été fécondées à la première ovulation suivant leur mariage et la moitié d'entre elles avaient déjà conçu leur premier enfant à naître vivant moins de quatre mois après le début de l'union. Pour la population canadienne mariée entre 1700 et 1730, Jacques Henripin a déjà estimé que la fécondabilité atteignait 0,254 et que le délai médian de conception était de seulement 1,7 mois[61]. C'est dire que, même supérieure à celle des Françaises, la fécondabilité des Filles du roi est restée inférieure à celle que connaîtront plus tard leurs filles et petites-filles.

TABLEAU 70

DÉLAI MÉDIAN DE CONCEPTION EN MOIS ET FÉCONDABILITÉ EFFECTIVE SELON L'ÂGE AU MARIAGE DE LA FEMME

Âge au mariage de la femme	Délai de conception		Fécondabilité effective			
	Nombre d'inter-valles	Délai médian de conception (mois)	Nombre d'intervalles de 9 mois (1)	Nombre d'inter-valles supérieurs à 8 mois (2)	Quotient de fécondité [(1)/(2)] (3)	Fécondabilité effective [(3)x1,15] (4)
14-15 ans	6	5,0	0	6	——	——
16-17 ans	24	6,0	1	24	0,042	0,048
18-19 ans	35	3,2	6	32	0,188	0,216
20-24 ans	96	2,9	19	93	0,204	0,235
25-29 ans	62	2,8	12	61	0,197	0,226
30 ans et plus	52	4,3	8	46	0,174	0,200
Tous âges	275	3,6	46	262	0,176	0,202

La différenciation de l'analyse selon l'habitat de la femme en France ou du couple au Canada et selon la catégorie socio-professionnelle du père ou du mari ne laisse apparaître aucun écart significatif dans la durée de l'intervalle protogénésique. On pourrait croire aussi que les femmes les plus rapidement mariées après leur débarquement ont connu un premier délai de conception plus long que celles qui ont attendu plus longtemps avant de convoler, par suite d'une éventuelle aménorrhée temporaire découlant des changements brusques de climat et de régime de vie. Si les résultats indiquent en effet une légère tendance à un allongement de l'intervalle protogénésique pour les immigrantes mariées dans les trois premiers mois de leur séjour au

---

61. Henripin, *op. cit.*, p. 79. La fécondabilité établie par Henripin est en fait un quotient de fécondité à 9 mois de mariage (non corrigé). Le délai médian de conception a été calculé à partir des données de la p. 78.

Canada, l'analyse statistique conclut cependant à l'absence de signification de l'écart observé[62]. Par contre, la différence constatée dans le
délai de conception entre les immigrantes arrivées en 1669, 1670 et
1671 et les autres femmes est statistiquement significative : l'intervalle
protogénésique des premières est plus élevé[63], ce qui suggère que les
conditions d'existence prévalant à l'Hôpital général de Paris, où ont été
recrutées la majorité d'entre elles, ont altéré leur fécondabilité effective.
Ce résultat n'est pas étonnant puisqu'on a observé le même phénomène,
à Tourouvre-au-Perche, chez les familles les plus démunies[64].

FIGURE 21
DÉLAI MÉDIAN DE CONCEPTION ET FÉCONDABILITÉ EFFECTIVE SELON
L'ÂGE AU MARIAGE DE LA FEMME

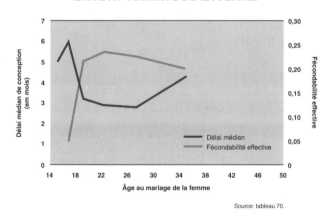

Source: tableau 70.

d – Premier intervalle intergénésique

Conformément à ce qui a été constaté ailleurs, la durée du
premier intervalle intergénésique est manifestement plus longue que
celle de l'intervalle protogénésique : pour l'ensemble des Filles du roi,
l'intervalle moyen entre le premier et le second accouchement dépasse

---

62. Intervalle médian et âge moyen au mariage des femmes mariées rapidement :
13,1 mois et 23,1 ans (N = 87) ; intervalle médian et âge moyen au mariage des femmes
mariées moins rapidement : 12,0 mois et 23,7 ans (N = 152).

63. Intervalle médian et âge moyen au mariage des femmes arrivées en 1669, 1670
et 1671 : 13,5 mois et 24,1 ans (N = 139) ; intervalle médian et âge moyen au mariage
des femmes arrivées les autres années : 11,7 mois et 24,5 ans (N = 136).

64. Charbonneau, *Tourouvre-au-Perche aux XVIIe et XVIIIe siècles, op. cit.*, pp. 146-147.

de sept mois l'intervalle moyen entre le mariage et le premier accouchement (tableau 71).

TABLEAU 71

INTERVALLE PROTOGÉNÉSIQUE ET PREMIER INTERVALLE
INTERGÉNÉSIQUE, SELON L'ÂGE AU MARIAGE DE LA FEMME*

Âge au mariage de la femme	Nombre d'unions	Intervalle protogénésique moyen (mois)	Premier intervalle intergénésique moyen (mois)	Différence entre les deux intervalles (mois)
Moins de 20 ans	58	19,1	23,2	4,1
20-24 ans	92	16,4	23,2	6,8
25-29 ans	60	14,1	24,1	10,0
30 ans et plus	36	16,4	23,3	6,9
Tous âges	246	16,5	23,5	7,0

* Unions d'au moins cinq ans et comportant au moins deux accouchements.

Si l'on admet que la première maternité n'introduit pas de discontinuité dans les niveaux de fécondabilité, et que par conséquent le délai de conception observé à la première naissance est le même à la seconde naissance[65], on peut considérer, en moyenne, l'écart entre les deux intervalles équivalent à la durée de stérilité post-partum, donc — en ne tenant pas compte des cycles anovulaires — égal à la durée d'aménorrhée consécutive au premier accouchement. On sait que cette période de temps mort varie beaucoup en fonction de la durée de l'allaitement au sein, qui empêche ou retarde le retour de l'ovulation chez une fraction importante de femmes. Sur la base d'observations réalisées auprès d'une vingtaine de populations contemporaines, John Bongaarts a établi une formule qui résume la relation entre les durées d'aménorrhée et d'allaitement[66] :

$$A = 1,753e^{0,1396B} - 0,001872B^2$$

---

65. Louis Henry, «Mesure du temps mort en fécondité naturelle», *Population*, 19e année, n° 3 (juin-juillet 1964), p. 488.

66. John Bongaarts, «The Proximate Determinants of Natural Marital Fertility», dans *Determinants of Fertility in Developing Countries*, vol. 1 : *Supply and Demand for Children*, ed. by Rodolfo A. Bulatao and Ronald D. Lee, New York, Academic Press, 1983, pp. 106-107.

où A = durée moyenne ou médiane d'aménorrhée post-partum, en mois, et B = durée moyenne ou médiane d'allaitement en mois.

Cette équation devient :

$$B = \frac{74,57 - \sqrt{5560,68 - 4\left[\dfrac{\ln \frac{A}{1,753}}{0,001872}\right]}}{2}$$

Ayant estimé à 7,0 mois la durée moyenne d'aménorrhée post-partum de l'ensemble des Filles du roi, cette formule permet d'évaluer à 11,7 mois leur durée moyenne d'allaitement. Comparons la durée d'allaitement des Filles du roi à celle des pionnières établies avant 1680 en sélectionnant les femmes mariées à 20-29 ans : les premières ont allaité pendant 13,3 mois et les secondes pendant 14,0 mois[67]. Les Filles du roi n'ont donc pas adopté de comportement spécifique en cette matière, comparativement aux autres immigrantes du XVIIe siècle. Notons cependant que ces résultats prennent en compte les durées d'allaitement interrompues à la suite du décès du nourrisson. Pour neutraliser ce phénomène perturbateur, écartons les Filles du roi dont le premier enfant est mort avant un an[68] et reprenons les calculs : la durée moyenne d'aménorrhée augmente de 2,0 mois et la durée moyenne d'allaitement passe de 11,7 à 14,6 mois. Cette dernière valeur est tout à fait comparable à celle de 14 mois calculée par Jacques Henripin, à l'aide d'une autre méthode, pour les Canadiennes mariées entre 1700 et 1729, dont les enfants ont aussi vécu plus d'un an[69].

On conclut de ces divers résultats que la durée d'allaitement n'a pas dû varier notablement entre, d'une part, les immigrantes établies au XVIIe siècle et, d'autre part, leurs filles et petites-filles mariées au début du siècle suivant. On n'observe pas non plus, chez les Filles du roi, de différences significatives à cet égard selon l'habitat de la femme en France ou du couple au Canada, la profession du mari ou l'année

---

67. Pour l'ensemble des pionnières, tous âges au mariage confondus, la durée moyenne d'allaitement s'établit à 9,9 mois. Ce résultat corrige celui avancé antérieurement dans Charbonneau et al., *Naissance d'une population, op. cit.*, p. 99, où cette durée a été évaluée à environ six à neuf mois.

68. En l'absence de date de décès du premier enfant, on l'a considéré comme décédé avant un an si son acte de baptême constituait sa seule mention dans les registres paroissiaux et les recensements antérieurs à 1730.

69. Jacques Henripin, « La fécondité des ménages canadiens au début du XVIIIe siècle », *Population*, 9e année, n° 1 (janvier-mars 1954), pp. 74-84.

d'arrivée de l'immigrante : ceci témoigne, entre autres, du peu d'influence de l'origine urbaine des femmes sur leur durée d'allaitement[70] et aussi du peu d'extension de la pratique de la mise en nourrice dans l'environnement canadien mal différencié du XVIIᵉ siècle. Pas de différence non plus selon l'origine régionale : les femmes provenant des régions au nord de la Loire (à l'exception de la Bretagne), réputées réfractaires à l'allaitement maternel au XIXᵉ siècle[71], ont bien allaité un peu moins longtemps que celles originaires des régions plus au sud, mais l'écart entre les deux durées moyennes n'est pas statistiquement significatif[72].

e – Intervalles successifs

L'analyse des intervalles entre accouchements successifs des Filles du roi est menée pour les familles complètes et incomplètes ayant compté au moins six accouchements (tableau 72 et figure 22). Les résultats sont conformes à ceux obtenus ailleurs : relèvement sensible de l'intervalle 1-2 à l'intervalle 2-3, puis accroissement lent jusqu'à l'avant-dernier intervalle, enfin relèvement brusque au dernier intervalle. L'allongement plus ou moins rapide des intervalles témoigne des variations difficiles à dissocier, suivant à la fois l'âge de la femme et le rang de naissance, affectant la fécondabilité, le temps mort et la mortalité intra-utérine[73].

---

70. Bien que la durée d'allaitement soit un peu plus courte pour les femmes d'origine urbaine, 13,6 mois (N = 204), que pour celles tirées des campagnes, 16,3 mois (N = 97), l'analyse de variance relative aux durées d'aménorrhée, sur lesquelles repose le calcul des durées d'allaitement, révèle que la probabilité que la différence de durée relève du hasard atteint 26 pour cent. La moindre durée d'allaitement des citadines françaises, un phénomène reconnu dès le XVIIᵉ siècle, n'aurait donc pas été reproduit en Nouvelle-France par celles d'entre elles qui ont émigré et ne saurait expliquer leur surfécondité observée plus haut ; voir Antoinette Fauve-Chamoux, « La femme devant l'allaitement », *Annales de démographie historique* (1983), pp. 7-22.

71. Landry, *loc. cit.* La proportion d'enfants placés en nourrice par les familles de la ville de Québec a été évaluée à près de 4 pour cent pour les enfants nés entre 1680 et 1699 et à près de 15 pour cent pour ceux nés entre 1700 et 1729 ; Danielle Gauvreau, « À propos de la mise en nourrice à Québec pendant le Régime français », *Revue d'histoire de l'Amérique française*, vol. 41, nᵒ 1 (été 1987), pp. 58-59.

72. 14,0 mois (N = 245) contre 16,4 mois (N = 55) ; part du hasard : 42 pour cent. Voir Catherine Rollet, « L'allaitement artificiel des nourrissons avant Pasteur », *Annales de démographie historique* (1983), pp. 83 et 85. On a récemment justifié la précocité du sevrage et la forte mortalité infantile en milieu canadien-français à Montréal au XIXᵉ siècle par l'origine régionale sélective des immigrants du Régime français ; Patricia Thornton, Sherry Olson et Quoc Thuy Thach, « Dimensions sociales de la mortalité infantile à Montréal au milieu du XIXᵉ siècle », *Annales de démographie historique* (1988), p. 324.

73. Henri Leridon, « Les intervalles entre naissances : nouvelles données d'observation », *Population*, 22ᵉ année, nᵒ 5 (septembre-octobre 1967), pp. 821-840.

TABLEAU 72

INTERVALLES MOYENS ENTRE ACCOUCHEMENTS DANS LES FAMILLES
COMPLÈTES ET INCOMPLÈTES DE SIX ACCOUCHEMENTS ET PLUS, SELON
L'ÂGE AU MARIAGE DE LA FEMME*

Âge au mariage de la femme	Nombre d'unions	Intervalles moyens en mois				Nombre d'unions	Intervalles moyens en mois**			
		1-2	2-3	3-4	4-5		AAAD	AAD	AD	D
Avant 20 ans	89	21,0	25,8	25,7	26,5	77	29,2	27,5	29,0	35,1
20-24 ans	125	20,8	24,7	24,6	26,3	111	26,4	27,6	27,3	31,7
25-29 ans	61	20,8	22,8	26,5	26,0	55	24,3	27,4	26,5	32,2
30 ans et plus	29	20,7	21,6	23,9	24,5	27	21,8	24,9	25,4	30,4
Tous âges	304	20,8	24,3	25,2	26,2	270	26,3	27,2	27,4	32,6

*   Fiches MF et MO utilisées pour les intervalles 1-2 à 4-5; fiches MF et EF utilisées pour les intervalles AAAD à D.
** Intervalle D = dernier; AD = avant-dernier; AAD = antépénultième; etc.

FIGURE 22

INTERVALLES MOYENS ENTRE ACCOUCHEMENTS DANS LES FAMILLES
COMPLÈTES ET INCOMPLÈTES DE SIX ACCOUCHEMENTS ET PLUS, SELON
L'ÂGE AU MARIAGE DE LA FEMME

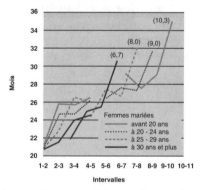

Les nombres entre parenthèses indiquent le nombre
moyen d'accouchements par famille et, par conséquent, le
rang du dernier intervalle. Source : tableau 72.

Les valeurs prises par les divers intervalles sont similaires à celles
observées pour les pionnières établies au Canada avant 1680, pour les
Canadiennes mariées à des pionniers et pour diverses populations
françaises[74]. Cependant, la multiplicité des indices ne favorise guère

74. Charbonneau et al., *Naissance d'une population, op. cit.*, pp. 101-102. Charbonneau,
Tourouvre-au-Perche aux XVIIe et XVIIIe siècles, op. cit., p. 152. Étienne Gautier et Louis
Henry, *La population de Crulai paroisse normande. Étude historique*, Paris, PUF, 1958, p. 141.

la rigueur de la comparaison. Rappelons que le calcul de l'intervalle moyen entre naissances à 30 ans (tableau 61), à partir des taux de fécondité des femmes ultérieurement fécondes, a permis d'établir que les Filles du roi ont connu un intervalle moyen inférieur à celui des Françaises du Nord-Ouest et sensiblement supérieur à celui des Canadiennes.

Si aucun lien précis n'apparaît entre l'âge au mariage et l'augmentation d'un intervalle au suivant, on constate en revanche que les intervalles s'accroissent avec la précocité du mariage et l'augmentation du rang de l'accouchement. Ce phénomène s'explique par la plus grande dimension des unions les plus précoces et par l'usure physiologique entraînée par les maternités successives.

f – Dernière naissance

Le calcul de l'âge de la mère à la dernière naissance porte sur les familles complètes où la femme s'est mariée avant 30 ans. Même si l'on a exclu les unions où la dernière naissance est retrouvée, l'âge des Filles du roi est observé de façon imparfaite puisqu'on ne dispose de leur date de naissance exacte que dans 6 pour cent des cas.

L'examen du tableau 73 apporte néanmoins une preuve supplémentaire de l'absence de limitation volontaire des naissances par les Filles du roi, car les valeurs atteintes sont élevées. Par ailleurs, on ne décèle aucune trace de l'influence de la durée de l'union. L'analyse différentielle selon les variables habituelles — habitat d'origine de la femme en France, habitat d'établissement du couple au Canada, profession du père en France et du mari au Canada, année d'arrivée des immigrantes — ne révèle non plus aucun écart significatif.

Le tableau 74 intègre aux unions retenues au tableau précédent celles contractées à 30-39 ans et celles restées totalement infécondes. En rapportant au nombre total de couples le nombre de femmes ayant eu leur dernier enfant avant un âge x, on obtient la proportion de femmes désormais infécondes à cet âge. Malgré la différence des concepts entre l'infécondité définitive et la stérilité définitive[75], les résultats présentés au tableau 74 devraient, en pratique, être très similaires à ceux du tableau 62 sur la stérilité définitive. Si l'on fait

---

Alain Bideau, *La châtellenie de Thoissey-en-Dombes (1650-1840): étude d'histoire démographique. Analyse différentielle des phénomènes démographiques*, thèse de doctorat, Centre Pierre Léon, Université Lyon II, 1980, p. 309.

75. « "Désormais stériles" signifie désormais inaptes à avoir un enfant né vivant; ne pas confondre avec désormais inféconds qui s'applique aux couples qui n'ont pas d'enfant né vivant après l'âge observé; certains des couples désormais inféconds sont encore fertiles, c'est-à-dire aptes à avoir encore des enfants, mais deviennent stériles, avant que cette possibilité soit devenue réalité.» Henry et Houdaille, *loc. cit.*, p. 900, note 1.

TABLEAU 73
DISTRIBUTION DES FEMMES SELON LEUR ÂGE À LA DERNIÈRE NAISSANCE
ET LEUR ÂGE AU MARIAGE

Âge de la mère (en années révolues)	Âge au mariage de la femme			
	Moins de 20 ans	20-24 ans	25-29 ans	Ensemble
18	1			1
24	1			1
26		1		1
27	1			1
29	1	1		2
30	1	1	1	3
31		1	2	3
32	1		1	2
33			2	2
34	1	2		3
35	1	4	2	7
36	1		5	6
37	4	5	5	14
38	1	3	7	11
39	7	3	1	11
40	7	8	2	17
41	4	9	9	22
42	6	6	2	14
43	6	6	5	17
44	3	8	7	18
45	4	5	3	12
46	4	6		10
47	1	3	3	7
48	1	1	3	5
49			1	1
Ensemble	57	73	61	191
Âge moyen	39,8	40,8	40,2	40,3
Âge médian	40,6	41,3	40,8	41,0

abstraction des variations aléatoires, les écarts observés semblent excéder la distinction conceptuelle et pourraient témoigner, surtout aux âges avancés, de légères différences de comportement entre les familles complètes et l'ensemble des familles.

TABLEAU 74
PROPORTIONS DE FAMILLES COMPLÈTES DÉSORMAIS INFÉCONDES À
DIVERS ÂGES DE LA FEMME, EN POUR MILLE

Âge au mariage de la femme	Nombre d'unions	Âge actuel de la femme				
		20 ans	25 ans	30 ans	35 ans	40 ans
Moins de 20 ans	60	67	83	117	167	400
20-24 ans	76		39	66	171	316
25-29 ans	70			129	214	500
30 ans et plus	62				200	419
Tous âges	268	67	59	102	172	407

Le présent chapitre a permis d'établir sur des bases rigoureuses et irréfutables que les Filles du roi ont connu au Canada une fécondité élevée, sans commune mesure avec celle des prostituées. Pressenti par certains mais jamais mesuré, ce fait récuse l'hypothèse perpétuée depuis trois siècles associant les Filles du roi à une population de femmes vénales. L'affirmation claire de ce comportement général ne saurait cependant nier l'existence possible, et parfois vérifiée, de cas marginaux.

À l'image de leur double appartenance à l'ancienne et à la Nouvelle-France, les Filles du roi ont connu une fécondité de transition, plus forte que celle de leurs homologues restées en France, mais moins forte que celle des natives. L'explication de ce phénomène procède à la fois des séquelles laissées par les conditions difficiles de vie matérielles vécues avant leur départ de France et des effets bénéfiques de l'environnement canadien. L'étude de l'espacement des naissances a en effet montré que la fécondabilité effective des Filles du roi — soit leur probabilité mensuelle à concevoir un enfant à naître vivant — avait atteint un degré intermédiaire entre ceux des Françaises et des Canadiennes. L'analyse du processus d'acquisition de la stérilité définitive a par ailleurs indiqué qu'aux jeunes âges les immigrantes ont reproduit au Canada les niveaux relativement élevés observés en France, contribuant ainsi à réduire leur fécondité par rapport aux Canadiennes, et qu'après l'âge de 30 ans la progression de la stérilité définitive avait par contre ralenti, rejoignant alors les niveaux canadiens et contribuant à hausser leur fécondité par rapport aux Françaises. La définition de ce mécanisme complexe nuance et complète les analyses préliminaires publiées récemment à ce sujet.

Si le corps, au contact de réalités nouvelles sur le plan sanitaire et alimentaire, a la faculté d'intensifier promptement ses propriétés reproductives, on peut dès lors se demander s'il peut également faire face avec une plus grande efficacité à l'échéance de la mort. Issues de familles où la Parque avait frappé précocement, les Filles du roi forment donc une population doublement intéressante pour l'étude de la mortalité.

La constitution de la famille

1 Une descendance intermédiaire ...

Descendance complète selon l'âge au mariage de la femme

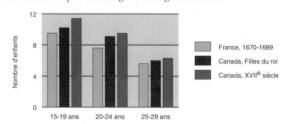

2 ... justifiée par l'espacement entre les naissances ...

Intervalle moyen entre naissances selon l'âge au mariage de la femme

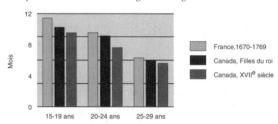

3 ... et par l'évolution de la stérilité définitive.

Proportion de femmes désormais stériles selon l'âge de la femme

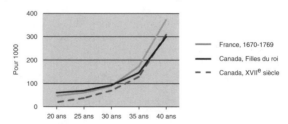

CHAPITRE V

MORTALITÉ ET RUPTURE DES UNIONS

> «Quoy qu'il n'y ayt point eu jusques à présent
> aucune maladie populaire en la Nouvelle-France,
> en cas qu'il en survinst quelqu'une, ledit S^r de
> Frontenac en fera examiner les causes avec grand
> soin pour y remédier promptement estant fort
> important au service de Sa Majesté de persuader
> aux habitans dudit païs que leur conservation est
> chère à Sa Majesté et utile et nécessaire au pu-
> blic.»
>
> Mémoire du roi pour servir d'instruction
> au sieur comte de Frontenac, que Sa Ma-
> jesté a choisy pour gouverneur et lieute-
> nant général pour Sa Majesté en Canada,
> 7 avril 1672.

Vaste chantier offert à l'historien, l'étude de la mortalité ressortit à la fois à la mesure démographique, à l'analyse des conditions alimentaires, sanitaires et médicales de la société ambiante, qui affectent directement les niveaux de mortalité, et à l'observation du comportement des hommes face à la mort. On se contentera ici de peindre seulement le premier volet de ce triptyque idéal, sans pour autant minimiser l'intérêt et la nécessité d'approfondir l'environnement socio-historique et les attitudes collectives[1].

1 – Décès

Notre analyse de la mortalité des Filles du roi ne portera que sur les femmes mariées et décédées dans la colonie. Sont donc écartées les 33 immigrantes que leur retour précipité en France exclut du registre

---

1. L'historiographie récente offre quelques études relatives à ces derniers phénomènes en Nouvelle-France. François Rousseau, *L'œuvre de chère en Nouvelle-France. Le régime des malades à l'Hôtel-Dieu de Québec*, Québec, Les Presses de l'Université Laval, 1983, 447 p. *Idem*, « Hôpital et société en Nouvelle-France : l'Hôtel-Dieu de Québec à la fin du XVIIe siècle », *Revue d'histoire de l'Amérique française*, vol. 31, n° 1 (juin 1977), pp. 29-47. Marie-Aimée Cliche, *Les pratiques de dévotion en Nouvelle-France. Comportements populaires et encadrement ecclésial dans le gouvernement de Québec*, Québec, Les Presses de l'Université Laval, 1988, pp. 237-313.

de population[2], ainsi que les 54 femmes établies mais émigrées et décédées hors Canada[3]. Le tableau 75 distribue les 683 Filles du roi mortes sur les rives du Saint-Laurent selon notre connaissance de leur date de décès. Dans sept cas sur dix on dispose d'une date exacte de décès (ou de sépulture). Afin de cerner le plus étroitement possible l'intervalle au cours duquel sont mortes les femmes sans date de décès, on a systématiquement relevé dans les sources d'archives la dernière date à laquelle elles étaient considérées comme vivantes («ap.x») et la première date à laquelle elles étaient déclarées décédées («av.x»). Ces dates délimitent un intervalle à l'intérieur duquel on a fixé statistiquement une date de décès en se fondant sur l'expérience des pionnières au décès connu établies avant 1680[4]. Le moment du décès se situe au milieu de l'intervalle lorsque les dates «ap.x» et «av.x» sont distantes de moins de cinq ans. Puis, indépendamment de l'âge de la femme, le décès se rapproche de l'«av.x» à mesure que s'allonge l'intervalle : on le fixe au point 0,625 si l'écart est de cinq à neuf ans et à 0,75 s'il atteint au moins dix ans.

TABLEAU 75
DISTRIBUTION DES TYPES DE DATE DE DÉCÈS DES FILLES DU ROI MORTES AU CANADA

Type de date	Nombres absolus	Nombres relatifs
Date exacte	475	69,6
Date approximative		
- d'après un intervalle «ap.x - av.x»* de moins de cinq ans	44	6,4
- d'après un intervalle «ap.x - av.x»* de cinq à neuf ans	30	4,4
- d'après un intervalle «ap.x - av.x»* de dix ans et plus	29	4,2
- à partir d'un «ap.x»* seulement	105	15,4
Ensemble	683	100,0

* «ap.x» correspond à la dernière date à laquelle la femme est déclarée vivante; «av.x» est la première date à laquelle la femme est déclarée décédée. L'intervalle «ap.x - av.x» est la période à l'intérieur de laquelle, à une date inconnue, la femme est décédée.

---

2. Le célibat définitif de l'une d'elles explique son exclusion du corpus. Voir supra, pp. 111-112.

3. On a cependant tenu compte dans l'établissement d'une table de mortalité (voir infra) du temps de présence au Canada de ces émigrantes. Leur séjour moyen dans la

Parmi les Filles du roi sans date de décès, plus de 15 pour cent n'apparaissent jamais dans les archives comme décédées. Leur dossier contient un «ap.x» mais pas d'«av.x». La date de décès dépend alors fortement de l'âge atteint lors de la dernière apparition dans les documents. L'exemple des pionnières d'âge au décès connu et sans «av.x» permet de calculer le nombre d'années à ajouter à la date à l'«ap.x» pour établir une date statistique de décès (tableau 76).

Malgré le sous-enregistrement des décès qui affecte près du tiers des Filles du roi, on peut être assuré que le mode d'attribution de décès «statistiques» permet une mesure plus adéquate de leur mortalité que si seules les immigrantes au décès connu avaient été considérées. L'expérience des pionniers établis avant 1680 a en effet démontré que les immigrants sans décès connu sont décédés à un âge inférieur à celui des immigrants dont on dispose de la date précise de décès[5]. La correction des données permet donc d'éviter une sous-évaluation de la mortalité.

Mais avant de mesurer les niveaux de mortalité des Filles du roi, il convient d'abord d'étudier le mouvement annuel, mensuel et quotidien de leurs décès.

Le tableau en appendice 19 présente la distribution annuelle des décès des pupilles royales, qu'on a résumée par période quinquennale au tableau 77 et illustrée à la figure 23. Notons avant toute chose la forte contribution relative des décès «statistiques» avant 1681, atteignant 70 pour cent de l'ensemble des décès, par rapport à seulement le quart après cette date. Le phénomène se justifie par l'influence du recensement de cette année qui a fourni un grand nombre de premières mentions comme décédé, car on a jugé comme preuve suffisante de décès le fait pour une personne établie de ne pas être recensée.

---

colonie a duré près de sept ans mais la moitié d'entre elles y sont restées moins de quatre ans et demi. Près des deux tiers y ont donné naissance à au moins un enfant (102/35 = 2,9 enfants en moyenne). Au moment du retour, quatre étaient déjà veuves ; parmi les cinquante encore mariées, deux ont abandonné leur mari dans la colonie. De même, sept des trente-quatre qui comptaient alors des enfants survivants en ont laissé au moins un sur place (15/7 = 2,1 enfants en moyenne).

4. Hubert Charbonneau et al., *Naissance d'une population. Les Français établis au Canada au XVIIe siècle*, Paris et Montréal, PUF et PUM, 1987, p. 37. François Nault, «Attribution d'une date de décès aux pionniers sans acte de sépulture», dans Programme de recherche en démographie historique, *Rapport de l'année 1985-1986*, Université de Montréal, octobre 1986, pp. 33-42.

5. Charbonneau et al., *op. cit.*, pp. 128-129.

TABLEAU 76
DÉTERMINATION DE LA DATE DE DÉCÈS D'APRÈS L'ÂGE AU MOMENT DE LA DERNIÈRE MENTION COMME VIVANT

Âge au moment de la dernière mention comme vivant (âge à l'«ap.x.»)	Nombre d'années à ajouter à la date de l'«ap.x» pour calculer la date statistique de décès
15 - 19 ans	38,5
20 - 24 ans	35,5
25 - 29 ans	32,5
30 - 34 ans	30,0
35 - 39 ans	27,5
40 - 44 ans	24,5
45 - 49 ans	21,5
50 - 54 ans	19,0
55 - 59 ans	16,0
60 - 64 ans	13,5
65 - 69 ans	10,5
70 - 74 ans	8,0
75 - 79 ans	5,0
80 - 84 ans	2,5
85 ans et plus	0,5

Source: Hubert Charbonneau et al., *Naissance d'une population. Les Français établis au Canada au XVIIe siècle*, Paris et Montréal, PUF et PUM, 1987, p. 38.

Les décès des Filles du roi se sont égrenés de 1666 à 1747, soit sur une période de plus de 81 ans. Une telle dispersion reflète des conditions inégales de mortalité, certaines immigrantes ayant succombé peu de temps après leur installation au Canada et d'autres ayant survécu jusqu'à un âge presque centenaire[6]. Par delà cette diversité des destins apparaît cependant une concentration marquée des décès dans les trente premières années du XVIIIe siècle, atteignant presque

6. Parmi toutes les Filles du roi établies dans la colonie, Anne Labbé serait la première décédée : elle donna naissance à un enfant en octobre 1665 mais elle disparut avant le recensement de 1666 ; son décès « statistique » remonte donc aux premiers mois de 1666. À l'autre extrême, Anne Rabady mourut en septembre 1747 ; bien qu'âgée d'environ 93 ans (27 ans au recensement de 1681, 96 ans à son acte de sépulture), elle se serait éteinte un an moins vieille que Jeanne Amiot (30 ans au recensement de 1681, 107 ans à son acte de sépulture), morte en février 1745 et doyenne présumée des Filles du roi à leur décès.

les deux tiers des effectifs totaux. Ce phénomène s'explique aisément par l'évolution de la structure des âges des Filles du roi : si l'on dresse rétrospectivement le recensement annuel des femmes depuis l'arrivée des premiers contingents jusqu'à leur extinction finale (appendice 20 et figure 24), on constate que de 1700 à 1730 l'âge moyen des survivantes est passé de 55 à 81 ans. Cette observation est cohérente avec le fait que près de 62 pour cent des Filles du roi sont mortes entre ces âges, l'âge moyen au décès atteignant 62,2 ans et l'âge médian 66,1 ans.

TABLEAU 77
DISTRIBUTION DES FILLES DU ROI SELON LA PÉRIODE QUINQUENNALE
DE DÉCÈS ET LA VALEUR DE LA DATE DE DÉCÈS

Période quinquennale de décès	Valeur de la date de décès					
	Exacte		Statistique		Ensemble	
	N	%	N	%	N	%
1665 - 1669	2	29	5	71	7	1,0
1670 - 1674	8	50	8	50	16	2,4
1675 - 1679	8	22	28	78	36	5,3
1680 - 1684	14	52	13	48	27	4,0
1685 - 1689	38	79	10	21	48	7,0
1690 - 1694	22	67	11	33	33	4,8
1695 - 1699	22	71	9	29	31	4,5
1700 - 1704	45	75	15	25	60	8,8
1705 - 1709	57	69	26	31	83	12,2
1710 - 1714	51	70	22	30	73	10,7
1715 - 1719	61	69	27	31	88	12,9
1720 - 1724	48	72	19	28	67	9,8
1725 - 1729	50	79	13	21	63	9,2
1730 - 1734	33	94	2	6	35	5,1
1735 - 1739	10	100	0	0	10	1,5
1740 - 1744	3	100	0	0	3	0,4
1745 - 1749	3	100	0	0	3	0,4
Ensemble	475	69,5	208	30,5	683	100,0
Année moyenne	1710		1701		1707	
Année médiane	1711		1706		1710	

Source: appendice 19.

FIGURE 23
DISTRIBUTION DES FILLES DU ROI SELON L'ANNÉE DE DÉCÈS ET LA
VALEUR DE LA DATE DE DÉCÈS

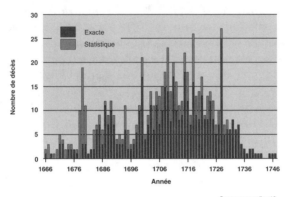

Source: appendice 19.

Bien que les variations aléatoires des nombres annuels de décès limitent l'interprétation de la figure 23, quelques crises de mortalité célèbres de cette période[7] transparaissent dans les fluctuations de l'histogramme. Ainsi, les épidémies de typhus de 1687 et de 1718[8], de «grippe» de 1700[9] et de fièvre jaune de 1711[10] expliquent manifestement la hausse marquée des décès de ces années. Les crises notoires de 1708 et 1715, sans origine connue, ont aussi retranché quelques Filles du roi. Mais la pointe observée en 1728 ne trouve pas d'écho chez

---

7. Ibid., pp. 140-141.

8. « Les fièvres malignes firent de grands ravages dans la Nouvelle-France, particulièrement à Québec, en 1718. En moins de trois mois, dit l'annaliste de l'Hôpital général, ces fièvres moissonnèrent le tiers de nos pauvres. » (Pierre-Georges Roy, « Les épidémies à Québec», Bulletin des recherches historiques, vol. XLIX, n° 7 (juillet 1943), p. 209).

9. L'annaliste du monastère des ursulines de Québec a ainsi commenté cette épidémie (ibid., p. 206):

Dans l'hiver de 1700-1701, il y eut à Québec des maladies populaires qui firent d'étranges ravages. Le mal s'annonçait par un mauvais rhume, auquel se joignait une fièvre ardente accompagnée de fortes douleurs de côté, et il emportait les personnes en peu de jours. La contagion, qui avait commencé sur la fin de novembre, se répandit bientôt dans toute la ville, et il n'y eut pas de maison qui ne fut changée [en] hôpital.

10. L'annaliste de l'Hôtel-Dieu de Québec raconte (ibid., pp. 208-209):

La dernière année que Monsieur Raudot le père passa à Québec, [en 1711,] il fut témoin de la désolation que causa la maladie de Siam. Elle devint populaire dès l'automne et fit mourir quasi tous ceux qui en furent attaqués les premiers. Notre hôpital en fut bientôt rempli. Malgré nos soins et nos remèdes, on y mourait tout comme ailleurs.

les annalistes et l'épidémie de variole de 1703 n'a eu aucun effet chez les pupilles royales dont l'immunité doit s'expliquer par leur succès antérieur face à cette maladie largement répandue en France.

FIGURE 24
ÉVOLUTION DU NOMBRE ET DE L'ÂGE MOYEN DES FILLES DU ROI
DE 1664 À 1747*

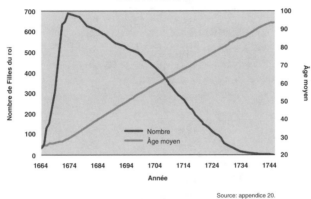

Source: appendice 20.

*L'état comptabilise, parmi les 737 Filles du roi mariées au Canada, les femmes présentes au 1er janvier de chaque année, les entrées correspondant à l'année d'arrivée dans la colonie et les sorties à l'année de décès (enregistrée ou « statistique ») ou d'émigration.

À défaut de disposer des nombres suffisants pour analyser, mois par mois, l'impact des crises épidémiques sur les Filles du roi, l'étude du mouvement saisonnier des décès permet, en distinguant les adultes des vieillards, d'apprécier l'effet des maladies saisonnières selon l'âge des personnes (tableau 78 et figure 25). Cette étude repose sur la répartition mensuelle des 472 actes de sépulture livrant l'information désirée et sur l'hypothèse que les décès perdus se distribuent de la même façon que les décès connus[11]. Pris globalement, le mouvement

---

11. On a déjà conclu, à l'égard des sépultures canadiennes du XVIIe siècle, au danger d'interpréter le mouvement saisonnier des décès sur la seule base des décès connus :

Les sépultures [...] ont été sous-enregistrées dans une proportion de 20 à 25%. Ce fait ne serait d'aucune portée pour nos fins si les sépultures omises étaient uniformément réparties au cours de l'année, comme celles dont l'absence est due aux pertes de registres ; mais il est possible que le risque qu'elles aient échappé à l'enregistrement ait varié d'un mois à l'autre, d'une saison à l'autre, et il serait imprudent de vouloir interpréter d'éventuelles fluctuations saisonnières sans savoir au préalable comment les deux phénomènes interfèrent. (Raymond Roy, Yves Landry et Hubert Charbonneau, « Quelques comportements des Canadiens au XVIIe siècle d'après les registres paroissiaux », Revue d'histoire de l'Amérique française, vol. 31, no 1 (juin 1977), p. 60).

Malgré la prudence qu'inspire cette mise en garde, l'hypothèse d'une saisonnalité

TABLEAU 78
MOUVEMENT MENSUEL DES DÉCÈS SELON L'ÂGE DE LA FEMME

Mois de décès	Décès à moins de 60 ans		Décès à 60 ans et plus		Ensemble	
	Nombres absolus	Nombres relatifs*	Nombres absolus	Nombres relatifs*	Nombres absolus	Nombres relatifs*
Janvier	13	105	25	90	38	95
Février	6	53	25	99	31	85
Mars	6	49	36	130	42	105
Avril	12	101	25	94	37	96
Mai	14	113	24	87	38	95
Juin	11	92	24	90	35	90
Juillet	6	49	23	83	29	72
Août	14	113	15	54	29	72
Septembre	8	67	22	82	30	78
Octobre	13	105	26	94	39	98
Novembre	19	159	35	131	54	139
Décembre	24	194	46	166	70	175
Total	146	1200	326	1200	472	1200
Indéterminé**	3		0		3	
Ensemble	149		326		475	

* En l'absence de variations saisonnières et de l'inégalité des mois, il y aurait 100 décès chaque mois pour 1200 décès enregistrés au cours de l'année.
** Décès pour lesquels on ne dispose pas du mois de l'acte.

FIGURE 25
MOUVEMENT MENSUEL DES DÉCÈS SELON L'ÂGE DE LA FEMME

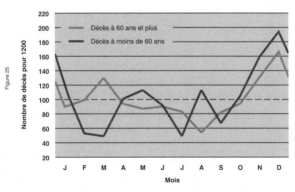

Source: tableau 78.

mensuel des décès indique une forte mortalité des Filles du roi au cours des mois de novembre et surtout de décembre : plus du quart des décès sont survenus au cours de cette courte période. Cette situation diffère de celle observée en France de 1740 à 1789 où la surmortalité des temps froids était mieux répartie de janvier à avril[12]. Le creux des mois d'été prévalait cependant d'un côté à l'autre de l'Atlantique. Envisagée d'après l'âge au décès, l'analyse confirme les tendances précédentes. Notons cependant pour les femmes décédées après 60 ans une pointe de mortalité en mars qui suggère que, pour les vieillards, les changements de saisons étaient plus redoutables que les excès de l'hiver ou de l'été. Le répit accentué des mois de février et de mars chez les femmes mortes plus jeunes démontre la même résistance au froid, mais aussi une meilleure adaptation aux variations climatiques de fin d'hiver. Au total, les maladies de l'appareil digestif, souvent liées aux chaleurs estivales, n'ont guère eu de prise sur les Filles du roi, tandis que les épidémies de fin d'automne et de début d'hiver ont largement fait une coupe sombre dans leurs rangs.

Comme on pouvait s'y attendre, on mourait uniformément tous les jours de la semaine et l'absence d'embaumement des corps, en exigeant une prompte inhumation, produisait la même dispersion des sépultures (tableau 79)[13]. Le *Rituel de Québec* prescrivait toutefois un délai minimal entre le décès et l'enterrement, afin d'éviter d'ensevelir des personnes toujours vivantes.

> Les Curez prendront soin de laisser passer toûjours vingt-quatre heures entre le decés & la Sepulture du Défunt ; surtout lorsque sa mort aura été subite. S'il étoit mort d'une longue maladie, qui ne laissât pas lieu de douter, & qu'on eût des raisons importantes pour presser l'enterrement, il suffira pour lors de laisser douze heures entre son décès & sa Sepulture[14].

différente des décès connus et inconnus nous paraît trop incertaine pour interdire dans cette analyse le recours aux seuls décès connus. D'ailleurs, l'examen du mouvement mensuel des naissances d'enfants de destin inconnu, nés au Canada avant 1700, ne montre aucune différence significative d'un mois à l'autre (N = 1839), ce qui suggère fortement l'absence de saisonnalité différenciée des décès perdus d'enfants. Rien ne nous interdit de croire qu'il en était de même pour les décès d'adultes.

12. *Histoire de la population française*, publié sous la direction de Jacques Dupâquier, vol. 2 : *De la Renaissance à 1789*, Paris, PUF, 1988, pp. 240-241.

13. On a cependant observé pour l'ensemble du XVIIe siècle une légère préférence pour inhumer le dimanche (16,6 pour cent de toutes les sépultures). Roy, Landry et Charbonneau, *loc. cit.*, pp. 63-64.

14. *Rituel du diocese de Quebec publié par l'ordre de Monseigneur l'evêque de Quebec*, Paris, Simon Langlois, 1703, p. 288. François Lebrun a constaté en Anjou la même crainte des « enterrements précipités » qui pouvaient donner lieu à des « histoires terribles ». Il cite,

TABLEAU 79
MOUVEMENT QUOTIDIEN DES DÉCÈS ET DES SÉPULTURES
DES FILLES DU ROI

Jour de décès	Jour de sépulture							Ensemble	
	Dimanche	Lundi	Mardi	Mercredi	Jeudi	Vendredi	Samedi	N	%
Dimanche	12	31	2	1	0	0	0	46	16,3
Lundi	0	7	30	7	0	0	0	44	15,6
Mardi	0	0	7	30	2	0	0	39	13,8
Mercredi	0	0	0	10	23	5	2	40	14,2
Jeudi	1	0	0	0	15	22	4	42	14,9
Vendredi	5	0	0	0	0	11	23	39	13,8
Samedi	21	1	0	0	0	0	10	32	11,4
Ensemble N	39	39	39	48	40	38	39	282	100,0
%	13,8	13,8	13,8	17,1	14,2	13,5	13,8	100,0	

Étant donné l'obligation de ne procéder à aucune sépulture avant le lever du soleil ni après son coucher et d'enterrer plutôt le matin[15], peu d'inhumations étaient susceptibles d'être accomplies le jour même du décès. Les seules exceptions notables étaient les cas des victimes de contagion.

Dans les temps de peste & de contagion, on n'apportera pas les corps des défunts dans l'Eglise; mais on les mettra tout d'un coup dans le Cimetiere qui sera destiné pour enterrer les corps de ceux qui seront morts de ces maladies contagieuses[16].

Le tableau 80 révèle que plus du quart des Filles du roi, dont on possède à la fois la date de sépulture et la date de décès, ont pourtant été enterrées le jour même de leur mort. Près des deux tiers l'ont été le lendemain et les autres deux ou trois jours plus tard. L'intervalle

---

par exemple, celle d'une femme «déterrée quelques jours après une inhumation jugée trop hâtive et que l'on a retrouvée morte, mais "s'étant mangée un bras dans la fosse"». *Les hommes et la mort en Anjou aux 17e et 18e siècles. Essai de démographie et de psychologie historiques*, Paris, Mouton, 1971, p. 461.

15. «Temps que l'Eglise a jugé le plus propre pour faire [les Sepultures], excepté les jours de Dimanches & de Fêtes, dans lesquels si on se trouvoit obligé d'en faire, on les remettra après l'Office Divin». *Rituel du diocese de Quebec...*, *op. cit.*, p. 287.

16. *Ibid.*

moyen entre les deux événements, qui varie peu selon le jour du décès, est inférieur à une journée. En supposant que les prescriptions religieuses aient été dans leur ensemble respectées, ces résultats tendent à confirmer la part non négligeable des épidémies dans les causes de décès des Filles du roi.

TABLEAU 80
INTERVALLE ENTRE LA DATE DE DÉCÈS ET LA DATE DE SÉPULTURE,
SELON LE JOUR DE DÉCÈS, EN JOURS

Jour de décès	Intervalle (en jours)										Intervalle moyen
	0		1		2		3		Ensemble		
	N	%	N	%	N	%	N	%	N	%	
Dimanche	12	26	31	68	2	4	1	2	46	100	0,83
Lundi	7	16	30	68	7	16	0	0	44	100	1,00
Mardi	7	18	30	77	2	5	0	0	39	100	0,87
Mercredi	10	25	23	58	5	12	2	5	40	100	0,98
Jeudi	15	36	22	52	4	10	1	2	42	100	0,79
Vendredi	11	28	23	59	5	13	0	0	39	100	0,85
Samedi	10	31	21	66	1	3	0	0	32	100	0,72
Ensemble	72	26	180	64	26	9	4	1	282	100	0,87

2 – Niveau de la mortalité

Le niveau de la mortalité des Filles du roi s'appréhende par la construction d'une table de mortalité. Les seules informations nécessaires sont l'âge des femmes à l'entrée en observation, à la sortie d'observation et au décès. Le calcul de l'âge à ces événements, pour les femmes dont la date de naissance repose sur des âges déclarés, utilise la date approximative de naissance reculée de deux ans pour compenser la tendance observée au rajeunissement[17]. La date d'entrée en observation est fixée par la date de mariage[18]. La date de sortie d'observation ne concerne que les 54 émigrantes dont l'année de

17. Voir supra, p. 81.

18. On recourt à la date de mariage plutôt qu'à la date d'arrivée au Canada parce que, par définition (voir supra, p. 113), les femmes étudiées n'ont couru le risque de décéder qu'à partir du mariage.

départ a été bien cernée[19]. La date de décès est connue avec précision, on l'a vu, pour 475 des 683 femmes mortes au Canada; l'estimation d'une date approximative de décès pour les autres a déterminé l'élaboration de trois tables de mortalité : une table maximale, pour laquelle les décès inconnus ont été datés du jour de dernière mention comme vivant («ap.x»); une table minimale, où l'on a repoussé la date de décès au jour de première mention comme décédé («av.x») et, pour les femmes qui ne disposent pas d'une telle mention, à une date estimée au prorata des cas connus morts après 60 ans; finalement, une table moyenne, qui recourt aux dates «statistiques» fixées à l'intérieur de l'intervalle «ap.x – av.x».

Le tableau 81 présente, pour la table moyenne, le mode de calcul des quotients quinquennaux de mortalité desquels se déduit l'ensemble de la table[20]. Comparons ces quotients avec ceux des tables types développées par Coale et Demeny. Les tables types des niveaux 10 et 11, modèle ouest, conviennent à cette fin puisque les espérances de vie à divers âges encadrent parfaitement, avant 60 ans, les mêmes indices calculés pour les Filles du roi, l'écart étant par la suite négligeable[21]. L'espérance de vie à la naissance pour ces deux tables types est de 42,5 et 45,0 ans. Recourons aux tables types de Ledermann pour confirmer ce diagnostic: parmi les tables du réseau 104, celle qui correspond presque exactement à la mortalité des Filles du roi entre 30 et 50 ans présente une espérance de vie à la naissance de 44,4 ans[22]. Une telle durée de vie moyenne était certainement exceptionnelle au XVIIe siècle et elle ne sera pas connue par l'ensemble des Françaises avant la deuxième moitié du XIXe siècle[23]. La comparaison de l'espérance de vie à 20 ans des Filles du roi avec celle d'autres populations féminines est éclairante à ce sujet (tableau 82). À l'exception des anciennes familles genevoises, qui constituaient sous l'Ancien Régime le noyau de

---

19. Charbonneau et al., *Naissance d'une population*, *op. cit.*, pp. 35-36.

20. Louis Henry et Alain Blum, *Techniques d'analyse en démographie historique*, deuxième édition, Paris, Éditions de l'INED, 1988, pp. 123-137. Les tableaux en appendices 21 et 22 présentent le même calcul pour les tables minimale et maximale.

21. Ansley J. Coale et Paul Demeny, *Regional Model Life Tables and Stable Populations*, second edition, New York, Academic Press, 1983, pp. 46-47.

22. Sully Ledermann, *Nouvelles tables-types de mortalité*, Paris, PUF, 1969, p. 162. $_{20}q_{30}$ de la table type: 200 pour mille. $_{20}q_{30}$ de la table moyenne des Filles du roi: 209 pour mille.

23. France Meslé et Jacques Vallin, « Reconstitution de tables annuelles de mortalité pour la France au XIXe siècle », *Population*, 44e année, n° 6 (novembre-décembre 1989), p. 1136.

TABLEAU 81

CALCUL DES QUOTIENTS QUINQUENNAUX DE MORTALITÉ DES FILLES DU
ROI, TABLE MOYENNE

Âge	Entrées en observation	Entrées cumulées	Décès	Sorties d'observation	Sorties et décès cumulés	Présentes à l'âge x	Effectif observé	Quotients (en pour mille)	Survivantes de la table	Décès de la table	Espérance de vie
x	$I_{x,x+5}$	ΣI_x	$D_{x,x+5}$	$E_{x,x+5}$	$\Sigma(D_x+E_x)$ $-\Sigma I_x$	$V_x = [\Sigma(D_x+E_x)$ $-\Sigma I_x]$	$V'_x = V_x + \dfrac{I_{x,x+5}}{2} - \dfrac{E_{x,x+5}}{2}$	$5q_x = \dfrac{D_{x,x+5}}{V_x}$	S_x	$d_{x,x+5}$	e_x
10 ans	4	737	0	0	737	0	2,0	0	1000	0	51,4
15 ans	158	733	0	0	737	4	83,5	0	1000	0	46,4
20 ans	311	574	11	19	737	163	309,0	36	1000	36	41,4
25 ans	154	263	18	16	707	444	513,0	35	964	34	37,8
30 ans	82	109	24	7	673	564	601,5	40	931	37	34,1
35 ans	16	27	38	2	642	615	622,0	61	893	55	30,4
40 ans	8	11	35	4	602	591	593,0	59	839	50	27,2
45 ans	2	3	30	5	563	560	558,5	54	789	42	23,8
50 ans	0	1	46	0	528	527	527,0	87	747	65	20,0
55 ans	1	1	40	0	482	481	481,5	83	682	57	16,7
60 ans	0	0	68	1	442	442	441,5	154	625	96	12,9
65 ans	0	0	111	0	373	373	373,0	298	529	157	9,8
70 ans	0	0	99	0	262	262	262,0	378	371	140	7,9
75 ans	0	0	87	0	163	163	163,0	534	231	123	6,2
80 ans	0	0	41	0	76	76	76,0	539	108	58	5,5
85 ans	0	0	25	0	35	35	35,0	714	50	35	4,1
90 ans	0	0	9	0	10	10	10,0	900	14	13	3,0
95 ans	0	0	1	0	1	1	1,0	1000	1	1	2,5
Total	737		683	54							

la classe dirigeante de Genève, aucune population connue ne présente un indice aussi élevé. Même les épouses des pairs britanniques n'ont éprouvé de conditions de mortalité aussi favorables avant la première moitié du XIXe siècle. Au Canada, la mortalité des pionnières établies avant 1680 s'apparente naturellement à celle des Filles du roi puisqu'elles étaient toutes immigrantes et qu'elles ont connu sensiblement les mêmes conditions environnementales. Ainsi, aux âges de 20, 40 et 60 ans, les pionnières — à l'exclusion des Filles du roi — avaient une espérance de vie de 40,2, 25,8 et 12,1 ans, tandis que celle des Filles du roi dépassait 41,4, 27,2 et 12,9 ans[24].

La faible mortalité des Filles du roi apparaît-elle homogène, eu égard aux divers sous-groupes de cette population? Le tableau 83 indique que l'espérance de vie à 25 ans ne variait guère selon l'habitat urbain ou rural en France ou au Canada, selon l'appartenance socio-professionnelle d'origine ou d'adoption, ni même selon la précocité ou non du décès paternel ou maternel. La seule différence significative

24. Sans correction à la date de naissance, les espérances de vie des Filles du roi atteignent respectivement 40,1, 26,0 et 11,6 ans.

TABLEAU 82
ESPÉRANCE DE VIE À 20 ANS DANS DIVERSES POPULATIONS FÉMININES,
EN ANNÉES

Population	Espérance de vie à 20 ans
Filles du roi, générations 1609 - 1657	
table maximale	37,3
table minimale	42,5
table moyenne	41,4
Pionnières établies au Canada avant 1680[1]	40,2
Anciennes familles genevoises, générations 1650 - 1699	43,0
générations 1700 - 1749[2]	44,5
Population de Genève, générations 1625 - 1699[3]	
classe dirigeante, grande et moyenne bourgeoisie	38,3
petite bourgeoisie	32,9
employés et ouvriers	31,3
Familles régnantes d'Europe, générations 1680 - 1779[4]	36,2
Pairs britanniques, générations 1625 - 1649	29,3
générations 1775 - 1799	41,9
générations 1800 - 1824[5]	44,1
Ducs et pairs français, générations 1640 - 1739[6]	33,6
Familles rurales du Bassin parisien, période 1671 - 1720[7]	32,0

[1] Hubert Charbonneau et al., Naissance d'une population. Les Français établis au Canada au XVIIe siècle, Paris et Montréal, PUF et PUM, 1987, p. 131.

[2] Louis Henry, Anciennes familles genevoises. Étude démographique: XVIe-XXe siècle, Paris, PUF, 1956 (résultat cité par Lévy et Henry).

[3] Alfred Perrenoud, «L'inégalité sociale devant la mort à Genève au XVIIe siècle», Population, 30e année, no spécial (novembre 1975), p. 236.

[4] Sigismund Peller, «Births and Deaths Among Europe's Ruling Families Since 1500», dans Population in History. Essays in Historical Demography, ed. by D.V. Glass and D.E.C. Eversley, London, Edward Arnold, 1965 (résultat cité par Lévy et Henry).

[5] T.H. Hollingsworth, «Mortality in the British Peerage Families Since 1600», dans La mesure des phénomènes démographiques. Hommage à Louis Henry, Population, 32e année, no spécial (septembre 1977), p. 328.

[6] Claude Lévy et Louis Henry, «Ducs et pairs sous l'Ancien Régime. Caractéristiques démographiques d'une caste», Population, 15e année, no 5 (octobre- décembre 1960), p. 826.

[7] Jacques Dupâquier, La population rurale du Bassin parisien à l'époque de Louis XIV, Paris, Éditions de l'École des hautes études en sciences sociales et Publications de l'Université de Lille III, 1979, p. 287 (calcul à partir des données du tableau 103).

paraît concerner les recrues de 1669, 1670 et 1671 qui, si elles ne se sont pas démarquées en matière de fécondité et de stérilité[25], auraient été en définitive plus robustes que les autres et auraient mieux résisté à l'échéance de la mort. Soulignons que ces résultats démentent en particulier les vues critiques de Marie de l'Incarnation concernant l'état de «misère» dans lequel se seraient retrouvées les filles tirées des villes du royaume[26].

Cependant, plus que des prédispositions spécifiques à certaines catégories d'immigrantes, le seul fait d'avoir été recrutées, d'avoir survécu à l'éprouvante traversée de l'Atlantique et de s'être finalement établies sur les terres inhospitalières du Nouveau Monde suffit à expliquer en partie la faiblesse de la mortalité des Filles du roi et, plus généralement, des pionniers français du XVIIe siècle[27]. Les premiers colons de la Nouvelle-France constituaient manifestement le fruit d'une sélection qui a conditionné favorablement leur adaptation à leur nouveau milieu.

On ne peut non plus nier les effets bénéfiques de l'environnement canadien du XVIIe siècle, avant que l'augmentation de la densité de la population ne favorise au siècle suivant la diffusion des épidémies[28].

Il est vrai que le Canada est froid depuis la mi-novembre jusqu'au commencement d'avril, qu'il y a des neiges qui couvrent la terre, pendant ce temps-là, mais loin que le froid et les neiges soient préjudiciables, ils produisent de l'avantage, car le froid purifie l'air de toutes les maladies et rend les corps robustes, cela est si vrai qu'on ne voit point de maladies contagieuses en Canada, si elles n'y sont pas apportées d'ailleurs comme il est arrivé plusieurs fois depuis 20 à 25 ans par le peu de précaution qu'on a eu lorsque les navires qui y transportaient des troupes de France qui avaient contracté des maladies dans leurs traversées y sont arrivées et par les commerces défendus qu'on a faits avec les Anglais à la Nouvelle-Angleterre d'où on a apporté plusieurs maladies qu'ils contractent avec les îles de l'Amérique qui ont causé beaucoup de mortalités parce que la bonne constitution des corps des

25. Voir supra, pp. 195 et 201.

26. La prétendue infériorité des citadines ne résiste pas non plus à l'analyse de leur fécondité, qu'on ne peut relier à une pratique différenciée de l'allaitement. Voir supra, pp. 195-196 et 217-218.

27. Charbonneau et al., *Naissance d'une population*, *op. cit.*, p. 136. Yves Landry et Jacques Légaré, «Le cycle de la vie familiale en Nouvelle-France : méthodologie et application à un échantillon», *Histoire sociale/Social History*, vol. XVII, n° 33 (mai 1984), p. 16.

28. Sur l'évolution de la densité de la population des basses terres du Saint-Laurent de 1534 à 1760, voir Yves Landry et Hubert Charbonneau, «Le peuplement des basses terres du Saint-Laurent sous le régime français (1534-1760)», dans *Le peuplement du monde avant 1800*, Liège, Ordina, 1992 (à paraître).

TABLEAU 83
ESPÉRANCE DE VIE À 25 ANS DES FILLES DU ROI SELON DIVERSES
VARIABLES, EN ANNÉES (TABLE MOYENNE)

	Effectifs	Espérance de vie à 25 ans (en années)
Catégorie socio-professionnelle du père		
Notables	93	34,4
Autres	644	38,3
Survie du père au premier mariage		
Vivant	356	37,9
Décédé	381	37,7
Survie de la mère au premier mariage		
Vivante	612	38,1
Décédée	125	36,3
Habitat d'origine		
Urbain	476	37,9
Rural	210	37,1
Année d'immigration		
1669, 1670 et 1671	350	39,1
Autres	387	36,7
Catégorie socio-professionnelle du premier mari		
Notables	53	35,9
Autres	684	37,9
Habitat d'établissement		
Urbain	115	36,5
Rural	593	38,2

Canadiens les rend beaucoup plus susceptibles du mauvais air que ceux des Européens[29].

29. Mémoire de Ruette d'Auteuil, ex-procureur général du Conseil souverain, au duc d'Orléans, régent de France dans le Conseil de Marine, sur l'état présent du Canada, Paris, 12 décembre 1715, dans *RAPQ 1922-1923*, p. 61.

La salubrité de l'hiver canadien, proclamée tout au long du Régime français, contredit cependant les observations de plusieurs auteurs, en Angleterre et en Suède, sur la corrélation positive entre l'intensité du froid et celle de la mortalité[30]. Cet effet à court terme du climat, plus ou moins indépendant des ressources nutritionnelles, doit être distingué de l'effet à long terme, où le refroidissement des températures conduit à l'appauvrissement généralisé des récoltes et, par diminution des ressources alimentaires, à la moindre résistance des corps aux maladies infectieuses[31]. D'ailleurs, il est certain que les rigueurs de l'hiver canadien n'entraînaient aucune malnutrition : l'abondance du gibier, du poisson et de l'eau pure assurait une alimentation minimale largement suffisante, hiver comme été. Comment alors expliquer que les Filles du roi n'ont manifestement pas connu une mortalité de saison froide, associée en principe aux infections respiratoires ?

La combinaison du mouvement saisonnier des décès avec celui des statistiques de la température moyenne à Québec montre, à la figure 26, que la surmortalité des mois de novembre et décembre correspondait au début des temps froids ; en plein cœur de l'hiver, au moment où la température moyenne s'abaissait le plus, la mortalité reculait, avant de remonter légèrement, en mars, avec le redoux annonciateur du printemps. Ce n'est donc pas le froid âpre qui tuait, au contraire même puisqu'il devait annihiler les germes infectieux[32], mais plutôt le *refroidissement* survenant aux changements de saison,

---

30. Z. Eckstein, T.P. Schultz et K.I. Wolpin, « Short Run Fluctuations in Fertility and Mortality in Preindustrial Sweden », Center Discussion Paper No. 410, Yale University Economic Growth Center, 1982, cité par Patrick R. Galloway, « Long-Term Fluctuations in Climate and Population in the Preindustrial Era », *Population and Development Review*, vol. 12, n° 1 (March 1986), p. 11. Ronald Lee, « Short-Term Variation : Vital Rates, Prices, and Weather », dans E.A. Wrigley et R.S. Schofield, *The Population History of England 1541-1871. A Reconstruction*, Cambridge (Mass.), Harvard University Press, 1981, p. 392. Patrick R. Galloway, « Annual Variations in Deaths by Age, Deaths by Cause, Prices, and Weather in London 1670 to 1830 », *Population Studies*, vol. 39, n° 3 (November 1985), p. 496.

31. Galloway, « Long-Term Fluctuations in Climate and Population... », *loc. cit.*, p. 10. « De nombreuses observations, chez l'animal et chez des malades hospitalisés, ont permis de noter une bonne corrélation entre la malnutrition protéino-énergétique et les taux d'infection et de mortalité » ; R.K. Chandra, « Nutritional Deficiency and Susceptibility to Infection », *Bulletin of the World Health Organization/Bulletin de l'Organisation mondiale de la santé*, vol. 57, n° 2 (1979), p. 176.

32. Alfred Perrenoud, « Le biologique et l'humain dans le déclin séculaire de la mortalité », *Annales E.S.C.*, vol. 40, n° 1 (janvier-février 1985), pp. 132-133.

spécifiquement à la fin de l'automne lors du passage du temps doux aux premières froidures, et à la fin de l'hiver particulièrement éprouvante pour les vieillards (figure 25). Les effets physiologiques du refroidissement sont bien connus des médecins :

> Le refroidissement, qui provoque une inspiration brusque d'air froid et qui ne permet pas la mise en jeu du mécanisme d'adaptation, d'une part exerce une action locale : il fait subir aux muqueuses des modifications colloïdales et vaso-motrices qui facilitent la pénétration des germes par diminution des sécrétions bactéricides et du pouvoir phagocytaire, accroissement de la perméabilité des couches limitantes cellulaires et des capillaires, troubles apportés au système neuro-végétatif et à la nutrition des tissus ; d'autre part il exerce une action générale : le corps n'a pas le temps de modifier sa vaso-dilatation et son humidité superficielle, la sécrétion de la sueur est brutalement arrêtée, l'équilibre physico-chimique des humeurs est troublé, la résistance affaiblie. Dans l'éclosion des maladies infectieuses le refroidissement ne joue donc pas un rôle direct qui n'appartient qu'aux germes spécifiques, mais il peut jouer un rôle indirect en permettant l'invasion profonde de ceux qui sont les hôtes habituels des voies respiratoires[33].

FIGURE 26
MOUVEMENT MENSUEL DES DÉCÈS SELON LA TEMPÉRATURE À QUÉBEC

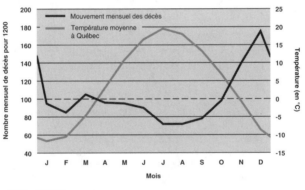

Source: tableau 78;
          Service de la météorologie, ministère des Richesses naturelles, Québec
          (données de 1893 à 1976).

Cette explication pourrait aider à comprendre pourquoi, en un pays où la mauvaise saison se caractérise par la répétition de tels passages entre temps doux et froids légers ou modérés, la surmortalité hivernale des Français au XVIIIe siècle se prolongeait de janvier à avril[34].

---

33. Émile Duhot, *Les climats et l'organisme humain*, Paris, PUF, 1948, pp. 55-56.

34. Voir supra, p. 233.

L'analyse des multiples causes de décès n'est guère facilitée par l'absence de cette information dans les actes de sépulture. En effet, sur les 475 actes disponibles, seulement vingt fournissent une certaine explication : cinq réfèrent à une mort violente ou accidentelle (par noyade, par exécution par la justice ou par les Iroquois), tandis que les quinze autres accusent la maladie, de façon plus ou moins précise («morte de rougeole ou de rhumatisme», «morte d'une apoplexie», «morte de la maladie populaire», etc.), ou la rapidité de son œuvre («morte subitement», «morte à la suite d'une longue maladie», etc.). Parmi les cas d'origine pathologique, un seul signale un décès «en travail d'enfant», ce qui sous-estime nettement, on le verra maintenant, le nombre de Filles du roi décédées par suite d'accouchement.

3 – Mortalité maternelle

Les recherches menées çà et là sur la mortalité en couches ont montré qu'en période d'Ancien Régime de 1 à 2 pour cent des accouchements étaient suivis, moins de 60 jours après, par le décès de la mère[35]. Au Canada, les travaux les plus récents sur les immigrantes ont confirmé cette proportion, mais le procédé utilisé, «un peu audacieux» de l'aveu même des auteurs, pourrait avoir légèrement surestimé le phénomène[36]. Recourons donc à une méthodologie plus orthodoxe, mais non moins critique à l'égard des données disponibles, pour mesurer le risque couru par les Filles du roi de mourir des suites d'un accouchement.

Il convient d'abord d'évaluer la mortalité maternelle observée, calculée sans correction pour tenir compte des lacunes de la documentation. Les femmes pour lesquelles on dispose des dates précises de

---

35. Hector Gutierrez et Jacques Houdaille, «La mortalité maternelle en France au XVIIIᵉ siècle», *Population*, 38ᵉ année, nº 6 (novembre-décembre 1983), p. 978. Alain Bideau, «Accouchement «naturel» et accouchement à «haut risque». Deux aspects de la mortalité maternelle et infantile (Châtellenie de Thoissey-en-Dombes - 1660-1814)», *Annales de démographie historique* (1981), p. 53. J.-P. Bardet, K.A. Lynch, G.P. Mineau, M. Hainsworth et M. Skolnick, «La mortalité maternelle autrefois : une étude comparée (de la France de l'Ouest à l'Utah)», *Annales de démographie historique* (1981), p. 41. Sigismund Peller, «Births and Deaths Among Europe's Ruling Families Since 1500», dans *Population in History. Essays in Historical Demography*, edited by D.V. Glass and D.E.C. Eversley, London, Edward Arnold, 1965, p. 96.

36. Résultat obtenu par Charbonneau et al. (*Naissance d'une population, op. cit.*, pp. 138-139) : 1,3 pour cent. Pour un échantillon de Françaises et de Canadiennes mariées au XVIIᵉ siècle, Hubert Charbonneau a calculé un taux de 1,5 pour cent (*Vie et mort de nos ancêtres. Étude démographique*, Montréal, PUM, 1975, pp. 140-141).

décès et de dernier accouchement ont eu 2 928 accouchements dûment enregistrés. Comme quinze d'entre elles sont mortes dans les soixante jours suivants, le risque pour un accouchement d'être fatal s'établit à 5,1 pour mille.

Une première correction concerne les femmes dont la date de décès est inconnue. On peut raisonnablement supposer que leurs 964 accouchements enregistrés ont eu des suites funestes dans la même proportion que les accouchements des femmes au décès connu. Le produit de ces 964 accouchements par le facteur 0,0051 fournit 4,9 décès supplémentaires de femmes en couches. Rapporté au nombre total d'accouchements, le nouveau nombre de décès maternels n'implique évidemment aucune modification du risque observé (19,9/3892 = 0,0051).

Une seconde correction a trait aux accouchements d'enfants ondoyés décédés. Comme d'autres études ont déjà indiqué un taux de mortalité maternelle de près de 10 pour cent pour ces accouchements[37], il importe d'en tenir compte dans nos calculs. Évaluons d'abord le nombre d'accouchements d'ondoyés décédés pour les Filles du roi. On multiplie le nombre total d'accouchements relevés par la proportion estimée d'ondoyés décédés[38] : 3892 x 0,050 = 195 accouchements d'ondoyés décédés. Ensuite, ce dernier résultat est multiplié par la proportion d'accouchements d'ondoyés décédés suivis, dans les soixante jours, du décès de la mère, soit 6,9 pour cent[39] : 195 x 0,069 = 13,5 nouveaux accouchements suivis du décès de la mère. Ce dernier nombre s'ajoute aux 19,9 accouchements mortels calculés précédemment, comme les 195 accouchements d'ondoyés décédés s'additionnent aux 3892 accouchements antérieurs, ce qui donne : 33,4/4087 = 8,2 décès maternels pour 1000 accouchements.

Rien ne permettant de croire que la mortalité maternelle à l'accouchement d'enfants de naissance inconnue soit différente de celle qui vient d'être calculée pour les enfants de naissance relevée et les ondoyés décédés, le taux de 8,2 pour mille paraît refléter le risque assumé par les Filles du roi à chaque accouchement. Il est légèrement

---

37. Bideau, *loc. cit.*, pp. 63-64. Gutierrez et Houdaille, *loc. cit.*, p. 989.

38. La proportion de naissances d'ondoyés décédés dans l'ensemble des naissances relevées et perdues au Canada avant 1730 s'élève à 4,4 pour cent. Appliqué aux données relatives aux Filles du roi, ce taux correspond à 5,0 pour cent des naissances relevées. Voir supra, p. 191, et infra, appendices 5 et 11, pp. 411 et 414.

39. 47/686. Établie à partir des données relatives au Canada avant 1730, cette proportion est donc plus faible que celle observée en France.

plus faible que celui habituellement observé en France : la chose étonne à première vue, car une part importante des décès maternels était d'origine purement obstétricale, donc étrangère aux facteurs environnementaux. Mais, ne l'oublions pas, les immigrantes constituaient le fruit d'une sélection et leur robustesse a pu garantir une meilleure résistance aux difficultés de l'accouchement. Au surplus, les différences régionales constatées dans les taux de mortalité maternelle calculés pour la France rurale du XVIIIe siècle démontrent que des facteurs locaux, comme la disponibilité et la compétence des sages-femmes et des chirurgiens, devaient certainement influer sur la survie des parturientes[40].

Le risque de mourir à un accouchement s'accumulant avec la succession des grossesses, la proportion de Filles du roi mortes en couches est relativement élevée, atteignant 5 pour cent (33,4/683) comparativement à environ 6 pour cent en France[41]. Avant la fin de la période de fécondité, soit avant 50 ans, la mortalité en couches est finalement responsable de près du quart des décès des Filles du roi (33,4/150).

L'analyse de la mortalité maternelle selon l'âge de la femme, le rang de naissance de l'enfant, le destin du nouveau-né et l'intervalle entre l'accouchement et le décès de la mère est forcément limitée par les petits nombres, puisqu'on doit se rabattre sur les quinze cas nominativement connus, mais les tendances exprimées confirment les principaux résultats obtenus ailleurs. Treize des quinze décès maternels ont eu lieu dans la semaine suivant l'accouchement, cette proportion atteignant presque la moitié en France[42]. Cette constatation dénote l'emprise du traumatisme proprement obstétrical, par opposition à des causes plus lointaines, sur la mortalité des mères en couches.

Même en l'absence de description précise sur le processus pathologique conduisant à la mort de la femme des suites de ses couches, on peut considérer que les décès de la première semaine sont dus en majeure partie aux hémorragies. En fait, les décès immédiats sont directement liés aux mécanismes propres de l'accouchement. Au contraire, les décès

40. Gutierrez et Houdaille, *loc. cit.*, p. 979. Sur le rôle des accoucheurs, voir *Entrer dans la vie. Naissances et enfances dans la France traditionnelle*, présenté par Jacques Gélis, Mireille Laget et Marie-France Morel, [Paris], Gallimard/Julliard, 1978, pp. 69-106; Hélène Laforce, *Histoire de la sage-femme dans la région de Québec*, Québec, Institut québécois de recherche sur la culture, 1985, 237 p.

41. Gutierrez et Houdaille, *loc. cit.*, p. 988.

42. *Ibid.*, p. 985.

situés au-delà de la première semaine doivent correspondre en grande partie aux fièvres puerpérales[43].

Dans treize cas sur quinze, la femme était âgée d'au moins 35 ans et cinq d'entre elles avaient même atteint la quarantaine. La plupart sont mortes en donnant naissance à un enfant de rang élevé, la femme moyenne en étant à son huitième accouchement[44]; une seule était primipare. Ce dernier résultat diverge des observations françaises selon lesquelles le risque de décès maternel était particulièrement élevé à la première naissance, «les vices de conformation du bassin, souvent trop étroit, constituant un des obstacles principaux à l'accouche-ment»[45]. La vulnérabilité des femmes de plus de 35 ans et rendues à leurs huitièmes couches ou plus est cependant un fait reconnu[46]. L'accouchement multiple était aussi un facteur aggravant pour la mère : deux des quinze Filles du roi sont mortes en donnant naissance à des jumeaux[47].

L'examen du destin de l'enfant dont la mère est décédée des suites de sa naissance révèle, ici comme ailleurs, que le nouveau-né partageait souvent le même sort tragique : cinq des dix-sept enfants issus de ces accouchements sont morts dans les semaines, sinon dans les jours suivants. Si on y ajoute les deux cas où le destin de l'enfant est indéterminé, mais où l'on a toutes raisons de croire à un décès rapide, c'est presque la moitié de ces nouveau-nés qui n'ont pas survécu au choc de leur naissance. Cette proportion rejoint celle observée en France, où «la mortalité infantile de ces enfants dépasse largement 500 p. 1000, c'est-à-dire qu'elle est au moins deux fois plus élevée que celle des autres enfants de la même époque»[48].

4 – Veuvage et remariage

La mort de l'un ou de l'autre conjoint entraînait la rupture de l'union. Cet effet de la mortalité adulte a déjà été appréhendé dans ses conséquences sur la fécondité, puisqu'on a mesuré plus haut l'ampleur

---

43. Bideau, *loc. cit.*, p. 56.

44. Ce calcul prend en compte l'histoire génésique de toutes les unions de la femme au Canada.

45. *Ibid.*, p. 57. Voir aussi Gutierrez et Houdaille, *loc. cit.*, p. 986, et Bardet et al., *loc. cit.*, pp. 42-43.

46. Bideau, *loc. cit.*, pp. 57-58. Gutierrez et Houdaille, *loc. cit.*, pp. 982-983 et 986. Bardet et al., *loc. cit.*, pp. 42-45.

47. *Ibid.*, p. 46. Bideau, *loc. cit.*, p. 63. Gutierrez et Houdaille, *loc. cit.*, p. 984.

48. *Ibid.*, p. 985. Voir aussi Bideau, *loc. cit.*, pp. 60-62.

des variations de la descendance des couples selon la durée de l'union[49]. On ne saurait terminer ce chapitre sans examiner, même brièvement, l'effet de la mortalité sur la nuptialité, par l'analyse du veuvage et du remariage consécutifs au décès du conjoint, afin de cerner le destin de la Fille du roi en état de viduité.

Dans près de deux cas sur trois, le prédécès de l'homme a provoqué la rupture des unions des Filles du roi (tableau 84). Cette proportion est plus élevée que celle observée en France d'Ancien Régime, qui oscillait d'ordinaire entre 55 et 60 pour cent[50]. L'ampleur de l'écart d'âge entre conjoints a pu contribuer au veuvage féminin plus fréquent au Canada, car, ainsi que le démontre le tableau 84, la survie féminine s'accentuait nettement avec l'accroissement de l'écart

TABLEAU 84

DISTRIBUTION DES UNIONS SELON LE SEXE DU CONJOINT SURVIVANT ET L'ÉCART D'ÂGE ENTRE CONJOINTS

Écart d'âge entre conjoints* (en années)	Sexe du conjoint survivant							Indé- terminé	En- semble
	Masculin		Féminin		Total				
	N	%	N	%	N	%			
-5 et moins	59	57	44	43	103	100		5	108
0 à -4	53	38	88	62	141	100		6	147
+1 à +4	43	29	103	71	146	100		3	149
+5 à +9	54	30	126	70	180	100		4	184
+10 à +14	28	30	66	70	94	100		3	97
+15 et plus	8	13	54	87	62	100		1	63
Total	245	34	481	66	726	100		22	748
Indéterminé**	72	43	97	57	169	100		38	207
Ensemble	317	35	578	65	895	100		60	955

* Âge du mari moins âge de la femme.

** Unions pour lesquelles on a déduit la date de naissance d'au moins un conjoint à partir de l'âge moyen au mariage ou pour lesquelles on ne dispose pas de la date de l'acte de mariage ou du contrat de mariage.

49. Voir supra, p. 204, tableau 65.

50. Guy Cabourdin, « Le remariage en France sous l'Ancien Régime (seizième - dix-huitième siècles)», dans *Mariage et remariage dans les populations du passé*, publié sous la direction de J. Dupâquier et al., London, Academic Press, 1981, p. 274.

d'âge au profit de l'homme. Mais même à âge égal, la surmortalité masculine favorisait le veuvage féminin : avec une différence d'âge de moins d'un an entre mari et femme (N = 33), les unions étaient encore rompues deux fois plus souvent par la mort de l'homme que par celle de la femme.

Conséquence d'une mortalité relativement faible, le veuvage survenait souvent à un âge avancé. Si à Tourouvre-au-Perche, entre 1665 et 1714, les femmes sont devenues veuves en moyenne à 44,6 ans et les hommes à 45,4 ans[51], les Filles du roi et leurs maris ont connu le même événement respectivement à 51,1 ans et à 53,7 ans. Ces âges tardifs ont contribué à alléger la charge familiale des conjoints survivants dont dépendait, en moyenne, seulement 1,5 enfant célibataire âgé de moins de quinze ans (tableau 85). Près du quart des Filles du roi devenues veuves ont cependant subi la perte de leur conjoint entre 30 et 45 ans, soit à l'âge où la charge familiale était maximale, atteignant en moyenne 3,6 enfants dépendants. Près d'une sur huit a même hérité au décès de son mari de la responsabilité d'au moins cinq enfants. Il serait intéressant de vérifier dans les archives notariales si, dans ces cas, le passage de la camarde a accéléré l'émancipation de certains enfants par leur mise en apprentissage ou leur placement auprès de voisins ou de parents[52].

La distribution des mariages des Filles du roi selon le rang de l'union en sol canadien[53] fournit une première mesure de la fréquence du remariage (tableau 86). Une union sur quatre (245/955) assortissait des conjoints dont au moins un s'était déjà marié au Canada. L'écart entre hommes et femmes dans la proportion des remariages — 10,3 contre 22,8 pour cent — suggère le remariage plus fréquent des femmes. Afin d'éliminer dans cette observation l'influence de la mortalité et de bien cerner la propension réelle au remariage, il faut rapporter le nombre de remariages à l'effectif de population soumise au risque, c'est-à-dire au nombre de veufs. Le tableau 87 indique à cet

---

51. Hubert Charbonneau, *Tourouvre-au-Perche aux XVIIᵉ et XVIIIᵉ siècles. Étude de démographie historique*, Paris, PUF, 1970, p. 80.

52. Citons le cas extrême de Marie Hatanville qui, au décès de son troisième mari à la fin de 1685, aurait eu la charge de onze enfants survivants de moins de quinze ans. Elle se remaria quelques mois plus tard avec un veuf ayant déjà sept jeunes enfants.

53. Cette distribution n'équivaut pas à une répartition selon l'état matrimonial antérieur des époux car un certain nombre de veufs — 30 hommes et 36 femmes — ont conclu des unions de rang 1 au Canada.

TABLEAU 85

DISTRIBUTION DES UNIONS SELON LE SEXE DU CONJOINT SURVIVANT,
L'ÂGE AU VEUVAGE ET LE NOMBRE D'ENFANTS DÉPENDANTS

Groupe d'âges au veuvage (en années)	Nombre d'enfants dépendants*				Nombre d'unions	Nombre d'enfants	Nombre moyen d'enfants par union
	0	1-2	3-4	5 et+			
Sexe masculin							
Moins de 30	7	6	0	1	14	13	0,9
30 - 34	9	2	3	3	17	27	1,6
35 - 39	5	8	6	7	26	81	3,1
40 - 44	6	7	9	11	33	112	3,4
45 - 49	10	11	11	11	43	119	2,8
50 - 54	12	3	6	3	24	40	1,7
55 - 59	19	3	2	4	28	38	1,4
60 - 64	34	8	2	1	45	21	0,5
65 et plus	77	3	0	0	80	5	0,1
Intéderminé**	6	0	1	0	7	3	0,4
Ensemble	185	51	40	41	317	459	1,4
Sexe féminin							
Moins de 25	5	12	4	0	21	31	1,5
25 - 29	1	17	8	3	29	72	2,5
30 - 34	5	8	14	13	40	135	3,4
35 - 39	5	3	7	16	31	121	3,9
40 - 44	11	12	15	26	64	233	3,6
45 - 49	19	23	26	11	79	189	2,4
50 - 54	22	17	11	0	50	63	1,3
55 - 59	43	23	0	0	66	28	0,4
60 - 64	64	4	0	0	68	4	0,1
65 et plus	111	0	0	0	111	0	0,0
Intéderminé**	19	0	0	0	19	0	0,0
Ensemble	305	119	85	69	578	876	1,5

* Nombre d'enfants célibataires de moins de quinze ans au moment du veuvage, nés des deux conjoints ou de l'un ou l'autre au cours de cette union ou d'une union antérieure.
** Unions pour lesquelles la date de veuvage est inconnue.

égard que les veufs se remariaient en définitive plus souvent que les veuves : plus de 41 pour cent des premiers et moins de 38 pour cent des secondes contractaient un nouveau mariage. Si ce phénomène s'inscrit dans la pratique coutumière des populations françaises d'Ancien Régime, la petitesse de l'écart entre les sexes, moins de 4 pour cent comparativement au minimum habituel de 15 à 20 pour cent[54], traduit une réalité particulière au Canada du XVIIe siècle. Les effets du déséquilibre du marché matrimonial, incitant les veuves au remariage, semblent ainsi s'être prolongés jusqu'à la fin du siècle pour les groupes d'âges les plus élevés. Parmi les facteurs disposant au remariage, nul doute que la précocité du veuvage et le nombre d'enfants à charge, surtout chez les femmes, jouaient un rôle déterminant : 86 pour cent des veuves de moins de 40 ans et les trois quarts de celles responsables d'au moins cinq enfants ont cherché le support d'un nouveau conjoint. L'adoption des enfants de premier lit par un beau-père ou une belle-mère ne constituait donc pas un obstacle au remariage des veufs et des veuves, même si l'on devine que, dans la pratique, l'imposition d'une nouvelle autorité paternelle ou maternelle et les exigences de la cohabitation d'enfants issus de lits différents ont dû parfois secouer l'harmonie des ménages avant que ne s'instaurent de nouvelles solidarités familiales[55].

---

54. Jacques Dupâquier, *La population rurale du Bassin parisien à l'époque de Louis XIV*, Paris et Lille, Éditions de l'École des hautes études en sciences sociales et Publications de l'Université de Lille III, 1979, p. 323. Alain Bideau et Alfred Perrenoud, « Remariage et fécondité. Contribution à l'étude des mécanismes de récupération des populations anciennes », dans *Mariage et remariage dans les populations du passé, op. cit.*, p. 549. André Burguière, « Réticences théoriques et intégration pratique du remariage dans la France d'Ancien Régime - dix-septième - dix-huitième siècles », *ibid.*, p. 42. Charbonneau, *Tourouvre-au-Perche aux XVIIe et XVIIIe siècles, op. cit.*, p. 81. Étienne Gautier et Louis Henry, *La population de Crulai paroisse normande. Étude historique*, Paris, PUF, 1958, p. 88.

55. Louise Dechêne, *Habitants et marchands de Montréal au XVIIe siècle*, Paris et Montréal, Plon, 1974, p. 430. Peter N. Moogk, « *Les Petits Sauvages* : The Children of Eighteenth-Century New France », dans *Childhood and Family in Canadian History*, edited by Joy Parr, Toronto, McClelland and Stewart, 1982, p. 26. Isabel Foulché-Delbosc, « Women of New France (Three Rivers: 1651-63) », *The Canadian Historical Review*, vol. XXI, n° 2 (June 1940), p. 144.

TABLEAU 86
DISTRIBUTION DES MARIAGES SELON LE RANG DE L'UNION DES CONJOINTS AU CANADA

Rang de l'union de la femme au Canada	Rang de l'union du mari au Canada		
	1	2 ou plus	Ensemble
	Nombres absolus		
1	710	27	737
2 ou plus	146	72	218
Ensemble	856	99	955
	Nombres relatifs		
1	74,4	2,8	77,2
2 ou plus	15,3	7,5	22,8
Ensemble	89,7	10,3	100,0

TABLEAU 87
FRÉQUENCE DU REMARIAGE SELON LE SEXE, L'ÂGE AU VEUVAGE ET LE NOMBRE D'ENFANTS DÉPENDANTS

	Sexe masculin			Sexe féminin		
	Nombre de veuvages	Nombre de remariages	Nombre de remariages pour 100 veuvages	Nombre de veuvages	Nombre de remariages	Nombre de remariages pour 100 veuvages
Âge au veuvage (en années)						
Moins de 30	14	12	85,7	50	44	88,0
30 - 39	43	31	72,1	71	60	84,5
40 - 49	76	48	63,2	143	78	54,5
50 - 59	52	16	30,8	116	20	17,2
60 et plus	125	20	16,0	179	9	5,0
Indéterminé*	7	4	57,1	19	7	36,8
Ensemble	317	131	41,3	578	218	37,7
Nombre d'enfants dépendants*						
0	185	58	31,4	305	50	16,4
1 - 2	51	23	45,1	119	57	47,9
3 - 4	40	24	60,0	85	59	69,4
5 et plus	41	26	63,4	69	52	75,4
Ensemble	317	131	41,3	578	218	37,7

* Voir notes au tableau 85.

Le tableau 88 indique une forte dispersion des durées de veuvage des remariés. L'intervalle moyen veuvage-remariage atteint environ deux ans et demi pour l'un et l'autre sexe, mais l'asymétrie des distributions rend la médiane plus significative : la moitié des veufs ont attendu près d'un an et demi pour convoler, tandis que la moitié des veuves n'ont pris qu'environ un an pour pleurer leur défunt mari. Ces résultats traduisent à nouveau les tensions du marché matrimonial, puisqu'on observe habituellement des durées plus courtes pour les hommes et plus longues pour les femmes[56]. L'année de viduité, qui n'était que de bienséance en pays coutumier, a donc été fréquemment violée par les Filles du roi remariées. Comme le droit canonique ne soumettait à aucune condition de délai le remariage de la veuve, celle-ci ne s'exposait, en principe, qu'à perdre la somme réservée à son deuil, dont elle « est privée quand elle blesse le respect qu'elle doit à la mémoire de son mari, en se remariant dans l'an du deuil »[57]. Cette somme était réglée « suivant la condition de la veuve, les biens du défunt, & le nombre des domestiques qu'elle doit raisonnablement avoir »[58], de sorte que l'état habituel de pauvreté des familles annulait en pratique cette incitation à un veuvage prolongé. La présence d'enfants à charge, ainsi que la précocité du veuvage, favorisaient au surplus la brièveté des fréquentations de la veuve, alors que ces facteurs ne semblent pas avoir exercé une influence aussi décisive chez les veufs (tableau 89).

---

56. Dupâquier, *La population rurale du Bassin parisien à l'époque de Louis XIV, op. cit.*, p. 324. Alain Bideau, *La châtellenie de Thoissey-en-Dombes (1650-1840) : étude d'histoire démographique. Analyse différentielle des phénomènes démographiques*, thèse de doctorat, Centre Pierre Léon, Université Lyon II, 1980, p. 143. Cabourdin, *loc. cit.*, p. 281. Charbonneau, *Tourouvre-au-Perche aux XVIIᵉ et XVIIIᵉ siècles, op. cit.*, p. 82. Gautier et Henry, *op. cit.*, p. 89.

57. Claude-Joseph de Ferrière, *Dictionnaire de droit et de pratique, contenant l'explication des termes de droit, d'ordonnances, de coutumes & de pratique. Avec les jurisdictions de France*, Paris, Barrois, 1771, t. I, p. 490. Jean Gaudemet, *Le mariage en Occident. Les mœurs et le droit*, Paris, Cerf, 1987, p. 264. A. Esmein, *Le mariage en droit canonique*, deuxième édition mise à jour par R. Génestal, Paris, Sirey, 1929, t. I, pp. 447-448.

58. Ferrière, *op. cit.*, t. I, p. 490.

TABLEAU 88
DISTRIBUTION DE L'INTERVALLE VEUVAGE-REMARIAGE SELON LE SEXE

Intervalle	Sexe masculin		Sexe féminin	
(en mois révolus)	N	%	N	%
0 - 2	9	7	25	12
3 - 5	18	14	29	14
6 - 8	11	8	17	8
9 - 11	13	10	29	14
12 - 17	17	13	21	10
18 - 23	5	4	16	7
24 - 35	23	18	26	12
36 - 59	17	13	13	6
60 et plus	17	13	35	17
Total	130	100	211	100
Indéterminé	1		7	
Ensemble	131		218	
Intervalle moyen	29,5 mois		30,9 mois	
Intervalle médian	17,4 mois		12,8 mois	

TABLEAU 89
DURÉE MOYENNE ET MÉDIANE DE L'INTERVALLE VEUVAGE-REMARIAGE
SELON LE SEXE, L'ÂGE AU VEUVAGE ET LE NOMBRE D'ENFANTS
DÉPENDANTS, EN MOIS

	Sexe masculin			Sexe féminin		
	N	Intervalle		N	Intervalle	
		Moyen	Médian		Moyen	Médian
Âge au veuvage (en années)						
Moins de 30	12	15,8	10,5	44	8,0	5,0
30 - 39	31	42,9	27,5	60	26,4	11,0
40 - 49	48	31,9	16,0	78	43,3	23,0
50 - 59	16	20,3	16,0	20	40,7	24,0
60 et plus	20	20,5	10,0	9	44,5	28,8
Indéterminé*	3	14,8	17,5	0	—	—
Ensemble	130	29,5	17,4	211	30,9	12,8
Nombre d'enfants dépendants*						
0	57	29,7	17,3	43	42,9	25,8
1 - 2	23	35,8	16,5	57	22,6	8,8
3 - 4	24	34,3	29,0	59	31,0	12,3
5 et plus	26	19,0	12,0	52	30,0	12,0
Ensemble	130	29,5	17,4	211	30,9	12,8

* Voir notes au tableau 85.

L'effet de la précocité du veuvage sur la fréquence de remariage des veuves se manifeste clairement au tableau 90 : les veuves remariées ont convolé à un âge moyen de 42 ans, tandis que l'âge moyen au veuvage de l'ensemble des femmes, on l'a vu, était de plus de 51 ans. Les Filles du roi se sont remariées à des hommes à peu près du même âge qu'elles, sinon même un peu plus jeunes en moyenne, dont les deux tiers en étaient à leur première union au Canada (tableau 86).

TABLEAU 90

DISTRIBUTION DES CONJOINTS AU REMARIAGE DES FILLES DU ROI SELON LE GROUPE D'ÂGES AU MARIAGE ET LE RANG D'UNION DE LA FEMME AU CANADA*

Groupe d'âges	Rang d'union de la femme au Canada					
	2		3 et 4		Ensemble	
	Époux	Épouses	Époux	Épouses	Époux	Épouses
	Nombres absolus					
Moins de 30 ans	29	33	4	1	33	34
30 - 39	48	46	6	3	54	49
40 - 49	34	37	5	16	39	53
50 - 59	24	25	11	9	35	34
60 et plus	12	16	6	6	18	22
Ensemble	147	157	32	35	179	192
	Nombres relatifs					
Moins de 30 ans	20	21	12	3	18	18
30 - 39	33	29	19	8	30	25
40 - 49	23	24	16	46	22	28
50 - 59	16	16	34	26	20	18
60 et plus	8	10	19	17	10	11
Ensemble	100	100	100	100	100	100
Âge moyen	40,3	40,4	47,3	49,2	41,6	42,0
Âge médian	38,6	39,3	50,5	48,4	39,8	41,7

* À l'exception des conjoints dont on a déduit la date de naissance à partir de l'âge moyen au mariage ou pour lesquels on ne dispose pas de la date de l'acte de mariage ou du contrat de mariage.

Même si cette étude de la mortalité des Filles du roi a fourni l'occasion d'appréhender le veuvage et le remariage consécutifs à la rupture de leurs premières unions et ainsi de raccorder l'analyse démographique de ce phénomène à celle, plus sociale, de la nuptialité, force est de constater que la mise en rapport entre la mesure démographique et les conditions socio-historiques de la mortalité reste imparfaite et aurait nécessité de plus amples développements.

Malgré cette limite inhérente aux sources exploitées, deux conclusions majeures se dégagent de l'analyse et s'adressent à l'historien de la population canadienne. La première est l'importance des épidémies dans les causes de décès des Filles du roi. Ce trait caractéristique des populations d'Ancien Régime est suggéré par deux résultats convergents: d'abord la fréquence des décès, plus du quart, survenus au cours des seuls mois de novembre et décembre, mois marqués par les refroidissements précurseurs de l'hiver et par les épidémies attaquant les voies respiratoires (par exemple, grippe, pneumonie, bronchite...); ensuite, plus du quart des sépultures effectuées le jour même du décès, une telle promptitude étant en principe réservée aux victimes de maladies contagieuses.

La seconde conclusion est le niveau exceptionnellement bas de la mortalité des Filles du roi qui s'écarte des observations courantes des populations d'avant la transition démographique. L'espérance de vie à 20 ans des Filles du roi et plus généralement des immigrants établis au Canada au XVIIe siècle atteint presque les valeurs reconnues aux membres de l'élite genevoise de cette époque et dépasse largement les niveaux estimés pour les milieux populaires français des XVIIe, XVIIIe et même de la première moitié du XIXe siècle. Il est donc évident que les Filles du roi n'ont pas hérité de la surmortalité éprouvée par leurs parents ni des conditions difficiles dont elles ont été extirpées. Deux causes ont été avancées pour expliquer cet état de fait: premièrement, l'effet de sélection conféré aux immigrants qui ont satisfait les critères de recrutement, ont survécu aux épreuves de la traversée de l'Atlantique et ont bravé les difficultés de l'établissement en pays de colonisation; deuxièmement, les conditions favorables de l'environnement canadien du XVIIe siècle qui offrait d'abondantes ressources alimentaires et une faible densité de population. L'accroissement de la densité démographique au XVIIIe siècle a d'ailleurs déjà été associé à l'augmentation de la mortalité observée dès le début de ce siècle, en raison de la propagation d'épidémies qui ont décimé précisément les Filles du roi.

La mortalité

1 *Des décès souvent associés aux maladies contagieuses ...*

Mouvement mensuel des décès
selon la température à Québec

Distribution de l'intervalle entre
la date de décès et la date de sépulture

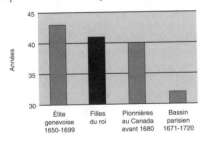

Nombre de décès
Température (°C)

2 *... mais un niveau de mortalité exceptionnellement bas.*

Espérance de vie à 20 ans, pour diverses populations féminines.

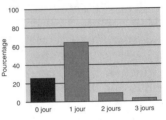

CONCLUSION

Le passage d'individus d'un territoire à un autre, puis leur adaptation en milieu d'accueil, posent le vaste problème de l'acculturation des migrants. Ce concept désigne le processus par lequel les nouveaux membres d'un corps social s'approprient les valeurs et les comportements propres au groupe déjà établi. Étant donné l'héritage culturel légué par le milieu d'origine, l'acculturation des migrants suppose, dans un premier temps, la persistance des traits culturels originaux, puis, dans un second temps de durée variable, l'intégration plus ou moins complète au milieu environnant.

Phénomène étudié beaucoup plus pour les sociétés actuelles ou récentes que pour les populations historiques, l'adaptation des immigrés déborde le champ de la sociologie pour intéresser celui de la démographie : dans quelle mesure le changement de milieu provoque-t-il des modifications dans le comportement démographique des individus, tout en préservant des traits propres au milieu d'origine ? Cette question a trouvé réponse auprès de quelques chercheurs qui, notamment pour le problème de l'intégration des Italiens dans la société américaine, ont hésité entre la thèse de la persistance prolongée et celle de l'assimilation rapide. Dans les années 1940, le sociologue Arnold Rose a ainsi suggéré que, grâce aux conditions de vie économiques supérieures aux États-Unis, les familles italiennes immigrantes avaient pu finalement réaliser leurs aspirations de forte fécondité souvent contrecarrées dans la mère-patrie. Plus récemment, le démographe Massimo Livi-Bacci et l'historien John Briggs ont au contraire prétendu que les immigrants italiens et leurs descendants s'étaient rapidement conformés au comportement reproductif américain prévoyant le recours à la limitation des naissances. Mais dans la plupart des études consacrées à la question, les chercheurs ont négligé le processus de transformation du comportement démographique des immigrants eux-mêmes au profit de comparaisons intergénérationnelles[1].

L'étude démographique des Filles du roi, établies en Nouvelle-France au cours d'une brève période de onze ans, sert admirablement les fins d'une telle enquête sur l'acculturation des migrants, pour une époque où il n'existe guère de travaux similaires. Disposant des riches données élaborées par le Programme de recherche en démographie historique, nous avons pu analyser par le menu le comportement de ces quelque 800 femmes en matière de nuptialité, de fécondité et de mortalité. Leur portrait socio-économique et culturel à l'arrivée dans la colonie annonçait un comportement démographique marqué par l'état de misère connu par la plupart d'entre elles avant leur départ de la métropole. Plus du tiers avaient été tirées de l'Hôpital général de Paris où le régime alimentaire, pauvre, très sensible à la conjoncture agricole et susceptible d'inhiber le développement physiologique des individus, atteste les conditions de vie difficiles éprouvées par les futures émigrantes. La forte mortalité des enfants qui y séjournaient et la prévalence élevée de maladies comme le scorbut et la gale confirment les lacunes de cette alimentation et les piètres conditions d'hygiène.

L'ampleur de l'analphabétisme des Filles du roi d'origine parisienne, mesurée à partir des signatures au mariage, témoigne d'une pauvreté culturelle propre aux couches les plus démunies de la société.

---

1. Arnold M. Rose, «A Research Note on the Influence of Immigration on the Birth Rate», *The American Journal of Sociology*, vol. XLVII, n° 4 (January 1942), pp. 614-621. Massimo Livi-Bacci, *L'immigrazione e l'assimilazione degli Italiani negli Stati Uniti secondo le statistiche demografiche americane*, Milano, A. Guiffrè, 1961, 110 p. John W. Briggs, «Fertility and Cultural Change among Families in Italy and America», *The American Historical Review*, vol. 91, n° 5 (December 1986), pp. 1129-1145. Paul J. Campisi, «Ethnic Family Patterns: The Italian Family in the United States», *The American Journal of Sociology*, vol. LIII, n° 6 (May 1948), pp. 443-449. Ira Rosenwaike, «Two Generations of Italians in America: Their Fertility Experience», *International Migration Review*, vol. VII, n° 3 (Fall 1973), pp. 271-280. Jon Gjerde, «Patterns of Migration to and Demographic Adaptation within Rural Ethnic American Communities», *Annales de démographie historique* (1988), pp. 277-297. B. Nauck, «Assimilation Process and Group Integration of Migrant Families», *International Migration/Migrations internationales/Migraciones Internacionales*, vol. 27, n° 1 (March 1989), pp. 27-48. Edward N. Herberg, *Ethnic Groups in Canada: Adaptations and Transitions*, Scarborough, Nelson Canada, 1989, pp. 257-272. Robert Choinière et Norbert Robitaille, «The aging of ethnic groups in Quebec», dans *Ethnic Demography: Canadian Immigrant, Racial and Cultural Variations*, ed. by Shiva S. Halli, Frank Trovato and Leo Dreidger, Ottawa, Carleton University Press, 1990, pp. 253-271.

Seulement un peu plus du tiers d'entre elles savaient signer leur nom. Eu égard à la situation particulière de Paris, ville « intellectuellement très en avance sur le reste de la France » dont les trois quarts de la population auraient été alphabétisés sous Louis XIV, ainsi qu'à celle de son Hôpital général, où l'on faisait en principe l'apprentissage de l'écriture, cette proportion est révélatrice d'une pauvreté culturelle incontestable. Une fois resituées dans leur milieu d'appartenance en France, les Filles du roi occupaient une place guère enviable dans la hiérarchie sociale du savoir.

Ce destin n'était sans doute pas étranger aux tragédies humaines vécues dans leurs familles. Grâce aux déclarations consignées dans les actes de mariage et les contrats de mariage, on connaît approximativement la proportion de parents déjà décédés au moment du départ des émigrantes. Les lacunes des données ne permettent le calcul d'indices assurés que pour les pères : près des deux tiers d'entre eux seraient morts avant que leurs filles n'aient atteint l'âge adulte. Cette proportion élevée indique une surmortalité paternelle de presque 20 pour cent, par comparaison avec des résultats équivalents obtenus en France. Souvent orphelines dès leur bas âge, sous-alphabétisées, en partie victimes du « grand renfermement » opéré à l'Hôpital général de Paris, les Filles du roi ont quitté le sol natal certainement marquées par une vie éprouvée. Comment ne pas supposer que la première tranche de leur vie n'ait pas influencé de quelque manière leur capacité reproductrice et leur survie au Nouveau Monde ?

La réalité du milieu nouveau s'est cependant vite imposée aux recrues débarquées à Québec. Arrivant sur un marché matrimonial où, par suite d'une immigration fortement masculine, les hommes candidats au mariage étaient au moins six à quatorze fois plus nombreux que les femmes nubiles, les Filles du roi ont subi d'exceptionnelles pressions pour conclure un mariage rapide. Le calcul du délai entre la date présumée d'arrivée dans la colonie et la date de premier mariage confirme la brièveté des fréquentations entre les futurs conjoints : moins de cinq mois ont suffi, en moyenne, pour assortir les nouvelles arrivantes à un homme disponible. Dans quatre cas sur dix, l'intervalle ne dépassait même pas deux mois. Certes supérieur aux quinze jours proclamés par le baron de Lahontan au début du XVIIIe siècle, et depuis lors répétés par les historiens, ce délai était presque trois fois plus court que celui observé pour les immigrantes de la période 1632-1656.

La stricte soumission des Filles du roi aux conditions ambiantes du marché matrimonial s'est traduite par une série de comportements originaux. Dans un désir de rapprocher les futurs conjoints hier encore inconnus l'un à l'autre, l'Église s'est empressée de formaliser les promesses de mariage par la célébration de fiançailles ; si l'on se fie aux enregistrements de la paroisse de Québec, plus de 92 pour cent des époux auraient ainsi officialisé leur liaison, comparativement à moins de 60 pour cent dans les années précédentes. La fréquence élevée des contrats de mariage témoigne de la même volonté d'arrêter un choix que le gré des événements pouvait encore modifier : près de 80 pour cent des immigrantes ont passé devant notaire, par rapport à une proportion généralement observée au XVIIe siècle d'environ 65 pour cent. Dans le but d'écourter le long processus de publication des bans, l'Église a finalement accordé une dispense à plus de la moitié des pupilles royales, soit deux fois plus souvent qu'auparavant.

Le climat de précipitation entourant les premiers mariages des Filles du roi a entraîné plusieurs conséquences. Tout d'abord, la rareté des naissances illégitimes et des conceptions prénuptiales : le taux de naissances illégitimes a atteint seulement 0,54 pour cent, soit environ la moitié des taux habituellement observés dans la colonie ou en métropole, et la proportion de conceptions prénuptiales pour l'ensemble des unions des Filles du roi n'a pas dépassé 5 pour cent. Ensuite, malgré les efforts entrepris pour renforcer des liens trop rapidement noués, un grand nombre de futurs conjoints sont revenus sur leur décision et ont rompu leur contrat de mariage avant de consacrer leur union devant l'Église : près de 11 pour cent des premiers mariages ont ainsi été précédés d'au moins une annulation de contrat de mariage, soit le double de la fréquence observée lors des remariages et le triple de celle calculée pour la période 1632-1662. Enfin, les conjoints de ces mariages hâtifs présentent un taux d'endogamie exceptionnellement faible, résultat d'un brassage culturel et social où les affinités traditionnelles, fondées sur la région ou l'habitat d'origine en France, sur l'aptitude à signer ou sur l'appartenance sociale ont été le plus souvent ignorées. L'écart d'âge entre les conjoints exprime la distance créée par le jeu des circonstances : dans plus de la moitié des couples cet écart dépassait cinq ans et presque le cinquième des unions présentaient une différence supérieure à dix ans.

L'adaptabilité parfaite des Filles du roi aux conditions extrêmes du marché matrimonial canadien dans les années 1660 s'est aussi manifestée dans leur comportement procréateur. Le calcul de leur descendance complète, à partir des taux corrigés de fécondité, et sa comparaison avec celles d'autres populations contemporaines, indiquent que les pupilles royales ont constitué une population intermédiaire, au même titre que les autres pionnières établies au Canada avant 1680 : plus fécondes que les Françaises du Nord-Ouest, mais moins que les Canadiennes, elles se sont reproduites à un rythme qui reflète leur double appartenance à la France et à la Nouvelle-France. Ce résultat fondamental signifie que, malgré la misère éprouvée antérieurement, leur transplantation dans un milieu très différent, notamment sur le plan des conditions alimentaires, a effacé toute séquelle qui aurait pu éventuellement les distinguer des autres pionnières.

L'analyse démographique permet de cerner les deux phénomènes concourant à ce résultat. Tout d'abord, il est apparu de l'étude de l'espacement entre les naissances que le milieu canadien avait favorisé un accroissement de la fécondabilité — c'est-à-dire de la probabilité mensuelle à concevoir un enfant — ainsi qu'une diminution de la mortalité intra-utérine. Ces deux facteurs ont entraîné une diminution de l'intervalle moyen entre naissances par rapport aux niveaux connus en France du Nord-Ouest, mais la valeur de cet indice est restée supérieure à celle observée chez les Canadiennes. C'est dire que les Filles du roi ont démontré en cette matière des aptitudes supérieures à celles de leurs homologues restées en France, mais inférieures à celles de leurs filles et petites-filles nées plus tard au Canada.

Le caractère intermédiaire de la fécondité des Filles du roi s'est aussi manifesté dans les progrès de la stérilité définitive. L'analyse de ce processus a indiqué qu'aux jeunes âges, soit pendant les premières années de leur séjour canadien, les immigrantes ont reproduit les niveaux relativement élevés observés en France, contribuant ainsi à réduire leur fécondité par rapport aux Canadiennes, mais qu'après l'âge de 30 ans la progression de la stérilité définitive avait ralenti, rejoignant alors les niveaux canadiens et contribuant à hausser leur fécondité par rapport aux Françaises. La définition de ce mécanisme complexe suggère, à l'instar des résultats relatifs à l'espacement des naissances, que le milieu canadien a fortement imprimé sa marque sur les progrès de l'infécondité des immigrantes.

L'influence de l'environnement canadien sur les Filles du roi s'est finalement traduite dans leur remarquable résistance face à la mort. La comparaison de l'espérance de vie à 20 ans des immigrantes avec celle d'autres populations féminines est éclairante à ce sujet. À l'exception des anciennes familles genevoises, qui constituaient sous l'Ancien Régime le noyau de la classe dirigeante de Genève, aucune population connue ne présente un indice aussi élevé. Avec plus de 41 ans encore à vivre, en moyenne, les Filles du roi et plus généralement les pionnières établies au Canada au XVIIe siècle ont largement dépassé les niveaux attribués aux milieux populaires français des XVIIe, XVIIIe et même de la première moitié du XIXe siècle. Deux causes expliquent vraisemblablement cet état de fait : premièrement, l'effet de sélection conféré aux immigrants qui ont satisfait les critères de recrutement, ont survécu aux épreuves de la traversée de l'Atlantique et ont bravé les difficultés de l'établissement en pays de colonisation ; deuxièmement, les conditions favorables de l'environnement canadien qui offrait d'abondantes ressources alimentaires et une faible densité de population.

Au total, il apparaît nettement que les Filles du roi envoyées au Canada au XVIIe siècle ont subi, au cours de leur séjour dans la colonie, une modification de leur comportement démographique par rapport aux normes connues dans la métropole. Si, dès leur débarquement, elles ont délibérément adapté leur nuptialité aux conditions locales du marché matrimonial, c'est au fil des ans que leur fécondité et leur longévité ont imperceptiblement subi l'influence du nouveau milieu. Même si leur fécondité a finalement conservé les traces d'un passé français encore tout proche, leur comportement devant la vie et la mort s'est incontestablement canadianisé. L'acculturation démographique des immigrants, de ces habitants de la première génération, est donc un fait bien réel que les recherches antérieures ont rarement mis en évidence.

Sans négliger l'effet de sélection des colons qui a contribué à définir les premiers Canadiens, on ne saurait assez insister sur l'immense pouvoir d'adaptation et de récupération des corps qui, au contact de réalités nouvelles, permet d'échapper presque totalement à l'emprise des conditions de vie passées. Cette vérité interroge la nature du milieu colonial qui, essentiellement par le climat, l'alimentation, la densité du peuplement et le développement sanitaire, a agi sur la reproduction et la survie des hommes. C'est de ce côté que la recherche historique pourra le plus, dans les années à venir, aider la démographie à expliquer ce qu'elle mesure déjà si bien.

DEUXIÈME PARTIE

RÉPERTOIRE BIOGRAPHIQUE
DES FILLES DU ROI

Les notices biographiques qui suivent rassemblent l'essentiel des informations socio-démographiques qui ont servi, en première partie, à l'analyse des origines et du comportement démographique des Filles du roi. À ce titre, nous les croyons susceptibles d'intéresser l'historien ou le démographe désireux de reprendre un calcul ou de pousser la recherche dans de nouvelles directions, ou bien encore le généalogiste qui y puisera plusieurs données inédites.

Chaque notice comprend les éléments biographiques suivants, dans la mesure où ils ont été retrouvés dans les sources consultées (registres paroissiaux et minutes notariales):

1° Informations individuelles relatives à la Fille du roi

– Nom et prénom, uniformisés selon l'orthographe adoptée dans le Dictionnaire Jetté[1]. Les noms des Filles du roi qui ne se sont pas établies au Canada sont précédés d'un astérisque (*).
– Noms et prénoms des père et mère et/ou, le cas échéant, d'un précédent conjoint.
– Décès éventuel, au moment du premier mariage au Canada, du père (« feu ») ou de la mère (« feue »).
– Profession du père et/ou, le cas échéant, d'un précédent conjoint.
– Lieu d'origine en France. Dans le cas d'un lieu urbain : noms de la paroisse, de la ville, de l'évêché (ou de l'archevêché) et de la province. Dans le cas d'un lieu rural : noms de la localité, de l'évêché (ou de l'archevêché), de la province et, entre paren-

---

1. René Jetté, *Dictionnaire généalogique des familles du Québec. Des origines à 1730*, Montréal, Les Presses de l'Université de Montréal, 1983, xxx-1180 p.

thèses, de l'arrondissement moderne. Les lieux d'origine peuvent avoir été puisés tels quels dans les documents ou, dans les cas d'imprécision, être le fruit d'une interprétation[2]. Lorsqu'il y a contradiction entre les lieux déclarés dans l'acte de mariage et dans le contrat de mariage, les deux informations sont fournies.

- Date de naissance approximative (« née vers ») ou, plus rarement, exacte (« née le »). Dans ce dernier cas, le lieu d'origine correspond au nom de la paroisse où l'on a retrouvé l'acte de baptême.
- Année d'arrivée au Canada. Malgré la formulation (« arrivée en »), la plupart des années d'arrivée sont incertaines[3].
- Apparentement avec d'autres immigrants.
- Naissance éventuelle d'enfant illégitime.
- Valeur des biens apportés et du don du roi déclarés dans le contrat de mariage.
- Contrat(s) de mariage annulé(s) avant le premier mariage au Canada : nom et prénom du promis (uniformisés selon l'orthographe adoptée dans le Dictionnaire Jetté), date du contrat, nom du notaire.
- Date et lieu de décès. Dans l'ignorance de la date exacte de décès, on a cherché à fixer un intervalle délimité par la dernière date à laquelle la femme a été déclarée vivante et par la première date à laquelle elle a été déclarée décédée. Les causes ou circonstances du décès sont parfois précisées.
- Année d'émigration. Le retour éventuel en France, après établissement au Canada, est daté de façon approximative (« émigrée vers ») ou précise (« émigrée en ») et explique alors l'absence de toute information relative au décès.
- Aptitude ou non à signer.

---

2. Les principaux ouvrages ayant servi à déterminer les lieux d'origine imprécis sont : P. Doisy, *Le royaume de France, et les États de Lorraine disposés en forme de dictionnaire ...*, Paris, Tilliard, 1753, 1128-44 p. Jean-Joseph d'Expilly, *Dictionnaire géographique, historique et politique des Gaules et de la France*, Paris, Desaint & Saillant, 1762-1770, 6 vol. Claude-Marin Saugrain, *Dénombrement du royaume par généralités, élections, paroisses et feux*, Paris, Saugrain, 1709, 408-342 p. *Paroisses et communes de France*, dictionnaires d'histoire administrative et démographique publiés sous la direction de Jacques Dupâquier et Jean-Pierre Bardet, Paris, Éditions du CNRS, 1974-1991. Nous remercions Hubert Charbonneau pour son importante contribution à ce travail.

3. Sur la fiabilitéde cette donnée, voir supra, pp. 46-48.

2° Informations familiales relatives à chaque union contractée

- Date de l'acte de mariage ou, en son absence, du contrat de mariage. En cas de défaut de l'un ou de l'autre, une année approximative est avancée.
- Lieu de mariage.
- Prénom, nom et surnom du conjoint, uniformisés selon l'orthographe adoptée dans le Dictionnaire Jetté.
- Profession du conjoint.
- Date de naissance, approximative ou exacte, du conjoint.
- Date de décès du conjoint, exacte ou représentée par un intervalle.
- Aptitude à signer du conjoint.
- Date du contrat de mariage et nom du notaire.
- Lieu d'établissement principal du ménage[4].
- Nombre d'enfants nés de cette union.

La presque totalité de ces informations provient du registre de la population du Québec ancien élaboré par le Programme de recherche en démographie historique de l'Université de Montréal. L'extension de notre recherche sur plusieurs années et l'avancement parallèle des connaissances généalogiques ont causé, en certains cas, des contradictions entre les données exploitées dans l'analyse et l'état actuel des connaissances. Notre répertoire des Filles du roi reflète ces quelques contradictions dont on donnera ici trois exemples :

- Françoise Favreau et Pierre Jean sont les parents de quatre enfants nés à Charlesbourg entre 1672 et 1681. Malgré l'absence d'acte de mariage ou de contrat de mariage, nous avons jugé que l'union avait probablement été célébrée au Canada en 1671 ou 1672[5], que l'épouse avait immigré seule au Canada en 1671 et était par conséquent une Fille du roi. Sa notice biographique livrée plus loin reprend ces hypothèses qui sont toutefois démenties par les travaux récents de Luce Jean Haffner. Celle-ci a démontré que les deux conjoints se sont mariés à la paroisse

---

4. Sur la détermination de ce lieu, voir supra, p. 142.

5. C'était aussi l'opinion de Léon Roy, tandis qu'Archange Godbout et René Jetté ont plutôt penché pour un mariage en France antérieur à l'immigration. Léon Roy, « Nos familles Jean », *Bulletin des recherches historiques*, vol. 55, n°s 10-12 (octobre-décembre 1949), p. 213. Berneval, « Les rapatriés de 1664 », *Bulletin des recherches historiques*, vol 52, n° 4 (avril 1946), p. 103. Jetté, *op. cit.*, p. 595.

St-Sauveur de La Rochelle le 8 juillet 1668, qu'ils ont immigré ensemble au Canada probablement en 1669 et que l'épouse n'était donc pas une Fille du roi[6].

–   À l'inverse, Hubert Charbonneau vient de suggérer qu'Anne-Élisabeth de Tarragon, que nous croyions arrivée au Canada en 1674 ou 1675, aurait été envoyée plus tôt comme Fille du roi[7]. La multiplicité des indices rend la chose vraisemblable et aurait justifié que la notice biographique de cette immigrante figure dans notre répertoire.

–   Avant la publication récente de l'acte d'adoption d'un enfant de Marguerite Richer et de Jean Verdon enregistré par le notaire Maugue le 17 juin 1679, nous ignorions que la mère était alors «en fuitte»[8]. Cette information a enrichi le contenu de la notice relative à cette Fille du roi, même si notre analyse n'a pu en tirer parti.

Malgré ces rares lacunes, notre répertoire rend compte du renouvellement des connaissances socio-démographiques sur les Filles du roi depuis une vingtaine d'années. Nul doute cependant que l'avancement de la recherche permettra dans l'avenir d'améliorer encore l'état de notre savoir.

---

6. Luce Jean Haffner, *Les quatre frères Jean de La Rochelle à Québec*, Sillery, Septentrion, 1989, p. 109.

7. Hubert Charbonneau, «Anne Élisabeth de Tarragon», *Mémoires de la Société généalogique canadienne-française*, vol. 41, n° 4 (hiver 1990), pp. 293-300.

8. Jacques Saintonge, «Pierre Richer, tailleur d'habits: un ancêtre oublié», *L'Ancêtre*, vol. 16, n° 6 (février 1990), p. 209.

– A –

ABRAHAM, Marguerite. Fille de Godgaud et de Denise FLEURY, de la par. St-Eustache, v. et archev. Paris, en Île-de-France. Née vers 1645. Arrivée en 1665, apportant des biens estimés à 100 livres. Décédée après le 09-11-1695. Ne savait pas signer.
1ᵉʳ mariage: c. de m. le 06-11-1665 (Duquet), à l'Île-d'Orléans, avec Ozanie-Joseph NADEAU dit Lavigne (habitant), né vers 1637, décédé le 10-02-1677, ne sachant pas signer. Ménage établi à Ste-Famille Î.O. 5 enfants.
2ᵉ mariage: le 31-01-1678, à Ste-Famille Î.O., avec Guillaume CHARTIER (habitant), né vers 1636, décédé après le 04-04-1697, sachant signer. C. de m. le 26-01-1678 (Duquet). Ménage établi à Ste-Famille Î.O. Aucun enfant.

ADAM, Anne. Fille de feu Corneille et de Michelle DELACOUR, de la par. St-Jacques, v. Compiègne, év. Soissons, en Île-de-France. Née vers 1651. Arrivée en 1671, apportant des biens estimés à 300 livres et un don du roi de 50 livres. Décédée le 16-05-1709 à Pointe-Lévy. Ne savait pas signer.
Mariage: le 07-11-1671, à Québec, avec Jean POLIQUIN (habitant et maître maçon), né vers 1637, décédé le 02-10-1721, sachant signer. C. de m. le 17-10-1671

(Becquet). Ménage établi à Pointe-Lévy. 3 enfants.

AGATHE, Marie-Anne. Fille de feu Sébastien et de Catherine CARRIÈRE, de St-Germain-en-Laye, archev. Paris, en Île-de-France. Née vers 1637. Arrivée en 1663, apportant des biens estimés à 300 livres. Décédée le 28-12-1700 à St-Augustin. Ne savait pas signer.
Mariage: le 16-10-1663, à Québec, avec Laurent ARMAND (habitant et menuisier), né vers 1641, décédé le 12-02-1709, ne sachant pas signer. C. de m. le 07-10-1663 (Duquet). Ménage établi à St-Augustin. Aucun enfant.

ALBERT, Marie. Fille de François et de Thomasse GABARET. Baptisée le 11-06-1643 à St-Pierre de l'Île d'Oléron, év. Saintes, en Saintonge (ar. Rochefort). Arrivée en 1663. Précédée au pays par ses frères Guillaume et André. Décédée après le 06-11-1702 à Pointe-Lévy. Ne savait pas signer.
Mariage: le 29-10-1663, à Québec, avec Jean CHAUVEAU dit Lafleur (habitant), né vers 1637, décédé entre le 26-11-1693 et le 02-04-1696, ne sachant pas signer. C. de m. le 13-10-1663 (Fillion). Ménage établi à Pointe-Lévy. 11 enfants.

ALLENCE, Marie. Fille de feu Jean et de Louise DEBRAMANLE, de la par. St-

Quentin, v. Tournai, en Flandres (Belgique). Arrivée en 1669. Émigrée vers 1673. Ne savait pas signer.
Mariage : c. de m. le 13-11-1669 (Ameau), à Trois-Rivières, avec Louis TARDIF, ne sachant pas signer. Ménage établi à Trois-Rivières. 1 enfant.

AMIOT, Jeanne. Fille de Noël et de feue Anne VIVIENNE, de St-Pierre de Losne, év. Langres, en Bourgogne (ar. Beaune). Née vers 1651. Arrivée en 1673, apportant des biens estimés à 200 livres. Décédée le 04-02-1745 à Verchères. Ne savait pas signer.
1er mariage : le 19-09-1673, à Québec, avec Nicolas PION dit Lafontaine (habitant), né vers 1639, décédé le 03-03-1703, sachant signer. C. de m. le 14-09-1673 (Becquet). Ménage établi à Verchères. 8 enfants.
2e mariage : le 12-11-1704, à Contrecoeur, avec François CHICOINE dit Lafresnière, né vers 1678, ne sachant pas signer. C. de m. le 06-11-1704 (Taillandier). Ménage établi à Verchères. Aucun enfant.

ANCELIN, Françoise. Fille de feu Gilles et de Catherine CLÉMENT, de la par. St-Martin, Île de Ré, ar. et év. La Rochelle, en Aunis. Née vers 1655. Arrivée en 1669. Décédée le 22-09-1711 à Charlesbourg. Ne savait pas signer.
Mariage : le 10-11-1669, à Québec, avec Guillaume VALADE dit Asselin (habitant), né vers 1647, décédé le 23-03-1717, ne sachant pas signer. C. de m. le 09-10-1669 (Vachon). Ménage établi à Charlesbourg. 14 enfants.

ANDRÉ, Louise. Fille d'Étienne et d'Adrienne TAILLOU, de la par. St-Michel, v. et év. Poitiers, en Poitou. Née vers 1629. Arrivée en 1667. Décédée le 07-12-1687 à Boucherville. Ne savait pas signer.
Mariage : le 18-01-1672, à Boucherville, avec Nicolas BOSSU dit Le Prince (habitant), né vers 1635, décédé le 06-11-1688, ne sachant pas signer. Ménage établi à Varennes. Aucun enfant.

ANDRIEU, Marguerite. Fille de feu Guillaume et d'Anne COUILLARD, du bourg de Duclair, ar. et archev. Rouen, en Normandie. Née vers 1644. Arrivée en 1673, apportant des biens estimés à 600 livres. Décédée après le 05-01-1682. Ne savait pas signer.
Mariage : le 19-09-1673, à Québec, avec Pierre AUGRAN dit Lapierre (habitant), né vers 1634, décédé le 22-05-1713, ne sachant pas signer. C. de m. le 14-09-1673 (Becquet). Ménage établi à Québec. 5 enfants.

ANGELIER, Marie. Née vers 1651. D'origine inconnue. Arrivée en 1669. Décédée entre le 22-09-1690 et le 07-01-1717.
Mariage : avant le 17-03-1670, avec Vivien ROCHEREAU (habitant), né vers 1641, décédé le 12-01-1716, ne sachant pas signer. Ménage établi à Grondines. 7 enfants.

ANTHOINE, Denise. Fille de feu François et de Guillemette PIRO, de St-Germain-sur-Meuse, év. Toul, en Lorraine (ar. Commercy). Née vers 1651. Arrivée en 1670. Décédée le 26-03-1732 à Laprairie. Ne savait pas signer.
1er mariage : c. de m. le 11-10-1670 (Larue), à Champlain, avec Laurent BUY dit Lavergne (habitant), né vers 1641, décédé entre le 15-06-1686 et le 27-11-1698, ne sachant pas signer. Ménage établi à St-Ours. 8 enfants.
2e mariage : avant 1704, à St-Ours, avec Mathurin BANLIER dit Laperle (habitant et laboureur), né vers 1641, décédé le 21-01-1720, ne sachant pas signer. Ménage établi à St-Ours. 1 enfant.

ARCULAR, Marie. Fille de feu Jean (maître charpentier) et de Catherine AUCOIN, de la par. St-Nicolas-des-Champs, v. et archev. Paris, en Île-de-France. Née vers 1651. Arrivée en 1669, apportant des biens estimés à 250 livres et un don du roi de 50 livres. Décédée le 24-04-1718 à St-Jean Î.O. Ne savait pas signer.
1er mariage : le 28-10-1669, à Ste-Famille Î.O., avec Claude LEFEBVRE dit Boulanger (habitant), né vers 1648, décédé le 12-02-1690, sachant signer. C. de m. le 07-10-1669 (Becquet). Ménage établi à St-François Î.O. 10 enfants.

2e mariage: le 07-07-1692, à St-François Î.O., avec Pierre LEJAMBLE (habitant), né vers 1651, ne sachant pas signer. C. de m. le 26-06-1692 (Chambalon). Ménage établi à St-Jean Î.O. 1 enfant.

ARDION, Marguerite. Fille de Pierre (maître maçon et maître tailleur de pierre) et de Suzanne LONET, veuve de Laurent BEAUDET, de la v. et év. La Rochelle, en Aunis. Née vers 1638 et baptisée dans la religion protestante. Arrivée en 1663 avec son fils Laurent BEAUDET. Décédée entre le 28-09-1677 et le 08-09-1678 à Ste-Famille Î.O. Ne savait pas signer.
Mariage: le 28-10-1663, à Québec, avec Jean RABOUIN (habitant), né vers 1637, décédé le 07-12-1707, ne sachant pas signer. C. de m. le 17-10-1663 (Audouart). Ménage établi à Ste-Famille Î.O. 8 enfants.

ARINART, Anne. Fille de feu Geoffroy et de Marie BREMONT, de St-Gervais de Gisors, archev. Rouen, en Normandie (ar. Les Andelys). Née vers 1656. Arrivée en 1671, apportant des biens estimés à 300 livres et un don du roi de 50 livres. Décédée le 15-08-1705 à St-François Î.O. Ne savait pas signer.
1er mariage: le 20-10-1671, à Ste-Famille Î.O., avec Jean RÉAL (habitant), né vers 1635, décédé le 17-10-1677, ne sachant pas signer. C. de m. le 26-10-1671 (Becquet). Ménage établi à Ste-Famille Î.O. Aucun enfant.
2e mariage: le 09-02-1678, à Ste-Famille Î.O., avec Antoine LEFORT (habitant), né le 15-02-1641, décédé le 12-10-1699. Ménage établi à Ste-Famille Î.O. Aucun enfant.

ARIOT, Marie. Fille de feu Bernardin et de feue Marguerite DELI, de la par. St-Martin du bourg d'Invere, év. Chartres, en Beauce (ar. Châteaudun). Née vers 1646. Arrivée en 1670, apportant des biens estimés à 200 livres et un don du roi de 50 livres. Contrat de mariage annulé avec Claude RENARD (16-10-1670, Becquet). Décédée le 25-06-1715 à St-Michel. Ne savait pas signer.
Mariage: le 11-04-1671, à Québec, avec René VANDET (habitant), né vers 1646,

décédé le 22-08-1702, ne sachant pas signer. C. de m. le 15-02-1671 (Duquet). Ménage établi à St-Michel. 9 enfants.

* ASSERIN, Fleurance. Arrivée en 1667. Présente au c. de m. de Jacques DUBOIS et de Marie GIRARD (17-07-1667, Rageot). Ne savait pas signer.

AUBÉ, Françoise. Fille de Pierre et de Françoise PÉRIÉ, de la par. St-Sulpice, v. et archev. Paris, en Île-de-France. Née vers 1641. Arrivée en 1668. Décédée le 12-01-1709 à Ste-Anne-de-la-Pérade. Savait signer.
Mariage: le 08-10-1668, à Québec, avec Michel ROY dit Châtellerault (habitant, notaire de la seigneurie de la Pérade, procureur huissier et commandant de la milice), né vers 1646, décédé le 13-01-1709, sachant signer. Ménage établi à Ste-Anne-de-la-Pérade. 5 enfants.

AUBERT, Élisabeth. Fille de feu Michel et de Jeanne AUBERT, de la par. St-Sulpice, v. et archev. Paris, en Île-de-France. Née vers 1646. Arrivée en 1670, apportant des biens estimés à 200 livres et un don du roi de 50 livres. Décédée le 04-10-1690 à l'Hôtel-Dieu de Québec. Ne savait pas signer.
Mariage: le 29-09-1670, à Québec, avec Aubin LAMBERT dit Champagne (habitant), baptisé le 30-06-1632, décédé le 04-04-1713, ne sachant pas signer. C. de m. le 04-09-1670 (Becquet). Ménage établi à St-Augustin. 10 enfants.

AUBERT, Jeanne. Fille de Pierre (maître maçon) et de feue Judith AUMOND, de la par. St-Étienne-du-Mont, v. et archev. Paris, en Île-de-France. Née vers 1646. Arrivée en 1669, apportant des biens estimés à 200 livres. Contrat de mariage annulé avec Denis BROSSEAU (06-11-1669, Ameau). Décédée le 08-12-1687 à Batiscan. Ne savait pas signer.
1er mariage: c. de m. le 20-11-1669 (Ameau), à Trois-Rivières, avec Jean BISSON dit Provençal (maître taillandier), décédé entre le 18-05-1671 et le 31-03-1677, ne sachant pas signer. Aucun enfant.
2e mariage: avant 1677, à Champlain, avec Joseph DE MORACHE (habitant), né vers

1654, décédé le 14-03-1690. Ménage établi à Batiscan. 1 enfant.

AUBINEAU, Suzanne. Veuve de Pierre AUCLAIR, de St-Christophe d'Angoulins, ar. et év. La Rochelle, en Aunis. Née vers 1634. Arrivée en 1666 avec ses fils Pierre et André AUCLAIR, apportant des biens estimés à 300 livres. Contrat de mariage annulé avec Jacques MICHEL (24-08-1666, Becquet). Décédée le 28-03-1694 à St-François Î.O. Ne savait pas signer.
Mariage : c. de m. le 25-04-1667 (Rageot), à l'Île-d'Orléans, avec Mathias CAMPAGNA (habitant et fermier), né vers 1631, décédé le 27-08-1714, ne sachant pas signer. Ménage établi à St-François Î.O. 4 enfants.

AUBRY, Anne, de la v. et archev. Paris, en Île-de-France. Née vers 1654. Arrivée en 1671. Décédée après le 29-01-1707. Ne savait pas signer.
Mariage : vers 1674, à Laprairie, avec Antoine CAILLÉ dit Brûlefer et Biscornet (habitant et forgeron), né vers 1651, décédé entre le 20-12-1690 et le 24-10-1708. Ménage établi à Laprairie. 7 enfants.

AUBRY, Françoise. Fille de feu Louis et de Julienne JUCHEL, de la par. St-Roch, v. et archev. Paris, en Île-de-France. Née vers 1652. Arrivée en 1673, apportant des biens estimés à 200 livres. Contrat de mariage annulé avec Jean BOUDEAU (08-09-1673, Becquet). Décédée après le 26-11-1710. Ne savait pas signer.
1er mariage : le 19-08-1674, à Québec, avec Antoine MERCIER dit Lépine (habitant), décédé vers 1675, ne sachant pas signer. C. de m. le 16-09-1673 (Duquet). Ménage établi à Québec. 2 enfants.
2e mariage : avant 1676, à l'Île Percée, avec Vincent CHÂTIGNY dit Lépine (habitant), né vers 1646, décédé entre le 26-11-1710 et le 10-05-1715. Ménage établi à l'Île Percée. 7 enfants.

AUBRY, Jacqueline. Fille de feu Marin et d'Anne LEROUX. Baptisée le 15-03-1642 à St-Pierre-du-Château, v. et év. Sées, en Normandie. Arrivée en 1670, apportant des biens estimés à 200 livres et un don du

roi de 50 livres. Décédée le 22-01-1702 à Montréal. Ne savait pas signer.
1er mariage : le 09-09-1670, à Québec, avec Antoine GROS dit Laviolette (habitant et laboureur), né vers 1640, décédé le 23-09-1687, ne sachant pas signer. C. de m. le 01-09-1670 (Becquet). Ménage établi à Lachine. 6 enfants.
2e mariage : le 22-03-1689, à Lachine, avec Guillaume DENOYON (habitant et laboureur), né le 19-10-1640, décédé le 10-07-1704, ne sachant pas signer. C. de m. le 22-03-1689 (Pottier). Ménage établi à Lachine. Aucun enfant.

* AUGER, Catherine. Fille de feu Nicolas et de Marie MASSON, de Charenton-le-Pont, archev. Paris, en Île-de-France (ar. Créteil). Arrivée en 1671, apportant des biens estimés à 300 livres et un don du roi de 50 livres. Contrat de mariage annulé avec Philippe GOUYAU (14-10-1671, Becquet). Ne savait pas signer.

AUGER, Jeanne. Fille de Savignan et de Marie RUEL, de la par. St-Benoît, v. et archev. Paris, en Île-de-France. Arrivée en 1671, apportant des biens estimés à 300 livres et un don du roi de 50 livres. Décédée le 18-10-1735 à Beaumont. Ne savait pas signer.
Mariage : le 26-10-1671, à Québec, avec Sébastien NOLET dit Larivière (habitant), né vers 1644, décédé le 15-04-1708, ne sachant pas signer. C. de m. le 19-10-1671 (Becquet). Ménage établi à Pointe-Lévy. 9 enfants.

AUPÉ, Isabelle. Fille de Charles et de feue Catherine HUBERT, de la par. St-Sever, faubourg de v. et archev. Rouen, en Normandie. Née vers 1647. Arrivée en 1670, apportant des biens estimés à 200 livres et un don du roi de 50 livres. Décédée le 24-07-1687 à Ste-Anne-de-Beaupré. Ne savait pas signer.
Mariage : c. de m. le 25-08-1670 (Becquet), à St-Augustin, avec Pierre DE LAVOIE (habitant), né vers 1631, décédé le 08-07-1708, ne sachant pas signer. Ménage établi à St-Augustin. 8 enfants.

AUVRAY, Madeleine. Fille de feu Antoine et de Marie LENORMAND, de la par. St-Vivien, v. et archev. Rouen, en Normandie. Née vers 1652. Arrivée en 1671, apportant des biens estimés à 300 livres et un don du roi de 50 livres. Décédée le 06-05-1734 à Neuville. Ne savait pas signer.
Mariage: le 12-10-1671, à Québec, avec Nicolas MATTE (habitant), baptisé le 04-12-1636, décédé le 20-07-1704, sachant signer. C. de m. le 10-10-1671 (Becquet). Ménage établi à Neuville. 11 enfants.

– B –

BAGAU dite DE BEAURENOM, Antoinette. Fille de Guillaume et de Françoise LEPOUPET, de Notre-Dame d'Allone, év. Coutances, en Normandie (ar. Cherbourg). Née vers 1649. Arrivée en 1671, apportant des biens estimés à 500 livres et un don du roi de 50 livres. Décédée entre le recensement de 1681 et le 08-01-1684. Savait signer.
Mariage: le 22-10-1672, à Ste-Famille Î.O., avec Pierre ROBERGE dit Lacroix (habitant), né vers 1637, décédé le 17-06-1710, sachant signer. C. de m. le 10-10-1671 (Becquet). Ménage établi à St-Laurent Î.O. Aucun enfant.

BAILLY, Madeleine. Fille de feu Guillaume et de feue Barbe CEILLIER, de la par. St-Jacques-de-la-Boucherie, v. et archev. Paris, en Île-de-France. Née vers 1647. Arrivée en 1671, apportant des biens estimés à 200 livres et un don du roi de 50 livres. Mère d'une enfant illégitime (Marie-Jeanne) née le 20-02-1692 à Charlesbourg. Contrat de mariage annulé avec Jean BRIÈRE (06-04-1672, Becquet). Décédée le 26-03-1734 à St-Laurent. Ne savait pas signer.
1er mariage: le 05-07-1672, à Québec, avec Guillaume VANIER dit Lafontaine (chandelier), né vers 1645, décédé le 27-08-1687, sachant signer. C. de m. le 07-06-1672 (Duquet). Ménage établi à Québec. 6 enfants.

2e mariage: le 27-09-1697, à Charlesbourg, avec Joseph FERNANDO (soldat), né vers 1643, décédé le 23-11-1718, sachant signer. Ménage établi à Charlesbourg. Aucun enfant.

BAISELAT, Françoise. Fille de feu Benjamin (maître potier d'étain) et de Claude PROUX, de la rue et par. St-Sauveur, v. et archev. Paris, en Île-France. Née vers 1646. Arrivée en 1668, apportant des biens estimés à 300 livres. Morte en couches le 30-05-1694 à Pointe-aux-Trembles. Savait signer.
1er mariage: le 16-08-1668, à Québec, avec Laurent CAMBIN dit Larivière (sergent de la compagnie de DuGué), né le 01-01-1636, décédé le 05-05-1670, ne sachant signer. C. de m. le 14-08-1668 (Lecomte). Ménage établi à Montréal. 1 enfant.
2e mariage: le 22-09-1670, à Québec, avec Pierre-François MARSAN dit Lapierre (habitant), né vers 1626, décédé entre le 28-04-1691 et le 04-01-1693. Ménage établi à Pointe-aux-Trembles. 10 enfants.
3e mariage: le 04-01-1693, à Pointe-aux-Trembles, avec André CORBEIL dit Tranchemontagne (habitant), né vers 1664, décédé le 13-10-1740. Ménage établi à Pointe-aux-Trembles. 1 enfant.

BALLIÉ, Catherine. Fille de feu Guillaume et d'Adrienne TANÉ, de St-Étienne de Fécamp, archev. Rouen, en Normandie (ar. Le Havre). Née vers 1642. Arrivée en 1667. Décédée le 31-10-1677 à Québec. Ne savait pas signer.
Mariage: le 24-11-1667, à Québec, avec Pierre BOUVIER (habitant, maréchal et taillandier), né vers 1631, décédé le 03-12-1690, ne sachant pas signer. C. de m. le 22-11-1667 (Rageot). Ménage établi à Neuville. 4 enfants.

BAMONT, Marie-Anne. Fille de François et de Marie LUMOI, de la par. St-Martin, v. Courtrai, en Flandres (Belgique). Née vers 1655. Arrivée en 1673. Décédée le 15-08-1708 à Montréal. Ne savait pas signer.
Mariage: c. de m. le 23-10-1673 (Adhémar), à Lanoraie, avec Vincent MORISSEAU (habitant), né vers 1645, décédé le

12-03-1713, ne sachant pas signer. Ménage établi à Repentigny. 10 enfants.

BANSE, Françoise. Fille de feu Jacques et de Catherine BRIART, de la par. St-Sauveur, v. et archev. Rouen, en Normandie. Née vers 1645. Arrivée en 1667. Émigrée vers 1670. Savait signer.
Mariage: le 04-10-1667, à Québec, avec Jacques PROU (tapissier), né vers 1631, sachant signer. Ménage établi à Québec. 1 enfant.

BARBANT, Marie. Fille d'Alexandre et de Marie LENOBLE, de la par. St-Rémy, v. Dieppe, archev. Rouen, en Normandie. Née vers 1639. Arrivée en 1666, apportant des biens estimés à 200 livres. Décédée après le 01-01-1689. Ne savait pas signer.
1er mariage: c. de m. le 14-11-1669 (Adhémar), avec Jean DE LALONDE dit Lespérance (habitant, laboureur et marguillier de la mission du Haut de l'Île), né vers 1641, décédé (au cours d'une escarmouche avec les Iroquois sur les bords du Lac St-Louis) le 30-09-1687, ne sachant pas signer. Ménage établi à Lachine. 5 enfants.
2e mariage: le 26-01-1688, à Lachine, avec Pierre TABAULT (habitant et laboureur), né vers 1645, décédé le 01-05-1723, ne sachant pas signer. C. de m. le 19-01-1688 (Pottier). Ménage établi à Lachine. Aucun enfant.

BARBEREAU, Jeanne. Née vers 1638, peut-être à l'Île de Ré, ar. et év. La Rochelle, en Aunis. Arrivée en 1666. Décédée le 22-05-1713 à Ste-Famille Î.O. Ne savait pas signer.
Mariage: en 1666, à l'Île-d'Orléans, avec Jean ARRIVÉ (habitant), né vers 1622, décédé le 09-02-1707, ne sachant pas signer. Ménage établi à Ste-Famille Î.O. 6 enfants.

BARBERY, Françoise. Fille de Rolin (maître jardinier florissier) et de Michelle MINGRAY, de la par. St-Sulpice, faubourg St-Germain, v. et archev. Paris, en Île-de-France. Née vers 1651. Arrivée en 1668, apportant des biens estimés à 300 livres. Contrat de mariage annulé avec Étienne PAQUET (09-10-1668, Lecomte). Décédée

le 17-02-1725 à Montréal. Ne savait pas signer.
Mariage: le 12-11-1668, à Montréal, avec René DARDENNE (habitant), né vers 1639, décédé le 03-04-1710, sachant signer. C. de m. le 01-11-1668 (Basset). Ménage établi à Montréal. 10 enfants.

BARBIER, Jeanne. Fille de Guillaume et de Liesse HUBERT, de la par. St-Nicolas, v. Rethel, archev. Reims, en Champagne. Née vers 1649. Arrivée en 1670, apportant des biens estimés à 50 livres et un don du roi de 50 livres. Contrat de mariage annulé avec Bernard CHAPELAIN (30-08-1670, Duquet). Décédée entre le 22-10-1688 et le 10-11-1688. Savait signer.
1er mariage: c. de m. le 03-11-1670 (sous seing privé), à Chambly, avec Julien PLUMEREAU dit Latreille (habitant, laboureur et maître boulanger), né vers 1640, décédé entre le 31-03-1679 et le 07-01-1681, ne sachant pas signer. Ménage établi à Chambly. 6 enfants.
2e mariage: le 07-01-1681, à Contrecoeur, avec François BLAIN (laboureur), né vers 1645, décédé le 23-10-1708, ne sachant pas signer. Ménage établi à Chambly. 4 enfants.

BARDET, Anne. Fille de Philippe et d'Antoinette DESGANDS, de la par. St-Séverin, v. et archev. Paris, en Île-de-France. Née vers 1644. Arrivée en 1665. Décédée le 22-12-1726 à Repentigny. Ne savait pas signer.
Mariage: c. de m. le 05-10-1665 (Duquet), à l'Île-d'Orléans, avec Jean PAULIN (habitant), né vers 1635, décédé après le recensement de 1681, ne sachant pas signer. 1 enfant.

BARDOU, Marie. Fille de César et de feue Élisabeth LECLERC, de la par. St-Jacques-de-la-Boucherie, v. et archev. Paris, en Île-de-France. Arrivée en 1669, apportant des biens estimés à 200 livres et un don du roi de 50 livres. Contrat de mariage annulé avec Nicolas PRUNIER (22-09-1669, Becquet). Morte en couches le 11-01-1688 à Sorel. Ne savait pas signer.
Mariage: le 30-09-1669, à Québec, avec Mathurin DROUET dit Grandmaison, dé-

cédé après le 11-01-1688, ne sachant pas signer. C. de m. le 26-09-1669 (Becquet). Ménage établi à Chambly. 10 enfants.

BARIL, Marie. Fille de feu Julien (procureur) et de Madeleine BOESLO, de la par. St-Étienne, v. et archev. Reims, en Champagne. Née vers 1633. Arrivée en 1670, apportant des biens estimés à 500 livres et un don du roi de 50 livres. Décédée le 20-10-1721 à Château-Richer. Savait signer.
Mariage: le 13-10-1670, à Québec, avec François SAUVIN dit Larose (habitant et charpentier de navires), né vers 1636, décédé le 29-08-1707, ne sachant pas signer. C. de m. le 01-09-1670 (Becquet). Ménage établi à Château-Richer. 1 enfant.

BARILLET, Anne. Fille de feu Jean et d'Anne BOUDINNIER, de la par. St-Sulpice, faubourg St-Germain, v. et archev. Paris, en Île-de-France. Arrivée en 1671, apportant des biens estimés à 400 livres et un don du roi de 50 livres. Décédée entre le 22-09-1672 et le 10-09-1673. Ne savait pas signer.
Mariage: le 09-11-1671, à Québec, avec Guy VACHER (habitant), né le 31-01-1649, sachant signer. C. de m. le 29-10-1671 (Becquet). Ménage établi à St-Michel. 1 enfant.

BARON, Barbe. Fille de feu Jacques (hôtelier) et de Françoise QUIBEL, de la par. St-Vincent, v. et archev. Rouen, en Normandie. Née vers 1652. Arrivée en 1667, apportant des biens estimés à 300 livres. Décédée le 13-03-1715 à Québec. Savait signer.
1er mariage: le 03-11-1667, à Québec, avec Simon CHEVREUX dit Lataupine (habitant), né vers 1635, décédé entre le 13-09-1671 et le 02-05-1672, ne sachant pas signer. C. de m. le 17-10-1667 (Becquet). Ménage établi à Québec. 3 enfants.
2e mariage: le 02-05-1672, à Québec, avec Jean MÉRIENNE dit Lasolaye (habitant), né vers 1641, décédé le 21-02-1690, ne sachant pas signer. C. de m. le 24-04-1672 (Becquet). Ménage établi à Québec. 9 enfants.

3e mariage: le 23-04-1691, à Québec, avec Guillaume DUBOC dit St-Godard (couvreur), né vers 1673, décédé le 21-04-1743, ne sachant pas signer. C. de m. le 22-04-1691 (Genaple). Ménage établi à Québec. 2 enfants.

BARRÉ, Catherine. Fille de Jacques et de Françoise GAUVRITE, de la par. St-Martin, Île de Ré, ar. et év. La Rochelle, en Aunis. Née vers 1641. Arrivée en 1664. Contrat de mariage annulé avec Maurice RIVET (17-11-1664, Duquet). Décédée le 17-07-1707 à Québec. Savait signer.
Mariage: le 11-01-1665, à Québec, avec Mathurin CHAILLÉ (habitant), né vers 1640, décédé le 23-07-1707, ne sachant pas signer. C. de m. le 30-12-1664 (Vachon). Ménage établi à Beauport. 6 enfants.

BARRÉ, Catherine. Fille de Jean (maître pâtissier) et de Marie EPY. Née le 21-05-1643 et baptisée au temple protestant de la v. de La Rochelle, en Aunis. Arrivée en 1663. Émigrée en 1665.
Mariage: le 22-10-1663, à Québec, avec Nicolas ROY (maçon). C. de m. le 01-10-1663 (Duquet). Aucun enfant.

BARTON, Françoise-Marthe. Fille de feu Jacques (secrétaire de Mgr de Villemontet, chevalier, seigneur de Montaiguillon et de Villenaux, conseiller ordinaire aux Conseils du roi, intendant en les provinces de Poitou, Aunis et aux îles d'entre Loire et Garonne) et de Renée PESTRE, de la par. St-Michel, v.et év. Poitiers, en Poitou. Née vers 1653. Arrivée en 1670. Décédée le 13-08-1699 à Montréal. Ne savait pas signer.
Mariage: le 07-10-1670, à Montréal, avec Joseph CHEVALIER (habitant et maître menuisier), né vers 1644, décédé le 26-05-1721, ne sachant pas signer. C. de m. le 06-10-1670 (sous seing privé). Ménage établi à Montréal. 13 enfants.

BASSET, Catherine. Fille de feu Guillaume et de Marguerite CAVÉ, de St-Ouen de Darnetal, v. et archev. Rouen, en Normandie. Née vers 1651. Arrivée en 1667. Abjura le calvinisme le 16-10-1667 à Qué-

bec. Décédée le 16-11-1716 à Beauport.
Ne savait pas signer.
Mariage : le 17-10-1667, à Québec, avec
Pierre BOURGOUIN dit Bourguignon
(habitant et tissier), né vers 1639, décédé
le 12-09-1719, ne sachant pas signer. C. de
m. le 09-10-1667 (Rageot). Ménage établi
à St-Antoine-de-Tilly. 8 enfants.

BAUGÉ, Anne. Fille de feu Étienne et de
Madeleine CHOLET, de la par. St-Victor,
v. et archev. Paris, en Île-de-France. Arrivée en 1673, apportant des biens estimés à
200 livres. Émigrée en 1682. Ne savait pas
signer.
Mariage : le 02-10-1673, à Québec, avec
Guillaume CORRUBLE (matelot), né vers
1637, décédé le 09-07-1689, sachant signer. C. de m. le 12-09-1673 (Duquet).
Ménage établi à Québec. Aucun enfant.

BEAUDIN, Catherine. Fille de feu Sébastien et d'Hilaire LEDESLIE, de la par.
St-Séverin, v. et archev. Paris, en Île-de-
France. Née vers 1651. Arrivée en 1671,
apportant des biens estimés à 300 livres et
un don du roi de 50 livres. Décédée le
09-08-1718 à Neuville. Ne savait pas signer.
Mariage : le 12-10-1671, à Québec, avec
Pierre COQUIN dit La Tournelle (habitant et tapissier), né vers 1636, décédé le
04-10-1703, ne sachant pas signer. C. de
m. le 09-10-1671 (Becquet). Ménage établi
à Neuville. 10 enfants.

BEAUDON, Étiennette. Fille de feu
Étienne et de feue Marguerite GUIGNÉ,
de la par. St-Médard, faubourg St-Marceau, v. et archev. Paris, en Île-de-France.
Née vers 1653. Arrivée en 1671, apportant
des biens estimés à 300 livres et un don du
roi de 50 livres. Décédée le 11-11-1699 à
St-Augustin. Ne savait pas signer.
Mariage : le 10-01-1672, à Québec, avec
Tugal COTIN (habitant), né vers 1641,
décédé le 15-03-1709, ne sachant pas signer. C. de m. le 21-12-1671 (Becquet).
Ménage établi à St-Augustin. 11 enfants.

BEAUGRAND, Marie. Fille de feu Nicolas
et de Marie CHEVALIER, veuve de Sébastien COUSIN, de la par. St-Gervais, rue
St-Antoine, v. et archev. Paris, en Île-de-
France. Née vers 1649. Arrivée en 1673,
apportant des biens estimés à 600 livres.
Décédée le 11-04-1697 à Québec. Savait
signer.
Mariage : le 18-09-1673, à Québec, avec
Charles MARQUIS (bourgeois et huissier
royal), né vers 1649, décédé le 22-12-1700,
sachant signer. C. de m. le 14-09-1673 (Rageot). Ménage établi à Québec. 4 enfants.

BEAUJEAN, Marie-Jeanne. Née vers
1645. D'origine inconnue. Arrivée en
1666. Décédée entre 1679 et le recensement de 1681.
Mariage : en 1666, avec Pierre JUIN (habitant et meunier), né vers 1633, décédé le
23-12-1683. Ménage établi à Champlain. 5
enfants.

BEAUREGARD, Marthe. Fille de feu Jean
(marchand orfèvre) et de Marie DESMA-
RAIS, de la par. St-Patrice, v. et archev.
Rouen, en Normandie. Née vers 1643. Arrivée en 1671, apportant des biens estimés
à 400 livres et un don du roi de 50 livres.
Décédée le 21-10-1728 à Pointe-Lévy. Ne
savait pas signer.
Mariage : le 26-11-1671, à Québec, avec
Gabriel LEMIEUX (habitant et maître orfèvre), né vers 1615, décédé le 02-12-1700,
sachant signer. C. de m. le 23-11-1671
(Becquet). Ménage établi à Pointe-Lévy. 5
enfants.

BEAUVEAU, Jeanne. Fille de Julien et de
Catherine POT, de la v. Nogent-sur-Seine,
év. Troyes, en Champagne. Née vers 1653.
Arrivée en 1672. Décédée « subitement » le
07-01-1737 à St-Ours. Ne savait pas signer.
Mariage : avant 1673, à St-Ours, avec Jean-
Pierre BLET dit Gazaille (habitant), né
vers 1641, décédé le 17-08-1722, ne sachant pas signer. C. de m. le 16-04-1674
(Adhémar). Ménage établi à St-Ours. 9 enfants.

BELLEHACHE, Marie. Fille de feu Pierre
et de Marie BURELLE, de la par. Notre-
Dame, v. et archev. Rouen, en Normandie.
Née vers 1652. Arrivée en 1673, apportant
des biens estimés à 200 livres. Décédée le

07-12-1718 à Charlesbourg. Ne savait pas signer.

Mariage: c. de m. le 09-09-1673 (Duquet), à Charlesbourg, avec Gilles BOURRET dit Lépine (habitant), né vers 1642, décédé le 08-02-1726, ne sachant pas signer. Ménage établi à Charlesbourg. 9 enfants.

BELLESOEUR dite LUCAS, Anne. Fille de Germain et de Barbe LUCAS, de la par. St-Paul, v. et archev. Paris, en Île-de-France. Née vers 1642. Arrivée en 1665. Décédée le 11-12-1710 à Québec. Ne savait pas signer.

1er mariage: le 12-10-1665, à Québec, avec Nicolas MASSARD (habitant et masseleur), né vers 1637, décédé entre le 23-11-1685 et le 19-05-1686, ne sachant pas signer. C. de m. le 05-10-1665 (Aubert). Ménage établi à Pointe-Lévy. 7 enfants.
2e mariage: le 19-05-1686, à Pointe-Lévy, avec Jean LAMBERT, né vers 1636. Aucun enfant.
3e mariage: le 14-07-1688, à Québec, avec Jean-François CHEVAUDIER dit Lépine, né vers 1632, décédé le 16-08-1702, ne sachant pas signer. Aucun enfant.

BÉNARD, Jeanne. Fille de feu Robin et de Gabrielle VITAILLE, de la v. et archev. Paris, en Île-de-France. Née vers 1644. Arrivée en 1664, après s'être embarquée à La Rochelle sur *Le Noir*. Décédée le 11-03-1724 à Montréal. Savait signer.

Mariage: le 20-04-1665, à Montréal, avec Pierre GADOIS (habitant, marguillier, bourgeois, maître armurier et arquebusier), né le 17-11-1631, décédé le 08-05-1714, sachant signer. Ménage établi à Montréal. 14 enfants.

BENOÎT, Marie. Née vers 1653. D'origine inconnue. Arrivée en 1667. Décédée le 18-06-1725 à Montréal. Ne savait pas signer.

Mariage: avant 1668, à Contrecoeur, avec Pierre FAVREAU dit Deslauriers (soldat de la compagnie de Contrecoeur au régiment de Carignan, habitant et fermier), né vers 1636, décédé le 26-05-1708, ne sachant pas signer. Ménage établi à Contrecoeur. 13 enfants.

BÉRAUD dite DUBREUIL, Anne. Fille de Claude, sieur Dubreuil (écuyer), et de Catherine DEMARLE, de Notre-Dame de Presles, archev. Paris, en Brie (ar. Melun). Arrivée en 1673. Décédée entre le 12-01-1678 et le recensement de 1681. Savait signer.

Mariage: le 19-06-1674, à Québec, avec Mathieu JAROSSON (domestique), né vers 1645, décédé après le recensement de 1681, sachant signer. C. de m. le 09-06-1674 (Rageot). Ménage établi à Québec. 3 enfants.

BERCIER, Louise. Fille de Jean et de Marie MOREL, d'Auvergnac ou Auvregnat, év. Luçon, en Poitou. Née vers 1649. Arrivée en 1668 avec son oncle Louis BERCIER. Décédée entre le 10-02-1687 et le 03-03-1699. Ne savait pas signer.

Mariage: c. de m. le 15-10-1668 (La Tousche), à Batiscan, avec Michel FEUILLON (habitant), né vers 1630, décédé entre le 10-02-1687 et le 03-03-1699, ne sachant pas signer. Ménage établi à Ste-Anne-de-la-Pérade. 5 enfants.

BERGER, Marguerite. Fille de feu Jean et de Madeleine JEANNE, de la par. St-Sauveur, v. et archev. Paris, en Île-de-France. Née vers 1651. Arrivée en 1670, apportant des biens estimés à 300 livres et un don du roi de 50 livres. Contrats de mariage annulés avec Jacques BUSSIÈRE (07-09-1670, Becquet) et Claude DUBREUIL (22-11-1706, Chambalon). Décédée le 19-11-1728 à Pointe-Lévy. Ne savait pas signer.

Mariage: le 09-10-1670, à Québec, avec Charles COURTOIS (habitant), né vers 1637, décédé le 08-04-1694, sachant signer. C. de m. le 03-10-1670 (Becquet). Ménage établi à Pointe-Lévy. 6 enfants.

BERNARD, Jeanne. Fille de feu Hugues et de Perrine DESTOURNÈRE. Née vers 1651. D'origine inconnue. Arrivée en 1668. Décédée le 22-06-1715 à Montréal. Savait signer.

Mariage: le 29-04-1669, à Montréal, avec Jacques THUILLIER dit Desvignets (habitant), né vers 1642, décédé le 19-08-1710, ne sachant pas signer. Ménage établi à Montréal. 8 enfants.

BERRIN, Marguerite. Fille de feu Pierre (marchand) et de Louise AMBLARD, de la par. St-Jean-en-Grève, v. et archev. Paris, en Île-de-France. Arrivée en 1672, apportant des biens estimés à 700 livres. Mère d'un enfant illégitime (Jean-Baptiste) né le 24-06-1673 à Québec. Décédée entre le 13-05-1676 et le 05-04-1679. Ne savait pas signer.
Mariage: le 02-07-1675, à Québec, avec Julien BOUIN dit Dufresne (habitant), né vers 1640, décédé le 17-02-1716, ne sachant pas signer. C. de m. le 24-06-1675 (Becquet). Ménage établi à L'Ancienne-Lorette. 1 enfant.

BERTAULT, Anne. Fille de feu Jean et de Jeanne LAÎNÉ, de la par. St-Sulpice, v. et archev. Paris, en Île-de-France. Née vers 1637. Arrivée en 1669, apportant des biens estimés à 250 livres et un don du roi de 50 livres. Décédée le 17-12-1700 à St-Laurent Î.O. Ne savait pas signer.
Mariage: le 21-10-1669, à Québec, avec Robert CHARTIER (habitant), né vers 1627, décédé le 03-10-1694, ne sachant pas signer. C. de m. le 30-09-1669 (Duquet). Ménage établi à Pointe-Lévy. 5 enfants.

BERTIN dite BREVAL, Marie. Fille de feu Barthélemy et d'Anne RICHARD, de Ste-Julienne, archev. Rouen, en Normandie. Née vers 1654. Arrivée en 1669, apportant des biens estimés à 200 livres et un don du roi de 50 livres. Décédée le 16-02-1716 à Québec. Ne savait pas signer.
1er mariage: le 03-10-1669, à Ste-Famille Î.O., avec Charles SÉGUIN (habitant), né vers 1637, décédé le 01-12-1677, ne sachant pas signer. C. de m. le 21-09-1669 (Becquet). Ménage établi à Ste-Famille Î.O. 3 enfants.
2e mariage: le 28-04-1678, à Ste-Famille Î.O., avec Pierre LUNEAU (habitant), né vers 1645, décédé le 21-03-1711, ne sachant pas signer. C. de m. le 24-03-1678 (Rageot). Ménage établi à Québec. 10 enfants.

BESCHE, Marie. Fille d'Emmanuel et de Marguerite-Jeanne DUTEMPLE, de la par. St-Jean, v. et ar. Chaumont-en-Bassigny, év. Langres, en Champagne. Arrivée en 1670, apportant un don du roi de 50 livres. Décédée en 1672 à Boucherville. Ne savait pas signer.
Mariage: le 19-11-1670, à Boucherville, avec Pierre CHAPERON (habitant, laboureur, charpentier et menuisier), né vers 1645, décédé le 01-09-1728, ne sachant pas signer. C. de m. le 10-11-1670 (Frérot). Ménage établi à Boucherville. 1 enfant.

BEUZELIN, Catherine. Fille de feu Mathieu et de Claude MOREL, de la par. St-Gervais, v. Falaise, év. Bayeux, en Normandie (ar. Caen). Arrivée en 1671, apportant des biens estimés à 300 livres et un don du roi de 50 livres. Émigrée vers 1671. Ne savait pas signer.
Mariage: le 19-10-1671, à Québec, avec Jean LONLABARD (habitant), ne sachant pas signer. C. de m. le 07-10-1671 (Becquet). Ménage établi à St-Michel. Aucun enfant.

BILLOT, Catherine. Fille de Pierre et d'Anne ROSE, de la par. St-Jacques-du-Haut-Pas, v. et archev. Paris, en Île-de-France. Arrivée en 1670, apportant des biens estimés à 200 livres et un don du roi de 50 livres. Émigrée vers 1670. Ne savait pas signer.
Mariage: le 01-09-1670, à Québec, avec Urbain JAGOT (habitant), ne sachant pas signer. C. de m. le 23-08-1670 (Becquet). Ménage établi à L'Ancienne-Lorette. Aucun enfant.

BILLOT, Geneviève. Fille d'Ignace et de Madeleine BLAUGI, du faubourg St-Marceau, v. et archev. Paris, en Île-de-France. Arrivée en 1670, apportant des biens estimés à 200 livres et un don du roi de 50 livres. Émigrée en 1698. Ne savait pas signer.
Mariage: c. de m. le 24-08-1670 (Becquet), à Québec, avec Jean DENIS (habitant), né vers 1645, ne sachant pas signer. Ménage établi à Neuville. 3 enfants.

BILLOT, Lucrèce. Fille de feu Marin (marinier) et de Marie LAQUERSE, de St-Prix d'Orbais, év. Soissons, en Champagne (ar. Épernay). Née vers 1647. Arrivée en 1667, apportant des biens estimés à 200 livres et un don du roi de 50 livres. Mère d'une enfant illégitime (Louise) née le 11-09-1668 à Québec. Décédée le 22-11-1706 à Charlesbourg. Ne savait pas signer.
Mariage: le 26-08-1669, à Québec, avec Jean SIGOUIN (habitant et cordonnier), né vers 1646, décédé le 22-12-1726, ne sachant pas signer. C. de m. le 06-07-1669 (Becquet). Ménage établi à Charlesbourg. 5 enfants.

BILODEAU, Jeanne. Fille de feu Jean et de Françoise POUPART, veuve de Jacques BAUBICHE, de Les Jarriges, commune de Genouillac, év. Angoulême, en Angoumois (ar. Confolens). Née vers 1636. Arrivée en 1665. Décédée le 26-08-1684 à Champlain.
Mariage: le 08-02-1666, à Trois-Rivières, avec Pierre COUILLARD (habitant), né vers 1637, décédé le 06-04-1713. C. de m. le 28-01-1666 (Ameau). Ménage établi à Champlain. 3 enfants.

BINAUDIÈRE, Marguerite. Fille de feu Robert et de Renée GODEQUIN, de la par. St-Saturnin, v. et év. Chartres, en Beauce. Née vers 1639. Arrivée en 1670, apportant des biens estimés à 200 livres et un don du roi de 50 livres. Décédée le 11-05-1705 à Ste-Famille Î.O. Ne savait pas signer.
1er mariage: le 14-09-1670, à Québec, avec Symphorien ROUSSEAU (habitant), né vers 1635, décédé le 21-01-1688, ne sachant pas signer. C. de m. le 03-09-1670 (Becquet). Ménage établi à Ste-Famille Î.O. 2 enfants.
2e mariage: le 01-12-1688, à Ste-Famille Î.O., avec Claude GUYON (habitant), né le 22-04-1629, décédé le 23-02-1694, sachant signer. C. de m. le 18-11-1688 (Vachon). Ménage établi à Ste-Famille Î.O. Aucun enfant.

BIRARD, Marie. Née vers 1637. D'origine inconnue. Arrivée en 1669. Décédée le 04-11-1719 à Québec. Ne savait pas signer.

Mariage: en 1669 ou 1670, à Charlesbourg, avec Pierre PIVIN dit Larécompense (habitant), né vers 1627, décédé le 20-05-1701. Ménage établi à Charlesbourg. 4 enfants.

BIRET, Renée. Fille de Jean et de Simone PERINE, de la v. et év. La Rochelle, en Aunis. Née vers 1646. Arrivée en 1671. Décédée le 14-03-1715 à Beaumont.
1er mariage: le 09-06-1672, à Québec, avec Pierre BALAN dit Lacombe (habitant), né vers 1646, décédé le 29-12-1687, ne sachant pas signer. Ménage établi à St-Michel. 9 enfants.
2e mariage: avant 1688, à St-Michel, avec Jean BRIAS dit Latreille (habitant), né vers 1631, décédé le 30-11-1706. Ménage établi à St-Michel. 3 enfants.
3e mariage: le 15-04-1709, à St-Michel, avec François LAVERGNE (maçon), né vers 1648, décédé le 27-06-1714, ne sachant pas signer. Ménage établi à Beaumont. Aucun enfant.

BLAIN, Marie-Anne. Fille d'Étienne et de Gatienne LABÉ, de la par. St-Germain-l'Auxerrois, v. et archev. Paris, en Île-de-France. Née vers 1645. Arrivée en 1665, apportant des biens estimés à 200 livres. Émigrée vers 1666. Ne savait pas signer.
Mariage: le 19-10-1665, à Québec, avec Pierre GERVAIS (habitant et boulanger), né vers 1645, ne sachant pas signer. C. de m. le 14-10-1665 (Duquet). Ménage établi à Ste-Famille Î.O. Aucun enfant.

BLAINVILLAIN, Anne. Fille de Guillaume et de Jeanne COGEVAUT, de Maligny, év. Langres, en Champagne (ar. Auxerre). Née vers 1650. Arrivée en 1671, apportant des biens estimés à 100 livres. Décédée après le 14-03-1702. Ne savait pas signer.
Mariage: c. de m. le 01-01-1672 (sous seing privé), à St-Ours, avec Louis CHARBONNIER dit St-Laurent (habitant), né vers 1631, décédé entre le 29-10-1689 et le 19-12-1700, ne sachant pas signer. Ménage établi à St-Ours. 1 enfant.

BLAIS, Élisabeth. Fille de feu Claude et de Marguerite VERRIER, de la par. St-Eus-

tache, v. et archev. Paris, en Île-de-France. Née vers 1648. Arrivée en 1669, apportant des biens estimés à 200 livres et un don du roi de 50 livres. Décédée le 28-11-1692 à l'Hôtel-Dieu de Québec. Ne savait pas signer.
1er mariage: le 07-10-1669, à Ste-Famille Î.O., avec Pierre ROCHE (habitant et cordonnier), né vers 1635, décédé entre le 02-12-1676 et le 05-04-1677, ne sachant pas signer. C. de m. le 25-09-1669 (Becquet). Ménage établi à Ste-Famille Î.O. 4 enfants.
2e mariage: le 28-04-1677, à Ste-Famille Î.O., avec Vincent GUILLOT (habitant), baptisé le 18-10-1645, décédé le 28-08-1716, ne sachant pas signer. C. de m. en 1677 (Vachon). Ménage établi à St-Pierre Î.O. 7 enfants.

BLAISE, Marguerite. Fille de feu Jean et de Mathurine MARECOT. Baptisée le 29-04-1653 à St-Sembin-lès-Nantes, v. et év. Nantes, en Bretagne. Arrivée en 1669, apportant des biens estimés à 250 livres et un don du roi de 50 livres. Contrat de mariage annulé avec Laurent POIRÉ (30-09-1669, Duquet). Décédée le 15-06-1726 à St-Augustin. Ne savait pas signer.
1er mariage: c. de m. le 23-10-1669 (Becquet), à Sillery, avec Jean PAQUET (habitant), né vers 1640, décédé entre le 23-10-1669 et le 18-01-1670, ne sachant pas signer. Ménage établi à St-Augustin. Aucun enfant.
2e mariage: c. de m. le 18-01-1670 (Duquet), à St-Augustin, avec Isaac HARNOIS (habitant), né vers 1641, décédé le 22-03-1703, ne sachant pas signer. Ménage établi à St-Augustin. 7 enfants.

BLANCHARD, Marie. Fille de Jean et de Martine LEBAS, de la par. St-Nicaise, v. et archev. Rouen, en Normandie. Née vers 1649. Arrivée en 1667, apportant des biens estimés à 50 livres. Décédée le 29-07-1722 à Lachine. Ne savait pas signer.
1er mariage: le 10-11-1667, à Québec, avec Mathieu BRUNET dit Létang (habitant et laboureur), né vers 1638, décédé le 17-12-1708, ne sachant pas signer. C. de m. le

14-04-1679 (Adhémar). Ménage établi à Champlain. 10 enfants.
2e mariage: avant 1722, à Lachine, avec Yves-Luc LUCAS dit St-Venan (maître tonnelier), né vers 1666, décédé le 03-05-1726. Ménage établi à Lachine. Aucun enfant.

BLONDEAU, Jeanne. Fille de feu Jean et de feue Jacqueline MORIN, de la par. Notre-Dame, v. Pontoise, archev. Paris, en Île-de-France. Née vers 1646. Arrivée en 1671, apportant des biens estimés à 300 livres et un don du roi de 50 livres. Contrat de mariage annulé avec Jean BELLEVILLE (30-10-1671, Becquet). Décédée le 02-11-1680 à Sorel. Ne savait pas signer.
Mariage: le 16-11-1671, à Trois-Rivières, avec René ABRAHAM dit Desmarais (habitant), né vers 1645, décédé après le 18-02-1716, ne sachant pas signer. C. de m. le 15-11-1671 (Ameau). Ménage établi à Nicolet. 3 enfants.

BLUTEAU, Antoinette. Fille de feu Louis et d'Antoinette LEGRAND, de Condé, ar. Château-Thierry, év. Soissons (acte de m.), ou de La Ferté-sous-Jouarre, ar. et év. Meaux (contrat de m.), en Brie. Arrivée en 1671, apportant des biens estimés à 300 livres et un don du roi de 50 livres. Décédée entre le 27-01-1675 et le 20-01-1681. Ne savait pas signer.
Mariage: le 19-10-1671, à Québec, avec David LACROIX (habitant), né vers 1647, décédé le 03-10-1712, ne sachant pas signer. C. de m. le 13-10-1671 (Becquet). Ménage établi à Lavaltrie. Aucun enfant.

BOILEAU, Marie. Fille de feu René, sieur de la Goupillière (écuyer), et de feue Joachine SERAN, de St-Jean d'Arçay, év. Poitiers, en Poitou (ar. Châtellerault). Née vers 1649. Arrivée en 1666. Précédée au pays par sa sœur Marguerite. Contrat de mariage annulé avec Isaac DELAVANT (11-07-1667, Rageot). Décédée le 20-07-1721 à St-François Î.O. Ne savait pas signer.
1er mariage: avant 1668, à l'Île-d'Orléans, avec Pierre CHAUVIN, décédé entre le 05-02-1669 et le 28-11-1669. Ménage établi à Ste-Famille Î.O. 1 enfant.

2ᵉ mariage: le 28-11-1669, à Ste-Famille Î.O., avec Simon CHAMBERLAND (habitant), né vers 1636, décédé le 15-11-1688. Ménage établi à St-François Î.O. 8 enfants. *3ᵉ mariage:* le 04-04-1690, à St-François Î.O., avec Jean JOLIN, né vers 1645, décédé le 24-12-1724, ne sachant pas signer. C. de m. le 16-10-1689 (Rageot). Ménage établi à St-François Î.O. 1 enfant.

BOIVIN, Françoise. Née vers 1653, en Normandie. Arrivée en 1668. Décédée le 13-04-1717 à Boucherville. Ne savait pas signer.
Mariage: en 1668, à Longueuil, avec Louis LAMOUREUX (habitant), né vers 1640, décédé et inhumé sous son banc en l'église de Boucherville le 25-02-1715, ne sachant pas signer. Ménage établi à Boucherville. 10 enfants.

BOLPER, Marie-Louise. Fille de feu Gilles et de Nicole LECHEF, de Pont-Tranchefêtu, près de Fontenay-sur-Eure, ar. et év. Chartres, en Beauce. Née vers 1652. Arrivée en 1671, apportant des biens estimés à 300 livres et un don du roi de 50 livres. Décédée le 17-11-1728 à St-François Î.O. Ne savait pas signer.
1ᵉʳ mariage: le 12-10-1671, à Ste-Famille Î.O., avec François MARCEAU (habitant), né vers 1641, décédé entre le 01-05-1686 et le 15-06-1687, ne sachant pas signer. C. de m. le 10-10-1671 (Becquet). Ménage établi à Ste-Famille Î.O. 5 enfants.
2ᵉ mariage: le 17-11-1687, à St-François Î.O., avec Gabriel ROGER (habitant), né vers 1639, décédé le 24-07-1699, ne sachant pas signer. C. de m. le 04-10-1687 (Duquet). Ménage établi à St-François Î.O. Aucun enfant.
3ᵉ mariage: le 03-02-1701, à Ste-Famille Î.O., avec Antoine-Olivier QUINIART dit Duplessis (huissier et notaire seigneurial), né vers 1642, décédé le 17-09-1738, sachant signer. Ménage établi à St-François Î.O. Aucun enfant.

BONHEUR, Marie. Fille de feu Toussaint et de Louise DEBELHEUR, de Bruyères-le-Chatel, archev. Paris, en Île-de-France (ar. Palaiseau). Née vers 1651. Arrivée en 1669, apportant des biens estimés à 150 livres et un don du roi de 50 livres. Contrat de mariage annulé avec Pierre NEVEU (05-10-1669, Duquet). Décédée après le 06-01-1682. Ne savait pas signer.
Mariage: le 27-10-1669, à Ste-Famille Î.O., avec Paul INARD dit Provençal, né vers 1647, décédé après le 01-10-1690, ne sachant pas signer. Ménage établi à St-François Î.O. 7 enfants.

BONNEAU, Hélène. Fille de feu Pierre et de feue Marie ARNAUD, de St-Martin-des-Noyers, év. Luçon, en Poitou (ar. La Roche-sur-Yon). Née vers 1637. Arrivée en 1667, apportant des biens estimés à 200 livres. Décédée entre le recensement de 1681 et le 27-09-1688. Ne savait pas signer.
Mariage: le 18-07-1667, à Québec, avec Jacques DESMOULINS (habitant), né vers 1632, ne sachant pas signer. C. de m. le 10-07-1667 (Rageot). Ménage établi à Champlain. Aucun enfant.

BONNEFOY dite STE-FOY, Marguerite. Fille de feu Pierre et de Marie ANDRIEU, de St-Denis de Duclair, ar. et archev. Rouen, en Normandie. Née vers 1648. Arrivée en 1667, apportant des biens estimés à 150 livres. Décédée le 14-11-1700 à Neuville. Ne savait pas signer.
1ᵉʳ mariage: c. de m. le 04-12-1667 (Aubert), à Ste-Anne-de-Beaupré, avec Jacques ACHON (fermier), né vers 1642, décédé entre le 13-04-1670 et le 09-07-1671, ne sachant pas signer. Ménage établi à Neuville. 2 enfants.
2ᵉ mariage: le 24-08-1671, à Québec, avec Claude CARPENTIER (habitant et charpentier), né vers 1636, décédé le 27-02-1709, sachant signer. C. de m. le 09-07-1671 (Rageot). Ménage établi à Neuville. 10 enfants.

BOUART, Marie. Fille de feu François (laboureur) et de Jacquette BILLAUDE, de Bignoux, ar. et év. Poitiers, en Poitou. Née vers 1641. Arrivée en 1668, apportant des biens estimés à 300 livres. Décédée le 15-09-1712 à Batiscan. Ne savait pas signer.
1ᵉʳ mariage: le 16-08-1668, à Québec, avec Jacques ANTRADE (habitant), né le 19-04-1643, décédé entre le 13-08-1669 et le 03-03-1672, ne sachant pas signer. C. de m. le

10-08-1668 (Lecomte). Ménage établi à Batiscan. 1 enfant.
2e mariage: c. de m. le 03-03-1672 (Cusson), à Batiscan, avec François DESSUREAUX dit Le Bourguignon et Laplante (habitant), né vers 1631, décédé le 20-03-1688, sachant signer. Ménage établi à Batiscan. 7 enfants.
3e mariage: le 06-02-1689, à Batiscan, avec Jean BOISMENÉ, né vers 1651, ne sachant pas signer. Ménage établi à Batiscan. Aucun enfant.

BOUCAULT, Jeanne. Fille de feu Nicolas et de Marguerite THIBAULT, du faubourg St-Germain, v. et archev. Paris, en Île-de-France. Née vers 1651. Arrivée en 1668, apportant des biens estimés à 300 livres et un don du roi de 50 livres. Mère d'un enfant illégitime (Jacques) né le 26-10-1668. Morte le 23-01-1696, « trouvée gelée sur la grève de la grande rivière [de Beauport] ». Ne savait pas signer.
Mariage: le 30-09-1670, à Ste-Famille Î.O., avec Louis COLOMBE (habitant), né vers 1641, décédé le 30-11-1720, sachant signer. C. de m. le 07-09-1670 (Becquet). Ménage établi à St-Laurent Î.O. 12 enfants.

BOUCHARD, Jeanne. Fille de Jean et de Françoise CHRÉTIEN, de St-Ildevert de Gournay-en-Bray, archev. Rouen, en Normandie (ar. Dieppe). Née vers 1649. Arrivée en 1665, apportant des biens estimés à 200 livres. Décédée le 12-06-1674 à Ste-Anne-de-Beaupré. Ne savait pas signer.
Mariage: c. de m. le 26-10-1665 (La Tousche), avec Martin FOISY (habitant et fermier), né vers 1643, décédé le 12-01-1729, sachant signer. Ménage établi à Trois-Rivières. Aucun enfant.

BOUCHARD, Louise. Fille de feu Laurent (marchand drapier) et de feue Nicole BOURGUIGNON, de Neufchâtel-sur-Aisne, év. Reims, en Île-de-France (ar. Laon). Née vers 1647. Arrivée en 1667. Précédée au pays par son frère Guillaume. Décédée le 31-08-1703 à Montréal et inhumée sous l'église des récollets. Ne savait pas signer.

Mariage: le 06-12-1667, à Montréal, avec Simon GUILLORY (habitant, armurier et maître arquebusier), né vers 1646, décédé entre le 13-06-1698 et le 01-11-1698, ne sachant pas signer. C. de m. le 26-11-1667 (Basset). Ménage établi à Montréal. 9 enfants.

BOUCHER, Madeleine. Fille de Jacques et d'Anne JACOBIN, de la par. St-Roch, v. et archev. Paris, en Île-de-France. Née vers 1643. Arrivée en 1665. Émigrée vers 1666. Ne savait pas signer.
Mariage: le 20-10-1665, à Québec, avec François BLANCHARD dit Belleville (jardinier), né vers 1636, ne sachant pas signer. C. de m. le 06-10-1665 (Aubert). Ménage établi à Québec. Aucun enfant.

BOUET, Marie. Fille de Charles et d'Anne LEVREUX, de la par. St-Vivien, v. et archev. Rouen, en Normandie. Née vers 1651. Arrivée en 1667. Morte en couches le 20-03-1687 à Ste-Famille Î.O. Ne savait pas signer.
1er mariage: le 24-10-1667, à Québec, avec Martin GUÉRARD (habitant), né le 11-09-1633, décédé le 13-04-1676, sachant signer. C. de m. le 23-10-1667 (Rageot). Ménage établi à Ste-Famille Î.O. 1 enfant.
2e mariage: le 07-12-1676, à Québec, avec Nicolas GROINIER (habitant), né vers 1646, décédé le 29-10-1721, ne sachant pas signer. C. de m. le 05-08-1676 (Rageot). Ménage établi à Ste-Famille Î.O. 6 enfants.

BOUILLON, Marie. Fille de feu René et de Marguerite HARD, veuve de Mathurin TOUILLAULT, de St-André de Landes, év. Saintes, en Saintonge (ar. St-Jean-d'Angély). Née vers 1641. Arrivée en 1668. Décédée après le 21-05-1682. Ne savait pas signer.
Mariage: le 16-08-1668, à Québec, avec Alexandre TÉCHENAY (habitant), né vers 1631, décédé après le 23-07-1691, ne sachant pas signer. C. de m. le 13-08-1668 (Rageot). Ménage établi à Batiscan. 5 enfants.

BOURGEOIS, Catherine. Fille de feu Thomas (tabellion en la haute justice et avocat au Parlement de Rouen) et de Marie

PETIT. Baptisée le 17-02-1633 à St-Gervais, v. et archev. Rouen, en Normandie. Arrivée en 1667, apportant des biens estimés à 300 livres. Décédée le 28-09-1702 à Beauport. Ne savait pas signer.
Mariage: le 19-10-1667, à Québec, avec René BINET (habitant), né vers 1636, décédé le 15-05-1699, ne sachant pas signer. C. de m. le 09-10-1667 (Becquet). Ménage établi à Beauport. 6 enfants.

BOURGEOIS, Françoise. Fille de feu Antoine et de Marie PIEDMONT, de la par. St-Paul, v. et archev. Paris, en Île-de-France. Née vers 1646. Arrivée en 1669, apportant des biens estimés à 100 livres et un don du roi de 50 livres. Mère d'une enfant illégitime (Françoise) née le 07-10-1670 à Ste-Famille Î.O. Décédée après le 21-07-1704. Savait signer.
Mariage: le 03-11-1670, à Ste-Famille Î.O., avec Paul VIGNAULT dit Laverdure (habitant), né vers 1641, décédé entre le 27-12-1690 et le 19-02-1703, ne sachant pas signer. C. de m. le 22-10-1669 (Duquet). Ménage établi à St-Laurent Î.O. 12 enfants.

BOURGEOIS, Jeanne. Fille de Pierre et de Pauline LECLERC, de la par. St-Médard, v. et archev. Paris, en Île-de-France. Née vers 1644. Arrivée en 1665. Décédée le 16-01-1730 à Beauport. Savait signer.
1er mariage: le 25-10-1665, à Québec, avec André COUDRAY (habitant), né vers 1643, décédé le 01-05-1700, ne sachant pas signer. C. de m. le 06-10-1665 (Duquet). Ménage établi à Charlesbourg. Aucun enfant.
2e mariage: le 11-06-1708, à Québec, avec Pierre GLAUMONT dit Beauregard (habitant et bourgeois), né vers 1647, décédé le 10-12-1713, sachant signer. C. de m. le 05-06-1708 (Barbel). Aucun enfant.

BOURGEOIS, Marie. Fille d'Antoine (bourgeois) et de Marie BLOQUET, de la par. St-Rémy, v. à Dieppe, archev. Rouen, en Normandie. Arrivée en 1667, apportant des biens estimés à 300 livres. Décédée entre le 26-10-1671 et le recensement de 1681. Savait signer.

Mariage: c. de m. le 02-06-1668 (Lecomte), avec Jacques ANET, né vers 1645, décédé entre le 01-04-1692 et le 19-04-1694, ne sachant pas signer. Ménage établi à Québec. Séparation de corps et de biens prononcée par la Prévôté de Québec le 26-10-1671. 1 enfant.

BOUTARD, Marie. Fille de feu François et de feue Marguerite MEUNIER, de St-Étienne de Maransin, archev. Bordeaux, en Guyenne (ar. Libourne). Née vers 1643. Arrivée en 1669, apportant un don du roi de 50 livres. Décédée le 26-04-1728 à Boucherville. Ne savait pas signer.
Mariage: c. de m. le 21-11-1669 (Frérot), à Boucherville, avec Pierre BOURGERY (habitant), né vers 1644, décédé le 16-06-1703, ne sachant pas signer. Ménage établi à Boucherville. 8 enfants.

BOUTET, Marie-Madeleine. Fille de Simon et d'Anne DEVILLIERS, de la par. St-Jacques-du-Haut-Pas, v. et archev. Paris, en Île-de-France. Née vers 1645. Arrivée en 1664. Précédée au pays par son oncle Martin BOUTET, sa tante Catherine SOULAGE et ses cousines Catherine et Marie BOUTET. Décédée après le 07-03-1707.
Mariage: le 15-09-1664, à Québec, avec Gervais BISSON (habitant), né vers 1642, décédé le 07-03-1707. C. de m. le 11-09-1664 (Duquet). Ménage établi à Sillery. 12 enfants.

BOYER, Barbe. Fille de feu Thomas et de feue Marie FROIDE, de St-Maurice-lès-Charencey, év. Chartres, au Perche (ar. Mortagne). Née vers 1657. Arrivée en 1673, apportant des biens estimés à 400 livres. Décédée le 09-12-1730 à Québec. Ne savait pas signer.
1er mariage: le 23-10-1673, à Québec, avec Paul CARTIER (meunier), né vers 1643, décédé entre le 08-09-1697 et le 29-10-1698, ne sachant pas signer. C. de m. le 10-10-1673 (Rageot). Ménage établi à Québec. 13 enfants.
2e mariage: le 29-10-1698, à Québec, avec Nicolas FOULON dit Dumont (maître cordonnier), décédé entre le 19-11-1702 et le

recensement de 1716, ne sachant pas signer. Ménage établi à Québec. 2 enfants.

BRACONNIER, Jeanne. Fille de Nicolas et de Charlotte-Claude BRUNET, de la par. Ste-Marguerite, faubourg St-Antoine, v. et archev. Paris, en Île-de-France. Née vers 1651. Arrivée en 1673, apportant des biens estimés à 200 livres. Contrat de mariage annulé avec Louis CHAPACOU (10-09-1673, Becquet). Décédée le 20-02-1711 à Montréal. Ne savait pas signer.
1er mariage: le 18-09-1673, à Québec, avec Crespin THUILLIER dit La Tour (habitant), né vers 1645, décédé entre le 13-04-1675 et le 16-10-1675, ne sachant pas signer. C. de m. le 16-09-1673 (Becquet). Ménage établi à Varennes. 2 enfants.
2e mariage: le 16-10-1675, à Boucherville, avec Charles ÉDELINE (habitant, cordonnier et bedeau), né vers 1641, décédé le 27-10-1711. Ménage établi à Longueuil. 10 enfants.

BRANDON, Anne. Fille de Daniel et de Jeanne PROLI, de la par. St-Laurent, v. Sedan, en Champagne. Née vers 1639. Arrivée en 1665. Décédée après le recensement de 1681. Savait signer.
Mariage: le 17-11-1665, à Montréal, avec Pierre DAGENAIS dit Lépine (habitant et tailleur), né vers 1635, tué par les Iroquois le 09-08-1689, sachant signer. Ménage établi à Pointe-aux-Trembles. 6 enfants.

BREMAILLE, Marie. Fille de feu Charles et de Catherine TONNURT, veuve de Michel LANGLOIS, de Foucarmont, archev. Rouen, en Normandie (ar. Dieppe). Arrivée en 1666, apportant des biens estimés à 300 livres. Décédée entre le 05-12-1673 et le recensement de 1681. Ne savait pas signer.
Mariage: le 22-01-1667, à Québec, avec Jacques DOUBLET dit Delisle (engagé), né vers 1638, décédé entre le 05-12-1673 et le recensement de 1681, ne sachant pas signer. C. de m. le 28-12-1666 (Rageot). Aucun enfant.

BRIÈRE, Marie. Fille de feu François et de Louise TRANJAN, de St-Mélaine, év. Lisieux, en Normandie (ar. Pont-l'Évêque).

Née vers 1651. Arrivée en 1670. Décédée entre le recensement de 1681 et le 13-11-1709. Ne savait pas signer.
1er mariage: le 16-10-1670, à Québec, avec Jean GUAY (habitant), né le 10-08-1643, décédé entre le 07-08-1679 et le 20-11-1679, ne sachant pas signer. C. de m. le 14-10-1670 (Duquet). Ménage établi à Pointe-Lévy. 6 enfants.
2e mariage: le 20-11-1679, à Québec, avec Martin GUEUDON (habitant et chapelier), né vers 1645, décédé après le 13-11-1709, sachant signer. Ménage établi à Pointe-Lévy. 1 enfant.

* BRISET, Marie. Arrivée en 1670. Présente au c. de m. de Marguerite COLLET et de Jacques BISSONNET (10-11-1670, Frérot). Ne savait pas signer.

BRUNEAU, Catherine. Fille de feu François et de Marguerite LAVERGNE, de la par. St-Paul, v. et archev. Paris, en Île-de-France. Née vers 1655. Arrivée en 1670, apportant des biens estimés à 300 livres et un don du roi de 50 livres. Mère d'une enfant illégitime (Marie-Anne) née vers 1685. Décédée le 11-11-1734 à l'Hôpital général de Québec. Ne savait pas signer.
Mariage: c. de m. le 03-09-1670 (Becquet), avec Jean MONIN (habitant), né vers 1646, décédé le 03-08-1712, ne sachant pas signer. Ménage établi à Beaumont. Aucun enfant.

BRUNET, Anne. Fille de François et de Claudine MIGAUD, de la par. St-Leu-St-Gilles, v. et archev. Paris, en Île-de-France. Née vers 1646. Arrivée en 1665, apportant des biens estimés à 300 livres. Contrat de mariage annulé avec René DUVERGER (14-10-1665, Duquet). Décédée le 21-06-1671 à Québec. Ne savait pas signer.
Mariage: le 23-11-1665, à Québec, avec Pierre COIRIER (habitant), né vers 1643, ne sachant pas signer. Ménage établi à Charlesbourg. 2 enfants.

BRUNET, Françoise. Veuve de Martin DURAND, de La Tour-du-Chatel, v. Quimper-Corentin, év. Quimper, en Bretagne. Née vers 1635. Arrivée en 1663 avec ses filles Jeanne et Françoise DURAND.

Décédée «subitement» le 20-07-1668 à Québec.

Mariage: le 08-11-1663, à Québec, avec Théodore SUREAU (habitant), né vers 1627, décédé le 05-10-1677. Ménage établi à Pointe-Lévy. 1 enfant.

BULTÉ, Marguerite. Fille de Pierre (habitant) et de feue Louise PÉPIN, de St-Gilles d'Auchy-au-Bois, év. Boulogne, en Artois (ar. Béthune). Née vers 1647. Arrivée en 1670 avec son père, sa belle-mère Jeanne CHARRON et ses demi-sœurs Anne et Peyronne BULTÉ, apportant des biens estimés à 200 livres et un don du roi de 50 livres. Décédée le 25-06-1732 à Québec. Ne savait pas signer.

Mariage: le 27-11-1670, à Québec, avec Jean ROBITAILLE (habitant), né vers 1643, décédé le 22-03-1715, sachant signer. C. de m. le 16-11-1670 (Becquet). Ménage établi à L'Ancienne-Lorette. 6 enfants.

BUOT, Marie. Fille de feu Nicolas et de Louise BROCHON, de la par. St-Pierre, v. Dreux, év. Chartres, en Beauce. Née vers 1647. Arrivée en 1670, apportant des biens estimés à 300 livres et un don du roi de 50 livres. Décédée le 19-06-1732 à St-François Î.O. Ne savait pas signer.

Mariage: le 06-10-1670, à Château-Richer, avec Pierre MARTIN (habitant), né vers 1645, décédé le 06-12-1702, ne sachant pas signer. C. de m. le 14-09-1670 (Becquet). Ménage établi à St-François Î.O. 10 enfants.

BUREAU, Catherine. Fille de Jacques et de Marguerite VERRIER, de la par. St-Jean-en-Grève (acte de m.) ou St-Pierre (contrat de m.), v. et archev. Paris, en Île-de-France. Née vers 1651. Arrivée en 1669, apportant des biens estimés à 100 livres et un don du roi de 50 livres. Décédée le 01-08-1707 à St-Michel. Ne savait pas signer.

1er mariage: le 28-10-1669, à Ste-Famille Î.O., avec Étienne CORRIVEAU (habitant), né vers 1643, décédé entre le 07-06-1686 et le 19-10-1693, ne sachant pas signer. C. de m. le 23-10-1669 (Duquet). Ménage établi à St-Michel. 9 enfants.

2e mariage: le 15-01-1695, à St-Michel, avec Simon DARME (habitant), né vers 1644. Ménage établi à St-Michel. Aucun enfant.

BUREL, Jeanne. Fille de feu Daniel et d'Anne LESUISSE, de St-Denis de Duclair, ar. et archev. Rouen, en Normandie. Née vers 1648. Arrivée en 1667. Contrat de mariage annulé avec Pierre LAVOIE (21-10-1667, Becquet). Décédée le 17-04-1724 à Pointe-aux-Trembles. Ne savait pas signer.

Mariage: le 03-11-1667, à Québec, avec André POUTRÉ dit Lavigne (habitant et cordonnier), né vers 1643, décédé le 01-06-1724, ne sachant pas signer. C. de m. le 01-11-1667 (Rageot). Ménage établi à Sorel. 12 enfants.

– C –

CAILLAUD, Andrée. Fille de Laurent et de Julienne PIERRAUD, de St-Pierre de Landevieille, év. Luçon, en Poitou (ar. Les Sables-d'Olonne). Née vers 1651. Arrivée en 1665. Décédée le 28-04-1703 à St-Laurent Î.O. Ne savait pas signer.

Mariage: le 13-08-1669, à Ste-Famille Î.O., avec Denis THIBAULT (habitant et menuisier), né vers 1635, décédé le 02-01-1719, ne sachant pas signer. C. de m. le 04-08-1669 (Duquet). Ménage établi à St-Laurent Î.O. 8 enfants.

CAILLÉ, Jeanne. D'origine inconnue. Née vers 1656. Arrivée en 1670. Décédée le 13-12-1689 à Montréal.

Mariage: vers 1671, à Trois-Rivières, avec Jacques RENOUARD dit St-Étienne (domestique et boucher), né vers 1641, décédé le 26-05-1708, sachant signer. Ménage établi à Montréal. 3 enfants.

CAILLÉ, Marie. Fille de feu Nicolas et de Madeleine LAMY, veuve de Pierre LAFAVEUR, de la par. St-Vivien, v. et archev. Rouen, en Normandie. Née vers 1651. Arrivée en 1668. Décédée le 24-09-1685 à Ste-Famille Î.O. Ne savait pas signer.

Mariage: c. de m. le 26-08-1668 (Vachon), à l'Île-d'Orléans, avec Pierre PAQUET (habitant), né vers 1638, décédé après le

12-03-1719, ne sachant pas signer. Ménage établi à Ste-Famille Î.O. 9 enfants.

CAILLÉ, Marie-Jeanne. Fille de Claude et d'Anne MALLÉ, de la par. St-Nicolas-des-Champs, v. et archev. Paris, en Île-de-France. Née vers 1654. Arrivée en 1671. Décédée le 12-03-1734 à Champlain.
Mariage: le 16-11-1671, à Trois-Rivières, avec Jacques PEPIN (habitant), né le 14-04-1646, décédé le 09-04-1715. Ménage établi à Champlain. 9 enfants.

CALAIS, Hélène. Fille de feu Pierre et de Marie FOSSE, de la par. St-Sulpice, v. et archev. Paris, en Île-de-France. Née vers 1656. Arrivée en 1673, apportant des biens estimés à 200 livres. Décédée après le 08-05-1712. Ne savait pas signer.
Mariage: le 25-09-1673, à Québec, avec Blaise BELLEAU dit Larose, né vers 1650, décédé entre le 22-11-1718 et le 07-01-1722, ne sachant pas signer. C. de m. le 17-09-1673 (Becquet). Ménage établi à Québec. 10 enfants.

CAMPION, Marie. Fille de Pierre et de feue Marguerite HÉNAULT, de la par. St-Nicaise, v. et archev. Rouen, en Normandie (acte de m.) ou de la v. et év. St-Malo, en Bretagne (contrat de m.). Née vers 1654. Arrivée en 1670, apportant des biens estimés à 200 livres et un don du roi de 50 livres. Décédée entre le 05-01-1694 et le 07-01-1704. Ne savait pas signer.
Mariage: le 03-09-1670, à Ste-Famille Î.O., avec Mathurin DUBÉ (habitant), né vers 1631, décédé le 28-12-1695, ne sachant pas signer. C. de m. le 24-08-1670 (Becquet). Ménage établi à St-Jean Î.O. 8 enfants.

CANARD, Marie-Madeleine. Fille d'Henri et de feue Marie-Madeleine DURAND, de la par. St-Sulpice, v. et archev. Paris, en Île-en-France. Arrivée en 1671, apportant des biens estimés à 300 livres et un don du roi de 50 livres. Morte noyée le 30-10-1672 à Boucherville. Ne savait pas signer.
Mariage: le 12-10-1671, à Québec, avec Crespin THUILLIER dit La Tour (habitant), né vers 1645, décédé entre le 13-04-1675 et le 16-10-1675, ne sachant pas

signer. C. de m. le 07-10-1671 (Becquet). Ménage établi à Varennes. Aucun enfant.

CARBONNET, Madeleine. Fille de Nicolas et d'Anne ROBIN, de Meudon, archev. Paris, en Île-de-France (ar. Nanterre). Née vers 1641. Arrivée en 1664. Décédée le 16-03-1711 à Charlesbourg. Ne savait pas signer.
Mariage: le 11-08-1664, à Québec, avec Étienne SÉDILOT dit Desnoyers (habitant), baptisé le 09-09-1640, décédé le 09-11-1688, ne sachant pas signer. C. de m. le 23-07-1664 (Duquet). Ménage établi à Sillery. 4 enfants.

CARCIREUX, Sylvine. Fille de feu François (écuyer) et de Marie TESSIER, de la par. St-Ursin, v. et archev. Bourges, en Berry. Arrivée en 1667, après avoir signé un acte de protestation à Dieppe le 17-06-1667. Émigrée en 1670. Savait signer.
Mariage: le 11-01-1668, à Québec, avec Antoine ANDRIEU (habitant), né vers 1642, sachant signer. C. de m. le 09-01-1668 (Rageot). Ménage établi à L'Ange-Gardien. 2 enfants.

CARDILLON, Marguerite. Fille de Noël et de feue Marie DUBOIS, de la par. St-Gervais, v. et archev. Paris, en Île-de-France. Née vers 1641. Arrivée en 1665, apportant des biens estimés à 200 livres. Décédée le 24-06-1711 à Montréal. Ne savait pas signer.
Mariage: le 12-01-1666, à Québec, avec Claude DESJARDINS dit Charbonnier (habitant), né vers 1636, décédé entre le 10-02-1683 et le 01-02-1711, ne sachant pas signer. C. de m. le 06-01-1666 (Becquet). Ménage établi à Montréal. 6 enfants.

CARLIER, Marie. Fille de Georges (maître menuisier) et de Françoise FLEURY, de la par. St-Sulpice, v. et archev. Paris, en Île-de-France. Née vers 1651. Arrivée en 1670. Rejointe au pays par sa mère, citée le 04-12-1679 à Montréal. Décédée le 16-09-1717 à Montréal. Savait signer.
Mariage: le 11-11-1670, à Montréal, avec René FEZERET (bourgeois, marchand de fourrures, maître armurier, arquebusier et seigneur d'Yamaska), né vers 1642, décédé

le 01-08-1720, sachant signer. C. de m. le 05-10-1670 (Basset). Ménage établi à Montréal. 8 enfants.

CARTIGNIER, Marie. Fille de feu Robert et de Bonne COLOMBIER, de la par. Notre-Dame-de-Bonne-Nouvelle ou St-Eustache, v. et archev. Paris, en Île-de-France. Née vers 1651. Arrivée en 1669, apportant des biens estimés à 200 livres et un don du roi de 50 livres. Décédée entre le 03-09-1691 et le 05-11-1708. Ne savait pas signer. *1er mariage:* le 30-09-1669, à Québec, avec Germain VANIER (habitant), né vers 1647, décédé entre le 13-07-1684 et le 13-04-1685, sachant signer. C. de m. le 21-09-1669 (Becquet). Ménage établi à Charlesbourg. 7 enfants.
2e mariage: le 24-09-1685, à Charlesbourg, avec Jacques CAILLÉ (habitant et maçon), né vers 1639, décédé entre le 24-09-1685 et le 02-09-1691, ne sachant pas signer. C. de m. le 09-09-1685 (Genaple). Ménage établi à Charlesbourg. Aucun enfant.
3e mariage: le 03-09-1691, à Charlesbourg, avec Marc TESSIER (habitant), né vers 1641, décédé le 22-03-1709, ne sachant pas signer. C. de m. le 02-09-1691 (Vachon). Ménage établi à Charlesbourg. Aucun enfant.

CARTOIS, Henriette. Fille de feu Lambert et de Marie LAMBERT, de la par. St-Barthélemy, v. et archev. Paris, en Île-de-France. Née vers 1651. Arrivée en 1671, apportant des biens estimés à 300 livres et un don du roi de 50 livres. Contrat de mariage annulé avec Michel AUDEBOUT dit Belhumeur (18-10-1671, Becquet). Décédée le 08-01-1729 à St-Vallier. Ne savait pas signer.
1er mariage: le 26-10-1671, à Québec, avec Michel AUDEBOUT dit Belhumeur (habitant), baptisé le 12-09-1646, décédé entre le 30-04-1675 et le 18-07-1675, ne sachant pas signer. C. de m. le 24-10-1671 (Becquet). Ménage établi à St-Michel. 2 enfants.
2e mariage: le 23-07-1675, à Québec, avec André PATRY (habitant), né vers 1649, décédé le 11-11-1697. C. de m. le 18-07-1675 (Becquet). Ménage établi à St-Michel. 5 enfants.

3e mariage: le 27-03-1702, à St-François Î.O., avec Jean COUTELET dit La Rochelle. Ménage établi à St-Vallier. Aucun enfant.

CHABERT DE LA CHARIÈRE, Marguerite. Fille de feu Jean (marchand de soie) et d'Anne LEHOUX. Baptisée le 23-12-1640 à St-Pierre-du-Chastel, v. et archev. Rouen, en Normandie. Arrivée en 1668, apportant des biens estimés à 3000 livres. Émigrée vers 1670. Savait signer.
Mariage: le 17-09-1668, à Québec, avec Jacques DUMESNIL, sieur de St-Marc (écuyer), né le 09-09-1636, sachant signer. C. de m. le 11-08-1668 (Becquet). Ménage établi à Québec. 1 enfant.

CHAMOIS, Marie-Claude. Fille de feu Henri (secrétaire du roi, héraut d'armes de France) et de Jacqueline GIRARD. Née le 08-01-1656 à St-Gervais, v. et archev. Paris, en Île-de-France. Arrivée en 1670, apportant des biens estimés à 100 livres. Contrat de mariage annulé avec Pierre FORCIER (16-10-1670, Ameau). Décédée après le 15-10-1705 en France. Ne savait pas signer.
Mariage: avant 1674, à Batiscan, avec François FRIGON (habitant et voyageur), né vers 1649, décédé le 13-05-1724, sachant signer. Ménage établi à Batiscan. 6 enfants.

CHANCY, Marie. Fille de Gaspard et de feue Étiennette TREPÉ, de la par. Notre-Dame-là-Dehors, v. et év. Auxerre, en Bourgogne. Née vers 1657. Arrivée en 1673, apportant des biens estimés à 200 livres. Décédée après le 28-01-1688. Ne savait pas signer.
Mariage: le 02-10-1673, à Québec, avec Michel PRÉZEAU dit Chambly (habitant et laboureur), né le 29-09-1649, décédé entre le 28-01-1688 et le 11-01-1709, sachant signer. C. de m. le 18-09-1673 (Rageot). Ménage établi à Lachine. 6 enfants.

CHANDOISEAU, Nicole. Fille de Louis et de Marguerite CARTIER, de la par. St-Nicolas-du-Chardonnet, faubourg St-Victor, v. et archev. Paris, en Île-de-France. Née vers 1648. Arrivée en 1670. Décédée le

03-11-1711 à Montréal. Ne savait pas signer.

1er mariage: le 07-10-1670, à Montréal, avec Étienne BENOÎT dit Lajeunesse (habitant), né le 14-01-1637, décédé entre mai 1691 et le 29-11-1691 après son enlèvement par les Iroquois, ne sachant pas signer. C. de m. le 05-10-1670 (sous seing privé). Ménage établi à Pointe-aux-Trembles. 10 enfants.

2e mariage: le 18-08-1698, à Pointe-aux-Trembles, avec Pierre GOUR dit Lavigne (meunier), décédé le 14-04-1732, ne sachant pas signer. C. de m. le 13-08-1698 (Adhémar). Ménage établi à St-Sulpice. Aucun enfant.

CHANFRAIN, Renée. Fille de feu Vincent et de Marguerite BRETON, de la par. St-Médard, faubourg St-Marceau, v. et archev. Paris, en Île-de-France. Née vers 1644. Arrivée en 1669, apportant des biens estimés à 200 livres et un don du roi de 50 livres. Morte en couches le 07-03-1684 à St-Laurent Î.O. Ne savait pas signer.

Mariage: le 27-10-1669, à Ste-Famille Î.O., avec Pierre GARAND (habitant), né vers 1645, décédé le 07-01-1700, ne sachant pas signer. C. de m. le 07-10-1669 (Becquet). Ménage établi à St-Laurent Î.O. 8 enfants.

* CHANVREUX, Renée. Fille de feu Denis et de feue Madeleine PARÉ, de la par. St-Donnatin, v. et év. Orléans, en Orléanais. Arrivée en 1669, apportant des biens estimés à 200 livres et un don du roi de 50 livres. Contrat de mariage non célébré avec Jean LEFEBVRE (24-12-1669, Becquet). « Trouvée morte dans les neiges » le 04-01-1670 à Québec. Ne savait pas signer.

CHARBONNIER dite SEIGNEUR, Marie-Madeleine. Fille de feu Pierre (écuyer) et de Madeleine BOUTO, de Meudon, archev. Paris, en Île-de-France (ar. Nanterre). Née vers 1653. Arrivée en 1672. Décédée après le 01-01-1691. Savait signer.

Mariage: le 02-01-1673, à Montréal, avec François LENOIR dit Rolland (habitant, bourgeois et marchand de fourrures), né vers 1642, décédé le 05-05-1717, sachant signer. C. de m. le 26-12-1672 (Basset). Ménage établi à Lachine. 6 enfants.

CHAREBERT, Marie. Originaire de la par. St-Sauveur, v. et archev. Paris, en Île-de-France. Née vers 1645. Arrivée en 1672. Décédée le 17-12-1715 à Québec.

1er mariage: en 1672 ou 1673, à Champlain, avec Jean LESIEUR dit Calot, né vers 1651, décédé entre le 01-10-1685 et le 18-09-1694, ne sachant pas signer. Ménage établi à Champlain. 6 enfants.

2e mariage: vers 1694, à Batiscan, avec Louis DEFOY, né vers 1652, décédé le 21-01-1724. 1 enfant.

CHARLIER, Michelle. Fille de feu Jacques et de Marguerite LECOMPTE, de la par. St-Maclou, v. Pontoise, archev. Paris, en Île-de-France. Née vers 1649. Arrivée en 1668. Décédée le 28-01-1729 à St-Sulpice. Ne savait pas signer.

1er mariage: c. de m. le 09-10-1668 (Rageot), avec Massé BESNIER, né le 18-02-1626, décédé le 26-07-1683, ne sachant pas signer. Ménage établi à Champlain. 5 enfants.

2e mariage: le 23-01-1684, à Champlain, avec Laurent CASTEL, né vers 1649. Ménage établi à Verchères. Aucun enfant.

3e mariage: le 19-03-1710, à Varennes, avec Louis PETIT (habitant), né le 04-08-1658, décédé le 11-03-1728, ne sachant pas signer. Ménage établi à St-Sulpice. Aucun enfant.

CHARPENTIER, Marguerite. Fille de feu Claude et de Catherine ORRY, de la par. St-Étienne-du-Mont, v. et archev. Paris, en Île-de-France. Née vers 1611. Arrivée en 1668, apportant des biens estimés à 200 livres. Décédée le 27-09-1694 à Montréal. Ne savait pas signer.

Mariage: le 11-06-1669, à Montréal, avec Toussaint LUCAS dit Lagarde (habitant), né vers 1645, décédé entre le 10-02-1687 et le 27-09-1694, ne sachant pas signer. C. de m. le 21-07-1677 (Adhémar). Ménage établi à Verchères. Aucun enfant.

CHARPENTIER, Marguerite. Fille de feu François et de Françoise GERMAIN, de la par. St-Nicolas, v. et év. Meaux, en Brie.

Née vers 1641. Arrivée en 1668, apportant des biens estimés à 300 livres. Contrat de mariage annulé avec Élie VOISIN (01-10-1668, Rageot). Décédée le 28-02-1709 à Neuville. Ne savait pas signer.
1er mariage : le 16-10-1668, à Québec, avec René MEUNIER dit Laramée (habitant), né vers 1636, décédé le 22-09-1702, ne sachant pas signer. Ménage établi à Neuville. 2 enfants.
2e mariage : le 23-01-1705, à Neuville, avec Jean FANIE. Ménage établi à Neuville. Aucun enfant.

CHARPENTIER, Marie. Fille de François et de Marie GATEAU, de la par. St-Étienne-du-Mont, v. et archev. Paris, en Île-de-France. Née vers 1655. Arrivée en 1671. Décédée le 28-05-1713 à Ste-Anne-de-la-Pérade. Ne savait pas signer.
Mariage : c. de m. le 11-11-1671 (Becquet), à Ste-Anne-de-la-Pérade, avec Pierre GENDRAS (habitant), né vers 1643, décédé le 06-11-1724, ne sachant pas signer. Ménage établi à Ste-Anne-de-la-Pérade. 4 enfants.

CHARPENTIER, Marie-Reine. Fille de feu Bonaventure (maître tailleur d'habits de la reine) et d'Isabelle DESSENT, de la par. St-Sulpice, faubourg St-Germain, v. et archev. Paris, en Île-de-France. Née vers 1658. Arrivée en 1671, apportant des biens estimés à 400 livres et un don du roi de 100 livres. Décédée le 25-01-1728 à Montréal. Savait signer.
1er mariage : le 28-07-1672, à Québec, avec Louis PRINSEAU (tailleur d'habits), né vers 1639, décédé entre le 16-01-1680 et le 11-07-1681, ne sachant pas signer. C. de m. le 18-07-1672 (Becquet). Ménage établi à St-Augustin. 3 enfants.
2e mariage : le 26-08-1681, à Québec, avec Étienne DOMINGO dit Carabi (matelot et marinier), né vers 1647, décédé le 28-12-1702, ne sachant pas signer. C. de m. le 11-07-1681 (Rageot). Ménage établi à Québec. 5 enfants.

CHARRIER, Louise. Fille de feu François et de feue Catherine JANNODE, de Ste-Gemme-la-Plaine, év. Luçon, en Poitou (ar. Fontenay-le-Comte). Née vers 1643.

Arrivée en 1663, apportant des biens estimés à 100 livres. Décédée entre le 23-06-1705 et le 08-04-1706. Ne savait pas signer.
Mariage : le 19-11-1663, à Trois-Rivières, avec Guillaume BARET (habitant), né le 03-04-1633, décédé le 21-07-1717, ne sachant pas signer. C. de m. le 10-11-1663 (Ameau). Ménage établi à Cap-de-la-Madeleine. 9 enfants.

CHARRIER, Marie. Fille d'Étienne et d'Antoinette LISSEPAIS, veuve d'André DESPOTS, de St-Jean-Baptiste de Gerberoy, ar. et év. de Beauvais, en Île-de-France. Née vers 1639. Arrivée en 1665. Décédée le 20-12-1694 à l'Hôtel-Dieu de Québec. Ne savait pas signer.
Mariage : le 13-10-1665, à Québec, avec Jacques RENAUD (habitant), né vers 1645, décédé le 23-12-1708, ne sachant pas signer. C. de m. le 08-10-1665 (Duquet). Ménage établi à Charlesbourg. 4 enfants.

* CHARRON, Françoise. Veuve de Michel BARON (juré mesureur de sel), de Moëze, év. Saintes, en Saintonge (ar. Rochefort). Née vers 1618. Arrivée en 1664, apportant des biens estimés à 800 livres. Contrats de mariage annulés avec Zacharie MAHEU (19-04-1665, Duquet) et Robert DE LAMARRE (16-10-1667, Becquet). Servante aux recensements de 1666 et de 1667, à Québec. Décédée après le recensement de 1667. Ne savait pas signer.

CHARRON, Marie. D'origine inconnue. Née vers 1639. Arrivée en 1667. Décédée le 06-01-1699 à Charlesbourg.
Mariage : en 1667, à Charlesbourg, avec Mathurin PETIOT, né vers 1636, décédé après le 06-01-1699, ne sachant pas signer. Ménage établi à Charlesbourg. 2 enfants.

CHARTIER, Jeanne. Fille de feu Pierre (bourgeois) et de feue Marie GODON, de la par. St-Honoré, v. et archev. Paris, en Île-de-France. Née vers 1636. Arrivée en 1670, apportant des biens estimés à 600 livres et un don du roi de 50 livres. Décédée le 30-10-1695 à Montréal. Savait signer.
Mariage : le 10-09-1670, à Québec, avec Thècle-Cornélius AUBRY dit Tècle (habi-

tant), né vers 1636, décédé le 24-11-1687, ne sachant pas signer. C. de m. le 06-09-1670 (Becquet). Ménage établi à Lachenaie. 7 enfants.

CHARTIER, Jeanne. Fille de feu Louis et de Mathurine CACOU, de St-Jean de Nemours, archev. Sens, en Île-de-France. Née vers 1643. Arrivée en 1669, apportant des biens estimés à 200 livres et un don du roi de 50 livres. Décédée le 30-12-1708 à St-Thomas. Ne savait pas signer.
1er mariage : le 03-11-1669, à Ste-Famille Î.O., avec Pierre ROUSSET dit Beaucourt (habitant), né vers 1643, décédé le 11-01-1695, ne sachant pas signer. C. de m. le 08-10-1669 (Becquet). Ménage établi à Ste-Famille Î.O. 4 enfants.
2e mariage : le 10-09-1702, à Québec, avec François LAVERGNE (maçon), né vers 1648, décédé le 27-06-1714, ne sachant pas signer. Ménage établi à St-Thomas. Aucun enfant.

CHARTON, Jeanne. Fille de feu Claude et de Madeleine DUMONT, de St-Pierre-le-Guillard, v. et archev. Bourges, en Berry. Née vers 1653. Arrivée en 1667. Décédée le 06-06-1703 à Longueuil. Ne savait pas signer.
Mariage : le 10-10-1667, à Québec, avec Jean ROBIN dit Lapointe (habitant et juge de la seigneurie de Longueuil), né vers 1643, décédé entre le 07-07-1699 et le 03-09-1702, sachant signer. C. de m. le 09-10-1667 (Rageot). Ménage établi à Longueuil. 10 enfants.

CHATON, Marie. Fille de feu Charles (maître chirurgien) et de feue Françoise LE BRETON, de la par. Notre-Dame-de-Cogne, v. et év. La Rochelle, en Aunis. Née vers 1642. Arrivée en 1666. Décédée après le recensement de 1681. Savait signer.
Mariage : c. de m. le 05-02-1667 (Ameau), à Cap-de-la-Madeleine, avec Pierre LAGARDE (habitant et marchand), né vers 1639, décédé après le recensement de 1681, ne sachant pas signer. Ménage établi à Batiscan. Aucun enfant.

CHAUVET, Marie. Fille de feu Jacques (matelot) et de Marie MICHELET, de Ste-

Marguerite de Tonnay-Charente, év. Saintes, en Saintonge (ar. Rochefort). Née vers 1641. Arrivée en 1668, apportant des biens estimés à 300 livres. Décédée après le 13-09-1688. Ne savait pas signer.
Mariage : le 16-08-1668, à Québec, avec Pierre FAYE dit Villefagnan (habitant), né vers 1637, décédé le 27-12-1692, ne sachant pas signer. C. de m. le 10-08-1668 (Lecomte). Ménage établi à Charlesbourg. 9 enfants.

CHEMEREAU, Marguerite. D'origine inconnue. Née vers 1651. Arrivée en 1669. Décédée le 14-09-1715 à Sorel.
Mariage : en 1669 ou 1670, à Sorel, avec Jean PIET dit Trempe (habitant), né vers 1641, décédé le 17-02-1730. Ménage établi à Berthier (en haut). 6 enfants.

CHERFAULT, Denise. Fille de Michel et de Geneviève GODARD, de la par. St-Eustache, v. et archev. Paris, en Île-de-France. Née vers 1638. Arrivée en 1665. Décédée le 02-03-1711 à Château-Richer. Ne savait pas signer.
Mariage : le 16-11-1665, à Château-Richer, avec Thomas GRANDRY dit Faverolle (habitant), né le 23-11-1616, décédé le 02-01-1691, ne sachant pas signer. C. de m. le 15-11-1665 (Aubert). Ménage établi à Ste-Famille Î.O. 2 enfants.

CHEVALIER, Françoise. Fille de feu Pierre (sergent royal) et de feue Jacqueline PASSARD, de Ste-Croix d'Elbeuf, ar. et archev. Rouen, en Normandie. Née vers 1647. Arrivée en 1667, apportant des biens estimés à 60 livres. Décédée entre le 19-04-1668 et le 22-10-1672. Ne savait pas signer.
Mariage : le 19-04-1668, à Québec, avec Jacques HABERT (habitant), né vers 1634, décédé après le 21-11-1700, sachant signer. C. de m. le 15-04-1668 (Lecomte). Ménage établi à Charlesbourg. Aucun enfant.

CHEVALIER, Jeanne. Fille de feu Jean-Alexandre et de Marguerite SCORBAN, de la par. St-Jacques, v. Dieppe, archev. Rouen, ou de la par. St-Nicolas, v. et év. Coutances, en Normandie. Née vers 1644. Arrivée en 1671, apportant des biens estimés à 300 livres et un don du roi de 50 livres. Décédée le 24-11-1716 à Rivière-Ouelle. Ne savait pas signer.

1er mariage: le 19-10-1671, à Québec, avec Guillaume LECANTEUR dit Latour (habitant), décédé entre le 24-07-1678 et le 22-04-1679, sachant signer. C. de m. le 11-10-1671 (Becquet). Ménage établi à L'Ange-Gardien. 3 enfants.

2e mariage: le 22-04-1679, à L'Ange-Gardien, avec Robert LÉVESQUE (habitant et charpentier), né vers 1641, décédé le 11-09-1699, sachant signer. C. de m. le 21-04-1679 (Vachon). Ménage établi à Rivière-Ouelle. 6 enfants.

3e mariage: le 05-04-1701, à Rivière-Ouelle, avec François DESCHAMPS DE LA BOUTEILLERIE (habitant, écuyer et seigneur de la Rivière-Ouelle), né vers 1644, décédé le 15-12-1703, sachant signer. Ménage établi à Rivière-Ouelle. Aucun enfant.

CHEVALIER, Suzanne. Fille d'Élie-Didier et de Catherine BROSSIER, de la par. St-Marcel, v. et archev. Paris, en Île-de-France. Née vers 1641. Arrivée en 1669. Décédée après le 01-12-1698. Ne savait pas signer.

1er mariage: le 14-04-1670, à Ste-Anne-de-Beaupré, avec Robert FOUBERT dit Lacroix (habitant), né vers 1599, décédé entre le recensement de 1681 et le 13-02-1684, sachant signer. C. de m. le 02-04-1670 (Aubert). Ménage établi à Ste-Anne-de-Beaupré. Aucun enfant.

2e mariage: le 13-02-1684, à Ste-Anne-de-Beaupré, avec Jean MARANDA (habitant et fermier), né vers 1629, décédé le 24-05-1711, ne sachant pas signer. C. de m. le 11-02-1684 (Jacob). Ménage établi à St-Laurent Î.O. Aucun enfant.

CHEVREAU, Marie. Fille de feu François et d'Antoinette THALU, de la par. St-Valérien, v. Châteaudun, év. Chartres, en Beauce. Née vers 1652. Arrivée en 1665, apportant des biens estimés à 200 livres. Décédée le 27-02-1724 à Château-Richer. Ne savait pas signer.

Mariage: le 29-10-1665, à Québec, avec René RÉAUME (habitant et charpentier),

né vers 1643, décédé le 30-10-1722, ne sachant pas signer. C. de m. le 09-10-1665 (Duquet). Ménage établi à Charlesbourg. 13 enfants.

CHIASSON, Louise. Fille de feu Pierre (laboureur) et de Marie PÉROCHÉ, veuve de Simon GENDRON (laboureur à bras), de St-Sauveur de Nuaillé, ar. et év. La Rochelle, en Aunis. Née vers 1633. Arrivée en 1666. Rejointe au pays par son frère Guyon et ses neveux Françoise, Jean et Michel CHIASSON. Décédée le 08-01-1694 à l'Hôtel-Dieu de Québec. Ne savait pas signer.

Mariage: le 14-09-1666, à Québec, avec Jacques CHAPELAIN (tourneur et menuisier), né vers 1643, décédé après le 08-12-1698, ne sachant pas signer. C. de m. le 10-08-1666 (Duquet). Ménage établi à Québec. Séparation de corps et de biens prononcée le 19-09-1692 (Genaple). Aucun enfant.

CHRÉTIEN, Madeleine. Fille de Toussaint et de Françoise BERTAULT, de la par. St-Eustache, v. et archev. Paris, en Île-de-France. Née vers 1646. Arrivée en 1670. Décédée le 25-02-1709 à Contrecoeur. Savait signer.

1er mariage: le 20-10-1670, à Montréal, avec Pierre CHICOINE (habitant et seigneur de Bellevue), né vers 1641, décédé entre le 25-03-1698 et le 31-05-1700, ne sachant pas signer. C. de m. le 15-10-1670 (sous seing privé). Ménage établi à Verchères. 9 enfants.

2e mariage: le 19-06-1702, à Contrecoeur, avec Louis-Odet DE PIERCOT, sieur de Bailleul (écuyer, officier des troupes de la marine et chevalier de St-Louis), né vers 1674, décédé le 08-12-1738, sachant signer. C. de m. le 08-06-1702 (Adhémar). Ménage établi à Contrecoeur. Aucun enfant.

CHRÉTIEN, Marie. Fille de feu Anselme (bourgeois) et d'Anne BERNARD, de la par. St-Sulpice, faubourg St-Germain-des-Prés, v. et archev. Paris, en Île-de-France. Née vers 1655. Arrivée en 1670. Décédée le 30-11-1733 à Deschambault. Ne savait pas signer.

Mariage: le 04-11-1670, à Montréal, avec Paul PERRAULT dit Lagorce (habitant), né vers 1645, décédé le 19-09-1712, ne sachant pas signer. C. de m. le 26-10-1670 (Basset). Ménage établi à Repentigny. 11 enfants.

CLÉRICE, Catherine. Fille de Pierre et de Marie LEFEBVRE, de la par. St-Sulpice, faubourg St-Germain, v. et archev. Paris, en Île-de-France. Née vers 1653. Arrivée en 1671, apportant des biens estimés à 200 livres et un don du roi de 50 livres. Décédée le 01-03-1715 à Varennes. Ne savait pas signer.

Mariage: le 12-10-1671, à Québec, avec Jacques LUSSIER (habitant et marin), né vers 1646, mort noyé le 12-06-1713 à Sorel, ne sachant pas signer. C. de m. le 11-10-1671 (Becquet). Ménage établi à Varennes. 12 enfants.

COIGNARD, Marie. Fille de François et de Françoise PETIT, de la par. St-Sauveur, v. et archev. Rouen, en Normandie. Née vers 1643. Arrivée en 1669, apportant des biens estimés à 350 livres et un don du roi de 50 livres. Décédée le 22-05-1715 à l'Hôtel-Dieu de Québec. Ne savait pas signer.

Mariage: le 29-10-1669, à Québec, avec Robert GERMAIN (habitant et cordonnier), né vers 1639, décédé le 22-09-1723, sachant signer. C. de m. le 14-10-1669 (Duquet). Ménage établi à Neuville. 7 enfants.

COIPEL, Marie. Fille de feu Jean et de Denise VALOIS, de la par. St-Jacques-de-la-Boucherie, v. et archev. Paris, en Île-de-France. Née vers 1646. Arrivée en 1669, apportant des biens estimés à 450 livres et un don du roi de 50 livres. Contrat de mariage annulé avec Jean PHILIPPE (23-09-1669, Duquet). Morte « subitement » le 04-01-1681 à Québec. Ne savait pas signer.

1er mariage: le 21-10-1669, à Québec, avec Guillaume FAGOT (habitant), né vers 1635, décédé entre le 03-07-1677 et le 31-10-1677, ne sachant pas signer. C. de m. le 19-10-1669 (Becquet). Ménage établi à Québec. 4 enfants.

2e mariage: le 22-11-1677, à Québec, avec Claude RENARD dit Deslauriers (vinaigrier), né vers 1637, décédé entre le recensement de 1681 et le 07-05-1692, ne sachant pas signer. C. de m. le 31-10-1677 (Rageot). Ménage établi à Québec. 1 enfant.

COIRIER, Perrine. Fille de Martin et de Jeanne GERLINGANDE, de la v. Fontenay-le-Comte, év. Maillezais, en Poitou. Née vers 1644. Arrivée en 1665 avec son frère Pierre. Rejointe au pays par son cousin issu de germain Jacques CAILLÉ, son épouse Marie-André GERVAIS et leur fils Jean. Décédée le 18-12-1714 à Charlesbourg. Ne savait pas signer.

Mariage: en 1665 ou 1666, à Charlesbourg, avec Clément GUÉRIN (habitant), né vers 1641, décédé le 07-06-1711, ne sachant pas signer. Ménage établi à Charlesbourg. 10 enfants.

COLIN, Anne. Fille de Nicolas et d'Isabelle CALENDE, de la par. Ste-Croix, v. et archev. Sens, en Champagne. Née vers 1647. Arrivée en 1669, apportant des biens estimés à 200 livres et un don du roi de 50 livres. Décédée le 28-07-1719 à St-Jean Î.O. Ne savait pas signer.

Mariage: le 18-10-1669, à Ste-Famille Î.O., avec Vincent BOISSONNEAU dit Saintonge (habitant), né vers 1637, décédé le 13-09-1715, ne sachant pas signer. C. de m. le 26-10-1669 (Becquet). Ménage établi à St-Jean Î.O. 12 enfants.

COLIN, Denise. Fille de Jacques et de Nicole FONTAINE, de St-Nicolas de Lagny, archev. Paris, en Brie (ar. Meaux). Née vers 1651. Arrivée en 1673. Décédée après le 04-03-1715. Ne savait pas signer.

1er mariage: le 17-11-1673, à Boucherville, avec Roch THOUIN (habitant), né vers 1643, décédé entre le 24-03-1690 et le 25-11-1692, ne sachant pas signer. Ménage établi à Repentigny. 8 enfants.

2e mariage: le 19-09-1694, à Repentigny, avec Antoine GLORIA dit Desrochers, né vers 1664, décédé le 22-10-1727. Ménage établi à Repentigny. 2 enfants.

COLIN, Marie-Rose. Fille de feu Pierre et de Jeanne DUPOSTEAU, du bourg de L'Épine, ar. et év. Châlons-sur-Marne, en Champagne. Née vers 1646. Arrivée en

1670, apportant des biens estimés à 300 livres et un don du roi de 50 livres. Contrat de mariage annulé avec Charles MIL-LOUIN (03-09-1670, Becquet). Décédée le 05-05-1722 à Montréal. Savait signer.
Mariage: en 1670, à St-Ours, avec François DEGUIRE dit Larose (habitant, fermier et tisserand), né vers 1641, décédé le 12-09-1699, ne sachant pas signer. Ménage établi à St-Ours. 9 enfants.

COLLET, Jeanne. Fille de feu Michel et de feue Marie HÉNAULT, de la par. St-Pierre-le-Puellier, v. et év. Orléans, en Orléanais. Née vers 1645. Arrivée en 1668. Contrat de mariage annulé avec Mathieu BINET (05-11-1668, Basset). Tuée par les Iroquois le 08-05-1691 à Pointe-aux-Trembles. Ne savait pas signer.
Mariage: le 31-12-1668, à Montréal, avec Grégoire SIMON (habitant), né vers 1631, décédé le 08-05-1691, ne sachant pas signer. C. de m. le 16-12-1668 (Basset). Ménage établi à Pointe-aux-Trembles. Aucun enfant.

COLLET, Marguerite. Fille de feu Eustache et de Marie FOURNIER, de la par. St-Benoît, rue St-Jacques, v. et archev. Paris, en Île-de-France. Née vers 1653. Arrivée en 1670. Décédée le 11-06-1730 à Varennes. Ne savait pas signer.
Mariage: le 19-11-1670, à Boucherville, avec Jacques BISSONNET dit Dechaumaux (habitant), né vers 1645, décédé le 28-12-1723, ne sachant pas signer. C. de m. le 10-11-1670 (Frérot). Ménage établi à Varennes. 16 enfants.

COMPAGNON, Antoinette. Fille de feu Léonard (maître tonnelier) et d'Antoinette DELAVALLIÈRE, de la par. St-Pierre-En-sentelée, v. et év. Orléans, en Orléanais. Née vers 1639. Arrivée en 1668, apportant des biens estimés à 100 livres. Émigrée vers 1681. Ne savait pas signer.
Mariage: le 08-10-1668, à Québec, avec Jacques GERNY (habitant), né vers 1623, ne sachant pas signer. C. de m. le 30-09-1668 (Lecomte). Ménage établi à Charlesbourg. 3 enfants.

CONFLANS, Françoise. Fille de Charles et de Marguerite ROISSIER, de Conflans-Ste-Honorine, archev. Paris, en Île-de-France (ar. St-Germain-en-Laye). Née vers 1649. Arrivée en 1667, après avoir participé à un acte de protestation rédigé à Dieppe le 17-06-1667. Décédée le 28-02-1728 à Québec. Ne savait pas signer.
Mariage: le 11-10-1667, à Québec, avec Charles RANCIN (habitant), né vers 1637, décédé le 06-02-1700, ne sachant pas signer. C. de m. le 30-07-1667 (Becquet). Ménage établi à Québec. 12 enfants.

COTTIN dite D'ARRAS, Marie-Catherine. Fille de François et de Jeanne LE-CAIN, de la par. Ste-Croix, v. et év. Arras, en Artois. Née vers 1645. Arrivée en 1664. Mère d'une enfant illégitime (Jeanne) née le 01-07-1665 à Château-Richer. Décédée le 29-03-1690 à Charlesbourg. Ne savait pas signer.
1er mariage: le 01-02-1666, à Québec, avec Pierre BRUNET (habitant), né le 12-02-1636, décédé entre le 09-07-1682 et le 03-07-1685, ne sachant pas signer. C. de m. le 21-12-1665 (Vachon). Ménage établi à Charlesbourg. 9 enfants.
2e mariage: le 20-08-1685, à Charlesbourg, avec Pierre MANDIN (meunier et farinier), né vers 1646, décédé le 06-04-1706, ne sachant pas signer. C. de m. le 03-07-1685 (Genaple). Ménage établi à Charlesbourg. 4 enfants.

COUET, Marie. Fille de feu Michel et de Marie MAUGER. Baptisée le 23-01-1633 à Ste-Croix-St-Ouen, v. et archev. Rouen, en Normandie. Arrivée en 1669, apportant des biens estimés à 300 livres. Décédée le 07-03-1712 à St-François Î.O. Ne savait pas signer.
Mariage: le 11-11-1669, à Ste-Famille Î.O., avec Jean LECLERC (habitant), né vers 1646, décédé le 13-04-1703, ne sachant pas signer. C. de m. le 07-10-1669 (Becquet). Ménage établi à St-François Î.O. 3 enfants.

COUSIN, Françoise. Fille de Martin et de Marie HUBERT, de la par. St-Nicolas-des-Champs, v. et archev. Paris, en Île-de-France. Née vers 1639. Arrivée en 1665.

Décédée le 19-12-1714 à Charlesbourg. Savait signer.
Mariage: le 13-10-1665, à Québec, avec Charles GAUDREAU (habitant), né vers 1640, décédé le 16-12-1714, ne sachant pas signer. C. de m. le 06-10-1665 (Duquet). Ménage établi à Charlesbourg. 7 enfants.

COUTURE, Anne. Fille de Jacques et de Marie CHEVALIER, de St-Hilaire d'Illiers, ar. et év. Chartres, en Beauce. Née vers 1641. Arrivée en 1665. Décédée le 13-05-1715 à St-Laurent Î.O. Ne savait pas signer.
Mariage: le 12-11-1665, à Château-Richer, avec Jean MOREAU dit Lagrange (habitant), né vers 1635, décédé le 13-03-1704, ne sachant pas signer. C. de m. le 23-10-1665 (Aubert). Ménage établi à St-Laurent Î.O. 8 enfants.

COUTURIER, Isabelle. Fille de feu Jean et de Christine DAINGLE, de la par. St-Sulpice, faubourg St-Germain, v. et archev. Paris, en Île-de-France. Arrivée en 1670, apportant des biens estimés à 500 livres et un don du roi de 50 livres. Émigrée vers 1670. Ne savait pas signer.
Mariage: le 15-09-1670, à Québec, avec François CHANTELOU (habitant), sachant signer. C. de m. le 24-08-1670 (Becquet). Ménage établi à Québec. Aucun enfant.

COY, Charlotte. Fille de François (sellier) et de Michelle HOMIER, de la par. St-Nicolas-des-Champs, v. et archev. Paris, en Île-de-France. Née vers 1649. Arrivée en 1669, apportant des biens estimés à 300 livres. Décédée le 12-05-1707 à Montréal. Savait signer.
1ᵉʳ mariage: c. de m. le 12-11-1669 (Ameau), à Trois-Rivières, avec Jean BRARD dit La Reverdra (habitant), né vers 1645, décédé entre le 14-05-1677 et le 18-09-1677, ne sachant pas signer. Ménage établi à Rivière-du-Loup. 3 enfants.
2ᵉ mariage: le 24-04-1678, à Sorel, avec Pierre BRUNION dit Lapierre (habitant), né vers 1642, décédé le 06-11-1687. C. de m. le 03-10-1678 (Adhémar). Ménage établi à Rivière-du-Loup. 6 enfants.

CRÉPIN, Marie. D'origine inconnue. Née vers 1637. Arrivée en 1667. Décédée après le recensement de 1681. Ne savait pas signer.
Mariage: en 1667, avec Jean FOURNIER (habitant), né vers 1627, décédé après le 15-02-1694, ne sachant pas signer. Ménage établi à Lachine. Aucun enfant.

CRETEL, Élisabeth. Fille de feu Guillaume et de Jeanne GODEFROY, de la par. St-Maclou, v. et archev. Rouen, en Normandie. Née vers 1649. Arrivée en 1671, apportant des biens estimés à 300 livres et un don du roi de 50 livres. Décédée le 27-05-1704 à Neuville. Ne savait signer.
Mariage: le 26-10-1671, à Québec, avec Nicolas LANGLOIS (habitant et tisserand), né vers 1641, décédé le 13-10-1721, sachant signer. C. de m. le 14-10-1671 (Becquet). Ménage établi à Neuville. 10 enfants.

CROISET, Marie. Fille de Pierre et de Marie BROUARDE, de la v. Marennes, év. Saintes, en Saintonge (ar. Rochefort). Née vers 1651. Arrivée en 1671. Décédée le 30-06-1716 à Ste-Anne-de-la-Pérade. Ne savait pas signer.
1ᵉʳ mariage: c. de m. le 29-08-1671 (Larue), à Ste-Anne-de-la-Pérade, avec Jean LAQUERRE dit Rencontre (habitant), décédé entre le 31-03-1672 et le 10-08-1677, ne sachant pas signer. Ménage établi à Ste-Anne-de-la-Pérade. 1 enfant.
2ᵉ mariage: c. de m. le 10-08-1677 (Roy-Châtellerault), à Ste-Anne-de-la-Pérade, avec Pierre LÉVESQUE (habitant), né vers 1641, décédé entre le 30-05-1685 et le 03-02-1701, ne sachant pas signer. Ménage établi à Ste-Anne-de-la-Pérade. 4 enfants.

CROSNIER, Jeanne. Fille de Guillaume (portier du couvent des pères St-Antoine) et de feue Jeanne CHOLEN, de la par. St-Paul, v. et archev. Paris, en Île-de-France. Arrivée en 1669, apportant des biens estimés à 300 livres et un don du roi de 50 livres. Émigrée vers 1669. Ne savait pas signer.

Mariage: le 30-09-1669, à Québec, avec François MAGNAN (habitant), sachant signer. C. de m. le 20-09-1669 (Becquet). Ménage établi à Ste-Famille Î.O. Aucun enfant.

CROSNIER, Martine. Fille de Pierre et de feue Jeanne ROTRAU, de Fontaine-le-Bourg, ar. et archev. Rouen, en Normandie. Née vers 1645. Arrivée en 1669, apportant des biens estimés à 200 livres et un don du roi de 50 livres. Décédée après le 09-02-1713. Ne savait pas signer.

Mariage: le 18-11-1669, à Château-Richer, avec Philippe DESTROISMAISONS dit Picard (habitant et cordonnier), né vers 1637, décédé après le 09-02-1713, ne sachant pas signer. C. de m. le 02-11-1669 (Becquet). Ménage établi à L'Islet. 12 enfants.

CURÉ, Françoise. Fille de feu Pierre et de feue Barbe CHARLES, de Grandvilliers, év. Amiens, en Picardie (ar. Beauvais). Née vers 1643. Arrivée en 1669, apportant des biens estimés à 200 livres et un don du roi de 50 livres. Décédée le 19-01-1709 à Boucherville. Ne savait pas signer.

Mariage: c. de m. le 19-12-1669 (Frérot), à Boucherville, avec Lucas LOISEAU (habitant), né vers 1641, décédé le 14-03-1704, ne sachant pas signer. Ménage établi à Boucherville. 5 enfants.

– D –

DAILLY, Anne. Fille de feu Pascal, sieur Duplessis (écuyer), et d'Étiennette DUPRÉ, de Notre-Dame du Plessis-Brion, év. Soissons, en Île-de-France (ar. Compiègne). Née vers 1638. Arrivée en 1671, apportant des biens estimés à 450 livres et un don du roi de 50 livres. Décédée le 19-01-1704 à Château-Richer. Savait signer.

Mariage: le 28-10-1671, à Château-Richer, avec Jacques LESOT (habitant), né le 12-05-1634, décédé le 28-09-1702, sachant signer. C. de m. le 14-10-1671 (Becquet). Ménage établi à Château-Richer. 1 enfant.

DAIN, Marie. D'origine inconnue. Née vers 1641. Arrivée en 1669. Décédée entre le recensement de 1681 et le 20-01-1709. Ne savait pas signer.

Mariage: en 1669, à l'Île-d'Orléans, avec François MARQUET (habitant et meunier), né vers 1639, décédé le 11-03-1715, sachant signer. Ménage établi à Ste-Famille Î.O. 3 enfants.

DALLON, Marie. Fille de feu Michel et de Marguerite VERONNE, de la par. St-Pierre, Île d'Oléron, év. Saintes, en Saintonge (ar. Rochefort). Née vers 1646. Arrivée en 1668, apportant des biens estimés à 200 livres. Décédée le 07-07-1716 à St-Michel. Ne savait pas signer.

1er mariage: le 09-10-1668, à Québec, avec Pierre BISSONNET (habitant et meunier), né vers 1626, décédé le 07-08-1687, ne sachant pas signer. C. de m. le 24-09-1668 (Becquet). Ménage établi à Ste-Famille Î.O. 7 enfants.

2e mariage: avant 1693, à St-Michel, avec Jacques ANET (habitant), né vers 1645, décédé entre le 01-04-1692 et le 19-04-1694. Ménage établi à St-Michel. Aucun enfant.

3e mariage: le 19-04-1694, à St-Michel, avec Pierre-Guillaume HUBLÉ (habitant), né vers 1662. Ménage établi à St-Michel. Aucun enfant.

DAMANÉ, Denise. Fille de Michel et de Catherine TOUREAU, de la par. St-Jean-en-Grève, v. et archev. Paris, en Île-de-France. Née vers 1641. Arrivée en 1665. Décédée le 22-09-1704 à Champlain. Ne savait pas signer.

Mariage: c. de m. le 26-10-1665 (La Tousche), à Champlain, avec René HOURAY dit Grandmont (habitant), né vers 1631, décédé le 11-06-1706, sachant signer. Ménage établi à Champlain. 9 enfants.

DAMISÉ, Claude. Fille de feu Étienne et de Geneviève PIOCHE, de la par. St-Nicolas-du-Chardonnet, faubourg St-Victor, v. et archev. Paris, en Île-de-France. Née vers 1643. Arrivée en 1668. Mère d'un enfant illégitime (André) baptisé le 23-03-1676 à

Pointe-aux-Trembles. Décédée le 06-10-1705 à Montréal. Ne savait pas signer.
Mariage: le 10-12-1668, à Montréal, avec Pierre PERTHUIS dit Lalime (habitant, marchand et bourgeois), né vers 1644, décédé le 16-04-1708, sachant signer. C. de m. le 30-11-1668 (Basset). Ménage établi à Montréal. 12 enfants.

DAMOIS, Marie. Fille de feu Pierre et de Marie LEFEBVRE, de St-Jean d'Elbeuf, év. Évreux, en Normandie. Née vers 1649. Arrivée en 1669, apportant des biens estimés à 350 livres et un don du roi de 50 livres. Décédée le 20-12-1708 à Neuville. Ne savait pas signer.
Mariage: le 15-10-1669, à Québec, avec Léonard FAUCHER dit St-Maurice (habitant et charpentier), né vers 1646, décédé le 15-04-1726, sachant signer. C. de m. le 05-10-1669 (Duquet). Ménage établi à Neuville. 11 enfants.

DAMOURS, Hélène. Fille de feu Nicolas (marchand de chevaux) et de Madeleine SAISON, de la par. St-Laurent, faubourg St-Denis, v. et archev. Paris, en Île-de-France. Née vers 1646. Arrivée en 1668. Décédée le 24-07-1699 à l'Hôtel-Dieu de Québec. Ne savait pas signer.
1er mariage: le 06-08-1668, à Québec, avec Louis FOUCHER dit Laforest (habitant et laboureur), né vers 1637, décédé le 11-05-1685, ne sachant pas signer. C. de m. le 04-08-1668 (Lecomte). Ménage établi à Ste-Anne-de-la-Pérade. 7 enfants.
2e mariage: le 05-06-1686, à Batiscan, avec Isaac LEMIRE, né le 07-11-1650, décédé le 15-03-1717. Ménage établi à Ste-Anne-de-la-Pérade. 3 enfants.

DANNESSÉ dite DE LONGCHAMPS, Esther. Fille de feu Charles et d'Agnès VIEN, de la par. St-Nicolas, v. Nancy, év. Toul, en Lorraine. Arrivée en 1668. Morte en couches le 02-05-1689 à Québec. Savait signer.
1er mariage: le 17-10-1668, à Québec, avec François COUILLARD dit Lafontaine (habitant et maître de navire), décédé entre le 18-05-1677 et le recensement de 1681, sachant signer. C. de m. le 16-10-1668 (Bec-

quet). Ménage établi à Grondines. 3 enfants.
2e mariage: le 20-09-1688, à Québec, avec Pierre JANSON dit Lapalme (bourgeois, maître maçon, architecte, tailleur de pierre et entrepreneur des ouvrages de maçonnerie pour le roi en 1711), décédé le 13-07-1743, sachant signer. C. de m. le 09-09-1688 (Genaple). Ménage établi à Québec. 1 enfant.

DANNEVILLE, Gabrielle. Fille de feu Brice et de Marguerite ROY, de la par. St-Eustache, v. et archev. Paris, en Île-de-France. Née vers 1652. Arrivée en 1665 avec sa mère, sa soeur Anne, son beau-frère Antoine FILION et son neveu Pierre FILION. Décédée le 12-10-1728 à Québec. Ne savait pas signer.
1er mariage: le 27-07-1665, à Québec, avec Louis BLANCHARD (habitant), né vers 1641, décédé entre le recensement de 1681 et le 12-06-1684, ne sachant pas signer. C. de m. le 02-07-1665 (Duquet). Ménage établi à Charlesbourg. Aucun enfant.
2e mariage: le 12-06-1684, à Québec, avec Mathieu DE LAGRANGE (maçon), né vers 1659, décédé le 11-01-1707, ne sachant pas signer. C. de m. le 01-05-1684 (Rageot). Ménage établi à Beauport. Aucun enfant.
3e mariage: le 22-09-1712, à Beauport, avec Hilaire BERNARD, sieur de La Rivière (bourgeois, charpentier, arpenteur, maître architecte, huissier au Conseil souverain et notaire royal), né vers 1641, décédé le 30-11-1729, sachant signer. C. de m. le 20-09-1712 (Dubreuil). Ménage établi à Québec. Aucun enfant.

DAUBIGNY, Marguerite. Fille de feu François et d'Antoinette LECOQ, de la par. St-Leu-St-Gilles, v. et archev. Paris, en Île-de-France. Née vers 1651. Arrivée en 1673, apportant des biens estimés à 200 livres. Décédée le 02-11-1705 à Québec. Savait signer.
Mariage: le 19-09-1673, à Québec, avec Charles DAVEAU dit Laplante (habitant), né vers 1639, décédé le 30-10-1697, ne sachant pas signer. C. de m. le 19-09-1673

(Duquet). Ménage établi à Neuville. 9 enfants.

DE BAILLON, Catherine. Fille de feu Alphonse, sieur de la Mascotterie (écuyer), et de Louise DEMARLE, de Montfort-l'Amaury, év. Chartres, en Île-de-France (ar. Rambouillet). Née vers 1645. Arrivée en 1669, apportant des biens estimés à 1000 livres. Décédée le 30-01-1688 à Rivière-Ouelle. Savait signer.
Mariage: le 12-11-1669, à Québec, avec Jacques MIVILLE dit Deschesne (habitant), né le 02-05-1638, décédé le 27-01-1688, sachant signer. C. de m. le 19-10-1669 (Duquet). Ménage établi à Rivière-Ouelle. 6 enfants.

DE BEAUREGARD, Marie. Fille d'Olivier et de Philippe HARDOUIN, de la par. St-Germain-l'Auxerrois, v. et archev. Paris, en Île-de-France. Née vers 1647. Arrivée en 1665, apportant des biens estimés à 200 livres. Décédée le 24-10-1715 à L'Islet. Savait signer.
1er mariage: le 12-11-1665, à Québec, avec Sébastien LANGELIER (habitant), né vers 1617, décédé entre le 09-05-1682 et le 12-10-1682, sachant signer. C. de m. le 31-10-1665 (Duquet). 4 enfants.
2e mariage: le 12-10-1682, à Québec, avec Étienne GÉLINAS (habitant et charpentier), né vers 1625, décédé après le 12-05-1687, sachant signer. C. de m. le 20-09-1682 (Rageot). Ménage établi à Neuville. 2 enfants.

DE BELLEAU, Catherine. Fille de François, sieur de Contigny (écuyer), et de feue Anne DEBRÉDA, de St-Aignan de Pommeroy, Grivesnes, év. Amiens, en Picardie (ar. Montdidier). Née vers 1639. Arrivée en 1667, après avoir signé un acte de protestation à Dieppe le 17-06-1667, apportant des biens estimés à 1000 livres. Précédée au pays par ses cousins Marie-Charlotte et Jean-Baptiste DE POITIERS. Décédée après le 17-03-1706. Savait signer.
Mariage: le 22-11-1667, à Québec, avec Jean-Baptiste MORIN dit Debelleroche (habitant et bourgeois), né le 25-05-1645, décédé le 11-12-1694, sachant signer. C.

de m. le 17-11-1667 (Becquet). Ménage établi à Québec. 2 enfants.

＊DE BÉRUNINE, Marie. Arrivée en 1671. Présente au contrat de mariage de Jeanne AUGER et de Sébastien NOLET (19-10-1671, Becquet). Savait signer.

DE BIDEQUIN, Marie-Madeleine. Fille de feu Pierre et d'Annonciade LEROUX, de la par. St-Gervais, v. et archev. Paris, en Île-de-France. Née vers 1653. Arrivée en 1673, apportant des biens estimés à 600 livres. Morte « de la maladie populaire » le 20-05-1711 à l'Hôtel-Dieu de Québec. Savait signer.
Mariage: le 17-10-1673, à Québec, avec Jean BOUVET dit Lachambre (habitant et maître chirurgien), né vers 1641, décédé entre le 28-08-1693 et le 06-04-1703, sachant signer. C. de m. le 15-10-1673 (Duquet). Ménage établi à St-Ours. Aucun enfant.

DE BOISANDRÉ, Catherine. Fille de feu Jacques, sieur de L'Ormelée (écuyer), et de Marie DEVIEUVILLE, de la par. St-Jean, v. Caen, év. Bayeux, en Normandie. Née vers 1643. Arrivée en 1663, apportant des biens estimés à 300 livres. Rejointe au pays par sa sœur Jeanne-Claude et ses neveux Noël et Joseph RANCOURT. Décédée le 15-02-1685 à St-Laurent Î.O. Ne savait pas signer.
Mariage: le 20-10-1663, à Québec, avec Marc-Antoine GOBELIN dit Cinq-Mars (habitant), né vers 1641, décédé le 12-10-1699, sachant signer. C. de m. le 07-10-1663 (Duquet). Ménage établi à St-Laurent Î.O. Aucun enfant.

DE BOISANDRÉ, Jeanne-Claude. Fille de feu feu Jacques, sieur de L'Ormelée (écuyer), et de Marie DEVIEUVILLE, veuve de Pierre RANCOURT, de la par. St-Jean, v. Caen, év. Bayeux, en Normandie. Née vers 1635. Arrivée en 1667 avec ses fils Noël et Joseph RANCOURT. Précédée au pays par sa sœur Catherine. Décédée entre le 12-09-1669 et le 24-07-1671. Savait signer.
1er mariage: le 31-10-1667, à Québec, avec Louis LACHAISE, décédé entre le 31-10-

1667 et le 15-01-1668, sachant signer. C. de m. le 30-10-1667 (Duquet). Ménage établi à Québec. Aucun enfant.

2e mariage : c. de m. le 15-01-1668 (Aubert), à l'Île-d'Orléans, avec Jean LÉTOUR-NEAU (habitant et tailleur d'habits), né vers 1646, décédé le 23-04-1722, sachant signer. Ménage établi à Ste-Famille Î.O. Aucun enfant.

DE BONIN, Nicole. Fille d'Émery, sieur de Navigny (écuyer), et de feue Catherine DECARMIQUIEL, de St-Denis-lès-Rebais, ar. et év. Meaux, en Brie. Née vers 1645. Arrivée en 1671, apportant des biens estimés à 500 livres et un don du roi de 100 livres. Décédée le 24-10-1711 à Batiscan. Savait signer.

Mariage : le 19-10-1671, à Québec, avec Damien QUATRESOUS (habitant), né vers 1645, décédé le 06-08-1724, ne sachant pas signer. C. de m. le 17-10-1671 (Becquet). Ménage établi à Batiscan. 6 enfants.

DE BRÉTIGNY, Marie. Fille de Jean et d'Anne DESCHAMPS, de la par. St-Laurent, v. et archev. Rouen, en Normandie. Arrivée en 1667, apportant des biens estimés à 800 livres. Décédée entre le 22-08-1674 et le recensement de 1681. Savait signer.

Mariage : le 24-10-1667, à Québec, avec Denis LECLERC dit Lécuyer (pâtissier), né vers 1631, décédé après le recensement de 1681, sachant signer. C. de m. le 05-07-1667 (Becquet). Ménage établi à Québec. 1 enfant.

DEBURE, Marie. Fille de feu Vincent et de Suzanne GAULIN, de la par. St-Laurent (acte de m.) ou St-Maclou (contrat de m.), v. et archev. Rouen, en Normandie. Née vers 1646. Arrivée en 1665 avec sa soeur Suzanne, son beau-frère Louis LEFEB-VRE dit Batanville et sa nièce Angélique. Décédée le 11-10-1700 à l'Hôtel-Dieu de Québec. Ne savait pas signer.

1er mariage : le 06-10-1665, à Québec, avec Gilles ÉNARD (habitant), né vers 1636, décédé entre le 22-08-1666 et le 27-12-1666, ne sachant pas signer. C. de m. le

23-07-1665 (Fillion). Ménage établi à Charlesbourg. 1 enfant.

2e mariage : le 27-12-1666, à Québec, avec Jean BERNARD dit Anse (habitant), né vers 1643, trouvé mort gelé sur le Lac St-Pierre le 15-02-1698, ne sachant pas signer. C. de m. le 03-12-1666 (Duquet). Ménage établi à Charlesbourg. 9 enfants.

DÉCHARD, Jeanne. Fille de Claude et de Jeanne BILLARD, de Mézy-Moulins, év. Soissons, en Brie (ar. Château-Thierry). Née vers 1641. Arrivée en 1667 et recensée à Montréal la même année comme « fille à marier » habitant avec les filles de la Congrégation. Décédée le 06-08-1686 à Batiscan. Savait signer.

Mariage : le 16-02-1668, à Montréal, avec Jean COLLET dit Le Picard (habitant), né vers 1637, décédé le 12-09-1699, ne sachant pas signer. Ménage établi à Chambly. 5 enfants.

DE CHARMESNIL, Françoise. Fille de Robert et de Marie DENISE. Baptisée le 25-05-1651 à St-Maclou, v. et archev. Rouen, en Normandie. Arrivée en 1667. Décédée après le 19-07-1683. Ne savait pas signer.

Mariage : c. de m. le 17-10-1667 (La Tousche), à Cap-de-la-Madeleine, avec Jean GÉLINAS (habitant), né vers 1644, décédé après le 02-06-1704, ne sachant pas signer. Ménage établi à Cap-de-la-Madeleine. 7 enfants.

DE CHEVRAINVILLE dite LAFON-TAINE, Claude. Fille de feu Jacques et de feue Marguerite-Liénarde BAUDON, de la par. St-Nicolas-des-Champs, v. et archev. Paris, en Île-de-France. Née vers 1646. Arrivée en 1665. Précédée au pays par sa soeur Marie-Madeleine. Décédée le 22-01-1691 à l'Hôtel-Dieu de Québec. Savait signer.

Mariage : le 12-08-1665, à Québec, avec Henri BRAULT dit Pomainville (habitant et bourgeois), né vers 1638, décédé le 03-02-1698. C. de m. le 11-08-1665 (Duquet). Ménage établi à Pointe-Lévy. 12 enfants.

DE CHEVRAINVILLE dite LAFON-TAINE, Marie-Madeleine. Fille de feu Jac-

ques et de feue Marguerite-Liénarde BAU-DON, de la par. St-Nicolas-des-Champs, v. et archev. Paris, en Île-de-France. Née vers 1650. Arrivée en 1663, apportant des biens estimés à 300 livres. Rejointe au pays par sa soeur Claude. Décédée le 17-05-1733 à Sorel. Ne savait pas signer.
Mariage: le 22-10-1663, à Québec, avec Joseph-Isaac LAMY (habitant et tanneur), né vers 1640, décédé entre le 21-11-1687 et le 09-02-1723, ne sachant pas signer. C. de m. le 18-10-1663 (Gloria). Ménage établi à Sorel. 9 enfants.

DE COPPEQUESNE, Marie-Charlotte. Fille de feu Aloph, sieur de Bezonville, et d'Honorée DE NOINTEL, de Feuquières-en-Vimeu, év. Amiens, en Picardie (ar. Abbeville). Née vers 1636. Arrivée en 1666. Décédée le 08-11-1706 à Montréal. Ne savait pas signer.
1er mariage: le 10-01-1667, à Montréal, avec Jean GATEAU (habitant et maçon), né vers 1628, décédé le 03-02-1687, ne sachant pas signer. C. de m. le 05-12-1666 (Basset). Ménage établi à Montréal. 4 enfants.
2e mariage: le 01-03-1688, à Montréal, avec Jacques BRAULT (domestique), né vers 1651, décédé le 27-05-1693 écrasé par un arbre, ne sachant pas signer. C. de m. le 25-02-1688 (Adhémar). Ménage établi à Montréal. Aucun enfant.

* DE FONTENAY, Catherine. Veuve du sieur LAFOREST. Arrivée en 1667. Présente aux contrats de mariage de Marguerite Renaud et d'Emmanuel LOPEZ dit Madère (29-09-1667, Duquet) et de Marie-Madeleine OUACHE et de René BRUNEAU dit Jolicoeur (29-09-1667, Duquet). Elle comparut devant la Prévôté de québec le 26-11-1671. Savait signer.

DE GUESNEL, Jeanne-Marie. Fille de feu Charles, sieur de La Rozière, et de Marguerite HOUSSAYE, des Authieux, ar. et év. Lisieux, en Normandie. Née vers 1644. Arrivée en 1671, apportant des biens estimés à 400 livres et un don du roi de 50 livres. Décédée après le recensement de 1681. Savait signer.

Mariage: le 03-11-1671, à Québec, avec Jean CASTINEAU (habitant), né vers 1643, décédé après le recensement de 1681, sachant signer. C. de m. le 02-11-1671 (Becquet). Ménage établi à Bécancour. Aucun enfant.

DE LACOUR, Marie. Fille de feu Guillaume (maître menuisier) et de Marie BERARD, de la par. St-Germain-l'Auxerrois, v. et archev. Paris, en Île-de-France. Arrivée en 1669, apportant des biens estimés à 400 livres et un don du roi de 50 livres. Décédée entre le 05-10-1677 et le recensement de 1681. Savait signer.
Mariage: le 12-10-1669, à Ste-Famille Î.O., avec Gabriel ROGER (habitant), né vers 1639, décédé le 24-07-1699, ne sachant pas signer. C. de m. le 14-10-1669 (Becquet). Ménage établi à Ste-Famille Î.O. 5 enfants.

DE LACROIX, Françoise. Fille de feu Antoine (sergent royal exploitant par tout le royaume de France) et de Barbe CAZIN, de St-Maclou de Conflans-Ste-Honorine, archev. Paris, en Île-de-France (ar. St-Germain-en-Laye). Née vers 1640. Arrivée en 1669, apportant des biens estimés à 1000 livres. Contrat de mariage annulé avec René HUBERT (31-10-1669, Becquet). Décédée le 12-10-1711 à Québec. Savait signer.
Mariage: le 04-11-1669, à Québec, avec René HUBERT (habitant, greffier en chef de la maréchaussée de Québec, greffier de la prévôté de Québec, premier huissier au Conseil souverain de Québec), né vers 1648, décédé le 01-09-1725, sachant signer. C. de m. le 02-11-1669 (Becquet). Ménage établi à Québec. 7 enfants.

DE LAFITTE, Apolline. Fille de feu Louis (écuyer, capitaine de cavalerie) et de Martine DEVILLIERS, de La Capelle, év. Laon, en Picardie (ar. Vervins). Née vers 1647. Arrivée en 1673, apportant des biens estimés à 1000 livres. Décédée le 17-09-1685 à Québec. Ne savait pas signer.
Mariage: le 17-10-1673, à Québec, avec Nicolas ROUSSELOT dit Laprairie (habitant, bourgeois, commandant des gardes au fort Chambly en 1681, maître d'école et chantre à Pointe-aux-Trembles en 1684), né vers 1645, décédé le 20-08-1708, sa-

chant signer. C. de m. le 09-10-1673 (Duquet). Ménage établi à Québec. Aucun enfant.

DE LAGUÉRIPIÈRE, Élisabeth. Fille de feu Jean et de feue Gabrielle BOUTEILLER, de la par. St-Sulpice, faubourg St-Germain, v. et archev. Paris, en Île-de-France. Née vers 1648. Arrivée en 1671, apportant des biens estimés à 500 livres. Décédée le 13-04-1723 à l'Hôtel-Dieu de Québec. Ne savait pas signer. *Mariage:* le 26-10-1671, à Québec, avec Jean DE RAINVILLE (habitant et fermier), né vers 1639, décédé le 14-11-1704, sachant signer. C. de m. le 13-10-1671 (Becquet). Ménage établi à Beauport. 9 enfants.

DE LAHAYE, Catherine. Fille de feu Pierre et de Catherine POITEVIN, de la par. St-Étienne, faubourg St-Victor, v. et archev. Paris, en Île-de-France. Née vers 1646. Arrivée en 1669, apportant des biens estimés à 200 livres et un don du roi de 50 livres. Contrat de mariage annulé avec Simon TRILLAUD (22-11-1676, Rageot). Décédée le 14-09-1690 à l'Hôtel-Dieu de Québec. Ne savait pas signer. *1er mariage:* le 18-11-1669, à Québec, avec Pierre GUIGNARD (habitant), décédé entre le 13-10-1674 et le 22-11-1676, ne sachant pas signer. C. de m. le 22-10-1669 (Becquet). Ménage établi à Ste-Famille Î.O. 2 enfants. *2e mariage:* le 25-06-1685, à Québec, avec Étienne RAGEAT dit Le Lyonnais (habitant), né vers 1622, décédé le 19-11-1688, ne sachant pas signer. C. de m. le 31-05-1685 (Genaple). Ménage établi à Charlesbourg. Aucun enfant. *3e mariage:* le 07-02-1689, à Québec, avec Pierre CORDIER (habitant), né vers 1648, décédé le 05-09-1698, ne sachant pas signer. C. de m. le 24-01-1689 (Rageot). Aucun enfant.

DE LAHAYE, Jeanne. Fille de Simon et de Jeanne DECOINTES, de la par. St-Sulpice, v. et archev. Paris, en Île-de-France. Née vers 1647. Arrivée en 1666. Émigrée vers 1670. Ne savait pas signer.

Mariage: le 25-10-1666, à Québec, avec Philibert CHAUVIN, né vers 1632, décédé entre le recensement de 1667 et le 12-05-1669, ne sachant pas signer. Ménage établi à Charlesbourg. Aucun enfant.

DE LAHAYE, Michelle. Fille de feu François et de feue Nicole LEPROHON, de la par. St-Étienne, v. et archev. Rouen, en Normandie. Née vers 1653. Arrivée en 1670, apportant des biens estimés à 300 livres et un don du roi de 50 livres. Décédée le 28-02-1723 à Montréal. Ne savait pas signer. *1er mariage:* le 09-09-1670, à Québec, avec Étienne POTHIER dit Laverdure (habitant), né vers 1648, décédé le 08-01-1688, sachant signer. C. de m. le 31-08-1670 (Becquet). Ménage établi à Charlesbourg. 4 enfants. *2e mariage:* le 05-05-1690, à Pointe-aux-Trembles, avec Étienne LAIR (habitant), né vers 1626, décédé après le 04-12-1698, ne sachant pas signer. C. de m. le 11-04-1689 (Adhémar). Ménage établi à Pointe-aux-Trembles. Aucun enfant.

DELAHOGUE, Marie-Claire. Fille de Gilles et de Marie LEBRUN, de la par. St-Germain-le-Vieux, v. et archev. Paris, en Île-de-France. Née vers 1651. Arrivée en 1669, apportant des biens estimés à 50 livres et un don du roi de 50 livres. Morte en couches le 25-08-1687 à Québec. Savait signer. *Mariage:* le 27-11-1669, à Québec, avec Jean SÉDILOT dit Montreuil (habitant et charron), né le 27-01-1647, sachant signer. C. de m. le 25-11-1669 (Duquet). Ménage établi à Québec. 10 enfants.

DE LALORE, Catherine. Fille de feu Charles et de Catherine DESPRÉS, de la v. de Londres, en Angleterre. Née vers 1654. Arrivée en 1671, apportant des biens estimés à 300 livres et un don du roi de 50 livres. Contrat de mariage annulé avec Louis LAVALLÉE (17-10-1671, Becquet). Décédée entre le 04-07-1690 et le 14-06-1694. Savait signer. *Mariage:* en 1671 ou 1672, à Sorel, avec Louis BADAILLAC dit Laplante (habitant), né vers 1644, décédé entre le 16-07-

1702 et le 04-01-1705, ne sachant pas signer. Ménage établi à Sorel. 8 enfants.

DE LAMARRE, Marie. Fille de David et de feue Anne BUSEVESTRE. Baptisée le 16-08-1650 à St-Maclou, v. et archev. Rouen, en Normandie. Arrivée en 1668. Décédée le 21-12-1708 à Charlesbourg. Ne savait pas signer.
Mariage: le 27-11-1668, à Québec, avec Guillaume RENAUD (habitant et marguillier), né le 20-01-1644, décédé le 05-01-1709, sachant signer. C. de m. le 27-08-1668 (Rageot). Ménage établi à Charlesbourg. 10 enfants.

* DE LA MOTTE, Diane. Arrivée en 1671. Présente à plusieurs contrats de mariage en octobre 1671, dont celui de Jeanne AUGER et de Sébastien NOLET (19-10-1671, Becquet). Savait signer.

DE LAPLACE, Marguerite. Fille de feu Jean et de Geneviève TROUVÉ, du faubourg St-Laurent, v. et archev. Paris, en Île-de-France. Née vers 1651. Arrivée en 1671, apportant des biens estimés à 300 livres et un don du roi de 50 livres. Contrat de mariage annulé avec Marin GERVAIS (19-11-1671, Rageot). Décédée le 07-10-1735 à St-Sulpice. Ne savait pas signer.
1er mariage: en 1671 ou 1672, à Lavaltrie, avec Pierre LESIÈGE dit Lafontaine (habitant), né vers 1636, décédé entre le 31-07-1692 et le 15-09-1696, ne sachant pas signer. Ménage établi à Lavaltrie. 8 enfants.
2e mariage: le 15-09-1696, à Montréal, avec Pierre BRÉBANT dit Lecompte (soldat de la compagnie de Cadillac), baptisé le 30-09-1670, décédé le 07-01-1715, ne sachant pas signer. 1 enfant.

DE LAPORTE, Marie-Anne. Fille de Pierre (fauconnier du roi) et d'Anne VOIGUYE, de la par. St-Sulpice, faubourg St-Germain, v. et archev. Paris, en Île-de-France. Née vers 1643. Arrivée en 1665, apportant des biens estimés à 1000 livres. Décédée le 28-06-1718 à Québec. Savait signer.
1er mariage: le 12-10-1665, à Québec, avec François GENAPLE, sieur de Bellefonds

(habitant, menuisier, notaire royal, huissier et greffier de la prévôté de Québec), né vers 1644, décédé le 06-10-1709, sachant signer. C. de m. le 07-08-1665 (Duquet). Ménage établi à Québec. 9 enfants.
2e mariage: le 22-11-1711, à Québec, avec René HUBERT (habitant, geôlier, greffier en chef de la maréchaussée de Québec, greffier de la prévôté de Québec et premier greffier au Conseil souverain de Québec), né vers 1648, décédé le 01-09-1725, sachant signer. C. de m. le 20-11-1711 (La Cetière). Ménage établi à Québec. Aucun enfant.

DE LARUE, Charlotte. Fille de feu Georges et de Françoise NICOLARDEAU, de Bézu-St-Germain, év. Soissons, en Brie (ar. Château-Thierry). Née vers 1644. Arrivée en 1673, apportant des biens estimés à 200 livres. Contrat de mariage annulé avec Pierre MASSE (11-09-1673, Becquet). Décédée le 22-03-1711 à Montréal. Ne savait pas signer.
1er mariage: le 19-09-1673, à Québec, avec Jean LAVANOIS dit Laviolette (habitant), né vers 1619, décédé entre le 18-05-1691 et le 05-11-1696, ne sachant pas signer. C. de m. le 15-09-1673 (Becquet). Ménage établi à Sorel. Aucun enfant.
2e mariage: le 26-11-1696, à Charlesbourg, avec André MORIN (habitant et corroyeur), né vers 1645, décédé le 30-01-1710, ne sachant pas signer. C. de m. le 05-11-1696 (Genaple). Aucun enfant.

DELASTRE, Adrienne. Fille de Nicolas et d'Anne JARRY, d'Estreboeuf, év. Amiens, en Picardie (ar. Abbeville). Née vers 1639. Arrivée en 1665. Décédée le 15-08-1713 à l'Hôpital général de Québec des suites d'un accident de charrette. Ne savait pas signer.
Mariage: le 16-11-1665, à Château-Richer, avec Pierre MORTREL (habitant), né vers 1643, mort d'hydropisie en 1711, ne sachant pas signer. C. de m. le 30-10-1665 (Auber). Ménage établi à Charlesbourg. Aucun enfant.

* DE LA TOUR ENVOIVRE, Catherine. Arrivée en 1671. Présente à plusieurs contrats de mariage en octobre 1671, dont celui de Jeanne AUGER et de Sébastien NOLET (19-10-1671, Becquet). Savait signer.

DELAUNAY, Madeleine. Fille de feu Claude (marchand de bois) et de feue Marguerite PELAU, de la par. St-Étienne, v. et év. Viviers, en Languedoc. Née vers 1637 et baptisée dans la religion protestante. Arrivée en 1670, apportant des biens estimés à 600 livres et un don du roi de 50 livres. Émigrée en 1695. Décédée le 06-02-1699 à St-Jean-du-Perrot de La Rochelle. Ne savait pas signer.
Mariage: c. de m. le 11-10-1670 (Becquet), avec Pierre GUILLET dit Lajeunesse (habitant, menuisier et charpentier), né vers 1627, décédé le 08-05-1695, sachant signer. Ménage établi à Cap-de-la-Madeleine. Aucun enfant.

DELESTRE, Anne. D'origine inconnue. Née vers 1651. Arrivée en 1673. Morte en couches le 25-01-1685 à Boucherville.
Mariage: en 1673 ou 1674, à St-Ours, avec François CÉSAR dit La Gardelette (habitant), né vers 1648, décédé le 15-03-1723, ne sachant pas signer. Ménage établi à St-Ours. 7 enfants.

DE LICERACE, Suzanne. Fille de Jean et d'Élisabeth DELAPLACETTE, de St-Jean de Canéjean, ar. et archev. Bordeaux, en Guyenne. Née vers 1637. Arrivée en 1663. Décédée le 25-12-1723 à St-François-de-Sales.
Mariage: le 08-11-1663, à Québec, avec Michel BISSON dit St-Côme (habitant et contremaître), baptisé le 11-11-1640, décédé le 25-03-1702. C. de m. le 13-10-1663. Ménage établi à St-François-de-Sales. 9 enfants.

DE LIMOGES, Marie. D'origine inconnue. Arrivée en 1667. Décédée entre le 03-11-1667 et le 06-11-1673.
Mariage: le 03-11-1667, à Trois-Rivières, avec Noël LAURENCE (habitant), né vers 1647, décédé le 04-11-1687, ne sachant pas signer. C. de m. le 21-10-1667 (Ameau). Ménage établi à Contrecoeur. Aucun enfant.

DELORME, Marguerite. Fille de feu Hugues (marchand de draps) et de feue Marie MAUPAIN, de St-Étienne de Jargeau, ar. et év. Orléans, en Orléanais. Arrivée en 1669, apportant des biens estimés à 400 livres et un don du roi de 50 livres. Décédée entre 1678 et le 31-03-1679. Savait signer.
Mariage: le 01-10-1669, à Québec, avec René CHARTIER (habitant, laboureur et meunier), né vers 1623, décédé le 05-08-1689, sachant signer. C. de m. le 22-09-1669 (Becquet). 4 enfants.

DE LOSTELNEAU, Catherine. Fille de Charles (écuyer, capitaine major au régiment des gardes) et de feue Charlotte BUDEFLORY, de la v. d'Agen, en Gascogne (c. de m.), ou de la par. St-Nicolas-des-Champs, v. et archev. Paris, en Île-de-France (acte de m.). Née vers 1655. Arrivée en 1667, après avoir signé un acte de protestation à Dieppe le 17-06-1667, apportant des biens estimés à 400 livres. Décédée le 13-10-1698 à Québec. Savait signer.
Mariage: le 18-10-1668, à Québec, avec Charles DENIS, sieur de Vitré (habitant, entrepreneur en pêcherie, écuyer et conseiller au Conseil souverain), né vers 1645, décédé le 09-01-1703, sachant signer. C. de m. le 08-10-1668 (Lecomte). Ménage établi à Québec. 2 enfants.

DE MANGEON, Claude. Fille de Gérard et d'Alexie FLEURAN, de Ste-Anne de Damare, en Lorraine. Née vers 1643. Arrivée en 1664. Décédée entre les recensements de 1667 et de 1681. Ne savait pas signer.
Mariage: c. de m. le 23-11-1664 (Vachon), à l'Île-d'Orléans, avec Thomas LESUEUR dit Lagrandeur (habitant, fermier et boulanger), né vers 1642, décédé le 16-08-1714, ne sachant pas signer. Ménage établi à Ste-Famille Î.O. Aucun enfant.

DE MATRAS, Jeanne-Judith. Fille de feu Isaac (capitaine d'une compagnie de cavalerie) et de Marie BOUTET, de la par. St-Bienheuré, v. Vendôme, év. Blois, en Orléanais. Arrivée en 1669, apportant des biens estimés à 3000 livres. Décédée entre le 01-09-1677 et le recensement de 1681. Savait signer.

Mariage: le 02-12-1669, à Québec, avec Charles LEGARDEUR, sieur Devilliers (habitant, écuyer et seigneur de Bécancour), né le 17-03-1637, décédé le 23-09-1684, sachant signer. C. de m. le 30-11-1669 (Becquet). Ménage établi à Cap-de-la-Madeleine. Aucun enfant.

* DE MÉRINNE, Jeanne. Fille de Jean (honorable homme) et de Marie DE LA HAYE, de la par. St-Sulpice, faubourg St-Germain-des-Prés, v. et archev. Paris, en Île-de-France. Arrivée en 1665. Contrat de mariage annulé avec François BIBEAU (29-10-1665, La Tousche). Ne savait pas signer.

DE NEVELET, Marguerite. Fille de feu Pierre (bourgeois) et de Françoise DE BRION, de la par. Ste-Madeleine, v. et év. Troyes, en Champagne. Née vers 1643. Arrivée en 1667 et recensée à Montréal la même année comme « fille à marier » habitant avec les filles de la Congrégation. Décédée le 09-04-1720 à Montréal, après avoir passé les onze dernières années de sa vie comme pensionnaire perpétuelle de la Congrégation. Savait signer.

Mariage: le 19-03-1670, à Montréal, avec Abraham BOUAT (habitant, marguillier, aubergiste, bourgeois et marchand), né vers 1644, décédé le 28-12-1702, sachant signer. C. de m. le 11-03-1670 (Basset). Ménage établi à Montréal. 8 enfants.

DENOT, Jeanne. Fille de feu Antoine et de Catherine LEDUC, de la par. St-Germain-l'Auxerrois, v. et archev. Paris, en Île-de-France. Née vers 1645. Arrivée en 1666. Décédée entre le 20-01-1692 et le 10-10-1701. Ne savait pas signer.

1er mariage: le 07-06-1667, à Québec, avec André ROBIDOU dit Lespagnol (habitant et matelot), né vers 1640, décédé le 01-04-1678, ne sachant pas signer. C. de m. le 16-05-1667 (Duquet). Ménage établi à Laprairie. 5 enfants.

2e mariage: le 16-08-1678, à Laprairie, avec Jacques SURPRENANT dit Sanssoucy (habitant), né vers 1644, décédé le 16-07-1710. Ménage établi à Laprairie. 8 enfants.

DENOYON, Marie. Fille de feu Adrien (maître vinaigrier) et de Marie-Catherine CHEVALIER, du bourg d'Elbeuf, ar. et archev. Rouen, en Normandie. Née vers 1643. Arrivée en 1670, apportant des biens estimés à 200 livres et un don du roi de 50 livres. Décédée le 20-06-1709 à Québec. Ne savait pas signer.

Mariage: le 08-09-1670, à Château-Richer, avec Charles DAVENNE (habitant), né vers 1636, décédé le 23-11-1708, ne sachant pas signer. C. de m. le 25-08-1670 (Becquet). Ménage établi à St-Michel. 5 enfants.

DE PORTAS, Marie-Angélique. Fille de François (écuyer, gouverneur de la ville de Brie-Comte-Robert) et de Marthe DE-CHAMOIS, de Brie-Comte-Robert, archev. Paris, en Brie (contrat de m.) ou de la par. St-Nicolas-des-Champs, v. et archev. Paris, en Île-de-France (acte de m.). Arrivée en 1667, après avoir signé un acte de protestation à Dieppe le 17-06-1667. Émigrée en 1669. Savait signer.

Mariage: le 30-01-1668, à Québec, avec Jean LECOMTE (écuyer et notaire), sachant signer. C. de m. le 14-01-1668 (Becquet). Ménage établi à Québec. 1 enfant.

DE PROVINLIEU, Marie-Marguerite. Fille de Louis, sieur de Grandpart, et de feue Madeleine DETROTRA, du bourg de St-Maurice-aux-Riches-Hommes, ar. et archev. Sens, en Champagne. Arrivée en 1671, apportant des biens estimés à 400 livres et un don du roi de 50 livres. Émigrée en 1672. Savait signer.

Mariage: le 11-10-1672, à Québec, avec Jean HOUSSY dit Bellerose et L'Irlande, sachant signer. C. de m. le 11-10-1672 (Becquet). Ménage établi à Chambly. Aucun enfant.

DEQUAIN, Anne. Fille de feu Florimond et d'Henriette FERMILIS, d'Usseau, év. Poitiers, en Poitou (ar. Châtellerault). Née vers 1647. Arrivée en 1669. Décédée le 06-02-1734 à Québec.

Mariage: le 28-10-1669, à Québec, avec François LAREAU (habitant et menuisier), né vers 1651, décédé le 30-06-1726. Ménage établi à Québec. 6 enfants.

* DE ROYBON D'ALONNE, Madeleine. Fille de Jacques, sieur d'Alonne (homme d'armes de la compagnie du roi, écuyer tranchant à la cour), de la v. Montargis, archev. Sens, en Orléanais. Née vers 1646. Arrivée vers 1671. Amie de René-Robert CAVELIER de La Salle. Décédée célibataire le 17-01-1718 à Montréal. Savait signer.

DESCHALETS, Claude. Fille de feu François et de feue Jacquette CHEVALLE-REAU, de la par. Notre-Dame, v. Fontenay-le-Comte, év. Maillezais, en Poitou. Née vers 1651. Arrivée en 1668 avec ses soeurs Élisabeth et Madeleine. Décédée après le recensement de 1681.
Mariage: le 03-09-1668, à Québec, avec Siméon ROY dit Ody (habitant et charpentier), né le 01-10-1637, décédé entre le 26-08-1685 et le 27-11-1689. Ménage établi à Charlesbourg. 9 enfants.

DESCHALETS, Élisabeth. Fille de feu François et de feue Jacquette CHEVALLE-REAU, de la par. Notre-Dame, v. Fontenay-le-Comte, év. Maillezais, en Poitou. Arrivée en 1668 avec ses soeurs Claude et Madeleine. Émigrée vers 1676. Ne savait pas signer.
Mariage: le 26-11-1668, à Québec, avec François PARIS (habitant), sachant signer. C. de m. le 21-10-1668 (Rageot). Ménage établi à Charlesbourg. 6 enfants.

DESCHALETS, Madeleine. Fille de feu François et de feue Jacquette CHEVALLE-REAU, de la par. Notre-Dame, v. Fontenay-le-Comte, év. Maillezais, en Poitou. Née vers 1651. Arrivée en 1668 avec ses soeurs Claude et Élisabeth. Morte « de maladie » le 16-11-1708 à Québec. Ne savait pas signer.
Mariage: le 03-09-1668, à Québec, avec Jean GIRON (habitant et tailleur d'habits), né vers 1641, décédé après le 02-09-1709, ne sachant pas signer. Ménage établi à Charlesbourg. Aucun enfant.

DESCHAMPS, Anne. Fille de feu Charles et de Jeanne DACHEVILLE, de la par.

St-Jacques-du-Haut-Pas, v. et archev. Paris, en Île-de-France. Née vers 1641. Arrivée en 1668, apportant des biens estimés à 200 livres et un don du roi de 50 livres. Décédée le 31-10-1692 à l'Hôtel-Dieu de Québec. Ne savait pas signer.
Mariage: le 29-10-1669, à Québec, avec Michel BOUTET dit Lépine (habitant), né vers 1640, décédé le 29-06-1704, ne sachant pas signer. C. de m. le 20-03-1669 (Becquet). Ménage établi à Charlesbourg. Aucun enfant.

DESCHAMPS, Marie. Fille de Jean et de Madeleine TOUTAIN, de la par. St-Martin, v. et archev. Rouen, en Normandie. Née vers 1643. Arrivée en 1667, apportant des biens estimés à 100 livres. Décédée entre les recensements de 1667 et de 1681. Ne savait pas signer.
Mariage: le 12-10-1667, à Québec, avec Pierre POUILLARD (habitant), né vers 1634, décédé après le 06-04-1694, ne sachant pas signer. C. de m. le 30-09-1667 (Becquet). Ménage établi à Pointe-Lévy. Aucun enfant.

DESCHAMPS, Marie. Fille de Claude et de Jeanne BRIOLET, de la par. St-Médard, v. et archev. Paris, en Île-de-France. Née vers 1647. Arrivée en 1669, apportant des biens estimés à 250 livres et un don du roi de 50 livres. Décédée le 13-05-1682 à Charlesbourg. Ne savait pas signer.
Mariage: le 13-10-1669, à Québec, avec Michel VERRET dit Laverdure (habitant), né vers 1646, décédé le 12-02-1724, ne sachant pas signer. C. de m. le 29-09-1669 (Duquet). Ménage établi à Charlesbourg. 6 enfants.

DESCHAMPS, Marie. D'origine inconnue. Née vers 1656. Arrivée en 1672. Décédée entre le recensement de 1681 et le 07-02-1695. Ne savait pas signer.
Mariage: en 1672, à Rivière-du-Loup, avec Marin MARAIS dit Labarre (habitant), né vers 1641, décédé le 04-03-1732, sachant signer. Ménage établi à Rivière-du-Loup. 2 enfants.

* DESCHAMPS, Marie-Madeleine. Fille d'Esmin et de feue Martine BILEURY, de la v. et archev. Bourges, en Berry. Arrivée en 1670, apportant des biens estimés à 300 livres et un don du roi de 50 livres. Contrat de mariage annulé avec Jean BAROLLEAU (28-09-1670, Becquet). Ne savait pas signer.

DESENNE, Catherine. Fille de Pierre (potier d'étain) et de feue Marguerite LÉGER, de la par. Notre-Dame-du-Chemin, rue des Potiers, proche de la Porte de Bourgogne, v. et év. Orléans, en Orléanais. Née vers 1651. Arrivée en 1672. Contrat de mariage annulé avec Julien HAUTBOIS (22-09-1672, Basset). Décédée le 24-05-1735 à Montréal. Ne savait pas signer.

Mariage: le 15-10-1672, à Montréal, avec Jean SENÉCAL (habitant, fermier et laboureur), baptisé le 20-09-1646, décédé le 11-02-1723, ne sachant pas signer. C. de m. le 13-10-1672 (Basset). Ménage établi à Montréal. 7 enfants.

DESFOSSÉS, Françoise. Fille de feu Georges et de Marie LEDOUX, de la par. St-Jacques-du-Haut-Pas, v. et archev. Paris, en Île-de-France. Née vers 1649. Arrivée en 1669, apportant des biens estimés à 100 livres et un don du roi de 50 livres. Décédée le 18-11-1711 à St-Jean Î.O. Ne savait pas signer.

Mariage: le 18-10-1669, à Ste-Famille Î.O., avec Jacques BIDET dit Desroussels (habitant), né vers 1646, décédé entre le 18-11-1711 et le 26-10-1712, ne sachant pas signer. C. de m. le 02-10-1669 (Duquet). Ménage établi à St-Jean Î.O. 6 enfants.

DESGRANGES, Louise. Fille de feu Denis et de feue Marguerite JOANNE, de St-Brice-sous-Forêt, archev. Paris, en Île-de-France (ar. Montmorency). Née vers 1648. Arrivée en 1669, apportant des biens estimés à 350 livres et un don du roi de 50 livres. Contrat de mariage annulé avec Pierre SENAT (29-09-1669, Duquet). Décédée le 11-11-1721 à Neuville. Ne savait pas signer.

Mariage: le 15-10-1669, à Québec, avec Louis DELISLE (habitant), né le 11-04-1645, décédé le 10-09-1693, ne sachant pas signer. C. de m. le 30-09-1669 (Duquet). Ménage établi à Neuville. 10 enfants.

DESHAYES, Marguerite. Née vers 1646 dans l'archev. Rouen, en Normandie. Arrivée en 1670. Précédée au pays par sa soeur Marie. Décédée le 17-11-1709 à Repentigny.

Mariage: en 1670 ou 1671, à Sorel, avec Pierre MÉNARD dit Saintonge (habitant, laboureur, cordonnier et notaire seigneurial), né vers 1634, décédé entre le 28-08-1693 et le 21-01-1695, sachant signer. Ménage établi à St-Ours. 7 enfants.

DESHAYES, Marie. Née vers 1655 dans l'archev. Rouen, en Normandie. Arrivée en 1668. Rejointe au pays par sa soeur Marguerite. Décédée le 18-12-1707 à Montréal. Ne savait pas signer.

Mariage: en 1668 ou 1669, à Sorel, avec Adrien BÉTOURNÉ dit Laviolette (habitant et bourgeois), né vers 1643, décédé le 01-03-1722, sachant signer. Ménage établi à Repentigny. Séparation de biens prononcée le 30-08-1695 (Maugue). 2 enfants.

DESJARDINS, Françoise. Fille de François et de Martine GODEFROY, de Notre-Dame de Vincennes, archev. Paris, en Île-de-France (ar. Nogent-sur-Marne). Née vers 1639. Arrivée en 1665. Décédée après le 27-12-1682. Savait signer.

Mariage: le 12-10-1665, à Québec, avec Nicolas DROISSY (maître pâtissier), né vers 1640, décédé après le 30-09-1684, sachant signer. C. de m. le 05-10-1665 (Aubert). Ménage établi à Québec. Aucun enfant.

DESMARAIS, Catherine. Fille de feu Mathieu et de Marguerite FLORIMONNE, de la par. St-Nicolas-des-Champs, v. et archev. Paris, en Île-de-France. Née vers 1625. Arrivée en 1669, apportant des biens estimés à 200 livres et un don du roi de 50 livres. Décédée le 22-02-1695 à Charlesbourg. Ne savait pas signer.

Mariage: le 20-10-1669, à Québec, avec François HILERET (habitant), décédé entre le 03-11-1703 et le 21-06-1706, ne sachant pas signer. C. de m. le 22-09-1669 (Becquet). Ménage établi à Charlesbourg. Aucun enfant.

DESMARAIS, Étiennette. Fille d'Antoine et d'Isabelle LESCOPE, de la par. Notre-Dame, v. Quimper-Corentin, év. Cornouailles, en Bretagne. Née vers 1636. Arrivée en 1669, apportant un don du roi de 50 livres. Décédée entre le 07-06-1682 et le 07-06-1688. Ne savait pas signer. *Mariage*: le 03-09-1669, à Québec, avec Pierre BEAUDIN (habitant), né vers 1641, décédé le 12-12-1700, ne sachant pas signer. C. de m. le 05-08-1669 (Duquet). Ménage établi à Charlesbourg. Aucun enfant.

DESPORTES, Françoise. Fille de feu Jean et d'Isabelle DEGIBRUSE, de la par. St-Nicolas-des-Champs, v. et archev. Paris, en Île-de-France. Née vers 1652. Arrivée en 1669, apportant des biens estimés à 200 livres et un don du roi de 50 livres. Contrat de mariage annulé avec François DANIAU (24-10-1669, Becquet). Décédée le 12-04-1736 à Grondines. Ne savait pas signer. *Mariage*: c. de m. le 05-11-1669 (Becquet), à Sillery, avec Pierre RENAUD dit Locat (habitant), né vers 1641, décédé le 25-01-1713, ne sachant pas signer. Ménage établi à Grondines. 15 enfants.

DESPRÉS, Madeleine. Fille de François et de Madeleine LEGRAND, de la par. St-Sauveur, v. et archev. Paris, en Île-de-France. Née vers 1653. Arrivée en 1670, apportant des biens estimés à 200 livres et un don du roi de 50 livres. Morte «après trois jours de maladie» le 18-12-1712 à St-Jean Î.O. Savait signer. *Mariage*: le 15-09-1670, à Ste-Famille Î.O., avec Nicolas AUDET dit Lapointe (habitant), né vers 1641, décédé le 09-12-1700, ne sachant pas signer. C. de m. le 30-08-1670 (Becquet). Ménage établi à St-Jean Î.O. 12 enfants.

D'ESQUINCOURT, Anne. Fille de François (écuyer) et de Suzanne DEBETTENCOURT, de Notre-Dame de Brocourt, ar. et év. Amiens, en Picardie. Née vers 1650. Arrivée en 1669, apportant des biens estimés à 500 livres et un don du roi de 50 livres. Morte «noyée dans un naufrage» le 01-11-1688 près de la Pointe-aux-Écureuils à Neuville. Ne savait pas signer. *1er mariage*: le 21-10-1669, à Québec, avec Jacques DAMIEN (habitant), né vers 1636, tué le 17-02-1686 par la chute d'un arbre, ne sachant pas signer. C. de m. le 13-10-1669 (Duquet). Ménage établi à Neuville. 6 enfants. *2e mariage*: le 10-02-1687, à Neuville, avec Maurice OLIVIER (habitant), né vers 1641, ne sachant pas signer. C. de m. le 12-01-1687 (sous seing privé déposé le 20-05-1687 chez Rageot). Ménage établi à Neuville. Aucun enfant.

DESTOUCHES, Marie-Agnès. Fille de feu Pierre et de Marie GULET de la par. St-Marcel (Michel), v. et év. Poitiers, en Poitou. Née vers 1648. Arrivée en 1669, apportant des biens estimés à 200 livres et un don du roi de 50 livres. Décédée le 20-02-1728 à St-François Î.O. Ne savait pas signer. *1er mariage*: le 27-10-1669, à Ste-Famille Î.O., avec Charles DOMPIERRE dit St-Martin (habitant), né vers 1651, décédé le 04-08-1688, ne sachant pas signer. C. de m. le 09-10-1669 (Becquet). Ménage établi à St-François Î.O. 9 enfants. *2e mariage*: le 07-02-1690, à St-François Î.O., avec François GARINET (habitant), né vers 1640, décédé le 28-03-1715, ne sachant pas signer. C. de m. le 27-01-1690 (Jacob). Ménage établi à St-François Î.O. Aucun enfant.

DE VALOIS, Catherine. Veuve d'Hubert GLAS, de la par. St-Sauveur, v. et archev. Rouen, en Normandie (acte de m.) ou de la par. St-Médard, faubourg St-Marceau, v. et archev. Paris, en Île-de-France (contrat de m.). Arrivée en 1671, apportant des biens estimés à 200 livres et un don du roi de 50 livres. Émigrée vers 1680. Ne savait pas signer. *Mariage*: le 26-01-1672, à Québec, avec Benoît LAÎNÉ dit Leboesme, ne sachant pas signer. C. de m. le 26-12-1671 (Becquet). 2 enfants.

DEVAULT, Marie. Fille de Jacques et de Louise FOLURE, de Nogent-le-Roi, év. Chartres, en Beauce (ar. Dreux). Née vers

1649. Arrivée en 1667, apportant des biens estimés à 200 livres. Décédée le 06-12-1687 à Repentigny. Ne savait pas signer.

Mariage: en 1667 ou 1668, avec Antoine ÉMERY dit Coderre (habitant et fermier), né le 06-08-1643, décédé entre le 24-09-1708 et le 10-02-1716, ne sachant pas signer. C. de m. le 13-04-1674 (Adhémar). Ménage établi à Contrecoeur. 11 enfants.

DODIER, Jeanne. Fille de feu Jean, sieur de la Florinière, et de feue Françoise LE-MAIRE, de la v. de Mamers, év. Le Mans, dans le Maine. Née vers 1636. Arrivée en 1663, apportant des biens estimés à 600 livres. Précédée au pays par sa tante Nicole LEMAIRE, son oncle Gaspard BOUCHER et plusieurs cousins. Décédée entre le 09-04-1682 et le 04-02-1706. Ne savait pas signer.

1er mariage: le 22-01-1664, à Trois-Rivières, avec Adrien JOLIET, sieur de Chansenaye (habitant), né vers 1642, décédé entre le 13-04-1669 et le 12-09-1671, sachant signer. C. de m. le 31-12-1663 (Ameau). Ménage établi à Trois-Rivières. 2 enfants.

2e mariage: avant 1672, à Cap-de-la-Madeleine, avec Antoine BAILLARGÉ, décédé entre le 28-10-1672 et le 13-05-1674. Ménage établi à Cap-de-la-Madeleine. 1 enfant.

3e mariage: avant 1674, à Cap-de-la-Madeleine, avec Mathurin NORMANDIN dit Beausoleil (habitant), né vers 1637, décédé le 21-05-1684. Ménage établi à Cap-de-la-Madeleine. 4 enfants.

DODIN, Anne. Fille de feu Jacques et de Marie GAUCHÈRE, du bourg de Lois, Île de Ré, ar. év. La Rochelle, en Aunis. Née vers 1651. Arrivée en 1669, apportant des biens estimés à 300 livres et un don du roi de 50 livres. Décédée entre le 22-02-1688 et le 25-02-1710. Ne savait pas signer.

Mariage: le 19-08-1669, à Québec, avec Jean MOUFLET dit Champagne (habitant et laboureur), né vers 1645, décédé entre le 22-02-1688 et le 25-10-1700, ne sachant pas signer. C. de m. le 17-08-1669 (Becquet). Ménage établi à Lachine. 8 enfants.

DOIGT, Ambroise. Fille de feu Nicolas et de Perrine ALLAIN, de la par. St-Sulpice, v. et archev. Paris, en Île-de-France. Née vers 1641. Arrivée en 1669, apportant des biens estimés à 200 livres et un don du roi de 50 livres. Décédée le 19-02-1709 à Charlesbourg. Ne savait pas signer.

Mariage: le 14-10-1669, à Québec, avec Jacques MAGNAN (habitant), baptisé le 31-03-1636, décédé le 21-12-1713, ne sachant pas signer. C. de m. le 21-09-1669 (Duquet). Ménage établi à Charlesbourg. 8 enfants.

DORANGE, Barbe. Fille de Pantaléon et de Jeanne NEVEU, de la par. St-Saturnin, v. et év. Chartres, en Beauce. Née vers 1650. Arrivée en 1669, apportant des biens estimés à 200 livres et un don du roi de 50 livres. Décédée le 14-09-1717 à Beauport. Ne savait pas signer.

Mariage: le 06-10-1669, à Québec, avec Jacques TARDIF (habitant), né le 22-03-1645, décédé le 13-11-1724, sachant signer. C. de m. le 28-09-1669 (Becquet). Ménage établi à Beauport. 9 enfants.

DORIANT, Simone. D'origine inconnue. Née vers 1631. Arrivée en 1665. Décédée après le recensement de 1681. Ne savait pas signer.

Mariage: avant 1667, avec Jean HÉBERT (habitant), né vers 1637, décédé le 01-07-1701, sachant signer. Ménage établi à Grondines. Aucun enfant.

DORIBEAU, Catherine. D'origine inconnue. Née vers 1645. Arrivée en 1669. Décédée après le 21-04-1685. Ne savait pas signer.

Mariage: en 1669 ou 1670, à l'Île-d'Orléans, avec Jacques GENEST dit Labarre (habitant et taillandier), né vers 1636, décédé le 09-12-1706, ne sachant pas signer. Ménage établi à Ste-Famille Î.O. 8 enfants.

DOUCINET, Élisabeth. Fille de Pierre (maître cordonnier) et de Florence CANTEAU. Baptisée le 19-05-1647 au temple protestant de la v. de La Rochelle, en Aunis. Arrivée en 1666, apportant des biens estimés à 200 livres. Précédée au pays par

sa soeur Marguerite. Décédée le 19-11-1710 à Charlesbourg. Ne savait pas signer.
Mariage: le 14-10-1666, à Québec, avec Jacques BÉDARD (habitant et maître charpentier), né le 15-12-1644, décédé le 10-07-1711, sachant signer. C. de m. le 24-08-1666 (Becquet). Ménage établi à Charlesbourg. 17 enfants.

DROUET, Catherine. Veuve de René MILLET, de la par. St-Médard, v. et archev. Paris, en Île-de-France. Née vers 1631. Arrivée en 1671, apportant des biens estimés à 200 livres et un don du roi de 50 livres. Décédée le 26-09-1699 à l'Hôtel-Dieu de Québec. Savait signer.
Mariage: le 19-10-1671, à Québec, avec Pierre CHAMARD (habitant, cuisinier et pâtissier), né vers 1635, décédé le 26-10-1689, sachant signer. C. de m. le 11-10-1671 (Becquet). Ménage établi à Charlesbourg. 3 enfants.

* **DUBICOURT**, Jeanne. Fille de feu Albin (médecin) et de feue Adrienne FAUVIELLE, de Marle, ar. et év. Laon, en Picardie. Arrivée en 1669, apportant des biens estimés à 100 livres. Contrat de mariage annulé avec Pierre LAT (14-11-1669, Ameau). Ne savait pas signer.

* **DUBIÉ**, Marie-Françoise. Fille de François et de Françoise LERMÉ, de la v. Lille, év. Tournai, en Flandres. Arrivée en 1671, apportant des biens estimés à 300 livres et un don du roi de 50 livres. Contrat de mariage annulé avec Jean CHEVAUDIER dit Lépine (11-10-1671, Becquet). Ne savait pas signer.

DUBOIS, Marie. Fille de feu Guillaume et d'Élisabeth LASOEUR, de la v. et év. Lisieux, en Normandie. Née vers 1642. Arrivée en 1670, apportant des biens estimés à 300 livres et un don du roi de 50 livres. Contrat de mariage annulé avec Pierre ROULEAU (25-08-1670, Becquet). Décédée le 30-09-1734 à Pointe-aux-Trembles. Savait signer.
Mariage: c. de m. le 03-11-1670 (sous seing privé), à Chambly, avec Michel BROUILLET dit Laviolette (habitant et farinier), né vers 1645, décédé le 18-05-1712, ne sa-

chant pas signer. Ménage établi à Chambly. 6 enfants.

DUBREUIL, Isabelle. Fille de Pierre et de Prunelle MASSON, de Gourvillette, près de Beauvais-sur-Matha, év. Saintes, en Saintonge (ar. St-Jean-d'Angély). Arrivée en 1665. Émigrée vers 1667.
Mariage: le 26-08-1665, à Québec, avec Bernard FAURE, né vers 1637. Ménage établi à Charlesbourg. Aucun enfant.

DUCHARME, Catherine. Fille de Jean (habitant et maître menuisier) et de feue Anne LELIÈVRE, de la par. St-Benoît, rue des Poiriers, v. et archev. Paris, en Île-de-France. Née vers 1657. Arrivée en 1671. Précédée au pays par son oncle Fiacre DUCHARME. Décédée le 21-02-1719 à Montréal. Ne savait pas signer.
Mariage: le 12-01-1672, à Montréal, avec Pierre ROY dit St-Lambert (habitant), né vers 1642, décédé le 28-10-1721, ne sachant pas signer. C. de m. le 27-12-1671 (Basset). Ménage établi à Laprairie. 18 enfants.

DUCHEMIN, Marie-Anne. Fille de feu Louis et de Marie LESUEUR, de la par. St-Paul, v. et archev. Paris, en Île-de-France. Née vers 1646. Arrivée en 1673, apportant des biens estimés à 600 livres. Décédée le 02-10-1679 à Québec. Savait signer.
Mariage: le 19-09-1673, à Québec, avec Pierre YVELIN (habitant), décédé entre le 02-10-1679 et le recensement de 1681, ne sachant pas signer. C. de m. le 10-09-1673 (Duquet). Ménage établi à Québec. Aucun enfant.

DUCHESNE, Barbe. Fille de Claude et de Claude LAVAL, de la v. de Genève, en Suisse. Née vers 1650. Arrivée en 1671, apportant des biens estimés à 300 livres et un don du roi de 50 livres. Décédée le 10-07-1710 à Montréal. Ne savait pas signer.
Mariage: le 26-10-1671, à Québec, avec André BADEL dit Lamarche (laboureur), né vers 1616, décédé le 20-02-1711, sachant signer. C. de m. le 22-10-1671 (Becquet). Ménage établi à Lachine. 8 enfants.

DUCORPS dite LEDUC, Jeanne. D'origine inconnue. Née vers 1649. Arrivée en 1666. Décédée le 19-12-1727 à Montréal. Ne savait pas signer.
Mariage: vers 1670, à Sorel, avec Martin MASSÉ (habitant, maître taillandier, forgeron et serrurier), né vers 1646, décédé le 12-05-1714. Ménage établi à Montréal. 8 enfants.

DUCOUDRAY, Marie. Fille de feu Nicolas et de Marie LARGUE, de la par. St-Sulpice, faubourg St-Germain, v. et archev. Paris, en Île-de-France. Née vers 1643. Arrivée en 1670, apportant des biens estimés à 400 livres et un don du roi de 50 livres. Contrats de mariage annulés avec Jean JOUANNE (25-08-1670, Becquet) et Robert GALIEN (28-08-1670, Becquet). Décédée après le 12-06-1702. Savait signer.
Mariage: le 15-09-1670, à Québec, avec François GRENET (habitant), né vers 1643, décédé le 30-05-1691, sachant signer. C. de m. le 29-08-1670 (Becquet). Ménage établi à Pointe-Lévy. 7 enfants.

DUFAYE, Françoise. Fille de feu Jean et de Marguerite NOURY, de la par. St-Hilaire, v. et archev. Reims, en Champagne. Née vers 1641. Arrivée en 1673, apportant des biens estimés à 150 livres. Décédée le 17-12-1705 à Charlesbourg. Ne savait pas signer.
Mariage: le 15-10-1674, à Québec, avec Martin PIRE dit Henne (habitant), né vers 1647, décédé le 08-12-1711, ne sachant pas signer. C. de m. le 29-06-1674 (Rageot). Ménage établi à Charlesbourg. 5 enfants.

DUFIGUIER, Hélène. Fille de feu Bernard (écuyer et gentilhomme de la Chambre du roi) et de feue Suzanne LESELLIER, de la par. St-Barthélemy, v. et archev. Paris, en Île-de-France. Arrivée en 1663, apportant des biens estimés à 600 livres. Décédée entre le 14-05-1673 et le recensement de 1681. Savait signer.
Mariage: le 24-10-1663, à Québec, avec Jacques FOURNIER, sieur Delaville (habitant, écuyer, capitaine pour le service du roi au fort St-François-Xavier en 1673), né vers 1631, décédé entre le 18-11-1683 et le

16-08-1688, sachant signer. C. de m. le 30-09-1663 (Fillion). Ménage établi à Ste-Foy. 5 enfants.

DUFOSSÉ, Jeanne. Fille de feu Vincent et de Noëlle DESNOYERS, de la par. St-Léger, v. et év. Évreux, en Normandie. Née vers 1639. Arrivée en 1669, apportant des biens estimés à 150 livres et un don du roi de 50 livres. Contrats de mariage annulés avec André GARITEAU (07-10-1669, Duquet) et Pierre BUTEAU (15-04-1670, Duquet). Décédée le 07-11-1698 à Neuville. Ne savait pas signer.
Mariage: le 01-09-1670, à Québec, avec Louis DORÉ (habitant), né vers 1636, décédé le 09-11-1696, ne sachant pas signer. C. de m. le 09-08-1670 (Duquet). Ménage établi à St-Augustin. 6 enfants.

DUFRESNE, Jeanne. Probablement de la v. de Dieppe, archev. Rouen, en Normandie. Née vers 1635. Arrivée en 1666. Décédée entre les recensements de 1666 et 1667.
Mariage: avant le recensement de 1666, à l'Île-d'Orléans, avec Marin DALLERAY (habitant et menuisier), né vers 1636, décédé le 26-05-1707, ne sachant pas signer. Ménage établi à Ste-Famille Î.O. Aucun enfant.

DUMONT, Anne-Julienne. Fille de Samuel et de Marie-Anne DANGLURE, de la par. Notre-Dame, v. et év. Metz, en Lorraine. Née vers 1646. Arrivée en 1665. Décédée en avril 1700 à St-François-du-Lac. Ne savait pas signer.
Mariage: le 25-11-1665, à Québec, avec René DUBOIS dit Brisebois (habitant, fermier et laboureur), né le 27-03-1639, décédé le 20-03-1699, ne sachant pas signer. C. de m. le 15-11-1665 (Duquet). Ménage établi à Ste-Famille Î.O. 10 enfants.

DUMONT, Barbe. Fille de Claude et de Catherine BAGAULINE, de la par. St-Nicolas, v. et év. Meaux, en Brie. Née vers 1646. Arrivée en 1668. Décédée le 14-06-1722 à Champlain. Savait signer.
1er mariage: c. de m. le 11-11-1668 (Larue), à Champlain, avec François BRETON (habitant), né vers 1636, décédé le 09-12-

1701, ne sachant pas signer. Ménage établi à Champlain. Aucun enfant.

2e mariage: le 01-06-1702, à Champlain, avec Raymond COURRIER dit Bourdelais (sergent de la compagnie de Cabanac), né vers 1650, décédé le 29-06-1722, sachant signer. C. de m. le 30-05-1702 (Normandin). Ménage établi à Champlain. Aucun enfant.

DUMONTIER, Antoinette. Fille de feu Jean et de Guillemette BIDEAU, de la par. St-Paul, v. et archev. Paris, en Île-de-France. Née vers 1639. Arrivée en 1669, apportant des biens estimés à 200 livres et un don du roi de 50 livres. Décédée le 24-04-1705 à Québec. Ne savait pas signer. *Mariage*: le 28-11-1669, à Québec, avec Jacques MARTINEAU (habitant), né vers 1641, décédé entre le 01-04-1693 et le 24-04-1705, ne sachant pas signer. C. de m. le 01-11-1669 (Becquet). Ménage établi à St-Augustin. 7 enfants.

DUMORTIER dite DE LEUR, Madeleine. Fille de feu Auger (écuyer et conseiller du roi en son Conseil) et de Catherine DEVATTE, de Chemilli, év. Le Mans, au Perche (ar. Mortagne). Née vers 1642. Arrivée en 1667. Décédée entre le recensement de 1681 et le 16-08-1688. Savait signer. *Mariage*: le 22-11-1667, à Québec, avec Timothée ROUSSEL (bourgeois et maître chirurgien), né vers 1639, décédé le 11-12-1700 au cours de l'épidémie, sachant signer. C. de m. le 21-11-1667 (Rageot). Ménage établi à Québec. 7 enfants.

DUPRÉ, Françoise. Fille de Simon et de feue Désirée PINTIER, de la par. St-Vincent, v. et év. Le Mans, dans le Maine. Arrivée en 1669, apportant des biens estimés à 100 livres et un don du roi de 50 livres. Contrat de mariage annulé avec Étienne BELINIER (21-09-1669, Becquet). Émigrée vers 1674. Ne savait pas signer. *Mariage*: c. de m. le 07-10-1669 (Duquet), à Sillery, avec Jean LOUBAT dit Saintonge (habitant), ne sachant pas signer. Ménage établi à Sillery. Aucun enfant.

DUPUIS, Catherine. Fille d'André et de Catherine DUVAL, de la par. St-Germain-l'Auxerrois, v. et archev. Paris, en Île-de-France. Née vers 1645. Arrivée en 1663. Morte en couches le 20-12-1682 à Boucherville. Ne savait pas signer. *Mariage*: le 28-11-1663, à Montréal, avec Charles MARTIN (habitant et matelot), né vers 1644, décédé entre le 29-07-1685 et le 21-01-1686, sachant signer. C. de m. le 20-10-1663 (Gloria). Ménage établi à Boucherville. 10 enfants.

DURAND, Catherine. Fille de feu Pierre et de Jacquette COURTOIS, de la par. St-Eustache, v. et archev. Paris, en Île-de-France. Née vers 1649. Arrivée en 1665. Décédée le 18-01-1732 à St-Sulpice. Savait signer. *Mariage*: le 25-11-1665, à Québec, avec Pierre PICHÉ dit Lamusette (habitant et chapelier), né vers 1636, décédé le 31-10-1713, sachant signer. C. de m. le 23-11-1665 (Fillion). Ménage établi à Neuville. 8 enfants.

* **DURAND**, Élisabeth. Arrivée en 1670. Présente au contrat de mariage d'Anne ROY et de Nicolas BOUCHARD (15-09-1670, Becquet). Savait signer.

DURAND, Françoise. Fille de feu Pierre et de feue Noëlle ASSELIN, de Notre-Dame de Bracquemont, archev. Rouen, en Normandie (ar. Dieppe). Née vers 1651. Arrivée en 1670. Précédée au pays par ses oncles Jacques et David ASSELIN. Décédée le 15-09-1718 à St-François Î.O. Ne savait pas signer. *Mariage*: c. de m. le 24-03-1671 (Vachon), à l'Île-d'Orléans, avec Jacques BEAUDOUIN (habitant), né le 29-07-1645, décédé en juin 1708, ne sachant pas signer. Ménage établi à St-François Î.O. 9 enfants.

DURAND, Suzanne. Fille d'Étienne et de Geneviève LAMARE, de St-Sauveur de Montivilliers, archev. Rouen, en Normandie (ar. Le Havre). Née vers 1653. Arrivée en 1667. Décédée après le 10-09-1683. Ne savait pas signer. *Mariage*: le 30-10-1667, à Québec, avec Gabriel GIBAULT dit Poitevin (habitant), né vers 1641, décédé le 13-10-1700, ne sachant pas signer. Ménage établi à Lavaltrie. 9 enfants.

DUROSAIRE, Espérance. Née au Brésil, baptisée à la par. St-Paul, v. Lisbonne, au Portugal. Arrivée en 1668. Identifiée par Marie de l'Incarnation comme « la Moresque» venue par le contingent de 1668. Émigrée peu après. Ne savait pas signer. *Mariage:* le 09-10-1668, à Québec, avec Simon LONGUEVILLE, ne sachant pas signer. C. de m. le 02-10-1668 (Becquet). Aucun enfant.

DUSAUÇAY, Marie-Anne. Fille de Jacques, sieur de Bemont, et de feue Anne CARLIER, de la par. St-Nicolas-du-Chardonnet, v. et archev. Paris, en Île-de-France. Née vers 1649. Arrivée en 1670. Rejointe au pays par son cousin Benjamin DERVILLIERS. Décédée après le 25-05-1706. Savait signer. *Mariage:* le 26-11-1675, à Québec, avec Louis ROUER, sieur de Villeray (habitant, écuyer, premier conseiller du Conseil souverain et agent de la Compagnie des Indes Occidentales), né vers 1629, décédé le 07-12-1700 lors de l'épidémie à Québec, sachant signer. Ménage établi à Québec. Aucun enfant.

DUSSON, Marguerite. D'origine inconnue. Née vers 1656. Arrivée en 1670. Décédée le 20-07-1731 à Sorel. *1er mariage:* en 1670 ou 1671, à Sorel, avec Jean LAVALLÉE dit Petit-Jean (habitant et menuisier), né vers 1652, décédé le 12-07-1692. Ménage établi à Sorel. 5 enfants. *2e mariage:* vers 1694, à Sorel, avec Charles VANET dit Le Parisien (habitant et charpentier), né vers 1649, décédé le 04-02-1732. Ménage établi à Sorel. Aucun enfant.

DUVAL, Françoise. Fille de feu Jean-Pierre et de Jacqueline DURAND, de la par. St-Nicolas-des-Champs, v. et archev. Paris, en Île-de-France. Née vers 1651. Arrivée en 1670, apportant des biens estimés à 400 livres et un don du roi de 50 livres. Rejointe au pays par sa soeur Marie-Madeleine. Contrat de mariage annulé avec Manuel TAVARE (08-09-1670, Becquet).

Décédée le 27-10-1725 à Québec. Ne savait pas signer. *1er mariage:* le 16-11-1671, à Québec, avec Pierre COURAULT dit Coulon, né vers 1630, décédé le 04-05-1680, ne sachant pas signer. C. de m. le 06-11-1671 (Becquet). Ménage établi à Québec. 5 enfants. *2e mariage:* le 12-08-1681, à Québec, avec Antoine-Laurent RENAUD dit Letambour et Larose (habitant et maçon), né vers 1636, décédé le 13-10-1693, ne sachant pas signer. C. de m. le 10-08-1681 (Rageot). Ménage établi à Québec. 7 enfants. *3e mariage:* le 10-12-1695, à Québec, avec François RENAUD (journalier), né vers 1676. Ménage établi à Québec. Aucun enfant.

DUVAL, Marie-Madeleine. Fille de feu Jean-Pierre et de Jacqueline DURAND, de la par. St-Nicolas-des-Champs, v. et archev. Paris, en Île-de-France. Née vers 1653. Arrivée en 1671, apportant des biens estimés à 300 livres et un don du roi de 50 livres. Précédée au pays par sa soeur Françoise. Contrat de mariage annulé avec Jean OLIVIER (25-10-1671, Becquet). Décédée le 11-05-1731 à Montréal. Ne savait pas signer. *Mariage:* avant 1672, à Sorel, avec Jacques JOUBERT (habitant et farinier), né vers 1643, décédé entre le 21-05-1696 et le 21-04-1703, sachant signer. Ménage établi à Repentigny. 9 enfants.

DUVAL, Michelle. Originaire de Ste-Foy, év. Chartres, en Beauce. Née vers 1652. Arrivée en 1670. Décédée le 02-06-1711 à Charlesbourg. Ne savait pas signer. *Mariage:* avant 1672, à St-Ours, avec Pierre BON dit Lacombe (habitant), né vers 1640, décédé le 04-04-1715, ne sachant pas signer. Ménage établi à St-Ours. 9 enfants.

– E –

ÉLOY, Antoinette. Fille de feu Jean et de feue Antoinette POITÉ, de St-Étienne de Brie-Comte-Robert, archev. Paris, en Brie (ar. Melun). Née vers 1644. Arrivée en

1665. Décédée le 12-04-1728 à St-François-de-Sales. Ne savait pas signer.

Mariage: le 14-12-1665, à Montréal, avec Mathurin MASTA (habitant, maître maçon et tailleur de pierre), né vers 1644, décédé le 01-05-1688, ne sachant pas signer. Ménage établi à Pointe-aux-Trembles. 7 enfants.

ÉLOY, Marguerite. Fille de Jean (marchand boucher) et de Marguerite FALAISE, de la par. St-Jacques, v. Dieppe, archev. Rouen, en Normandie. Née vers 1651. Arrivée en 1667, apportant des biens estimés à 300 livres. Contrat de mariage annulé avec André POUTRÉ (25-10-1667, Becquet). Décédée le 30-03-1728 à Ste-Geneviève-de-Batiscan. Ne savait pas signer. *1er mariage:* c. de m. le 12-02-1668 (Aubert), à Château-Richer, avec Jean COSSET dit Le Poitevin (habitant), né vers 1645, décédé le 13-11-1687, ne sachant pas signer. Ménage établi aux Écureuils. 7 enfants.

2e mariage: le 19-10-1688, à Neuville, avec Jean COLLET dit Le Picard (habitant), né vers 1637, décédé le 12-09-1699, ne sachant pas signer. Ménage établi à Batiscan. 3 enfants.

* ENFRE, Françoise. Arrivée en 1669. Présente aux contrats de mariage de Marie PÉRODEAU et de Georges STEMS (25-08-1669, Becquet) et de Jeanne LABBÉ et de Jean ÉLIE dit Breton (05-11-1669, Becquet). Savait signer.

ÉVIN, Marguerite. Fille de feu François et de Louise CHOBELLARD, de St-Fuscien, ar. et év. Amiens, en Picardie. Née vers 1651. Arrivée en 1670, apportant des biens estimés à 300 livres et un don du roi de 50 livres. Décédée le 24-03-1718 à Neuville. Ne savait pas signer.

Mariage: le 24-09-1670, à Château-Richer, avec Pierre RICHARD (habitant), né vers 1646, décédé le 16-05-1709, ne sachant pas signer. C. de m. le 08-09-1670 (Becquet). Ménage établi à Neuville. 10 enfants.

– F –

FAUCHEUX, Jeanne. Originaire de St-Pierre-ès-Liens de Huisseau-sur-Mauves, ar. et év. Orléans, en Orléanais. Née vers 1649. Arrivée en 1671. Décédée le 20-11-1721 à Ste-Anne-de-la-Pérade. Ne savait pas signer.

1er mariage: avant 1671, à Ste-Anne-de-la-Pérade, avec Antoine LEDUC (habitant), né vers 1647, décédé entre le 17-02-1682 et le 29-02-1688, ne sachant pas signer. C. de m. le 17-02-1682 (Roy-Châtellerault). Ménage établi à Ste-Anne-de-la-Pérade. 3 enfants.

2e mariage: le 29-02-1688, à Batiscan, avec Pierre VAILLANT, né vers 1660, décédé le 12-09-1735, ne sachant pas signer. C. de m. le 29-02-1688 (Demeromont). Ménage établi à Ste-Anne-de-la-Pérade. 4 enfants.

FAUCON, Marie. Fille de feu Pierre et de feue Marie BERGER, de St-Pierre du bourg d'Hiers, év. Saintes, en Saintonge (ar. Rochefort). Née vers 1645. Arrivée en 1663. Précédée au pays par sa cousine Jeanne ROUSSELIER. Décédée le 04-12-1709 à Pointe-aux-Trembles. Ne savait pas signer.

1er mariage: le 27-11-1663, à Montréal, avec Guillaume CHARTIER dit Robert (habitant et tailleur d'habits), né vers 1637, décédé le 23-05-1707, ne sachant pas signer. C. de m. le 18-11-1663 (Basset). Ménage établi à Pointe-aux-Trembles. 11 enfants.

2e mariage: le 15-10-1708, à Pointe-aux-Trembles, avec François JOCTEAU, décédé le 21-10-1708. Ménage établi à Pointe-aux-Trembles. Aucun enfant.

FAUCONNIER, Marie-Jeanne. Fille de feu Antoine (maître cordonnier) et de Jeanne PERLIN, de la v. et év. Orléans, en Orléanais. Née vers 1651. Arrivée en 1668. Morte «subitement» le 14-12-1700 à Pointe-aux-Trembles. Ne savait pas signer.

Mariage: le 04-12-1668, à Montréal, avec Antoine-Nicolas DUFRESNE (habitant), né vers 1636, décédé le 16-11-1717, ne sachant pas signer. C. de m. le 21-11-1668

(Basset). Ménage établi à Pointe-aux-Trembles. 4 enfants.

FAURE dite PLANCHET, Louise. Fille de Jean et d'Ozanne PLANCHET, de la par. St-Barthélemy, v. et év. La Rochelle, en Aunis. Née vers 1636. Arrivée en 1668. Décédée le 24-05-1714 à Cap-St-Ignace. Ne savait pas signer.
Mariage: c. de m. le 28-10-1668 (Aubert), à Ste-Anne-de-Beaupré, avec Pierre GAGNÉ (habitant), né le 27-03-1647, ne sachant pas signer. Ménage établi à Cap-St-Ignace. 7 enfants.

FAUVAULT, Jeanne. Fille de feu Pierre et de Jeanne DOUILLETTE, de St-Jean de Moutierneuf, v. et év. Poitiers, en Poitou. Arrivée en 1669. Émigrée vers 1677.
Mariage: le 25-11-1669, à Québec, avec Jacques PROVOST (soldat de la garnison de Québec), sachant signer. Ménage établi à Québec. Aucun enfant.

FAVREAU, Françoise. Née vers 1644 dans l'év. La Rochelle, en Aunis. Arrivée en 1671. Décédée le 06-08-1723 à L'Islet. Ne savait pas signer.
Mariage: en 1671 ou 1672, avec Pierre JEAN (habitant), né vers 1643, décédé entre le 13-08-1724 et le 10-02-1727, ne sachant pas signer. Ménage établi à Charlesbourg. 4 enfants.

FAYET, Anne. Fille de Denis et de Marie GUILBERT, du faubourg St-Laurent, v. et archev. Paris, en Île-de-France. Née vers 1651. Arrivée en 1670, apportant des biens estimés à 200 livres et un don du roi de 50 livres. Décédée après le 07-01-1697. Ne savait pas signer.
Mariage: le 08-09-1670, à Québec, avec René SIRET dit Lafleur (habitant), né vers 1631, décédé le 26-02-1718, ne sachant pas signer. C. de m. le 24-08-1670 (Becquet). Ménage établi à Beauport. Aucun enfant.

FERRÉ, Catherine. Fille de Pierre et de Marguerite FERRIER, de la par. St-Barthélemy, v. et archev. Paris, en Île-de-France. Née vers 1629. Arrivée en 1668. Décédée après le recensement de 1681. Ne savait pas signer.

Mariage: c. de m. le 04-11-1668 (La Tousche), à Cap-de-la-Madeleine, avec Louis LEFEBVRE dit Lacroix (habitant), né vers 1627, décédé le 02-05-1683, ne sachant pas signer. Ménage établi à Cap-de-la-Madeleine. 1 enfant.

FERRON, Marguerite. Fille de feu Jean-François et d'Antoinette DESVILLIERS, de la par. St-Waast, v. et archev. Cambrai, en Flandres. Née vers 1641. Arrivée en 1671, apportant des biens estimés à 300 livres et un don du roi de 50 livres. Décédée le 13-06-1706 à Neuville. Ne savait pas signer.
Mariage: le 12-10-1671, à Québec, avec Guillaume BERTRAND (habitant), né le 31-10-1642, décédé le 23-10-1710, ne sachant pas signer. C. de m. le 07-10-1671 (Becquet). Ménage établi à Neuville. 8 enfants.

FIÈVRE, Catherine. Fille de feu Fiacre et de Jacquette DUSOL. Baptisée le 19-11-1646 à St-André, v. Niort, év. Poitiers, en Poitou. Arrivée en 1663. Décédée le 13-06-1709 à l'Hôtel-Dieu de Québec. Ne savait pas signer.
Mariage: le 10-11-1663, à Château-Richer, avec Charles ALLAIRE (habitant), né le 02-08-1637, décédé entre le 07-03-1687 et le 19-11-1691, ne sachant pas signer. C. de m. le 31-10-1663 (Duquet). Ménage établi à St-François Î.O. 13 enfants.

* FIRMAN, Marie-Anne. Fille de François (avocat du Grand Conseil au Parlement de Paris) et Marie COYTIER, de la par. St-Séverin, v. et archev. Paris, en Île-de-France. Arrivée en 1667, apportant des biens estimés à 600 livres. Contrat de mariage annulé avec Jean-Baptiste MORIN, sieur de Rochebelle (18-10-1667, Becquet). Savait signer. Est repassée en France sur le navire *Le Prophète Hosée*, selon une note marginale au contrat datée du 17-11-1667.

FLAMAND, Nicole. Fille de feu Nicolas et de feue Marie ROUSSEL, de St-Nicolas de Chauny, év. Noyon, en Picardie. Née vers 1654. Arrivée en 1668. Émigrée vers 1679. Savait signer.

Mariage: le 06-01-1669, à Québec, avec Louis LEPARC dit St-Louis (habitant), né vers 1644, sachant signer. C. de m. le 04-11-1668 (Vachon). 6 enfants.

FLÉCHET, Anne. Fille de feu Jean et d'Anne PAGOT, de St-Sauveur-sur-Vingeanne, év. Langres, en Bourgogne (ar. Dijon). Arrivée en 1673, apportant des biens estimés à 200 livres. Décédée entre le 21-01-1676 et le 24-03-1678. Ne savait pas signer.
Mariage: le 02-10-1673, à Québec, avec Pierre LOUINEAU (habitant), né vers 1645, décédé le 21-03-1711, ne sachant pas signer. C. de m. le 19-09-1673 (Becquet). Ménage établi à L'Ancienne-Lorette. 3 enfants.

* FLEURE, Marie-Anne. Arrivée en 1673. Présente au contrat de mariage de Marie-Anne DUCHEMIN et de Pierre YVELIN (10-09-1673, Duquet). Savait signer.

FLEUREAU, Marie. Fille de feu Nicolas et de feue Sébastienne BEAUJOUAN, de la par. St-Germain-l'Auxerrois, v. et archev. Paris, en Île-de-France. Arrivée en 1669, apportant des biens estimés à 500 livres. Émigrée vers 1674. Savait signer.
Mariage: le 30-09-1669, à Québec, avec Jean DELAUNAY (chirurgien), sachant signer. C. de m. le 18-09-1669 (Duquet). 2 enfants.

FOUBERT, Anne. Fille de Louis (laboureur) et de Marie CHARPENTIER, du bourg de Châtres, archev. Paris, en Brie (ar. Melun). Née vers 1651. Arrivée en 1670. Décédée le 04-04-1729 à Verchères. Ne savait pas signer.
Mariage: le 20-10-1670, à Montréal, avec Pierre BOISSEAU (habitant et seigneur de Bellevue), né vers 1646, décédé le 22-09-1699, ne sachant pas signer. C. de m. le 15-10-1670 (sous seing privé). Ménage établi à Verchères. 17 enfants.

FOUQUET, Marie. Fille de feu François (avocat et procureur au bailliage) et de feue Françoise GRISEL. Baptisée le 09-12-1641 à St-Patrice, v. et archev. Rouen, en Normandie. Arrivée en 1671, apportant des biens estimés à 600 livres et un don du roi de 50 livres. Émigrée vers 1673. Ne savait pas signer.
Mariage: le 16-11-1671, à Québec, avec Jacques BÉATRIX (habitant), né le 25-07-1643, sachant signer. C. de m. le 10-11-1671 (Becquet). Ménage établi à Ste-Foy. 1 enfant.

FOURRIER, Catherine. Fille de feu Claude et de Marie PENNETIER, de la par. St-Sulpice, faubourg St-Germain, v. et archev. Paris, en Île-de-France. Née vers 1651. Arrivée en 1670. Décédée le 21-10-1726 à Repentigny. Ne savait pas signer.
1er mariage: le 14-10-1670, à Montréal, avec Mathurin MERCADIER dit Lahaye (habitant et armurier), décédé entre le 09-03-1672 et le 07-05-1672, ne sachant pas signer. C. de m. le 11-10-1670 (sous seing privé). Ménage établi à Montréal. 2 enfants.
2e mariage: le 11-05-1672, à Montréal, avec Jean BOUSQUET (maître armurier et arquebusier), né vers 1646, décédé entre le 13-05-1695 et le 24-11-1698, sachant signer. C. de m. le 07-05-1672 (Basset). Ménage établi à Varennes. 11 enfants.
3e mariage: le 20-11-1712, à Montréal, avec François MARTIN dit Langevin (habitant et maître maçon), né vers 1661, décédé après le 14-05-1713, ne sachant pas signer. C. de m. le 21-11-1712 (Lepailleur). Ménage établi à Repentigny. Aucun enfant.

FOURRIER, Jeanne. Fille de Pierre et de Jeanne BUSON. D'origine inconnue. Née vers 1651. Arrivée en 1667. Décédée après le 05-12-1694. Ne savait pas signer.
1er mariage: en 1667, à Cap-de-la-Madeleine, avec Jean BAILLAUX, né vers 1646, décédé entre les recensements de 1666 et de 1667, ne sachant pas signer. Ménage établi à Cap-de-la-Madeleine. Aucun enfant.
2e mariage: c. de m. le 02-08-1671 (Cusson), à Cap-de-la-Madeleine, avec François VANASSE, né vers 1639, décédé entre le 05-12-1694 et le 09-02-1718, ne sachant pas signer. Ménage établi à Cap-de-la-Madeleine. 11 enfants.

FOY, Marguerite. Fille de Pierre et de Catherine BLANCHARD, de L'Hermenault, év. Maillezais, en Poitou (ar. Fontenay-le-Comte). Née vers 1638. Arrivée en 1667, apportant des biens estimés à 200 livres. Décédée le 14-01-1718 à St-Jean Î.O. Ne savait pas signer.

Mariage: c. de m. le 05-07-1667 (Rageot), à l'Île-d'Orléans, avec François DUMAS (habitant et maçon), né vers 1640, décédé le 24-02-1714, ne sachant pas signer. Ménage établi à St-Jean Î.O. 7 enfants.

FRESSEL, Isabelle. Fille de feu Jacques et d'Isabelle DESLANDES, de Nonancourt, ar. et év. Évreux, en Normandie. Née vers 1646. Arrivée en 1671, apportant des biens estimés à 300 livres et un don du roi de 50 livres. Décédée entre le 06-12-1696 et le 10-07-1713. Ne savait pas signer.

Mariage: le 30-10-1671, à Québec, avec François ÉMEREAU dit Bélair, né vers 1650, décédé le 23-07-1694, ne sachant pas signer. C. de m. le 24-10-1671 (Becquet). Ménage établi à Laprairie. 4 enfants.

FRESSEL, Jeanne. Fille de feu André et de Marie AVIES, de la par. St-Nicolas-des-Champs, v. et archev. Paris, en Île-de-France. Née vers 1653. Arrivée en 1670, apportant des biens estimés à 800 livres et un don du roi de 50 livres. Contrat de mariage annulé avec Étienne JACOB (31-08-1670, Becquet). Décédée le 01-09-1738 à L'Ange-Gardien. Ne savait pas signer.

Mariage: le 14-10-1670, à Québec, avec Étienne JACOB (huissier, greffier, notaire seigneurial et bailli), né vers 1649, décédé après le 10-08-1726, sachant signer. C. de m. le 10-10-1670 (Becquet). Ménage établi à L'Ange-Gardien. 9 enfants.

FRO, Louise. Fille de Michel et de Barbe RONNEVAL, de la par. St-Étienne-des-Grès, v. et archev. Paris, en Île-de-France. Née vers 1654. Arrivée en 1670, apportant des biens estimés à 200 livres et un don du roi de 50 livres. Décédée le 03-02-1746 à l'Hôpital général de Québec. Ne savait pas signer.

Mariage: le 09-09-1670, à Québec, avec Julien MEUNIER dit Laframboise (habitant), né vers 1647, décédé le 19-01-1731, ne sachant pas signer. C. de m. le 31-08-

1670 (Becquet). Ménage établi à L'Ancienne-Lorette. 12 enfants.

– G –

GAILLARD ou DAIRE, Marie. Fille de feu Pierre et de Marie MARTIN ou GAILLARD, de Clermont de Ste-Croix, archev. Rouen, en Normandie. Née vers 1647. Arrivée en 1669, apportant des biens estimés à 200 livres et un don du roi de 50 livres. Décédée le 12-07-1736 à Lachine. Ne savait pas signer.

1er mariage: le 06-10-1669, à Québec, avec Jean-Baptiste PERRIER dit Lafleur (maître tisserand), né vers 1641, décédé entre le recensement de 1681 et le 22-09-1682, ne sachant pas signer. C. de m. le 22-09-1669 (Becquet). Ménage établi à Beauport. 6 enfants.

2e mariage: le 22-09-1682, à Beauport, avec Jean SABOURIN (habitant et laboureur), né vers 1641, décédé le 28-09-1721. C. de m. en septembre 1682 (Vachon). Ménage établi à Lachine. Aucun enfant.

GAILLARD dite DUPLESSIS, Marguerite. Fille de feu Jean-Baptiste et de Catherine LOMELLE, veuve d'Hercule DUPERON (écuyer), de Notre-Dame de Calais, év. Boulogne, en Picardie. Née vers 1637. Arrivée en 1664, apportant des biens estimés à 200 livres. Décédée après le 18-07-1682. Savait signer.

1er mariage: le 26-07-1664, à Québec, avec François PROVOST (habitant), baptisé le 27-08-1637, décédé le 06-04-1670, sachant signer. C. de m. le 19-07-1664 (Duquet). Ménage établi à Sillery. 2 enfants.

2e mariage: le 12-01-1671, à Québec, avec Louis SAUCIER (habitant), décédé entre le 04-12-1674 et le 31-10-1677, sachant signer. C. de m. le 27-11-1670 (Duquet). Ménage établi à Sillery. 2 enfants.

3e mariage: avant novembre 1677, à Sillery, avec Michel LEGARDEUR dit Sanssoucy (habitant et serrurier), né vers 1636, décédé entre le 18-07-1682 et le 26-11-1691, ne sachant pas signer. Ménage établi à Sillery. 3 enfants.

GALET, Anne. Fille de feu Nicolas et de feue Marguerite MOREL, de la v. et év. St-Malo, en Bretagne. Arrivée en 1670, apportant des biens estimés à 300 livres et un don du roi de 50 livres. Décédée entre le 24-03-1675 et le recensement de 1681. Savait signer.
Mariage: le 13-10-1670, à Ste-Anne-de-Beaupré, avec Sylvain VEAU (habitant et tailleur d'habits), né vers 1641, décédé entre le recensement de 1681 et le 23-11-1693, sachant signer. C. de m. le 30-09-1670 (Becquet). Ménage établi à Ste-Anne-de-Beaupré. 1 enfant.

GALET, Anne. Fille de Pierre et de Marguerite LESERRE, de St-Pierre du bourg de Gonesse, archev. Paris, en Île-de-France (ar. Montmorency). Née vers 1646. Arrivée en 1670, apportant des biens estimés à 200 livres et un don du roi de 50 livres. Décédée après le 20-02-1700. Ne savait pas signer.
Mariage: le 01-09-1670, à Québec, avec Michel HÉBERT dit Laverdure (habitant), né vers 1643, décédé après le 20-02-1700, sachant signer. C. de m. le 25-08-1670 (Becquet). Ménage établi à Lotbinière. 6 enfants.

GALIEN, Marie-Thérèse. Fille de feu Jean (menuisier et maître ébéniste) et de Marguerite DUPONT, de la par. St-Côme, v. et archev. Paris, en Île-de-France. Née vers 1642. Arrivée en 1665. Décédée le 18-06-1699 à Champlain. Ne savait pas signer.
1er mariage: le 22-10-1665, à Champlain, avec Laurent GOUIN (habitant), né vers 1641, décédé le 13-11-1686, ne sachant pas signer. C. de m. le 22-09-1666 (Ameau). Ménage établi à Champlain. Aucun enfant.
2e mariage: le 07-01-1687, à Champlain, avec Louis GILBERT (maître couvreur en ardoises), ne sachant pas signer. C. de m. le 29-12-1686 (Demeromont). Ménage établi à Champlain. Aucun enfant.

GAMBIER, Marguerite. Fille d'Antoine et de Françoise BERNARD, de la par. St-Sulpice, faubourg St-Germain, v. et archev. Paris, en Île-de-France. Née vers 1637.

Arrivée en 1664. Décédée entre le 30-07-1669 et le 18-11-1677. Savait signer.
Mariage: le 26-07-1664, à Québec, avec Michel LEGARDEUR dit Sanssoucy (habitant et serrurier), né vers 1636, décédé entre le 18-07-1682 et le 26-11-1691, ne sachant pas signer. C. de m. le 19-07-1664 (Duquet). Ménage établi à Sillery. 2 enfants.

GARGOTTIN, Louise. Fille de Jacques et de Françoise BERNARD, de La-Jarne, ar. et év. La Rochelle, en Aunis. Née vers 1637. Arrivée en 1663. Décédée entre le 07-02-1704 et le 20-05-1704. Ne savait pas signer.
1er mariage: le 26-02-1664, à Château-Richer, avec Daniel PERRON dit Suire (habitant), né le 25-11-1638, décédé le 22-02-1678. C. de m. le 23-02-1664 (Duquet). Ménage établi à L'Ange-Gardien. 6 enfants.
2e mariage: le 07-01-1679, à L'Ange-Gardien, avec Charles-Louis ALAIN (habitant), né vers 1641, décédé le 15-08-1699, sachant signer. C. de m. le 28-12-1678 (Vachon). Ménage établi à L'Ange-Gardien. 1 enfant.

GATEAU, Catherine. Fille de feu Oudart et de feue Geneviève DOUCET, de la par. St-Médard, faubourg St-Marceau, v. et archev. Paris, en Île-de-France. Née vers 1651. Arrivée en 1671, apportant des biens estimés à 300 livres et un don du roi de 50 livres. Contrats de mariage annulés avec Abraham ALBERT (11-10-1671, Becquet) et Vivien JEAN (02-11-1671, Vachon). Décédée le 21-04-1726 à Champlain. Ne savait pas signer.
Mariage: le 29-11-1671, à Québec, avec Vivien JEAN (habitant), né vers 1651, décédé le 06-08-1703, ne sachant pas signer. C. de m. le 19-11-1671 (Becquet). Ménage établi à Champlain. 9 enfants.

GAUMOND, Madeleine. Fille de Jean et d'Anne RAIMOND, de la par. St-Nicolas-des-Champs, v. et archev. Paris, en Île-de-France. Née vers 1646. Arrivée en 1668, apportant des biens estimés à 300 livres. Décédée après le 22-07-1703. Ne savait pas signer.

1er mariage: le 15-10-1668, à Québec, avec Jean LANGLOIS (meunier et soldat), né vers 1643, décédé entre le 20-10-1669 et le 25-04-1670, ne sachant pas signer. C. de m. le 08-10-1668 (Duquet). Ménage établi à Charlesbourg. 2 enfants.

2e mariage: le 16-08-1670, à Québec, avec Pierre FRANÇOIS, né vers 1631, décédé entre le 25-06-1697 et le 22-07-1703, ne sachant pas signer. C. de m. le 25-04-1670 (Vachon). Ménage établi à Charlesbourg. 7 enfants.

GAUTHIER, Marie. Fille de Louis et de Jeanne TORIAU, de la par. St-Roch, v. et archev. Paris, en Île-de-France. Née vers 1651. Arrivée en 1669. Décédée le 05-11-1703 à Champlain. Ne savait pas signer.

Mariage: c. de m. le 07-11-1669 (Larue), à Champlain, avec Pierre PROU (habitant), né vers 1636, décédé après le 05-11-1703, ne sachant pas signer. Ménage établi à Champlain. 2 enfants.

GAUTHIER, Marie-Jeanne. Fille de feu Honoré et de Jacqueline MABILLE, de St-Rémy de Domats, ar. et archev. Sens, en Île-de-France. Née vers 1639. Arrivée en 1668. Décédée après le 09-10-1713. Ne savait pas signer.

Mariage: le 17-10-1668, à Québec, avec Gilles MASSON (habitant), né vers 1633, décédé le 27-03-1715, ne sachant pas signer. C. de m. le 16-10-1668 (Duquet). Ménage établi à Grondines. 4 enfants.

GENDREAU, Anne. Fille de Nicolas et de Perrine BUET, de la par. St-Nicolas, v. Les Sables-d'Olonne, év. Luçon, en Poitou. Née vers 1642. Arrivée en 1663. Décédée le 11-09-1721 à l'Hôtel-Dieu de Québec. Ne savait pas signer.

Mariage: le 28-10-1664, à Québec, avec René LEDUC (habitant), né vers 1641, décédé entre le 24-05-1704 et le 22-08-1713, ne sachant pas signer. C. de m. le 25-07-1664 (Gloria). Ménage établi à Pointe-Lévy. 10 enfants.

GENEST, Jeanne-Léonarde. Fille de François (sergent royal) et de feue Jeanne-Françoise CAMUSET, de St-Léonard de Corbigny, ar. Clamecy, év. Autun, en Ni-

vernais (contrat de m.) ou de St-Seigneur, v. et év. Autun, en Bourgogne (acte de m.). Arrivée en 1669, apportant des biens estimés à 200 livres et un don du roi de 50 livres. Contrat de mariage annulé avec Guillaume FAGOT (18-10-1669, Becquet). Décédée le 03-11-1728 à l'Île-Dupas. Ne savait pas signer.

1er mariage: c. de m. le 01-11-1669 (Ameau), à Trois-Rivières, avec Noël CARDIN (habitant), né vers 1645, décédé entre le 08-10-1670 et le 21-09-1671, ne sachant pas signer. Ménage établi à Trois-Rivières. 1 enfant.

2e mariage: le 06-11-1671, à Trois-Rivières, avec Pierre LOISEAU dit Francoeur (soldat), né vers 1637, décédé le 10-03-1717, sachant signer. C. de m. le 21-09-1671 (Ameau). Ménage établi à Trois-Rivières. 2 enfants.

GEOFFROY, Anne. Fille de feu François et de Claude MOTART, de la par. St-Jean, v. et archev. Besançon, en Franche-Comté. Arrivée en 1670, apportant des biens estimés à 200 livres et un don du roi de 50 livres. Décédée entre le 18-08-1672 et le 19-09-1673. Savait signer.

Mariage: le 01-09-1670, à Ste-Famille Î.O., avec Charles FLIBOT (habitant), né vers 1644, décédé le 18-04-1730. C. de m. le 20-08-1670 (Becquet). Ménage établi à St-Jean Î.O. Aucun enfant.

* GEOFFROY, Marie-Marthe. Née vers 1659. Arrivée en 1673. Présente aux contrats de mariage de Madeleine DE BIDEQUIN et Jean BOUVET dit Lachambre (15-10-1673, Duquet) et de Françoise LANGE et Étienne MOREAU (16-10-1673, Rageot). Confirmée à Montréal le 25-05-1676, agée de 17 ans. Savait signer.

GILLES, Jeanne. Fille de feu Pierre et d'Anne NICOLA, de la par. St-Nicolas, v. et archev. Paris, en Île-de-France. Née vers 1648. Arrivée en 1670, apportant des biens estimés à 300 livres et un don du roi de 50 livres. Décédée le 24-09-1708 à Montréal. Ne savait pas signer.

1er mariage: c. de m. le 24-08-1670 (Becquet), à St-Augustin, avec François FLEURY dit Mitron (habitant et boulanger), né vers 1631, décédé entre le 06-04-1687 et le 06-01-1688, sachant signer. Ménage établi à St-Augustin. 10 enfants.

2e mariage: en juin 1689, à Montréal, avec René DUMAS dit Rencontre (habitant), né vers 1651, décédé entre le 28-06-1699 et le 17-08-1704, ne sachant pas signer. Ménage établi à Laprairie. 1 enfant.

3e mariage: le 01-09-1704, à Montréal, avec Pierre GALET dit Laliberté (soldat), né vers 1649, ne sachant pas signer. C. de m. le 17-08-1704 (Adhémar). Ménage établi à Montréal. Aucun enfant.

GIRARD, Anne. Fille de Michel et de Françoise GRAFFARD, de St-Cyr-du-Vaudreuil, archev. Rouen, en Normandie (ar. Les Andelys). Née vers 1637. Arrivée en 1665. Décédée le 22-08-1710 à Varennes. Ne savait pas signer.

Mariage: le 22-10-1665, à Château-Richer, avec Nicolas DODELIN (habitant et fermier), né vers 1635, décédé en août 1699, ne sachant pas signer. C. de m. le 21-10-1665 (Aubert). Ménage établi à Château-Richer. 4 enfants.

GIRARD, Marguerite. Née vers 1649, en Bourgogne. Arrivée en 1673. Décédée après le 18-02-1716. Ne savait pas signer.

1er mariage: en 1673 ou 1674, à Sorel, avec Pierre FORCIER (habitant), né vers 1648, décédé le 18-05-1690, ne sachant pas signer. Ménage établi à St-François-du-Lac. 7 enfants.

2e mariage: le 30-11-1690, à St-François-du-Lac, avec René ABRAHAM dit Desmarais (habitant), né vers 1645, décédé après le 18-02-1716, ne sachant pas signer. Ménage établi à St-François-du-Lac. 2 enfants.

* GIRARD, Marie. Fille de Pierre et de Catherine MOUNIER, de la par. Notre-Dame-la-Grande, v. Niort, év. Poitiers, en Poitou. Arrivée en 1667, apportant des biens estimés à 200 livres. Contrat de mariage annulé avec Jacques DUBOIS (17-07-1667, Rageot). Ne savait pas signer.

GIRAUD, Anne. Fille de feu Antoine et de feue Jeanne GIRODELLE, de St-Gilles de Surgères, év. La Rochelle, en Saintonge

(ar. Rochefort). Née vers 1643. Arrivée en 1669. Décédée après le 09-05-1683.

Mariage: le 16-07-1669, à Québec, avec Mathurin GAUTHIER, né vers 1633, décédé le 08-10-1711. Ménage établi à Québec. 6 enfants.

GOARD, Mathurine. Fille de Gilles et de Catherine LÉGER, de la par. St-Sulpice, faubourg St-Germain-des-Prés, v. et archev. Paris, en Île-de-France. Née vers 1648. Arrivée en 1666 et recensée à Montréal en 1667 comme « fille à marier » habitant avec les filles de la Congrégation. Décédée le 09-12-1720 à Montréal. Savait signer.

Mariage: le 31-05-1667, à Montréal, avec Louis MARIE dit Ste-Marie (habitant), né vers 1634, décédé le 02-12-1702, ne sachant pas signer. C. de m. le 21-05-1667 (Basset). Ménage établi à Montréal. 11 enfants.

GOBERT, Marie-Madeleine. Fille de feu Pierre et de Madeleine TURET, de la par. St-Nicolas-des-Champs, v. et archev. Paris, en Île-de-France. Née vers 1643. Arrivée en 1670, apportant des biens estimés à 200 livres et un don du roi de 50 livres. Contrat de mariage annulé avec Charles DAVENNE (23-08-1670, Becquet). Décédée le 05-09-1703 à l'Hôtel-Dieu de Québec. Savait signer.

Mariage: le 08-09-1670, à Québec, avec Pierre GROLEAU (domestique et procureur des religieuses hospitalières de Québec), né vers 1641, décédé entre le 14-04-1686 et le 01-11-1690, ne sachant pas signer. C. de m. le 25-08-1670 (Becquet). Ménage établi à Québec. Aucun enfant.

GODEBY, Anne. Fille de feu Laurent et de Marie MORIN, de la par. St-Jacques, v. Dieppe, archev. Rouen, en Normandie. Née vers 1639. Arrivée en 1669, apportant des biens estimés à 50 livres et un don du roi de 50 livres. Décédée après le 29-03-1690. Ne savait pas signer.

Mariage: le 07-10-1669, à Québec, avec Julien TALUA dit Vendamont (habitant), né vers 1643, ne sachant pas signer. C. de

m. le 24-09-1669 (Duquet). Ménage établi à Lachine. Aucun enfant.

GODEQUIN, Jeanne. Fille de feu Jacques et de Jeanne DUPUY, de la par. Notre-Dame, v. et év. Amiens, en Picardie. Née vers 1649. Arrivée en 1669, apportant des biens estimés à 300 livres et un don du roi de 50 livres. Décédée le 04-10-1727 à St-Antoine-de-Tilly. Ne savait pas signer. *Mariage:* c. de m. le 22-09-1669 (Becquet), avec Vincent CROTEAU (habitant et cordonnier), né vers 1647, décédé entre le 02-05-1709 et le 29-04-1715, ne sachant pas signer. Ménage établi à St-Antoine-de-Tilly. 10 enfants.

GODILLON, Élisabeth. Fille de feu Nicolas et de feue Marie BOULET, de la par. Notre-Dame-des-Aides, v. et év. Blois, en Orléanais. Née vers 1651. Arrivée en 1670. Décédée après le 03-05-1706. Ne savait pas signer. *Mariage:* le 22-09-1670, à Montréal, avec Léonard ÉTHIER (habitant et sabotier), né vers 1644, décédé entre le 28-04-1689 et le 17-04-1697, ne sachant pas signer. C. de m. le 17-09-1670 (Basset). Ménage établi à Lachenaie. 10 enfants.

GOISET, Anne. Veuve de Michel DELA-PLACE, de la par. St-Laurent, v. et archev. Paris, en Île-de-France. Née vers 1634. Arrivée en 1669, apportant des biens estimés à 750 livres et un don du roi de 50 livres. Décédée après le 28-10-1686. Ne savait pas signer. *Mariage:* le 21-10-1669, à Québec, avec André ALBERT dit Laroche (habitant), né vers 1633, décédé le 30-09-1684, ne sachant pas signer. C. de m. le 05-10-1669 (Duquet). Ménage établi à Pointe-Lévy. Aucun enfant.

GOSSARD, Noëlle. Fille de feu François et de Sulpice VEILLOT, de la par. St-Eustache, v. et archev. Paris, en Île-de-France. Née vers 1640. Arrivée en 1671, apportant des biens estimés à 300 livres et un don du roi de 50 livres. Décédée le 19-11-1684 à St-Pierre Î.O. Savait signer. *Mariage:* le 16-10-1671, à Ste-Famille Î.O., avec Jacques BUSSIÈRE dit Laverdure

(habitant et tapissier), né vers 1627, décédé le 19-06-1699, sachant signer. C. de m. le 07-10-1671 (Becquet). Ménage établi à St-Pierre Î.O. 3 enfants.

GOUBILLEAU, Françoise. Veuve en secondes noces d'Augustin MAGUET (bourgeois de Paris), de la par. St-Agnan, v. Chaumont-en-Bassigny, év. Langres, en Champagne. Née vers 1631. Arrivée en 1670 avec son fils Pierre MAGUET, apportant des biens estimés à 300 livres. Décédée le 10-11-1721 à Rivière-des-Prairies. Ne savait pas signer. *Mariage:* le 15-04-1671, à Montréal, avec Paul DAZÉ (habitant et maréchal), né vers 1646, décédé le 18-02-1715, ne sachant pas signer. C. de m. le 12-04-1671 (Basset). Ménage établi à Rivière-des-Prairies. 1 enfant.

GRANDIN, Jeanne. Fille de feu Antoine et de Jeanne VOINEL, de St-Nicolas de Beaugency, ar. et év. Orléans, en Orléanais. Née vers 1642. Arrivée en 1671, apportant des biens estimés à 300 livres et un don du roi de 50 livres. Décédée le 27-03-1712 à Cap-Santé. Ne savait pas signer. *Mariage:* le 19-10-1671, à Québec, avec Jean BRIÈRE (habitant et boulanger), né vers 1636, décédé le 03-12-1706, ne sachant pas signer. C. de m. le 10-10-1671 (Becquet). Ménage établi à Neuville. 9 enfants.

GRANDIN, Marie. Fille de feu Michel et de Marie LEJEUNE, de la par. St-Euverte, v. et év. Orléans, en Orléanais. Née vers 1651. Arrivée en 1670, apportant des biens estimés à 300 livres et un don du roi de 50 livres. Décédée le 14-07-1715 à l'Hôtel-Dieu de Québec. Ne savait pas signer. *Mariage:* le 23-09-1670, à Québec, avec Jean BEAUDET (habitant), né vers 1650, décédé entre le 21-07-1712 et le 28-05-1714, ne sachant pas signer. C. de m. le 07-09-1670 (Becquet). Ménage établi à Lotbinière. 9 enfants.

GRANDIN, Marie. Née vers 1655 dans l'archev. Rouen, en Normandie. Arrivée en 1668. Décédée le 31-10-1708 à Montréal. Ne savait pas signer.

1er mariage: vers 1670, à Trois-Rivières, avec Michel MOREL (laboureur), né vers 1630, décédé après le 18-01-1671, sachant signer. Ménage établi à Trois-Rivières. 1 enfant.

2e mariage: vers 1672, à Champlain, avec Claude ROBILLARD (habitant, laboureur et maître boucher), né vers 1650, décédé le 25-05-1719. 9 enfants.

GRANDJEAN, Adrienne. Fille de feu Claude et d'Andrée DUTROUCHÉ, du faubourg St-Antoine, v. et archev. Paris, en Île-de-France. Née vers 1643. Arrivée en 1665, apportant des biens estimés à 200 livres. Décédée entre le recensement de 1681 et le 23-02-1688. Savait signer.
Mariage: c. de m. le 08-01-1666 (Becquet), à l'Île-d'Orléans, avec René BAUCHER dit Sanssoucy (habitant), né vers 1647, décédé entre le 30-01-1705 et le 16-01-1721, ne sachant pas signer. Ménage établi à Ste-Famille Î.O. 6 enfants.

GRANGEON, Marie-Madeleine. Fille de Philippe (noble homme et contrôleur en l'élection de Nogent-sur-Seine) et de Claude DARGENTIÈRE, de la par. St-Laurent, v. Nogent-sur-Seine, év. Troyes, en Champagne. Née vers 1641. Arrivée en 1667, après avoir signé un acte de protestation à Dieppe le 17-06-1667, apportant des biens estimés à 500 livres et un don du roi de 50 livres. Décédée le 28-03-1725 à Deschambault. Savait signer.
Mariage: le 21-10-1669, à Québec, avec Marin RICHARD dit Lavallée (habitant), né vers 1640, décédé le 27-05-1715, ne sachant pas signer. C. de m. le 18-10-1669 (Becquet). Ménage établi à Grondines. 6 enfants.

GRANGER, Catherine. Fille de feu Pierre et de Marguerite FRANÇOIS, de St-Médard de Vaudoy-en-Brie, év. Meaux, en Brie (ar. Melun). Née vers 1655. Arrivée en 1673, apportant des biens estimés à 200 livres. Décédée le 25-07-1731 à Beauport. Ne savait pas signer.
Mariage: le 11-09-1673, à Québec, avec Jean LÉPINAY (habitant), né vers 1647, décédé le 10-01-1727, sachant signer. C.

de m. le 08-09-1673 (Becquet). Ménage établi à Beauport. 11 enfants.

GRATON, Mathurine. Fille de feu Pierre (notaire royal de la châtellenie d'Aubigny) et de feue Marie BOUCHER, d'Aubigny, év. Luçon, en Poitou (ar. La Roche-sur-Yon). Née vers 1648. Arrivée en 1670 avec son frère Claude, sa belle-soeur Marguerite MONCION et ses neveux Hélène et René GRATON. Décédée le 05-02-1728 à Beauport. Ne savait pas signer.
1er mariage: le 30-09-1670, à Québec, avec Pierre TOUPIN dit Lapierre (habitant et fermier), né vers 1626, décédé le 28-01-1703, ne sachant pas signer. C. de m. le 03-09-1670 (Vachon). Ménage établi à Beauport. 7 enfants.
2e mariage: le 22-07-1710, à Beauport, avec Vincent BRUNET (habitant), né vers 1645, décédé le 31-10-1736, ne sachant pas signer. C. de m. le 22-06-1710 (Chambalon). Ménage établi à Beauport. Aucun enfant.

GRAVOIS, Marie. D'origine inconnue. Née vers 1646. Arrivée en 1667. Décédée après le 16-03-1690.
Mariage: le 03-11-1667, à Trois-Rivières, avec Philippe ÉTIENNE (habitant et charpentier), né vers 1631, décédé le 07-07-1710. Ménage établi à Trois-Rivières. 10 enfants.

GRIMBAULT, Anne. Fille de feu Martin et de Jeanne JARDAUX, de la par. St-Paul, v. et archev. Paris, en Île-de-France. Née vers 1645. Arrivée en 1670, apportant des biens estimés à 400 livres. Morte «d'une apoplexie» le 14-02-1718 à St-Laurent Î.O. Savait signer.
1er mariage: le 17-09-1670, à Ste-Famille Î.O., avec Jean JOUANNE (habitant), né vers 1641, décédé entre le 19-03-1687 et le 19-02-1691, sachant signer. C. de m. le 01-09-1670 (Becquet). Ménage établi à St-Laurent Î.O. 6 enfants.
2e mariage: le 19-02-1691, à St-Laurent Î.O., avec Claude DESPORTES, né vers 1659, décédé le 24-08-1700. Ménage établi à St-Laurent Î.O. Aucun enfant.

GROISARD, Jeanne. Fille de feu François et de Perrine MILCENDEAU, de Challans, év. Luçon, en Poitou (ar. Les Sables-d'Olonne). Née vers 1627. Arrivée en 1665, apportant des biens estimés à 2000 livres. Décédée entre le 12-11-1673 et le recensement de 1681. Savait signer.
Mariage : le 25-10-1668, à Québec, avec Zacharie DUPUIS, sieur de Verdun (commandant, major et gouverneur intérimaire de Montréal), né vers 1608, décédé le 01-07-1676, sachant signer. C. de m. le 22-10-1668 (Duquet). Ménage établi à Montréal. Aucun enfant.

GROLEAU, Madeleine. Fille de Jean et de Marie GAUTIER, de St-Éloi, par. Notre-Dame-de-Coigne, v. et év. La Rochelle, en Aunis. Née vers 1653. Arrivée en 1669. Décédée entre le 03-09-1702 et le 05-05-1706.
Mariage : le 30-09-1669, à Québec, avec François MARCHAND (habitant), né vers 1645, décédé entre le 05-10-1701 et le 22-11-1701. Ménage établi à Pointe-Lévy. 9 enfants.

GROSSEJAMBE, Françoise. Fille de feu Marin (maître tonnelier) et de Jeanne GRANDCHAMP. Baptisée le 10-11-1654 à St-Germain-en-Laye, archev. Paris, en Île-de-France. Arrivée en 1671, apportant des biens estimés à 300 livres et un don du roi de 50 livres. Décédée le 11-08-1720 à Québec. Ne savait pas signer.
Mariage : le 26-10-1671, à Québec, avec Julien BOISSY dit Lagrillade (pâtissier), né vers 1646, décédé le 09-09-1723, ne sachant pas signer. C. de m. le 20-10-1671 (Becquet). Ménage établi à Québec. 10 enfants.

GRUAUX, Jeanne. Fille de feu François et de Françoise DELACHAUX, de la par. St-Georges, v. et archev. Lyon, dans le Lyonnais. Née vers 1631. Arrivée en 1670, apportant des biens estimés à 200 livres et un don du roi de 50 livres. Décédée après le recensement de 1681. Ne savait pas signer.
1er mariage : le 09-09-1670, à Québec, avec Jean RENÉ (habitant), né vers 1645, décédé entre le 31-03-1671 et le 25-07-1674, ne sachant pas signer. C. de m. le 03-09-1670 (Becquet). Ménage établi à St-Ours. 1 enfant.
2e mariage : avant 1674, à Repentigny, avec Jacques PIGEON (habitant), né vers 1641, décédé après le recensement de 1681. Ménage établi à Repentigny. 1 enfant.

GRUSSEAU, Marie. Fille de feu Hilaire et de feue Lucrèce DESBOUTS, de Lusignan, ar. et év. Poitiers, en Poitou. Née vers 1641. Arrivée en 1667, apportant des biens estimés à 120 livres. Décédée le 08-09-1712 à Neuville. Ne savait pas signer.
1er mariage : c. de m. le 23-08-1667 (Duquet), avec Jean CHÉNIER (habitant et maître charpentier), né vers 1622, décédé le 26-05-1699, ne sachant pas signer. Ménage établi à Neuville. 2 enfants.
2e mariage : le 16-08-1700, à Québec, avec Pierre SENAY dit Lapierre (meunier), né vers 1652, décédé le 12-03-1712, ne sachant pas signer. Ménage établi à Neuville. Aucun enfant.

GUÉDON, Marie-Anne. Fille de Thomas et d'Isabelle DE MORIN, du bourg de Magny, archev. Rouen, en Normandie (ar. Pontoise). Née vers 1641. Arrivée en 1665, apportant des biens estimés à 200 livres. Décédée le 22-03-1732 à Boucherville. Ne savait pas signer.
1er mariage : c. de m. le 26-10-1665 (La Tousche), à Champlain, avec Gabriel BENOIST dit Laforest (habitant), né vers 1637, décédé le 27-10-1686, sachant signer. Ménage établi à Champlain. 6 enfants.
2e mariage : c. de m. le 07-02-1695 (Ameau), à Trois-Rivières, avec Marin MARAIS dit Labarre (habitant), né vers 1641, décédé le 04-03-1732, sachant signer. Ménage établi à Rivière-du-Loup. Aucun enfant.

GUENEVILLE, Jeanne. Fille de feu Mathurin et de Jeanne LATOUCHE, de St-Chéron, év. Chartres, en Beauce (ar. Étampes). Née vers 1641. Arrivée en 1671, apportant des biens estimés à 300 livres et un don du roi de 50 livres. Décédée le 16-08-1717 à Beaumont. Ne savait pas signer.

Mariage: le 03-11-1671, à Québec, avec Pierre MOLLEUR dit Lallemand (habitant), né vers 1651, décédé le 26-01-1729, ne sachant pas signer. C. de m. le 01-11-1671 (Becquet). Ménage établi à Beaumont. 5 enfants.

GUÉRARD, Catherine. Fille de Pierre et de Marguerite MONANDEL, de la par. St-Étienne-du-Mont, v. et archev. Paris, en Île-de-France. Née vers 1649. Arrivée en 1669. Décédée le 11-10-1727 à Champlain. Savait signer.
Mariage: c. de m. le 12-02-1670 (Larue), à Champlain, avec Julien DUBORD dit Lafontaine (habitant et tailleur), né vers 1636, décédé le 02-04-1705, ne sachant pas signer. Ménage établi à Champlain. 10 enfants.

GUÉRIN, Madeleine. Fille de Simon et de Nicole LEDUC, de Vauxaillon, év. Soissons, en Île-de-France (ar. Laon). Née vers 1647. Arrivée en 1665, apportant des biens estimés à 100 livres. Décédée après le 03-01-1699. Ne savait pas signer.
1ᵉʳ mariage: le 10-11-1665, à Québec, avec Jean JULIEN (habitant), né vers 1641, décédé entre le 26-11-1672 et le 23-06-1673, ne sachant pas signer. C. de m. le 20-10-1665 (Duquet). Ménage établi à L'Ange-Gardien. 3 enfants.
2ᵉ mariage: le 31-08-1673, à L'Ange-Gardien, avec Pierre BOIVIN (habitant), né vers 1639, décédé après le 03-01-1699, ne sachant pas signer. C. de m. le 25-08-1673 (Vachon). Aucun enfant.

GUÉRIN dite BRUNET, Marie-Jeanne. Fille de Barthélemy et de Charlotte LERIN, de St-Maurice-des-Noues, év. Maillezais, en Poitou (ar. Fontenay-le-Comte). Née vers 1644. Arrivée en 1667, apportant des biens estimés à 200 livres. Décédée le 04-12-1708 à Château-Richer. Ne savait pas signer.
1ᵉʳ mariage: le 13-07-1667, à Québec, avec Antoine DUPRÉ, décédé entre le 28-01-1679 et le recensement de 1681, ne sachant pas signer. C. de m. le 09-07-1667 (Rageot). Ménage établi à Pointe-Lévy. 5 enfants.

2ᵉ mariage: le 29-10-1682, à Québec, avec Louis CHARRIER (cabaretier), né vers 1647, décédé le 27-04-1716, ne sachant pas signer. C. de m. le 18-10-1682 (Rageot). Ménage établi à Château-Richer. 3 enfants.

GUERRIER, Bonne. Fille de Pierre et de Geneviève RIOU, de la par. St-Nicolas-du-Chardonnet, v. et archev. Paris, en Île-de-France. Née vers 1645. Arrivée en 1665, apportant des biens estimés à 200 livres. Décédée après le 10-01-1707. Ne savait pas signer.
1ᵉʳ mariage: c. de m. le 12-10-1665 (Duquet), à Sillery, avec Jacques FAUQUE (habitant et matelot), baptisé le 20-03-1628, décédé vers 1674, ne sachant pas signer. Ménage établi à Sillery. 4 enfants.
2ᵉ mariage: en 1674 ou 1675, à Portneuf, avec Charles MARCHAND, né vers 1644, décédé le 28-11-1689. Ménage établi à St-Augustin. 6 enfants.

GUICHELIN, Catherine. Fille de feu Louis et d'Antoinette LAHAYE, de la par. Notre-Dame, v. et év. Laon, en Île-de-France. Née vers 1653. Arrivée en 1669. Mère de cinq enfants illégitimes nés entre 1677 et 1687. Décédée le 06-12-1733 à St-Joachim. Ne savait pas signer.
1ᵉʳ mariage: c. de m. le 23-10-1669 (Duquet), à Sillery, avec Nicolas BUTEAU (habitant), né vers 1648, ne sachant pas signer. Ménage établi à Neuville. 2 enfants.
2ᵉ mariage: le 16-04-1708, à Montréal, avec Charles TISSIAU dit St-Germain (soldat), né vers 1669, décédé le 18-11-1715, ne sachant pas signer. C. de m. le 15-04-1708 (Lepailleur). Ménage établi à Montréal. Aucun enfant.
3ᵉ mariage: le 16-02-1716, à Montréal, avec Jean ROY dit Lapensée (habitant et maître charpentier), né vers 1646, décédé le 14-04-1719, ne sachant pas signer. C. de m. le 16-01-1716 (Lepailleur). Ménage établi à Montréal. Aucun enfant.

GUILLAUME, Anne. Fille de Michel et de feue Germaine ERMOLIN, de la par. St-Sulpice, faubourg St-Germain, v. et archev. Paris, en Île-de-France. Née vers 1651. Arrivée en 1671, apportant des biens estimés à 300 livres et un don du roi de 50 livres. Décédée le 29-01-1716 à St-Nicolas. Savait signer.

Mariage: le 19-10-1671, à Québec, avec François DUBOIS dit Lafrance (habitant), né vers 1651, décédé le 09-07-1712, ne sachant pas signer. C. de m. le 12-10-1671 (Becquet). Ménage établi à St-Nicolas. 9 enfants.

GUILLAUME, Marie. Fille de Denis et d'Anne CARON, de la par. St-Médard, v. et archev. Paris, en Île-de-France. Née vers 1652. Arrivée en 1670. Décédée après le 30-12-1705. Ne savait pas signer.

1er mariage: le 15-01-1671, à L'Ange-Gardien, avec Nicolas MAHEU (habitant), né vers 1638, décédé le 17-10-1673, sachant signer. C. de m. le 01-01-1671 (Aubert). Ménage établi à L'Ange-Gardien. 2 enfants.

2e mariage: c. de m. le 11-05-1675 (Vachon), à L'Ange-Gardien, avec Laurent MIGNERON (habitant), né vers 1640, décédé entre le 29-10-1702 et le 30-12-1705, ne sachant pas signer. Ménage établi à St-Joachim. 7 enfants.

GUILLEBOEUF, Marie-Madeleine. Fille de Nicolas et de Madeleine VAUCLIN, de la par. St-Étienne, rue des Bonnetiers, v. et archev. Rouen, en Normandie. Née vers 1655. Arrivée en 1668. Décédée entre le 12-09-1707 et le 06-08-1711. Ne savait pas signer.

1er mariage: le 24-06-1669, à Montréal, avec Jean PLOUF (habitant et cordonnier), né vers 1643, décédé le 15-04-1700, ne sachant pas signer. C. de m. le 30-05-1669 (Basset). Ménage établi à Verchères. 7 enfants.

2e mariage: vers 1702, à Contrecoeur, avec Louis FOISY, né vers 1679, décédé le 18-06-1755. Ménage établi à Verchères. Aucun enfant.

GUILLIN, Françoise. Fille de Pierre (laboureur) et d'Antoinette LACROIX, de St-Pierre d'Aumale, archev. Rouen, en Normandie (ar. Dieppe). Née vers 1649. Arrivée en 1668, apportant des biens estimés à 300 livres. Contrat de mariage annulé avec Gilles MASSON (14-10-1668,

Lecomte). Décédée après le 27-01-1709. Ne savait pas signer.

1er mariage: le 12-11-1668, à Montréal, avec André TRAJOT (habitant), né vers 1646, décédé le 05-03-1684, ne sachant pas signer. C. de m. le 10-11-1668 (Basset). Ménage établi à Varennes. Aucun enfant.

2e mariage: le 27-01-1709, à Montréal, avec Claude ROBILLARD (habitant), né vers 1650, décédé le 25-05-1719, sachant signer. C. de m. le 09-01-1709 (Lepailleur). Ménage établi à St-Sulpice. Aucun enfant.

GUILLODEAU, Madeleine. Fille de feu Jean et de Madeleine BAUDOUIN, de Notre-Dame de La Flotte, Île de Ré, ar. et év. La Rochelle, en Aunis. Née vers 1653. Arrivée en 1669, apportant des biens estimés à 100 livres et un don du roi de 50 livres. Décédée après le 16-02-1692. Ne savait pas signer.

Mariage: le 19-08-1669, à Québec, avec Jean POITEVIN dit Laviolette (habitant), né vers 1642, décédé après le 29-10-1696, ne sachant pas signer. C. de m. le 09-08-1669 (Becquet). Ménage établi à Charlesbourg. 9 enfants.

GUILLOT, Catherine. Fille de Mathurin (farinier) et de Marie LEBRUN, de la par. St-Sauveur, v. et év. La Rochelle, en Aunis. Née vers 1646. Arrivée en 1663, apportant des biens estimés à 200 livres. Décédée entre le 10-08-1688 et le 05-10-1688. Savait signer.

Mariage: le 25-10-1663, à Château-Richer, avec Jean JACQUEREAU (habitant), né vers 1636, décédé entre le 29-01-1686 et le 10-08-1688, ne sachant pas signer. C. de m. le 08-09-1663 (Vachon). Ménage établi à L'Ange-Gardien. 11 enfants.

GUYARD, Catherine. Fille de feu Louis et de Madeleine VANT, de la par. St-Laurent, v. et archev. Paris, en Île-de-France. Née vers 1639. Arrivée en 1665. Décédée après le recensement de 1681. Ne savait pas signer.

Mariage: le 24-11-1665, à Montréal, avec Antoine BEAUDRY dit L'Épinette (habitant et cloutier), baptisé le 13-11-1629, décédé après le recensement de 1681, ne sachant pas signer. C. de m. le 16-11-1665

(De Monchy). Ménage établi à Montréal. 5 enfants.

GUYET, Marie. Fille de Jean et de feue Françoise GUYON, de St-Jean de Chastel-Larcher, ar. et év. Poitiers, en Poitou. Née vers 1641. Arrivée en 1668, apportant des biens estimés à 200 livres. Décédée le 02-01-1701 à Québec. Ne savait pas signer.
Mariage : le 09-10-1668, à Québec, avec Pierre LEDOUX dit Latreille (habitant et menuisier), né vers 1648, décédé entre le 01-02-1706 et le 04-08-1715, ne sachant pas signer. C. de m. le 07-10-1668 (Becquet). Ménage établi à Charlesbourg. 4 enfants.

– H –

HALAY, Marie. Fille de feu Pierre et de Marie VELAY, de la v. et év. Chartres, en Beauce. Née vers 1639. Arrivée en 1670, apportant des biens estimés à 300 livres et un don du roi de 50 livres. Contrat de mariage annulé avec Aufray COULON (28-08-1670, Becquet). Décédée le 10-12-1700 à Charlesbourg. Ne savait pas signer.
Mariage : le 24-08-1671, à Québec, avec Bertrand COURTOIS dit Le Breton (habitant), né vers 1647, décédé entre le 10-09-1685 et le 19-01-1688, ne sachant pas signer. C. de m. le 14-08-1671 (Becquet). Ménage établi à Charlesbourg. 6 enfants.

HALAY, Marie. Veuve de Pierre PETIT, de la par. St-Sulpice, faubourg St-Germain, v. et archev. Paris, en Île-de-France. Arrivée en 1671, apportant des biens estimés à 200 livres et un don du roi de 50 livres. Décédée entre le 11-01-1672 et le recensement de 1681. Ne savait pas signer.
Mariage : le 11-01-1672, à Québec, avec Antoine AUGERON (meunier), né vers 1617, décédé le 10-11-1672, ne sachant pas signer. C. de m. le 08-01-1672 (Becquet). Ménage établi à St-Augustin. Aucun enfant.

HALIER, Perrette. Fille de feu Jean et de Barbe MARIGNAN, d'Egly, archev. Paris, en Île-de-France (ar. Palaiseau). Née vers 1651. Arrivée en 1669, apportant des biens estimés à 350 livres et un don du roi de 50 livres. Émigrée en 1681. Ne savait pas signer.
Mariage : le 15-10-1669, à Québec, avec Antoine BORDELEAU dit Laforest (habitant), né le 22-12-1633, décédé le 18-09-1717, ne sachant pas signer. C. de m. le 29-09-1669 (Duquet). Ménage établi à Neuville. 2 enfants.

HANETON, Madeleine. Fille de Nicolas (maître tanneur) et de Marie FANT, de la par. St-Paul, rue St-Antoine, v. et archev. Paris, en Île-de-France. Née vers 1645. Arrivée en 1668. Décédée le 13-03-1689 à Boucherville. Ne savait pas signer.
Mariage : c. de m. le 06-01-1669 (Rémy), à Boucherville, avec Joachim REGUIN-DEAU dit Joachim (habitant), né vers 1641, décédé le 06-03-1714, ne sachant pas signer. Ménage établi à Boucherville. 7 enfants.

HARDY, Jeanne. Fille de Pierre et de Marie DANIAU, de la par. St-Jean-du-Perrot, v. et év. La Rochelle, en Aunis. Née vers 1646. Arrivée en 1668. Décédée le 05-04-1716 à Batiscan. Ne savait pas signer.
Mariage : le 16-08-1668, à Québec, avec François TROTTAIN dit St-Surin (habitant, menuisier, huissier, procureur fiscal et notaire royal), né vers 1646, décédé le 09-08-1731, sachant signer. C. de m. le 13-08-1668 (Rageot). Ménage établi à Batiscan. 5 enfants.

HATANVILLE, Marie. Fille de Vincent et de Marguerite DUVAL, de la par. St-Eustache, v. et archev. Paris, en Île-de-France. Née vers 1646. Arrivée en 1669, apportant des biens estimés à 400 livres et un don du roi de 50 livres. Décédée le 28-04-1723 à Boucherville. Ne savait pas signer.
1er mariage : le 15-10-1669, à Québec, avec Robert SENAT (habitant), né le 23-05-1640, décédé entre le 03-08-1670 et le 28-12-1670, ne sachant pas signer. C. de m. le 06-10-1669 (Becquet). Ménage établi à Neuville. 1 enfant.
2e mariage : le 20-01-1671, à Québec, avec Jean FAUCONNET dit Lafleur (habitant), né vers 1636, décédé entre le 14-06-1682 et le 06-10-1683, sachant signer. C. de m.

le 28-12-1670 (Becquet). Ménage établi à Neuville. 6 enfants.

3e mariage : le 06-10-1683, à Boucherville, avec Charles MARTIN (habitant), né vers 1644, décédé entre le 29-07-1685 et le 21-01-1686, sachant signer. Ménage établi à Boucherville. 1 enfant.

4e mariage : le 25-02-1686, à Boucherville, avec François CÉSAR dit La Gardelette (habitant), né vers 1648, décédé le 15-03-1723, ne sachant pas signer. C. de m. le 25-02-1686 (Moreau). Ménage établi à Boucherville. Aucun enfant.

HÉBERT, Françoise. Fille de Pierre (marchand hôtelier) et de feue Marie COQUE-MER, de la par. Notre-Dame, v. Le Havre, archev. Rouen, en Normandie. Née vers 1639. Arrivée en 1667, apportant des biens estimés à 300 livres. Contrats de mariage annulés avec Martin GUÉRARD (18-10-1667, Becquet) et Jean DE LALONDE (04-11-1667, Becquet). Décédée le 10-04-1705 à l'Hôtel-Dieu de Québec. Ne savait pas signer.

1er mariage : le 03-05-1668, à Québec, avec Jean BAPTISTE dit St-Amour, décédé entre le 03-05-1668 et le 23-11-1671. Aucun enfant.

2e mariage : le 23-11-1671, à Québec, avec Philippe CAZELIER dit Laverdure (habitant), né vers 1647, décédé le 02-01-1709, ne sachant pas signer. C. de m. le 19-11-1671 (Duquet). Ménage établi à Charlesbourg. Aucun enfant.

HÉBERT, Marie-Madeleine. Fille de feu Guillaume (maître tonnelier) et de feue Marguerite MEUNIER, de la par. Notre-Dame, v. Mantes-sur-Seine, archev. Paris, en Île-de-France. Née vers 1650. Arrivée en 1670. Décédée après le 03-12-1716. Ne savait pas signer.

Mariage : c. de m. le 15-10-1670 (Ameau), à Trois-Rivières, avec Denis BROSSEAU (habitant et meunier), né vers 1644, décédé le 27-10-1711, ne sachant pas signer. Ménage établi à Laprairie. 11 enfants.

HÉDOUIN, Marguerite. Fille de feu François et de feue Catherine LE ROY, de la v. et év. Soissons, en Île-de-France. Née vers 1655. Arrivée en 1671, apportant des biens estimés à 300 livres et un don du roi de 50 livres. Décédée le 01-06-1718 à Charlesbourg. Ne savait pas signer.

Mariage : le 24-08-1671, à Québec, avec François BARBEAU (habitant et sabotier), né vers 1651, décédé le 15-06-1711, ne sachant pas signer. C. de m. le 15-08-1671 (Becquet). Ménage établi à Charlesbourg. 14 enfants.

HÉRON, Jacqueline. Fille de feu Pierre et de Cécile DUPONT, de la par. St-Nicolas-des-Champs, v. et archev. Paris, en Île-de-France. Née vers 1646. Arrivée en 1665. Décédée le 17-11-1716 à l'Hôtel-Dieu de Québec. Ne savait pas signer.

1er mariage : le 15-10-1665, à Québec, avec Jacques GALARNEAU (habitant), baptisé le 27-09-1643, décédé le 01-01-1701, ne sachant pas signer. C. de m. le 06-10-1665 (Duquet). Ménage établi à Charlesbourg. 12 enfants.

2e mariage : le 09-05-1706, à Montréal, avec Jean PICARD (habitant), né vers 1661, décédé le 01-05-1728, ne sachant pas signer. C. de m. le 09-05-1706 (Raimbault). Aucun enfant.

HIARDIN, Marguerite. Fille de René et de Jeanne SERRÉ, de la par. St-Sulpice, v. et archev. Paris, en Île-de-France (contrat de m.) ou de Notre-Dame de Joinville, év. Châlons-sur-Marne, en Champagne (acte de m.). Née vers 1645. Arrivée en 1665. Décédée le 29-05-1720 à St-François Î.O. Ne savait pas signer.

Mariage : en décembre 1665, à Château-Richer, avec Nicolas VÉRIEUL dit Labécasse (habitant et matelot), né vers 1637, décédé le 11-10-1714, sachant signer. C. de m. le 05-10-1665 (Aubert). Ménage établi à St-François Î.O. 9 enfants.

HOUSSEAU, Marguerite. Fille de feu Nicolas et de Marguerite BOLDUC, de la par. St-Jean, v. et év. Troyes, en Champagne. Arrivée en 1670, apportant des biens estimés à 300 livres et un don du roi de 50 livres. Émigrée vers 1678. Ne savait pas signer.

Mariage : le 05-10-1670, à Ste-Anne-de-Beaupré, avec Jean MEUNIER (habitant), baptisé le 08-01-1651, ne sachant pas signer. C. de m. le 31-08-1670 (Becquet). Ménage établi à St-Laurent Î.O. 4 enfants.

HUBERT, Élisabeth. Fille de feu Claude (procureur au Parlement de Paris) et d'Isabelle FONTAINE, de la par. St-Gervais, rue de la Tisserandrie, v. et archev. Paris, en Île-de-France. Née vers 1651. Arrivée en 1667, après avoir signé un acte de protestation à Dieppe le 17-06-1667. Émigrée en 1685. Savait signer.
Mariage: le 20-08-1668, à Québec, avec Louis BOLDUC (procureur du roi à la prévôté de Québec), né vers 1649, sachant signer. C. de m. le 08-08-1668 (Lecomte). Ménage établi à Québec. 7 enfants.

HUBERT, Marie. Fille de feu Pierre et de Bonne BRIO, de la par. St-Sulpice, faubourg St-Germain, v. et archev. Paris, en Île-de-France. Née vers 1655. Arrivée en 1670. Décédée après le 23-11-1711. Ne savait pas signer.
1er mariage: le 30-09-1670, à Québec, avec Nicolas FOURNIER (habitant), né vers 1643, décédé le 30-11-1687, ne sachant pas signer. C. de m. le 08-09-1670 (Vachon). Ménage établi à Charlesbourg. 6 enfants.
2e mariage: le 25-02-1691, à Charlesbourg, avec Jean GACHET dit Dubreuil (soldat), né vers 1665. Ménage établi à Charlesbourg. Aucun enfant.

HUBINET, Louise. Fille de Jean et d'Aimée ROUBLOT, de la par. St-Christophe, v. et archev. Paris, en Île-de-France. Née vers 1650. Arrivée en 1671, apportant des biens estimés à 300 livres et un don du roi de 50 livres. Décédée le 18-12-1702 à Neuville. Savait signer.
Mariage: le 12-10-1671, à Québec, avec Jacques FOURNEL (habitant), né vers 1645, décédé le 22-06-1707, ne sachant pas signer. C. de m. le 08-10-1671 (Becquet). Ménage établi à Neuville. 11 enfants.

HUCHÉ, Françoise. Fille de feu Jacques et de Marie DANEST, de la par. St-Eustache, v. et archev. Paris, en Île-de-France. Née vers 1645. Arrivée en 1664 avec son oncle Charles DANET et sa tante Marie DESHAYES, apportant des biens estimés à 500

livres. Décédée le 12-05-1699 à Ste-Foy. Ne savait pas signer.
Mariage: le 30-10-1664, à Québec, avec Guillaume BONHOMME (habitant, seigneur du fief Belair et capitaine de milice à la côte St-Michel), né vers 1643, décédé le 12-03-1710, ne sachant pas signer. C. de m. le 12-10-1664 (Duquet). Ménage établi à Sillery. 12 enfants.

HUÉ, Marie. Fille de Marc et de Marie CREPIN, de la par. St-Vivien, v. et archev. Rouen, en Normandie. Née vers 1644. Arrivée en 1667, apportant des biens estimés à 300 livres. Contrat de mariage annulé avec Adrien LACROIX (18-10-1667, Becquet). Décédée le 19-10-1716 à l'Hôtel-Dieu de Québec. Ne savait pas signer.
Mariage: le 07-01-1668, à Québec, avec Jean BOESME (habitant), né vers 1641, décédé le 13-07-1703, sachant signer. C. de m. le 07-12-1667 (Duquet). Ménage établi à Charlesbourg. 9 enfants.

HUMELOT, Catherine. Fille de feu Roland et de Jeanne LEFEBVRE, de la par. St-Pierre, v. et archev. Rouen, en Normandie. Née vers 1646. Arrivée en 1670, apportant des biens estimés à 200 livres et un don du roi de 50 livres. Décédée le 24-02-1714 à l'Hôtel-Dieu de Québec. Ne savait pas signer.
Mariage: le 01-09-1670, à Ste-Famille Î.O., avec Jacques HARDY (habitant et chandelier), baptisé le 31-07-1636, décédé le 25-06-1712, ne sachant pas signer. C. de m. le 20-08-1670 (Becquet). Ménage établi à Ste-Famille Î.O. Aucun enfant.

HUTRU, Perrine. Fille de feu François et de feue Guillemette LELONG, de la par. St-Germain, v. et év. Rennes, en Bretagne. Née avant 1644 (majeure en 1669). Arrivée en 1669, apportant des biens estimés à 100 livres. Décédée entre le 08-02-1678 et le recensement de 1681. Ne savait pas signer.
Mariage: le 09-10-1669, à Québec, avec Théodore SUREAU (habitant), né vers 1627, décédé le 05-10-1677, ne sachant pas signer. C. de m. le 22-09-1669 (Duquet). Ménage établi à Pointe-Lévy. Aucun enfant.

– I –

ISAMBERT, Catherine. Fille de François et de feue Anne DIMANCHE, de la par. St-Livier, v. et év. Metz, en Lorraine. Arrivée en 1673, apportant des biens estimés à 200 livres. Décédée entre le 21-04-1679 et le recensement de 1681. Ne savait pas signer.
Mariage : le 09-09-1673, à Québec, avec Louis DENIS dit Lafontaine (habitant), décédé entre le 21-04-1679 et le recensement de 1681, ne sachant pas signer. C. de m. le 07-09-1673 (Becquet). Ménage établi à Varennes. Aucun enfant.

ITAS, Marguerite. Fille de Jean et de Marie CASSON, de St-Siméon, év. Lisieux, en Normandie (ar. Bernay). Née vers 1647. Arrivée en 1667. Décédée le 28-10-1689 à Trois-Rivières. Ne savait pas signer.
Mariage : c. de m. le 11-11-1667 (La Tousche), à Cap-de-la-Madeleine, avec Jacques AUBUCHON dit Le Loyal (habitant et maître charpentier), baptisé le 01-12-1617, décédé le 07-12-1701, sachant signer. Ménage établi à Cap-de-la-Madeleine. 4 enfants.

– J –

JACQUIER, Louise. Fille de feu Simon et de Judith HOUBMONDE, de St-Martin-de-Nigelles, év. Chartres, en Beauce (ar. Dreux). Née vers 1642. Arrivée en 1670. Décédée le 16-07-1711 à Batiscan. Ne savait pas signer.
1er mariage : c. de m. le 17-01-1671 (Roy-Châtellerault), à Grondines, avec Jean POUSSET (habitant), né vers 1646, décédé entre le recensement de 1681 et le 22-07-1683, ne sachant pas signer. Ménage établi à Grondines. Aucun enfant.
2e mariage : le 03-08-1683, à Batiscan, avec Michel DALAUX, né vers 1650, décédé le 01-11-1714. C. de m. le 22-07-1683 (Cusson). Ménage établi à Batiscan. Aucun enfant.

JALAIS, Marie. Fille de Jean et de Barthélemie BESCENDYE, de St-Martin, Île de Ré, ar. et év. La Rochelle, en Aunis. Née vers 1653. Arrivée en 1669. Décédée le 08-12-1721 à l'Hôtel-Dieu de Québec. Ne savait pas signer.
1er mariage : le 26-08-1669, à Ste-Famille Î.O., avec Jean LAUZÉ dit Matha, décédé entre le 02-03-1679 et le 08-07-1680, ne sachant pas signer. Ménage établi à Ste-Famille Î.O. 4 enfants.
2e mariage : le 09-07-1680, à Québec, avec Robert LECLERC (habitant, bourgeois et charpentier), né le 07-12-1650, décédé le 05-07-1731, ne sachant pas signer. C. de m. le 08-07-1680 (Rageot). Ménage établi à Québec. 10 enfants.

JASSELIN, Marguerite. Fille de Jean (maître maçon) et de Catherine DIEU ou GILLET, de la par. St-Eustache, rue des Petits Prés, v. et archev. Paris, en Île-de-France. Née vers 1656. Arrivée en 1670, apportant des biens estimés à 300 livres et un don du roi de 50 livres. Contrat de mariage annulé avec Robert GAUMOND (08-11-1670, Becquet). Mère d'un enfant illégitime (Jean) né le 20-03-1674 à Québec. Décédée après le 01-11-1692. Ne savait pas signer.
1er mariage : le 31-10-1676, à Lachine, avec Mathurin LELIÈVRE (habitant), né vers 1646, décédé le 27-12-1683, ne sachant pas signer. C. de m. le 05-09-1676 (Basset). Ménage établi à Lachine. 1 enfant.
2e mariage : le 08-01-1684, à Lachine, avec Nicolas LEMOINE (habitant et laboureur), né vers 1637, sachant signer. Ménage établi à Lachine. 6 enfants.

JAVELOT, Anne. Fille de feu André (marchand) et de feue Séphora LESCURE. Née le 14-06-1636 et baptisée au temple protestant de la v. de La Rochelle, en Aunis. Arrivée en 1666, apportant des biens estimés à 200 livres. Contrat de mariage annulé avec Jean GARIGUET (24-08-1666, Becquet). Décédée entre le 10-03-1669 et le 29-10-1669. Ne savait pas signer.
Mariage : le 24-01-1667, à Québec, avec Jacques LEBOEUF (habitant), baptisé le 14-04-1643, décédé le 28-11-1696, ne sachant pas signer. C. de m. le 03-01-1667 (Duquet). Ménage établi à Ste-Foy. 2 enfants.

JODON, Marie. Fille de Jean et de feue Marie GAUTIER, veuve de François PAVAGEAUT, de La Flotte (contrat de m.) ou de St-Étienne d'Ars (acte de m.), Île de Ré, ar. et év. La Rochelle, en Aunis. Arrivée en 1669, apportant des biens estimés à 100 livres et un don du roi de 50 livres. Décédée entre le 27-02-1675 et le recensement de 1681. Ne savait pas signer.
Mariage: le 12-08-1669, à Québec, avec André BARBEAU dit Laforest (habitant), né vers 1639, décédé le 29-09-1699, ne sachant pas signer. C. de m. le 04-08-1669 (Becquet). Ménage établi à Charlesbourg. 3 enfants.

JOLIVET, Charlotte-Catherine. Fille de Louis et de Louise BELLEMANIÈRE, de St-Germain d'Andrésy, archev. Paris, en Île-de-France (ar. St-Germain-en-Laye). Née vers 1648. Arrivée en 1671, apportant des biens estimés à 300 livres et un don du roi de 50 livres. Décédée en 1689 à Lachenaie. Ne savait pas signer.
1er mariage: le 12-10-1671, à Québec, avec Léonard GIRARDIN dit Sanssoucy (habitant et laboureur), né vers 1645, décédé entre le 08-05-1687 et le 18-10-1688, ne sachant pas signer. C. de m. le 10-10-1671 (Becquet). Ménage établi à Lachine. 7 enfants.
2e mariage: le 18-10-1688, à Lachine, avec Simon TRILLAUD (laboureur), né vers 1644, ne sachant pas signer. Ménage établi à Rivière-des-Prairies. Aucun enfant.

JOLY, Charlotte. Fille de feu Pierre et de Marie MILLERAYE, de la par. St-Solène, v. et év. Blois, en Orléanais. Née vers 1648. Arrivée en 1669, apportant un don du roi de 50 livres. Décédée le 02-12-1718 à Québec. Savait signer.
Mariage: le 20-08-1669, à Ste-Famille Î.O., avec Antoine DRAPEAU (habitant et tailleur), né vers 1646, décédé le 23-08-1717, sachant signer. C. de m. le 05-08-1669 (Duquet). Ménage établi à Beaumont. 10 enfants.

JOSSARD, Élisabeth. Fille de feu Gaspard et de Marie DESCHAMPS, de la par. St-Gervais (contrat de m.) ou St-Nicolas-des-Champs (acte de m.), v. et archev. Paris, en Île-de-France. Née vers 1652. Arrivée en 1670, apportant des biens estimés à 800 livres et un don du roi de 50 livres. Décédée le 09-11-1728 à Montréal. Savait signer.
Mariage: le 06-10-1670, à Québec, avec Jean-Baptiste DE POITIERS, sieur du Buisson (écuyer, interprète en anglais et en hollandais à New-York), né vers 1645, décédé le 27-03-1727, sachant signer. C. de m. le 05-10-1670 (Becquet). Ménage établi à Montréal. 7 enfants.

JOURDAIN, Marguerite. Fille de Claude et de feue Marguerite LAHAYE. Baptisée le 12-11-1648 à Notre-Dame du Bois-Robert, archev. Rouen, en Normandie (ar. Dieppe). Arrivée en 1667. Décédée le 19-05-1720 à St-Sulpice. Ne savait pas signer.
1er mariage: le 25-11-1667, à Montréal, avec Bernard DELPÊCHE dit Bélair (habitant), né vers 1641, décédé le 09-12-1687, ne sachant pas signer. C. de m. le 23-11-1667 (Basset). Ménage établi à Repentigny. 10 enfants.
2e mariage: le 08-01-1689, à Repentigny, avec Louis MAGEAU dit Maisonseule, né vers 1645, décédé le 17-01-1700, sachant signer. C. de m. le 29-12-1688 (Fleuricourt). Ménage établi à Repentigny. 2 enfants.

JUIN, Jeanne. Fille de François et d'Anne CHARLOTTE, de la par. St-Laurent, v. et archev. Paris, en Île-de-France. Née vers 1655. Arrivée en 1672. Décédée entre le 30-05-1689 et le 22-10-1697. Ne savait pas signer.
Mariage: c. de m. le 17-04-1673 (Larue), à Champlain, avec Bernard DUMOUCHEL dit Laroche (habitant et maître cordonnier), né vers 1651, décédé entre le 30-08-1706 et le 12-06-1709, ne sachant pas signer. Ménage établi à Champlain. 6 enfants.

JULIEN, Anne. Fille de Pierre et de Marie PEPIEN, de la par. St-Germain-l'Auxerrois, v. et archev. Paris, en Île-de-France. Née vers 1651. Arrivée en 1668. Décédée après le 10-05-1700. Savait signer.

Mariage: le 12-11-1668, à Montréal, avec Nicolas CHOQUET dit Champagne (habitant), né vers 1643, décédé le 25-02-1722, ne sachant pas signer. Ménage établi à Varennes. 10 enfants.

– L –

LABASTILLE dite MARTIN, Renée. Fille de feu Martin (écuyer chez le roi) et d'Anne RUBUFEY, de la par. St-Séverin, v. et archev. Paris, en Île-de-France. Née vers 1649. Arrivée en 1668. Mère d'un enfant illégitime (Jacques) né le 26-07-1669 à Québec. Contrat de mariage annulé avec Pierre ROLLANDEAU (20-07-1668, Lecomte). Décédée après le 16-08-1709. Savait signer.

Mariage: le 11-04-1669, à Ste-Famille Î.O., avec René GAUTHIER dit Larose (habitant et cordonnier), né vers 1629, décédé le 28-12-1687. Ménage établi à St-Laurent Î.O. 12 enfants.

LABBÉ, Anne. Veuve de Guillaume GILLES, de Notre-Dame d'Huisseau-sur-Cosson, ar. et év. Blois, en Orléanais. Arrivée en 1663. Décédée entre le 08-10-1665 et le recensement de 1666.

Mariage: le 05-11-1663, à Québec, avec Marc GIRARD (habitant), né vers 1642. Ménage établi à Ste-Famille Î.O. 1 enfant.

LABBÉ, Jacqueline. D'origine inconnue. Née vers 1651. Arrivée en 1668. Décédée le 01-11-1721 à Montréal. Savait signer.

Mariage: avant 1670, à St-Ours, avec Mathurin COLIN dit Laliberté (habitant et maître maçon), né vers 1643, décédé le 14-04-1708, ne sachant pas signer. Ménage établi à Longueuil. 13 enfants.

LABBÉ, Jeanne. Fille de feu Charles et de Marie FRANÇOIS, de la par. St-Leu-St-Gilles, v. et archev. Paris, en Île-de-France. Née vers 1641. Arrivée en 1669, apportant des biens estimés à 250 livres et un don du roi de 50 livres. Contrat de mariage annulé avec Pierre MERCIER (22-10-1669, Duquet). Décédée le 27-05-1715 à St-Vallier. Savait signer.

Mariage: le 28-11-1669, à Ste-Famille Î.O., avec Jean ÉLIE dit Breton (habitant), né vers 1621, décédé le 16-12-1699, ne sachant pas signer. C. de m. le 05-11-1669 (Becquet). Ménage établi à St-Jean Î.O. 5 enfants.

LACROIX, Suzanne. Fille de feu Jacques et de feue Françoise-Anne PERROT, de la par. St-Laurent, v. et archev. Paris, en Île-de-France. Née vers 1656. Arrivée en 1669, apportant des biens estimés à 200 livres et un don du roi de 50 livres. Contrat de mariage annulé avec Guillaume BERTRAND (07-11-1669, Becquet). Décédée le 14-12-1718 à Québec. Ne savait pas signer.

Mariage: le 17-10-1672, à Québec, avec Jacques SAVARIA (habitant), né vers 1649, décédé le 18-03-1724, ne sachant pas signer. C. de m. le 02-03-1672 (Vachon). Ménage établi à Beauport. 9 enfants.

LAFAYE, Marie. Fille de feu Pierre et de Marguerite CONSTANTIN, de la par. St-Pierre, v. et év. Saintes, en Saintonge. Née vers 1643. Arrivée en 1663. Décédée le 29-12-1708 à St-François Î.O. Ne savait pas signer.

Mariage: le 22-10-1663, à Québec, avec René ÉMOND (habitant), né vers 1641, décédé entre le 11-08-1705 et le 20-04-1706, sachant signer. C. de m. le 19-10-1663 (Gloria). Ménage établi à St-François Î.O. 10 enfants.

LAFLEUR, Joachine. Fille de feu Charles (marchand boucher) et de Jeanne GACHET, du bourg de La Châtaigneraie, év. Maillezais, en Poitou (ar. Fontenay-le-Comte). Née vers 1644. Arrivée en 1663. Décédée après le recensement de 1681. Ne savait pas signer.

Mariage: le 11-02-1664, à Québec, avec Pierre MARTIN (habitant), né vers 1643, décédé le 09-10-1713, ne sachant pas signer. C. de m. le 16-01-1664 (Fillion). Ménage établi à St-Augustin. 6 enfants.

LAFONTAINE, Marie-Anne. Fille de feu Nicolas et de feue Marie-Marguerite HÉRAULT, de la par. St-Sulpice, v. et archev. Paris, en Île-de-France (acte de m.) ou de la v. et év. Amiens, en Picardie (contrat de m.). Née vers 1641. Arrivée en 1670, apportant des biens estimés à 200 livres et un don du roi de 50 livres. Décédée le 16-10-1702 à St-Laurent Î.O. Savait signer.

Mariage: le 28-08-1670, à Ste-Famille Î.O., avec Marin DALLERAY (habitant et menuisier), né vers 1636, décédé le 26-05-1707, ne sachant pas signer. C. de m. le 22-08-1670 (Becquet). Ménage établi à St-Laurent Î.O. 3 enfants.

LAGOU, Anne. Fille de feu Pierre et de Marie BOISCOCHIN, de la par. St-Étienne, v. et év. Le Mans, dans le Maine. Née vers 1652. Arrivée en 1670, apportant des biens estimés à 200 livres et un don du roi de 50 livres. Décédée le 16-12-1728 à St-Augustin. Ne savait pas signer.

1er mariage: le 08-09-1670, à Québec, avec Pierre VALLIÈRE (habitant), né vers 1647, décédé entre le 24-01-1681 et le 24-10-1681, ne sachant pas signer. C. de m. le 25-08-1670 (Becquet). Ménage établi à St-Augustin. 8 enfants.

2e mariage: le 08-01-1682, à Neuville, avec Rémi DUPIL (habitant et charpentier), né vers 1641, décédé le 07-12-1700, sachant signer. Ménage établi à St-Augustin. 7 enfants.

LAÎNÉ, Anne. Fille d'Emmanuel et de Jeanne LEGRAND, de St-Aubin d'Auton, év. Chartres, en Île-de-France (ar. Étampes). Née vers 1653. Arrivée en 1669, apportant des biens estimés à 50 livres et un don du roi de 50 livres. Décédée le 16-05-1725 à l'Hôtel-Dieu de Québec. Ne savait pas signer.

1er mariage: le 14-10-1669, à Ste-Famille Î.O., avec Étienne CONTENT (tisserand en toile, travaillant au mois), né vers 1634, décédé le 17-06-1685, ne sachant pas signer. C. de m. le 23-09-1669 (Duquet). Ménage établi à Ste-Famille Î.O. 6 enfants.

2e mariage: le 05-11-1685, à Charlesbourg, avec René BISSON dit Lépine (habitant), baptisé le 07-04-1635, décédé le 21-03-1708, ne sachant pas signer. C. de m. le 27-10-1685 (Genaple). Ménage établi à Charlesbourg. 3 enfants.

3e mariage: le 05-11-1708, à Charlesbourg, avec Marc TESSIER (habitant), né vers 1641, décédé le 22-03-1709, ne sachant pas signer. Ménage établi à Charlesbourg. Aucun enfant.

LAÎNÉ, Catherine. Fille de Jean et de Marie RENAULT. Baptisée le 06-02-1654 à Ste-Croix-des-Pelletiers, v. et archev. Rouen, en Normandie. Arrivée en 1671, apportant des biens estimés à 300 livres et un don du roi de 50 livres. Contrat de mariage annulé avec Jacques BLUTEAU (21-10-1671, Becquet). Décédée après le 09-01-1715. Ne savait pas signer.

1er mariage: le 23-11-1671, à Ste-Famille Î.O., avec Étienne MESNY (habitant), né vers 1646, décédé le 28-09-1693, ne sachant pas signer. Ménage établi à St-François Î.O. 11 enfants.

2e mariage: le 23-05-1709, à Ste-Famille Î.O., avec Jean PARÉ, né le 18-04-1656, décédé le 23-03-1746, sachant signer. C. de m. le 14-05-1709 (Jacob). Aucun enfant.

LAÎNÉ, Geneviève. Fille de François (huissier à la Cour des Aides de Paris) et de feue Geneviève PERRINOT, de la par. St-Barthélemy, v. et archev. Paris, en Île-de-France. Née vers 1650. Arrivée en 1667 et recensée à Montréal la même année comme « fille à marier » habitant avec les filles de la Congrégation. Décédée le 07-04-1689 à Montréal. Savait signer.

Mariage: le 21-11-1667, à Montréal, avec Pierre DE VANCHY (habitant et maître menuisier), né vers 1638, décédé le 22-10-1693, ne sachant pas signer. C. de m. le 18-11-1667 (Basset). Ménage établi à Montréal. 7 enfants.

LAMAIN, Marguerite. Fille de Jacques et de Marguerite DESHAYES, de la par. St-Vivien, v. et archev. Rouen, en Normandie. Née vers 1657. Arrivée en 1670, apportant des biens estimés à 300 livres et un don du roi de 50 livres. Décédée après le 10-10-1714. Ne savait pas signer.

1er mariage: le 14-09-1670, à Québec, avec Michel ROGNON dit Laroche (habitant), né vers 1639, décédé le 08-11-1684, sachant signer. C. de m. le 03-09-1670 (Becquet). Ménage établi à Neuville. 6 enfants.

2e mariage: le 08-01-1685, à Neuville, avec Pierre MERCIER (habitant et meunier), né vers 1653, décédé le 17-11-1712. Ménage établi à Neuville. 8 enfants.

LAMARCHE, Charlotte. Fille de feu François et de Suzanne BOURGEOIS, de la par. St-Jacques-du-Haut-Pas, v. et archev. Paris, en Île-de-France. Arrivée en 1669, apportant des biens estimés à 300 livres et un don du roi de 50 livres. Décédée en 1671 à Boucherville. Ne savait pas signer. *Mariage:* le 30-09-1669, à Québec, avec Jacques LUSSIER (habitant), né vers 1646, décédé par noyade le 12-06-1713, ne sachant pas signer. C. de m. le 22-09-1669 (Becquet). Ménage établi à Varennes. 1 enfant.

LAMARRE, Anne. Fille d'Adrien et de Marie MERCIER, de la par. St-Sulpice, faubourg St-Germain-des-Prés, v. et archev. Paris, en Île-de-France. Née vers 1648. Arrivée en 1665. Décédée le 19-06-1698 à l'Hôtel-Dieu de Québec. Savait signer. *Mariage:* le 25-08-1666, à Québec, avec Pierre DUQUET dit Delachesnaye (notaire royal, premier échevin de Québec, juge bailli à l'Île d'Orléans et procureur du roi à la prévôté de Québec de 1681 à 1686), baptisé le 14-01-1643, décédé le 13-10-1687. Ménage établi à Québec. 10 enfants.

LAMBERT, Jeanne. Fille de feu Jean et de Jeanne BOSCHE, de la par. St-Gervais, v. et archev. Paris, en Île-de-France. Arrivée en 1669, apportant des biens estimés à 200 livres et un don du roi de 50 livres. Émigrée vers 1673. Savait signer. *Mariage:* le 04-10-1669, à Ste-Famille Î.O., avec Étienne BELLINIER dit La Ruine (habitant), né vers 1638, ne sachant pas signer. C. de m. le 22-09-1669 (Becquet). Ménage établi à Ste-Famille Î.O. 1 enfant.

LAMIRAULT, Marguerite. Fille de François (cocher de la reine) et de Jeanne CLOS, de la par. St-Germain-l'Auxerrois, rue des Poulies, v. et archev. Paris, en Île-de-France. Née vers 1645. Arrivée en 1668, apportant des biens estimés à 300 livres. Décédée le 17-10-1706 à l'Hôtel-Dieu de Québec. Ne savait pas signer.

Mariage: le 26-11-1668, à Québec, avec Honoré MARTEL dit Lamontagne (habitant et scieur de bois), né vers 1632, décédé entre le 28-07-1710 et le 03-09-1714, sachant signer. C. de m. le 17-11-1668 (Becquet). Ménage établi à Québec. 14 enfants.

* LAMOUREUX, Antoinette. Arrivée en 1667. Contrat de mariage probablement annulé avec Jacques LAMBERT (09-11-1667, La Tousche).

LAMY, Marie. D'origine inconnue. Née vers 1653. Arrivée en 1671. Décédée le 15-03-1733 à St-Ours. Ne savait pas signer. *1er mariage:* en 1671 ou 1672, à St-Ours, avec François CHEVREFILS dit Lalime, né vers 1643, décédé le 18-05-1678, ne sachant pas signer. Ménage établi à St-Ours. 4 enfants. *2e mariage:* en 1678 ou 1679, à St-Ours, avec Jean DUVAL (habitant et juge de la seigneurie de St-Ours), né vers 1641, décédé entre le 16-09-1691 et le 16-07-1704. Ménage établi à St-Ours. 5 enfants.

LANDRY, Louise. Fille de Pierre et de Marguerite GAUDRIÈRE, de St-Maurice de Loiré-sur-Nie, év. Saintes, en Saintonge (ar. St-Jean-d'Angély). Née vers 1641. Arrivée en 1667. Rejointe au pays par son neveu Jacques MASSICOT. Décédée le 28-12-1697 à Batiscan. Ne savait pas signer. *Mariage:* le 26-09-1667, à Québec, avec Pierre CONTENT (habitant), né vers 1638, décédé entre le 08-09-1692 et le 28-12-1697, ne sachant pas signer. C. de m. le 17-07-1667 (La Tousche). Ménage établi à Batiscan. Aucun enfant.

LANFILLÉ, Marie. Fille de Jean et de Catherine HUMELOT, de la par. St-Sulpice, faubourg St-Germain, v. et archev. Paris, en Île-de-France. Née vers 1646. Arrivée en 1665. Contrat de mariage annulé avec Thomas GRANDRY (18-10-1665, Aubert). Décédée entre les recensements de 1666 et de 1667 à Ste-Famille Î.O. Ne savait pas signer. *Mariage:* le 09-11-1665, à Château-Richer, avec Pierre ROCHE (habitant et cordonnier), né vers 1635, décédé entre le 02-12-1676 et le 05-04-1677, ne sachant pas signer. C. de m. le 26-10-1665 (Aubert). Ménage établi à Ste-Famille Î.O. Aucun enfant.

LANGE, Françoise. Fille de feu Jean et d'Antoinette DUBOIS, de la par. St-Jacques-de-la-Boucherie, v. et archev. Paris, en Île-de-France. Arrivée en 1673, apportant des biens estimés à 150 livres. Émigrée vers 1673. Savait signer.
Mariage: le 17-10-1673, à Québec, avec Étienne MOREAU (habitant), né vers 1645, ne sachant pas signer. C. de m. le 16-10-1673 (Rageot). Ménage établi à Batiscan. Aucun enfant.

LANGLOIS, Anne. Fille de feu Philippe et de Marie BINET, de la par. St-Sulpice, v. et archev. Paris, en Île-de-France. Née vers 1651. Arrivée en 1670, apportant des biens estimés à 300 livres et un don du roi de 50 livres. Rejointe au pays par sa mère, par son beau-père François BLÉRY et par son demi-frère Alexandre DOUCET. Décédée le 06-12-1724 à St-Jean Î.O. Savait signer.
Mariage: le 10-11-1670, à Ste-Famille Î.O., avec René CAUCHON, sieur de Laverdière (habitant, juge bailli de l'Île d'Orléans et chirurgien), baptisé le 04-09-1640, décédé le 12-12-1714, sachant signer. C. de m. le 04-11-1670 (Becquet). Ménage établi à St-Jean Î.O. 13 enfants.

LANGLOIS, Jacqueline. Fille de feu Claude et de feue Jacqueline GAUTIER, de St-Aubin de Limay, archev. Rouen, en Île-de-France (ar. Mantes-la-Jolie). Née vers 1635. Arrivée en 1668. Décédée le 19-10-1709 à Montréal. Ne savait pas signer.
1er mariage: le 17-11-1668, à Montréal, avec Jean MAY (habitant), né vers 1627, décédé le 17-05-1678, ne sachant pas signer. C. de m. le 17-11-1668 (Basset). Ménage établi à Montréal. Aucun enfant.
2e mariage: le 30-09-1678, à Montréal, avec Gilles GALIPEAU dit Lepoitevin (habitant), né vers 1637, décédé entre le 30-08-1682 et le 26-11-1703, ne sachant pas signer. C. de m. le 15-02-1679 (Maugue). Ménage établi à Montréal. 2 enfants.

LANGLOIS, Marie. Fille de Pierre et de Jeanne THORET, de la par. St-Hilaire, v. et év. Chartres, en Beauce. Née vers 1639. Arrivée en 1665. Rejointe au pays par sa soeur Marie. Décédée entre le recensement de 1681 et le 10-01-1703. Ne savait pas signer.
Mariage: c. de m. le 28-10-1665 (La Tousche), à Cap-de-la-Madeleine, avec Jean GLADU dit Cognac (habitant et laboureur), né vers 1637, décédé entre le recensement de 1681 et le 14-02-1684, ne sachant pas signer. Ménage établi à Cap-de-la-Madeleine. 7 enfants.

LANGLOIS, Marie. Fille de Thomas et de Marie NEUFVILLE. Baptisée le 23-10-1642 à St-Jacques, v. Dieppe, archev. Rouen, en Normandie. Arrivée en 1667, apportant des biens estimés à 200 livres. Décédée entre le 01-07-1687 et le 08-11-1688. Ne savait pas signer.
Mariage: le 18-03-1668, à Montréal, avec Jean POIRIER dit Lajeunesse (habitant), né vers 1647, décédé le 18-02-1722, ne sachant pas signer. C. de m. le 08-04-1680 (Adhémar). Ménage établi à Chambly. 10 enfants.

LANGUILLE, Jeanne. Fille de Michel et d'Étiennette TOUCHERAINE, d'Artannes-sur-Indre, ar. et archev. Tours, en Touraine. Née vers 1647. Arrivée en 1671, apportant des biens estimés à 300 livres et un don du roi de 50 livres. Décédée le 12-03-1711 à Charlesbourg. Ne savait pas signer.
Mariage: le 01-11-1671, à Québec, avec François ALLARD (habitant), né vers 1637, décédé le 25-10-1726, ne sachant pas signer. C. de m. le 18-10-1671 (Becquet). Ménage établi à Charlesbourg. 8 enfants.

LAPIERRE, Perrine. Fille de feu Pierre et de feue Claude LECLERC, de la par. St-Léonard, v. Corbeil, archev. Paris, en Île-de-France (ar. Évry). Née vers 1643. Arrivée en 1665. Décédée le 24-04-1712 à Montréal. Ne savait pas signer.
1er mariage: le 20-03-1666, à Montréal, avec Honoré DANIS dit Tourangeau (habitant, charron et maître charpentier), né

vers 1628, décédé entre le 12-07-1689 et le 25-06-1690, ne sachant pas signer. Ménage établi à Montréal. 11 enfants.

2e mariage: le 19-03-1705, à Lachine, avec Yves LUCAS dit St-Venant (maître tonnelier), né vers 1666, décédé le 03-05-1726, ne sachant pas signer. Ménage établi à Lachine. Aucun enfant.

LARCHER, Madeleine. Fille de feu Pierre et d'Adrienne LANGLOIS, de la par. St-Pierre, v. Montdidier, év. Beauvais, en Picardie. Née vers 1648. Arrivée en 1668, apportant des biens estimés à 300 livres. Décédée après le 18-11-1698. Ne savait pas signer.

Mariage: le 15-10-1668, à Québec, avec Élie VOISIN, né vers 1639, décédé entre le 14-11-1689 et le 30-05-1694, ne sachant pas signer. C. de m. le 08-10-1668 (Becquet). Ménage établi à Québec. 3 enfants.

LARCHEVÊQUE, Françoise. Fille d'Adrien et de Françoise REINS, de St-Martin de Veules-les-Roses, archev. Rouen, en Normandie (ar. Dieppe). Née vers 1641. Arrivée en 1667. Décédée le 04-07-1711 à Neuville. Ne savait pas signer.

Mariage: le 14-01-1668, à Québec, avec Jean DUBUC (habitant), baptisé le 21-01-1638, décédé au cours d'un naufrage à La Pointe-aux-Écureuils le 01-11-1688, ne sachant pas signer. C. de m. le 07-12-1667 (Becquet). Ménage établi à Neuville. 5 enfants.

* **LARTEAU**, Marie. Fille de Jean et Louise MASSE, du bourg de l'Île de Ré, ar. et év. La Rochelle, en Aunis. Arrivée en 1667, apportant des biens estimés à 200 livres. Contrat de mariage annulé avec Pierre GUILBAULT (10-07-1667, Rageot). Présente au contrat de mariage de Marie GIRARD et Jacques DUBOIS (17-07-1667, Rageot). Ne savait pas signer.

LASNON, Marie. Fille de feu Gilles et de Colette LAÎNÉ. Baptisée le 22-09-1647 à St-Vivien, v. et archev. Rouen, en Normandie. Arrivée en 1667, apportant des biens estimés à 300 livres. Décédée le 03-03-1727 à l'Hôtel-Dieu de Québec. Ne savait pas signer.

1er mariage: le 24-11-1667, à Québec, avec Pierre FERET (habitant et maître de barque), né vers 1641, décédé entre le 24-04-1688 et le 31-01-1695, ne sachant pas signer. C. de m. le 11-11-1667 (Becquet). Ménage établi à Neuville. 10 enfants.

2e mariage: le 08-05-1701, à Québec, avec Pierre LEDOUX dit Latreille (habitant et menuisier), né vers 1648, décédé entre le 01-02-1706 et le 04-08-1715, ne sachant pas signer. C. de m. le 25-04-1701 (Lepailleur). Ménage établi à Québec. Aucun enfant.

LATIER, Françoise. Veuve (d'un inconnu), de la par. St-Sulpice, v. et archev. Paris, en Île-de-France. Née vers 1653. Arrivée en 1669. Décédée le 03-10-1696 à l'Hôtel-Dieu de Québec.

Mariage: le 15-09-1669, à Ste-Famille Î.O., avec Jean LEVERT (habitant), né vers 1633, décédé entre le 08-08-1691 et le 01-10-1715. 2 enfants.

LATOUCHE, Marguerite. Fille de Jean et de feue Marie TOUELLON, de la v. et év. Rennes, en Bretagne. Née vers 1656. Arrivée en 1673, apportant des biens estimés à 200 livres. Décédée après le 07-04-1693. Ne savait pas signer.

Mariage: le 21-09-1673, à Québec, avec Jacques MANSEAU (habitant), né vers 1636, décédé le 25-06-1711, ne sachant pas signer. C. de m. le 10-09-1673 (Becquet). Ménage établi à St-Laurent Î.O. 11 enfants.

LAURENCE, Geneviève. D'origine inconnue. Née vers 1641. Arrivée en 1664. Décédée le 09-06-1707 à Québec. Ne savait pas signer.

1er mariage: en 1664, avec Adrien MICHELON (habitant et cordonnier), né vers 1644, décédé entre le 26-09-1679 et le 30-08-1681, sachant signer. Ménage établi à Charlesbourg. 7 enfants.

2e mariage: le 09-09-1681, à Québec, avec Jean JOURNET dit Guespin (cordonnier), né vers 1651, sachant signer. C. de m. le 30-08-1681 (Duquet). Ménage établi à Québec. Aucun enfant.

LAURENT, Catherine. Veuve de Louis RICHARD, de St-Étienne de Tonnay-Charente, év. Saintes, en Saintonge (ar. Rochefort). Arrivée en 1667. Décédée entre le 10-07-1670 et le recensement de 1681. *Mariage:* le 28-09-1667, à Québec, avec Moïse HILARET (maître charpentier pour les bateaux du roi), né vers 1639, décédé le 07-11-1719. C. de m. le 15-09-1667 (Becquet). 2 enfants.

LAUVERGNAT, Jacqueline. Fille de Jacques et d'Étiennette MOREAU, de la v. Orléans (acte de m.) ou de St-Patoine de Sandillon (contrat de m.), ar. et év. Orléans, en Orléanais. Née vers 1637. Arrivée en 1663, apportant des biens estimés à 400 livres. Décédée après le 15-10-1698. Ne savait pas signer. *1er mariage:* le 21-04-1664, à Château-Richer, avec Pierre GAULIN (habitant), né vers 1629, décédé le 16-11-1677, ne sachant pas signer. C. de m. le 29-03-1664 (Aubert). Ménage établi à Ste-Famille Î.O. 1 enfant. *2e mariage:* le 30-01-1679, à Ste-Famille Î.O., avec Marc BAREAU (habitant et fermier), né vers 1622, décédé le 22-12-1687, ne sachant pas signer. C. de m. le 25-01-1679 (Vachon). Ménage établi à Ste-Famille Î.O. Aucun enfant.

LAVAL, Claude. Fille de Claude et de feue Jeanne BLONDEAU, de la par. St-Laurent, v. et év. Amiens, en Picardie. Née vers 1651. Arrivée en 1671, apportant des biens estimés à 300 livres et un don du roi de 50 livres. Décédée entre le 15-09-1691 et le 01-01-1702. Ne savait pas signer. *Mariage:* le 26-10-1671, à Québec, avec Louis BONNODEAU dit Châtellerault (habitant), né vers 1641, décédé entre le 03-12-1684 et le 03-09-1685, ne sachant pas signer. C. de m. le 13-10-1671 (Becquet). Ménage établi à Neuville. 5 enfants.

LAVERDURE, Marguerite. Fille de Martin et de Jacqueline LELIOT, de la par. St-Nicolas-des-Champs, v. et archev. Paris, en Île-de-France. Née vers 1646. Arrivée en 1665, apportant des biens estimés à 200 livres. Morte « subitement après plusieurs années d'enfance » le 22-08-1727 à St-Pierre Î.O. Ne savait pas signer. *Mariage:* c. de m. le 12-10-1665 (Duquet), à l'Île-d'Orléans, avec Maurice CRÉPEAU (habitant et sergier), baptisé le 25-11-1637, décédé le 08-09-1704, ne sachant pas signer. Ménage établi à St-Pierre Î.O. 9 enfants.

LEBLANC, Anne. Fille de Nicolas (marchand) et de feue Anne GAULTIER, de St-Martin, Île de Ré, ar. et év. La Rochelle, en Aunis. Née vers 1649. Arrivée en 1672, apportant des biens estimés à 200 livres. Décédée le 28-11-1734 à Québec. Savait signer. *Mariage:* le 13-03-1673, à Québec, avec Pierre MÉNAGE (habitant et maître charpentier), né vers 1645, décédé le 16-04-1715, ne sachant pas signer. C. de m. le 30-11-1672 (Becquet). Ménage établi à Québec. 11 enfants.

LEBON DE CHAMPFLEURY, Marie. Fille de Guillaume et de Marie GORATIN, de la v. Mayenne, év. Le Mans, dans le Maine. Arrivée en 1665. Mère d'un enfant illégitime (Eustache) né le 02-10-1665 à Québec. Émigrée vers 1665. Savait signer. *Mariage:* le 29-11-1665, à Québec, avec François BIDARD, sachant signer. C. de m. le 26-11-1665 (Fillion). Ménage établi à Québec. 1 enfant.

LEBRUN, Marie. Fille de feu Jacques et de feue Marie MICHEL. Baptisée le 03-12-1643 à St-Jacques, v. Dieppe, archev. Rouen, en Normandie. Arrivée en 1667. Décédée le 05-08-1689 à Lachine. Ne savait pas signer. *Mariage:* le 24-02-1668, à Montréal, avec Pierre BARBARY dit Grandmaison (habitant et laboureur), né vers 1651, décédé le 05-08-1689 (ce couple et neuf de leurs enfants ont été capturés et tués par les Iroquois lors du massacre de Lachine), ne sachant pas signer. C. de m. le 02-02-1668 (Basset). Ménage établi à Lachine. 10 enfants.

LECLERC, Anne. Fille de Jean et de Perrette BRUNEL, de la par. St-Rémy, v. Dieppe, archev. Rouen, en Normandie.

Née vers 1645. Arrivée en 1668. Précédée au pays par sa soeur Marguerite. Décédée le 04-10-1716 à St-François Î.O.
Mariage: en 1668, à l'Île-d'Orléans, avec Vincent CHRÉTIEN (habitant), né vers 1643, décédé le 03-06-1700. Ménage établi à St-François Î.O. 8 enfants.

LECLERC, Denise. Fille de feu Jean et de Jeanne NIRQUELON, de Notre-Dame de Gonesse, archev. Paris, en Île-de-France (ar. Montmorency). Née vers 1654. Arrivée en 1669, apportant des biens estimés à 200 livres et un don du roi de 50 livres. Décédée après le 17-09-1713. Ne savait pas signer.
1er mariage: le 03-10-1669, à Ste-Famille Î.O., avec Claude DELOMAY (habitant et cordier), né vers 1631, décédé le 08-11-1695, ne sachant pas signer. C. de m. le 21-09-1669 (Becquet). Ménage établi à St-Laurent Î.O. 3 enfants.
2e mariage: le 19-02-1703, à St-Laurent Î.O., avec Marin DALLERAY (habitant et menuisier), né vers 1636, décédé le 26-05-1707, ne sachant pas signer. C. de m. le 09-02-1703 (Genaple). Ménage établi à St-Laurent Î.O. Aucun enfant.

LECLERC, Françoise. Fille de Jean et de Léonarde MARTINEAU, de Juignac, ar. et év. Angoulême, en Angoumois. Arrivée en 1668. Émigrée vers 1676. Ne savait pas signer.
Mariage: le 27-08-1668, à Québec, avec Michel RIFAULT, né vers 1644, ne sachant pas signer. Ménage établi à Charlesbourg. 5 enfants.

LECLERC, Geneviève. Fille de feu Marin et de Geneviève JULIEN, de St-Jacques de Darnétal, ar. et archev. Rouen, en Normandie. Née vers 1640. Arrivée en 1671, apportant des biens estimés à 300 livres et un don du roi de 50 livres. Décédée entre le recensement de 1681 et le 24-04-1687. Savait signer.
Mariage: le 26-11-1671, à Québec, avec Laurent POIRÉ (habitant), né vers 1630, décédé après le 02-05-1709, ne sachant pas signer. C. de m. le 12-11-1671 (Becquet). Ménage établi à Pointe-Lévy. 4 enfants.

LECLERC, Marguerite. Fille de Pierre et de Nicole PETIT, de la par. St-Symphorien, v. et archev. Tours, en Touraine. Née vers 1637. Arrivée en 1665. Décédée le 31-05-1704 à Montréal. Ne savait pas signer.
Mariage: le 26-11-1665, à Montréal, avec Julien BELOY dit Servigny (habitant), né le 03-11-1637, décédé le 01-10-1730, ne sachant pas signer. C. de m. le 22-11-1665 (Mouchy). Ménage établi à Longue-Pointe. 4 enfants.

LECOMTE, Jeanne. Fille de Nicolas et de Nicole JORNET, de La Ferté-sous-Jouarre, ar. et év. Meaux, en Brie. Née vers 1636. Arrivée en 1671. Décédée le 30-05-1687 à Laprairie. Ne savait pas signer.
1er mariage: c. de m. le 14-06-1672 (Roy-Châtellerault), à Ste-Anne-de-la-Pérade, avec Olivier DE LAROUX dit Desroches, décédé entre le 14-06-1672 et le 14-12-1675, ne sachant pas signer. Ménage établi à Ste-Anne-de-la-Pérade. Aucun enfant.
2e mariage: le 25-10-1677, à Laprairie, avec Julien AVERTY dit Langevin (habitant, marguillier et serrurier), né vers 1635, décédé le 01-10-1687, ne sachant pas signer. C. de m. le 07-10-1677 (Roy-Châtellerault). Ménage établi à Laprairie. Aucun enfant.

* LECOMTE, Marguerite. Arrivée en 1673. Présente au contrat de mariage de Marie CHANCY et Michel PRÉZEAU (18-09-1673, Rageot). Ne savait pas signer.

LECOMTE, Marie. Fille de feu Denis et de Marguerite MOREAU, de la par. St-Solène, v. et év. Blois, en Orléanais. Née vers 1641. Arrivée en 1672. Décédée le 21-11-1700 à Montréal. Ne savait pas signer.
Mariage: c. de m. le 22-10-1672 (Rageot), avec Jacques HABERT (habitant), né vers 1634, décédé après le 21-11-1700, sachant signer. Ménage établi à Laprairie. Aucun enfant.

LECOMTE, Suzanne. D'origine inconnue. Arrivée en 1665. Morte en couches le 24-12-1666 à Cap-de-la-Madeleine. Ne savait pas signer.

Mariage : en 1665, à Cap-de-la-Madeleine, avec François ARSENAULT (fermier), né vers 1625, décédé le 10-02-1669 d'un flux de sang, ne sachant pas signer. Ménage établi à Cap-de-la-Madeleine. 1 enfant.

* **LECONTE**, Élisabeth. Arrivée en 1666. Marraine de Marie BOYER, fille de Charles et Marguerite TÉNARD (24-08-1667, Montréal). Elle est alors dite « fille de soy ».

LECOQ, Jeanne. Fille de feu Jacques et de Jeanne BODELEAU, de la par. St-Roch, v. et archev. Paris, en Île-de-France. Née vers 1639. Arrivée en 1670, apportant des biens estimés à 200 livres et un don du roi de 50 livres. Décédée le 01-11-1707 à l'Hôtel-Dieu de Québec. Ne savait pas signer.

1er mariage : le 08-09-1670, à Québec, avec Guillaume DUBEAU (habitant), né vers 1626, décédé entre le 29-10-1671 et le 03-01-1672, ne sachant pas signer. C. de m. le 24-08-1670 (Becquet). Ménage établi à Charlesbourg. 2 enfants.

2e mariage : le 18-01-1672, à Québec, avec Martin MOREAU (habitant), décédé entre le 24-10-1684 et le 16-06-1689, ne sachant pas signer. C. de m. le 03-01-1672 (Rageot). Ménage établi à Québec. 3 enfants.

3e mariage : le 27-06-1689, à Québec, avec Jean FORTUNAT dit Laverdure (soldat du fort), né vers 1637, décédé après le 01-10-1698, ne sachant pas signer. C. de m. le 16-06-1689 (Rageot). Aucun enfant.

LECOUTRE, Louise. D'origine inconnue. Née vers 1648. Arrivée en 1665. Décédée après le 02-02-1689.

Mariage : vers 1665, à Cap-de-la-Madeleine, avec Nicolas CREVIER, sieur de Bellerive (habitant), né vers 1645, décédé après le 02-02-1689. Ménage établi à Cap-de-la-Madeleine. 11 enfants.

LEDOUX, Jacquette. Fille de Jean et de Jeanne HIOUT, de St-Martin d'Esnandes, ar. La Rochelle (acte de m.) ou de la par. Notre-Dame-de-Coigne, v. et év. La Rochelle (contrat de m.), en Aunis. Née vers 1640. Arrivée en 1664, apportant des biens estimés à 500 livres. Décédée le 09-09-1690

à l'Hôtel-Dieu de Québec. Ne savait pas signer.

1er mariage : le 10-11-1664, à Québec, avec Jacques GRIMAULT (habitant), né vers 1638, décédé entre le recensement de 1667 et le 21-10-1668, ne sachant pas signer. C. de m. le 15-10-1664 (Duquet). 2 enfants.

2e mariage : le 26-11-1668, à Québec, avec Marc TESSIER (habitant), né vers 1641, décédé le 22-03-1709, ne sachant pas signer. C. de m. le 21-10-1668 (Rageot). Ménage établi à Charlesbourg. 5 enfants.

LEFEBVRE, Antoinette. Fille de Charles et de Louise PRUDHOMME, de Chanu, ar. et év. Évreux. en Normandie. Née vers 1653. Arrivée en 1671, apportant des biens estimés à 400 livres et un don du roi de 50 livres. Décédée entre le 14-05-1708 et le 21-05-1725. Ne savait pas signer.

Mariage : le 09-11-1671, à Québec, avec Hilaire LIMOUSIN dit Beaufort (habitant et tailleur d'habits), né vers 1633, décédé le 14-05-1708, ne sachant pas signer. C. de m. le 29-10-1671 (Becquet). Ménage établi à Champlain. 13 enfants.

LEFEBVRE, Élisabeth-Agnès. Fille de feu Guillaume et de Barbe VIET, de la par. St-Germain, v. et archev. Paris, en Île-de-France. Née vers 1655. Arrivée en 1670, apportant des biens estimés à 200 livres et un don du roi de 50 livres. Contrat de mariage annulé avec Nicolas NAUTEAU (31-08-1670, Becquet). Décédée le 28-07-1725 à Cap-St-Ignace. Ne savait pas signer.

Mariage : le 14-10-1670, à Ste-Anne-de-Beaupré, avec François THIBAULT (habitant), baptisé le 28-06-1647, décédé le 10-11-1724, ne sachant pas signer. C. de m. le 03-10-1670 (Becquet). Ménage établi à Cap-St-Ignace. 12 enfants.

LEFEBVRE, Marie. Fille de feu Jacques et de Marguerite CANUT, de la par. St-Vivien, v. et archev. Rouen, en Normandie. Née vers 1641. Arrivée en 1669, apportant des biens estimés à 150 livres et un don du roi de 50 livres. Décédée le 08-01-1693 à l'Hôtel-Dieu de Québec. Ne savait pas signer.

Mariage: le 15-10-1669, à Québec, avec Jean DELASTRE dit Lajeunesse (habitant), né vers 1627, décédé après le 08-01-1693, ne sachant pas signer. C. de m. le 14-10-1669 (Duquet). Ménage établi à Neuville. 1 enfant adoptif.

LEFEBVRE, Marie. Fille de feu Barthélemy et de Marie BANIN, de Pont-Ste-Maxence, év. Beauvais, en Île-de-France (ar. Senlis). Née vers 1647. Arrivée en 1671, apportant des biens estimés à 300 livres et un don du roi de 50 livres. Décédée le 29-08-1730 à Boucherville. Savait signer.

1er mariage: en 1671, à Chambly, avec Jean PARIS dit Champagne (habitant), né vers 1637, décédé entre le 08-07-1684 et le 01-10-1690, ne sachant pas signer. C. de m. le 06-10-1672 (Becquet). Ménage établi à Chambly. Aucun enfant.

2e mariage: le 03-11-1693, à Pointe-aux-Trembles, avec Joachim REGUINDEAU dit Joachim (habitant), né vers 1641, décédé le 06-03-1714, ne sachant pas signer. C. de m. le 25-10-1693 (Adhémar). Ménage établi à Boucherville. Aucun enfant.

LEFEBVRE, Marie. Fille de feu Antoine et d'Hélène CAVET, de la v. et év. Soissons, en Île-de-France. Née vers 1651. Arrivée en 1671, apportant des biens estimés à 300 livres et un don du roi de 50 livres. Décédée après le 19-03-1686. Ne savait pas signer.

Mariage: le 16-11-1671, à Trois-Rivières, avec André MARCIL dit L'Espagnol (habitant et charpentier), né vers 1644, décédé le 14-06-1725, ne sachant pas signer. C. de m. le 21-10-1671 (Becquet). Ménage établi à Laprairie. 6 enfants.

LEFEBVRE, Marie. Fille de feu Pierre et de Michelle JOVET, de la par. St-Martin, v. et év. Soissons, en Île-de-France. Née vers 1645. Arrivée en 1670, apportant des biens estimés à 200 livres et un don du roi de 50 livres. Décédée le 04-12-1728 à Ste-Anne-de-la-Pérade. Ne savait pas signer.

1er mariage: le 13-10-1670, à Québec, avec Louis GUIBAULT dit Grandbois (habitant), né vers 1637, décédé entre le 16-07-1708 et le 17-07-1715, ne sachant pas

signer. C. de m. le 25-08-1670 (Becquet). Ménage établi à Ste-Anne-de-la-Pérade. 8 enfants.

2e mariage: le 17-07-1715, à Ste-Anne-de-la-Pérade, avec Pierre GENDRAS (habitant), né vers 1643, décédé le 06-11-1724, ne sachant pas signer. Ménage établi à Ste-Anne-de-la-Pérade. Aucun enfant.

LEFEBVRE dite LACROIX, Barbe. Fille de feu Jacques (marchand grossier) et de feue Barbe THIEULIN. Baptisée le 19-03-1634 à St-Vincent, v. et archev. Rouen, en Normandie. Arrivée en 1668. Décédée après le recensement de 1681. Savait signer.

Mariage: le 14-01-1669, à Montréal, avec Mathurin GOYER dit Laviolette (habitant), baptisé le 23-12-1621, décédé le 10-02-1684, ne sachant pas signer. C. de m. le 27-12-1668 (Basset). Ménage établi à Montréal. 3 enfants.

LEFRANÇOIS, Françoise. Fille de feu Antoine et de Paquette RENARD, de Notre-Dame d'Ouville-la-Bien-Tournée, ar. et év. Lisieux, en Normandie. Née vers 1647. Arrivée en 1671, apportant des biens estimés à 300 livres et un don du roi de 50 livres. Décédée le 10-06-1699 à Québec. Ne savait pas signer.

Mariage: le 19-10-1671, à Québec, avec François LAVERGNE (habitant et maçon), né vers 1648, décédé le 27-06-1714, ne sachant pas signer. C. de m. le 12-10-1671 (Becquet). Ménage établi à Québec. 6 enfants.

LEGENDRE, Jeanne. Fille d'Isaac et de Claude LENTONNE, de St-Denis-lès-Rebais, ar. et év. Meaux, en Brie. Née vers 1636. Arrivée en 1669. Décédée le 01-03-1714 à Grondines. Ne savait pas signer.

Mariage: c. de m. le 03-12-1669 (Cusson), à Cap-de-la-Madeleine, avec Claude SAUVAGEAU (habitant), baptisé le 10-05-1643, décédé après le 19-04-1694, ne sachant pas signer. Ménage établi à Grondines. 2 enfants.

LEGRAND, Antoinette. Fille de feu Jean et de feue Nicole PION, de St-Jean d'Eu, archev. Rouen, en Normandie (ar.

Dieppe). Née vers 1651. Arrivée en 1669. Mère d'un enfant illégitime (Pierre) né le 22-02-1693 à Montréal. Décédée le 21-11-1701 à Boucherville. Ne savait pas signer. *1er mariage:* le 03-10-1669, à Québec, avec Nicolas PRUNIER dit Picard (habitant), né vers 1641, décédé entre le 15-06-1691 et le 27-06-1691 après avoir été enlevé par les Iroquois, ne sachant pas signer. Ménage établi à Lavaltrie. 1 enfant. *2e mariage:* c. de m. le 28-08-1693 (Ménard), à Contrecoeur, avec Thomas NEVEU dit Lacroix (fermier), décédé entre le 30-06-1732 et le 21-03-1758. Ménage établi à Contrecoeur. Aucun enfant.

LEGRAND, Nicole. Fille de feu Nicolas et d'Anne DUPLESSIS, de la par. St-Sulpice, v. et archev. Paris, en Île-de-France. Née vers 1648. Arrivée en 1669, apportant des biens estimés à 400 livres et un don du roi de 50 livres. Décédée le 05-10-1713 à St-Laurent Î.O. Savait signer. *Mariage:* le 22-10-1669, à Ste-Famille Î.O., avec François NOËL (habitant), né vers 1644, décédé le 26-05-1725, sachant signer. C. de m. le 13-10-1669 (Becquet). Ménage établi à St-Laurent Î.O. 10 enfants.

LEGUAY, Madeleine. Fille de Jean et de Madeleine LEGUAY, de la par. St-Merry, v. et archev. Paris, en Île-de-France. Née vers 1640. Arrivée en 1668. Décédée entre le 04-02-1688 et le 26-10-1691. *Mariage:* le 03-06-1669, à Québec, avec Jacques LARCHEVÊQUE (ouvrier), né le 16-02-1648, décédé le 14-01-1727. Ménage établi à L'Ancienne-Lorette. 11 enfants.

LEGUAY, Madeleine. Fille de feu Rolin (marchand bourgeois) et de feue Anne DE LA MARE. Baptisée le 07-12-1636 à St-Jean, v. et archev. Rouen, en Normandie. Arrivée en 1668, apportant des biens estimés à 200 livres. Décédée le 21-12-1708 à Neuville. Savait signer. *Mariage:* le 06-11-1668, à Québec, avec Jean GARNIER (habitant et fermier), né vers 1641, décédé le 16-06-1713, ne sachant pas signer. C. de m. le 27-10-1668

(Becquet). Ménage établi à Neuville. 6 enfants.

LELONG, Marie. Fille de feu Mathurin et de Perrine MORET, de Toussaint, v. et év. Rennes, en Bretagne. Née vers 1648. Arrivée en 1671, apportant des biens estimés à 300 livres et un don du roi de 50 livres. Décédée le 14-12-1687 à Laprairie. Ne savait pas signer. *Mariage:* le 12-10-1671, à Québec, avec René DUMAS dit Rencontre (habitant), né vers 1651, décédé entre le 28-06-1699 et le 01-09-1704, ne sachant pas signer. C. de m. le 07-10-1671 (Becquet). Ménage établi à Laprairie. 9 enfants.

LELONG, Marie-Anne. Fille de feu Jacques et de Marguerite GROSSIER, de la par. St-Pierre-aux-Boeufs, v. et archev. Paris, en Île-de-France. Née vers 1652. Arrivée en 1670, apportant des biens estimés à 200 livres et un don du roi de 50 livres. Décédée le 13-02-1684 à St-François Î.O. Ne savait pas signer. *Mariage:* le 16-09-1670, à Ste-Famille Î.O., avec Joseph BONNEAU dit Labécasse (habitant et maçon), né vers 1649, décédé le 30-11-1701, sachant signer. C. de m. le 31-08-1670 (Becquet). Ménage établi à St-François Î.O. 6 enfants.

LELOUP, Catherine. Fille de feu Nicolas (maître boulanger) et de Marguerite SERAUT, de la par. St-Saturnin, v. et év. Blois, en Orléanais. Née vers 1646. Arrivée en 1668. Décédée le 14-11-1734 à Trois-Rivières. Savait signer. *Mariage:* le 19-11-1668, à Montréal, avec Isaac NAFRECHOU (habitant, meunier, marchand bourgeois et cabaretier), né vers 1637, décédé le 29-08-1724, sachant signer. C. de m. le 11-11-1668 (Basset). Ménage établi à Montréal. 10 enfants.

LEMAIRE, Anne. Fille de feu Jean et de Marguerite CORNU, de Pont-sur-Yonne, ar. et archev. Sens, en Champagne. Née vers 1637. Arrivée en 1673, apportant des biens estimés à 300 livres. Décédée après le recensement de 1681. Ne savait pas signer.

Mariage: le 11-09-1673, à Québec, avec Philippe HULIN (habitant), né vers 1617, décédé après le 10-02-1691, sachant signer. C. de m. le 09-09-1673 (Duquet). Ménage établi à Charlesbourg. 1 enfant.

LEMAIRE, Marie. Fille de Joseph et d'Élisabeth DUPRÉ, de la v. Romorantin, év. Orléans, en Orléanais. Arrivée en 1669. Décédée entre le 25-07-1674 et le recensement de 1681. Ne savait pas signer.

Mariage: le 28-12-1669, à Montréal, avec Pierre RATEL (habitant), né vers 1637, décédé entre le 22-08-1684 et le 21-12-1691, ne sachant pas signer. C. de m. le 20-12-1669 (Basset). Ménage établi à Repentigny. 3 enfants.

LEMAÎTRE, Anne. Veuve de Louis ROY, de la par. St-Rémy, v. Dieppe, archev. Rouen, en Normandie. Née vers 1618. Arrivée en 1663 avec sa belle-fille Jeanne LELIÈVRE et ses petits-enfants Louis et Nicolas ROY. Précédée au pays par son fils Nicolas et le père de sa belle-fille Guillaume LELIÈVRE. Décédée après le 18-11-1693. Savait signer.

Mariage: le 07-11-1663, à Québec, avec Adrien BLANQUET dit La Fougère (habitant et sellier), né vers 1605, décédé entre le recensement de 1681 et le 06-08-1684, sachant signer. C. de m. le 25-10-1663 (Gloria). Ménage établi à Ste-Famille Î.O. Aucun enfant.

* LEMAÎTRE, Gabrielle. Fille de Pierre et d'Andrée COUVRET, de Clefs, év. Angers, en Anjou (ar. Saumur). Arrivée en 1667, apportant des biens estimés à 300 livres. Contrat de mariage probablement annulé avec Jean RALLÉ dit Montauban (02-10-1667, Becquet). Ne savait pas signer.

LEMERLE DE HAUTPRÉ, Marguerite. Fille de feu Laurent (commissaire ordinaire des guerres) et de Gérarde BESIOTE, de la par. St-Gervais, v. et archev. Paris, en Île-de-France. Arrivée en 1671, apportant des biens estimés à 500 livres et un don du roi de 200 livres. Émigrée en 1683. Savait signer.

Mariage: le 08-02-1672, à Montréal, avec Laurent BORY dit Grandmaison (habi-

tant, tanneur et voyageur au service de Cavelier de La Salle), né vers 1637, décédé après février 1689, sachant signer. C. de m. le 16-01-1672 (Basset). Ménage établi à Lachine. 3 enfants.

LEMESLE, Catherine. Fille de feu Jean (marchand bourgeois) et de Marguerite RENARD, de la par. St-Pierre-du-Chastel, v. et archev. Rouen, en Normandie. Née vers 1646. Arrivée en 1671, apportant des biens estimés à 150 livres et un don du roi de 50 livres. Décédée après le 11-08-1711. Ne savait pas signer.

Mariage: le 13-06-1672, à Québec, avec Pierre MORIN (habitant), né vers 1647, décédé le 12-12-1706, ne sachant pas signer. C. de m. le 04-06-1672 (Rageot). Ménage établi à Québec. 8 enfants.

LEMOINE, Françoise. Fille d'Antoine et de Françoise DE LONGUEMERLIÈRE, de la par. St-Leu-St-Gilles, v. et archev. Paris, en Île-de-France. Née vers 1645. Arrivée en 1665. Décédée le 10-11-1728 à St-François-du-Lac. Savait signer.

Mariage: c. de m. le 15-06-1666 (La Tousche), à Cap-de-la-Madeleine, avec Pierre-René NIQUET (habitant), né vers 1642, décédé le 21-10-1722, ne sachant pas signer. Ménage établi à St-François-du-Lac. 11 enfants.

LEMOINE, Marie. Fille de feu Louis (laboureur) et d'Antoinette HÉBERT, de Poissy, év. Chartres, en Île-de-France (ar. St-Germain-en-Laye). Née vers 1645. Arrivée en 1665. Contrat de mariage annulé avec Pierre GUILBAULT (08-11-1665, Fillion). Décédée après le 13-01-1704. Ne savait pas signer.

Mariage: le 16-11-1665, à Québec, avec Jacques DUHAULT dit Paris (habitant), né vers 1643, décédé le 13-12-1700, sachant signer. C. de m. le 11-11-1665 (Duquet). Ménage établi à Charlesbourg. 7 enfants.

LENOIR dite PIROIS, Antoinette. Fille de feu Jean et d'Antoinette PIROIS, de la par. St-Eustache (acte de m.) ou St-Merry (contrat de m.), v. et archev. Paris, en Île-de-France. Née vers 1651. Arrivée en 1669, apportant des biens estimés à 300 livres et un don du roi de 50 livres. Contrat de mariage annulé avec Julien MEUNIER (29-09-1669, Becquet). Décédée après le 18-07-1701. Ne savait pas signer.

1er mariage : le 29-10-1669, à Québec, avec Jacques LEBOEUF (habitant), né le 14-04-1643, décédé le 28-11-1696, ne sachant pas signer. C. de m. le 24-10-1669 (Duquet). 3 enfants.

2e mariage : le 18-07-1701, à Batiscan, avec Jean ARCOUET dit Lajeunesse (habitant), né vers 1646, décédé le 07-08-1727, sachant signer. C. de m. le 27-06-1701 (Trotain). Ménage établi à Champlain. Aucun enfant.

LÉONARD, Marie. Fille de feu Étienne (marchand poissonnier) et de feue Madeleine DESBOIS. Née le 17-07-1633 et baptisée au temple protestant de la v. de La Rochelle, en Aunis. Arrivée en 1666. Décédée le 02-07-1688 à Québec. Savait signer. *Mariage :* le 24-01-1667, à Trois-Rivières, avec René RÉMY dit Champagne (notaire et juge à Boucherville), né vers 1641, décédé après le 17-10-1688, sachant signer. C. de m. le 06-01-1667 (Ameau). Ménage établi à Beauport. Aucun enfant.

LEPAGE, Constance. Fille d'Étienne et de Nicole BERTHELOT, de Notre-Dame d'Ouanne, ar. et év. Auxerre, en Nivernais. Née vers 1651. Arrivée en 1673. Précédée au pays par ses frères Germain et Louis, sa belle-soeur Reine LORY et son neveu René LEPAGE. Décédée le 18-08-1688 à St-François Î.O. *Mariage :* le 05-02-1674, à Ste-Famille Î.O., avec François GARINET (habitant), né vers 1640, décédé le 28-03-1715, ne sachant pas signer. Ménage établi à St-François Î.O. 6 enfants.

LEPAGE, Marie-Rogère. Fille de René, sieur de la Croix (écuyer) et de Catherine DE MILLOT, veuve de Paul BELLEFONTAINE (écuyer), de la par. St-Martin, v. Clamecy, év. Autun, en Nivernais. Née vers 1631. Arrivée en 1667 après avoir signé un acte de protestation à Dieppe le 17-06-1667, apportant des biens estimés à 1000 livres. Décédée le 14-09-1702 à l'Hôtel-Dieu de Québec. Savait signer.

1er mariage : le 05-12-1667, à Québec, avec Roch THOÉRY, sieur de L'Ormeau (écuyer et lieutenant au régiment de la reine), décédé entre le 05-12-1667 et le 09-10-1681, sachant signer. C. de m. le 04-12-1667 (Becquet). Ménage établi à Québec. Aucun enfant.

2e mariage : le 16-10-1681, à Québec, avec Jean-Baptiste PEUVRET, sieur du Mesnu (secrétaire du gouverneur Lauson, notaire et greffier de la sénéchaussée, procureur fiscal de la Compagnie des Indes Occidentales, receveur du Domaine, greffier et seigneur), né vers 1632, décédé le 23-05-1697, sachant signer. C. de m. le 09-10-1681 (Duquet). Ménage établi à Québec. Aucun enfant.

LEPER, Anne. D'origine inconnue. Née vers 1647. Arrivée en 1673. Décédée le 29-01-1732 à Laprairie. Ne savait pas signer. *Mariage :* en 1673, à St-Ours, avec François PINSONNAULT dit Lafleur (habitant), né vers 1646, décédé le 26-01-1731, ne sachant pas signer. Ménage établi à Laprairie. 7 enfants.

LÉPINE, Andrée. Fille de feu Pierre et d'Andrée GRIFON, de St-Georges de Périgny, ar. et év. La Rochelle, en Aunis. Née vers 1645. Arrivée en 1666. Rejointe au pays par sa soeur Marie. Décédée le 22-12-1688 à Québec. Ne savait pas signer. *Mariage :* le 19-11-1668, à Québec, avec Claude CHASLE (bourgeois et tonnelier), né vers 1643, décédé le 09-08-1698, sachant signer. C. de m. le 17-11-1668 (Duquet). Ménage établi à Québec. 8 enfants.

LÉPINE, Anne. Fille de Jacques et de Noémi MOURLON. Née le 16-02-1637 à Pointe-de-Coureilles, près d'Aytré, ar. et év. La Rochelle, en Aunis, et baptisée au temple protestant de la v. de La Rochelle. Arrivée en 1663. Décédée après le 27-07-1691. Ne savait pas signer. *Mariage :* le 21-04-1664, à Québec, avec François BOUCHER dit Vin d'Espagne (habitant), baptisé le 28-03-1632, décédé entre le recensement de 1681 et le 25-11-1684, ne sachant pas signer. C. de m. le

12-04-1664 (Duquet). Ménage établi à Québec. 7 enfants.

LÉPINE, Marie. Fille de feu Pierre et d'Andrée GRIFON, de St-Georges de Périgny, ar. et év. La Rochelle, en Aunis. Née vers 1644. Arrivée en 1667. Précédée au pays par sa soeur Andrée. Décédée après le 02-08-1697. Ne savait pas signer.
Mariage: le 29-10-1677, à Québec, avec Moïse FAURE dit St-Vivien (habitant et soldat), né vers 1629, décédé entre le 23-11-1687 et le 23-08-1692, sachant signer. C. de m. le 28-10-1677 (Duquet). Ménage établi à Ste-Anne-de-la-Pérade. 4 enfants.

LEQUIN, Élisabeth. Fille de Pierre et de Catherine BOLDIEU, de la par. St-Germain-l'Auxerrois, v. et archev. Paris, en Île-de-France. Née vers 1648. Arrivée en 1667, après avoir participé à un acte de protestation rédigé à Dieppe le 17-06-1667. Décédée le 12-02-1700 à Neuville. Ne savait pas signer.
1er mariage: le 05-07-1668, à Québec, avec Jean GAIGNEUR dit Laframboise, né vers 1642, décédé le 29-09-1670, sachant signer. C. de m. le 07-06-1668 (Rageot). Ménage établi à Québec. 2 enfants.
2e mariage: le 08-02-1671, à Québec, avec Étienne LÉVEILLÉ (habitant et tapissier), né vers 1641, décédé le 06-12-1687, sachant signer. C. de m. le 27-12-1670 (Rageot). Ménage établi à Neuville. 6 enfants.
3e mariage: le 26-04-1688, à Neuville, avec Pierre GIRARD (habitant), né vers 1641, décédé après le 04-08-1710, ne sachant pas signer. C. de m. le 16-04-1688 (Rageot). Ménage établi à St-Augustin. Aucun enfant.

LEROUX, Catherine. Fille de feu Henri et d'Élisabeth CHARDON, de la par. St-Sulpice, v. et archev. Paris, en Île-de-France. Née vers 1653. Arrivée en 1670, apportant des biens estimés à 800 livres et un don du roi de 50 livres. Contrat de mariage annulé avec Nicolas GOULET (03-09-1670, Becquet). Décédée le 03-05-1728 à Montréal. Savait signer.
Mariage: le 29-10-1670, à Château-Richer, avec René GOULET (habitant et charron), baptisé le 27-10-1650, décédé le 28-07-

1717, ne sachant pas signer. C. de m. le 13-10-1670 (Becquet). Ménage établi à Lachenaie. 5 enfants.

* LEROUX, Marguerite. Veuve de Pierre de VILLATE. Arrivée en 1665. Citée comme marraine du 17-07-1666 au 20-06-1668 à Québec.

LEROUX, Marie. Née vers 1645, dans l'archev. Rouen, en Normandie. Arrivée en 1668. Décédée le 05-04-1717 à Sorel. Ne savait pas signer.
1er mariage: avant 1673, à Sorel, avec Jacques ÉNAUD dit Canada, décédé le 02-12-1690, ne sachant pas signer. Ménage établi à Berthier (en haut). 1 enfant.
2e mariage: en 1691, à Sorel, avec Pierre BORNEUF. Ménage établi à Berthier (en haut). Aucun enfant.

LESAINT, Marie. Fille de feu Pierre et de Martine BOULLEAU, de la v. et év. Nantes, en Bretagne. Née vers 1653. Arrivée en 1671, apportant des biens estimés à 400 livres et un don du roi de 50 livres. Décédée le 17-09-1712 à Québec. Ne savait pas signer.
Mariage: le 26-11-1671, à Québec, avec Étienne MARANDA (écrivain et huissier de la prévôté de Québec), né vers 1651, décédé le 03-05-1714, sachant signer. C. de m. le 21-11-1671 (Becquet). Ménage établi à Québec. 12 enfants.

LESDILLER, Michelle. Fille de Nicolas et de Renée CHEVALIER, de la par. St-Sauveur, v. et archev. Paris, en Île-de-France. Née vers 1645. Arrivée en 1668. Décédée le 07-12-1718 à St-François Î.O. Ne savait pas signer.
1er mariage: c. de m. le 27-12-1668 (La Tousche), à Cap-de-la-Madeleine, avec Nicolas MILET dit Marandais (habitant), né vers 1633, décédé entre le 12-07-1684 et le 12-04-1685, ne sachant pas signer. Ménage établi à Champlain. 4 enfants.
2e mariage: le 29-09-1685, à Trois-Rivières, avec Pierre GILBERT dit Lachasse (domestique), né vers 1652. 3 enfants.

LESPÉRANCE, Marie. Fille de Jean et de Marie DUVON, veuve de Jean POMMEROLE (maître menuisier), de la par. St-

Étienne-du-Mont, v. et archev. Paris, en Île-de-France. Née vers 1642. Arrivée en 1665, apportant des biens estimés à 200 livres. Décédée entre le recensement de 1666 et le 23-11-1671. Ne savait pas signer. *Mariage:* le 04-11-1665, à Québec, avec Benoît PONSART (maçon et habitant), né vers 1621, décédé entre le 11-12-1672 et le recensement de 1681, ne sachant pas signer. C. de m. le 19-10-1665 (Duquet). Ménage établi à Ste-Famille Î.O. Aucun enfant.

LEVAIGNEUR, Marguerite. Fille de Jean et de feue Perrette CAILLETOT, de St-Saëns, archev. Rouen, en Normandie (ar. Dieppe). Née vers 1651. Arrivée en 1667. Contrat de mariage annulé avec Bernard DELPÊCHE (25-10-1667, Basset). Décédée après le 25-12-1685. Ne savait pas signer.
Mariage: le 01-03-1668, à Montréal, avec Léonard MONTREAU dit Francoeur (soldat et habitant), né vers 1646, décédé le 15-02-1699, ne sachant pas signer. C. de m. le 29-02-1668 (Basset). Ménage établi à Boucherville. 1 enfant.

LEVASSEUR, Jeanne. Fille de feu Nicolas (marchand boucher) et de Catherine LE-FORESTIER. Baptisée le 04-05-1631 à St-Éloi, v. et archev. Rouen, en Normandie. Arrivée en 1667, apportant des biens estimés à 300 livres. Émigrée en 1671. Décédée le 29-05-1673. Ne savait pas signer.
Mariage: le 24-10-1667, à Québec, avec Barthélemy TESSON (habitant et tailleur d'habits), né vers 1621, décédé le 20-12-1679, ne sachant pas signer. C. de m. le 17-10-1667 (Becquet). Ménage établi à Charlesbourg. Aucun enfant.

LEVIEUX dite COLOMBE, Claire. Fille de Pierre, sieur de Collanges (garde de la manche du roi), et de Jeanne LEGRAND, de la rue St-Honoré, v. et archev. Paris, en Île-de-France. Arrivée en 1670, apportant des biens estimés à 200 livres et un don du roi de 50 livres. Émigrée vers 1677. Savait signer.
Mariage: le 02-09-1670, à Ste-Famille Î.O., avec Pierre NEVEU (habitant), né vers 1647, ne sachant pas signer. C. de m. le

23-08-1670 (Becquet). Ménage établi à Ste-Famille Î.O. 1 enfant.

LIARDIN, Marie. Fille de feu Jean et de Marguerite CHESNÉ, de la par. St-Germain-l'Auxerrois, v. et archev. Paris, en Île-de-France. Née vers 1654. Arrivée en 1668, apportant des biens estimés à 200 livres. Décédée le 31-03-1724 à Montréal. Savait signer.
Mariage: le 09-10-1668, à Québec, avec Pierre LANCOUGNIER dit Lacroix (habitant), né vers 1641, décédé le 05-12-1708, ne sachant pas signer. C. de m. le 05-10-1668 (Becquet). Ménage établi à Boucherville. Aucun enfant.

LINIÈRE, Jeanne-Marie-Anne. Fille de Marc, sieur d'Archambau (écuyer), et de feue Michelle TESTU, de Ste-Gemmes-sur-Loire, ar. et év. Angers (contrat de m.) ou de la par. St-Julien, v. et év. Angers (acte de m.), en Anjou. Arrivée en 1671. Décédée entre le 19-01-1672 et le recensement de 1681. Ne savait pas signer.
Mariage: le 19-01-1672, à Montréal, avec Louis AUMEAU (habitant), né vers 1628, décédé le 15-01-1720, ne sachant pas signer. C. de m. le 22-12-1671 (Basset). Ménage établi à Lachine. Aucun enfant.

LOISEAU, Anne. Fille de François et de Barbe GARLIN, de la par. St-Sulpice, faubourg St-Germain, v. et archev. Paris, en Île-de-France. Née vers 1636. Arrivée en 1664. Décédée après le 02-08-1688. Savait signer.
1ᵉʳ mariage: le 21-07-1664, à Montréal, avec Guillaume GENDRON dit La Rolandière (habitant, maître couvreur et boucher), né vers 1631, décédé le 24-09-1687, sachant signer. Ménage établi à Longueuil. 2 enfants.
2ᵉ mariage: le 02-08-1688, à Montréal, avec Charles LEMOINE dit Charleville (soldat), tué le 02-07-1695 par les Iroquois. C. de m. le 29-06-1688 (Maugue). Aucun enfant.

LOISEAU, Françoise. Fille de feu Nicolas et de Françoise FREGU, de St-Crépin-aux-Bois, év. Soissons, en Île-de-France (ar. Compiègne). Née vers 1638. Arrivée en 1669, apportant des biens estimés à 100 livres et un don du roi de 50 livres. Décédée le 28-10-1728 à Contrecoeur. Ne savait pas signer.

Mariage: c. de m. le 07-10-1669 (Becquet), à Sillery, avec Mathurin GRÉGOIRE (habitant), né vers 1646, décédé le 27-10-1728, ne sachant pas signer. 6 enfants.

LORET, Étiennette. Fille de Jean et de Françoise LEFROY, de la par. et faubourg St-Laurent, v. et archev. Paris, en Île-de-France. Née vers 1649. Arrivée en 1671, apportant des biens estimés à 100 livres. Décédée le 29-03-1733 à Boucherville. Ne savait pas signer.

Mariage: en 1671 ou 1672, à Boucherville, avec Jean-Baptiste BAU dit Lalouette (habitant et fermier), né vers 1654, décédé le 15-11-1728, ne sachant pas signer. C. de m. le 17-07-1678 (Adhémar). Ménage établi à Boucherville. 10 enfants.

LORIOT, Perrette. Fille de Pierre et de Jeanne BUSQUET, du bourg du Bourget, archev. Paris, en Île-de-France (ar. Bobigny). Née vers 1656. Arrivée en 1671, apportant des biens estimés à 300 livres et un don du roi de 50 livres. Décédée le 13-11-1730 à Berthier (en bas). Ne savait pas signer.

Mariage: le 21-10-1671, à Ste-Anne-de-Beaupré, avec Pierre BUTEAU (habitant et laboureur), né vers 1637, décédé le 21-11-1705, sachant signer. C. de m. le 14-10-1671 (Becquet). Ménage établi à St-François Î.O. 8 enfants.

LOUVET, Catherine. Fille d'Abraham (barbier et chirurgien) et de Marie DAVID, de la par. St-Candé-le-Jeune, v. et archev. Rouen, en Normandie. Née vers 1649. Arrivée en 1668. Décédée le 31-05-1715 à Québec. Savait signer.

Mariage: le 15-02-1672, à Québec, avec Guillaume BRASSARD (habitant), né le 14-12-1647, ne sachant pas signer. C. de m. le 02-02-1672 (Duquet). Ménage établi à Sillery. 7 enfants.

LUCOS, Catherine. Fille de Nicolas et de Marie MASSON, de St-Maurice, archev. Paris, en Île-de-France (ar. Créteil). Née vers 1646. Arrivée en 1671. Décédée le 13-08-1707 à Montréal. Ne savait pas signer.

Mariage: c. de m. le 14-11-1671 (Adhémar), à Sorel, avec Marin MOREAU dit Laporte (habitant), né vers 1645, décédé le 15-07-1705, ne sachant pas signer. Ménage établi à Sorel. Aucun enfant.

– M –

MABILLE, Anne. D'origine inconnue. Née vers 1640. Arrivée en 1666. Décédée le 31-07-1702 à St-Laurent Î.O.

Mariage: en 1666, à l'Île-d'Orléans, avec Claude SALOIS (habitant), né vers 1641, décédé le 02-06-1709, ne sachant pas signer. Ménage établi à St-Laurent Î.O. 13 enfants.

MAGDELAIN, Jeanne. Fille de feu Jacques et de Marguerite ROUSSEL, de la par. St-Laurent, faubourg St-Denis, v. et archev. Paris, en Île-de-France. Née vers 1646. Arrivée en 1669, apportant des biens estimés à 100 livres et un don du roi de 50 livres. Décédée le 23-09-1716 à Neuville. Ne savait pas signer.

Mariage: le 04-11-1669, à Québec, avec Antoine TAPIN (habitant), né vers 1641, décédé le 03-02-1712, ne sachant pas signer. C. de m. le 28-10-1669 (Duquet). Ménage établi à Neuville. 2 enfants.

MAGNAN, Anne. Fille de feu Simon et d'Anne..., de la par. St-Germain-l'Auxerrois, v. et archev. Paris, en Île-de-France. Née vers 1650. Arrivée en 1665. Décédée le 20-12-1713 à l'Hôtel-Dieu de Québec. Ne savait pas signer.

Mariage: le 22-10-1665, à Québec, avec Jean GAUVIN (habitant, laboureur et fermier), né vers 1643, décédé le 06-06-1706, sachant signer. C. de m. le 20-10-1665 (Duquet). Ménage établi à L'Ancienne-Lorette. 10 enfants.

MAGNIER, Marie. D'origine inconnue. Née vers 1648. Arrivée en 1665. Décédée le 05-12-1723 à St-François Î.O. Ne savait pas signer.

1er mariage: en 1665, à l'Île-d'Orléans, avec Michel CHARTIER (habitant et faiseur de rets), né vers 1639, décédé entre le 08-02-1671 et le 07-10-1672, ne sachant pas signer. Ménage établi à Ste-Famille Î.O. 4 enfants.

2e mariage: le 07-01-1673, à Ste-Famille Î.O., avec Louis JINCHEREAU (habitant), né vers 1641, décédé le 14-12-1708. Ménage établi à St-François Î.O. 7 enfants.

MAJOR, Marie. Fille de feu Jean (receveur de la baronnie d'Heuqueville-en-Vexin et d'Aubeuf-en-Vexin) et de feue Marguerite LEPELÉ, de St-Thomas de Touques, ar. et év. Lisieux, en Normandie. Née vers 1640. Arrivée en 1668, apportant des biens estimés à 300 livres. Décédée le 08-12-1689 à l'Hôtel-Dieu de Québec. Ne savait pas signer.

Mariage: le 11-09-1668, à Québec, avec Antoine ROY dit Desjardins (habitant et tonnelier), baptisé le 23-03-1635, tué le 10-07-1684 par Jean TALUA, ne sachant pas signer. C. de m. le 06-09-1668 (Lecomte). Ménage établi à Batiscan. 1 enfant.

MALO, Marie. Fille de feu Jacques et de Marie CARLEUR, de Bailleul-Neuville, archev. Rouen, en Normandie (ar. Dieppe). Née vers 1641. Arrivée en 1670, apportant des biens estimés à 300 livres et un don du roi de 50 livres. Décédée le 24-08-1714 à Neuville. Ne savait pas signer.

Mariage: le 24-09-1670, à Château-Richer, avec Jacques BRIN dit La Pensée (habitant), né vers 1645, décédé le 14-02-1720, ne sachant pas signer. C. de m. le 07-09-1670 (Becquet). Ménage établi à Neuville. Aucun enfant.

MANSION, Jeanne. Fille de feu Jacques et de feue Anne DEGUAINCOUR, de la par. St-Jacques, v. et év. Metz, en Lorraine. Née vers 1649. Arrivée en 1669, apportant des biens estimés à 200 livres et un don du roi de 50 livres. Décédée le 09-07-1728 à St-Laurent. Ne savait pas signer.

1er mariage: le 09-10-1669, à Québec, avec Jean CHERLOT dit Desmoulins (habitant et maître charpentier), né vers 1641, décédé entre le 19-04-1693 et le 10-11-1698, ne sachant pas signer. C. de m. le 29-09-1669 (Becquet). Ménage établi à Verchères. 12 enfants.

2e mariage: le 05-06-1712, à Montréal, avec Vincent TUDAULT (meunier et maître farinier), né vers 1667, décédé le 16-02-1726, ne sachant pas signer. C. de m. le 22-05-1712 (Lepailleur). Aucun enfant.

MARCHAND, Catherine. Fille de Pierre et d'Andrée VINIER, de la par. St-Nicolas, v. et év. La Rochelle, en Aunis. Arrivée en 1667. Émigrée vers 1673. Ne savait pas signer.

Mariage: le 17-09-1667, à Québec, avec Laurent NAFRECHOU (charpentier), ne sachant pas signer. C. de m. le 12-08-1667 (Becquet). 2 enfants.

MARCHAND, Marie-Élisabeth. Fille de feu Jacques et de Claude BIETTRY, de la par. St-Paul, v. et archev. Paris, en Île-de-France. Arrivée en 1670, apportant des biens estimés à 400 livres et un don du roi de 50 livres. Contrats de mariage annulés avec Pierre COEUR (08-09-1670, Becquet) et Sylvain VEAU (28-09-1670, Becquet). Décédée entre le 15-11-1675 et le recensement de 1681. Ne savait pas signer.

Mariage: le 06-10-1670, à Québec, avec Pierre COEUR dit Jolicoeur (serrurier), né vers 1643, décédé entre le recensement de 1681 et le 12-06-1692, sachant signer. C. de m. le 05-10-1670 (Becquet). Ménage établi à Québec. 3 enfants.

MARCHESSAULT, Marie. Fille d'Étienne et de Sébastienne LAMOUREUX, de St-Jean de Magnils, év. Luçon, en Poitou (ar. Fontenay-le-Comte). Née vers 1639. Arrivée en 1669. Décédée après le recensement de 1681. Ne savait pas signer.

1er mariage: en 1669, à Charlesbourg, avec Pierre BOUTIN (habitant), décédé le 14-10-1670. Ménage établi à Charlesbourg. 1 enfant.

2e mariage: le 25-11-1670, à Québec, avec Jean MICHEL (habitant et laboureur), né vers 1640, tué par les Iroquois le 05-08-1689, ne sachant pas signer. C. de m. le 09-11-1670 (Fillion). Ménage établi à Lachine. 5 enfants.

MARÉCHAL, Madeleine. Fille de Jean et de feue Catherine PRÉVOST, de la par. St-Michel, v. et év. Amiens, en Picardie.

Arrivée en 1669, apportant des biens estimés à 200 livres et un don du roi de 50 livres. Contrat de mariage annulé avec Jean SOUCY (06-10-1669, Becquet). Décédée après le 03-07-1684. Ne savait pas signer.
Mariage: vers 1670, à Cap-de-la-Madeleine, avec Pierre POUPARDEAU, né vers 1644, décédé le 12-11-1689, ne sachant pas signer. 3 enfants.

MARÉCHAL dite DUBOIS, Marguerite. Fille de feu Pierre et de Jeanne DUBOIS, de St-Pierre de Thouron, év. Limoges, dans la Marche (ar. Bellac). Née vers 1636. Arrivée en 1669, apportant des biens estimés à 100 livres et un don du roi de 50 livres. Décédée le 14-03-1698 à Québec. Ne savait pas signer.
Mariage: le 02-11-1669, à Ste-Famille Î.O., avec Sébastien DOISON dit Larose (habitant), né vers 1629, décédé le 01-01-1685, ne sachant pas signer. C. de m. le 29-10-1669 (Duquet). Ménage établi à Québec. 2 enfants.

MARIÉ, Denise. Fille de feu Pierre (maître d'armes) et de Jeanne LORET, de la par. et rue St-Paul, v. et archev. Paris, en Île-de-France. Née vers 1654. Arrivée en 1673. Décédée le 31-08-1720 à Montréal. Ne savait pas signer.
1er mariage: le 12-02-1674, à Montréal, avec Jean QUENNEVILLE (maître tailleur d'habits, huissier seigneurial puis royal et receveur des droits), baptisé le 14-06-1653, décédé le 23-08-1701, sachant signer. C. de m. le 12-01-1674 (Basset). Ménage établi à Lachine. 11 enfants.
2e mariage: le 15-05-1704, à Lachine, avec Jean GUILBERT dit Laframboise (habitant), né vers 1651, décédé le 12-02-1727, ne sachant pas signer. C. de m. le 13-05-1704 (Adhémar). Ménage établi à Montréal. Aucun enfant.

MARIÉ, Jeanne. Fille de Denis et de feue Madeleine BIENVENU, de la par. St-Sulpice, v. et archev. Paris, en Île-de-France. Née vers 1643. Arrivée en 1670, apportant des biens estimés à 300 livres et un don du roi de 50 livres. Contrat de mariage annulé avec Laurent GIGNARD (31-08-1670,

Becquet). Décédée le 28-04-1684 à L'Ange-Gardien. Savait signer.
Mariage: le 29-10-1670, à Château-Richer, avec François VÉZINA (habitant), baptisé le 20-01-1642, décédé entre le 28-04-1684 et le 31-01-1701, sachant signer. C. de m. le 26-09-1670 (Becquet). Ménage établi à L'Ange-Gardien. 8 enfants.

MARTIN, Marie. Fille de feu Abraham (bourgeois) et de Suzanne D'AILLE-BOUST, de St-Pantaléon de Ravières, év. Langres, en Champagne (ar. Avallon). Née vers 1647. Arrivée en 1671. Précédée au pays par son oncle Charles D'AILLE-BOUST, son grand-oncle Louis D'AILLE-BOUST et ses grandes-tantes Barbe et Philippe-Gertrude de BOULOGNE. Décédée le 14-07-1680 à Boucherville. Savait signer.
Mariage: le 16-11-1671, à Montréal, avec Christophe FÉVRIER, sieur de Lacroix (habitant), baptisé le 08-03-1634, décédé le 29-09-1695, sachant signer. C. de m. le 12-10-1671 (Basset). Ménage établi à Boucherville. 7 enfants.

MARTIN, Marie. Fille de Jacques et de Luce CHALUT (ou Marie LEMAISTRE ou BOUNAU), de la par. Notre-Dame-de-Coigne, v. et év. La Rochelle, en Aunis. Née vers 1649. Arrivée en 1665. Précédée au pays par son frère Joachim. Décédée le 10-07-1729 à l'Hôpital général de Québec. Savait signer.
1er mariage: le 04-02-1666, à Château-Richer, avec Jean VALLÉE dit Lavallée (habitant), né vers 1642, décédé entre le 27-03-1672 et le 22-06-1673, sachant signer. C. de m. le 07-01-1666 (Vachon). Ménage établi à Ste-Famille Î.O. 3 enfants.
2e mariage: le 05-12-1673, à Ste-Famille Î.O., avec Jacques CHARIER dit Lafontaine (maître maçon et tailleur de pierre), né vers 1645, décédé entre le 11-08-1676 et le recensement de 1681, ne sachant pas signer. C. de m. le 04-12-1673 (Vachon). Ménage établi à Québec. 2 enfants.

* MARTIN, Reine. Arrivée en 1667, après avoir signé un acte de protestation à Dieppe le 17-06-1667. Présente au contrat de mariage d'Élisabeth LEQUIN et Jean

GAIGNEUR (07-06-1668, Rageot). Savait signer.

MASSERON, Marie. Originaire de la v. et archev. Paris, en Île-de-France. Née vers 1648. Arrivée en 1672. Décédée le 23-11-1705 à Montréal.
Mariage: en 1672, à Sorel, avec François MARSET (habitant et cordier), né vers 1635, décédé le 09-09-1708. Ménage établi à Sorel. 9 enfants.

MASSON, Anne. Fille de feu Nicolas et de Martine-Bertine DUVAL, de Notre-Dame des Moitiers-d'Allonne, év. Coutances, en Normandie (ar. Cherbourg). Née vers 1642. Arrivée en 1670, apportant des biens estimés à 200 livres et un don du roi de 50 livres. Décédée le 13-09-1710 à l'Hôtel-Dieu de Québec. Ne savait pas signer.
Mariage: le 08-09-1670, à Québec, avec Robert GALIEN (habitant), né vers 1641, décédé le 28-09-1711, ne sachant pas signer. C. de m. le 29-08-1670 (Becquet). Ménage établi à Beauport. 8 enfants.

MENACIER, Louise. Fille d'André et de Marie PICARD, de Ste-Colombe-sur-Seine, év. Langres, en Bourgogne (ar. Montbard). Née vers 1637. Arrivée en 1663. Décédée le 15-04-1687 à Pointe-Lévy.
Mariage: le 12-11-1663, à Québec, avec Toussaint LEDRAN (habitant), né vers 1634, décédé le 08-07-1711, ne sachant pas signer. C. de m. le 08-10-1663 (Duquet). Ménage établi à Pointe-Lévy. 10 enfants.

MÉNARD, Barbe. Fille de feu René (tailleur d'habits) et de Judith VEILLON, de St-Martin, Île de Ré, ar. et év. La Rochelle, en Aunis. Née vers 1649 et baptisée dans la religion protestante. Arrivée en 1669. Morte en couches le 16-06-1685 à Ste-Famille Î.O.
Mariage: le 26-08-1669, à Ste-Famille Î.O., avec Antoine VERMET dit Laforme, né vers 1636, décédé entre le 16-06-1685 et le 25-08-1713, ne sachant pas signer. Ménage établi à Ste-Famille Î.O. 8 enfants.

MERCIER, Marie. Fille de feu Nicolas et de feue Marie BOUROT, de La Ferté-sous-Jouarre, ar. et év. Meaux, en Brie.

Née vers 1657. Arrivée en 1671, apportant des biens estimés à 300 livres et un don du roi de 50 livres. Décédée le 06-12-1687 à Champlain. Ne savait pas signer.
Mariage: le 19-10-1671, à Québec, avec Jean CHEVAUDIER dit Lépine, né vers 1632, décédé le 16-08-1702, ne sachant pas signer. C. de m. le 18-10-1671 (Becquet). Ménage établi à Nicolet. 7 enfants.

MERLIN, Agathe. Fille de feu Adrien et de Françoise LEBRUN, de St-Roch de Montboyer, év. Saintes, en Saintonge (ar. Angoulême). Née vers 1646. Arrivée en 1670, apportant des biens estimés à 300 livres et un don du roi de 50 livres. Décédée le 04-12-1728 à Neuville. Ne savait pas signer.
Mariage: c. de m. le 31-08-1670 (Becquet), à Neuville, avec Jean LORIOT (habitant et maçon), né vers 1638, décédé le 11-07-1706, ne sachant pas signer. Ménage établi à Neuville. 4 enfants.

* MÉRY, Anne. Fille de feu Claude et de Marie GUESTIER, de la par. St-Benoît, v. et archev. Paris, en Île-de-France. Arrivée en 1669, apportant des biens estimés à 100 livres et un don du roi de 50 livres. Contrat de mariage annulé avec Pierre ABIROU dit Larose (23-10-1669, Duquet). Ne savait pas signer.

MESURÉ, Marie. Fille d'Étienne et de Cécile GIRARD, de la par. St-André, v. et év. Chartres, en Beauce. Née vers 1645. Arrivée en 1665. Décédée le 26-11-1708 à Ste-Famille Î.O. Ne savait pas signer.
Mariage: c. de m. le 20-12-1665 (Vachon), à l'Île-d'Orléans, avec Michel MONTAMBAULT dit Léveillé (habitant), né vers 1640, décédé le 09-02-1699, sachant signer. Ménage établi à Ste-Famille Î.O. 10 enfants.

MÉTRU, Marie-Anne. Fille de feu Claude (agent de l'archevêque de Paris) et de Jeanne CRISSOT, de la par. Ste-Marine, v. et archev. Paris, en Île-de-France. Née vers 1656. Arrivée en 1671, apportant des biens estimés à 400 livres et un don du roi de 100 livres. Décédée le 26-03-1731 à Pointe-Lévy. Savait signer.

1ᵉʳ mariage: le 26-11-1671, à Québec, avec Jacques SAMSON (habitant), né vers 1647, décédé le 03-05-1699, ne sachant pas signer. C. de m. le 13-11-1671 (Becquet). Ménage établi à Pointe-Lévy. 17 enfants.

2ᵉ mariage: le 24-11-1710, à Québec, avec Claude PHILIPPEAU (habitant, marchand bourgeois et maître tailleur d'habits), né vers 1638, décédé le 15-07-1713, sachant signer. C. de m. le 23-11-1710 (Dubreuil). Ménage établi à Québec. Aucun enfant.

MEUNIER, Antoinette. Fille d'Antoine et d'Anne LAMY, veuve de Jacques BARO (maître paneur), de la par. St-Pierre, v. et év. Autun, en Bourgogne. Née vers 1637. Arrivée en 1665. Décédée le 25-02-1697 à Grondines. Ne savait pas signer.

Mariage: c. de m. le 09-11-1665 (La Tousche), à Champlain, avec Jacques AUBERT (habitant et seigneur de Grondines), né vers 1638, décédé en 1710, ne sachant pas signer. Ménage établi à Grondines. 3 enfants.

MEUNIER, Marie. Originaire de St-Martin, Île de Ré, ar. et év. La Rochelle, en Aunis. Née vers 1642. Arrivée en 1666. Décédée après le 23-02-1691. Ne savait pas signer.

1ᵉʳ mariage: en 1666, à Beauport, avec Jacques HUDDE (habitant), né vers 1638, décédé le 24-02-1688, ne sachant pas signer. 7 enfants.

2ᵉ mariage: le 21-11-1690, à St-François-du-Lac, avec Jean GUILLET (habitant et fermier), né vers 1640, décédé le 23-02-1691. Ménage établi à St-François-du-Lac. Aucun enfant.

MEUNIER, Marie. Fille de Louis et de Marie TALMONT, de la par. St-Gervais, v. et év. Soissons, en Île-de-France. Née vers 1642. Arrivée en 1665, apportant des biens estimés à 200 livres. Décédée entre le 01-01-1676 et le recensement de 1681. Ne savait pas signer.

Mariage: c. de m. le 07-10-1665 (La Tousche), à Champlain, avec Charles BONIN (habitant), né vers 1639, décédé entre le 01-01-1676 et le recensement de 1681,

sachant signer. Ménage établi à Cap-de-la-Madeleine. Aucun enfant.

MEUNIER, Marie. Fille de Claude et de Catherine CHARPENTIER, de la par. St-Antoine, v. Compiègne, év. Soissons, en Île-de-France. Née vers 1643. Arrivée en 1665, apportant des biens estimés à 200 livres. Décédée le 28-08-1698 à Charlesbourg. Ne savait pas signer.

Mariage: le 13-10-1665, à Québec, avec Michel CHRÉTIEN (habitant), baptisé le 09-03-1640, décédé le 22-12-1721, ne sachant pas signer. C. de m. le 08-10-1665 (Duquet). Ménage établi à Charlesbourg. 7 enfants.

MICHAUD, Marie-Louise. Fille de feu Brésil (colonel du régiment de Bourgogne) et de feue Marguerite TESSIER, de St-Pierre de Sennevoy, archev. Sens, en Bourgogne (ar. Avallon). Née vers 1647. Arrivée en 1670 avec sa demi-soeur Françoise MICHEL, apportant des biens estimés à 300 livres et un don du roi de 50 livres. Décédée entre le recensement de 1681 et le 02-06-1686. Ne savait pas signer.

Mariage: le 10-09-1670, à Québec, avec Jean DANIAU dit Laprise (habitant), né vers 1637, décédé le 06-01-1709, ne sachant pas signer. C. de m. le 31-08-1670 (Becquet). Ménage établi à Berthier (en bas). 4 enfants.

MICHEL, Anne. D'origine inconnue. Née vers 1648. Arrivée en 1668. Décédée le 29-11-1724 à Contrecoeur. Ne savait pas signer.

1ᵉʳ mariage: en 1668 ou 1669, à Contrecoeur, avec Jacques PAVIOT dit Lapensée, décédé après le 25-02-1674. Ménage établi à Contrecoeur. 4 enfants.

2ᵉ mariage: en 1674, à Contrecoeur, avec Jean MASSAULT dit St-Martin (habitant et menuisier), né vers 1648, décédé entre le 27-02-1702 et le 29-11-1724. Ménage établi à Contrecoeur. 6 enfants.

MICHEL, Françoise. Fille de Brésil (colonel du régiment de Bourgogne) et de feue Marguerite MAISTRE, de St-Pierre de Sennevoy, archev. Sens, en Bourgogne (ar. Avallon). Née vers 1655. Arrivée en 1670 avec sa demi-soeur Marie-Louise MI-CHAUD. Décédée après le 11-07-1685. Ne savait pas signer.

1ᵉʳ mariage: c. de m. le 10-08-1670 (Ameau), à Cap-de-la-Madeleine, avec Gilles DUPONT (habitant), né vers 1636, décédé le 24-12-1683, ne sachant pas signer. Ménage établi à Cap-de-la-Madeleine. 6 enfants.

2ᵉ mariage: le 08-02-1685, à Québec, avec Paul HUBERT, né vers 1647, ne sachant pas signer. Aucun enfant.

MICHEL, Jacquette. Fille de feu Jacques et de Jeanne DUPONT, veuve de Jean GARDIN, de Ste-Catherine de La Flotte, Île-de-Ré, ar. La Rochelle, en Aunis. Née vers 1637. Arrivée en 1668, apportant des biens estimés à 100 livres. Décédée le 28-11-1710 à Rivière-Ouelle. Ne savait pas signer.

Mariage: le 23-10-1668, à Québec, avec André MIGNIER dit Lagacé (habitant), né vers 1640, décédé le 21-11-1727, ne sachant pas signer. C. de m. le 07-10-1668 (Becquet). Ménage établi à Rivière-Ouelle. 6 enfants.

MICHEL, Marie. Fille de Pierre et de Catherine DUBOCQ, de la par. St-Vivien, v. et archev. Rouen, en Normandie. Née vers 1637. Arrivée en 1667. Décédée le 22-02-1704 à l'Hôtel-Dieu de Québec. Ne savait pas signer.

Mariage: le 03-11-1667, à Québec, avec Charles MORIN (habitant et meunier), né vers 1641, décédé le 31-10-1704, ne sachant pas signer. C. de m. le 01-11-1667 (Rageot). Ménage établi à St-Augustin. 3 enfants.

MIGNAULT, Catherine. Fille de Jacques (marchand drapier) et de feue Marie PAUGOUET, de la v. et archev. Tours, en Touraine. Née vers 1653. Arrivée en 1673, apportant des biens estimés à 300 livres. Décédée le 18-09-1726 à Québec. Ne savait pas signer.

Mariage: le 15-10-1673, à Québec, avec Pierre LEMOINE dit Lavallée (habitant), né vers 1631, décédé entre le 14-02-1689 et le 18-09-1704, sachant signer. C. de m. le 14-10-1673 (Becquet). 8 enfants.

MIGNOLET, Gillette. Fille de feu Guillaume et d'Anne LEHOUET, de la par. Notre-Dame, v. et év. St-Malo, en Bretagne. Née vers 1646. Arrivée en 1671, apportant des biens estimés à 300 livres et un don du roi de 50 livres. Décédée après le recensement de 1681. Ne savait pas signer.

Mariage: le 19-10-1671, à Québec, avec Nicolas MINSON dit Lafleur (habitant), né vers 1639, décédé après le recensement de 1681, ne sachant pas signer. C. de m. le 15-10-1671 (Becquet). Ménage établi à Lachenaie. 5 enfants.

MILLOT, Françoise. Fille de feu Martin et de Catherine VERDON, de Notre-Dame de Vanvey, év. Langres, en Bourgogne (ar. Montbard). Née vers 1647. Arrivée en 1669, apportant des biens estimés à 450 livres et un don du roi de 50 livres. Décédée le 05-04-1703 à Neuville. Ne savait pas signer.

1ᵉʳ mariage: le 15-10-1669, à Québec, avec Jean LEPICQ (habitant), né vers 1639, décédé entre le 26-11-1685 et le 22-01-1688, sachant signer. C. de m. le 29-09-1669 (Duquet). Ménage établi à Neuville. Aucun enfant.

2ᵉ mariage: le 26-05-1688, à Neuville, avec René MEZERAY dit Nopces (habitant et journalier), né vers 1616, décédé le 16-03-1695, ne sachant pas signer. C. de m. le 17-04-1688 (Rageot). Ménage établi à Neuville. Aucun enfant.

3ᵉ mariage: le 30-09-1697, à Québec, avec Léonard DEBORD dit Lajeunesse (habitant), né vers 1637, décédé après le 05-04-1703, ne sachant pas signer. C. de m. le 19-09-1697 (Roger). Ménage établi à Neuville. Aucun enfant.

MOISAN, Françoise. Fille de feu Abel (laboureur à bras et jardinier) et de feue Marie SIMIOT, de la par. St-Barthélemy, v. et év. La Rochelle, en Aunis. Née vers 1645. Arrivée en 1663. Décédée le 02-11-1718 à Contrecoeur. Ne savait pas signer.

1ᵉʳ mariage: le 28-11-1663, à Montréal, avec Antoine BRUNET dit Belhumeur (habitant), né vers 1644, décédé entre le 18-06-1682 et le 04-06-1695, ne sachant pas signer. C. de m. le 19-10-1663 (Gloria). Ménage établi à Montréal. 8 enfants.

2ᵉ mariage: le 13-02-1707, à Montréal, avec Pierre PERTHUIS dit Lalime (habitant et marchand bourgeois), né vers 1644, décédé le 16-04-1708. C. de m. le 13-02-1707 (Adhémar). Aucun enfant.

MOITIÉ, Catherine. Fille de feu Jacques (maître sergier, huissier et sergent royal à La Rochelle) et de feue Françoise LANGE-VIN. Baptisée le 14-06-1649 à St-Barthélemy, v. et év. La Rochelle, en Aunis. Arrivée en 1663 avec sa soeur Marguerite. Précédée au pays par sa cousine Suzanne GUILBAUT, son mari Claude FEZERET et leurs enfants René et Jacques FEZERET. Décédée le 21-10-1727 à Boucherville. Ne savait pas signer.

1ᵉʳ mariage: le 19-09-1667, à Montréal, avec Désiré VIGER (habitant et maître de barque), né vers 1645, décédé le 05-03-1688, ne sachant pas signer. C. de m. le 28-09-1667 (Adhémar). Ménage établi à Boucherville. 10 enfants.

2ᵉ mariage: le 22-11-1688, à Boucherville, avec Jean POIRIER dit Lajeunesse (habitant), né vers 1647, décédé le 18-02-1722, ne sachant pas signer. C. de m. le 08-11-1688 (Moreau). Ménage établi à Boucherville. 1 enfant.

MOITIÉ, Marguerite. Fille de feu Jacques (maître sergier, huissier et sergent royal à La Rochelle) et de feue Françoise LANGE-VIN, de la par. St-Barthélemy, v. et év. La Rochelle, en Aunis. Née vers 1648. Arrivée en 1663 avec sa soeur Catherine, apportant des biens estimés à 300 livres. Précédée au pays par sa cousine Suzanne GUILBAUT, son mari Claude FEZERET et leurs enfants René et Jacques FEZE-RET.Décédée le 08-06-1701 à Ste-Famille Î.O. Ne savait pas signer.

Mariage: le 24-10-1663, à Château-Richer, avec Joseph-Élie GAUTHIER (habitant), né vers 1631, décédé le 09-12-1700, ne sachant pas signer. C. de m. le 07-10-1663 (Audouart). Ménage établi à Ste-Famille Î.O. 12 enfants.

MOITIÉ, Marie. Fille de Charles (maître maçon) et de Nicole CHAISE, de la par.

St-Sulpice, rue du Four, v. et archev. Paris, en Île-de-France. Née vers 1647. Arrivée en 1671, apportant des biens estimés à 300 livres et un don du roi de 200 livres. Décédée le 30-12-1727 à Montréal. Ne savait pas signer.

1ᵉʳ mariage: le 19-03-1672, à Montréal, avec Jean MAGNAN dit Lespérance (habitant et tailleur), né vers 1640, décédé entre le 29-07-1688 et le 20-09-1699, ne sachant pas signer. C. de m. le 09-03-1672 (Basset). Ménage établi à Laprairie. 8 enfants.

2ᵉ mariage: le 09-10-1700, à Montréal, avec Pierre CHESNE dit Saintonge (habitant et tailleur d'habits), né vers 1653, décédé le 17-05-1730, sachant signer. C. de m. le 08-10-1700 (Adhémar). Ménage établi à Montréal. Aucun enfant.

MONTMINY, Marie. Fille de feu Michel et d'Isabelle LARIVIÈRE. Baptisée le 25-02-1646 à St-Jean, v. et archev. Rouen, en Normandie. Arrivée en 1664, apportant des biens estimés à 200 livres. Contrat de mariage annulé avec Thomas GRANDRY (12-10-1665, Duquet). Mère d'une enfant illégitime (Julienne) baptisée le 19-12-1665 à Québec. Rejointe au pays par son cousin Charles et ses petites-cousines Marie et Barbe MONTMINY.Décédée entre le 19-07-1690 et le 24-07-1702. Ne savait pas signer.

1ᵉʳ mariage: le 07-01-1666, à Québec, avec Noël ROSE (habitant et cordonnier), né vers 1642, décédé entre le 03-12-1685 et le 25-11-1687, ne sachant pas signer. C. de m. le 05-01-1666 (Duquet). Ménage établi à Québec. 9 enfants.

2ᵉ mariage: le 25-11-1687, à Québec, avec François DUMAS (interprète des Iroquois et garde de Jacques Brisay - gouverneur de la Nouvelle-France en 1689), sachant signer. C. de m. le 16-11-1687 (Rageot). Ménage établi à Québec. 1 enfant.

MONVOISIN, Françoise. Fille de feu Jean et de Catherine PRUCHE, de la par. Notre-Dame, v. Épernay, en Champagne. Née vers 1649. Arrivée en 1668. Décédée le 09-11-1709 à St-Laurent Î.O. Ne savait pas signer.

1ᵉʳ mariage: c. de m. le 10-10-1668 (Rageot), à l'Île-d'Orléans, avec Nicolas GARI-
TEAU (habitant), né vers 1622, décédé le
08-05-1672, ne sachant pas signer. Ménage établi à Ste-Famille Î.O. 2 enfants.
2ᵉ mariage: le 16-10-1672, à Ste-Famille
Î.O., avec Marin GERVAIS (habitant), né
vers 1637, décédé le 10-11-1703, ne sachant pas signer. C. de m. le 28-08-1672
(Becquet). Ménage établi à St-Laurent Î.O.
2 enfants.

MOREAU, Marguerite. Fille de feu Fran-
çois et d'Anne FIOT, de la par. Notre-
Dame-de-la-Bonne-Nouvelle, v. et év.
Orléans, en Orléanais. Née vers 1650. Ar-
rivée en 1670, apportant des biens estimés
à 300 livres et un don du roi de 50 livres.
Décédée le 20-10-1690 à l'Hôtel-Dieu de
Québec. Ne savait pas signer.
Mariage: le 26-08-1670, à Québec, avec
André MORIN (habitant et corroyeur), né
vers 1645, décédé le 30-01-1710, ne sa-
chant pas signer. C. de m. le 23-08-1670
(Becquet). Ménage établi à Charlesbourg.
10 enfants.

MOREAU, Marguerite-Françoise. Fille de
feu François et de Françoise GARDIEN, de
la par. St-Sulpice, faubourg St-Germain, v.
et archev. Paris, en Île-de-France. Née vers
1655. Arrivée en 1670. Morte « à la suite
d'une longue maladie » le 16-10-1718 à
Laprairie. Savait signer.
1ᵉʳ mariage: le 30-09-1670, à Montréal,
avec Mathieu FAYE dit Lafayette (habitant), né vers 1641, décédé le 29-08-1695,
ne sachant pas signer. C. de m. le 27-09-
1670 (sous seing privé). Ménage établi à
Laprairie. 10 enfants.
2ᵉ mariage: le 21-11-1696, à Laprairie, avec
Jean LEFORT dit Laprairie, né vers 1669,
ne sachant pas signer. C. de m. le 07-11-
1696 (Adhémar). Ménage établi à Laprairie. 3 enfants.

MORIN, Charlotte. D'origine inconnue.
Née vers 1646. Arrivée en 1668. Décédée
le 01-03-1714 à Sorel. Ne savait pas signer.
Mariage: en 1668 ou 1669, à Sorel, avec
Pierre LETENDRE dit Laliberté (habitant
et menuisier), né vers 1636, décédé le 17-

05-1710, ne sachant pas signer. Ménage
établi à Sorel. 2 enfants.

MORIN, Marie. Fille de feu Étienne et de
Marguerite DESMAZEAUX, de Damblain,
év. Toul, en Lorraine (ar. Neufchâteau).
Née vers 1641. Arrivée en 1673, apportant
des biens estimés à 200 livres. Décédée le
27-01-1707 à Montréal. Ne savait pas signer.
Mariage: le 11-09-1673, à Québec, avec
Laurent GIGNARD (habitant, laboureur
et maître cordonnier), né vers 1633, décédé le 28-02-1702, sachant signer. C. de m.
le 09-09-1673 (Duquet). Ménage établi à
L'Ange-Gardien. 7 enfants.

MORIN, Marie. Fille de Pierre et d'Isabelle PELLERIN, de Challans, év. Luçon,
en Poitou (ar. Les Sables d'Olonne). Née
vers 1646. Arrivée en 1669. Précédée au
pays par son oncle Pierre PELLERIN dit
St-Amand. Décédée le 26-10-1725 à Québec. Ne savait pas signer.
Mariage: le 23-07-1669, à Québec, avec
Noël BOISSEL (habitant), baptisé le 13-
05-1641, décédé le 19-05-1721, ne sachant
pas signer. C. de m. le 04-07-1669 (Duquet). Ménage établi à Québec. 8 enfants.

MORIN, Marie. Fille de François et de
Charlotte ROULANT, veuve de Paul OU-
DIN, de la par. St-Jean-en-Grève, v. et
archev. Paris, en Île-de-France. Née vers
1646. Arrivée en 1665. Décédée le 09-02-
1729 à l'Hôpital général de Québec. Ne
savait pas signer.
1ᵉʳ mariage: le 15-11-1665, à Québec, avec
Étienne DAUPHIN (habitant), né vers
1635, décédé le 31-08-1693, ne sachant pas
signer. C. de m. le 29-10-1665 (Vachon).
Ménage établi à Beauport. 8 enfants.
2ᵉ mariage: le 10-08-1694, à Beauport, avec
Pierre CHAIGNON, né vers 1638, décédé
le 19-11-1708, ne sachant pas signer. C. de
m. le 18-07-1694 (Duprac). Ménage établi
à Beauport. Aucun enfant.

MOUILLARD, Éléonore. Fille d'André,
sieur de Beauregard (maître tailleur d'habits), et de Sébastienne..., de la par. Ste-
Croix, rue de la Vieille Draperie, v. et
archev. Paris, en Île-de-France. Née vers

1656. Arrivée en 1671, apportant des biens estimés à 500 livres et un don du roi de 50 livres. Décédée le 02-12-1739 à Deschambault. Savait signer.

Mariage: le 09-11-1671, à Québec, avec Bernard CHAPELAIN (habitant), né vers 1646, décédé le 25-11-1734, sachant signer. C. de m. le 25-10-1671 (Becquet). Ménage établi à St-Laurent Î.O. 13 enfants.

MOUTRACHY, Marguerite. Fille de feu François et de feue Claude BRETON, de la par. St-Maurice, v. et év. Noyon, en Île-de-France. Arrivée en 1671. Décédée entre le 30-11-1676 et le recensement de 1681. Ne savait pas signer.

Mariage: le 25-07-1672, à Québec, avec Antoine DUPRÉ dit Champagne (tailleur d'habits), né vers 1643, décédé le 26-11-1686, ne sachant pas signer. C. de m. le 26 ou 29-06-1672 (Duquet). 3 enfants.

MULLOIS, Marie. Fille de feu Thomas, sieur de la Croix (écuyer et lieutenant au régiment des Carabins Darnos), et d'Anne GIRAUD, de la par. St-Honoré, v. et év. Blois, en Orléanais. Née vers 1649. Arrivée en 1665. Précédée au pays par sa tante Madeleine MULLOIS. Décédée entre le 24-07-1705 et le 25-11-1705. Savait signer.

Mariage: c. de m. le 08-01-1668 (Larue), à Champlain, avec Pierre DE ST-OURS, sieur de l'Échaillon (écuyer, chevalier de l'ordre militaire de St-Louis, capitaine pour le roi au régiment de Carignan, premier capitaine de la marine et seigneur de l'Assomption), né en octobre 1640, décédé le 21-10-1724, sachant signer. Ménage établi à St-Ours. 11 enfants.

– N –

* **NAVARON**, Marie. Fille de feu Pierre et de Jeanne LHAT, de la par. St-Médard, v. et archev. Paris, en Île-de-France. Arrivée en 1670, apportant des biens estimés à 300 livres et un don du roi de 50 livres. Contrat de mariage annulé avec Jean BAROLLEAU (07-09-1670, Becquet). Ne savait pas signer.

NAVARRE, Marguerite. Fille de feu Jean (musicien, maître de danse ou maître baladin) et de feue Louise DEBRIE. Baptisée le 26-12-1641 à St-Barthélemy, v. et év. La Rochelle, en Aunis. Arrivée en 1669, après avoir annulé, à La Rochelle, un contrat de mariage (21-09-1668, Combault) avec Jean RAZES (marchand). Décédée le 12-03-1725 à Charlesbourg. Ne savait pas signer.

Mariage: le 26-08-1669, à Québec, avec Étienne ROY (habitant et maçon), né vers 1642, décédé le 01-03-1690, ne sachant pas signer. C. de m. le 15-08-1669 (Duquet). Ménage établi à Charlesbourg. 6 enfants.

NIEL, Madeleine. Fille de feu Robert et d'Anne LAMBERT, de la par. St-Gervais, v. et archev. Rouen, en Normandie. Née vers 1651. Arrivée en 1667. Décédée le 15-08-1732 à St-François-de-Sales. Ne savait pas signer.

Mariage: le 24-10-1667, à Trois-Rivières, avec Étienne CHARLES dit Lajeunesse (habitant), baptisé le 11-06-1643, décédé le 16-05-1724, ne sachant pas signer. C. de m. le 21-10-1667 (Ameau). Ménage établi à Boucherville. 12 enfants.

NORMAND, Catherine. Fille de feu Jean-Baptiste (bourgeois de la ville de Paris) et de Catherine PAGEOT, de la par. St-Hilaire, v. et archev. Sens, en Champagne. Née vers 1645. Arrivée en 1665, apportant des biens estimés à 500 livres. Rejointe au pays par sa soeur Marie-Madeleine. Décédée le 07-02-1703 à Québec. Ne savait pas signer.

Mariage: le 07-09-1665, à Québec, avec Pierre NORMAND dit Labrière (marchand bourgeois et maître taillandier), né vers 1636, décédé le 13-12-1707, ne sachant pas signer. C. de m. le 16-10-1665 (Duquet). Ménage établi à Québec. 11 enfants.

NORMAND, Marie-Madeleine. Fille de feu Jean-Baptiste (bourgeois de la ville de Paris) et de Catherine PAGEOT, de la par. St-Hilaire, v. et archev. Sens, en Champagne. Née vers 1651. Arrivée en 1669, apportant des biens estimés à 250 livres et un don du roi de 50 livres. Précédée au pays par sa soeur Catherine. Morte en couches le 27-04-1690 à St-Thomas. Savait signer.

Mariage: le 10-02-1670, à Québec, avec Alphonse MORIN dit Valcour (habitant), né le 12-12-1650, décédé le 29-08-1711, sachant signer. C. de m. le 25-11-1669 (Duquet). Ménage établi à St-Thomas. 11 enfants.

– O –

OLIVIER, Agnès. Fille de feu Charles et de Catherine ODANT, de la par. St-Nicolas-des-Champs, v. et archev. Paris, en Île-de-France. Née vers 1651. Arrivée en 1669, apportant des biens estimés à 200 livres et un don du roi de 50 livres. Décédée le 06-04-1730 à St-Laurent Î.O. Ne savait pas signer.

Mariage: le 09-10-1669, à Ste-Famille Î.O., avec Louis SIVADIER (habitant), né vers 1645, décédé le 16-09-1721, ne sachant pas signer. C. de m. le 28-09-1669 (Becquet). Ménage établi à St-Laurent Î.O. 8 enfants.

OLIVIER, Madeleine. Fille de feu Jean et de feue Louise PRÉVOST, de Caudebec-en-Caux, ar. et archev. Rouen, en Normandie. Née vers 1642. Arrivée en 1667. Décédée le 21-04-1690 à St-Laurent Î.O. Ne savait pas signer.

Mariage: le 05-10-1667, à Québec, avec Thomas ROUSSEAU (habitant), né vers 1626, décédé après le 26-07-1716, sachant signer. C. de m. le 30-09-1667 (Rageot). Ménage établi à St-Laurent Î.O. 11 enfants.

OLIVIER dite TRIBOULET, Jeanne. Fille de feu Claude et de Catherine MATELOT, de la par. St-Saturnin, v. et év. Nantes, en Bretagne. Née vers 1636. Arrivée en 1671, apportant des biens estimés à 300 livres et un don du roi de 50 livres. Contrat de mariage annulé avec Jean FLEURICOURT (08-10-1671, Becquet). Décédée le 04-05-1692 à Beauport. Ne savait pas signer.

Mariage: le 26-10-1671, à Québec, avec André LEROUX (habitant), né vers 1636,

décédé le 22-05-1696, sachant signer. C. de m. le 25-10-1671 (Becquet). Ménage établi à Beauport. 1 enfant.

OLLERY, Anne. D'origine inconnue. Née vers 1653. Arrivée en 1669. Décédée le 10-12-1708 à Québec. Ne savait pas signer.

Mariage: en 1669 ou 1670, à Boucherville, avec Thomas FRÉROT, sieur de Lachenaye (notaire seigneurial et marchand), né vers 1641, décédé le 14-03-1706, sachant signer. Ménage établi à Québec. 4 enfants.

* OUACHE, Marie-Madeleine. Fille de feu Charles et de Marie GALOPIN. Arrivée en 1667. Contrat de mariage annulé avec René BRUNEAU dit Jolicoeur (29-09-1667, Duquet). Ne savait pas signer.

OUINVILLE, Michelle. Fille de feu Pierre et de feue Antoinette BONNARD, de la par. St-Paul, v. et archev. Paris, en Île-de-France. Née vers 1647. Arrivée en 1668, apportant des biens estimés à 400 livres. Décédée le 20-11-1700 à l'Hôtel-Dieu de Québec. Ne savait pas signer.

1er mariage: c. de m. le 21-10-1668 (Ameau), à Trois-Rivières, avec Nicolas BARABÉ (serviteur), né vers 1647, décédé entre le 05-05-1676 et le 23-08-1676, ne sachant pas signer. Ménage établi à Trois-Rivières. 5 enfants.

2e mariage: c. de m. le 12-04-1677 (Adhémar), à Batiscan, avec Michel LEMAY (habitant), né vers 1630, décédé en novembre 1684, ne sachant pas signer. Ménage établi à Lotbinière. 3 enfants.

3e mariage: c. de m. le 05-11-1685 (Duquet), à Lotbinière, avec Louis MONTENU (habitant), né vers 1651, décédé le 10-03-1724. Ménage établi à Lotbinière. Aucun enfant.

– P –

PAHIN, Claude-Philiberte. Fille de feu François et de Benoîte DEFOURECHERAN, de la par. St-Georges, v. et év. Châlon-sur-Saône, en Bourgogne. Née vers 1647. Arrivée en 1673, apportant des biens estimés à 400 livres. Émigrée vers 1687. Savait signer.

Mariage: le 18-09-1673, à Québec, avec Pierre COIRIER (habitant), né vers 1643, ne sachant pas signer. C. de m. le 10-09-1673 (Duquet). Ménage établi à Charlesbourg. 4 enfants.

PAPIN, Madeleine. Fille de Pierre et de Julienne MARGUIN, de la par. St-Jean-de-la-Vieille-Vigne, v. et év. Nantes, en Bretagne. Arrivée en 1672. Émigrée en 1697. Savait signer.
Mariage: le 12-09-1672, à Québec, avec Jacques CACHELIÈVRE (marchand bourgeois et tonnelier), né vers 1642, sachant signer. C. de m. le 27-08-1672 (Duquet). Ménage établi à Québec. 5 enfants.

PAQUET, Marguerite. Fille d'Émery (maître sergier) et de feue Vincente RAT, de la par. St-Paul, v. et év. Poitiers, en Poitou. Née vers 1646. Arrivée en 1667 avec son père, sa belle-mère Renée GUILLOCHEAU, ses frères Maurice et René, sa belle-soeur Françoise FORGET et sa nièce Jeanne PAQUET. Elle apportait des biens estimés à 400 livres et un don du roi de 50 livres. Décédée entre le 22-04-1687 et le 04-11-1698. Ne savait pas signer.
1ᵉʳ mariage: le 26-11-1670, à Québec, avec François BIVILLE dit Le Picard (maître menuisier), né vers 1635, décédé le 10-07-1675, sachant signer. C. de m. le 23-11-1670 (Becquet). Ménage établi à Québec. 3 enfants.
2ᵉ mariage: le 20-01-1676, à Québec, avec Bernard GONTHIER (habitant et menuisier), né vers 1643, décédé le 13-01-1716, sachant signer. C. de m. le 18-01-1676 (Duquet). Ménage établi à Beaumont. 6 enfants.

PARENTEAU, Marie. Fille de feu Antoine (farinier, scieur de long et charpentier) et d'Anne BRISSON, de la par. St-Nicolas, v. et év. La Rochelle, en Aunis. Née vers 1642. Arrivée en 1671, apportant des biens estimés à 300 livres. Précédée au pays par sa soeur Marie et rejointe par son neveu François BIGRAS. Décédée après le 04-09-1685. Ne savait pas signer.
Mariage: le 06-10-1671, à Québec, avec Pierre FAUVEL, né vers 1643, décédé le 14-05-1698, sachant signer. C. de m. le

14-09-1671 (Becquet). Ménage établi à Québec. 3 enfants.

PARIS, Françoise. Fille d'Aimé et de feue Sirette BARON, de la par. St-Pierre, v. et archev. Sens, en Champagne. Née vers 1651. Arrivée en 1673, apportant des biens estimés à 200 livres. Décédée le 16-03-1728 à Sorel. Ne savait pas signer.
1ᵉʳ mariage: le 11-09-1673, à Québec, avec Pierre PETITCLERC (habitant), décédé le 31-05-1711, ne sachant pas signer. C. de m. le 09-09-1673 (Duquet). Ménage établi à Ste-Foy. 11 enfants.
2ᵉ mariage: le 12-02-1714, à Ste-Foy, avec Pierre ÉLIE (habitant), né vers 1668, ne sachant pas signer. C. de m. le 03-02-1714 (Dubreuil). Aucun enfant.

PAREMANT, Perrette. Fille de feu Gilles et de Perrette REGNAULT, de St-Pierre de St-Parres-aux-Tertres, ar. et év. Troyes, en Champagne. Née vers 1646. Arrivée en 1670, apportant des biens estimés à 300 livres et un don du roi de 50 livres. Décédée entre le recensement de 1681 et le 29-01-1685. Ne savait pas signer.
Mariage: c. de m. le 01-10-1670 (Becquet), avec François LORY dit Gargot (habitant, huissier royal et sergent au bailliage de Montréal), né vers 1646, décédé le 04-02-1702, sachant signer. Ménage établi à Cap-de-la-Madeleine. 5 enfants.

PASQUIER dite DEFRANCLIEU, Marie. Fille de feu Pierre (écuyer, conseiller du roi, bailli et président de Brie-Comte-Robert) et de Marie DEPORTA, de la par. St-Étienne de Brie-Comte-Robert, archev. Paris, en Brie (ar. Melun). Née vers 1639. Arrivée en 1667, après avoir signé un acte de protestation à Dieppe le 17-06-1667. Décédée le 26-06-1685 à Québec. Savait signer.
Mariage: le 10-01-1668, à Québec, avec Charles COUILLARD, sieur des Islets et de Beaumont (habitant, écuyer et seigneur de Beaumont), né le 10-05-1647, décédé le 08-05-1715, sachant signer. C. de m. le 05-01-1668 (Becquet). Ménage établi à Beaumont. 6 enfants.

PAUL, Catherine. Fille de feu Pierre et de Jeanne TARTILLION, de la par. St-Nicolas-des-Champs, v. et archev. Paris, en Île-de-France. Née vers 1639. Arrivée en 1668, apportant des biens estimés à 200 livres. Décédée le 27-11-1705 à Charlesbourg. Ne savait pas signer.
Mariage: le 21-10-1668, à Québec, avec Jean DE CHAMBRE dit Lachambre (habitant et meunier), né vers 1640, décédé le 27-03-1694, ne sachant pas signer. C. de m. le 15-10-1668 (Vachon). Ménage établi à Charlesbourg. 9 enfants.

PAULO, Catherine. Fille de feu Pierre et de Renée CORDETELLE, de la par. Notre-Dame-de-Coigne, v. et év. La Rochelle, en Aunis. Née vers 1645. Arrivée en 1663. Précédée au pays par sa cousine Marie PAULO. Décédée le 16-04-1721 à Montréal. Ne savait pas signer.
Mariage: le 26-11-1663, à Montréal, avec Étienne CAMPEAU (habitant, maçon et maître taillandier), né vers 1638, décédé entre le 03-04-1690 et le 24-09-1692, ne sachant pas signer. C. de m. le 13-11-1663 (Basset). Ménage établi à Montréal. 15 enfants.

PAVIOT, Marie. Fille de feu Jean (charpentier) et d'Anne BERTRAND, de Neuville-Ferrières (c. de m. du 17-10-1667) ou d'Esclavelles (c. de m. du 13-05-1668), archev. Rouen, en Normandie (ar. Dieppe). Arrivée en 1667. Contrat de mariage annulé avec Jacques PROVOST (17-10-1667, Becquet). Décédée entre le 11-04-1678 et le 23-01-1681. Ne savait pas signer.
Mariage: c. de m. le 13-05-1668 (Rageot), à l'Île-d'Orléans, avec Antoine MONDIN (habitant), né vers 1644, décédé le 16-10-1707, ne sachant pas signer. Ménage établi à St-Laurent Î.O. 7 enfants.

PAYAN, Marie-Marthe. Fille d'Hilaire (maître menuisier) et de Marie-Marguerite GOSSELIN, de la par. St-Benoît, v. et archev. Paris, en Île-de-France. Née vers 1653. Arrivée en 1670, apportant des biens estimés à 300 livres et un don du roi de 50 livres. Contrat de mariage annulé avec Paul TACONNET (30-08-1670, Becquet).

Décédée le 20-04-1724 à Cap-Santé. Ne savait pas signer.
Mariage: le 06-10-1670, à Québec, avec Mathurin CORNEAU (habitant), né vers 1646, décédé le 04-11-1717, ne sachant pas signer. C. de m. le 16-09-1670 (Becquet). Ménage établi à Cap-Santé. 1 enfant.

PÉCHINA, Marie. Fille de feu Mathieu (marchand) et d'Étiennette GEROYE, de la par. St-Gervais, v. et archev. Paris, en Île-de-France. Née vers 1653. Arrivée en 1671, apportant des biens estimés à 300 livres et un don du roi de 50 livres. Décédée après le 18-02-1686. Ne savait pas signer.
1er mariage: le 11-08-1672, à Québec, avec Guillaume GOURAULT dit La Gaillardise, baptisé le 15-08-1647, décédé le 25-10-1685, ne sachant pas signer. C. de m. le 26-04-1672 (Duquet). 2 enfants.
2e mariage: le 18-02-1686, à Québec, avec Adrien HAYOT (habitant), baptisé le 30-10-1638, décédé le 17-12-1712, sachant signer. C. de m. le 03-02-1686 (Rageot). Aucun enfant.

PECQUET, Charlotte. D'origine inconnue. Arrivée en 1671. Mère d'un enfant illégitime (Julien) né le 02-04-1678 à Québec. Émigrée vers 1678.
Mariage: en 1671, à Verchères, avec René RICHARD (habitant), décédé entre le 16-08-1675 et le 02-04-1678. 3 enfants.

PEDNEL, Françoise. Fille de Pierre et de Marie BOESTE, de Loix, Île de Ré, ar. et év. La Rochelle, en Aunis. Née vers 1647. Arrivée en 1669. Décédée le 08-07-1706 à St-François Î.O. Ne savait pas signer.
Mariage: le 02-06-1670, à Ste-Famille Î.O., avec Maurice ARRIVÉ (habitant et maître maçon), né vers 1608, décédé le 26-08-1687, ne sachant pas signer. C. de m. le 26-05-1670 (Duquet). Ménage établi à St-François Î.O. 6 enfants.

PELLETIER dite PASSAVANT, Anne. Fille de feu Mathurin et de Catherine LAGNEAU, de la par. St-Pierre, v. Dreux, év. Chartres, en Beauce. Née vers 1643. Arrivée en 1665. Décédée le 12-12-1686 à Pointe-aux-Trembles. Ne savait pas signer.

Mariage: le 14-12-1665, à Montréal, avec Pierre PAPIN (habitant), né vers 1628, décédé le 08-04-1715, ne sachant pas signer. Ménage établi à Pointe-aux-Trembles. 8 enfants.

PELLETIER, Marie. Fille de François et de Michelle LECHALLE, de la par. Ste-Marie-Madeleine, v. Montargis, archev. Sens, en Orléanais. Née vers 1651. Arrivée en 1669, apportant des biens estimés à 100 livres. Décédée le 30-06-1707 à l'Hôtel-Dieu de Québec. Ne savait pas signer.
1er mariage: le 07-10-1669, à Québec, avec Mathurin RENAUD (habitant), né le 04-10-1641, décédé entre le 10-05-1677 et le 29-09-1677, ne sachant pas signer. C. de m. le 21-09-1669 (Duquet). Ménage établi à Charlesbourg. 4 enfants.
2e mariage: le 19-10-1677, à Québec, avec Pierre CANARD (habitant), né vers 1641, décédé le 21-03-1700, ne sachant pas signer. C. de m. le 29-09-1677 (Rageot). Ménage établi à Charlesbourg. 1 enfant.
3e mariage: le 24-09-1703, à Charlesbourg, avec Jean JOUBERT (meunier), né vers 1641, décédé après le 24-09-1703, sachant signer. Aucun enfant.

PELOIS, Marguerite. Fille de Jacques et de Françoise MASSEN, de St-Julien de La Ferté-Bernard, év. Le Mans, dans le Maine (ar. Mamers). Née vers 1641. Arrivée en 1665. Décédée le 16-12-1723 à Montréal. Ne savait pas signer.
Mariage: le 17-11-1665, à Montréal, avec Jacques BOIVIN dit Panse (habitant), né vers 1622, décédé le 24-07-1704, ne sachant pas signer. Ménage établi à Montréal. 2 enfants.

PÉRODEAU, Marie. Fille de feu Jacques (marchand de soie) et de feue Marie VIARD, de la par. St-Maur, v. et év. Saintes, en Saintonge. Née vers 1645. Arrivée en 1669. Émigrée vers 1690. Ne savait pas signer.
Mariage: le 16-09-1669, à Québec, avec Georges STEMS (habitant et tailleur de pierre), né vers 1645, ne sachant pas signer. C. de m. le 25-08-1669 (Becquet). Ménage établi à Charlesbourg. 4 enfants.

PERRAULT, Anne. Fille de Jean et de Jeanne VALTA, de la par. St-Sulpice, v. et archev. Paris, en Île-de-France. Née vers 1646. Arrivée en 1669, apportant des biens estimés à 300 livres. Morte en couches le 29-06-1688 à St-Jean Î.O. Savait signer.
Mariage: le 12-10-1669, à Ste-Famille Î.O., avec Pierre BLAIS (habitant), né vers 1641, décédé le 16-02-1700, ne sachant pas signer. C. de m. le 23-09-1669 (Duquet). Ménage établi à St-Jean Î.O. 10 enfants.

PESCHER, Marie. D'origine inconnue. Née vers 1649. Arrivée en 1671. Décédée le 19-11-1728 à Montréal. Savait signer.
Mariage: en 1671 ou 1672, à Trois-Rivières, avec Jean HAREL (habitant), né vers 1649, décédé le 05-01-1716, ne sachant pas signer. Ménage établi à Gentilly. 9 enfants.

PETIT, Jeanne. Fille de feu Jean et de feue Jeanne GAUDRAU, de la par. St-Marguerite, v. et év. La Rochelle, en Aunis. Née vers 1656. Arrivée en 1672. Décédée le 29-03-1733 à Longueuil. Ne savait pas signer.
Mariage: le 31-10-1672, à Boucherville, avec François SÉGUIN dit Ladéroute (habitant et tisserand), baptisé le 04-07-1644, décédé le 09-05-1704, sachant signer. C. de m. le 21-09-1672 (Frérot). Ménage établi à Boucherville. 11 enfants.

PETIT, Louise. Fille de feu Pierre et de Barbe DELACOUR, de la par. St-Médard, v. et archev. Paris, en Île-de-France. Arrivée en 1670, apportant des biens estimés à 300 livres et un don du roi de 50 livres. Émigrée vers 1673. Ne savait pas signer.
Mariage: le 14-09-1670, à Québec, avec Charles DELAURICE dit Jambon (habitant), sachant signer. C. de m. le 03-09-1670 (Becquet). Ménage établi à Neuville. 2 enfants.

PETIT, Marie. Fille de feu Eustache et de Barbe COCHOIS, de la par. St-Benoît, v. et archev. Paris, en Île-de-France. Née vers 1643. Arrivée en 1669, apportant des biens estimés à 450 livres et un don du roi de 50 livres. Décédée le 19-12-1708 à St-Laurent Î.O. Savait signer.

1ᵉʳ mariage: le 10-10-1669, à Ste-Famille Î.O., avec Nicolas DELAGE (habitant), né vers 1637, décédé entre le recensement de 1681 et le 13-07-1686, ne sachant pas signer. C. de m. le 29-09-1669 (Duquet). Ménage établi à St-Laurent Î.O. 1 enfant.
2ᵉ mariage: le 22-07-1686, à St-Laurent Î.O., avec Mathurin THIBODEAU dit Lalime (habitant), né vers 1636, décédé le 29-09-1709, sachant signer. C. de m. le 13-07-1686 (Vachon). Ménage établi à St-Laurent Î.O. Aucun enfant.

PETIT, Marie-Rose. Fille de Jean (cocher) et de feue Jeanne GUÉRIBOU, de la par. St-Germain-l'Auxerrois, v. et archev. Paris, en Île-de-France. Née vers 1646. Arrivée en 1668, apportant des biens estimés à 300 livres. Décédée le 05-02-1719 à Québec. Ne savait pas signer.
1ᵉʳ mariage: le 16-10-1668, à Québec, avec Hilaire FRAPPIER (habitant), né vers 1651, décédé entre le 12-04-1706 et le 29-04-1710, sachant signer. C. de m. le 14-10-1668 (Lecomte). Ménage établi à Québec. 8 enfants.
2ᵉ mariage: le 10-04-1714, à Québec, avec François CHANLUC dit Lagrange, né vers 1666, ne sachant pas signer. C. de m. le 04-04-1714 (Dubreuil). Ménage établi à Québec. Aucun enfant.

PETIT, Marie-Thérèse. Fille de feu Pierre et de Marie-Marguerite BLONDEAU, de la par. St-Étienne-des-Grès, v. et archev. Paris, en Île-de-France. Née vers 1652. Arrivée en 1669, apportant des biens estimés à 150 livres et un don du roi de 50 livres. Contrat de mariage annulé avec Louis DELISLE (29-09-1669, Duquet). Décédée le 24-05-1738 à Contrecoeur. Savait signer.
1ᵉʳ mariage: le 29-10-1669, à Québec, avec Christophe LAURENT dit Champagne (maître taillandier), décédé après le 29-03-1676, ne sachant pas signer. C. de m. le 18-10-1669 (Duquet). Ménage établi à Contrecoeur. 2 enfants.
2ᵉ mariage: en 1676, à Contrecoeur, avec Jean COÎTOU dit St-Jean (habitant et maître taillandier), baptisé le 27-08-1646, décédé le 09-11-1726, ne sachant pas signer.

C. de m. le 19-07-1677 (Adhémar). Ménage établi à Contrecoeur. 11 enfants.

PEUVRIER, Marguerite. Fille de Nicolas (procureur au Parlement de Paris) et de Marguerite BOURGEOIS, de la par. St-Séverin, v. et archev. Paris, en Île-de-France. Née vers 1640. Arrivée en 1663, apportant des biens estimés à 300 livres. Décédée le 11-01-1709 à Québec. Savait signer.
1ᵉʳ mariage: le 23-10-1663, à Château-Richer, avec Jacques MENEUX dit Châteauneuf (habitant et chirurgien), né vers 1640, décédé le 19-12-1690, sachant signer. C. de m. le 07-10-1663 (Duquet). Ménage établi à Ste-Famille Î.O. 10 enfants.
2ᵉ mariage: le 09-10-1696, à Québec, avec Guillaume LIZOT (habitant), né vers 1645, décédé entre le 28-02-1702 et le 16-08-1707, sachant signer. C. de m. le 09-10-1696 (Roger). Ménage établi à Rivière-Ouelle. Aucun enfant.

PHILIPPE, Anne. Fille de Jacques et d'Anne AUDIGER, de v. Nogent-sur-Seine, év. Troyes, en Champagne. Née vers 1653. Arrivée en 1671, apportant des biens estimés à 300 livres et un don du roi de 50 livres. Contrat de mariage annulé avec François DESBAUPINS (04-11-1671, Becquet). Décédée le 01-05-1715 à St-Michel. Ne savait pas signer.
1ᵉʳ mariage: le 24-11-1671, à Québec, avec François BACQUET dit Lamontagne (habitant), né vers 1646, décédé le 10-04-1701. Ménage établi à St-Michel. 4 enfants.
2ᵉ mariage: le 20-01-1709, à St-Michel, avec François MARQUET (habitant et meunier), né vers 1639, décédé le 11-03-1715, sachant signer. Ménage établi à St-Michel. Aucun enfant.

PHILIPPE, Marie-Madeleine. Fille de Nicolas et de Marie CIRIER, de la par. St-Étienne-du-Mont, v. et archev. Paris, en Île-de-France. Née vers 1651. Arrivée en 1668. Décédée le 09-01-1724 à Lotbinière. Ne savait pas signer.
Mariage: le 17-10-1668, à Québec, avec Pierre TOUSIGNANT dit Lapointe (habitant), né vers 1641, décédé après le 30-10-1714, ne sachant pas signer. C. de m. le

16-10-1668 (Duquet). Ménage établi à Lotbinière. 7 enfants.

PHILIPPEAU, Nicole. D'origine inconnue. Née vers 1655. Arrivée en 1671. Décédée le 11-05-1716 à Varennes. Ne savait pas signer.
Mariage : en 1671, avec Mathurin GAUTHIER dit Landreville (habitant), né vers 1643, décédé le 08-09-1711, ne sachant pas signer. Ménage établi à Varennes. 17 enfants.

PIÉTON, Françoise. Originaire de Pont-Aven, ar. et év. Quimper, en Bretagne. Née vers 1651. Arrivée en 1667. Décédée le 18-09-1700 à Montréal. Ne savait pas signer.
Mariage : le 24-10-1667, à Trois-Rivières, avec André ACHIN dit St-André (maçon et sergent royal), né vers 1646, décédé le 27-04-1699, sachant signer. C. de m. le 21-10-1667 (Ameau). Ménage établi à Montréal. 9 enfants.

PILLAT, Catherine. Fille de Pierre (maître tisserand) et de Marguerite MOULINET, de la par. Notre-Dame-de-Coigne, v. et év. La Rochelle, en Aunis. Née vers 1650. Arrivée en 1663. Décédée le 23-07-1717 à Montréal. Ne savait pas signer.
1ᵉʳ mariage : le 19-10-1665, à Montréal, avec Pierre CHARRON dit Ducharme (habitant), né vers 1639, décédé le 25-12-1700, sachant signer. Ménage établi à Longueuil. 12 enfants.
2ᵉ mariage : le 13-01-1709, à Montréal, avec Sébastien BRISSON dit Laroche (habitant, maître bonnetier et marchand), né vers 1671, ne sachant pas signer. C. de m. le 25-12-1708 (Lepailleur). Ménage établi à Montréal. Aucun enfant.

PILOIS, Françoise. Fille de Gervais et de feue Hélène TELLIER, de la par. St-Germain-l'Auxerrois, rue St-Honoré, v. et archev. Paris, en Île-de-France. Née vers 1635. Arrivée en 1669. Décédée après le 25-04-1683. Ne savait pas signer.
Mariage : le 02-12-1669, à Montréal, avec André BARSA dit Lafleur (habitant et tonnelier), né vers 1635, décédé entre le 25-04-1683 et le 29-11-1698, ne sachant pas

signer. C. de m. le 24-11-1669 (Basset). Ménage établi à Verchères. 6 enfants.

PILOIS, Françoise. Fille de François et de Claudine POULLET, de la par. St-Nicolas-des-Champs, v. et archev. Paris, en Île-de-France. Née vers 1639. Arrivée en 1665. Contrat de mariage annulé avec Marin GERVAIS (05-10-1665, Duquet). Décédée le 28-02-1713 à Beaumont. Ne savait pas signer.
Mariage : le 14-10-1665, à Château-Richer, avec Antoine CASSÉ (habitant), né vers 1639, décédé le 01-06-1709, ne sachant pas signer. C. de m. le 14-10-1665 (Aubert). Ménage établi à Beaumont. 10 enfants.

PINEAU dite LA VIEVILLE, Anne. Fille de Jean et d'Anne LECLERC, de la par. St-Eustache, v. et archev. Paris, en Île-de-France. Arrivée en 1671, apportant des biens estimés à 300 livres et un don du roi de 50 livres. Décédée entre le 07-02-1714 et le 09-04-1716. Savait signer.
Mariage : le 15-10-1671, à Ste-Famille Î.O., avec Gilles GAUDREAU (habitant), baptisé le 22-03-1644, décédé le 10-11-1726, ne sachant pas signer. C. de m. le 07-10-1671 (Becquet). Ménage établi à Cap-St-Ignace. 6 enfants.

PITON, Marie. Fille de Rémy et de Marie POILEN, de la par. St-Paul, v. et archev. Paris, en Île-de-France. Née vers 1651. Arrivée en 1668, apportant des biens estimés à 60 livres. Décédée le 25-04-1728 à Beauport. Ne savait pas signer.
Mariage : le 26-11-1668, à Québec, avec Jean BERGEVIN dit Langevin (habitant), baptisé le 11-03-1635, décédé le 02-02-1703, ne sachant pas signer. C. de m. le 26-11-1668 (Duquet). Ménage établi à Beauport. 11 enfants.

PLANTEAU, Isabelle. Fille de feu Thomas et de Marguerite MARCHAND, de la par. St-Merry, v. et archev. Paris, en Île-de-France. Née vers 1646. Arrivée en 1671. Émigrée vers 1682. Savait signer.
Mariage : le 12-10-1671, à Québec, avec Lucien TALON (habitant), né vers 1646, sachant signer. C. de m. le 08-10-1671

(Becquet). Ménage établi à Neuville. 5 enfants.

PLÉMARET, Marie-Geneviève. D'origine inconnue. Fille de Pierre et de Jeanne-Catherine DORMONTRE. Née vers 1644. Arrivée en 1665. Décédée le 01-01-1679 à Montréal. Savait signer.
Mariage: le 11-01-1666, à Montréal, avec Antoine RENAUD dit Letambour (habitant et maçon), né vers 1636, décédé le 13-10-1693, ne sachant pas signer. Ménage établi à Montréal. 5 enfants.

PLOUARD, Marie-Madeleine. Fille de feu Michel (maître de navire) et de Jeanne FOUGUET, du Polet de St-Pierre de Neufville, archev. Rouen, en Normandie (ar. Dieppe). Née vers 1653. Arrivée en 1667, apportant des biens estimés à 100 livres. Contrat de mariage annulé avec Jean COSSET (23-11-1667, Aubert). Décédée entre le 22-03-1682 et le 14-11-1684. Ne savait pas signer.
Mariage: le 21-01-1670, à Montréal, avec Jacques VIAU dit Lespérance (habitant), né vers 1640, décédé le 14-09-1723, sachant signer. C. de m. le 14-01-1670 (Basset). Ménage établi à Longueuil. 6 enfants.

POIGNET dite BEAUREGARD, Marguerite. Fille de feu Pierre et de Catherine CLÉMENT, de Velaux, ar. et archev. Aix, en Provence. Née vers 1651. Arrivée en 1671, apportant des biens estimés à 300 livres et un don du roi de 50 livres. Décédée après le 18-06-1697. Ne savait pas signer.
Mariage: le 30-10-1671, à Québec, avec François COUSSON dit Langoumois (habitant), né vers 1641, décédé après le 06-03-1698, ne sachant pas signer. C. de m. le 26-10-1671 (Becquet). 12 enfants.

POINTEL, Marthe. Fille de Claude et de Marguerite CHEVALIER, de la par. St-Symphorien, v. et archev. Tours, en Touraine. Née vers 1638. Arrivée en 1665. Morte en couches le 10-09-1674 à Ste-Famille Î.O. Ne savait pas signer.
Mariage: le 09-11-1665, à Château-Richer, avec Abel BENOÎT dit Laforest (habitant), né vers 1627, décédé le 04-12-1687, ne sachant pas signer. C. de m. le 18-10-1665 (Aubert). Ménage établi à Ste-Famille Î.O. 5 enfants.

POIRÉ, Marie. Fille de feu Toussaint et de feue Catherine CHATOU, de la par. St-Laurent, v. et archev. Paris, en Île-de-France. Née vers 1641. Arrivée en 1669, apportant des biens estimés à 950 livres et un don du roi de 50 livres. Contrat de mariage annulé avec Jean DE LALONDE (27-09-1669, Duquet). Décédée le 06-01-1715 à Neuville. Savait signer.
Mariage: le 21-10-1669, à Québec, avec Jean HARDY (habitant), né vers 1642, décédé le 28-06-1715, ne sachant pas signer. C. de m. le 14-10-1669 (Duquet). Ménage établi à Neuville. 6 enfants.

POISSON, Catherine. Fille de Jean et d'Antoinette FOULLON, de la par. St-Paul, v. et archev. Paris, en Île-de-France. Arrivée en 1673. Décédée entre le 18-09-1673 et le recensement de 1681. Ne savait pas signer.
Mariage: le 18-09-1673, à Québec, avec Michel GAUTRON dit La Rochelle (habitant), baptisé le 16-10-1642, décédé le 20-01-1719, ne sachant pas signer. C. de m. le 15-09-1673 (Becquet). Ménage établi à St-Michel. Aucun enfant.

POITEVIN, Catherine. Fille de Guillaume et de Françoise MACRÉ, de la par. St-Nicolas-des-Champs, v. et archev. Paris, en Île-de-France. Née vers 1641. Arrivée en 1669, apportant des biens estimés à 500 livres et un don du roi de 50 livres. Décédée après le 02-05-1687. Savait signer.
1er mariage: le 10-10-1669, à Ste-Famille Î.O., avec Adrien ISABEL (habitant), né vers 1631, décédé le 05-01-1676, sachant signer. C. de m. le 28-09-1669 (Becquet). Ménage établi à Ste-Famille Î.O. 4 enfants.
2e mariage: le 04-11-1676, à Ste-Famille Î.O., avec Jean BOURASSA (habitant), né vers 1631, décédé le 20-01-1718, ne sachant pas signer. C. de m. le 25-10-1676 (Rageot). Ménage établi à Pointe-Lévy. 4 enfants.

POITRAUD, Anne. Fille de Pierre et de Jeanne BRELLE, de la par. Notre-Dame-de-Coigne, v. et év. La Rochelle, en Aunis. Née vers 1652. Arrivée en 1668. Décédée après le 22-04-1696. Ne savait pas signer. *Mariage:* le 17-09-1668, à Québec, avec René BRUNEAU dit Jolicoeur (habitant et tisserand en toile), né vers 1647, décédé entre le 20-10-1689 et le 29-11-1703, ne sachant pas signer. Ménage établi à Charlesbourg. 10 enfants.

POITRON, Anne. Fille de feu Pierre et de Jeanne THIBIERGE, de Bezons, archev. Paris, en Île-de-France (ar. Argenteuil). Née vers 1643. Arrivée en 1670, apportant des biens estimés à 200 livres et un don du roi de 50 livres. Décédée le 13-06-1713 à Montréal. Ne savait pas signer. *1er mariage:* c. de m. le 25-08-1670 (Becquet), à Québec, avec Pierre MARTIN (habitant), décédé le 27-08-1674, sachant signer. Ménage établi à Repentigny. 3 enfants. *2e mariage:* le 12-11-1674, à Pointe-aux-Trembles, avec Jean VERGER dit Desjardins (habitant et maître taillandier), né vers 1641, décédé le 06-02-1701, ne sachant pas signer. Ménage établi à Repentigny. 7 enfants.

POTHIER, Marie. Fille de feu Aimé (maître sergier) et de feue Barbe CHARDONNEAU, de la par. St-Euverte, v. et év. Orléans, en Orléanais. Née vers 1639. Arrivée en 1670, apportant des biens estimés à 80 livres. Décédée après le recensement de 1681. Ne savait pas signer. *Mariage:* le 24-11-1670, à Trois-Rivières, avec Élie PRÉVOST dit Laviolette (habitant), né vers 1642, décédé après le 04-02-1687, sachant signer. C. de m. le 16-11-1670 (Ameau). Ménage établi à Nicolet. 4 enfants.

POUSSIN, Marie-Anne. Fille de Georges et de Claude MARGA, de la par. St-Sulpice, faubourg St-Germain, v. et archev. Paris, en Île-de-France. Née vers 1642. Arrivée en 1665, apportant des biens estimés à 500 livres. Décédée le 23-01-1708 à Québec. Ne savait pas signer. *Mariage:* le 07-09-1665, à Québec, avec Jean LARCHEVÊQUE (habitant), baptisé le 14-01-1646, décédé le 05-04-1699, ne

sachant pas signer. C. de m. le 16-08-1665 (Duquet). Ménage établi à Québec. 11 enfants.

PRAT, Claude. Fille de Jean et d'Agnès LEJEUNE, de la par. St-Jacques, v. et év. Troyes, en Champagne. Née vers 1648. Arrivée en 1665. Décédée le 21-08-1712 à Montréal. Ne savait pas signer. *Mariage:* le 17-11-1665, à Montréal, avec Nicolas GIARD dit St-Martin (habitant), né vers 1636, décédé après le 10-09-1684, ne sachant pas signer. Ménage établi à Montréal. 10 enfants.

PRÉVOST, Élisabeth. Fille de feu Adrien (maître tailleur) et de Marie LEBLOND, de la par. St-Nicolas, v. et archev. Rouen, en Normandie. Née vers 1646. Arrivée en 1671, apportant des biens estimés à 300 livres et un don du roi de 50 livres. Précédée au pays par sa soeur Marguerite. Décédée le 04-01-1722 à Trois-Rivières. Savait signer. *Mariage:* le 14-11-1671, à Québec, avec Jean-François FOUCAULT (habitant), né vers 1632, décédé le 04-12-1700, ne sachant pas signer. C. de m. le 08-11-1671 (Becquet). Ménage établi à Trois-Rivières. 5 enfants.

PRÉVOST, Marguerite. Fille de feu Adrien (maître tailleur) et de Marie LEBLOND. Baptisée le 28-10-1649 à St-Nicolas, v. et archev. Rouen, en Normandie. Arrivée en 1669, apportant des biens estimés à 250 livres et un don du roi de 50 livres. Contrat de mariage annulé avec Thomas GASSE (02-10-1669, Duquet). Rejointe au pays par sa soeur Élisabeth. Morte «d'une longue maladie» le 02-09-1718 à St-Jean Î.O. Savait signer. *Mariage:* c. de m. le 27-10-1669 (Duquet), à l'Île-d'Orléans, avec Martin POISSON (habitant), né le 13-03-1633, décédé le 06-03-1700, ne sachant pas signer. Ménage établi à St-Jean Î.O. 8 enfants.

PRÉVOST, Marie. Veuve de Maurice BERTHELOT, de St-Étienne de Mortagne-sur-Gironde, ar. et év. Saintes, en Saintonge. Née vers 1636. Arrivée en 1669 avec sa fille Marie-Madeleine BERTHE-

LOT, apportant des biens estimés à 100 livres. Précédée au pays par son frère Pierre. Décédée le 04-12-1700 à St-Pierre Î.O. Ne savait pas signer.
Mariage: le 11-06-1670, à Ste-Famille Î.O., avec Michel AUBIN (habitant), né vers 1643, décédé le 16-04-1688, ne sachant pas signer. C. de m. le 16-10-1669 (Vachon). Ménage établi à St-Pierre Î.O. 2 enfants.

PRÉVOST, Marie. Fille de feu Antoine et de Marie PRÉVOST, de la par. St-Paul, v. et év. Orléans, en Orléanais. Née vers 1651. Arrivée en 1669, apportant des biens estimés à 250 livres et un don du roi de 50 livres. Décédée le 19-02-1711 à Québec. Ne savait pas signer.
1er mariage: le 09-10-1669, à Québec, avec François BRUNEAU, décédé entre le 01-09-1677 et le 27-04-1681, ne sachant pas signer. C. de m. le 22-09-1669 (Duquet). Ménage établi à L'Ange-Gardien. 5 enfants.
2e mariage: le 15-09-1681, à Québec, avec Jean CHAUVET dit Lagerne, né vers 1637, décédé le 23-07-1691, ne sachant pas signer. C. de m. le 27-04-1681 (Vachon). Ménage établi à Charlesbourg. 4 enfants.

PRIAULT, Marie. D'origine inconnue. Née vers 1645. Arrivée en 1668. Décédée le 24-02-1699 à Montréal. Ne savait pas signer.
Mariage: en 1668 ou 1669, à Verchères, avec Pierre GEOFFRION (habitant), né vers 1638, décédé le 17-10-1704, sachant signer. Ménage établi à Verchères. 9 enfants.

PROVOST, Marguerite. D'origine inconnue. Née vers 1655. Arrivée en 1670. Décédée le 20-02-1732 à Montréal.
1er mariage: en 1670 ou 1671, à Montréal, avec Jacques VENNE (habitant), né vers 1646, décédé le 29-11-1700. Ménage établi à Varennes. 8 enfants.
2e mariage: le 20-11-1701, à Varennes, avec Étienne FORESTIER dit Lafortune (habitant, chirurgien, chapelier et boulanger), né vers 1649, décédé le 04-08-1724, ne sachant pas signer. Aucun enfant.

PRUNIER, Marie-Madeleine. Fille de feu François (écuyer et seigneur de St-Sépulcre et d'Hiaz) et de Catherine POULLET, de la par. St-Nizier, v. et év. Troyes, en Champagne. Née vers 1641. Arrivée en 1671. Décédée le 10-04-1689 à Champlain. Savait signer.
Mariage: c. de m. le 04-11-1671 (Cusson), à Cap-de-la-Madeleine, avec Jean GAILLOU (habitant), né vers 1642, décédé après le 02-11-1697, ne sachant pas signer. Ménage établi à Champlain. 4 enfants.

– Q –

QUELVÉ, Jeanne. Fille de feu Jean et de Marie CAMUS. Baptisée le 27-04-1652 à St-Gilles, v. et év. Évreux, en Normandie. Arrivée en 1671. Décédée le 01-04-1721 à Québec. Ne savait pas signer.
Mariage: le 26-04-1672, à Québec, avec Jean-Baptiste BRASSARD (bourgeois et bedeau), né le 18-09-1651, décédé le 21-02-1715 et inhumé dans la cathédrale de Québec, ne sachant pas signer. C. de m. le 19-04-1672 (Duquet). Ménage établi à Québec. 12 enfants.

QUENTIN, Jeanne. Fille de Jacques (maître écrivain) et de feue Élisabeth LEDIEU, de la par. St-Paul, v. et archev. Paris, en Île-de-France. Arrivée en 1673, apportant des biens estimés à 200 livres. Mère d'une enfant illégitime (Marie) née le 29-04-1678 à Québec. Émigrée vers 1678. Savait signer.
Mariage: le 09-09-1673, à Québec, avec Jean-Pierre CHANAS (habitant), sachant signer. C. de m. le 06-09-1673 (Becquet). Ménage établi à Varennes. 1 enfant.

QUEQUEJEU, Marie. Fille de feu Denis et de feue Louise DUCHESNE, de St-Julien (acte de m.) ou du faubourg de Montsor (contrat de m.), v. Alençon, év. Sées, en Normandie. Arrivée en 1667. «Exécutée par ordre de la justice» le 14-05-1684 à Québec. Ne savait pas signer.
Mariage: le 30-10-1667, à Québec, avec Pierre RIVAULT, décédé le 04-09-1681, ne sachant pas signer. C. de m. le 23-10-

1667 (Vachon). Ménage établi à Québec. 6 enfants.

QUITEL, Marthe. Fille de Denis et de Louise BÉNARD, de la par. St-Maclou, v. et archev. Rouen, en Normandie. Née vers 1638. Arrivée en 1665. Abjura le calvinisme le 17-07-1665 à Québec. Décédée le 26-12-1722 à Château-Richer. Savait signer.
Mariage: le 22-09-1665, à Château-Richer, avec Barthélemy VERREAU dit Le Bourguignon (habitant, forgeron, maître taillandier et notaire seigneurial), né vers 1631, décédé le 17-12-1700, sachant signer. C. de m. le 31-08-1665 (Duquet). Ménage établi à Château-Richer. 9 enfants.

– R –

RABADY, Anne. D'origine inconnue. Née vers 1654. Arrivée en 1672. Décédée le 04-09-1747 à Batiscan. Ne savait pas signer.
Mariage: en 1672, à Batiscan, avec Antoine LÉCUYER (habitant), né vers 1648, décédé le 30-04-1718, ne sachant pas signer. Ménage établi à Batiscan. 11 enfants.

RABLEAU, Florimonde. Fille de Mathurin et de Marie DUBOIS, de la par. St-Merry, v. et archev. Paris, en Île-de-France. Née vers 1645. Arrivée en 1665. Morte en couches le 13-08-1671 à Québec. Savait signer.
Mariage: le 13-10-1665, à Québec, avec Pierre CHAMARD (habitant, pâtissier et cuisinier), né vers 1635, décédé le 26-10-1689, sachant signer. C. de m. le 05-10-1665 (Duquet). Ménage établi à Charlesbourg. 4 enfants.

RACLOS, Françoise. Fille de Godebon (écuyer) et de Marie VIENNOT, de la v. et archev. Paris, en Île-de-France. Née vers 1653. Arrivée en 1671 avec ses sœurs Madeleine et Marie, conduites par leur père. Décédée après le 17-03-1717. Savait signer.
Mariage: c. de m. le 02-12-1671 (Larue), à Champlain, avec Michel DAVID (habitant), baptisé le 09-04-1650, décédé le 10-

03-1692, ne sachant pas signer. Ménage établi à Bécancour. 4 enfants.

RACLOS, Madeleine. Fille de Godebon (écuyer) et de Marie VIENNOT, de la v. et archev. Paris, en Île-de-France. Née vers 1656. Arrivée en 1671 avec ses sœurs Françoise et Marie, conduites par leur père. Décédée le 08-07-1724 à Trois-Rivières, après avoir passé les quatre dernières années de sa vie dans la démence la plus complète. Savait signer.
Mariage: c. de m. le 11-11-1671 (Larue), à Cap-de-la-Madeleine, avec Nicolas PERRAULT (habitant, explorateur, interprète, trafiquant de fourrures, écrivain et commandant), né vers 1644, décédé le 13-08-1717, sachant signer. Ménage établi à Bécancour. 11 enfants.

RACLOS, Marie. Fille de Godebon (écuyer) et de Marie VIENNOT, de la v. et archev. Paris, en Île-de-France. Née vers 1656. Arrivée en 1671 avec ses sœurs Françoise et Madeleine, conduites par leur père, apportant des biens estimés à 1000 livres et un don du roi de 100 livres. Décédée entre le 17-09-1690 et le 28-01-1697. Ne savait pas signer.
Mariage: c. de m. le 12-10-1671 (Becquet), à Champlain, avec René BEAUDOIN (habitant et marguillier), né vers 1645, décédé le 28-03-1735, ne sachant pas signer. Ménage établi à Champlain. 7 enfants.

RAGOT, Marthe. Fille de Simon et de Françoise LOREAU, de Loizé, év. Poitiers, en Poitou (ar. Niort). Née vers 1629. Arrivée en 1663. Décédée le 22-03-1693 à Québec. Ne savait pas signer.
Mariage: le 26-02-1664, à Québec, avec Louis SAMSON (habitant), né vers 1641, décédé le 23-10-1724, ne sachant pas signer. Ménage établi à Sillery. 3 enfants.

RAIMBAULT, Jeanne. Fille de feu Jean et de feue Nicole GROSTIER, de la par. St-Michel, v. et év. Poitiers, en Poitou. Née vers 1645. Arrivée en 1668. Contrat de mariage annulé avec André MORIN (28-07-1669, Duquet). Décédée après le recensement de 1681. Ne savait pas signer.

Mariage: vers 1670, à Chambly, avec Étienne RAIMBAULT (habitant), né vers 1637, décédé après le 31-01-1682, ne sachant pas signer. Ménage établi à Chambly. 4 enfants.

RAISIN, Marguerite. D'origine inconnue. Née vers 1651. Arrivée en 1670. Décédée le 25-11-1700 à Laprairie.

Mariage: en 1670 ou 1671, à Chambly, avec Bernard DENIGER dit Sanssoucy (habitant), né vers 1627, décédé entre le 17-04-1684 et le 25-11-1700, ne sachant pas signer. Ménage établi à Chambly. 7 enfants.

* RAUDY, Marthe. Fille de Pierre et de feue Anne BOBOL, de la par. St-Germain, v. et archev. Paris, en Île-de-France. Arrivée en 1670, apportant des biens estimés à 300 livres et un don du roi de 50 livres. Contrat de mariage annulé avec Thomas HAYOT (08-09-1670, Becquet). Ne savait pas signer.

RAVEAU dite LAUMONNIER, Barbe. Fille de Claude et de Barbe LONMAGNE, veuve de Claude PETIT, de la par. St-Roch, v. et archev. Paris, en Île-de-France. Née vers 1646. Arrivée en 1673, apportant des biens estimés à 200 livres. Décédée après le 21-08-1686. Ne savait pas signer.

Mariage: le 09-10-1673, à Québec, avec Jean MALHERBEAU (habitant), né vers 1647, décédé entre le recensement de 1681 et le 21-08-1686, ne sachant pas signer. C. de m. le 16-09-1673 (Duquet). Ménage établi à Charlesbourg. Aucun enfant.

RELOT, Catherine. Fille d'Olivier (lieutenant au château de Caen) et de Jeanne ROUSSEL, de la par. St-Georges-du-Château, v. Caen, év. Bayeux, en Normandie. Arrivée en 1667, apportant des biens estimés à 300 livres. Émigrée vers 1671. Savait signer.

Mariage: le 24-04-1668, à Québec, avec Charles BADIER dit Laforest, ne sachant pas signer. C. de m. le 02-03-1668 (Lecomte). Ménage établi à Neuville. 1 enfant.

REMONDIÈRE, Andrée. Fille de feu Jacques et de Renée RIVIÈRE, de la par. Notre-Dame-de-Coigne, v. et év. La Rochelle, en Aunis. Née vers 1651. Arrivée en 1666 avec sa mère, apportant des biens estimés à 100 livres. Décédée le 21-11-1702 à St-Pierre Î.O. Savait signer.

Mariage: c. de m. le 31-10-1666 (Vachon), à l'Île-d'Orléans, avec Thomas RONDEAU (habitant et cloutier), né vers 1638, décédé le 10-11-1721, sachant signer. Ménage établi à St-Pierre Î.O. 14 enfants.

RÉMY, Marie. D'origine inconnue. Fille de feu Nicolas et de Marie VENER. Née vers 1646. Arrivée en 1665. Décédée le 11-11-1675 à Montréal. Savait signer.

Mariage: le 11-01-1666, à Montréal, avec Pierre DESAUTELS dit Lapointe (habitant), né vers 1631, décédé le 19-11-1708, sachant signer. Ménage établi à Montréal. 4 enfants.

RENARD dite LECOINTE, Jeanne. Fille de feu Étienne-Jacob (porteur de blé) et de Marie LOUVET, de la par. St-Maclou, v. et archev. Rouen, en Normandie. Née vers 1647. Arrivée en 1671, apportant des biens estimés à 300 livres et un don du roi de 50 livres. Contrat de mariage annulé avec Barthélemy TELLIER (10-12-1671, Becquet). Décédée après le recensement de 1716. Savait signer.

Mariage: le 26-04-1672, à Québec, avec Jacques DION (habitant), né vers 1649, décédé entre le recensement de 1681 et le 01-01-1715, ne sachant pas signer. C. de m. le 26-12-1671 (Becquet). 3 enfants.

RENAUD, Anne-Michelle. Fille de feu Jean et de Catherine DE ST-AMOUR, de la par. St-Pierre, v. Saumur, év. Angers, en Anjou. Née vers 1651. Arrivée en 1669, apportant des biens estimés à 400 livres et un don du roi de 50 livres. Contrat de mariage annulé avec Jean MÉRIENNE (23-09-1669, Duquet). Décédée le 25-12-1714 à Trois-Rivières. Ne savait pas signer.

Mariage: le 07-10-1669, à Québec, avec Jean LASPRON dit Lacharité (habitant), né vers 1639, décédé le 15-07-1692, sachant signer. C. de m. le 04-10-1669 (Becquet). Ménage établi à Nicolet. 7 enfants.

RENAUD, Élisabeth. Fille d'Antoine et d'Étiennette CLEIGNIER, de la par. St-Étienne, v. Bar-sur-Seine, év. Langres, en Bourgogne. Née vers 1652. Arrivée en 1673, apportant des biens estimés à 200 livres. Décédée entre le 02-12-1685 et le 30-05-1697. Ne savait pas signer.
Mariage: le 20-09-1673, à Québec, avec Jean OLIVIER (habitant), né vers 1631, décédé entre le 02-12-1685 et le 30-05-1697, ne sachant pas signer. C. de m. le 16-09-1673 (Duquet). Ménage établi à Sorel. 8 enfants.

RENAUD, Marguerite. Fille de Claude et de Marguerite PION, de Ligny-en-Barrois, év. Toul, en Lorraine (ar. Bar-le-Duc). Née vers 1644. Arrivée en 1667, après avoir participé à un acte de protestation rédigé à Dieppe le 17-06-1667. Décédée entre le recensement de 1667 et le 25-02-1675. Ne savait pas signer.
Mariage: le 03-10-1667, à Québec, avec Emmanuel LOPEZ dit Madère (habitant), né vers 1641, décédé entre le 17-03-1686 et le 17-12-1686, ne sachant pas signer. C. de m. le 29-09-1667 (Duquet). Ménage établi à Charlesbourg. Aucun enfant.

RENAUD, Marie. Fille de feu Jean (maître épinglier) et de Catherine GAUTIER, de la par. St-Marceau, v. et év. Orléans, en Orléanais. Née vers 1637. Arrivée en 1668. Décédée le 27-02-1709 à Charlesbourg. Ne savait pas signer.
Mariage: le 25-10-1668, à Québec, avec François LEROUX dit Cardinal (habitant), né vers 1635, décédé le 20-10-1691, ne sachant pas signer. C. de m. le 18-10-1668 (Becquet). Ménage établi à Charlesbourg. 5 enfants.

RENAUD, Marie. D'origine inconnue. Arrivée en 1669 ou 1670.
Mariage: en 1669 ou 1670, dans la région de Québec, avec Charles PETIT. Couple cité aux baptêmes des 22-11-1670 et 13-10-1671 à Québec. Donations mutuelles le 08-12-1671 (Becquet) et le 10-07-1676 (Vachon). Ménage établi à Beauport.

RENOUARD, Marie-Catherine. Fille de feu Nicolas et de Marie VENELLE, de la par. St-Nicolas-des-Champs, v. et archev. Paris, en Île-de-France. Née vers 1646. Arrivée en 1665. Décédée le 12-01-1717 à Québec. Ne savait pas signer.
1er mariage: le 22-12-1665, à Québec, avec Nicolas DURAND, né vers 1634, décédé le 05-02-1694, sachant signer. C. de m. le 04-12-1665 (Duquet). Ménage établi à Beauport. 10 enfants.
2e mariage: le 22-07-1702, à Québec, avec François DUCARREAU (maçon), né vers 1641, décédé le 09-01-1707, ne sachant pas signer. C. de m. le 17-07-1702 (Chambalon). Ménage établi à Québec. Aucun enfant.

RENTIER dite COURCOUL, Madeleine. Fille de feu Philippe (archer de ville) et de Marie COTRÉ, de St-Christophe et St-Philippe d'Albert, év. Amiens, en Picardie (ar. Péronne). Née vers 1646. Arrivée en 1668, apportant des biens estimés à 300 livres. Décédée le 11-01-1686 à Charlesbourg. Ne savait pas signer.
Mariage: le 06-11-1668, à Québec, avec Olivier ROY (habitant), né vers 1636, décédé le 24-01-1699, ne sachant pas signer. C. de m. le 21-10-1668 (Becquet). Ménage établi à Charlesbourg. 6 enfants.

REPOCHE, Jeanne. Fille de feu François et de feue Marie BERNARD, de la par. Notre-Dame-de-Coigne, v. et év. La Rochelle, en Aunis. Née vers 1639. Arrivée en 1663 avec sa soeur Marie. Rejointe au pays par son frère François et sa belle-soeur Catherine GABOURY. Décédée entre le 21-05-1670 et le 01-12-1671.
Mariage: le 04-02-1664, à Québec, avec Jérôme BILODEAU (habitant), né vers 1639. Ménage établi à Sillery. 4 enfants.

REPOCHE, Marie. Fille de feu François et de feue Marie BERNARD, veuve de Jacques SOULET (laboureur à bras). Baptisée le 04-07-1632 à Notre-Dame-de-Coigne, v. et év. La Rochelle, en Aunis. Arrivée en 1663 avec sa soeur Jeanne. Rejointe au pays par son frère François et sa belle-soeur Catherine GABOURY. Décédée après le 03-03-1704. Ne savait pas signer.
Mariage: le 16-09-1664, à Québec, avec Julien JAMIN (habitant et tailleur d'ha-

bits), né vers 1637, décédé le 03-03-1704, sachant signer. C. de m. le 03-09-1664 (Fillion). Ménage établi à Charlesbourg. 6 enfants.

RICHARD dite MARTIN, Anne-Françoise. Fille de feu Malard et de Madeleine FOURNIER, de la v. et év. Orléans, en Orléanais. Née vers 1651. Arrivée en 1669. Contrats de mariage annulés avec François DERNAJOU (12-12-1669, Becquet) et Pierre LAVOIE (24-12-1669, Becquet). Décédée le 26-12-1719 à St-Augustin. Ne savait pas signer.
Mariage: c. de m. le 05-01-1670 (Becquet), avec Pierre CAMPAGNA (habitant), né vers 1646, décédé entre le 27-02-1704 et le 13-07-1711, ne sachant pas signer. Ménage établi à St-Augustin. 9 enfants.

RICHARD, Marie. Fille de Pierre et de feue Anne MASSON, de St-Laurent, év. Reims, en Champagne (ar. Charleville-Mézières). Née vers 1647. Arrivée en 1669. Décédée le 19-03-1713 à Boucherville. Ne savait pas signer.
Mariage: c. de m. le 24-08-1669 (Rémy), à Boucherville, avec Antoine DAUNAY (habitant), né vers 1641, décédé le 12-12-1707, ne sachant pas signer. Ménage établi à Boucherville. 9 enfants.

RICHER, Georgette. Fille de Jean et de feue Léonarde BORNAIS, de St-Ursin de Chailly-sur-Armançon, év. Autun, en Bourgogne (ar. Beaune). Née vers 1647. Arrivée en 1670, apportant des biens estimés à 300 livres et un don du roi de 50 livres. Décédée le 24-01-1700 à Laprairie. Ne savait pas signer.
Mariage: le 06-10-1670, à Québec, avec François DUPUIS (habitant), né vers 1637, décédé après le 14-02-1707, sachant signer. C. de m. le 14-09-1670 (Becquet). Ménage établi à Laprairie. 7 enfants.

RICHER, Marguerite. Fille de Pierre (habitant et tailleur d'habits) et d'Anne MARICOURT, de la par. St-Martin-sur-Renelle, v. et archev. Rouen, en Normandie. Arrivée en 1672, apportant des biens estimés à 200 livres. Émigrée vers 1679. Ne savait pas signer.

Mariage: le 19-09-1672, à Québec, avec Jean VERDON (habitant et laboureur), né vers 1642, décédé entre le 28-11-1678 et le 21-02-1679, ne sachant pas signer. C. de m. le 10-09-1672 (Duquet). Ménage établi à Laprairie. 3 enfants.

RIGAUD, Geneviève. Fille de Jean et d'Anne CARON, de la par. St-Médard, v. et archev. Paris, en Île-de-France. Née vers 1643. Arrivée en 1667. Décédée le 13-05-1720 à Château-Richer. Savait signer.
Mariage: le 11-10-1667, à Québec, avec Pierre TÊTU, sieur Dutilly (marchand bourgeois et capitaine de milice), né vers 1634, décédé le 03-05-1718, ne sachant pas signer. C. de m. le 06-10-1667 (Rageot). Ménage établi à L'Ange-Gardien. 12 enfants.

RIGAUD, Jeanne. Fille de feu André et de Françoise PERRIN, de la par. St-Eustache, v. et archev. Paris, en Île-de-France. Née vers 1656. Arrivée en 1671, apportant des biens estimés à 300 livres et un don du roi de 50 livres. Contrat de mariage annulé avec Jean RÉAL (14-10-1671, Becquet). Mère d'une enfant illégitime (Marie-Jacquette) née le 20-02-1690 à Champlain. Décédée entre le 20-02-1690 et le 23-01-1695. Ne savait pas signer.
Mariage: vers 1676, à Sorel, avec Michel POIRIER dit Langevin (taillandier et armurier), né vers 1643, décédé entre le 27-09-1688 et le 23-01-1695, ne sachant pas signer. Ménage établi à Champlain. 6 enfants.

RIVET, Anne. Veuve de Grégoire HISSE (receveur du huitième de Bretagne), de la par. St-Gervais, v. et év. Sées, en Normandie. Née vers 1635. Arrivée en 1665, apportant des biens estimés à 300 livres. Décédée le 05-04-1675 à Château-Richer. Ne savait pas signer.
Mariage: le 08-03-1666, à Québec, avec René OUELLET (habitant), né vers 1644, décédé le 15-01-1722, sachant signer. C. de m. le 04-03-1666 (Becquet). Ménage établi à Ste-Famille Î.O. 3 enfants.

RIVET, Catherine. Fille de feu Pierre et de Marie SORGEAUT, de St-Mauger, v.

Étampes, archev. Sens, en Orléanais. Née vers 1644. Arrivée en 1665, apportant des biens estimés à 200 livres. Contrat de mariage annulé avec Jean HARDY (21-12-1665, Becquet). Décédée le 09-06-1723 à Québec. Ne savait pas signer.

Mariage: c. de m. le 07-01-1666 (Becquet), à l'Île-d'Orléans, avec Pierre DUCHESNE dit Lapierre (habitant), né vers 1632, décédé le 02-03-1697, ne sachant pas signer. Ménage établi à St-François Î.O. 12 enfants.

RIVIÈRE, Anne. Fille de feu Jean et de feue Anne CHARLES, de la par. St-Michel, v. et év. Angers, en Anjou. Née vers 1652. Arrivée en 1670, apportant des biens estimés à 300 livres et un don du roi de 50 livres. Contrat de mariage annulé avec Jean Vincent (31-08-1670, Becquet). Décédée après le recensement de 1681. Ne savait pas signer.

Mariage: vers 1676, à St-Ours, avec Jean SELEURIER dit Deslauriers (habitant), né vers 1640, décédé le 23-01-1712, ne sachant pas signer. Ménage établi à St-Ours. Aucun enfant.

RIVIÈRE, Marie. Fille d'Abraham et de Judith PELISSON, de St-Pierre du bourg de Cozes, ar. et év. Saintes, en Saintonge. Née vers 1646. Arrivée en 1671. Décédée le 17-01-1703 à Québec.

Mariage: le 16-02-1672, à Trois-Rivières, avec Jean RATIER dit Dubuisson (maître des hautes oeuvres), né vers 1647, décédé le 21-05-1703, ne sachant pas signer. Ménage établi à Québec. 5 enfants.

RIVIÈRE, Renée. Veuve de Jacques RE-MONDIÈRE, de la par. Notre-Dame-de-Coigne, v. et év. La Rochelle, en Aunis. Née vers 1630. Arrivée en 1666 avec sa fille Andrée REMONDIÈRE. Décédée le 03-05-1699 à St-Pierre Î.O.

Mariage: en 1666, à l'Île-d'Orléans, avec Mathurin CROISET (habitant), né vers 1617, décédé le 18-06-1697. Ménage établi à St-Pierre Î.O. Aucun enfant.

ROBIN, Louise. Fille de feu Étienne et d'Éléonore MAUCUIT, de St-Sébastien-de-Raids, ar. et év. Coutances, en Norman-die. Née vers 1641. Arrivée en 1671, apportant des biens estimés à 300 livres et un don du roi de 50 livres. Décédée le 14-11-1703 à St-Thomas. Ne savait pas signer.

Mariage: le 26-10-1671, à Québec, avec Robert GAUMOND (habitant), né vers 1643, décédé le 09-09-1703, ne sachant pas signer. C. de m. le 11-10-1671 (Becquet). Ménage établi à St-Thomas. 2 enfants.

ROBINEAU, Marguerite. Fille de Guillaume et de Jeanne LIÉNARD, de la par. St-Sulpice, v. et archev. Paris, en Île-de-France. Née vers 1646. Arrivée en 1668. Décédée entre le 01-08-1692 et le 02-11-1716. Ne savait pas signer.

Mariage: le 17-10-1668, à Québec, avec Michel GAURON dit Petitbois (habitant), né vers 1636, décédé après le 02-11-1716, ne sachant pas signer. C. de m. le 16-10-1668 (Duquet). Ménage établi à Deschaillons. 8 enfants.

ROBINEAU, Marie. Fille de feu Hubert et de Marie MIGNARD, veuve de Jean ROBERT, de la par. St-Paul, v. et archev. Paris, en Île-de-France. Née vers 1647. Arrivée en 1668. Décédée le 07-08-1700 à l'Hôtel-Dieu de Québec. Ne savait pas signer.

Mariage: le 16-10-1668, à Québec, avec Jean-Pierre FORGUES dit Monrougeau (habitant), né vers 1637, décédé le 29-05-1703, ne sachant pas signer. C. de m. le 30-09-1668 (Rageot). Ménage établi à Beaumont. 6 enfants.

ROSSIGNOL dite GROSSONNEAU, Jeanne. Fille de feu Martin et de Renée DESJARDINS, de St-Pierre de Montfort-l'Amaury, év. Chartres, en Île-de-France (ar. Rambouillet). Née vers 1652. Arrivée en 1670, apportant des biens estimés à 200 livres et un don du roi de 50 livres. Décédée le 22-01-1712 à l'Hôtel-Dieu de Québec. Ne savait pas signer.

1er mariage: le 01-09-1670, à Québec, avec Charles PETIT (habitant), décédé entre le 29-03-1673 et le 29-12-1673, ne sachant pas signer. C. de m. le 24-08-1670 (Becquet). Ménage établi à Neuville. 2 enfants.

2e mariage: le 04-02-1674, à Québec, avec Jean FORGET (domestique), baptisé le 08-

03-1642, décédé entre le 31-10-1675 et le 07-11-1676. Ménage établi à Neuville. 1 enfant.

3e mariage : le 28-12-1676, à Québec, avec Urbain FOUQUEREAU (habitant), né vers 1653, décédé le 24-02-1700. C. de m. le 07-11-1676 (Rageot). Ménage établi à Neuville. 8 enfants.

4e mariage : le 02-09-1704, à Neuville, avec François HUARD dit Laliberté, né vers 1654, décédé le 24-08-1722, sachant signer. Ménage établi à Neuville. Aucun enfant.

ROTEAU, Barbe. Fille de feu Geoffroy et de Catherine CARSILLEU, de St-Martin-du-Roule, ar. et archev. Paris, en Île-de-France. Née vers 1653. Arrivée en 1673, apportant des biens estimés à 200 livres. Décédée le 25-08-1728 à L'Ancienne-Lorette. Ne savait pas signer.

1er mariage : le 11-09-1673, à Québec, avec Pierre MOISAN (pilote, matelot, capitaine de barque et bourgeois), né vers 1648, décédé le 07-12-1693, sachant signer. C. de m. le 09-09-1673 (Duquet). Ménage établi à Québec. 10 enfants.

2e mariage : le 24-10-1695, à Québec, avec Jacques RENAUD (habitant), né vers 1645, décédé le 23-12-1708, ne sachant pas signer. C. de m. le 16-10-1695 (Duquet). 1 enfant.

ROU, Madeleine. Fille de feu Thomas et de Marguerite DELAFOSSE, de la par. Notre-Dame-la-Ronde, v. et év. Évreux, en Normandie. Arrivée en 1673, apportant des biens estimés à 200 livres. Émigrée vers 1676. Ne savait pas signer.

Mariage : le 10-09-1673, à Québec, avec Louis LAVALLÉE (habitant), sachant signer. C. de m. le 07-09-1673 (Duquet). Ménage établi à Nicolet. 2 enfants.

ROUSSEAU, Anne. D'origine inconnue. Née vers 1637. Arrivée en 1667. Décédée le 08-03-1680 à Champlain. Ne savait pas signer.

Mariage : en 1667, à Cap-de-la-Madeleine, avec Pierre JOUINEAU (habitant), né vers 1618, décédé le 09-08-1690, ne sachant pas signer. Ménage établi à Champlain. 2 enfants.

ROUSSEAU, Henriette. Fille de feu Jacques (maître cordonnier) et de Jeanne AR-NOUX, de St-Germain-en-Laye, archev. Paris, en Île-de-France. Née vers 1648. Arrivée en 1668, apportant des biens estimés à 300 livres. Décédée entre le recensement de 1681 et le 09-02-1699. Ne savait pas signer.

Mariage : le 06-11-1668, à Québec, avec Étienne PAQUET (habitant et jardinier), né vers 1621, décédé entre le recensement de 1681 et le 24-06-1690, ne sachant pas signer. C. de m. le 05-11-1668 (Lecomte). Ménage établi à Charlesbourg. 3 enfants.

ROUSSEL, Charlotte. Fille de feu Thomas et de feue Barbe POISSON, de la par. Notre-Dame-la-Ronde, v. et év. Évreux, en Normandie. Née vers 1646. Arrivée en 1668. Prise par les Iroquois le 04-08-1689 et décédée probablement en captivité avant le 24-10-1694. Ne savait pas signer.

Mariage : le 12-11-1668, à Montréal, avec Pierre GAUTHIER dit Saguingoira (habitant et laboureur), né vers 1629, décédé le 05-12-1703, ne sachant pas signer. C. de m. le 03-11-1668 (Basset). Ménage établi à Lachine. 8 enfants.

ROUSSEL, Marguerite. Fille de feu Jean et de Louise MENI, de Mesnières, v. et archev. Rouen, en Normandie. Née vers 1646. Arrivée en 1673, apportant des biens estimés à 200 livres. Émigrée en 1693. Ne savait pas signer.

1er mariage : le 28-09-1673, à Québec, avec Mathurin DUCHIRON dit Deslauriers (habitant), né vers 1633, décédé entre le recensement de 1681 et le 10-11-1682, sachant signer. C. de m. le 16-09-1673 (Duquet). Ménage établi à Cap-St-Ignace. 4 enfants.

2e mariage : le 10-11-1682, à Cap-St-Ignace, avec Étienne BUREL (tapissier), ne sachant pas signer. Ménage établi à Cap-St-Ignace. 5 enfants.

ROUSSELIN, Suzanne. Fille de Philibert et d'Hélène MARTIN, de St-Jacques de Moüaze, ar. et év. Rennes, en Bretagne. Née vers 1644. Arrivée en 1665. Décédée le 17-04-1710 à Charlesbourg. Ne savait pas signer.

Mariage: le 06-06-1666, à Montréal, avec Jacques LEBLANC (habitant), né vers 1636, décédé le 14-04-1710, ne sachant pas signer. Ménage établi à Charlesbourg. 9 enfants.

ROUSSELOT, Marguerite. Fille de feu Jean et de Simone DENIZE, de la par. Ste-Madeleine, v. et év. Troyes, en Champagne. Née vers 1654. Arrivée en 1673, apportant des biens estimés à 200 livres. Décédée le 17-12-1687 à St-Jean Î.O. Ne savait pas signer.

Mariage: le 22-09-1673, à Ste-Famille Î.O., avec Charles FLIBOT (habitant), né vers 1644, décédé le 18-04-1730, sachant signer. C. de m. le 19-09-1673 (Duquet). Ménage établi à St-Jean Î.O. 6 enfants.

ROUTY, Marie-Madeleine. Fille de feu Claude (écuyer et gentilhomme chez le roi) et de Marie CHALUDET, de la par. St-Cyr, v. Issoudun, archev. Bourges, en Berry. Arrivée en 1668, apportant des biens estimés à 1000 livres. Émigrée vers 1669. Ne savait pas signer.

Mariage: le 22-10-1668, à Québec, avec Nicolas GUILLAUD, sieur Delachaume (habitant), baptisé le 23-04-1639, sachant signer. C. de m. le 08-10-1668 (Becquet). Ménage établi à Cap-St-Ignace. 1 enfant.

ROUX, Aimée. Fille de feu Jacques et de Marguerite DUBOIS, de la v. Montargis, archev. Sens, en Orléanais. Née vers 1649. Arrivée en 1669, apportant des biens estimés à 150 livres et un don du roi de 50 livres. Contrats de mariage annulés avec Vincent VERDON (01-10-1669, Duquet) et François FLEURY (06-12-1669, Duquet). Décédée le 27-12-1715 à St-Augustin. Ne savait pas signer.

Mariage: c. de m. le 06-02-1670 (Duquet), à St-Augustin, avec Aimard TINON dit Desroches et Deslauriers (habitant), né vers 1643, décédé le 12-03-1700, sachant signer. Ménage établi à St-Augustin. 8 enfants.

ROY, Anne. Fille de feu François et de feue Anne BOURDOIS, de la par. St-Germain-l'Auxerrois, v. et archev. Paris, en Île-de-France. Née vers 1641. Arrivée en 1671, apportant des biens estimés à 300 livres et un don du roi de 50 livres. Décédée le 26-05-1715 à l'Hôtel-Dieu de Québec. Ne savait pas signer.

Mariage: le 28-10-1671, à Québec, avec Jean RODRIGUE (habitant), né vers 1641, décédé le 14-11-1720, ne sachant pas signer. C. de m. le 13-10-1671 (Becquet). Ménage établi à Beauport. 5 enfants.

ROY, Anne. Fille de Pierre et d'Anne FLEURY, de St-Hilaire-sous-Romilly, ar. Nogent-sur-Seine, archev. Sens (acte de m.) ou de la v. et archev. Sens (contrat de m.), en Champagne. Née vers 1653. Arrivée en 1670, apportant des biens estimés à 300 livres et un don du roi de 50 livres. Décédée le 01-11-1719 à Cap-St-Ignace. Ne savait pas signer.

1er mariage: le 30-09-1670, à Ste-Anne-de-Beaupré, avec Nicolas BOUCHARD (habitant), né vers 1637, décédé entre le 16-04-1683 et le 16-01-1684, ne sachant pas signer. C. de m. le 15-09-1670 (Becquet). Ménage établi à Cap-St-Ignace. 6 enfants.

2e mariage: le 08-10-1685, à Québec, avec Claude GUIMOND (capitaine de milice), né vers 1661, décédé le 13-02-1738. Ménage établi à Cap-St-Ignace. 6 enfants.

ROY, Catherine. Fille de Marie LUSSIA, de la par. St-Paul (contrat de m.) ou St-Nicolas-des-Champs (acte de sépulture), v. et archev. Paris, en Île-de-France. Née vers 1654. Arrivée en 1673. Décédée le 05-07-1731 à Montréal. Savait signer.

1er mariage: c. de m. le 13-11-1673 (Adhémar), à Sorel, avec Pierre SALVAIL (écuyer, seigneur et coureur des bois), né vers 1650, décédé entre le 03-10-1685 et le 05-09-1689, sachant signer. Ménage établi à l'Île-Dupas. 6 enfants.

2e mariage: avant 1689, à Sorel, avec Jean DE MIRAY (écuyer et officier dans la marine). Ménage établi à l'Île-Dupas. 1 enfant.

ROY, Élisabeth. Fille de feu Antoine et de feue Simone GAUTIER, de la v. et év. Senlis, en Île-de-France. Née vers 1642.

Arrivée en 1665. Décédée après le 11-01-1709. Ne savait pas signer.

1er mariage: c. de m. le 12-10-1665 (Duquet), à l'Île-d'Orléans, avec Pierre PAILLEREAU (habitant), né vers 1627, décédé le 23-11-1669, ne sachant pas signer. Ménage établi à St-Jean Î.O. 2 enfants.

2e mariage: le 26-01-1670, à Ste-Famille Î.O., avec Antoine LEBLANC dit Jolicoeur (habitant), né vers 1649, décédé le 18-12-1687. C. de m. le 20-01-1670 (Vachon). Ménage établi à St-Jean Î.O. 5 enfants.

3e mariage: le 16-05-1688, à St-Jean Î.O., avec Charles FLIBOT (habitant), né vers 1644, décédé le 18-04-1730. C. de m. le 25-04-1688 (Aubert). Ménage établi à St-Jean Î.O. Aucun enfant.

ROY, Jeanne. Fille de Nicolas et de Madeleine BELFOND, de la v. de Cherbourg, év. Coutances, en Normandie. Née vers 1641. Arrivée en 1669, apportant des biens estimés à 300 livres et un don du roi de 50 livres. Décédée le 05-12-1721 à Montréal. Ne savait pas signer.

1er mariage: c. de m. le 26-01-1670 (sous seing privé), à Chambly, avec Étienne BONNET dit Lafortune (domestique), né vers 1644, décédé entre le 05-03-1670 et le 15-12-1670, ne sachant pas signer. Ménage établi à Chambly. 1 enfant.

2e mariage: en 1670, à Chambly, avec Jean PÉLADEAU dit St-Jean (habitant et charpentier), né vers 1641, décédé après le 25-11-1719. Ménage établi à Chambly. 7 enfants.

ROY, Marguerite. Veuve de Brice DANNEVILLE, de la par. St-Eustache, v. et archev. Paris, en Île-de-France. Née vers 1622. Arrivée en 1665 avec ses filles Anne et Gabrielle, son gendre Antoine FILION et ses petits-enfants Pierre et Jeanne FILION. Précédée au pays par le frère de son gendre Michel FILION. Émigrée vers 1667. Ne savait pas signer.

Mariage: le 27-07-1665, à Québec, avec Hilaire CHARDONNEAU (habitant), né vers 1617, ne sachant pas signer. C. de m. le 02-07-1665 (Duquet). Ménage établi à Charlesbourg. Aucun enfant.

ROY, Marie. Fille de feu Guillaume et de Germaine BERGER, de la par. St-Étienne-du-Mont, v. et archev. Paris, en Île-de-France. Née vers 1642. Arrivée en 1665. Décédée le 05-08-1689 à Lachine après avoir été enlevée par les Iroquois. Ne savait pas signer.

Mariage: le 08-03-1666, à Montréal, avec Pierre PÉRUSSEAU (habitant), né vers 1637, décédé entre le recensement de 1681 et le 23-01-1691, ne sachant pas signer. Ménage établi à Lachine. 2 enfants.

ROY, Marie. Fille de feu Pierre et de feue Marie RENAUD, de la v. de Fontenay-le-Comte, év. Maillezais, en Poitou. Née vers 1647. Arrivée en 1667. Décédée entre 1671 et le recensement de 1681. Ne savait pas signer.

Mariage: le 11-07-1667, à Québec, avec Mathurin THIBODEAU dit Lalime (habitant), né vers 1636, décédé le 29-09-1709, sachant signer. C. de m. le 07-07-1667 (Fillion). Ménage établi à Ste-Famille Î.O. 3 enfants.

ROY, Marie-Anne. Fille de feu Jacques et de Marguerite LUSSON, de la rue St-Antoine, v. et archev. Paris, en Île-de-France. Née vers 1649. Arrivée en 1670. Décédée après le 29-07-1703. Ne savait pas signer.

1er mariage: le 21-10-1670, à Sorel, avec Mathieu BINET dit Lespérance (habitant), né vers 1645, décédé entre le 03-05-1686 et le 29-07-1703, ne sachant pas signer. C. de m. le 20-10-1670 (Basset). Ménage établi à Verchères. 5 enfants.

2e mariage: avant le 29-01-1704, avec Abel SIMON. Aucun enfant.

ROYER, Nicole. Fille de feu Claude et d'Aimée GILBERT, de St-André de Sompuis, év. Châlons-sur-Marne, en Champagne (ar. Vitry-le-François). Née vers 1653. Arrivée en 1671, apportant des biens estimés à 300 livres et un don du roi de 50 livres. Décédée le 11-06-1722 à Champlain. Ne savait pas signer.

Mariage: le 03-11-1671, à Québec, avec Martin DESMILLIERS (habitant), né vers 1646, décédé le 31-01-1720, sachant signer. C. de m. le 31-10-1671 (Becquet). Ménage établi à Champlain. Aucun enfant.

– S –

SAGEOT, Geneviève. Fille d'Antoine et de Marguerite RUFFEL, de la par. St-André-des-Arts, v. et archev. Paris, en Île-de-France. Née vers 1651. Arrivée en 1667, après avoir participé à un acte de protestation rédigé à Dieppe le 17-06-1667. Décédée le 30-08-1683 à Champlain. Ne savait pas signer.
Mariage : le 10-10-1667, à Québec, avec Antoine ADHÉMAR, sieur de St-Martin (greffier et notaire royal), né vers 1639, décédé le 16-04-1714, sachant signer. C. de m. le 09-10-1667 (Rageot). Ménage établi à Champlain. 4 enfants.

SALÉ, Isabelle. Fille de Pierre (marchand quincaillier au palais) et de Françoise LUPIA, de la par. St-Médard, faubourg St-Marceau, v. et archev. Paris, en Île-de-France. Née vers 1651. Arrivée en 1670, apportant des biens estimés à 200 livres et un don du roi de 100 livres. Décédée le 31-12-1722 à Cap-Santé. Ne savait pas signer.
Mariage : c. de m. le 09-09-1670 (Ameau), à Trois-Rivières, avec Jacques MARCOT (habitant), baptisé le 07-10-1644, décédé entre le 12-06-1708 et le 12-11-1720, sachant signer. Ménage établi à Neuville. 15 enfants.

SALÉ, Madeleine-Thérèse. Fille de feu Claude (peintre ordinaire du roi) et de feue Madeleine MONTALLIÉ, de la par. St-Médard, v. et archev. Paris, en Île-de-France. Arrivée en 1670. Émigrée en 1680. Savait signer.
Mariage : le 15-12-1670, à Montréal, avec Claude RAIMBAULT (maître menuisier), sachant signer. C. de m. le 14-12-1670 (Basset). Ménage établi à Montréal. 5 enfants.

SAMSON, Marguerite. D'origine inconnue. Née vers 1649. Arrivée en 1670. Décédée le 24-07-1721 à Sorel. Ne savait pas signer.

Mariage : en 1670 ou 1671, à Sorel, avec Jean BEAUGRAND dit Champagne (habitant), né vers 1641, décédé le 05-12-1699, sachant signer. Ménage établi à Berthier (en haut). 3 enfants.

SAULNIER, Nicole. Fille de feu Pierre (maître tonnelier) et de Jeanne CHEVILLARD, de la par. St-Christophe, v. et archev. Paris, en Île-de-France. Née vers 1651. Arrivée en 1669, apportant des biens estimés à 250 livres et un don du roi de 50 livres. Morte « de rougeole ou de rhumatisme » le 02-11-1714 à St-Jean Î.O. Ne savait pas signer.
Mariage : le 28-10-1669, à Ste-Famille Î.O., avec Jean BROCHU (habitant), né vers 1641, décédé le 27-02-1705, sachant signer. C. de m. le 07-10-1669 (Bequet). Ménage établi à St-Jean Î.O. 4 enfants.

SAUNOIS, Thérèse. Fille de feu Nicolas et de Roberte CHITTIÉ, de Larrey, év. Langres, en Bourgogne (ar. Montbard). Arrivée en 1671, apportant des biens estimés à 300 livres et un don du roi de 50 livres. Mère d'une enfant illégitime (Marie-Thérèse) née le 06-05-1674 à Charlesbourg. Contrat de mariage annulé avec Jean RÉAL (07-10-1671, Becquet). Émigrée en 1674. Ne savait pas signer.
Mariage : le 26-10-1671, à Québec, avec Pierre VACHER, décédé entre le 27-08-1672 et le 01-04-1673, ne sachant pas signer. C. de m. le 18-10-1671 (Becquet). Ménage établi à Charlesbourg. 1 enfant.

SAVARD, Gillette. Fille de François et de Jeanne MORAND, de la par. St-Aspair, v. Meulun, archev. Sens, en Brie. Née vers 1648. Arrivée en 1665, apportant des biens estimés à 100 livres. Décédée le 16-04-1703 à St-Jean Î.O. Ne savait pas signer.
Mariage : le 22-02-1666, à Québec, avec Pierre FILTEAU (habitant), né vers 1639, décédé le 24-09-1699, ne sachant pas signer. C. de m. le 11-01-1666 (Fillion). Ménage établi à St-Jean Î.O. 14 enfants.

SAVONNET, Jeanne. Fille de Jacques et d'Antoinette BABILETTE, de la v. et archev. Paris, en Île-de-France. Née vers 1647. Arrivée en 1670. Décédée le 12-03-

1721 à Rivière-Ouelle. Ne savait pas signer.

1ᵉʳ mariage : en 1670, à l'Île-d'Orléans, avec Jean SOUCY dit Lavigne, décédé entre le 05-04-1677 et le 22-08-1679, sachant signer. Ménage établi à Cap-St-Ignace. 4 enfants.

2ᵉ mariage : le 22-08-1679, à L'Islet, avec Damien BÉRUBÉ (habitant et maçon), baptisé le 02-02-1647, décédé le 07-03-1688, ne sachant pas signer. Ménage établi à Rivière-Ouelle. 6 enfants.

3ᵉ mariage : le 07-11-1692, à Rivière-Ouelle, avec François MIVILLE dit Lesuisse (habitant, menuisier et seigneur), baptisé le 16-05-1634, décédé le 23-11-1711, ne sachant pas signer. C. de m. le 31-10-1692 (Audouart). Ménage établi à Rivière-Ouelle. 1 enfant.

SEDERAY, Jeanne. D'origine inconnue. Née vers 1651. Arrivée en 1669. Décédée le 04-07-1741 à Trois-Rivières. Ne savait pas signer.

Mariage : c. de m. le 21-07-1669 (Rémy), à Boucherville, avec Pierre PICARD (habitant et fermier), baptisé le 25-09-1650, décédé le 29-06-1726, ne sachant pas signer. Ménage établi à Boucherville. 12 enfants.

SEIGNEUR, Anne. Fille de feu Guillaume et de Madeleine SAUVÉ. Baptisée le 01-03-1649 à St-Maclou, v. et archev. Rouen, en Normandie. Arrivée en 1668. Décédée le 04-07-1733 à Chambly. Ne savait signer.

Mariage : c. de m. le 03-07-1668 (Adhémar), à Chambly, avec Jean BESSET dit Brisetout (habitant et soldat), né vers 1642, décédé le 05-01-1707, ne sachant pas signer. Ménage établi à Chambly. 9 enfants.

SEIGNEUR, Marie. Fille de feu Jean (orfèvre) et de Jeanne GODAILLER, de la par. St-Paul, v. et archev. Paris, en Île-de-France. Arrivée en 1670, apportant des biens estimés à 200 livres et un don du roi de 50 livres. Décédée entre le 29-01-1685 et le 18-01-1694. Ne savait pas signer.

Mariage : le 08-09-1670, à Château-Richer, avec Pierre SASSEVILLE (habitant), né vers 1642, décédé entre le 29-01-1685 et le 12-11-1704, ne sachant pas signer. C. de

m. le 25-08-1670 (Becquet). Ménage établi à Beauport. 8 enfants.

SEL, Marguerite. Fille de feu Vincent et d'Anne RACOUSE, du faubourg St-Germain, v. et archev. Paris, en Île-de-France. Née vers 1652. Arrivée en 1671, apportant des biens estimés à 300 livres et un don du roi de 50 livres. Décédée entre le recensement de 1681 et le 22-09-1699. Ne savait pas signer.

Mariage : c. de m. le 12-10-1671 (Becquet), à Sillery, avec Jean NOËL (habitant), né le 03-10-1652, décédé entre le recensement de 1681 et le 22-09-1699, ne sachant pas signer. Ménage établi à Ste-Foy. 2 enfants.

SEL, Marie. Fille de feu Guillaume et de Marguerite DORMESNIL, de Ste-Trinité de Bois-Guillaume, ar. et archev. Rouen, en Normandie. Née vers 1647. Arrivée en 1667, apportant des biens estimés à 200 livres. Décédée le 13-06-1719 à St-Jean Î.O. Ne savait pas signer.

1ᵉʳ mariage : le 17-10-1667, à Québec, avec Nicolas GUILLEMET (habitant), né vers 1641, décédé le 10-12-1700, ne sachant pas signer. C. de m. le 12-10-1667 (Duquet). Ménage établi à St-Jean Î.O. 10 enfants.

2ᵉ mariage : le 18-07-1701, à St-Jean Î.O., avec Jean FLIBOT (habitant), baptisé le 08-01-1680, ne sachant pas signer. C. de m. le 12-07-1701 (Chambalon). Ménage établi à St-Jean Î.O. Aucun enfant.

3ᵉ mariage : le 19-08-1711, à Québec, avec Vincent BÉRIAU dit Poitevin (maître menuisier), né vers 1650, décédé le 24-03-1715, sachant signer. C. de m. le 18-08-1711 (La Cetière). Aucun enfant.

SEL, Marie-Madeleine. Fille de feu Michel et de Jeanne CASTON, de la par. St-Nicolas-des-Champs, v. et archev. Paris, en Île-de-France. Née vers 1652. Arrivée en 1673, apportant des biens estimés à 200 livres. Décédée le 10-12-1700 à Pointe-Lévy. Savait signer.

1ᵉʳ mariage : le 21-09-1673, à Québec, avec Louis-Pierre AURIOT (habitant), né vers 1642, décédé entre le 01-07-1681 et le 03-08-1681, ne sachant pas signer. C. de m. le 16-09-1673 (Becquet). Ménage établi à Beaumont. 4 enfants.

2ᵉ *mariage:* le 24-08-1681, à L'Islet, avec Pierre CHAUSSÉ dit Lemeine, né vers 1651, décédé le 19-03-1701, sachant signer. C. de m. le 03-08-1681 (Duquet). Ménage établi à Pointe-Lévy. 6 enfants.

SELLERIN, Marguerite. Fille de feu Jacques et de Marguerite CHARPENTIER, de la par. St-Sulpice, v. et archev. Paris, en Île-de-France. Arrivée en 1671, apportant des biens estimés à 300 livres et un don du roi de 50 livres. Morte noyée le 30-10-1672 à Boucherville. Savait signer.
Mariage: le 12-10-1671, à Québec, avec Louis DENIS dit Lafontaine (habitant), décédé entre le 21-04-1679 et le recensement de 1681, ne sachant pas signer. C. de m. le 09-10-1671 (Becquet). Ménage établi à Boucherville. Aucun enfant.

SENÉCAL, Catherine. Fille d'Adrien (habitant et tailleur) et de feue Guillemette ROLLEVILLE, de Bénouville, archev. Rouen, en Normandie (ar. Le Havre). Née vers 1649. Arrivée en 1670 avec son père, sa belle-mère Jeanne LECOMTE et son frère Nicolas. Décédée entre le 20-03-1692 et le 23-11-1694. Ne savait pas signer.
Mariage: c. de m. le 12-10-1670 (Ameau), à Cap-de-la-Madeleine, avec Jean LAFOND (habitant), baptisé le 21-05-1646, décédé le 10-05-1716, sachant signer. Ménage établi à Batiscan. 8 enfants.

SENÉCAL, Louise. Fille de Pierre et de feue Françoise CAMPION. Baptisée le 15-02-1637 à St-Éloi, v. et archev. Rouen, en Normandie. Arrivée en 1667, apportant des biens estimés à 100 livres. Décédée entre le recensement de 1681 et le 13-04-1693. Ne savait pas signer.
Mariage: le 06-10-1667, à Québec, avec Pierre GUILBAULT (habitant), né vers 1643, décédé le 05-10-1697, ne sachant pas signer. C. de m. le 30-09-1667 (Duquet). Ménage établi à Charlesbourg. 4 enfants.

SERVIGNAN, Jeanne. Fille de Nicolas et de Jeanne VATERRE, du bourg d'Irancy, ar. et év. Auxerre, en Bourgogne. Née vers 1646. Arrivée en 1665. Morte en couches le 21-02-1683 à Boucherville. Ne savait pas signer.

Mariage: le 13-10-1665, à Québec, avec Jean RONCERAY dit Le Breton (habitant), né vers 1643, décédé après le 11-08-1715, ne sachant pas signer. C. de m. le 06-10-1665 (Duquet). Ménage établi à Longueuil. 6 enfants.

SICARD, Jeanne. Fille de feu Jacques et de Marie BOURGERET, veuve de Mathurin LEBLANC, de la v. Fontenay-le-Comte, év. Maillezais, en Poitou. Arrivée en 1669, apportant des biens estimés à 200 livres et un don du roi de 50 livres. Contrat de mariage annulé avec Vincent GUILLOT (19-01-1670, Becquet). Décédée entre le 21-12-1672 et le 28-04-1677. Ne savait pas signer.
Mariage: c. de m. le 06-09-1670 (Becquet), avec Vincent GUILLOT (habitant), baptisé le 18-10-1645, décédé le 28-08-1716, ne sachant pas signer. Ménage établi à St-Pierre Î.O. 2 enfants.

SOUILLARD, Nicole. Fille de Michel et de Jeanne BOURDON, de Grange-le-Bocage, ar. et archev. Sens, en Bourgogne. Née vers 1641. Arrivée en 1665. Décédée le 25-03-1707 à St-Michel. Ne savait pas signer.
Mariage: c. de m. le 16-11-1665 (Duquet), à l'Île-d'Orléans, avec Louis GABOURY dit Lemajor (habitant), né vers 1638, décédé après le 10-10-1707, sachant signer. Ménage établi à St-Michel. 7 enfants.

SURET, Catherine. Fille de feu Jean et de Denise LECONFESSEUR, de la par. St-Sulpice, v. et archev. Paris, en Île-de-France. Née vers 1651. Arrivée en 1669. Décédée le 30-10-1728 à Charlesbourg. Ne savait pas signer.
Mariage: le 07-10-1669, à Québec, avec Nicolas FÂCHE (habitant), né vers 1643, décédé le 03-12-1714, sachant signer. Ménage établi à Charlesbourg. 10 enfants.

– T –

TALBOT, Anne. Fille de feu Isaac (maître brasseur) et de Marie DELALANDE. Née le 31-07-1651 à St-Maclou, v. et archev. Rouen, en Normandie. Arrivée en 1670, apportant des biens estimés à 300 livres et un don du roi de 50 livres. Contrat de mariage annulé avec Jean BAROLLEAU (13-09-1670, Becquet). Décédée le 04-08-1740 à Boucherville. Ne savait pas signer. *Mariage:* le 02-11-1670, à Boucherville, avec Jean GAREAU dit Saintonge (habitant), né vers 1646, décédé le 06-06-1713, ne sachant pas signer. C. de m. le 23-10-1670 (Becquet). Ménage établi à Boucherville. 15 enfants.

TARGER, Marie. Fille de feu Daniel (marinier) et de Louise MARTIN. Née le 22-02-1642 et baptisée au temple protestant de la v. de La Rochelle, en Aunis. Arrivée en 1663, apportant des biens estimés à 150 livres. Précédée au pays par sa soeur Élisabeth. Décédée après le 04-11-1704. Ne savait pas signer. *1er mariage:* le 22-11-1663, à Château-Richer, avec Jean ROYER (habitant), né vers 1635, décédé entre le 21-02-1675 et le 17-02-1676, ne sachant pas signer. C. de m. le 09-10-1663 (Aubert). Ménage établi à Ste-Famille Î.O. 7 enfants. *2e mariage:* le 17-02-1676, à Ste-Famille Î.O., avec Robert TOURNEROCHE (habitant), né vers 1646, décédé le 23-05-1722. Ménage établi à St-Jean Î.O. 6 enfants.

TAVERNIER, Anne. Fille de feu Hugues et de feue Charlotte BREDY, de St-Nicolas de La Ferté-Milon, év. Soissons, en Île-de-France (ar. Château-Thierry). Née vers 1641. Arrivée en 1665, apportant des biens estimés à 400 livres. Décédée le 11-01-1694 à l'Hôtel-Dieu de Québec. Savait signer. *Mariage:* le 15-05-1666, à Québec, avec Robert-Charles MOUSSION dit Lamouche (bourgeois et tailleur d'habits), né vers 1642, décédé le 23-11-1718, sachant signer. C. de m. le 27-02-1666 (Becquet). Ménage établi à Québec. 7 enfants.

TAVREY, Martine. Fille de feu Nicolas et de Marie MARGOT, de la par. Notre-Dame-du-Chemin, v. et év. Orléans, en Orléanais. Née vers 1646. Arrivée en 1670, apportant des biens estimés à 300 livres et un don du roi de 50 livres. Contrat de mariage annulé avec Pierre SASSEVILLE (23-08-1670, Becquet). Décédée après le 02-08-1683. Ne savait pas signer. *Mariage:* le 14-09-1670, à Québec, avec Nicolas MARCOT (habitant), baptisé le 23-11-1642, décédé après le 24-07-1713, ne sachant pas signer. C. de m. le 01-09-1670 (Becquet). Ménage établi à Neuville. 6 enfants.

TELLIER, Jeanne. D'origine inconnue. Née vers 1631. Arrivée en 1670. Décédée le 26-06-1705 à Ste-Famille Î.O. Savait signer. *Mariage:* c. de m. le 11-10-1671 (Aubert), à Ste-Famille Î.O., avec Mathurin GERBERT dit Lafontaine (habitant), né vers 1629, décédé le 19-12-1687, sachant signer. Ménage établi à Ste-Famille Î.O. 2 enfants.

TÉNARD, Marguerite. Fille de feu Barthélemy et de feue Jeanne GAUVIN, de St-Pierre de Milly-la-Forêt en Gastinais, archev. Sens, en Île-de-France (ar. Évry). Arrivée en 1666. Décédée entre le 16-02-1678 et le 29-10-1678. Ne savait pas signer. *Mariage:* le 23-11-1666, à Montréal, avec Charles BOYER (habitant), né vers 1631, décédé après le 24-07-1703, ne sachant pas signer. C. de m. le 23-11-1666 (Basset). Ménage établi à Laprairie. 6 enfants.

TÉRILLON, Geneviève. Fille de Nicolas et de Jeanne-Barbe GAUVRE, de la par. St-Nizier, v. et év. Troyes, en Champagne. Née vers 1653. Arrivée en 1672, apportant des biens estimés à 200 livres et un don du roi de 50 livres. Contrat de mariage annulé avec François LEFAY (04-10-1672, Becquet). Décédée après le 08-02-1696. Ne savait pas signer. *Mariage:* le 04-07-1673, à Québec, avec Pierre JOLY dit Delbec (habitant), né vers 1651, décédé entre le 29-08-1712 et le 29-10-1720. Ménage établi à Berthier (en haut). 10 enfants.

TESSON, Marguerite. Fille de Noël et de Christine DEBERS, de la par. St-Paul, v. et archev. Paris, en Île-de-France. Née vers 1651. Arrivée en 1669. Décédée entre le 14-04-1684 et le 22-12-1698.

Mariage: le 13-11-1669, à Québec, avec Jean-Paul MAHEU (seigneur du fief de la Rivière Maheu), né vers 1649, décédé le 25-12-1708. Ménage établi à St-Laurent Î.O. 4 enfants.

TÊTU, Madeleine. Fille de feu Edme (maître maçon et entrepreneur) et de feue Élisabeth DELACOUR, de la par. St-Sauveur, v. Petit Andely, archev. Rouen, en Normandie. Née vers 1641. Arrivée en 1669, apportant des biens estimés à 200 livres et un don du roi de 50 livres. Décédée le 26-03-1703 à Beauport. Ne savait pas signer.

Mariage: le 04-11-1669, à Québec, avec Jean JOUBERT (meunier), né vers 1641, décédé après le 30-06-1707, sachant signer. C. de m. le 02-11-1669 (Becquet). Ménage établi à Batiscan. 1 enfant.

THIBAULT, Mathurine. Fille de feu Étienne et de feue Jeanne DELAMOTTE, de la par. Notre-Dame-de-Nantilly, v. Saumur, év. Angers, en Anjou. Née vers 1632. Arrivée en 1663. Décédée après le recensement de 1681. Savait signer.

Mariage: le 26-11-1663, à Montréal, avec Jean MILOT dit Le Bourguignon (habitant, maître taillandier et marchand bourgeois), né vers 1628, décédé le 03-11-1699, ne sachant pas signer. C. de m. le 17-11-1663 (Basset). Ménage établi à Montréal. 6 enfants.

THIBIERGE, Marie-Madeleine. Fille de feu Jacques et de feue Marguerite LEHOUET, de la par. St-Honoré, v. et év. Blois, en Orléanais. Née vers 1651. Arrivée en 1670, apportant des biens estimés à 400 livres et un don du roi de 50 livres. Décédée le 16-12-1700 à Ste-Famille Î.O. Ne savait pas signer.

Mariage: le 13-09-1670, à Château-Richer, avec Pierre ST-DENIS (habitant), né vers 1646, décédé le 11-12-1696, sachant signer. C. de m. le 07-09-1670 (Becquet). Ménage établi à Ste-Famille Î.O. 4 enfants.

THIREMENT, Anne. Fille de feu Jacques (conseiller du roi et commissaire ordonnateur des guerres) et de Marie HUBERT, de la par. St-Sulpice, faubourg St-Germain, v. et archev. Paris, en Île-de-France. Née vers 1644. Arrivée en 1670, apportant des biens estimés à 500 livres. Mère d'une enfant illégitime (Élisabeth) née le 30-07-1671 à Québec. Décédée le 31-10-1679 à Québec. Savait signer.

Mariage: le 18-08-1671, à Québec, avec Jean-Baptiste DE PEIRAS (conseiller au Conseil souverain de Québec), né vers 1641, décédé le 06-09-1701. C. de m. le 05-05-1671 (Becquet). Ménage établi à Québec. 3 enfants.

THOMAS, Anne. Fille de feu Jean et de Madeleine PLATON, de Notre-Dame de Vincennes, archev. Paris, en Île-de-France (ar. Nogent-sur-Marne). Née vers 1646. Arrivée en 1665. Décédée le 12-04-1724 à Rivière-des-Prairies. Ne savait pas signer.

1er mariage: le 22-03-1666, à Montréal, avec Claude JODOIN (habitant et maître charpentier), né vers 1641, tué le 16-10-1686, sachant signer. Ménage établi à Longueuil. 10 enfants.

2e mariage: vers 1691, avec Pierre GODAMBERT dit Desjardins (soldat), né vers 1665, décédé le 23-12-1746. 1 enfant.

TIERCE, Françoise. Fille de Guillaume et de feue Catherine TOURT, de la par. St-Sulpice, faubourg St-Germain, v. et archev. Paris, en Île-de-France. Née vers 1656. Arrivée en 1671, apportant des biens estimés à 200 livres et un don du roi de 50 livres. Décédée le 20-04-1724 à Sorel. Ne savait pas signer.

1er mariage: le 13-10-1671, à Québec, avec Auffray COULON dit Mabrian (laboureur), né vers 1640, décédé le 30-03-1677, ne sachant pas signer. C. de m. le 11-10-1671 (Becquet). Ménage établi à Sorel. 2 enfants.

2e mariage: le 02-05-1677, à Sorel, avec Pierre GUIGNARD dit d'Olonne (habitant), né vers 1653, décédé entre le 30-12-1689 et le 24-11-1702, ne sachant pas signer. C. de m. le 02-09-1678 (Maugue). Ménage établi à Lavaltrie. 6 enfants.

3e mariage: en février 1703, à Repentigny, avec Pierre VIGNY dit Toulouse (laboureur), ne sachant pas signer. C. de m. le

24-11-1702 (Adhémar). Ménage établi à Berthier (en haut). Aucun enfant.

TIREMONT, Noëlle. Fille de feu Claude et de Barbe TROUANT, de St-Denis, archev. Paris, en Île-de-France (ar. Bobigny). Née vers 1644. Arrivée en 1670, apportant des biens estimés à 300 livres et un don du roi de 50 livres. Décédée le 01-10-1685 à Boucherville. Ne savait pas signer.

1er mariage : le 23-09-1670, à Québec, avec Bernard BERTIN dit Languedoc, décédé entre le 28-06-1672 et le 13-02-1673, ne sachant pas signer. C. de m. le 11-09-1670 (Becquet). Ménage établi à Longueuil. 1 enfant.

2e mariage : le 10-04-1673, à Boucherville, avec Pierre CHAPERON (habitant, laboureur, charpentier et menuisier), né vers 1645, décédé le 01-09-1728, ne sachant pas signer. C. de m. le 13-02-1673 (Frérot). Ménage établi à Boucherville. 1 enfant.

TISSERAND, Madeleine. Fille de Louis et de feue Louise DESTRÉ, de St-Étienne de Liancourt, év. Beauvais, en Île-de-France (ar. Clermont). Née vers 1650. Arrivée en 1673, apportant des biens estimés à 200 livres. Contrat de mariage annulé avec Jean AMAURY (09-09-1673, Becquet). Décédée le 13-10-1705 à St-François-du-Lac. Ne savait pas signer.

1er mariage : le 12-09-1673, à Québec, avec Pierre PARENTEAU dit Lafontaine (habitant), né vers 1649, décédé entre le 12-01-1690 et le 17-07-1695, ne sachant pas signer. C. de m. le 11-09-1673 (Duquet). Ménage établi à St-François-du-Lac. 10 enfants.

2e mariage : le 27-07-1695, à Québec, avec Jean CHARPENTIER, né vers 1661, décédé le 03-04-1731, ne sachant pas signer. C. de m. le 17-07-1695 (Roger). Ménage établi à St-François-du-Lac. Aucun enfant.

TOPSAN, Catherine. Fille de Charles (maître cordonnier) et de feue Marie CLIMACE, de la par. St-Jacques, v. Dieppe, archev. Rouen, en Normandie. Née vers 1638. Arrivée en 1667, apportant des biens estimés à 300 livres. Décédée le 28-11-1693 à St-Jean Î.O. Ne savait pas signer.

Mariage : le 02-11-1667, à Québec, avec Julien DUMONT dit Lafleur (habitant), né vers 1648, décédé le 17-05-1715, ne sachant pas signer. C. de m. le 11-10-1667 (Becquet). Ménage établi à St-Jean Î.O. 7 enfants.

TOUSSAINT, Marie-Jeanne. D'origine inconnue. Née vers 1652. Arrivée en 1670. Décédée le 16-12-1708 à Champlain. Ne savait pas signer.

Mariage : vers 1672, avec Noël CARPENTIER (habitant), né vers 1643, décédé le 25-01-1728, sachant signer. Ménage établi à Champlain. 10 enfants.

TOUZÉ, Jeanne. Fille de feu Jean et de Jeanne..., de la par. St-Pierre, v. Dreux, év. Chartres, en Île-de-France. Née vers 1644. Arrivée en 1668. Décédée entre le 26-01-1695 et le 03-07-1726. Ne savait pas signer.

Mariage : le 08-10-1668, à Québec, avec Jean GAZAILLE dit St-Germain (habitant), né vers 1643, décédé entre le 10-11-1689 et le 05-09-1694, ne sachant pas signer. C. de m. le 01-10-1668 (Duquet). Ménage établi à Contrecoeur. 5 enfants.

TROCHET dite RICHARD, Françoise. Veuve de François MATORET (maître tonnelier), de St-Aignan, év. Amiens, en Picardie. Née vers 1641. Arrivée en 1671, apportant des biens estimés à 300 livres et un don du roi de 50 livres. Décédée le 15-05-1706 à Neuville. Ne savait pas signer.

Mariage : c. de m. le 10-12-1671 (Becquet), à Neuville, avec Pierre PELLETIER (habitant), né vers 1647, décédé le 30-12-1694, ne sachant pas signer. Ménage établi à Neuville. 2 enfants.

TRU, Suzanne. Fille de feu Michel et de Marie BRODEUR, de Notre-Dame de Lagord, ar. et év. La Rochelle, en Aunis. Arrivée en 1666, apportant des biens estimés à 200 livres. Émigrée vers 1667. Ne savait pas signer.

Mariage : le 23-08-1666, à Québec, avec Jean CADOU, ne sachant pas signer. C. de m. le 11-08-1666 (Becquet). 1 enfant.

TURBAR, Ursule-Madeleine. Fille de Jean et de Gabrielle DENIS, de la v. de Chau-

mont-en-Bassigny, év. Langres, en Champagne (contrat de m.) ou de la par. St-Séverin, v. et archev. Paris, en Île-de-France (acte de m.). Née vers 1649. Arrivée en 1667, après avoir signé un acte de protestation à Dieppe le 17-06-1667 et apportant des biens estimés à 300 livres. Décédée le 27-11-1739 à L'Ancienne-Lorette. Savait signer.
1er mariage : le 19-10-1667, à Québec, avec Jean GÉLY dit Laverdure (habitant, caporal puis capitaine du régiment du Poitou), né vers 1621, décédé entre le 20-01-1687 et le 31-03-1690, ne sachant pas signer. C. de m. le 11-10-1667 (Becquet). Ménage établi à L'Ancienne-Lorette. 10 enfants.
2e mariage : vers 1689, à L'Ancienne-Lorette, avec François HUBERT. Ménage établi à L'Ancienne-Lorette. 2 enfants.

– V –

VAILLANT, Marguerite. Née vers 1646 à St-Nicolas, v. et év. La Rochelle, en Aunis. Arrivée en 1668. Décédée le 27-11-1704 à l'Hôtel-Dieu de Québec. Ne savait pas signer.
Mariage : en 1668, à Batiscan, avec Jean DANIA (habitant), né vers 1651, décédé entre le 27-11-1704 et le 05-05-1705, ne sachant pas signer. Ménage établi à Lotbinière. 6 enfants.

* VAILLANT, Perrette. Fille de Louis et de Marie SAMSON, de la par. St-Germain-l'Auxerrois, v. et archev. Paris, en Île-de-France. Arrivée en 1669, apportant des biens estimés à 250 livres et un don du roi de 50 livres. Contrat de mariage annulé avec Jean DE LALONDE dit Lespérance (30-10-1669, Duquet). Ne savait pas signer.

VALADE, Marie. Fille d'André (voiturier ou messager) et de Sarah COUSSEAU dite Laviolette, de la par. St-Nicolas, v. et év. La Rochelle, en Aunis. Née vers 1649 et baptisée dans la religion protestante. Arrivée en 1663. Précédée au pays par son cousin Jean NORMANDIN, sa femme Marie DESMAISONS et leur fils Mathurin, par son oncle Pierre COUSSEAU et par sa soeur Marie. Rejointe par ses frères Guillaume et Jean. Décédée le 09-01-1719 à Montréal. Ne savait pas signer.
1er mariage : le 26-11-1663, à Montréal, avec Jean CADIEUX (habitant, laboureur et serrurier), baptisé le 29-08-1629, décédé le 30-09-1681, ne sachant pas signer. C. de m. le 15-11-1663 (Basset). Ménage établi à Montréal. 10 enfants.
2e mariage : le 09-02-1682, à Montréal, avec Philippe BOUDIER (fermier et habitant), né vers 1642, décédé le 24-01-1726, ne sachant pas signer. Ménage établi à Montréal. 3 enfants.

VALET, Cécile. Fille de Thomas et de Cécile FALLÉE, veuve d'Étienne DORANGE, de la par. St-Rémy, v. Dieppe, archev. Rouen, en Normandie. Née vers 1634. Arrivée en 1669, apportant des biens estimés à 400 livres et un don du roi de 50 livres. Contrat de mariage annulé avec Pierre HUOT (29-09-1669, Becquet). Décédée après le 03-03-1682. Savait signer.
Mariage : le 27-10-1669, à Québec, avec Michel DURAND dit Larose (domestique chez les jésuites), né vers 1636, décédé après le recensement de 1681, ne sachant pas signer. C. de m. le 13-10-1669 (Duquet). 1 enfant.

VALET, Louise. Fille de feu Jean et de Marie BACHELIE, de la par. St-Paul, v. et archev. Paris, en Île-de-France. Née vers 1651. Arrivée en 1670, apportant des biens estimés à 300 livres et un don du roi de 50 livres. Décédée le 07-12-1676 à Québec. Ne savait pas signer.
Mariage : le 16-09-1670, à Québec, avec René BISSON dit Lépine (habitant), baptisé le 07-04-1635, décédé le 21-03-1708, ne sachant pas signer. C. de m. le 31-08-1670 (Becquet). Ménage établi à Québec. 3 enfants.

VALLÉE, Madeleine-Judith. Fille de Thomas (maître sagellier) et de Renée VALLÉE, de la par. St-Thomas, v. St-Lô, év. Coutances, en Normandie. Née vers 1648. Arrivée en 1669, apportant des biens estimés à 100 livres. Décédée après le 07-09-1694. Ne savait pas signer.

Mariage : le 03-10-1669, à Québec, avec Jean HERPIN dit Tourangeau (habitant), né vers 1647, décédé entre le 16-04-1684 et le 07-09-1694, ne sachant pas signer. Ménage établi à Contrecoeur. 6 enfants.

VALLÉE, Perrette. Fille de Nicolas et de Madeleine MAJOR, de la par. St-Sulpice, v. et év. Châlons-sur-Marne, en Champagne. Arrivée en 1665. Décédée « en travail d'enfant » le 05-05-1676 à Québec. Savait signer.
Mariage : le 20-10-1665, à Québec, avec Jean BOURASSA (habitant), né vers 1631, décédé le 20-01-1718, ne sachant pas signer. C. de m. le 05-10-1665 (Duquet). Ménage établi à Pointe-Lévy. 4 enfants.

VANZÈGUE, Anne-Marie. Fille de feu Chrétien (capitaine de cavalerie dans les troupes impériales) et d'Anne-Catherine PHANANQUE, de la v. Hambourg, en Allemagne. Née vers 1655. Arrivée en 1673. Morte « subitement » le 04-12-1722 à St-François-de-Sales. Ne savait pas signer.
1ᵉʳ mariage : le 20-11-1673, à Montréal, avec Hubert LEROUX dit Rousson (marchand pelletier et maître fourreur), né vers 1646, décédé le 12-10-1681, sachant signer. C. de m. le 07-11-1673 (Basset). Ménage établi à Montréal. 3 enfants.
2ᵉ mariage : le 07-04-1682, à Montréal, avec Gabriel CARDINAL (habitant), né le 12-02-1661, ne sachant pas signer. C. de m. le 15-03-1682 (Maugue). Séparation de biens prononcée en 1692, à la demande du mari. 1 enfant.

VAQUET, Marie. Fille de feu François et de Marie POLTONNIER, de Dammartin, ar. et év. Meaux, en Île-de-France. Arrivée en 1670, apportant des biens estimés à 300 livres et un don du roi de 50 livres. Contrat de mariage annulé avec Aubin MAUDOU (28-09-1670, Becquet). Émigrée vers 1679. Ne savait pas signer.
Mariage : le 07-10-1670, à Québec, avec Guy DORILLARD dit St-Jean, ne sachant pas signer. C. de m. le 01-10-1670 (Becquet). Ménage établi à Berthier (en bas). Aucun enfant.

VARA, Marie. D'origine inconnue. Née vers 1653. Arrivée en 1671. Décédée entre le 22-07-1691 et le 21-05-1714. Ne savait pas signer.
Mariage : en 1671, à Chambly, avec Louis BARITEAU dit Lamarche (habitant), né vers 1647, décédé le 07-01-1715, ne sachant pas signer. Ménage établi à Chambly. 10 enfants.

VARIN, Catherine. Fille de feu Jean et de Jeanne BAUCHE, de Limbeuf, ar. et év. Évreux, en Normandie. Née vers 1641. Arrivée en 1665. Décédée le 27-01-1706 à Montréal. Ne savait pas signer.
Mariage : le 05-07-1666, à Montréal, avec Pierre TESSIER (habitant), né vers 1630, décédé le 24-04-1702, ne sachant pas signer. Ménage établi à Montréal. 4 enfants.

VARIN, Marie. Fille de Robert et de Marie LAPOSTRE, de St-Pierre du Grand-Quevilly, ar. et archev. Rouen, en Normandie. Née vers 1644. Arrivée en 1667. Décédée le 25-03-1701 à l'Hôtel-Dieu de Québec. Ne savait pas signer.
1ᵉʳ mariage : le 22-11-1667, à Québec, avec René BRANCHE (habitant), né vers 1641, décédé le 08-01-1681. C. de m. le 23-10-1667 (Duquet). Ménage établi à Québec. 1 enfant.
2ᵉ mariage : le 09-09-1681, à Québec, avec Pierre COUROIS dit Lacroix (habitant et cordonnier), né vers 1641, décédé le 12-11-1683, sachant signer. C. de m. le 20-04-1681 (Rageot). Ménage établi à Charlesbourg. Aucun enfant.
3ᵉ mariage : le 27-11-1684, à Québec, avec Anicet BOYER dit Jolicoeur (soldat de la garnison du château de Québec), né vers 1649, décédé le 24-04-1724, sachant signer. C. de m. le 19-11-1684 (Genaple). Ménage établi à Québec. 1 enfant.

VASSAL, Françoise. Fille de Claude et de Louise DENISE, de la par. St-Pierre, v. et év. Chartres, en Beauce. Née vers 1648. Arrivée en 1667. Décédée le 04-05-1731 à Bécancour. Ne savait pas signer.
Mariage : c. de m. le 03-05-1671 (Cusson), à Cap-de-la-Madeleine, avec Nicolas CACHEUX (habitant), né vers 1648, décédé

entre le 27-08-1699 et le 04-05-1731, ne sachant pas signer. Ménage établi à Cap-de-la-Madeleine. 2 enfants.

VAUBLIN, Marie. Fille d'Alexandre et de Renée DELAROUSSIÈRE, de la par. St-Séverin, v. et archev. Paris, en Île-de-France. Née vers 1647. Arrivée en 1665, apportant des biens estimés à 200 livres. Émigrée en 1677. Savait signer.

Mariage: le 03-11-1665, à Québec, avec Pierre COCHEREAU (habitant et marchand), baptisé le 09-06-1635, sachant signer. C. de m. le 18-10-1665 (Duquet). Ménage établi à Sillery. Aucun enfant.

VAUCHER, Louise. Fille de feu Jean (maître charpentier et entrepreneur) et de Marie BLU, de Charenton-le-Pont, archev. Paris, en Île-de-France (ar. Créteil). Née vers 1651. Arrivée en 1668, apportant des biens estimés à 300 livres. Décédée entre le 18-04-1693 et le 17-06-1715. Ne savait pas signer.

Mariage: le 28-11-1668, à Québec, avec Jean DELGUEL dit Labrèche (archer à la prévôté de Québec), né vers 1641, décédé entre le 18-04-1693 et le 21-05-1703, sachant signer. C. de m. le 07-10-1668 (Becquet). Ménage établi à Charlesbourg. 11 enfants.

VERGER, Marie. Fille de feu François et de Michelle CUREL, de la par. La Trinité, faubourg de la v. et év. Angers, en Anjou. Arrivée en 1670, apportant des biens estimés à 200 livres et un don du roi de 50 livres. Contrat de mariage annulé avec Pierre HOT (24-08-1670, Becquet). Décédée entre le 31-08-1675 et le recensement de 1681. Ne savait pas signer.

Mariage: le 15-09-1670, à Québec, avec Jean HUS (habitant), né vers 1639, décédé le 29-11-1694, ne sachant pas signer. C. de m. le 12-09-1670 (Becquet). 4 enfants.

VERRIER, Catherine. Fille de Jean (laboureur) et de feue Agnès BRIQUET, de St-Pierre de Courtils, ar. et év. Avranches, en Normandie. Née vers 1646. Arrivée en 1669, apportant des biens estimés à 200 livres et un don du roi de 50 livres. Contrat de mariage annulé avec Julien TALUA (20-

09-1669, Becquet). Décédée entre le 20-10-1682 et le 05-09-1683. Ne savait pas signer.

Mariage: le 30-09-1669, à Ste-Famille Î.O., avec Pierre RONDEAU (habitant), né vers 1636, décédé entre le 01-11-1690 et le 24-01-1692, ne sachant pas signer. Ménage établi à St-Jean Î.O. 5 enfants.

VIARD, Marguerite. Fille de feu Pierre et de feue Marie-Isabelle LECOMPTE, de Brie-Comte-Robert, archev. Paris, en Brie (ar. Melun). Née vers 1650. Arrivée en 1671, apportant des biens estimés à 300 livres et un don du roi de 50 livres. Contrats de mariage annulés avec Simon DAVEAU (15-10-1671, Becquet) et Jean-Baptiste FLEURICOURT (02-11-1671, Becquet). Décédée le 27-12-1715 à Montréal. Ne savait pas signer.

1er mariage: le 11-10-1672, à Québec, avec Mathurin BÉNARD dit Lajeunesse (habitant), né vers 1644, décédé entre le 20-01-1682 et le 20-10-1682, ne sachant pas signer. C. de m. le 08-10-1672 (Becquet). Ménage établi à Chambly. 4 enfants.

2e mariage: le 01-11-1682, à Contrecoeur, avec Jean INARD dit Provençal (charpentier), né vers 1642, décédé avant le 26-06-1684, ne sachant pas signer. Ménage établi à Laprairie. Aucun enfant.

3e mariage: le 25-09-1684, à Laprairie, avec Joseph SERRAN dit L'Espagnol (habitant), décédé entre le 26-08-1714 et le 03-01-1718, ne sachant pas signer. C. de m. le 26-06-1684 (Maugue). Ménage établi à Montréal. 6 enfants.

VIÉ dite LAMOTTE, Marie-Sainte. Fille de Robert, sieur de la Mothe (premier sergent d'une compagnie du régiment des gardes), et de Sainte PAULIN, de la par. St-Nicolas-des-Champs, v. et archev. Paris, en Île-de-France. Née vers 1649. Arrivée en 1664, apportant des biens estimés à 100 livres. Précédée au pays par sa soeur Marie et par sa demi-soeur Marguerite BRETON. Décédée le 28-07-1691 à l'Hôtel-Dieu de Québec. Ne savait pas signer.

Mariage: le 27-08-1664, à Québec, avec Jean POITRAS (habitant et maître menuisier), né vers 1640, décédé le 07-05-1711, ne sachant pas signer. C. de m. le 23-07-1664 (Vachon). Ménage établi à Québec. 17 enfants.

VIEILLOT, Catherine. Fille de feu François et de Catherine LEBLANC. Baptisée le 20-10-1642 à St-Vivien, v. et archev. Rouen, en Normandie. Arrivée en 1667. Décédée entre le 12-09-1683 et le 07-02-1689. Ne savait pas signer.
1er mariage : le 18-10-1667, à Québec, avec Jacques DUBOIS (habitant), né vers 1640, décédé le 15-03-1675, ne sachant pas signer. C. de m. le 12-10-1667 (Rageot). Ménage établi à St-Laurent Î.O. 5 enfants.
2e mariage : le 19-05-1675, à Ste-Famille Î.O., avec Pierre GUÉNET (habitant et maçon), né vers 1652, décédé le 19-08-1741. Ménage établi à St-Laurent Î.O. 4 enfants.

VIEL, Marie-Thérèse. Fille de Charles (marchand droguiste) et de Marguerite LE CHEVALIER. Baptisée le 04-04-1650 à St-Candé-le-Vieil, v. et archev. Rouen, en Normandie. Arrivée en 1671, apportant des biens estimés à 300 livres et un don du roi de 50 livres. Mère d'une enfant illégitime (Jeanne-Élisabeth) baptisée le 14-01-1677 à Québec. Décédée après le 22-05-1691. Savait signer.
Mariage : le 26-10-1671, à Québec, avec Étienne BOYER dit Lafontaine (habitant), né vers 1650, décédé le 03-10-1700, ne sachant pas signer. C. de m. le 20-10-1671 (Becquet). Ménage établi à L'Ancienne-Lorette. 13 enfants.

VIGNY, Marie. Fille de feu Louis et de Marie GERMAIN, de la par. St-Nicolas-du-Chardonnet, v. et archev. Paris, en Île-de-France. Née vers 1655. Arrivée en 1673, apportant des biens estimés à 200 livres. Décédée le 24-06-1742 à Ste-Famille Î.O. Ne savait pas signer.
Mariage : le 25-09-1673, à Québec, avec Jean AMAURY (habitant), né vers 1646, décédé le 19-08-1724, ne sachant pas signer. C. de m. le 11-09-1673 (Duquet). Ménage établi à St-François Î.O. 11 enfants.

VILAIN, Jeanne. Fille de Jean (maître orfèvre) et de feue Jeanne BARBÉ, de la par. St-Jacques-de-la-Boucherie, v. et archev. Paris, en Île-de-France. Née vers 1655. Arrivée en 1670. Précédée au pays par son cousin Jean-Baptiste VILAIN. Décédée le 18-12-1711 à Montréal. Savait signer.
1er mariage : le 28-10-1670, à Montréal, avec Mathurin BERNIER dit Lamarzelle (habitant), né vers 1645, décédé le 27-01-1678, sachant signer. C. de m. le 18-10-1670 (sous seing privé). Ménage établi à Montréal. 4 enfants.
2e mariage : le 05-09-1678, à Pointe-aux-Trembles, avec Jacques CHEVALIER (habitant et charpentier), né vers 1641, décédé le 30-04-1723, ne sachant pas signer. Ménage établi à Rivière-des-Prairies. 12 enfants.

VITARD, Louise. Fille de feu Robert (bourgeois) et de Louise PAVERET, de la par. St-Sulpice, faubourg St-Germain, v. et archev. Paris, en Île-de-France. Née vers 1649. Arrivée en 1671, apportant des biens estimés à 600 livres. Décédée après le 15-06-1715. Savait signer.
Mariage : c. de m. le 10-12-1671 (Becquet), à Sillery, avec Guillaume DENEVERS (notaire de la seigneurie de Lotbinière), baptisé le 25-08-1654, décédé après le 15-06-1715, sachant signer. 8 enfants.

VITRY, Marguerite. Fille de feu Samuel et de Marie DELIANCOURT, de St-Michel de St-Martin-la-Garenne, év. Chartres, en Île-de-France (ar. Mantes-la-Jolie). Née vers 1648. Arrivée en 1669, apportant des biens estimés à 150 livres et un don du roi de 50 livres. Décédée le 14-02-1724 à Neuville. Ne savait pas signer.
Mariage : le 13-10-1669, à Québec, avec Jacques DÉRY dit Larose (habitant), né vers 1646, décédé le 19-02-1709, ne sachant pas signer. C. de m. le 22-09-1669 (Duquet). Ménage établi à Neuville. 6 enfants.

VIVIEN, Marie-Rose. Fille de feu Claude et d'Antoinette DUBOIS, de la par. St-Jean, v. et év. Châlons-sur-Marne, en Champagne. Arrivée en 1673, apportant des biens estimés à 200 livres. Décédée entre le 11-01-1678 et le recensement de 1681. Savait signer.

Mariage: le 12-09-1673, à Québec, avec Jean BOUDEAU (habitant), né vers 1641, décédé entre le 02-04-1711 et le 13-04-1722, ne sachant pas signer. C. de m. le 09-09-1673 (Duquet). Ménage établi à Charlesbourg. Aucun enfant.

VOGUER, Marie. Fille de Paul et d'Augustine FLOC, de la par. Ste-Geneviève, v. et év. Senlis, en Île-de-France. Née vers 1647. Arrivée en 1669, apportant des biens estimés à 100 livres et un don du roi de 50 livres. Décédée le 26-04-1712 à Neuville. Ne savait pas signer.

Mariage: le 04-11-1669, à Québec, avec Louis CHIRON (habitant), né vers 1648, décédé le 01-10-1715, ne sachant pas signer. C. de m. le 30-10-1669 (Duquet). Ménage établi à Neuville. 3 enfants.

– Z –

ZACHÉE, Françoise. Fille de feu François (maître boursier à Paris) et de Claude MILOT, de la par. St-Barthélemy, v. et archev. Paris, en Île-de-France. Née vers 1655. Arrivée en 1670. Décédée le 23-10-1718 à Québec. Savait signer.

1er mariage: le 27-04-1671, à Québec, avec Claude DE XAINTES (bourgeois et coutelier), né vers 1645, décédé entre le 21-01-1682 et le 23-12-1684, ne sachant pas signer. C. de m. le 19-04-1671 (Becquet). Ménage établi à Québec. 2 enfants.

2e mariage: le 01-12-1685, à Québec, avec Antoine GOURDEAU, sieur de Beaulieu (marchand bourgeois et contrôleur à la réception des castors de la ferme de Québec), né vers 1655, décédé en novembre 1691 (lors du naufrage du *St-François-Xavier*), sachant signer. C. de m. le 30-11-1685 (Genaple). Ménage établi à Québec. Aucun enfant.

3e mariage: le 16-05-1701, à Québec, avec René-Louis CHARTIER, sieur de Lotbinière (écuyer, seigneur de Lotbinière, conseiller du roi, lieutenant général civil et criminel de la prévôté et amirauté de Québec), baptisé le 14-11-1641, décédé le 03-06-1709, sachant signer. C. de m. le 14-05-1701 (Chambalon). Ménage établi à Québec. Aucun enfant.

BIBLIOGRAPHIE

I – Sources

1 – Sources manuscrites

Archives de Paris. Séries V.2E et V.3E, relatives à l'état civil parisien reconstitué.

Archives nationales de France. Section ancienne. Parlement de Paris. X³ᵇ 16662. Procès de Marie-Claude Chamois.

Archives nationales du Canada. Fonds Gustave Lanctôt. MG30, D95, vol. 4 et 16.

Archives nationales du Québec. Contrats de mariage des Filles du roi extraits des minutiers des notaires suivants :

    Adhémar de Saint-Martin, Antoine, 1668-1714.

    Ameau, Séverin, 1651-1702.

    Aubert, Claude, 1652-1693.

    Audouart de Saint-Germain, Guillaume, 1647-1663.

    Barbel, Jacques, 1703-1740.

    Basset, Bénigne, 1657-1699.

    Becquet, Romain, 1665-1682.

    Chambalon, Louis, 1692-1716.

    Cusson, Jean, 1669-1704.

    Demeromont, Louis, 1686-1689.

    Dubreuil, Jules-Étienne, 1707-1739.

    Duprac, Jean-Robert, 1693-1723.

    Duquet, Pierre, 1663-1687.

    Fillion, Michel, 1660-1688.

    Fleuricour, Jean-Baptiste, 1676-1702.

    Frérot de La Chenest, Thomas, 1669-1678.

    Genaple de Belfonds, François, 1682-1709.

    Gloria, Jean, 1663-1664.

    Jacob, Étienne, 1680-1726.

    Lacetière, Florent de, 1702-1728.

    Larue, Guillaume de, 1664-1676.

    Latousche, Jacques de, 1664-1669.

    Leconte, Jean, 1668.

    Lepailleur, Michel-Laferté, 1700-1733.

    Maugue, Claude, 1674-1696.

    Ménard, Pierre, 1673-1693.

    Moreau, Michel, 1681-1698.

    Mouchy, Nicolas de, 1664-1667.

    Normandin, Daniel, 1686-1729.

    Pottier, Jean-Baptiste, 1686-1711.

    Rageot, François, 1709-1753.

    Rageot, Gilles, 1666-1691.

    Raimbault, Pierre, 1697-1727.

Rémy, René, 1669-1675.
Roger, Guillaume, 1694-1702.
Roy dit Châtellerault, Michel, 1668-1708.
Tailhandier La Beaume, Marien, 1699-1730.
Trotain, François, 1687-1733.
Vachon, Paul, 1644-1693.
Bibliothèque nationale
Collection Joly de Fleury. Vol. 1220, 1234, 1235 et 1237, relatifs à l'Hôpital général de Paris.
Manuscrits français 32 585, 32 588, 32 589, 32 590, 32 591, 32 592, 32 593 et 32 838, relatifs à l'état civil des paroisses parisiennes de Saint-Honoré, Saint-Jean-en-Grève, Saint-André-des-Arts, Saint-Nicolas-du-Chardonnet, Saint-Paul, Saint-Sauveur, Saint-Sulpice et Saint-Gervais.

2 – Sources imprimées

Boucher, Pierre. *Histoire véritable et naturelle Des Mœurs & Productions du Pays de la Nouvelle France, Vulgairement dite le Canada*. Paris, Lambert, 1664. 168 p. (Réédition Société historique de Boucherville, Boucherville, 1964, lxiv - 415 p.).

« Correspondance échangée entre la cour de France et le gouverneur de Frontenac, pendant sa première administration (1672-1682) ». *Rapport de l'archiviste de la province de Québec pour 1926-1927*, Québec, 1927, pp. 3-144.

« Correspondance échangée entre la cour de France et le gouverneur de Frontenac, pendant sa seconde administration (1689-1699) ». *Rapport de l'archiviste de la province de Québec pour 1927-1928*, Québec, 1928, pp. 1-211, et *Rapport de l'archiviste de la province de Québec pour 1928-1929*, Québec, 1929, pp. 247-384.

« Correspondance échangée entre la cour de France et l'intendant Talon pendant ses deux administrations dans la Nouvelle-France ». *Rapport de l'archiviste de la province de Québec pour 1930-1931*, Québec, 1931, pp. 3-182.

Les écrits de Mère Bourgeoys. Autobiographie et testament spirituel. Montréal, Congrégation de Notre-Dame, 1964. 302 p.

Édits, ordonnances royaux, déclarations et arrêts du Conseil d'État du roi concernant le Canada. Québec, Fréchette, 1854-1856. 3 vol.

Jugements et délibérations du Conseil souverain de la Nouvelle-France. Québec, Côté et Dussault, 1885-1891. 6 vol.

Lahontan. *Œuvres complètes*. Édition critique par Réal Ouellet et Alain Beaulieu. Montréal, Les Presses de l'Université de Montréal, 1990. 2 vol. 1474 p.

Laverdière, Charles-Henri et Henri-Raymond Casgrain, éd. *Journal des jésuites*. Québec, Léger Brousseau, 1871. xxxiv - 403 p. (Réédition François-Xavier, Montréal, 1973).

Lebeau, Claude. *Avantures du S^r. C. Le Beau, avocat en parlement, ou Voyage curieux et nouveau, Parmi les Sauvages de l'Amérique Septentrionale.* Amsterdam, Herman Uytwerf, 1738. 2 vol.

« Lettres et mémoires de François-Madeleine-Fortuné Ruette d'Auteuil, procureur général du Conseil souverain de la Nouvelle-France ». *Rapport de l'archiviste de la province de Québec pour 1922-1923*, Québec, 1923, pp. 1-114.

Montchrétien, Antoyne de. *Traicté de l'oeconomie politique dédié en 1615 au roy et à la reine mère du roy.* Éd. par Th. Funck-Brentano. Paris, Plon, Nourrit et Cie, 1889. cxviii - 399 p.

Oury, Dom Guy, éd. *Marie de l'Incarnation, Ursuline (1599-1672) - Correspondance.* Solesmes, Abbaye Saint-Pierre, 1971. lxv - 1075 p.

Programme de recherche en démographie historique. *Répertoire des actes de baptême, mariage, sépulture et des recensements du Québec ancien.* Publié sous la direction d'Hubert Charbonneau et Jacques Légaré. Montréal, Les Presses de l'Université de Montréal, 1980-1990. 47 vol.

Relations des Jésuites. Québec, Côté, 1858. 6 vol. (Réédition Éditions du jour, Montréal, 1972).

Rituel du diocese de Quebec publié par l'ordre de Monseigneur l'evêque de Quebec. Paris, Simon Langlois, 1703. 673 p.

Têtu, H. et C.-O. Gagnon. *Mandements, lettres pastorales et circulaires des évêques de Québec.* Vol. I et II. Québec, Côté, 1887 et 1888.

3 – Source ordinolingue

Programme de recherche en démographie historique, Université de Montréal. *Registre de la population du Québec ancien.* 1621-1765.

II - Instruments de recherche

Auger, Roland-J. *Index onomastique des Mémoires de la Société généalogique canadienne-française, 1944-1975.* Publié sous la direction de Benoît Pontbriand. Lac-Beauport, Publications audiovisuelles, 1984. 2 vol. ix - 692 p.

Beaulieu, André, Jean Hamelin et Benoît Bernier. *Guide d'histoire du Canada.* Québec, Les Presses de l'Université Laval, 1969. xvi - 540 p.

Bibliographie internationale de la démographie historique. 1978-1990.

Bloch, Camille. « Inventaire sommaire des volumes de la Collection Joly de Fleury concernant l'assistance et la mendicité ». *Bibliothèque de l'École des Chartes*, vol. 69 (1908), pp. 63-168.

Charbonneau, Hubert. « Le "Bulletin des recherches historiques" source imprimée de l'histoire de la population canadienne ». *Annales de démographie historique* (1970), pp. 351-372.

_____. « Les "Rapports de l'archiviste de la province de Québec" sources imprimées de l'histoire de la population canadienne ». *Annales de démographie historique* (1967), pp. 301-307.

Demeulenaere-Douyère, Christiane. *Guide des sources de l'état civil parisien.* Paris, Archives de Paris, [1982]. 124 p.

Doisy, P. *Le royaume de France, et les États de Lorraine disposés en forme de dictionnaire...* Paris, Tilliard, 1753. 1128 - 44 p.

Expilly, Jean-Joseph d'. *Dictionnaire géographique, historique et politique des Gaules et de la France.* Paris, Desaint & Saillant, 1762-1770. 6 vol.

Giry, A. *Manuel de diplomatique.* Paris, Hachette, 1894. xvi - 944 p.

Laliberté, Jean-Marie. *Index des greffes des notaires décédés (1645-1948).* Québec, Benoît Pontbriand, 1967. 219 p.

Paroisses et communes de France. Dictionnaires d'histoire administrative et démographique publiés sous la direction de Jacques Dupâquier et Jean-Pierre Bardet. Paris, Éditions du CNRS, 1974-1991.

Population Index. Vol. 1-57. 1935-1991.

Roy, Pierre-Georges. *Index des jugements et délibérations du Conseil souverain de 1663 à 1716.* Québec, Archives de la province de Québec, 1940. 287 p.

_____. *Inventaire des contrats de mariage du régime français conservés aux Archives judiciaires de Québec.* Québec, 1937-1938. 6 vol.

_____. *Inventaire des ordonnances des intendants de la Nouvelle-France conservées aux Archives provinciales de Québec.* Beauceville, L'Éclaireur, 1919. 4 vol.

Roy, Pierre-Georges et Antoine Roy. Archives nationales du Québec. *Inventaire des greffes des notaires du régime français.* Québec, 1943-1976. 27 vol.

Saugrain, Claude-Marin. *Dénombrement du royaume par généralités, élections, paroisses et feux.* Paris, Saugrain, 1709. 408 - 342 p.

III – Études

1 – Études historiques

Asselin, Claire et Anne McLaughlin. « Patois ou français ? La langue de la Nouvelle-France au 17ᵉ siècle ». *Langage et société*, nᵒ 17 (septembre 1981), pp. 3-57.

Barbaud, Philippe. *Le choc des patois en Nouvelle-France. Essai sur l'histoire de la francisation au Canada.* Sillery, Presses de l'Université du Québec, 1984. xviii - 204 p.

Beaudoin, Marie-Louise. *Les premières et les Filles du roi à Ville-Marie.* Montréal, Les Sœurs de la Congrégation de Notre-Dame, 1971. 95 p.

Beauregard, Yves, Serge Goudreau, Andrée Héroux, Michèle Jean, Rénald Lessard, Johanne Noël, Lucie Paquet et Alain Laberge. « Famille, parenté et colonisation en Nouvelle-France ». *Revue d'histoire de l'Amérique française*, vol. 39, nᵒ 3 (hiver 1986), pp. 391-405.

Benabou, Érica-Marie. *La prostitution et la police des mœurs au XVIIIᵉ siècle.* Paris, Librairie académique Perrin, 1987. 547 p.

Berthelé, Joseph. « La vie intérieure d'un hospice du XIVᵉ au XVIᵉ siècle. L'hôpital du Saint-Esprit-en-Grève à Paris ». *L'hôpital et l'aide sociale à Paris*, 2ᵉ année, nᵒ 7 (janvier-février 1961), pp. 81-93 ; nᵒ 8 (mars-avril 1961), pp. 225-235 ; nᵒ 9 (mai-juin 1961), pp. 375-383 ; nᵒ 10 (juillet-août 1961), pp. 537-541 ; nᵒ 11 (septembre-octobre 1961), pp. 687-703 ;

n° 12 (novembre-décembre 1961), pp. 847-852; 3ᵉ année, n° 13 (janvier-février 1962), pp. 85-88; n° 14 (mars-avril 1962), pp. 221-228; n° 15 (mai-juin 1962), pp. 391-397; n° 16 (juillet-août 1962), pp. 497-502.

Bérubé, Laurent. « L'histoire des "Filles du Roi" en Nouvelle-France ». *L'Écho des Basques*, vol. 5, n° 1 (décembre 1984), pp. 31-33.

Blain, Jean. « La moralité en Nouvelle-France : les phases de la thèse et de l'antithèse ». *Revue d'histoire de l'Amérique française*, vol. 27, n° 3 (décembre 1973), pp. 408-416.

Blum, Alain et Jacques Houdaille. « L'alphabétisation aux XVIIIᵉ et XIXᵉ siècles : l'illusion parisienne ? ». *Population*, 40ᵉ année, n° 6 (novembre-décembre 1985), pp. 944-951.

Bordier, Henri et Léon Brièle. *Les archives hospitalières de Paris*. Paris, H. Champion, 1877. vi - 160-224 p.

Bouchard, Gérard et André La Rose. « La réglementation du contenu des actes de baptême, mariage, sépulture au Québec, des origines à nos jours ». *Revue d'histoire de l'Amérique française*, vol. 30, n° 1 (juin 1976), pp. 67-84.

Boucher, Louis. *La Salpêtrière. Son Histoire de 1656 à 1790, ses origines et son fonctionnement au XVIIIᵉ siècle*. Paris, Delahaye et Lecrosnier, 1883. 139 p.

Boucher, Pierre J.O. « Mille Filles du Roi ». Communication présentée devant la Société historique de Montréal, septembre 1938. 37 p. dact.

———. « Nos aïeules Filles du roi ». Communication présentée devant la Société historique de Montréal, mai 1939. 38 p. dact.

Bourjon, François. *Le droit commun de la France et la Coutume de Paris réduits en principes* ... Paris, Grangé et Rouy, 1747. 2 vol.

Brillon. *Nouveau dictionnaire civil et canonique de droit, et de pratique* ... Paris, Brunet, 1717. 903 p.

Brunot, Ferdinand. *Histoire de la langue française des origines à nos jours*. Paris, Armand Colin, 1905-1953. 20 vol. (Réédition 1966-1969).

Cabourdin, Guy et Georges Viard. *Lexique historique de la France d'Ancien Régime*. Paris, Armand Colin, 1978. 325 p.

Campeau, Lucien. *Les finances publiques de la Nouvelle-France sous les Cent-Associés, 1632-1665*. Montréal, Bellarmin, 1975. 223 p.

Caron, Ivanhoë. « Les origines démographiques des Canadiens-Français ». *Bulletin des recherches historiques*, vol. 41, n° 6 (juin 1935), pp. 362-373.

Charbonneau, Hubert et Yves Landry. « *Histoire de la Nouvelle-France*, vol. III : *La seigneurie des Cent-Associés*, t. 2 : *La société* par Marcel Trudel ». *Histoire sociale/Social History*, vol. XVIII, n° 35 (mai 1985), pp. 173-175.

Charlevoix, Pierre-François-Xavier de. *Histoire et description générale de la Nouvelle-France, avec le journal historique d'un voyage fait par ordre du Roi dans l'Amérique septentrionale*. Paris, Nyon, 1744. 3 vol.

Chaunu, Pierre. *La civilisation de l'Europe classique*. Paris, Arthaud, 1966. 705 p.

Choquette, Leslie Phyllis. *French Emigration to Canada in the 17th and 18th Centuries*. Thèse de Ph.D. Department of History, Harvard University, 1988. xvi - 654 p. dact.

Cliche, Marie-Aimée. *Les pratiques de dévotion en Nouvelle-France. Comportements populaires et encadrement ecclésial dans le gouvernement de Québec*. Québec, Les Presses de l'Université Laval, 1988. xxii - 354 p.

Collectif Clio. *L'histoire des femmes au Québec depuis quatre siècles*. Montréal, Quinze, 1982. 526 p.

Corbin, Alain. « Les prostituées du XIXᵉ siècle et le "vaste effort du néant" ». *Communications*, n° 44 (1986), pp. 259-275.

Daumard, Adeline. «Structures sociales et classement socio-professionnel. L'apport des archives notariales au XVIIIᵉ et au XIXᵉ siècle». *Revue historique*, vol. CCXXVII, n° 1 (janvier-mars 1962), pp. 139-154.

Daumard, Adeline et François Furet. «Méthodes de l'Histoire sociale. Les Archives notariales et la Mécanographie». *Annales E.S.C.*, 14ᵉ année, n° 4 (octobre-décembre 1959), pp. 676-693.

Dawson, Nelson Martin. « Les filles à marier envoyées en Nouvelle-France (1632-1685) : une émigration protestante ? ». *Revue d'histoire de l'Église de France*, t. LXXII, n° 189 (juillet-décembre 1986), pp. 265-289.

_____. « Les filles du roi : des pollueuses ? La France du XVIIᵉ siècle». *Historical Reflections/Réflexions historiques*, vol. 12, n° 1 (Spring 1985), pp. 9-38.

_____. « Les *Filles du roy* Sent to New France : Protestant, Prostitute or Both ? ». *Historical Reflections/Réflexions historiques*, vol. 16, n° 1 (Spring 1989), pp. 55-77.

_____. « Protestantes à terre, catholiques en mer ? Ou les mutations religieuses des "Filles du Roy" embarquées pour la Nouvelle-France (1663-1673)». Dans *Actes du 111ᵉ Congrès national des Sociétés savantes, Poitiers, 1986*, Paris, Éditions du C.T.H.S., 1986, Section d'histoire moderne et contemporaine, t. II, pp. 79-97.

Dechêne, Louise. *Habitants et marchands de Montréal au XVIIᵉ siècle*. Paris et Montréal, Plon, 1974. 588 p.

Delanglez, Jean. « Mlle De Roybon d'Allonne : La Salle's Fiancée ? ». *Mid-America*, vol. 21, n° 4 (October 1939), pp. 298-313.

Dickinson, John A. « Les Amérindiens et les débuts de la Nouvelle-France ». Dans *Canada ieri e oggi*, Atti del 6° Convegno internazionale di studi canadesi, Selva di Fasano, 27-31 marzo 1985, Schena Editore, pp. 87-108.

_____. *Justice et justiciables. La procédure civile à la Prévôté de Québec, 1667-1759*. Québec, Les Presses de l'Université Laval, 1982. ix - 289 p.

Esmein, A. *Le mariage en droit canonique*. Deuxième édition mise à jour par R. Génestal et Jean Dauvillier. Paris, Sirey, 1929-1935. 2 vol.

Fahmy-Eid, Nadia et Micheline Dumont, éd. *Maîtresses de maison, maîtresses d'école. Femmes, famille et éducation dans l'histoire du Québec*. Montréal, Boréal Express, 1983. 415 p.

Faillon, Étienne-Michel. *Histoire de la colonie française en Canada*. Villemarie, Bibliothèque paroissiale, 1865-1866. 3 vol.

_____. *Vie de la sœur Bourgeoys fondatrice de la Congrégation de Notre-Dame de Villemarie en Canada suivie de l'histoire de cet institut jusqu'à ce jour*. Villemarie, Sœurs de la Congrégation de Notre-Dame, 1853. 2 vol.

Fauve-Chamoux, Antoinette. « La femme devant l'allaitement ». *Annales de démographie historique* (1983), pp. 7-22.

Ferland, Jean-Baptiste-Antoine. *Cours d'histoire du Canada*. Deuxième édition. Québec, Hardy, 1882. 2 vol.

Ferrière, Claude-Joseph de. *Dictionnaire de droit et de pratique, contenant l'explication des termes de droit, d'ordonnances, de coutumes & de pratique. Avec les jurisdictions de France*. Paris, Barrois, 1771. 2 vol.

Flandrin, Jean-Louis. *Familles. Parenté, maison, sexualité dans l'ancienne société*. Paris, Hachette, 1976. 287 p.

_____. *Le sexe et l'Occident. Évolution des attitudes et des comportements*. Paris, Seuil, 1981. 380 p.

Fleury, Michel et Pierre Valmary. « Les progrès de l'instruction élémentaire de Louis XIV à Napoléon III d'après l'enquête de Louis Maggiolo (1877-1879) ». *Population*, 12e année, n° 1 (janvier-mars 1957), pp. 71-92.

Foucault, Michel. *Folie et déraison. Histoire de la folie à l'âge classique*. Paris, Union générale d'éditions, 1964. 309 p.

Foulché-Delbosc, Isabel. « Women of New France (Three Rivers : 1651-63) ». *The Canadian Historical Review*, vol. XXI, n° 2 (June 1940), pp. 132-149.

Friedmann, Adrien. *Recherches sur les origines et l'évolution des circonscriptions paroissiales de Paris au moyen âge*. Paris, Plon, 1959. xxxii - 441 p.

Furet, François et Jacques Ozouf. *Lire et écrire. L'alphabétisation des Français de Calvin à Jules Ferry*. Paris, Éditions de Minuit, 1977. 2 vol.

Furet, François et Wladimir Sachs. « La croissance de l'alphabétisation en France, XVIIIe - XIXe siècle ». *Annales E.S.C.*, 29e année, n° 3 (mai-juin 1974), pp. 714-737.

Gaudemet, Jean. *Le mariage en Occident. Les mœurs et le droit*. Paris, Cerf, 1987. 520 p.

Gélis, Jacques, Mireille Laget et Marie-France Morel, éd. *Entrer dans la vie. Naissances et enfances dans la France traditionnelle*. [Paris], Gallimard/Julliard, 1978. 246 p.

Gosselin, Amédée. *L'instruction au Canada sous le régime français (1635-1760)*. Québec, Laflamme et Proulx, 1911. 501 p.

Goubert, Pierre. *Cent mille provinciaux au XVIIe siècle. Beauvais et le Beauvaisis de 1600 à 1730*. Paris, Flammarion, 1968. 439 p.

Goubert, Pierre et Daniel Roche. *Les Français et l'Ancien Régime*. Paris, Armand Colin, 1984. 2 vol.

Gouesse, Jean-Marie. « Parenté, famille et mariage en Normandie aux XVIIe et XVIIIe siècles. Présentation d'une source et d'une enquête ». *Annales E.S.C.*, 27e année, nos 4-5 (juillet-octobre 1972), pp. 1139-1154.

Groulx, Lionel. *Histoire du Canada français depuis la découverte*. Tome I : *Le Régime français*. Montréal, Fides, 1960. 394 p.

_____. *La naissance d'une race*. Montréal, Bibliothèque de l'Action française, 1919. 297 p.

Guillain, Georges et P. Mathieu. *La Salpêtrière*. Paris, Masson, 1925. 89 p.

Harris, R. Cole. «The French Background of Immigrants to Canada Before 1700». *Cahiers de géographie de Québec*, vol. 16, n° 38 (septembre 1972), pp. 313-324.

_____. *The Seigneurial System in Early Canada. A Geographical Study*. Québec, Presses de l'Université Laval, 1968. xvi - 247 p.

Harris, R. Cole, éd. *Atlas historique du Canada*. Vol. I : *Des origines à 1800*. Montréal, Les Presses de l'Université de Montréal, 1987. xviii - 198 p.

Henry, Marthe. *La Salpêtrière sous l'Ancien Régime. Les origines de l'Élimination des Antisociaux et de l'Assistance aux Aliénés chroniques*. Paris, Librairie Le François, 1922. 170 p.

Houdaille, Jacques. «Les femmes détenues dans les prisons parisiennes sous la Révolution». *Population*, 42ᵉ année, n° 2 (mars-avril 1987), pp. 384-388.

_____. «Les signatures au mariage de 1740 à 1829». *Population*, 32ᵉ année, n° 1 (janvier-février 1977), pp. 65-90.

_____. «Les signatures au mariage, 1670-1739». *Population*, 43ᵉ année, n° 1 (janvier-février 1988), pp. 208-212.

Kingsford, William. *The History of Canada*. Vol.I : *1608-1682*. Toronto, Rowsell & Hutchison, 1887. xi - 488 p.

Laforce, Hélène. *Histoire de la sage-femme dans la région de Québec*. Québec, Institut québécois de recherche sur la culture, 1985. 237 p.

Lafortune, Hélène et Normand Robert. «Parchemin : une banque de données notariales du Québec ancien (1635-1885)». *Archives*, vol. 20, n° 4 (printemps 1989), pp. 51-58.

Lanctôt, Gustave. *Filles de joie ou filles du roi. Étude sur l'émigration féminine en Nouvelle-France*. Montréal, Chantecler, 1952. 230 p.

_____. *Histoire du Canada*. Montréal, Beauchemin, 1960-1964. 3 vol.

LaRose, André. *Les registres paroissiaux au Québec avant 1800 : introduction à l'étude d'une institution ecclésiastique et civile*. Québec, ministère des Affaires culturelles, 1980. xix - 298 p.

Laslett, Peter. «La famille et le ménage : approches historiques». *Annales E.S.C.*, vol. 27, n° 4-5 (juillet-octobre 1972), pp. 847-872.

Lavallée, Louis. «Les archives notariales et l'histoire sociale de la Nouvelle-France». *Revue d'histoire de l'Amérique française*, vol. 28, n° 3 (décembre 1974), pp. 385-403.

Leacock, Stephen. «Baron de Lahontan, Explorer». *Canadian Geographical Journal*, vol. IV, n° 5 (May 1932), pp. 281-294.

Lebrun, François. *La vie conjugale sous l'Ancien Régime*. Paris, Armand Colin, 1975. 181 p.

Leclerc, Paul-André. *L'émigration féminine vers l'Amérique française aux XVIIᵉ et XVIIIᵉ siècles*. Thèse de doctorat. Faculté des lettres, Institut catholique de Paris, 1966. xviii -352 p.

_____. «Le mariage sous le régime français». *Revue d'histoire de l'Amérique française*, vol. XIII, n° 2 (septembre 1959), pp. 230-246 ; n° 3 (décembre 1959), pp. 374-401 ; n° 4 (mars 1960), pp. 525-543 ; vol. XIV, n° 1 (juin 1960), pp. 34-60 ; n° 2 (septembre 1960), pp. 226-245.

Lemoine, Louis. *Longueuil en Nouvelle-France*. Longueuil, Société d'histoire de Longueuil, 1975. 157 p.

Lottin, A. et K. Pasquier. « Les fiançailles rompues ou empêchées ». Dans *La désunion du couple sous l'Ancien Régime. L'exemple du Nord*, publié sous la direction d'Alain Lottin, Villeneuve d'Ascq et Paris, Université de Lille III et Éditions universitaires, 1975, pp. 51-74.

Malchelosse, Gérard. « L'immigration des filles de la Nouvelle-France au XVIIe siècle ». *Les Cahiers des Dix*, n° 15 (1950), pp. 55-80.

Mandrou, Robert. « Les Français hors de France aux XVIe et XVIIe siècles ». *Annales E.S.C.*, 14e année, n° 4 (octobre-décembre 1959), pp. 662-675.

Mathieu, Jacques. « Les causes devant la Prévôté de Québec en 1667 ». *Histoire sociale/Social History*, n° 3 (avril 1969), pp. 101-111.

_____. « Mobilité et sédentarité : stratégies familiales en Nouvelle-France ». *Recherches sociographiques*, vol. XXVIII, n°s 2-3 (1987), pp. 211-227.

Mathieu, Jacques et Réal Brisson. « La vallée laurentienne au XVIIIe siècle : un paysage à connaître ». *Cahiers de géographie du Québec*, vol. 28, n°s 73-74 (avril-septembre 1984), pp. 107-124.

Mauzaize, Jean. « Note sur les sources de l'état civil de Paris ». *Stemma* (revue du Cercle d'études généalogiques et héraldiques de l'Île-de-France), n° 11 (3e trimestre 1981), pp. 163-166.

Moogk, Peter N. « *Les Petits Sauvages* : The Children of Eighteenth-Century New France ». Dans *Childhood and Family in Canadian History*, ed. by Joy Parr, Toronto, McClelland and Stewart, 1982, pp. 17-43.

Mousnier, Roland. *Paris au XVIIe siècle*. Paris, Centre de documentation universitaire, 1969. 352 p.

Nion, François de. *Un outre-mer au XVIIe siècle*. Paris, Plon, 1900. xix - 338 p.

Ouellet, Fernand. « L'histoire des archives du gouvernement en Nouvelle-France ». *La Revue de l'Université Laval*, vol. XII, n° 5 (janvier 1958), pp. 397-415.

Parent-Duchâtelet, Alexandre. *La prostitution à Paris au XIXe siècle*. Texte présenté et annoté par Alain Corbin. Paris, Seuil, 1981. 221 p.

Perron, Guy. « Les traversées au XVIIe siècle à la grâce de Dieu ». *L'Ancêtre*, vol. 16, n° 1 (septembre 1989), pp. 3-8.

Poirier, Claude. « *Le choc des patois en Nouvelle-France* par Philippe Barbaud ». *Revue d'histoire de l'Amérique française*, vol. 39, n° 1 (été 1985), pp. 93-95.

Pritchard, James S. « The pattern of French colonial shipping to Canada before 1760 ». *Revue française d'histoire d'outre-mer*, t. LXIII, n° 231 (1976), pp. 189-210.

Prost, Antoine. « Mariage, jeunesse et société à Orléans en 1911 ». *Annales E.S.C.*, vol. 36, n° 4 (juillet-août 1981), pp. 672-701.

Quéniart, Jean. « Le choix du conjoint dans une région de frontière provinciale ». Dans *La France d'Ancien Régime. Études réunies en l'honneur de Pierre Goubert*, Société de démographie historique et Privat, Paris et Toulouse, 1984, t. 2, pp. 605-614.

_____. *Les hommes, l'Église et Dieu dans la France du XVIIIe siècle*. [Paris], Hachette, 1978. 358 p.

Rameau, Edme. *La France aux colonies. Études sur le développement de la race française hors de l'Europe. Les Français en Amérique. Acadiens et Canadiens.* Paris, Jouby, 1859. Deuxième partie: *Les Canadiens.* 355 p.

Renaud, Paul-Émile. *Les origines économiques du Canada. L'œuvre de la France.* Mamers, Enault, 1928. 488 p.

Rioux, Marcel. «Sur l'évolution des idéologies au Québec». *Revue de l'Institut de Sociologie*, 1968/1, pp. 95-124.

Rivard, Adjutor. «Les dialectes français dans le parler franco-canadien». *Bulletin du parler français au Canada*, vol. V, n° 2 (octobre 1906), pp. 41-51, et n° 3 (novembre 1906), pp. 81-85.

_____. «Parler et degré d'instruction des premiers colons canadiens-français». Dans *Premier Congrès de la langue française au Canada, Québec, 24-30 juin 1912. Mémoires*, Québec, Action Sociale, 1914, pp. 10-15.

Rollet, Catherine. «L'allaitement artificiel des nourrissons avant Pasteur». *Annales de démographie historique* (1983), pp. 81-92.

Rousseau, François. «Hôpital et société en Nouvelle-France: l'Hôtel-Dieu de Québec à la fin du XVIIe siècle». *Revue d'histoire de l'Amérique française*, vol. 31, n° 1 (juin 1977), pp. 29-47.

_____. *L'œuvre de chère en Nouvelle-France. Le régime des malades à l'Hôtel-Dieu de Québec.* Québec, Les Presses de l'Université Laval, 1983. 447 p.

Roy, Pierre-Georges. «Les épidémies à Québec». *Bulletin des recherches historiques*, vol. XLIX, n° 7 (juillet 1943), pp. 204-215.

_____. «Les registres de l'Amirauté de Québec». *Rapport de l'archiviste de la province de Québec pour 1920 et 1921*, Québec, 1921, pp. 106-131.

Roy, Joseph-Edmond. «Le baron de Lahontan». *Mémoires et comptes rendus de la Société royale du Canada*, t. XII (1894), section I, pp. 63-192.

_____. *Histoire de la seigneurie de Lauzon.* Lévis, 1897-1904. 5 vol. (Réédition Société d'histoire régionale de Lévis, 1984).

Roy, Régis et Gérard Malchelosse. *Le Régiment de Carignan.* Montréal, Ducharme, 1925. 130 p.

Salone, Émile. *La colonisation de la Nouvelle-France. Étude sur les origines de la nation canadienne française.* Paris, Guilmoto, [1905]. xxi - 505 p. (Réédition Boréal Express, Trois-Rivières, 1970).

Sauval, Henri. *Histoire et recherches des antiquités de la ville de Paris.* Paris, Moette et Chardon, 1724. 3 vol. (Réédition Palais royal et Minkoff, Paris et Genève, 1974).

Savoie, Sylvie. *Les couples en difficulté aux XVIIe et XVIIIe siècles: les demandes de séparation en Nouvelle-France.* Mémoire de maîtrise. Département d'histoire, Université de Sherbrooke, 1986. 114 p.

Séguin, Robert-Lionel. «La Canadienne, aux XVIIe et XVIIIe siècles». *Revue d'histoire de l'Amérique française*, vol. XIII, n° 4 (mars 1960), pp. 492-508.

_____. *La vie libertine en Nouvelle-France au dix-septième siècle.* Montréal, Leméac, 1972. 2 vol. 573 p.

Schöne, Lucien. *La politique coloniale sous Louis XV et Louis XVI.* Paris, Challamel, 1907. 189 p.

Sulte, Benjamin. *Histoire des Canadiens-Français, 1608-1880*. Montréal, Wilson, 1882-1884. 8 vol.

_____. *Mélanges historiques*. Vol. 17 : *Défense de nos origines*. Montréal, Garand, 1930. 131 p.

_____. *Mélanges historiques*. Vol. 8 : *Le régiment de Carignan*. Montréal, Ducharme, 1922. 144 p.

_____. «Nos ancêtres étaient-ils ignorants?». *Mémoires et comptes rendus de la Société royale du Canada*, 3ᵉ série, t. XII (1918), pp. 201-208.

Tenon, Jacques-René. *Mémoires sur les hopitaux de Paris, par M. Tenon, Proffesseur Royal de Pathologie au Collège de Chirurgie, des Académies Royales des Sciences, de Chirurgie, & de la Société Royale d'Agriculture de Paris, Ec.*, Paris, Ph.-D. Pierres, 1788. lxxiv - 472 p.

Tremblay, Yves-Jean. *La société montréalaise au début du régime anglais*. Mémoire de maîtrise. Département d'histoire, Université d'Ottawa, 1970. 122 p.

Trudel, Marcel. *Catalogue des immigrants 1632-1662*. Montréal, Hurtubise HMH, 1983. 569 p.

_____. «En route pour la Nouvelle-France!». Communication présentée devant l'Association Perche-Canada, Mortagne-au-Perche (France), février 1957, bulletin nᵒ 3, 9 p.

_____. *Histoire de la Nouvelle-France*. Vol. III : *La seigneurie des Cent-Associés (1627-1663)*. Tome I : *Les événements*, Montréal, Fides, 1979, lxxii - 489 p. Tome II : *La société*, Montréal, Fides, 1983, xxvii - 669 p.

_____. *Initiation à la Nouvelle-France. Histoire et institutions*. Montréal, Holt, Rinehart et Winston, 1968. xviii - 323 p.

_____. *La population du Canada en 1663*. Montréal, Fides, 1973. xl - 368 p.

_____. «Le recensement de 1666 et l'absence du quart de la population civile». *Mémoires de la Société généalogique canadienne-française*, vol. 40, nᵒ 4 (hiver 1989), pp. 258-269.

Les Ursulines de Québec, depuis leur établissement jusqu'à nos jours. Québec, Darveau, 1863-1866. 4 vol.

Verrette, Michel. *L'alphabétisation au Québec 1660-1900*. Thèse de Ph.D. Département d'histoire, Université Laval, 1989. 397 p.

_____. «L'alphabétisation de la population de la ville de Québec de 1750 à 1849». *Revue d'histoire de l'Amérique française*, vol. 39, nᵒ 1 (été 1985), pp. 51-76.

Visme, F.B. de. *La science parfaite des notaires, ou le parfait notaire, contenant les ordonnances, arrêts & Réglemens rendus touchant la Fonction des Notaires, tant Royaux qu'Apostoliques* ... Paris, Desaint, 1771. 2 vol.

Wilhelm, Jacques. *La vie quotidienne des Parisiens au temps du Roi-Soleil, 1660-1715*. [Paris], Hachette, 1977. 295 p.

2 – Études démographiques

Bardet, Jean-Pierre. *Rouen aux XVIIᵉ et XVIIIᵉ siècles. Les mutations d'un espace social*. Paris, Société d'édition d'enseignement supérieur, 1983. 2 vol.

Bardet, Jean-Pierre et Hubert Charbonneau. «Cultures et milieux en France et en Nouvelle-France : la différenciation des comportements démographiques». Dans *Évolution et éclatement du monde rural. Structures, fonctionnement et évolution différentielle des sociétés rurales françaises et québécoises, XVIIᵉ - XXᵉ siècles*, publié sous la direction de Joseph Goy et Jean-Pierre Wallot, Paris et Montréal, Éditions de l'École des hautes études en sciences sociales et Les Presses de l'Université de Montréal, 1986, pp. 75-88.

Bardet, J.-P., K.A. Lynch, G.P. Mineau, M. Hainsworth et M. Skolnick. «La mortalité maternelle autrefois: une étude comparée (de la France de l'Ouest à l'Utah)». *Annales de démographie historique* (1981), pp. 31-48.

Bates, Réal. *Les conceptions prénuptiales dans la vallée du Saint-Laurent avant 1725*. Mémoire de maîtrise. Département de démographie, Université de Montréal, 1985. xv-178 p.

_____. «Les conceptions prénuptiales dans la vallée du Saint-Laurent avant 1725». *Revue d'histoire de l'Amérique française*, vol. 40, n° 2 (automne 1986), pp. 253-272.

Beauchamp, Pierre, Hubert Charbonneau, Bertrand Desjardins et Jacques Légaré. «La reconstitution automatique des familles: un fait acquis». Dans *La mesure des phénomènes démographiques. Hommage à Louis Henry. Population*, 32ᵉ année, n° spécial (septembre 1977), pp. 375-399.

Bideau, Alain. «Accouchement "naturel" et accouchement à "haut risque". Deux aspects de la mortalité maternelle et infantile (Châtellenie de Thoissey-en-Dombes — 1660-1814)». *Annales de démographie historique* (1981), pp. 49-66.

_____. *La châtellenie de Thoissey-en-Dombes (1650-1840): étude d'histoire démographique. Analyse différentielle des phénomènes démographiques*. Thèse de doctorat. Centre Pierre Léon, Université Lyon II, 1980. ii - 684 p. dact.

_____. «La mesure indirecte de la mortalité des adultes. L'exemple de la France de 1740 à 1829». Dans *Historiens et populations. Liber amicorum Étienne Hélin*, Louvain-la-Neuve, Academia, 1991, pp. 147-166.

_____. «Les mécanismes autorégulateurs des populations traditionnelles». *Annales E.S.C.*, vol. 38, n° 5 (septembre-octobre 1983), pp. 1040-1057.

Biraben, Jean-Noël. «Aspects médicaux et biologiques de la démographiqe historique». Dans *Congrès international de la population Liège 1973*, Liège, Union internationale pour l'étude scientifique de la population, 1973, vol. 3, pp. 9-22.

_____. «Le peuplement du Canada français». *Annales de démographie historique* (1966), pp. 105-138.

Blayo, Yves. «La mortalité en France de 1740 à 1829». *Population*, 30ᵉ année, n° spécial (novembre 1975), pp. 123-142.

Blum, Alain et Jacques Houdaille. «Les inégalités devant la mort dans le passé». *Cahiers de sociologie et de démographie médicales*, XXIXᵉ année, n° 1 (janvier-mars 1989), pp. 5-20.

Boleda, Mario. *Les migrations au Canada sous le régime français*. Thèse de Ph.D. Département de démographie, Université de Montréal, 1983. xxiv - 449 p.

_____. « Les migrations au Canada sous le régime français (1608-1760) », *Cahiers québécois de démographie*, vol. 13, n° 1 (avril 1984), pp. 23-39.

_____. « Trente mille Français à la conquête du Saint-Laurent ». *Histoire sociale/Social History*, vol. XXIII, n° 45 (mai 1990), pp. 153-177.

Bongaarts, John. « The Proximate Determinants of Natural Marital Fertility ». Dans *Determinants of Fertility in Developing Countries*, vol. 1 : *Supply and Demand for Children*, ed. by Rodolfo A. Bulatao and Ronald D. Lee, New York, Academic Press, 1983, pp. 103-138.

Bourgeois-Pichat, Jean. « Note sur l'évolution générale de la population française depuis le XVIIIe siècle ». *Population*, 7e année, n° 2 (avril-juin 1952), pp. 319-329.

Briggs, John W. « Fertility and Cultural Change among Families in Italy and America ». *The American Historical Review*, vol. 91, n° 5 (December 1986), pp. 1129-1145.

Cardoso, Jayme Antonio et Sergio Odilon Nadalin. « Les mois et les jours de mariage au Paraná (Brésil) aux XVIIIe, XIXe et XXe siècles ». *Annales de démographie historique* (1986), pp. 11-27.

Chandra, R.K. « Nutritional Deficiency and Susceptibility to Infection ». *Bulletin of the World Health Organization/Bulletin de l'Organisation mondiale de la santé*, vol. 57, n° 2 (1979), pp. 167-177.

Charbonneau, Hubert. « Colonisation, climat et âge au baptême des Canadiens au XVIIe siècle ». *Revue d'histoire de l'Amérique française*, vol. 38, n° 3 (hiver 1985), pp. 341-356.

_____. « Jeunes femmes et vieux maris : la fécondité des mariages précoces ». *Population*, 35e année, n° 6 (novembre-décembre 1980), pp. 1101-1122.

_____. « Migrations et migrants de France en Canada aux XVIIe et XVIIIe siècles ». Communication présentée au Colloque international des historiens et géographes de langue française, Jonzac (France), juillet 1978, résumée dans Programme de recherche en démographie historique, *Rapport de l'année 1978-1979*, Université de Montréal, septembre 1979, pp. 177-180.

_____. *Tourouvre-au-Perche aux XVIIe et XVIIIe siècles. Étude de démographie historique*. Paris, Presses Universitaires de France, 1970. xiv - 423 p.

_____. *Vie et mort de nos ancêtres. Étude démographique*. Montréal, Les Presses de l'Université de Montréal, 1975. 267 p.

Charbonneau, Hubert et Yves Landry. « La politique démographique en Nouvelle-France ». *Annales de démographie historique* (1979), pp. 29-57.

Charbonneau, Hubert et André LaRose, éd. *Les grandes mortalités : étude méthodologique des crises démographiques du passé*. Liège, Ordina Éditions, 1979. 373 p.

Charbonneau, Hubert et Jacques Légaré. « La population du Canada aux recensements de 1666 et 1667 ». *Population*, 22e année, n° 6 (novembre-décembre 1967), pp. 1031-1054.

Charbonneau, Hubert, Yolande Lavoie et Jacques Légaré. « Le recensement nominatif du Canada en 1681 ». *Histoire sociale/Social History*, n° 7 (avril 1971), pp. 77-98.

Charbonneau, Hubert, Bertrand Desjardins, André Guillemette, Yves Landry, Jacques Légaré et François Nault. *Naissance d'une population. Les Français établis au Canada au XVIIe siècle*. Paris et Montréal, Presses Universitaires de France et Les Presses de l'Université de Montréal, 1987. viii - 232 p.

Charbonneau, Hubert, Jacques Légaré, Bertrand Desjardins, Yves Landry, François Nault et Réal Bates. « Genèse et composantes du registre de la population du Québec ancien ». Dans *Historiens et populations. Liber amicorum Étienne Hélin*, Louvain-la-Neuve, Academia, 1991, pp. 349-358.

Chaunu, Pierre. *La mort à Paris: XVIe, XVIIe et XVIIIe siècles*. Paris, Fayard, 1978. 543 p.

Choinière, Robert et Norbert Robitaille. « The aging of ethnic groups in Quebec ». Dans *Ethnic Demography: Canadian Immigrant, Racial and Cultural Variations*, ed. by Shiva S. Halli, Frank Trovato and Leo Dreidger, Ottawa, Carleton University Press, 1990, pp. 253-271.

Chouinard, Michel. *Instruction et comportement démographique en Nouvelle-France au XVIIe siècle*. Mémoire de maîtrise. Département de démographie, Université de Montréal, 1988. xviii - 104 p.

Coale, Ansley J. et Paul Demeny. *Regional Model Life Tables and Stable Populations*. Second edition. New York, Academic Press, 1983. viii - 496 p.

Desjardins, Bertrand. « Introduction des micro-ordinateurs dans l'élaboration des données au Programme de recherche en démographie historique ». *Cahiers québécois de démographie*, vol. 8, n° 3 (décembre 1979), pp. 39-57.

_____. « Quelques éléments de l'expérience informatique du Programme de recherche en démographie historique ». Dans *Informatique et prosopographie*, Paris, Éditions du CNRS, 1985, pp. 159-177.

Duchesne, Louis. « Weekly Patterns in Demographic Events (with Examples from Canada and England) ». *Local Population Studies*, n° 14 (Spring 1975), pp. 53-56.

Duhot, Émile. *Les climats et l'organisme humain*. Paris, Presses Universitaires de France, 1948. 128 p.

Dupâquier, Jacques. « De l'animal à l'homme: le mécanisme autorégulateur des populations traditionnelles ». *Revue de l'Institut de sociologie*, n° 2 (1972), pp. 177-211.

_____. « Histoire et démographie ». Dans *La mesure des phénomènes démographiques. Hommage à Louis Henry. Population*, 32e année, n° spécial (septembre 1977), pp. 299-318.

_____. *Introduction à la démographie historique*. Paris, Gamma, 1974. 126 p.

_____. *La population française aux XVIIe et XVIIIe siècles*. Paris, Presses Universitaires de France, 1979. 128 p.

_____. *La population rurale du Bassin parisien à l'époque de Louis XIV*. Paris et Lille, Éditions de l'École des hautes études en sciences sociales et Publications de l'Université de Lille III, 1979. 440 p.

_____. *Pour la démographie historique*. Paris, Presses Universitaires de France, 1984. 188 p.

_____. « Réflexion sur la mortalité du passé : mesure de la mortalité des adultes d'après les fiches de famille ». *Annales de démographie historique* (1978), pp. 31-48.

Dupâquier, Jacques, éd. *Histoire de la population française*. Vol. 2 : *De la Renaissance à 1789*. Paris, Presses Universitaires de France, 1988. 601 p.

Dupâquier, J., É. Hélin, P. Laslett, M. Livi-Bacci et S. Sogner, éd. *Mariage et remariage dans les populations du passé*. London, Academic Press, 1981. xix - 663 p.

Fleury, Michel et Louis Henry. *Nouveau manuel de dépouillement et d'exploitation de l'état civil ancien*. Deuxième édition. Paris, Éditions de l'Institut national d'études démographiques, 1976. 182 p.

_____. « Pour connaître la population de la France depuis Louis XIV. Plan de travaux par sondage ». *Population*, 13e année, n° 4 (octobre-décembre 1958), pp. 663-686.

Gadoury, Lorraine. *Comportements démographiques et alliances de la noblesse en Nouvelle-France*. Thèse de Ph.D. Département d'histoire, Université de Montréal, 1988. xii - 392 p.

Gaboury, Lorraine, Yves Landry et Hubert Charbonneau. « Démographie différentielle en Nouvelle-France : villes et campagnes ». *Revue d'histoire de l'Amérique française*, vol. 38, n° 3 (hiver 1985), pp. 357-378.

Galloway, Patrick R. « Annual Variations in Deaths by Age, Deaths by Cause, Prices, and Weather in London 1670 to 1830 ». *Population Studies*, vol. 39, n° 3 (November 1985), pp. 487-505.

_____. « Long-Term Fluctuations in Climate and Population in the Preindustrial Era ». *Population and Development Review*, vol. 12, n° 1 (March 1986), pp. 1-24.

Gautier, Étienne et Louis Henry. *La population de Crulai paroisse normande. Étude historique*. Paris, Presses Universitaires de France, 1958. 269 p.

Gauvreau, Danielle. « À propos de la mise en nourrice à Québec pendant le Régime français ». *Revue d'histoire de l'Amérique française*, vol. 41, n° 1 (été 1987), pp. 53-61.

_____. « Nuptialité et catégories professionnelles à Québec pendant le régime français ». *Sociologie et sociétés*, vol. XIX, n° 1 (avril 1987), pp. 25-35.

_____. *Reproduction humaine et reproduction sociale : la ville de Québec pendant le régime français*. Thèse de Ph.D. Département de démographie, Université de Montréal, 1986. xxiv - 442 p.

Giacchetti, J.-C. et M. Tyvaert. « Argenteuil (1740-1790) ». *Annales de démographie historique* (1969), pp. 40-61.

Guillemette, André et Yves Landry. « Calcul automatique de la fécondité des couples ». Dans Programme de recherche en démographie historique, *Rapport de l'année 1986-1987*, Université de Montréal, décembre 1987, pp. 133-145.

Guillemette, André et Jacques Légaré. « The Influence of Kinship on Seventeenth-Century Immigration to Canada ». *Continuity and Change*, vol. 4, n° 1 (February 1989), pp. 79-102.

Gutierrez, Hector et Jacques Houdaille. « La mortalité maternelle en France au XVIIIᵉ siècle ». *Population*, 38ᵉ année, nᵒ 6 (novembre-décembre 1983), pp. 975-994.

Henripin, Jacques. « La fécondité des ménages canadiens au début du XVIIIᵉ siècle ». *Population*, 9ᵉ année, nᵒ 1 (janvier-mars 1954), pp. 61-84.

_____. *La population canadienne au début du XVIIIᵉ siècle. Nuptialité. Fécondité. Mortalité infantile*. Paris, Presses Universitaires de France, 1954. xx - 129 p.

Henry, Louis. *Anciennes familles genevoises. Étude démographique : XVIᵉ - XXᵉ siècle*. Paris, Presses Universitaires de France, 1956. 232 p.

_____. « La démographie au service de l'histoire ». Dans *Sur la population française au XVIIIᵉ et au XIXᵉ siècles. Hommage à Marcel Reinhard*. Paris, Société de démographie historique, 1973, pp. 341-350.

_____. *Dictionnaire démographique multilingue*. Liège, Ordina Éditions, 1981. 179 p.

_____. « Fécondité des mariages dans le quart sud-ouest de la France de 1720 à 1829 ». *Annales E.S.C.*, 27ᵉ année, nᵒ 3 (mai-juin 1972), pp. 612-640, et nᵒ 4-5 (juillet-octobre 1972), pp. 977-1023.

_____. *Manuel de démographie historique*. Seconde édition. Genève, Droz, 1967. xi - 146 p.

_____. « Mesure du temps mort en fécondité naturelle ». *Population*, 19ᵉ année, nᵒ 3 (juin-juillet 1964), pp. 485-514.

Henry, Louis et Yves Blayo. « La population de la France de 1740 à 1860 ». *Population*, 30ᵉ année, nᵒ spécial (novembre 1975), pp. 71-122.

Henry, Louis et Alain Blum. *Techniques d'analyse en démographie historique*. Deuxième édition. Paris, Éditions de l'Institut national d'études démographiques, 1988. viii - 180 p.

Henry, Louis et Jacques Houdaille. « Célibat et âge au mariage aux XVIIIᵉ et XIXᵉ siècles en France. I. - Célibat définitif ». *Population*, 33ᵉ année, nᵒ 1 (janvier-février 1978), pp. 43-84.

_____. « Célibat et âge au mariage aux XVIIIᵉ et XIXᵉ siècles en France. II. - Âge au premier mariage ». *Population*, 34ᵉ année, nᵒ 2 (mars-avril 1979), pp. 403-442.

_____. « Fécondité des mariages dans le quart nord-ouest de la France de 1670 à 1829 ». *Population*, 28ᵉ année, nᵒ 4-5 (juillet-octobre 1973), pp. 873-924.

Hollingsworth, T.H. « Mortality in the British Peerage Families Since 1600 ». Dans *La mesure des phénomènes démographiques. Hommage à Louis Henry. Population*, 32ᵉ année, nᵒ spécial (septembre 1977), pp. 323-352.

Jetté, René. *Reconstitution de recensements à partir de registres paroissiaux : analyse méthodologique sur échantillon*. Thèse de Ph.D. Département de démographie, Université de Montréal, 1980. xvii - 332 p.

Lalou, Richard. *Des enfants pour le paradis : la mortalité des nouveau-nés en Nouvelle-France*. Thèse de Ph.D. Département de démographie, Université de Montréal, 1990. xxi - 469 p.

Landry, Yves. «Constitution du répertoire des Filles du roi à l'aide de la banque de données du P.R.D.H.». Dans Programme de recherche en démographie historique, *Rapport de l'année 1979-1980*, Université de Montréal, décembre 1980, pp. 121-131.

_____. «Fécondité et habitat des immigrantes françaises en Nouvelle-France». *Annales de démographie historique* (1988), pp. 259-276.

_____. «Gender Imbalance, Les Filles du Roi, and Choice of Spouse in New France». Dans *Canadian Family History: Selected Readings*, ed. by Bettina Bradbury, Toronto, Copp Clark Pitman, 1992, pp. 14-32.

_____. «La moralité des Filles du roi: bilan de travaux récents sur un vieux problème». *Mémoires de la Société généalogique canadienne-française*, vol. 42, n°4 (hiver 1991), pp. 285-297

_____. *Quelques aspects du comportement démographique des troupes de terre envoyées au Canada pendant la guerre de Sept ans*. Mémoire de maîtrise. Département d'histoire, Université de Montréal, 1977. xi - 186 p.

_____. «Recherche sur les Filles du roi dans l'état civil parisien». *Mémoires de la Société généalogique canadienne-française*, vol. XXXV, n° 4 (décembre 1984), pp. 260-269.

Landry, Yves et Hubert Charbonneau. «Démographie différentielle et catégories sociales en Nouvelle-France». Dans *Actes du XVe Congrès international des sciences historiques*, [Bucarest], Editura Academiei Republicii Socialiste Romînia, 1982, vol. IV, pp. 1150-1163.

_____. «Le peuplement des basses terres du Saint-Laurent sous le régime français (1534-1760)». Dans *Le peuplement du monde avant 1800*, Liège, Ordina, 1992. À paraître.

Landry, Yves et Jacques Légaré. «Le cycle de la vie familiale en Nouvelle-France: méthodologie et application à un échantillon». *Histoire sociale/Social History*, vol. XVII, n° 33 (mai 1984), pp. 7-20.

Langlois, Georges. *Histoire de la population canadienne-française*. Montréal, Lévesque, 1934. 309 p.

Lathrop, Mark et Gilles Pison. «Méthode statistique d'étude de l'endogamie. Application à l'étude du choix du conjoint chez les Peul Bandé». *Population*, 37e année, n° 3 (mai-juin 1982), pp. 513-541.

Leboutte, René et Étienne Hélin. «Le choix du conjoint: à propos de l'usage d'indicateurs quantifiables pour apprécier l'endogamie». Dans *Au-delà du quantitatif. Espoirs et limites de l'analyse qualitative en démographie. Chaire Quételet 1985*, publié sous la direction d'Hubert Gérard et Michel Loriaux, Université catholique de Louvain, 1988, pp. 415-465.

Lebrun, François. *Les hommes et la mort en Anjou aux 17e et 18e siècles. Essai de démographie et de psychologie historiques*. Paris, Mouton, 1971. 562 p.

Ledermann, Sully. *Nouvelles tables-types de mortalité*. Paris, Presses Universitaires de France, 1969. xxi - 260 p.

Légaré, Jacques. «A Population Register for Canada under the French Regime: Context, Scope, Content, and Applications». *Canadian Studies in Population*, vol. 15, n° 1 (1988), pp. 1-16.

_____. « Le Programme de recherche en démographie historique de l'Université de Montréal : fondements, méthodes, moyens et résultats ». *Études canadiennes/Canadian Studies*, n° 10 (juin 1981), pp. 149-182.

Leridon, Henri. *Aspects biométriques de la fécondité humaine*. Paris, Presses Universitaires de France, 1973. xii - 184 p.

_____. « Les intervalles entre naissances : nouvelles données d'observation ». *Population*, 22ᵉ année, n° 5 (septembre-octobre 1967), pp. 821-840.

_____. *Natalité, saisons et conjoncture économique*. Paris, Presses Universitaires de France, 1973. xiv - 147 p.

_____. « Stérilité, hypofertilité et infécondité en France ». *Population*, 37ᵉ année, n° 4-5 (juillet-octobre 1982), pp. 807-836.

Leridon, Henri et Jane Menken, éd. *Fécondité naturelle : niveaux et déterminants de la fécondité naturelle*. Liège, Ordina Éditions, 1979. xv - 556 p.

Lévy, Claude et Louis Henry. « Ducs et pairs sous l'Ancien Régime. Caractéristiques démographiques d'une caste ». *Population*, 15ᵉ année, n° 5 (octobre-décembre 1960), pp. 807-830.

Meslé, France et Jacques Vallin. « Reconstitution de tables annuelles de mortalité pour la France au XIXᵉ siècle ». *Population*, 44ᵉ année, n° 6 (novembre-décembre 1989), pp. 1121-1158.

Nault, François. « Attribution d'une date de décès aux pionniers sans acte de sépulture ». Dans Programme de recherche en démographie historique, *Rapport de l'année 1985-1986*, Université de Montréal, octobre 1986, pp. 33-42.

Nonaka, Koichi, Bertrand Desjardins, Jacques Légaré, Hubert Charbonneau et Teiji Miura. « Effects of Maternal Birth Season on Birth Seasonality in a Canadian Population During the Seventeenth and Eighteenth Centuries ». *Human Biology*, vol. 62, n° 5 (October 1990), pp. 701-717.

Paquette, Lyne. *Les naissances illégitimes sur les rives du St-Laurent avant 1730*. Mémoire de maîtrise. Département de démographie, Université de Montréal, 1983. xiii - 202 p.

Paquette, Lyne et Réal Bates. « Les naissances illégitimes sur les rives du Saint-Laurent avant 1730 ». *Revue d'histoire de l'Amérique française*, vol. 40, n° 2 (automne 1986), pp. 239-252.

Peller, Sigismund. « Births and Deaths Among Europe's Ruling Families Since 1500 ». Dans *Population in History. Essays in Historical Demography*, ed. by D.V. Glass and D.E.C. Eversley, London, Edward Arnold, 1965, pp. 87-100.

Pelletier, Louis. *Le clergé en Nouvelle-France. Étude de démographie historique et répertoire biographique*. À paraître.

Perrenoud, Alfred. « Le biologique et l'humain dans le déclin séculaire de la mortalité ». *Annales E.S.C.*, vol. 40, n° 1 (janvier-février 1985), pp. 113-135.

_____. « L'inégalité sociale devant la mort à Genève au XVIIᵉ siècle ». *Population*, 30ᵉ année, n° spécial (novembre 1975), pp. 221-243.

_____. « Variables sociales en démographie urbaine. L'exemple de Genève au XVIIIᵉ siècle ». *Démographie urbaine, XVᵉ - XXᵉ siècle*, Université Lyon II,

Centre d'histoire économique et sociale de la région lyonnaise, n° 8, 1977, pp. 143-172.

Pressat, Roland. *Dictionnaire de démographie*. Paris, Presses Universitaires de France, 1979. vi - 295 p.

Programme de recherche en démographie historique. *Du manuscrit à l'ordinateur : dépouillement des registres paroissiaux aux fins de l'exploitation automatique*. Publié sous la direction d'Hubert Charbonneau et André LaRose. Québec, ministère des Affaires culturelles, 1980. xvi - 229 p.

Retel-Laurentin, Anne. «Fécondité et syphilis dans la région de la Volta Noire». *Population*, 28e année, n° 4-5 (juillet-octobre 1973), pp. 793-815.

_____. «Influence de certaines maladies sur la fécondité. Un exemple africain». *Population*, 22e année, n° 5 (septembre-octobre 1967), pp. 841-860.

Roy, Raymond et Hubert Charbonneau. «Le contenu des registres paroissiaux canadiens du XVIIe siècle». *Revue d'histoire de l'Amérique française*, vol. 30, n° 1 (juin 1976), pp. 85-97.

_____. «La nuptialité en situation de déséquilibre des sexes : le Canada du XVIIe siècle». *Annales de démographie historique* (1978), pp. 285-294.

Roy, Raymond, Yves Landry et Hubert Charbonneau. «Quelques comportements des Canadiens au XVIIe siècle d'après les registres paroissiaux». *Revue d'histoire de l'Amérique française*, vol. 31, n° 1 (juin 1977), pp. 49-73.

Segalen, Martine. *Nuptialité et alliance. Le choix du conjoint dans une commune de l'Eure*. Paris, Maisonneuve et Larose, 1972. 150 p.

Segalen, Martine et Albert Jacquard. «Choix du conjoint et homogamie». *Population*, 26e année, n° 3 (mai-juin 1971), pp. 487-498.

Thornton, Patricia, Sherry Olson et Quoc Thuy Thach. «Dimensions sociales de la mortalité infantile à Montréal au milieu du XIXe siècle». *Annales de démographie historique* (1988), pp. 299-325.

Van de Walle, Étienne. «La nuptialité des Françaises avant 1851, d'après l'état civil des décédées». *Population*, 32e année, n° spécial (septembre 1977), pp. 447-465.

Wrigley, E.A. et R.S. Schofield. *The Population History of England 1541-1871. A Reconstruction*. Cambridge (Mass.) Harvard University Press, 1981. xv - 779 p.

3 - Études biographiques et généalogiques

L'Ancêtre. Vol. 1 - 18. 1974-1991.

Auger, Roland-J. *La grande recrue de 1653*. Montréal, Société généalogique canadienne-française, 1955. vii - 207 p.

Bulletin des recherches historiques. Vol. I - LXIX. 1895-1967.

Dictionnaire biographique du Canada. Vol. I et II. [Québec], Les Presses de l'Université Laval, 1966 et 1969.

Dumas, Silvio. *Les filles du roi en Nouvelle-France. Étude historique avec répertoire biographique*. Québec, Société historique de Québec, 1972. xv - 382 p.

Godbout, Archange. «Familles venues de La Rochelle en Canada». *Rapport des Archives nationales du Québec*, t. 48 (1970), pp. 113-367.

_____. « Nos ancêtres au XVIIe siècle ». *Rapport de l'archiviste de la province de Québec pour 1951-1953 et 1952-1953*, pp. 447-544. *... pour 1953-1954 et 1954-1955*, pp. 443-536. *... pour 1955-1956 et 1956-1957*, pp. 377-489. *... pour 1957-1958 et 1958-1959*, pp. 381-440. *... pour 1959-1960*, pp. 275-354. *Rapport des Archives du Québec 1965*, pp. 145-181.

_____. *Origine des familles canadiennes-françaises. Extrait de l'État civil Français. Première série.* Lille, Société Saint-Augustin, Desclée, de Brouwer, 1925. 263 p. (Réédition Élysée, Montréal, 1979).

_____. « Vieilles familles de France en Nouvelle-France ». *Rapport des Archives nationales du Québec*, t. 53 (1975), pp. 105-264.

Jetté, René. *Dictionnaire généalogique des familles du Québec. Des origines à 1730.* Montréal, Les Presses de l'Université de Montréal, 1983. xxx - 1180 p.

Mémoires de la Société généalogique canadienne-française. Vol. 1 - 42. 1944-1991.

Nadeau, Gabriel. « L'hérédité en fonction de la généalogie ». *Mémoires de la Société généalogique canadienne-française*, vol. I, n° 2 (juin 1944), pp. 81-95.

Reisinger, Joy et Elmer Courteau. *The King's Daughters.* Sparta (Wisconsin), 1988. vi - 233 p.

Tanguay, Cyprien. *Dictionnaire généalogique des familles canadiennes depuis la fondation de la colonie jusqu'à nos jours.* Montréal, Eusèbe Senécal, 1871-1890. 7 vol. (Réédition Élysée, Montréal, 1975).

APPENDICES

APPENDICE 1
NATURE DES ENTRÉES ET DES SORTIES ANNUELLES ET SOLDE EN FIN D'ANNÉE DES EFFECTIFS MARIABLES MASCULINS SUR LE MARCHÉ MATRIMONIAL CANADIEN AVANT 1680

Année	Par atteinte de l'âge de 14 ans — Can.	Fr.	Ens.	Par immigration — Connue	Stat.¹	Ens.	Par veuvage	Ensemble	Par mariage	Par entrée en religion	Par décès	Par émigration — Connue	Stat.²	Ens.	Ensemble	Solde
1608				1	7,4	8,4		8,4								8,4
1609																8,4
1610									1						1,0	7,4
1611													7,4	7,4	7,4	0
1612																0
1613				1	7,4	8,4		8,4								8,4
1614		1	1					1,0								9,4
1615																9,4
1616													7,4	7,4	7,4	2,0
1617				1	7,4	8,4		8,4								10,4
1618										1					1,0	9,4
1619										1					1,0	8,4
1620		1	1					1,0					7,4	7,4	7,4	2,0
1621				1	7,4	8,4		8,4								10,4
1622																10,4
1623		1	1					1,0								11,4
1624													7,4	7,4	7,4	4,0
1625																4,0
1626				1	7,4	8,4		8,4								12,4
1627		1	1					1,0								13,4
1628				1	7,4	8,4		8,4								21,8
1629										1			7,4	7,4	8,4	13,4
1630																13,4
1631													7,4	7,4	7,4	6,0
1632				1	7,4	8,4		8,4								14,4
1633																14,4
1634				6	44,4	50,4		50,4	4						4,0	60,8
1635	1		1	3	22,2	25,2		26,2	2				7,4	7,4	9,4	77,6
1636		1	1	12	88,8	100,8		101,8	2						2,0	177,4
1637		2	2	10	74,0	84,0		86,0	9				44,4	44,4	53,4	210,0
1638		2	2	14	103,6	117,6		119,6	2				22,2	22,2	24,2	305,4
1639		1	1	6	44,4	50,4		51,4	4			1	88,8	89,8	93,8	263,0
1640		2	2	7	16,1	23,1		25,1	5		1	1	74,0	75,0	81,0	207,1
1641		2	2	10	23,0	33,0	1	36,0	3			1	103,6	104,6	107,6	135,5
1642		2	2	10	23,0	33,0		35,0	3				44,4	44,4	47,4	123,1
1643	1	3	4	11	25,3	36,3	2	42,3	1				16,1	16,1	17,1	148,3
1644		2	2	11	25,3	36,3		38,3	4			1	23,0	24,0	28,0	158,6
1645		7	7	13	29,9	42,9		49,9	9				23,0	23,0	32,0	176,5
1646				14	32,2	46,2		46,2	8			1	25,3	26,3	34,3	188,4
1647		2	2	21	48,3	69,3		71,3	19				25,3	25,3	44,3	215,4

APPENDICE 1 *(suite)*
NATURE DES ENTRÉES ET DES SORTIES ANNUELLES ET SOLDE EN FIN D'ANNÉE
DES EFFECTIFS MARIABLES MASCULINS SUR LE MARCHÉ MATRIMONIAL CANADIEN
AVANT 1680

	Entrées								Sorties							
	Par atteinte de l'âge de 14 ans			Par immigration			Par veuvage	Ensemble	Par mariage	Par entrée en religion	Par décès	Par émigration			Ensemble	Solde
Année	Can.	Fr.	Ens.	Connue	Stat.[1]	Ens.						Connue	Stat.[2]	Ens.		
1648		4	4	13	29,9	42,9	2	48,9	16		3		29,9	29,9	48,9	215,4
1649	3	6	9	18	41,4	59,4	2	70,4	15		2		32,2	32,2	49,2	236,6
1650	3	6	9	20	46,0	66,0		75,0	11				48,3	48,3	59,3	252,3
1651	2	2	4	30	69,0	99,0	5	108,0	12		1		29,9	29,9	42,9	317,4
1652	3	3	6	17	39,1	56,1	2	64,1	20				41,4	41,4	61,4	320,1
1653			5	75	172,5	247,5		252,5	28		3	5	46,0	51,0	82,0	490,6
1654	3	3	6	24	55,2	79,2	1	86,2	35		1		69,0	69,0	105,0	471,8
1655	6	5	11	28	64,4	92,4		103,4	22		1		39,1	39,1	62,1	513,1
1656	5	6	11	36	82,8	118,8	1	130,8	27			1	172,5	173,5	200,5	443,4
1657	4	3	7	45	103,5	148,5	2	157,5	26			3	55,2	58,2	84,2	516,7
1658	6	4	10	40	92,0	132,0	1	143,0	36		3		64,4	64,4	103,4	556,3
1659	6	11	17	56	128,8	184,8		201,8	39				82,8	82,8	121,8	636,3
1660	8	4	12	22	38,1	60,1	3	75,1	27		1	1	103,5	104,5	132,5	578,9
1661	13	2	15	46	79,7	125,7	5	145,7	34		5	1	92,0	93,0	132,0	592,6
1662	15	2	17	63	109,1	172,1	5	194,1	40		2		128,8	128,8	170,8	615,9
1663	15	3	18	63	109,1	172,1	5	195,1	68		3	4	38,1	42,1	113,1	697,9
1664	22	8	30	62	107,4	169,4	6	205,4	43		3		79,7	79,7	125,7	777,6
1665	19	3	22	347	599,4	948,1	7	977,1	94	2	2	1	109,1	110,1	208,1	1546,6
1666	23	3	26	145	251,2	396,2	5	427,2	51			2	109,1	111,1	162,1	1811,7
1667	21	7	28	101	175,0	276,0	10	314,0	101			3	107,4	110,4	211,4	1914,3
1668	35	4	39	44	76,2	120,2	3	162,2	108			6	599,4	605,4	713,4	1363,1
1669	35	6	41	56	97,0	153,0	8	202,0	157		4	2	251,2	253,2	414,2	1150,9
1670	39	4	43	69	119,5	188,5	12	243,5	156	1	3	2	175,0	177,0	337,0	1057,4
1671	38	8	46	67	116,1	183,1	8	237,1	152	1	6	7	76,2	83,2	242,2	1052,3
1672	45	12	57	33	57,2	90,2	7	154,2	92		11	6	97,0	103,0	206,0	1000,5
1673	41	4	45	36	62,4	98,4	8	151,4	83		6	3	119,5	122,5	211,5	940,4
1674	65	8	73	26	45,0	71,0	8	152,0	47	1	9	2	116,1	118,1	175,1	917,3
1675	57	4	61	34	58,9	92,9	13	166,9	49		7	2	57,2	59,2	115,2	969,0
1676	70	3	73	27	46,8	73,8	5	151,8	62	1	12	1	62,4	63,4	138,4	982,4
1677	73		73	22	38,1	60,1	14	147,1	60	4	12	1	45,0	46,0	122,0	1007,5
1678	88	3	91	17	29,4	46,4	20	157,4	62	2	11		58,9	58,9	133,9	1031,0
1679	68	5	73	27	46,8	73,8	27	173,8	78	1	20		46,8	46,8	145,8	1059,0
Ensemble	838	176	1014	1864	3841,0	5705,0	198	6917,0	1930	13	132	58	3725,0	3783,0	5858,0	

[1] [(imm. connue x $\frac{1}{x}$) - imm. connue], x étant les proportions suivantes de fondateurs: 1608 - 1639 : 0,119
                                                                                                     1640 - 1659 : 0,303
                                                                                                     1660 - 1679 : 0,366

Voir supra, pp. 114-115.
[2] Entrées par immigration statistique décalées de trois ans. Voir supra, p. 115.

NATURE DES ENTRÉES ET DES SORTIES ANNUELLES ET SOLDE EN FIN D'ANNÉE
DES EFFECTIFS MARIABLES FÉMININS SUR LE MARCHÉ MATRIMONIAL CANADIEN
AVANT 1680

Année	Entrées						Sorties					Solde
	Par atteinte de l'âge de 12 ans			Par immigration	Par veuvage	Ensemble	Par mariage	Par entrée en religion	Par décès	Par émigration	Ensemble	
	Can.	Fr.	Ens.									
1617				1		1						1
1618							1				1	0
1619												0
1620	1		1			1						1
1621							1				1	0
1622												0
1623												0
1624												0
1625												0
1626												0
1627					1	1						1
1628												1
1629							1				1	0
1630												0
1631												0
1632	1		1			1						1
1633				1		1						2
1634				2		2	3				3	1
1635				3		3	2				2	2
1636	1		1	8		9	2				2	9
1637	2	3	5	4		9	8				8	10
1638				1	1	2	2				2	10
1639	1	1	2	4	1	7	4			1	5	12
1640		2	2	3	1	6	5		2		7	11
1641		3	3	4		7	3			1	4	14
1642				2	1	3	3				3	14
1643	2	2	4	4		8	1				1	21
1644		6	6	1		7	3				3	25
1645	1		1	2		3	9				9	19
1646	1	5	6	2	2	10	5	3			8	21
1647	1	2	3	16	1	20	16	1			17	24
1648	2	2	4	7	2	13	13	1			14	23

APPENDICE 2 *(suite)*
NATURE DES ENTRÉES ET DES SORTIES ANNUELLES ET SOLDE EN FIN D'ANNÉE DES EFFECTIFS MARIABLES FÉMININS SUR LE MARCHÉ MATRIMONIAL CANADIEN AVANT 1680

Année	Entrées						Sorties					Solde
	Par atteinte de l'âge de 12 ans			Par immigration	Par veuvage	Ensemble	Par mariage	Par entrée en religion	Par décès	Par émigration	Ensemble	
	Can.	Fr.	Ens.									
1649	3	1	4	13		17	15		1		16	24
1650	5	1	6	8		14	11				11	27
1651	5	1	6	14	6	26	12			1	13	40
1652	5	2	7	10	7	24	19	1			20	44
1653	6	1	7	17	4	28	26	1		1	28	44
1654	5	3	8	12	5	25	35				35	34
1655	8	5	13	10	6	29	22				22	41
1656	9	3	12	17	4	33	26		1		27	47
1657	7	3	10	20	7	37	24	2	2	1	29	55
1658	7	1	8	29	3	40	35	3			38	57
1659	4	4	8	37	7	52	38	1	1		40	69
1660	10	5	15	1	7	23	26		1		27	65
1661	14	5	19	23	12	54	34		3	2	39	80
1662	14	2	16	38	8	62	40	1	1	2	44	98
1663	17	6	23	43	11	77	68				68	107
1664	21	3	24	16	6	46	42	1	1		44	109
1665	21	1	22	93	11	126	94		3	1	98	137
1666	21	1	22	27	5	54	51	1		2	54	137
1667	31	4	35	91	9	135	99	4		11	114	158
1668	35	6	41	81	8	130	108	4		5	117	171
1669	40	8	48	143	17	208	156		1	11	168	211
1670	41	6	47	121	17	185	155		7	8	170	226
1671	51	5	56	116	13	185	150		2	10	162	249
1672	46	1	47	23	21	91	90		4	3	97	243
1673	49	6	55	52	17	124	83		2	3	88	279
1674	63	5	68	7	12	87	47	4	5	2	58	308
1675	60	3	63	5	23	91	49	2	5		56	343
1676	81	7	88	7	25	120	62	2	7	2	73	390
1677	86	4	90	6	38	134	59	5	9		73	451
1678	88	5	93	2	19	114	62	2	8	3	75	490
1679	102	1	103	5	20	128	76	4	5		85	533
Ensemble	967	136	1103	1152	358	2613	1896	43	71	70	2080	

APPENDICE 3

NATURE DES ENTRÉES ET DES SORTIES ANNUELLES ET SOLDE EN FIN D'ANNÉE DES
EFFECTIFS MARIABLES DE FILLES DU ROI SUR LE MARCHÉ MATRIMONIAL CANADIEN
DE 1663 À 1679

Année	Entrées			Sorties				Solde
	Par immigration	Par veuvage	Ensemble	Par mariage	Par décès	Par émigration	Ensemble	
1663	36	0	36	25	0	0	25	11
1664	15	0	15	18	0	0	18	8
1665	90	0	90	69	0	1	70	28
1666	25	1	26	32	0	1	33	21
1667	90	2	92	64	0	9	73	40
1668	81	2	83	86	0	3	89	34
1669	132	3	135	127	0	5	132	37
1670	120	11	131	117	1	8	126	42
1671	115	3	118	108	0	7	115	45
1672	15	8	23	44	0	1	45	23
1673	51	5	56	54	0	3	57	22
1674	0	4	4	13	0	1	14	12
1675	0	9	9	7	0	0	7	14
1676	0	9	9	10	0	1	11	12
1677	0	10	10	10	0	0	10	12
1678	0	7	7	7	1	1	9	10
1679	0	5	5	5	1	0	6	9
1663-64	51	0	51	43	0	0	43	8
1665-69	418	8	426	378	0	19	397	37
1670-74	301	31	332	336	1	20	357	12
1675-79	0	40	40	39	2	2	43	9
Ensemble	770	79	849	796	3	41	840	

APPENDICE 4

DISTRIBUTION DES FILLES DU ROI SELON LA PAROISSE DE PREMIER MARIAGE AU CANADA ET LA PAROISSE D'ÉTABLISSEMENT

Paroisse d'établissement	Gouvernement de Québec						Gouvernement de Trois-Rivières			Gouvernement de Montréal					Ind.	Ensemble
	Québec	Ste-Famille Î.O.	Château-Richer	Ste-Anne-de-Beaupré	L'Ange-Gardien	Total	Trois-Rivières	Champlain	Total	Montréal	Boucherville	Lachine	Sorel	Total		
						Gouvernement de Québec										
Québec (ville)	66	1	0	0	0	67	1	0	1	0	0	0	0	0	2	70
Ste-Famille Î.O.	13	13	9	0	0	35	0	0	0	0	0	0	0	0	13	48
St-Laurent Î.O.	6	12	1	1	0	20	0	0	0	0	0	0	0	0	2	22
St-François Î.O.	2	8	3	1	0	14	0	0	0	0	0	0	0	0	4	18
St-Jean Î.O.	3	11	0	0	0	14	0	0	0	0	0	0	0	0	3	17
L'Ange-Gardien	7	0	3	0	1	11	0	0	0	0	0	0	0	0	0	11
St-Pierre Î.O.	0	2	0	0	0	2	0	0	0	0	0	0	0	0	4	6
Château-Richer	1	0	3	0	0	4	0	0	0	0	0	0	0	0	0	4
Ste-Anne-de-Beaupré	0	0	0	2	0	2	0	0	0	0	0	0	0	0	0	2
Total Î.O. et Côte de Beaupré	32	46	19	4	1	102	0	0	0	0	0	0	0	0	26	128
Charlesbourg	65	0	1	0	0	66	0	0	0	1	0	0	0	1	7	74
Beauport	15	0	1	0	0	16	1	0	1	0	0	0	0	0	0	17
Sillery	9	0	0	0	0	9	0	0	0	0	0	0	0	0	2	11
L'Ancienne-Lorette	9	0	0	0	0	9	0	0	0	0	0	0	0	0	0	9
Ste-Foy	4	0	0	0	0	4	0	0	0	0	0	0	0	0	1	5
Total Environs de Québec	102	0	2	0	0	104	1	0	1	1	0	0	0	1	10	116
Neuville	32	0	2	0	0	34	0	0	0	0	0	0	0	0	7	41
St-Augustin	10	0	0	0	0	10	0	0	0	0	0	0	0	0	5	15
Grondines	3	0	0	0	0	3	0	0	0	0	0	0	0	0	6	9
Cap-Santé	1	0	0	0	0	1	0	0	0	0	0	0	0	0	0	1
Les Écureuils	0	0	0	0	0	0	0	0	0	0	0	0	0	0	1	1
Total Portneuf	46	0	2	0	0	48	0	0	0	0	0	0	0	0	19	67
Pointe-Lévy	21	0	0	0	0	21	0	0	0	0	0	0	0	0	0	21
St-Nicolas	1	0	0	0	0	1	0	0	0	0	0	0	0	0	0	1
Total Lévis	22	0	0	0	0	22	0	0	0	0	0	0	0	0	0	22
St-Michel	7	1	1	0	0	9	0	0	0	0	0	0	0	0	1	10
Beaumont	4	1	1	0	0	6	0	0	0	0	0	0	0	0	1	7
Cap-St-Ignace	2	1	0	2	0	5	0	0	0	0	0	0	0	0	2	7
Berthier	2	0	0	0	0	2	0	0	0	0	0	0	0	0	0	2
St-Thomas	2	0	0	0	0	2	0	0	0	0	0	0	0	0	0	2
L'Islet	0	0	1	0	0	1	0	0	0	0	0	0	0	0	0	1
Total Côte du Sud	17	3	3	2	0	25	0	0	0	0	0	0	0	0	4	29

APPENDICE 4 (suite)
DISTRIBUTION DES FILLES DU ROI SELON LA PAROISSE DE PREMIER MARIAGE AU CANADA ET LA PAROISSE D'ÉTABLISSEMENT

Paroisse d'établissement	Gouvernement de Québec						Gouvernement de Trois-Rivières			Gouvernement de Montréal					Ind.	Ensemble
	Québec	Ste-Famille I.O.	Château-Richer	Ste-Anne-de-Beaupré	L'Ange-Gardien	Total	Trois-Rivières	Champlain	Total	Montréal	Boucherville	Lachine	Sorel	Total		
Lotbinière	3	0	0	0	0	3	0	0	0	0	0	0	0	0	1	4
St-Antoine-de-Tilly	1	0	0	0	0	1	0	0	0	0	0	0	0	0	1	2
Deschaillons	1	0	0	0	0	1	0	0	0	0	0	0	0	0	0	1
Total Lotbinière	5	0	0	0	0	5	0	0	0	0	0	0	0	0	2	7
Rivière-Ouelle	2	0	0	0	0	2	0	0	0	0	0	0	0	0	0	2
Ensemble	292	50	26	6	1	375	2	0	2	1	0	0	0	1	63	441
Gouvernement de Trois-Rivières																
Champlain	6	0	0	0	0	6	2	1	3	0	0	0	0	0	15	24
Cap-de-la-Madeleine	1	0	0	0	0	1	1	0	1	0	0	0	0	0	12	14
Batiscan	8	0	0	0	0	8	0	0	0	0	0	0	0	0	4	12
Ste-Anne-de-la-Pérade	4	0	0	0	0	4	0	0	0	0	0	0	0	0	5	9
Total Champlain	19	0	0	0	0	19	3	1	4	0	0	0	0	0	36	59
Nicolet	3	0	0	0	0	3	2	0	2	0	0	0	0	0	0	5
Bécancour	1	0	0	0	0	1	0	0	0	0	0	0	0	0	2	3
Gentilly	0	0	0	0	0	0	0	0	0	0	0	0	0	0	1	1
Total Nicolet	4	0	0	0	0	4	2	0	2	0	0	0	0	0	3	9
Trois-Rivières	1	0	0	0	0	1	2	0	2	0	0	0	0	0	5	8
St-François-du-Lac	1	0	0	0	0	1	0	0	0	0	0	0	0	0	2	3
Rivière-du-Loup	0	0	0	0	0	0	0	0	0	0	0	0	0	0	2	2
Ensemble	25	0	0	0	0	25	7	1	8	0	0	0	0	0	48	81

Paroisse de mariage

APPENDICE 4 (suite)

DISTRIBUTION DES FILLES DU ROI SELON LA PAROISSE DE PREMIER MARIAGE AU CANADA ET LA PAROISSE D'ÉTABLISSEMENT

Paroisse d'établissement	Québec	Ste-Famille Î.O.	Château-Richer	Ste-Anne-de-Beaupré	L'Ange-Gardien	Total	Trois-Rivières	Champlain	Total	Montréal	Boucherville	Lachine	Sorel	Total	Ind.	Ensemble
	Gouvernement de Québec						Gouvernement de Trois-Rivières			Gouvernement de Montréal						
Gouvernement de Montréal																
Montréal (ville)	4	0	0	0	0	4	1	0	1	30	0	0	0	30	2	37
Boucherville	2	0	0	0	0	2	1	0	1	4	3	0	0	7	7	17
Chambly	3	0	0	0	0	3	0	0	0	2	0	0	0	2	8	13
Longueuil	3	0	0	0	0	3	0	0	0	4	0	0	0	4	1	8
Total Chambly	8	0	0	0	0	8	1	0	1	10	3	0	0	13	16	38
Varennes	6	0	0	0	0	6	0	0	0	2	2	0	0	4	2	12
Verchères	2	0	0	0	0	2	0	0	0	5	0	0	1	6	1	9
Contrecoeur	3	0	0	0	0	3	1	0	1	0	0	0	0	0	3	7
Total Verchères	11	0	0	0	0	11	1	0	1	7	2	0	1	10	6	28
St-Ours	2	0	0	0	0	2	0	0	0	0	0	0	0	0	10	12
Sorel	5	0	0	0	0	5	0	0	0	0	0	0	0	0	5	10
Total Richelieu	7	0	0	0	0	7	0	0	0	0	0	0	0	0	15	22
Lachine	6	0	0	0	0	6	0	0	0	7	0	1	0	8	2	16
Laprairie	5	0	0	0	0	5	1	0	1	4	0	0	0	4	4	14
Repentigny	0	0	0	0	0	0	0	0	0	3	1	0	0	4	4	8
Lachenaie	2	0	1	0	0	3	0	0	0	1	0	0	0	1	0	4
Total L'Assomption	2	0	1	0	0	3	0	0	0	4	1	0	0	5	4	12
Pointe-aux-Trembles	0	0	0	0	0	0	0	0	0	7	0	0	0	7	0	7
Rivière-des-Prairies	0	0	0	0	0	0	0	0	0	1	0	0	0	1	0	1
Longue-Pointe	0	0	0	0	0	0	0	0	0	1	0	0	0	1	0	1
Total Hochelaga	0	0	0	0	0	0	0	0	0	9	0	0	0	9	0	9
Berthier	1	0	0	0	0	1	0	0	0	0	0	0	0	0	3	4
Lavaltrie	3	0	0	0	0	3	0	0	0	0	0	0	0	0	1	4
Île-Dupas	0	0	0	0	0	0	0	0	0	0	0	0	0	0	1	1
Total Berthier	4	0	0	0	0	4	0	0	0	0	0	0	0	0	5	9
St-François-de-Sales	1	0	0	0	0	1	0	0	0	0	0	0	0	0	0	1
Ensemble	48	0	1	0	0	49	4	0	4	71	6	1	1	79	54	186
Indéterminée	21	1	0	0	0	22	0	0	0	0	0	0	0	0	7	29
Ensemble	386	51	27	6	1	471	13	1	14	72	6	1	1	80	172	737

APPENDICE 5
DISTRIBUTION DES NAISSANCES RELEVÉES SELON L'ÂGE ACTUEL ET L'ÂGE AU MARIAGE DE LA FEMME (NAISSANCES D'ONDOYÉS DÉCÉDÉS EXCLUES)

Âge au mariage de la femme	Nombre d'unions	Âge actuel de la femme								
		10-14 ans	15-19 ans	20-24 ans	25-29 ans	30-34 ans	35-39 ans	40-44 ans	45-49 ans	Total
10 - 14 ans	3	0	6	5	4	3	1	1	0	20
15 - 19 ans	92		46	174	159	144	114	62	10	709
20 - 24 ans	132			137	235	211	177	95	18	873
25 - 29 ans	96				96	161	122	58	13	450
30 - 34 ans	61					65	98	50	20	233
35 - 39 ans	14						11	13	6	30
40 - 44 ans	26							17	9	26
45 - 49 ans	14								3	3
Tous âges	438	0	52	316	494	584	523	296	79	2344

APPENDICE 6
NOMBRE DE FEMMES-ANNÉES SELON L'ÂGE ACTUEL ET L'ÂGE AU MARIAGE DE LA FEMME

Âge au mariage de la femme	Nombre d'unions	Âge actuel de la femme								
		10-14 ans	15-19 ans	20-24 ans	25-29 ans	30-34 ans	35-39 ans	40-44 ans	45-49 ans	Total
10 - 14 ans	3	1,50	15,00	15,00	14,25	10,00	10,00	9,50	5,00	80,25
15 - 19 ans	92		175,00	456,50	432,50	412,50	377,75	332,00	301,50	2487,75
20 - 24 ans	132			334,75	616,00	589,50	541,00	448,50	366,75	2896,50
25 - 29 ans	96				250,50	469,25	432,00	400,00	346,25	1898,00
30 - 34 ans	61					168,50	300,75	280,00	247,00	996,25
35 - 39 ans	14						35,00	61,75	60,00	156,75
40 - 44 ans	26							67,75	113,00	180,75
45 - 49 ans	14								39,00	39,00
Tous âges	438	1,50	190,00	806,25	1313,25	1649,75	1696,50	1599,50	1478,50	8735,25

APPENDICE 7

TAUX APPARENTS DE FÉCONDITÉ LÉGITIME SELON L'ÂGE ACTUEL
ET L'ÂGE AU MARIAGE DE LA FEMME, EN POUR MILLE

Âge au mariage de la femme	Nombre d'unions	Âge actuel de la femme							
		10-14 ans	15-19 ans	20-24 ans	25-29 ans	30-34 ans	35-39 ans	40-44 ans	45-49 ans
10 - 14 ans	3	(0)	(400)	(333)	(281)	(300)	(100)	(105)	(0)
15 - 19 ans	92		263	381	368	349	302	187	33
20 - 24 ans	132			409	381	358	327	212	49
25 - 29 ans	96				383	343	282	145	38
30 - 34 ans	61					386	326	179	81
35 - 39 ans	14						314	211	100
40 - 44 ans	26							251	80
45 - 49 ans	14								77
Tous âges	438	(0)	274	392	376	354	308	185	53

Les taux entre parenthèses correspondent à moins de 30 femmes-années.

APPENDICE 8

DISTRIBUTION DES NAISSANCES PERDUES MAIS RETROUVÉES SELON L'ÂGE ACTUEL
ET L'ÂGE AU MARIAGE DE LA FEMME, EN NOMBRES ABSOLUS

Âge au mariage de la femme	Nombre d'unions	Âge actuel de la femme								Ind.	Total
		10-14 ans	15-19 ans	20-24 ans	25-29 ans	30-34 ans	35-39 ans	40-44 ans	45-49 ans		
10 - 14 ans	3	0	1	0	0	0	0	0	0	0	1
15 - 19 ans	92		8	23	23	12	5	6	3	0	80
20 - 24 ans	132			14	30	27	15	8	3	0	97
25 - 29 ans	96				9	14	16	10	1	0	50
30 - 34 ans	61					9	10	5	1	0	25
35 - 39 ans	14						0	0	0	0	0
40 - 44 ans	26							1	3	1	5
45 - 49 ans	14								0	0	0
Tous âges	438	0	9	37	62	62	46	30	11	1	258

APPENDICE 9

DISTRIBUTION DES NAISSANCES PERDUES MAIS RETROUVÉES SELON L'ÂGE ACTUEL
ET L'ÂGE AU MARIAGE DE LA FEMME, EN NOMBRES RELATIFS

Âge au mariage de la femme	Nombre d'unions	Âge actuel de la femme									
		10-14 ans	15-19 ans	20-24 ans	25-29 ans	30-34 ans	35-39 ans	40-44 ans	45-49 ans	Ind.	Total
10 - 14 ans	3	0	4	0	0	0	0	0	0	0	4
15 - 19 ans	92		31	89	89	47	19	23	12	0	310
20 - 24 ans	132			54	116	105	58	31	12	0	376
25 - 29 ans	96				35	54	62	39	4	0	194
30 - 34 ans	61					35	39	19	4	0	97
35 - 39 ans	14						0	0	0	0	0
40 - 44 ans	26							4	12	4	19
45 - 49 ans	14								0	0	0
Tous âges	438	0	35	143	240	240	178	116	43	4	1000

APPENDICE 10

DISTRIBUTION DES NAISSANCES PERDUES SELON L'ÂGE ACTUEL
ET L'ÂGE AU MARIAGE DE LA FEMME

Âge au mariage de la femme	Nombre d'unions	Âge actuel de la femme									
		10-14 ans	15-19 ans	20-24 ans	25-29 ans	30-34 ans	35-39 ans	40-44 ans	45-49 ans	Ind.	Total
10 - 14 ans	3	0,0	1,2	0,0	0,0	0,0	0,0	0,0	0,0	0,0	1,2
15 - 19 ans	92		9,6	27,7	27,7	14,5	6,0	7,2	3,6	0,0	96,4
20 - 24 ans	132			16,9	36,2	32,5	18,1	9,6	3,6	0,0	116,9
25 - 29 ans	96				10,8	16,9	19,3	12,1	1,2	0,0	60,3
30 - 34 ans	61					10,8	12,1	6,0	1,2	0,0	30,1
35 - 39 ans	14						0,0	0,0	0,0	0,0	0,0
40 - 44 ans	26							1,2	3,6	1,2	6,0
45 - 49 ans	14								0,0	0,0	0,0
Tous âges	438	0,0	10,8	44,6	74,7	74,7	55,4	36,2	13,3	1,2	311,0

APPENDICE 11
DISTRIBUTION DES NAISSANCES RELEVÉES ET PERDUES SELON L'ÂGE ACTUEL ET L'ÂGE AU MARIAGE DE LA FEMME

Âge au mariage de la femme	Nombre d'unions	Âge actuel de la femme									
		10-14 ans	15-19 ans	20-24 ans	25-29 ans	30-34 ans	35-39 ans	40-44 ans	45-49 ans	Ind.	Total
10 - 14 ans	3	0,0	7,2	5,0	4,0	3,0	1,0	1,0	0,0	0,0	21,2
15 - 19 ans	92		55,6	201,7	186,7	158,5	120,0	69,2	13,6	0,0	805,4
20 - 24 ans	132			153,9	271,2	243,5	195,1	104,6	21,6	0,0	989,9
25 - 29 ans	96				106,8	177,9	141,3	70,1	14,2	0,0	510,3
30 - 34 ans	61					75,8	110,1	56,0	21,2	0,0	263,1
35 - 39 ans	14						11,0	13,0	6,0	0,0	30,0
40 - 44 ans	26							18,2	12,6	1,2	32,0
45 - 49 ans	14								3,0	0,0	3,0
Tous âges	438	0,0	62,8	360,6	568,7	658,7	578,4	332,2	92,3	1,2	2655,0

APPENDICE 12
DISTRIBUTION DES NAISSANCES RELEVÉES DES FEMMES ULTÉRIEUREMENT FÉCONDES SELON L'ÂGE ACTUEL ET L'ÂGE AU MARIAGE DE LA FEMME (NAISSANCES D'ONDOYÉS DÉCÉDÉS EXCLUES)

Âge au mariage de la femme	Nombre d'unions	Âge actuel de la femme							Total
		10-14 ans	15-19 ans	20-24 ans	25-29 ans	30-34 ans	35-39 ans	40-44 ans	
10 - 14 ans	3	0	5	5	2	3	1	0	16
15 - 19 ans	87		46	164	152	123	73	17	575
20 - 24 ans	117			126	225	189	124	25	689
25 - 29 ans	83				91	138	78	16	323
30 - 34 ans	51					56	69	28	153
35 - 39 ans	9						10	8	18
40 - 44 ans	8							9	9
Tous âges	358	0	51	295	470	509	355	103	1783

APPENDICE 13

NOMBRE DE FEMMES-ANNÉES DES FEMMES ULTÉRIEUREMENT FÉCONDES SELON
L'ÂGE ACTUEL ET L'ÂGE AU MARIAGE DE LA FEMME

Âge au mariage de la femme	Nombre d'unions	Âge actuel de la femme							
		10-14 ans	15-19 ans	20-24 ans	25-29 ans	30-34 ans	35-39 ans	40-44 ans	Total
10 - 14 ans	3	1,50	10,00	10,00	5,00	5,00	5,00	0,00	36,50
15 - 19 ans	87		162,50	405,00	380,00	320,00	200,00	60,00	1527,50
20 - 24 ans	117			294,50	550,00	485,00	340,00	80,00	1749,50
25 - 29 ans	83				213,50	345,00	220,00	55,00	833,50
30 - 34 ans	51					146,50	160,00	85,00	391,50
35 - 39 ans	9						28,50	20,00	48,50
40 - 44 ans	8							26,00	26,00
Tous âges	358	1,50	172,50	709,50	1148,50	1301,50	953,50	326,00	4613,00

APPENDICE 14

TAUX APPARENTS DE FÉCONDITÉ LÉGITIME DES FEMMES ULTÉRIEUREMENT
FÉCONDES SELON L'ÂGE ACTUEL ET L'ÂGE AU MARIAGE DE LA FEMME, EN POUR MILLE

Âge au mariage de la femme	Nombre d'unions	Âge actuel de la femme						
		10-14 ans	15-19 ans	20-24 ans	25-29 ans	30-34 ans	35-39 ans	Total
10 - 14 ans	3	(0)	(500)	(500)	(400)	(600)	(200)	(0)
15 - 19 ans	87		283	405	400	384	365	283
20 - 24 ans	117			428	409	390	365	313
25 - 29 ans	83				426	400	355	291
30 - 34 ans	51					382	431	329
35 - 39 ans	9						(351)	(400)
40 - 44 ans	8							(346)
Tous âges	358	(0)	296	416	409	391	372	316

Les taux entre parenthèses correspondent à moins de 30 femmes-années.

APPENDICE 15
DISTRIBUTION DES NAISSANCES PERDUES MAIS RETROUVÉES DES FEMMES
ULTÉRIEUREMENT FÉCONDES, SELON L'ÂGE ACTUEL
ET L'ÂGE AU MARIAGE DE LA FEMME, EN NOMBRES ABSOLUS

Âge au mariage de la femme	Nombre d'unions	Âge actuel de la femme							
		10-14 ans	15-19 ans	20-24 ans	25-29 ans	30-34 ans	35-39 ans	40-44 ans	Total
10 - 14 ans	3	0	0	0	0	0	0	0	0
15 - 19 ans	87		8	21	20	10	4	4	67
20 - 24 ans	117			12	29	25	11	2	79
25 - 29 ans	83				8	13	14	2	37
30 - 34 ans	51					9	7	2	18
35 - 39 ans	9						0	0	0
40 - 44 ans	8							0	0
Tous âges	358	0	8	33	57	57	36	10	201

APPENDICE 16
DISTRIBUTION DES NAISSANCES PERDUES MAIS RETROUVÉES DES FEMMES
ULTÉRIEUREMENT FÉCONDES, SELON L'ÂGE ACTUEL
ET L'ÂGE AU MARIAGE DE LA FEMME, EN NOMBRES RELATIFS

Âge au mariage de la femme	Nombre d'unions	Âge actuel de la femme							
		10-14 ans	15-19 ans	20-24 ans	25-29 ans	30-34 ans	35-39 ans	40-44 ans	Total
10 - 14 ans	3	0	0	0	0	0	0	0	0
15 - 19 ans	87		40	104	100	50	20	20	333
20 - 24 ans	117			60	144	124	55	10	393
25 - 29 ans	83				40	65	70	10	184
30 - 34 ans	51					45	35	10	90
35 - 39 ans	9						0	0	0
40 - 44 ans	8							0	0
Tous âges	358	0	40	164	284	284	179	50	1000

APPENDICE 17

DISTRIBUTION DES NAISSANCES PERDUES DES FEMMES ULTÉRIEUREMENT
FÉCONDES SELON L'ÂGE ACTUEL ET L'ÂGE AU MARIAGE DE LA FEMME

Âge au mariage de la femme	Nombre d'unions	Âge actuel de la femme							
		10-14 ans	15-19 ans	20-24 ans	25-29 ans	30-34 ans	35-39 ans	40-44 ans	Total
10 - 14 ans	3	0,0	0,0	0,0	0,0	0,0	0,0	0,0	0,0
15 - 19 ans	87		10,0	26,2	25,0	12,5	5,0	5,0	83,7
20 - 24 ans	117			15,0	36,2	31,2	13,7	2,5	98,7
25 - 29 ans	83				10,0	16,2	17,5	2,5	46,2
30 - 34 ans	51					11,2	8,7	2,5	22,5
35 - 39 ans	9						0,0	0,0	0,0
40 - 44 ans	8							0,0	0,0
Tous âges	358	0,0	10,0	41,2	71,2	71,2	45,0	12,5	251,0

APPENDICE 18

DISTRIBUTION DES NAISSANCES RELEVÉES ET PERDUES DES FEMMES
ULTÉRIEUREMENT FÉCONDES
SELON L'ÂGE ACTUEL ET L'ÂGE AU MARIAGE DE LA FEMME

Âge au mariage de la femme	Nombre d'unions	Âge actuel de la femme							
		10-14 ans	15-19 ans	20-24 ans	25-29 ans	30-34 ans	35-39 ans	40-44 ans	Total
10 - 14 ans	3	0,0	5,0	5,0	2,0	3,0	1,0	0,0	16,0
15 - 19 ans	87		56,0	190,2	177,0	135,5	78,0	22,0	658,7
20 - 24 ans	117			141,0	261,2	220,2	137,7	27,5	787,7
25 - 29 ans	83				101,0	154,2	95,5	18,5	369,2
30 - 34 ans	51					67,2	77,7	30,5	175,5
35 - 39 ans	9						10,0	8,0	18,0
40 - 44 ans	8							9,0	9,0
Tous âges	358	0,0	61,0	336,2	541,2	580,2	400,0	115,5	2034,0

APPENDICE 19
DISTRIBUTION DES FILLES DU ROI SELON L'ANNÉE DE DÉCÈS
ET LA VALEUR DE LA DATE DE DÉCÈS

Année de décès	Valeur de la date de décès			Année de décès	Valeur de la date de décès		
	Exacte	Statistique	Ensemble		Exacte	Statistique	Ensemble
1666	1	1	2	1707	10	5	15
1667	0	3	3	1708	15	3	18
1668	1	0	1	1709	14	9	23
1669	0	1	1	1710	7	7	14
1670	0	2	2	1711	17	3	20
1671	3	2	5	1712	10	6	16
1672	3	1	4	1713	8	3	11
1673	0	2	2	1714	9	3	12
1674	2	1	3	1715	18	4	22
1675	2	1	3	1716	12	6	18
1676	2	0	2	1717	7	2	9
1677	1	1	2	1718	16	10	26
1678	0	10	10	1719	8	5	13
1679	3	16	19	1720	7	7	14
1680	3	8	11	1721	13	4	17
1681	1	0	1	1722	8	1	9
1682	2	0	2	1723	8	5	13
1683	2	4	6	1724	12	2	14
1684	6	1	7	1725	8	4	12
1685	7	2	9	1726	5	2	7
1686	3	3	6	1727	7	3	10
1687	11	1	12	1728	25	2	27
1688	7	2	9	1729	5	2	7
1689	10	2	12	1730	6	2	8
1690	7	2	9	1731	6	0	6
1691	3	1	4	1732	8	0	8
1692	3	2	5	1733	6	0	6
1693	3	1	4	1734	7	0	7
1694	6	5	11	1735	3	0	3
1695	2	4	6	1736	2	0	2
1696	2	1	3	1737	1	0	1
1697	3	1	4	1738	2	0	2
1698	5	2	7	1739	2	0	2
1699	10	1	11	1740	1	0	1
1700	17	4	21	1741	1	0	1
1701	4	1	5	1742	1	0	1
1702	7	2	9	1745	1	0	1
1703	11	3	14	1746	1	0	1
1704	6	5	11	1747	1	0	1
1705	11	3	14				
1706	7	6	13	Ensemble	475	208	683

APPENDICE 20
ÉVOLUTION DU NOMBRE ET DE L'ÂGE MOYEN ET MÉDIAN DES FILLES DU ROI
DE 1664 À 1747*

Année (au 1ᵉʳ janvier)	Nombre de Filles du roi	Âge moyen (en années)	Âge médian (en années)	Année (au 1ᵉʳ janvier)	Nombre de Filles du roi	Âge moyen (en années)	Âge médian (en années)
1664	36	25,1	23,2	1706	411	60,4	59,6
1665	50	25,7	24,3	1707	398	61,1	60,3
1666	136	25,6	24,5	1708	383	62,0	61,3
1667	156	26,7	25,6	1709	365	63,0	62,2
1668	231	26,6	25,9	1710	342	63,7	62,9
1669	310	27,0	26,1	1711	328	64,5	63,8
1670	432	27,3	26,4	1712	308	65,4	64,7
1671	539	27,4	26,7	1713	292	66,2	65,5
1672	640	27,8	27,1	1714	281	67,0	66,3
1673	650	28,7	28,0	1715	269	67,8	66,9
1674	690	29,4	28,7	1716	247	68,7	67,7
1675	684	30,4	29,7	1717	229	69,6	68,6
1676	681	31,4	30,7	1718	220	70,5	69,4
1677	676	32,4	31,7	1719	194	71,6	70,7
1678	671	33,4	32,7	1720	181	72,5	71,5
1679	658	34,4	33,7	1721	167	73,5	72,4
1680	638	35,4	34,8	1722	150	74,1	73,3
1681	625	36,5	35,8	1723	141	75,0	74,2
1682	622	37,5	36,8	1724	128	75,7	75,1
1683	618	38,5	37,8	1725	114	76,7	76,1
1684	611	39,5	38,8	1726	102	77,6	77,1
1685	604	40,5	39,8	1727	95	78,6	78,1
1686	593	41,5	40,7	1728	85	79,5	78,9
1687	587	42,4	41,6	1729	58	79,9	79,6
1688	575	43,4	42,6	1730	51	80,8	80,4
1689	566	44,4	43,6	1731	43	82,0	81,6
1690	554	45,4	44,5	1732	37	83,5	82,9
1691	544	46,4	45,5	1733	29	83,8	83,4
1692	540	47,4	46,5	1734	23	85,1	84,4
1693	535	48,4	47,5	1735	16	84,9	84,8
1694	530	49,3	48,4	1736	13	85,7	85,3
1695	519	50,2	49,4	1737	11	86,2	86,0
1696	512	51,1	50,3	1738	10	87,2	87,0
1697	509	52,1	51,4	1739	8	88,1	87,5
1698	504	53,1	52,3	1740	6	89,0	88,5
1699	496	54,1	53,3	1741	5	90,0	89,3
1700	485	55,0	54,2	1742	4	90,5	90,0
1701	464	55,8	55,0	1743	3	92,0	91,8
1702	459	56,8	56,0	1744	3	93,0	92,8
1703	450	57,7	57,0	1745	3	94,0	93,8
1704	436	58,6	57,8	1746	2	94,0	94,0
1705	425	59,5	58,7	1747	1	95,0	95,0

* L'état comptabilise, parmi les 737 Filles du roi mariées au Canada, les femmes présentes au 1ᵉʳ janvier de chaque année, les entrées correspondant à l'année d'arrivée dans la colonie et les sorties à l'année de décès (enregistrée ou «statistique») ou d'émigration.

APPENDICE 21

CALCUL DES QUOTIENTS QUINQUENNAUX DE MORTALITÉ DES FILLES DU ROI, TABLE MINIMALE

Âge	Entrées en observation	Entrées cumulées	Décès	Sorties d'observation	Sorties et décès cumulés	Présentes à l'âge x	Effectif observé	Quotients (en pour mille)	Survivantes de la table	Décès de la table	Espérance de vie
x	$I_{x,x+5}$	ΣI_x	$D_{x,x+5}$	$E_{x,x+5}$	$\Sigma(D_x+E_x)$	$V_x = [\Sigma(D_x+E_x) -\Sigma I_x]$	$V'_x = V_x + \dfrac{I_{x,x+5}}{2} - \dfrac{E_{x,x+5}}{2}$	$_5q_x = \dfrac{D_{x,x+5}}{V'_x}$	S_x	$d_{x,x+5}$	e_x
10 ans	4	737	0	0	737	0	2,0	0	1000	0	52,5
15 ans	159	733	0	0	737	4	83,5	0	1000	0	47,5
20 ans	311	574	8	19	737	163	309,0	26	1000	26	42,5
25 ans	154	263	13	16	710	447	516,0	25	974	24	38,6
30 ans	82	109	29	7	681	572	609,5	48	950	46	34,5
35 ans	16	27	29	2	645	618	625,0	46	904	42	31,1
40 ans	8	11	41	4	614	603	605,0	68	862	59	27,5
45 ans	2	3	32	5	569	566	564,5	57	803	46	24,3
50 ans	0	1	42	0	532	531	531,0	79	757	60	20,6
55 ans	1	1	43	0	490	489	489,5	88	697	61	17,2
60 ans	0	0	72	1	447	447	446,5	161	636	102	13,6
65 ans	0	0	99	0	374	374	374,0	265	534	142	10,7
70 ans	0	0	93	0	275	275	275,0	338	392	132	8,7
75 ans	0	0	83	0	182	182	182,0	456	260	119	6,8
80 ans	0	0	53	0	99	99	99,0	535	141	75	5,5
85 ans	0	0	33	0	46	46	46,0	717	66	47	4,0
90 ans	0	0	12	0	13	13	13,0	923	19	18	2,8
95 ans	0	0	1	0	1	1	1,0	1000	1	1	2,5
Total	737		683	54							

APPENDICE 22
CALCUL DES QUOTIENTS QUINQUENNAUX DE MORTALITÉ DES FILLES DU ROI, TABLE MAXIMALE

Âge x	Entrées en observation $I_{x,x+5}$	Entrées cumulées ΣI_x	Décès $D_{x,x+5}$	Sorties d'observation $E_{x,x+5}$	Sorties et décès cumulés $\Sigma(D+E)_x$	Présentes à l'âge x $V_x = [\Sigma(D+E)_x - \Sigma I_x]$	Effectif observé $V'_x = V_x + \dfrac{I_{x,x+5}}{2} - \dfrac{E_{x,x+5}}{2}$	Quotients (en pour mille) $5q_x = \dfrac{D_{x,x+5}}{V'_x}$	Survivantes de la table S_x	Décès de la table $d_{x,x+5}$	Espérance de vie e_x
10 ans	4	737	0	0	737	0	2,0	0	1000	0	47,3
15 ans	159	733	0	0	737	4	83,5	0	1000	0	42,3
20 ans	311	574	15	19	737	163	309,0	49	1000	49	37,3
25 ans	154	263	24	16	703	440	509,0	47	951	45	34,1
30 ans	82	109	30	7	663	554	591,5	51	907	46	30,7
35 ans	16	27	53	2	626	599	606,0	87	861	75	27,2
40 ans	8	11	58	4	571	560	562,0	103	785	81	24,5
45 ans	2	3	48	5	509	506	504,5	95	704	67	22,1
50 ans	0	1	54	0	456	455	455,0	119	637	76	19,1
55 ans	1	1	46	0	402	401	401,5	115	562	64	16,3
60 ans	0	0	66	1	356	356	355,5	186	497	92	13,1
65 ans	0	0	81	0	289	289	289,0	280	405	114	10,6
70 ans	0	0	70	0	208	208	208,0	337	291	98	8,7
75 ans	0	0	64	0	138	138	138,0	464	193	90	6,8
80 ans	0	0	39	0	74	74	74,0	527	104	55	5,6
85 ans	0	0	25	0	35	35	35,0	714	49	35	4,1
90 ans	0	0	9	0	10	10	10,0	900	14	13	3,0
95 ans	0	0	1	0	1	1	1,0	1000	1	1	2,5
Total	737		683	54							

TABLE DES TABLEAUX

TABLE DES FIGURES

TABLE DES PLANCHES

TABLE DES APPENDICES

TABLE DES MATIÈRES

Achevé d'imprimer
en juillet 1992 sur les presses
des Ateliers Graphiques Marc Veilleux Inc.
Cap-Saint-Ignace, Qué.